刑事诉讼制度重大改革实证研究

卞建林等 著

中国检察出版社

图书在版编目（CIP）数据

刑事诉讼制度重大改革实证研究 / 卞建林等著 . --
北京 : 中国检察出版社 , 2023.12
ISBN 978-7-5102-2828-5

Ⅰ . ①刑… Ⅱ . ①卞… Ⅲ . ①刑事诉讼—司法制度—
体制改革—研究—中国 Ⅳ . ① D925.210.4

中国国家版本馆 CIP 数据核字（2023）第 008089 号

刑事诉讼制度重大改革实证研究
卞建林等　著

责任编辑： 王伟雪
技术编辑： 王英英
封面设计： 天之赋设计室

出版发行： 中国检察出版社
社　　址： 北京市石景山区香山南路 109 号（100144）
网　　址： 中国检察出版社（www. zgjccbs. com）
编辑电话：（010）86423797
发行电话：（010）86423726　86423727　86423728
（010）86423730　86423732
经　　销： 新华书店
印　　刷： 北京联兴盛业印刷股份有限公司
开　　本： 710 mm × 960 mm　16 开
印　　张： 35.25
字　　数： 483 千字
版　　次： 2023 年 12 月第一版　　2023 年 12 月第一次印刷
书　　号： ISBN 978 - 7 - 5102 - 2828 - 5
定　　价： 118.00 元

《刑事诉讼制度重大改革实证研究》
编写分工

组稿人　卞建林

审稿人　卞建林

专题负责人　卞建林（绪言）
李玉华（专题一）
卞建林（专题二）
汪海燕（专题三）
杨宇冠（专题四）
顾永忠（专题五）
李本森（专题六）

撰稿人（排名不分先后）

卞建林　李玉华　田力男　魏云皓
谢　澍　李艳玲　钱　程　汪海燕
杨宇冠　张沈锲　顾永忠　韩　旭
李本森　李红霖

目　录

绪　言

专题一　侦查制度改革实施研究

专题二　检察制度改革实证研究

专题三　庭审实质化改革实证研究

专题四　证据制度改革实证研究

专题五　刑事辩护制度改革实证研究

专题六 认罪认罚从宽制度实施问题研究

绪　言

一、本课题研究的基本概况与基本立场

（一）基本概况

当前呈现在各位面前的是国家社科基金重大项目“十八届四中全会以来我国刑事诉讼制度重大改革实施效果的实证研究（17ZDA126）”最终成果。本课题的研究立足于党的十八届四中全会以来刑事诉讼制度的一系列改革措施，梳理、凝练、评估并提出建议。围绕以审判为中心这一主线，本课题梳理出审前制度改革、庭审制度改革、证据制度改革、辩护制度改革、认罪认罚从宽制度改革五个刑事诉讼改革进程中的重点与难点问题。这五个问题是围绕以审判为中心的改革主线，所形成的具有紧密联系，相互不可或缺，关乎改革成效的关键问题：第一，审前作为整个刑事诉讼的必经阶段，关乎整个刑事诉讼的效果，也自然关乎以审判为中心的诉讼制度改革之落实效果。由此，强调“以审判为中心”并不是否认侦查、审查起诉这些审前程序的重要性。侦查和审查起诉程序中收集、审查证据以及适用法律的质量决定着最终判决的质量。由此，以审判为中心必然涵盖对审前制度的改革，也会形成对审前程序更高、更为严格的要求。第二，确立“诉讼以审判为中心”“审判以庭审为中心”，是审判权作为最终判断权之性质所决定的。审判是刑事诉讼中决定被告人罪责刑问题的决定性环节，是防范冤假错案的关键性防线。习近平总书记指出：“充分发挥审判特别是庭审的作用，是确保案件处理质量和司法公正的重要环节。”由此，

以审判为中心的诉讼制度改革，关键就是要保证庭审在查明事实、认定证据、保护诉权、公正裁判中发挥决定性作用，有助于进一步完善刑事诉讼制度，积极构建以审判为中心的刑事诉讼格局。第三，证据裁判是刑事诉讼的基石性原则，是对侦查、起诉、审判各环节统一适用的要求。以审判为中心的诉讼制度改革着眼于诉讼制度的完善，证据裁判是其中的关键环节。在以审判为中心的诉讼制度改革之要求下，证据裁判尤其侦查机关、检察机关应当按照审判的要求和标准收集、固定、审查、运用证据，人民法院应当按照法定程序认定证据，依法作出裁判。第四，以审判为中心虽然着眼于公、检、法三者的权力关系，但是，这并不意味着辩护权在诉讼体系中扮演的角色不够重要。刑事辩护制度是刑事诉讼制度的重要组成部分，是确保刑事诉讼活动顺利进行，实现刑事司法公正的重要保障。推进以审判为中心的诉讼制度改革，必然要进一步强化辩护律师在刑事诉讼中的职能作用，并提出相应改革举措。第五，强调诉讼以审判为中心、审判以庭审为中心，并非要求所有案件一律适用标准化的普通程序审理。以提高庭审质效为着眼点，严格落实繁简分流原则，实现“疑案精审”“简案快审”，将更多司法资源用于重大、复杂、疑难案件，为推进以审判为中心的诉讼制度改革创造有利条件。因此，完善认罪认罚从宽制度，探索构建速裁程序、简易程序、普通程序有序衔接、繁简分流的多层次诉讼制度体系，是以审判为中心的诉讼制度改革的有力保障。相应地，本课题分“审前制度重大改革实施效果的实证研究”“庭审制度改革实施效果的实证研究”“证据制度改革实施效果的实证研究”“辩护制度改革实施效果的实证研究”“认罪认罚从宽制度改革实施效果的实证研究”五个子课题，对制度改革的落实情况进行调查评估。需要说明的是，考虑到“审前制度重大改革实施效果的实证研究”体量较大，因此将“审前制度重大改革实施效果的实证研究”拆分为二，即“侦查制度改革实证研究”和“检察制度改革实证研究”，本课题最终也更改为六大部分。

本课题广泛收集了国内关于司法制度改革的理论与实践资料，对我国以审判为中心的诉讼制度的现状及其存在问题进行深入的调查研究，通过召开各种形式的座谈会，完成问卷设计、田野调查、网络调查和数据分析，深入了解司法实务部门和社会各界对该制度改革的需求与期盼。广泛收集国外关于司法制度的理论、制度与实践资料，并进行翻译、梳理、整合和凝练，研究分析世界范围该项制度改革的最新动向和发展趋势，召开专门研讨会，就国内外调查分析的资料、数据进行分析研究，提出改革的基本设想。其中，以本课题为依托，先后主办了“中日韩以审判为中心的诉讼制度改革学术研讨会”“诉讼法学高端论坛之新时代中国特色社会主义程序法治的发展与完善”等学术研讨会，取得良好效果。

本课题各子课题调研活动已经全面完成。其中，首席专家卞建林教授和子课题负责人杨宇冠教授 2018 年 4 月 18 日至 4 月 29 日率调研团队到陕西省西安市、汉中市以及四川省成都市、广元市进行调研，在各地法院、检察院进行调研座谈，调研的主题围绕以审判为中心的诉讼制度改革、认罪认罚从宽制度试点等主题进行。首席专家卞建林教授 2018 年 11 月 30 日至 12 月 10 日率调研团队到福建省福清市、三明市、漳州市、诏安县、厦门市，在各地法院、检察院进行调研座谈，调研围绕 2018 年刑事诉讼法修改、认罪认罚从宽制度试点、党的十八届四中全会以来刑事诉讼重大改革措施实施效果等主题进行。首席专家卞建林教授和子课题负责人杨宇冠教授 2019 年 6 月 18 日至 6 月 21 日率调研团队到河南省商丘市，在商丘市各级法院、检察院调研活动，调研活动主要围绕党的十八届四中全会以来刑事诉讼重大改革措施实施效果、庭审实质化改革、认罪认罚从宽制度等主题进行。了课题负责人顾永忠教授 2018 年 11 月率调研团队到四川省成都市、雅安市，在各级法院、检察院、司法局调研，调研围绕庭审实质化、值班律师等主题进行。子课题负责人李玉华教授在 2018 年间先后率调研团队赴北京、上海、杭州、深圳、新疆等公安机关调研侦查制度的运行状况。

本课题已取得一系列高水平成果。已在法学类 CSSCI 期刊《中国刑事法杂志》2018年第6期以“十八届四中全会以来我国刑事诉讼制度重大改革实施效果的实证研究”为题进行专题组稿，发表了三篇具有重要影响力的课题成果：（1）卞建林、谢澍：《刑事检察制度改革实证研究》；（2）汪海燕：《刑事审判制度改革实证研究》；（3）李玉华：《侦查制度改革实证研究》。其中，《刑事检察制度改革实证研究》一文被人大复印资料《诉讼法学、司法制度》2019年第6期全文转载，并获2018年度全国检察基础理论研究优秀成果奖。此外，课题组成员先后在《政法论坛》《法商研究》《法学评论》《法学》《比较法研究》《中共中央党校学报》《理论学刊》《中国法律评论》《法律适用》《法治研究》等CSSCI来源或CSSCI扩展版期刊发表论文十余篇。在此基础上，形成了篇幅超过四十万字的课题最终成果《刑事诉讼制度重大改革实证研究》。

（二）基本立场

党的十八届四中全会以来，刑事诉讼制度改革主要围绕以审判为中心这一主线展开。以审判为中心在刑事诉讼改革中的全局性统筹地位开始成为各方之共识。围绕以审判为中心的主线和《中共中央关于全面推进依法治国若干重大问题的决定》（以下简称《决定》）所提出的具体要求，理论研究不断丰富。当前围绕以审判为中心的刑事诉讼改革已经形成了比较丰富的理论体系，亦为改革的进一步深入提供了理论支持。然而，立足以审判为中心的诉讼制度改革之科学方向，围绕改革深化完善的迫切需求，目前的研究尚需在以下方面精进：

其一，需要充分梳理改革措施、解读改革意义、展示改革效果，进而对当前改革实施效果进行评估。从《决定》提出推进以审判为中心的诉讼制度改革开始，实务界迅速开展实践探索，理论界已展开深入研究，为改革的展开提供支持。从当前改革的总体形势来看，已经设置了总体框架，并围绕重点领域进行专项改革。在这种背景下，改革措施推陈出新，呈现愈加繁荣的态势。然而，在改革措施不断推陈出新，改革进程愈加深化的当下，有必要进一步深入解读改革意义，展示改革效果，提供富有针对性的改革建议。课题组通过总结全国部分区域以审判为中心改革的探索和实践，发现并解决其中存在的问题。通过各种途径了解司法实践中以审判为中心改革的最新动态。并且，我们选取了在全国有一定代表性的地区司法机关作为调研单位，深入司法一线对改革实施效果进行有效评估。

其二，需要凝练改革主线，发现改革的重点领域与难点领域，从而立足主线带动改革全局，围绕难点破解改革难题。本课题的特色不仅在于通过实证调研解读改革意义，展示改革效果，提供改革建议，更在于立足刑事诉讼系统化的现实，通过梳理、凝练来明确改革主线，发现改革重点、难点领域。以审判为中心的诉讼制度改革，将对整个刑事诉讼的制度完善呈现全局性、辐射性的影响。然而，这样一种重大影响的背后，由于此项改革举措涉及领域众多、利益多元、问题复杂。面对这样一种复杂化的形势，单纯着眼于某个部门的实证研究显然已经不足以应对有关问题，亟须通过全局性的调研，凝练改革主线，发现改革难点领域，为长远改革提供基本方向，明确深化改革需要重点关注的领域。同时，本课题不仅在于通过实证调研的方式来总结改革经验，进行效果评估。更在于通过凝练指明改革主线，通过总结发现改革重点领域与难点领域。从而立足主线带动改革全局，围绕难点破解改革难题。一方面，通过对当前重要改革文件、重大改革举措、社会普遍共识的梳理和凝练，发现以审判为中心对当前诉讼制度改革的重大意义和对未来制度改革的深远影响。另一方面，突破只关注某一领域的片面化研究方式，亦避免对所有改革措施的一般梳理与泛泛而谈。

其三，需要立足本土法治的现实框架，注重总结改革经验，提出有利于建设中国特色社会主义法治体系的完善对策。采用实证调研总结实践经验，进而通过理论提升为具有中国特色社会主义的诉讼法治理论体系，是当前研究必须坚持的问题意识与研究思路。本课题的研究在评估改革效果的同时，也坚持以完善中国特色社会主义法治体系为问题意识。由此并不满足于简单地梳理域外经验，更重视对本土改革成效与探索经验的归纳总结，在此基础上完善具有中国特色社会主义诉讼法治体系，进而为中国特色社会主义法治体系的整体完善作出贡献。本课题及时跟进中央与相关部门的改革方案，立足调研的实际情况，结合国家立法规划为相关部门提供更加科学的决策支持。对于涉及以审判为中心的审前程序、审判程序、证据操作、辩护制度与认罪认罚从宽制度的专题，结合国家立法规划和进展，适时地提出了制定、修订的建议和意见，以完善立法规范，健全相关制度。并且根据课题研究的成果，就如何进一步深化以审判为中心的诉讼制度改革，向中央和有关部门提交了专家咨询建议、成果要报等研究报告，汇报研究成果并建言献策。

二、本课题的研究思路与研究方法

（一）研究思路

首先，兼顾顶层设计与法治实践。本课题研究的主题是对党的十八届四中全会以来刑事诉讼重大改革方案的实施效果进行评估。必然要兼顾顶层设计与法治实践，具体来看，既要关注中央层面所作出的改革决策和出台的改革方案，又要深入一线实践中，关注各部门、各地区对改革的落实情况和改革的实施效果。课题以党的十八届四中全会以来出台的重大改革方案为立足点，以审前、庭审、证据、辩护与认罪认罚从宽这五个重点问题为着眼点，以改革涉及的重点部门与全国范围内的典型代表城市为支撑点，研究党的十八届四中全会以来刑事诉讼重大改革实施的效果。同时，课题尤其关注随着改革的不断深化，整个刑事司法公正水平的不断提高，部门之间协调配合的措施与呈现的效果，地区之间发展差异对改革效果的具体影响。

其次，立足改革主线，关注重点领域。党的十八届四中全会以来，刑事诉讼改革方案不断出台，规模蔚为壮观。在这种背景下，尤其需要通过梳理凝练改革主线与重点、难点领域，从而避免对改革方案的简单梳理与泛泛而谈，切实符合当下立足主线带动全局、围绕重点破解难题的改革现状。基于这种考虑，课题研究的指导思想就是“梳理、凝练、评估、建议”，由此，必然要在梳理众多改革方案的基础上凝练出改革的主线，关注重点的改革领域。本课题立足以审判为中心的改革主线，关注审前、庭审、证据、辩护、认罪认罚从宽五大重点领域，从而能够全面客观地反映改革实效，提高了本课题研究的科学性和实效性。本课题以“以审判为中心”为主线，提取围绕这一主线形成的审前、庭审、证据、辩护与认罪认罚从宽五个重点问题，涵盖改革中的各项具体措施。整个课题研究既有高度，又有广度，更有深度，从而能够全方位、多层次、体系化地评估党的十八届四中全会以来刑事诉讼中的重大改革效果。

最后，评估改革实效，提供决策建议。本课题虽然是对党的十八届四中全会以来刑事诉讼重大改革实施效果的评估，但更关注对未来深化改革提出意见建议。具体而言，本课题着力方向有三：其一，通过评估当前改革整体的实施效果，明确当前改革所处的阶段，为整个刑事诉讼改革提供“路线图”和“时间表”，为将来改革的总体决策提供支持；其二，通过调研掌握实践中的一手资料，掌握实践对改革的反馈状况，积累改革经验，进而明确改革接下来的重点、难点领域；其三，建立对改革方案的动态追踪反馈机制，结合不断出台的改革指导方案和立法进程，立足改革经验，结合相关规划出具详细的决策建议。

（二）研究方法

本课题在指导思想上采取尊重科学与事实的态度，在合理论证的基础上，探求问题和推导结论。具体的研究方法有：其一，实证研究方法。通过实证调查的方式，获取不同部门与代表性地区在落实改革方案的第一手资料，进而提出有针对性和可行性的完善策略。本课题调研主要针对不同机关部门和代表性地区，梳理其在落实改革方案中采取的具体措施，评估取得的成效，总结进一步完善的空间。调查方式主要采取问卷调查、实地考察、网络检索。以所收集到的数据资料与案例资料为速裁，着重分析部门、地区与案例背后折射的改革落实不足问题，分析现有缺陷及其背后成因。通过对改革推进效果与经验的归纳总结，提出具有可行性的优化对策建议。其二，系统论研究方法。以审判为中心的诉讼制度改革是一项围绕刑事诉讼各个环节、各个领域展开的全局性的深入改革。基于此，在数据材料的收集上，本课题紧扣以审判为中心的改革主线，以审前制度、庭审制度、证据制度、辩护制度和认罪认罚从宽制度为改革的重点领域，跟踪分析确保不同重点领域改革措施在时间与空间上的完整性，论证体系由基本原理、实然现状到应然表现，每一层次内部由具体个案到整体特征，由可行性论证到普适性论证的思路展开，最后通过风险评估机制和理想化应对模型的提出，形成了一个完整、科学的以改革主线为贯穿，以重点改革领域为组成的理论架构。其三，规范分析方法。在评估重大改革措施实施效果之前，首先要对我国当下改革现状进行一个全面充分的检视。以规范性文件研究为例，通过对我国规范性文件进行全面梳理和深入研究，形成对指导改革的规范性文件的调查报告，并对规范性文件进行文本分析，重点对规范性文件形式、制定主体、制定背景、制定程序及法律冲突进行分析。通过对规范性文件现状的整体把握，凝练出改革的主线和改革关注的重点难点问题，从而形成规范性文件评价体系，实现规范性文件制定的科学化和系统化。其四，比较研究方法。本课题的比较研究方法主要通过两种路径进行：一方面，通过梳理总结域外国家在刑事诉讼重大改革中的经验，总结规律与指导思想；另一方面，通过本国与域外国家之间的比较，借鉴国际先进经验。其五，学科交叉研究方法。本课题涉及研究领域十分广泛，需要综合运用法学、政治学、管理学、社会学等多学科知识，全面开展对本研究课题的论证。因此，在课题研究进程中，充分交叉使用了法学、政治学或者管理学、社会学的研究方法，以求研究问题的全面性和科学性。

三、本课题研究的关键性问题和重点难点问题

本课题拟解决的关键性问题是，梳理党的十八届四中全会之后所推进的刑事诉讼改革措施，从中凝练出背后的主线与关键的领域，设置科学的评价标准对改革效果进行评估，并形成指导进一步深化改革的相关建议。本课题的重点与难点问题主要表现在以下方面：

其一，本课题旨在全面梳理改革方案，切实反映改革全局，从而明确当前改革在整个改革进程中的阶段与地位，促使当前各种具体改革方案形成合力，实现改革的系统和深入推进。本课题意在对党的十八届四中全会之后推进的重大刑事诉讼改革成效进行评估，课题关注重点不仅在于各项改革方案的落实情况，更在于对整个改革的全局性效果进行评估。这样一种评估，有利于客观评价当下所推进的改革在整个刑事诉讼改革进程中的地位与进程，有利于我们为长远改革和深化改革设置更加清晰的计划和方案。同时，立足全局对具体的改革方案进行思考，也能够使得改革方案更加系统，避免相互之间的抵牾。为了实现这些目标，课题组首先需要对党的十八届四中全会以来的改革方案进行全面的收集、汇总、梳理和分析。在此基础上，一方面对新中国成立以来我国刑事诉讼改革的历史进行有效的梳理，明确当前改革所处的进程与未来的前行方向；另一方面立足于以审判为中心的改革主线，对各项改革方案之间的关联性与协调性进行评估，立足于使各种改革方案形成合力，共同推进改革的进一步深化。

其二，本课题旨在立足改革顶层设计，关注不同部门与不同地区改革措施的协同跟进，从而使改革在各部门、各地区能够协调统一展开。当前推进的改革是一项自上而下，自中央到地方所推进的全局性改革，也是一项涉及领域众多、部门众多、利益复杂的全面性改革。本课题要对这样一种改革进行效果评估，就必须立足改革现实，科学设置评估方案。正因

如此，本课题的设置必然要兼顾顶层设计与具体部门和地区的法治实践。既要关注中央层面所作出的改革决策和出台的改革方案，又要深入一线实践中，关注各部门、各地区对改革的落实情况和改革的实施效果。课题以党的十八届四中全会以来出台的重大改革方案为立足点，以审前、庭审、证据、辩护与认罪认罚从宽五个重点问题为着眼点，以改革涉及的重点部门与全国范围内的典型代表城市为支撑点，研究党的十八届四中全会以来刑事诉讼重大改革实施的效果。同时，课题尤其注重关注随着改革的不断深化，整个刑事司法公正水平的不断提高，部门之间协调配合的措施与呈现的效果，地区之间发展差异对改革效果的具体影响。这样一种调研方案，跨越部门与地区众多，在构成课题突出贡献的同时，也成为课题需要突破的难点。

其三，本课题旨在进一步解读以审判为中心的内涵，为改革成效评估提供标准，为深化改革思路提供指引。如何结合当下改革进程，进一步丰富以审判为中心的内涵，是课题组需要解决的难点问题。通过解读中共中央的决策性文件、不同部门改革方案的出台背景、多方面主体的普遍共识，可以得出结论：以审判为中心在当前已经成为改革主线，成为各方面在推进改革时的出发点。考虑到这样一种现状，需要立足“以审判为中心”在当前改革中的重要意义与核心定位，在我国当前推进的司法改革的背景下，进一步挖掘以审判为中心新的内涵。通过进一步丰富其内涵，可以为评估当前改革成效提供更加科学的标准，也为未来的深化改革提供更加科学的指引。为了实现这一效果，课题组一方面立足域外一般经验，进一步梳理以审判为中心的普遍规律与一般认识；另一方面，课题组结合我国当前的立法框架与改革实践，深入解读了以审判为中心在我国当下的特殊意义与实践表现。

其四，本课题旨在建立富有时效性的评估机制，追踪最新改革方案，反映最新改革成效，提出最新改革建议。党的十八届四中全会推进的刑事诉讼重大改革，是一项全局性、全面性的深化改革，这样一项复杂改革就决定了改革必定跨越时间较长，并非一蹴而就。同时，改革措施也会不断推陈出新。课题组的调研方案，必须回应这样一种现实。这样一种复杂化的现实，也就构成了课题推进中的难点工作。为了解决这一问题，课题组的研究并不只是对已经有的改革方案进行评估，在推进课题研究的过程中，还将建立对改革方案的动态化追踪机制，及时跟进最新的改革方案，在反映最新改革成效的同时，立足现有改革成效，梳理出改革的总进程。通过这样一种动态化的追踪机制，力图客观展示改革的时间上的延续性，并结合最新改革方案与立法进程，及时提出决策建议。以此更加充分地发挥课题研究对改革决策的意义与功能。

四、本课题研究的突破与创新之处

其一，本课题系首次针对党的十八届四中全会以来的刑事诉讼改革作出的系统性、全景式的梳理，通过梳理总结为接下来刑事诉讼制度的进一步深化改革提供总体上的决策支持。本课题的目标是对党的十八届四中全会以来的重大诉讼改革的实施效果进行评估，前提必然是对党的十八届四中全会以来开展的诉讼制度改革进行梳理。党的十八届四中全会以来，围绕诉讼制度的改革不断推陈出新，目前已经形成丰富的内容。本课题的重要突破与创新之处，就在于对改革措施的系统化梳理，从而反映当下改革进程与全貌，明确当前所处的改革阶段，为接下来的诉讼制度深化改革提供方向。从长远来看，本课题的意义在于定位当前改革所处的历史阶段，进而为我国刑事诉讼制度的改革设置清晰的“路线图”与“时间表”。

其二，本课题突破了部门化、地域化的调查研究方式，采用系统化的方法与更加宽广的视野，客观反映了当前改革作为一种全局性深入改革的全貌。本轮改革采用自上而下的推进方案，并且涉及面广，地域广阔。相应地，本课题的调研需采用系统化的方法与更加宽广的视野，突破针对某一部门或某一地区的部门化、地域化的研究方式。基于这种考虑，本课题注重在中央层面的不同部门设置跟踪调查机制，掌握改革的前沿动态。同时在全国东部、中部与西部地区中选择富有代表性的地方司法机关进行跟踪调研，掌握改革方案的落实情况。通过这样一种调研方案，将有效考察中央改革方案在地方的落实效果，注重改革在不同区域经验的总结与提炼。课题组的案例选取、数据资料多以具有典型代表性的国家机关、地区与案例为素材，着重分析部门、地区与案例背后折射的改革成效不足与措施落实不到位等问题，分析现有缺陷及其背后成因。通过对改革推进效果与经验的归纳总结，提出了具有可行性的优化对策建议。

其三，本课题突破了对改革措施的个别化调查研究，注重从整体上分析改革进程，从而凝练出了以审判为中心的改革主线与几大重点改革领域，为深化改革与学术研究提供了基本的分析框架。党的十八届四中全会所推进的改革是一项围绕刑事诉讼的各个环节、各个领域展开的全局性的深入改革。反映到本课题上，就需要在不断推陈出新的多元化改革措施方案中凝练改革的主线与关键领域，明确课题调研的核心问题与重点问题。要注重避免围绕细节问题过分纠结，不仅无法反映改革全貌，也不利于为接下来的深化改革提供决策上的支持。由此，本课题组首先围绕党的十八届四中全会之后的一系列改革措施，从中凝练了以审判为中心的改革主线，并通过进一步的梳理，发现其在整个改革中的统筹性全局地位。同时，结合中共中央所发布的改革文件，进一步凝练出审前制度、庭审制度、证据制度、辩护制度、认罪认罚制度五大重点改革问题。在此基础上，本课题需要从中分析改革主线与重点问题之间的逻辑关系，进而明确重点领域的改革是如何服务于改革主线，明确当前的改革是如何形成一个在主线统筹下的全局式改革。基于此，在数据材料的收集上，本课题将紧扣以审判为中心的改革主线，跟踪分析确保不同重点领域改革措施在时间与空间上的完整性，论证体系由基本原理、实然现状到应然表现，每一层次内部由具体个案到整体特征，由可行性论证到普适性论证的思路展开，最后通过风险评估机制和理想化应对模型的提出，形成了一个完整、科学的以改革主线为贯、以重点改革领域为组成的理论架构。

其四，本课题突破了对以审判为中心的单纯理论分析，结合改革实践赋予该命题新的理论内涵与实践意义。本轮改革是围绕以审判为中心所展开的系统化全局性改革，由此，必然要将以审判为中心作为统筹性的核心地位。综观当前所出台的改革方案，基本是以审判为中心作为出台背景与主要依据。由此，在本课题的设置上，评价党的十八届四中全会以来的改革方案设置是否科学，改革落实是否富有成效，效果如何，都应当以是否有利于实现以审判为中心、在多大程度上实现了以审判为中心的目的为考量标准。出于这样一种考虑，当前还有必要围绕以审判为中心这个概念，作出进一步的解读，进一步丰富其内涵。由此，一方面，我们继续结合域外关于以审判为中心的经验，提取了一般性的规律。另一方面，结合我国十八届四中全会提出以审判为中心的制度背景和我国刑事诉讼的现实框架，探索了本土性的特别内涵。如此实现了以审判为中心在内涵上的进一步丰富和深化，提高内涵的科学性，从而为本课题设置评价标准提供了更多的科学支持。

专题一　侦查制度改革实施研究*

2014年，党的十八届四中全会明确提出“推进以审判为中心的诉讼制度改革”。以审判为中心的诉讼制度改革对公安机关来说主要是以审判的标准来规范和引导侦查取证。讯问录音录像、警察出庭作证、建立侦查终结前讯问合法性核查制度、涉案财物的先期处置等都是以审判为中心的工作在公安机关的重要体现。党的十八届四中全会提出“推进以审判为中心的诉讼制度改革”以来、2018年修改后的《刑事诉讼法》①（以下简称《刑事诉讼法》）实施以来，这些重要的侦查制度改革在司法实践中运行情况如何，取得哪些进步，存在哪些问题，将来需要法律做哪些调整，这些问题有必要深入公安一线进行深入调研后予以回答。为此，笔者赴上海市、杭州市、深圳市、德州市、扬州市五地的市、区（县）两级公安机关就上述问题进行了调研。通过访谈、座谈、实地参观、统计分析，对我国的侦查制度改革有了一个基本的了解。本专题围绕讯问同步录音录像、警察出庭作证、重大案件侦查终结前讯问合法性核查制度、涉案财物的先期处置、侦查阶段律师权利保障等重要制度改革展开，以期对侦查制度改革以来的实施情况进行全面多维呈现，并就理论与实践存在的问题进行深刻剖析。总体而言，我国的侦查制度改革取得了显著的实际效果；同时，也存在一些需要解决的问题，有些制度需要细化，有些制度需要进行与时俱进的调整。

---

* 本专题由李玉华教授负责。

① 为了与2018年修改后的《刑事诉讼法》区分，本专题将2018年修改后的《刑事诉讼法》简称为《刑事诉讼法》，2012年修正后的《刑事诉讼法》简称为2012年《刑事诉讼法》。

一、讯问同步录音录像*

《刑事诉讼法》第123条规定，侦查人员在讯问犯罪嫌疑人的时候，可以对讯问过程进行录音或者录像；对于可能判处无期徒刑、死刑的案件或者其他重大犯罪案件，应当对讯问过程进行录音或者录像。为了进一步落实讯问中录音录像的制度，进一步规范讯问工作，2014年9月公安部制定颁布了《公安机关讯问犯罪嫌疑人录音录像工作规定》，一些地方公安机关也相应制定了讯问录音录像规则，如上海市公安局制定了《讯问犯罪嫌疑人录音录像工作规范》；深圳市公安局福田分局发布了《关于对讯问过程进行录音、录像的指导意见》；等等。

（一）讯问同步录音录像的功能定位与适用范围

1. 讯问同步录音录像的功能定位

2012年《刑事诉讼法》修改后规定了讯问录音录像制度，司法实践中运行也日趋规范。但是，对于讯问录音录像的功能定位却没有规定，理论界、实务界均对此存在不同的认识，至今未达成一致。

一种观点认为，讯问录音录像只是用来证明取证合法性等程序事实的证据，不能作为口供发挥证明案件实体事实的作用。例如，"目前我国的立法司法现状不适宜将同步录音录像作为证明案件事实的证据看待，只能作为证明取证过程合法性的证据使用"。[①]《刑事诉讼法》的相关配套司法

*本部分撰稿人为李玉华教授，根据已发表的前期成果修改而成，原文李玉华：《侦查制度改革实证研究》，载《中国刑事法杂志》2018年第6期；李玉华：《同步录音录像下单警讯问的突破》，载《法学》2019年第4期。

① 孙谦：《关于修改后刑事诉讼法执行情况的若干思考》，载《人民检察》2015年第7期。

解释均持该态度。例如，最高人民法院、最高人民检察院、公安部、国家安全部、司法部、全国人大常委会法制工作委员会《关于实施刑事诉讼法若干问题的规定》第19条规定："侦查人员对讯问过程进行录音或者录像的，应当在讯问笔录中注明。人民检察院、人民法院可以根据需要调取讯问犯罪嫌疑人的录音或者录像，有关机关应当及时提供。"全国人大常委会法制工作委员会对此解释为："2012年《刑事诉讼法》增加规定讯问录音或者录像制度的目的，在于规范侦查讯问行为，防止刑讯逼供，保护犯罪嫌疑人的合法权益，提高办案质量。侦查讯问过程的录音、录像资料，主要是用于真实完整地记录讯问过程，在办案机关对犯罪嫌疑人供述取得的合法性进行调查时证明讯问行为的合法性……用于证明讯问合法性的录音录像不作为证明案件实体事实的证据，也就不必要每个案件都随案移送。"①

另一种观点认为，讯问录音录像应当作为口供，具备证明案件实体事实的功能。例如，有学者从比较法的视角考察了权利保障型侦查讯问录音录像制度和权力主导型侦查讯问录音录像制度后提出"有必要将讯问录音录像对案件实体事实的证明功能，一并纳入未来的立法规范以及实践操作，毕竟讯问录音录像较之讯问笔录，在证明效果的客观性和全面性上更胜一筹"。②

司法实践多遵从司法解释的精神将其看作证明讯问合法性等程序性事实的证据，但是也出现了将其作为口供的突破。例如，在李××受贿案的判决书中，法院在经审理查明部分写道："××市人民检察院2012年8月3日14时13分至同日16时44分讯问被告人李××时所制作的同步录音录像证实，被告人李××向李×1索取139万元及收受红包7万元的

① 王尚新主编:《最高人民法院、最高人民检察院、公安部、国家安全部、司法部、全国人大常委会法制工作委员会〈关于实施刑事诉讼法若干问题的规定〉解读》，中国法制出版社2013年版，第99页。

② 董坤:《侦查讯问录音录像制度的功能定位及发展路径》，载《法学研究》2015年第6期。

事实。"[①] 在被告人郭 ×× 受贿案的判决书中，法官在说理部分写道："公诉机关向本院提交的讯问过程的同步录音录像及备份系统的录像资料不属于视听资料的范围，而是作为被告人供述和辩解使用，其能够真实、完整地反映侦查人员对被告人郭 ×× 讯问的全过程，且不存在以非法方法收集证据情形，依法应予采信，可以作为定案依据。"[②]

2. 讯问同步录音录像适用的案件范围

《刑事诉讼法》第 123 条规定，侦查人员讯问犯罪嫌疑人应当录音录像的案件范围是：可能判处无期徒刑、死刑的案件或者其他重大犯罪案件。2020 年《公安机关办理刑事案件程序规定》第 208 条将"可能判处无期徒刑、死刑的案件"解释为"应当适用的法定刑或者量刑档次包含无期徒刑、死刑的案件"；将"其他重大犯罪案件"解释为"致人重伤、死亡的严重危害公共安全犯罪、严重侵犯公民人身权利犯罪，以及黑社会性质组织犯罪、严重毒品犯罪等重大故意犯罪案件"。《公安机关讯问犯罪嫌疑人录音录像工作规定》第 4 条和第 6 条[③] 对讯问应当同步录音录像的案件又进一步予以细化。《刑事诉讼法》规定三类案件应当录音或录像，其他

---

① 参见广东省江门市中级人民法院刑事判决书，(2013) 江中法刑二初字第 26 号。

② 参见福建省福州市马尾区人民法院刑事判决书，(2013) 马刑初字第 119 号。

③《公安机关讯问犯罪嫌疑人录音录像工作规定》第 4 条规定："对下列重大犯罪案件，应当对讯问过程进行录音录像：(一) 可能判处无期徒刑、死刑的案件；(二) 致人重伤、死亡的严重危害公共安全犯罪、严重侵犯公民人身权利犯罪案件；(三) 黑社会性质组织犯罪案件，包括组织、领导黑社会性质组织，入境发展黑社会组织，包庇、纵容黑社会性质组织等犯罪案件；(四) 严重毒品犯罪案件，包括走私、贩卖、运输、制造毒品，非法持有毒品数量大的，包庇走私、贩卖、运输、制造毒品的犯罪分子情节严重的，走私、非法买卖制毒物品数量大的犯罪案件；(五) 其他故意犯罪案件，可能判处十年以上有期徒刑的。" 第 6 条规定："对具有下列情形之一的案件，应当对讯问过程进行录音录像：(一) 犯罪嫌疑人是盲、聋、哑人，未成年人或者尚未完全丧失辨认或者控制自己行为能力的精神病人，以及不通晓当地通用的语言文字的；(二) 犯罪嫌疑人反侦查能力较强或者供述不稳定，翻供可能性较大的；(三) 犯罪嫌疑人作无罪辩解和辩护人可能作无罪辩护的；(四) 犯罪嫌疑人、被害人、证人对案件事实、证据存在较大分歧的；(五) 共同犯罪中难以区分犯罪嫌疑人相关责任的；(六) 引发信访、舆论炒作风险较大的；(七) 社会影响重大、舆论关注度高的；(八) 其他重大、疑难、复杂情形。"

案件可以录音或录像，“这主要是考虑到这项制度刚刚推行，录音录像设备需要投入，对于经济不发达的边远地区确实还存在一定困难，需要一个渐进的过程”。[①]

近几年科技发展迅速，公安机关的经费保障也发生了变化，再加上执法规范化的实施，讯问同步录音录像对于广大公安机关来说已经不是困难的事情，全面讯问录音录像的实现比当初预想的来得更快一些。《公安机关讯问犯罪嫌疑人录音录像工作规定》明确要求各地公安机关最迟于2017年以前实现对所有案件进行录音录像。[②] 笔者在调研中了解到:《上海市公安局讯问犯罪嫌疑人录音录像工作规范》规定同步录音录像适用所有类型案件；杭州市公安局公安民警开展讯问也都要求录音录像；深圳市公安局及各分局已经实现了所有案件的讯问同步录音录像[③]；德州市公安局及各分局也已经实现了所有案件的讯问同步录音录像。目前，只有个别地方的分局还没有实现对所有案件的讯问同步录音录像，但是，刑事诉讼法要求必须录音录像的案件都能做到。

---

① 朗胜主编:《中华人民共和国刑事诉讼法释义》(最新修正版)，法律出版社2012年版，第286页。

② 《公安机关讯问犯罪嫌疑人录音录像工作规定》(公通字〔2014〕33号)要求，“近年来，各地公安机关大力加强执法规范化建设，执法办案场所改造基本完成，为做好讯问犯罪嫌疑人录音录像工作提供了坚实的硬件条件。各级公安机关要在严格按照修改后《刑事诉讼法》要求对重大案件进行讯问录音录像的同时，根据本地实际情况，逐步扩大讯问录音录像的案件范围，并抓紧建设数量充足、功能完善、设置规范的标准化讯问室，最终实现对所有刑事案件的讯问过程进行录音录像。东部地区和执法办案场所规范化建设基础较好的地区，要力争在2015年实现对全部刑事案件讯问过程录音录像的工作目标；中西部地区要进一步加强执法办案场所的规范设置和使用管理，力争在2016年实现上述目标；个别执法办案场所规范化建设基础薄弱的地区，要积极创造条件，加快工作进度，加大资金投入，力争在2017年实现上述目标。”

③ 在深圳调研时了解到，公安部“四个一律”制度出台后，所有的犯罪嫌疑人必须带入办案区讯问，而讯问室全部都装有同步录音录像设备，同步录音录像的案件既包括在执法办案场所进行的讯问，也包括对不需要拘留、逮捕的犯罪嫌疑人在指定地点或住处进行的讯问，以及紧急情况下在现场进行的讯问。

（二）单警讯问改革的必要性与可行性

1. 两名侦查人员讯问的渊源

我国1979年《中华人民共和国刑事诉讼法》（以下简称1979年《刑事诉讼法》）第62条规定，讯问应当由侦查人员负责且不少于两人，之后，该条款除在讯问对象的称谓上稍作修改外，一直沿用至今。[①] 这一规定在当时的社会背景下具有重要意义，并在刑事诉讼中发挥了重要作用。

（1）有利于保障侦查人员的人身安全和防止犯罪嫌疑人脱逃，即“安全讯问”。讯问是侦查机关收集证据的重要活动，具有一定的人身危险性，“出于安全方面的考虑，防止犯罪嫌疑人脱逃、行凶、自杀或者其他危险行为的发生”[②] 规定侦查人员讯问实行“双人制”。以前很多地方的公安机关因为经费紧张等原因，执法办案场所不规范，硬件设施不到位，犯罪嫌疑人脱逃、民警被不法分子袭击的情况时有发生。侦查讯问时要求不少于两名民警，可以保持警力上的绝对优势震慑犯罪嫌疑人，防止危险情况的发生。

（2）有利于侦查人员互相监督，防止发生刑讯逼供、徇私枉法等违法行为，即“合法讯问”。在讯问没有实行同步录音录像之前、在执法办案场所没有实现视频全覆盖之前，犯罪嫌疑人非正常死亡的事情时有发生，刑讯逼供屡禁不止。两名以上侦查人员讯问可以在一定程度上实现互相监督，防止对犯罪嫌疑人实施刑讯逼供、徇私枉法等违法行为的发生。如果

① 1979年《刑事诉讼法》第62条规定：“讯问被告人必须由人民检察院或者公安机关的侦查人员负责进行。讯问的时候，侦查人员不得少于二人。”1996年《刑事诉讼法》第91条规定：“讯问犯罪嫌疑人必须由人民检察院或者公安机关的侦查人员负责进行。讯问的时候，侦查人员不得少于二人。”2012年《刑事诉讼法》第116条第1款规定：“讯问犯罪嫌疑人必须由人民检察院或公安机关的侦查人员负责进行。讯问的时候，侦查人员不得少于二人。”2018年《刑事诉讼法》修订后条文顺序变为第118条，内容未变。

② 陈光中、严端主编：《中华人民共和国刑事诉讼法释义与应用》，吉林人民出版社1996年版，第136页。

讯问的合法性受到质疑，在场侦查人员也可以作证。因此，二人讯问的规定对于保障讯问的合法性发挥了一定的作用。

（3）有利于侦查人员运用讯问策略、互相配合、突破口供，即“有效讯问”。在侦查中讯问犯罪嫌疑人是犯罪嫌疑人和侦查人员之间的一种心理互动，“从某种意义上讲，是一场没有硝烟的短兵相接的唇枪舌剑，尤其是讯问那些罪大恶极或高智商的犯罪嫌疑人，工作难度相当大”。[①] 因此，恰当地运用侦查讯问策略和方法是非常有必要的。我们在长期的侦查讯问实践中总结出了一些行之有效的讯问策略和讯问方法，如常用的讯问策略有攻心夺气、重点突破、迂回围歼、声东击西、欲擒故纵、避实击虚等；常见的讯问方法有使用证据、利用矛盾、说服教育、情感影响等。这些侦查讯问策略和讯问方法的运用常常需要二人以上侦查讯问人员取长补短、互相支持、默契配合。

2. 单警讯问的必要性

目前，关于二人以上侦查讯问的规定不断受到挑战与质疑。笔者在上海、杭州、深圳等地与民警座谈中，民警均强烈要求承认单警讯问的合法性。主要原因如下：

（1）基层办案单位警力紧张，案多人少的矛盾普遍突出。目前我国社会正处在转型期，社会矛盾多发，各类新型犯罪不断涌现，案件数量不断增长。特别是随着 2013 年劳动教养制度的废除，“原来由公安机关内部行政化处理的部分案件进入了刑事法的调整视野，入罪门槛降低”。[②] 另外，近年来，我国也出现了轻罪入刑的迹象[③]，像《刑法修正案（九）》中的危险驾驶罪，出售、提供公民个人信息罪等，轻罪入刑“将刑事处罚的端口

① 云山城主编:《预审学》，中国人民公安大学出版社 2007 年版，第 117 页。

② 魏晓娜:《完善认罪认罚从宽制度：中国语境下的关键词展开》，载《法学研究》2016 年第 4 期。

③ 熊秋红:《废止劳教之后的法律制度建设》，载《中国法律评论》2014 年第 2 期。

前移，刑法干预社会生活的范围大幅度扩张”①，相应案件数量也在增长。

2004年公安机关刑事立案数是4718122件，2015年达到7174037件，增幅约为47%；2004年治安案件6647724件，2015年达到11795124件，增幅约为77%；2004—2015年两类案件的总体增长幅度约为67%(见图1)。再看公安民警的人数变化，2003年全国公安在职民警是100万人②，2004年约为143万人③，2015年约为180万人④。十一年间，公安民警人数的增幅仅为25%，远远赶不上案件的增长幅度。再如，“2001年至2011年十年间，(江苏)全省公安机关刑事案件增长了40%，受理治安案件增长了4倍，

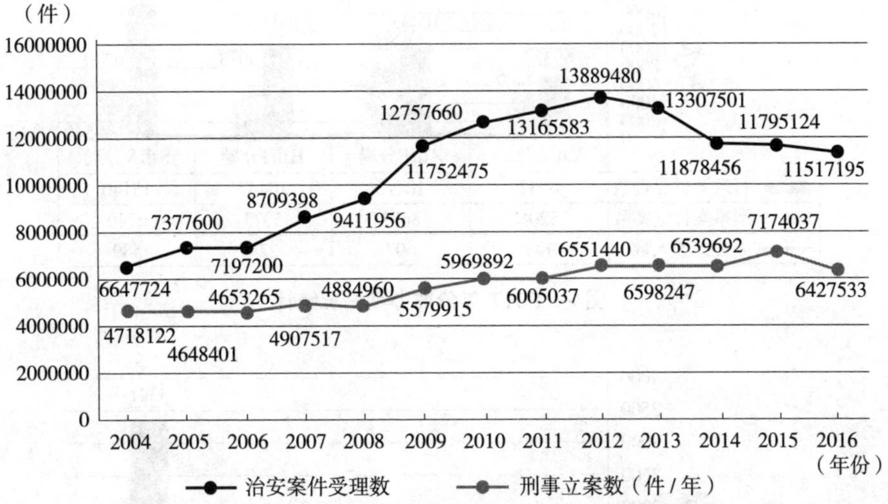

图1　2004—2016年公安机关刑事、治安案件数量变化情况⑤

---

① 魏晓娜:《完善认罪认罚从宽制度：中国语境下的关键词展开》，载《法学研究》2016年第4期。

② 参见樊鹏:《社会转型与国家强制：改革时期中国公安警察制度研究》，中国社会科学出版社2017年版，第139页。

③ 2004年数据统计口径发生变化，包括42万地方编制。

④ 2015年中国人寿与公安部合作开展公安民警人身意外伤害保险项目，承保对象是全国在职在编的公安民警，共约180万人。数据来源于《中国人寿与公安部签署全国公安民警人身意外伤害保险协议》，载中国人寿保险公司网站，http://www.e-chinalife.com/news/detail1409817809236.html，2018年9月5日访问。

⑤ 数据来源于《中国法律年鉴》(2005—2017)。

较之复杂的治安形势和繁重的工作任务，全省警力增长缓慢，警力不足的问题十分突出”。[①] 笔者在调研中也发现，基层公安机关案多人少的矛盾突出，民警的办案压力很大，尤其是派出所（见图 2、图 3）。2017 年，Y 市 W 派出所受理行政案件 1060 起，实际办案民警人数为 3 人；刑事立案 887 起，实际办案民警人数为 7 人，平均每人办理 353 起行政案件、126 起刑事案件。H 市 P 派出所受理行政案件 1195 起，刑事案件 763 起，实际办案民警人数为 13 人，平均每人办理 150.6 起刑事或行政案件；Z 市 A 派出

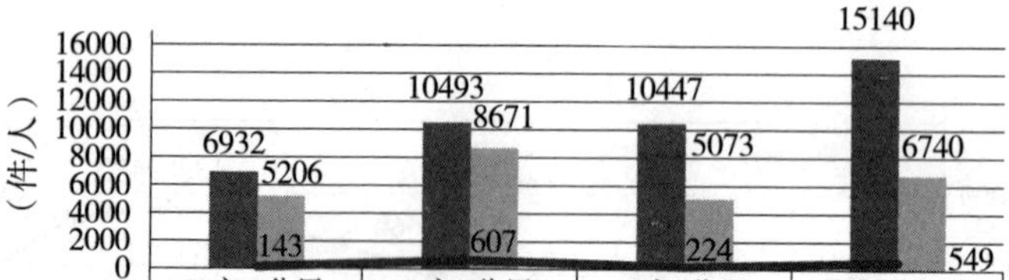

	Y市G分局	Z市F分局	H市J分局	S市X分局
行政案件受理数	6932	10493	10447	15140
刑事案件立案数	5206	8671	5073	6740
办案民警人数	143	607	224	549

图 2　2017 年分局办案情况统计

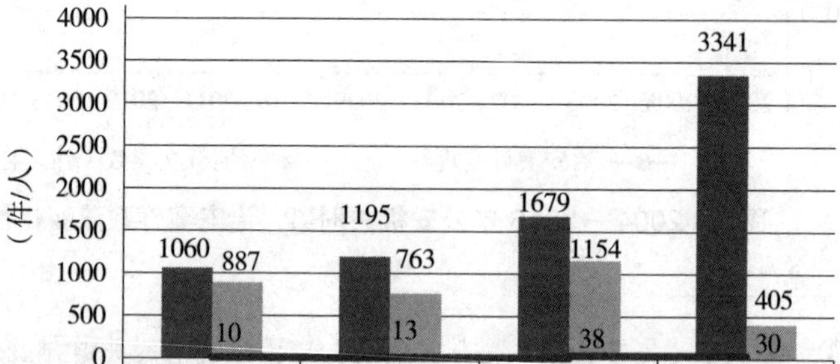

	Y市W派出所	H市P派出所	Z市A派出所	S市Q派出所
行政案件受理数	1060	1195	1679	3341
刑事案件立案数	887	763	1154	405
办案民警人数	10	13	38	30

图 3　2017 年派出所办案情况统计

① 李明朝、陆永、袁超:《辅警队伍管理的困局与出路——基于对江苏辅警现状的调查》，载《公安研究》2012 年第 10 期。

所受理行政案件1679起，刑事案件1154起，实际办案民警人数为38人，平均每人办理74.55起刑事或行政案件；S市Q派出所受理行政案件3341起，刑事案件405起，实际办案民警人数为30人，平均每人办理124.86起刑事或行政案件。

除正常工作外，办案人员还需要四天甚至三天值一次班（24小时在单位）。除了办案和值班以外，公安机关的办案人员还要参加一些活动的维稳、安保等，如全国两会、G20杭州峰会、青岛上海合作组织会议等国家重大活动以及演唱会、灯会等群众自发性的活动。据统计，2016年，公安机关为全国1200余场万人以上的群众性自发活动进行安保。[①] 2013—2015年辽宁省大型活动每年都在2000场以上，投入警力30万人次左右（见表1）。笔者在调研中发现，2017年，S市X分局549名办案人员共参加187项、546场大型安保活动，Q派出所30名办案人员参加87场安保活动。安保任务繁重，警力投入大，也加剧了公安机关基层办案警力不足的矛盾。

表1　2013—2015年辽宁省大型活动安保及警力使用情况 [②]

年份	许可类活动（场）	政务性活动（场）	警力使用情况（人次）
2013	913	1553	301580
2014	955	1490	284327
2015	951	1477	271874

人口数量和警察的配备比例也是衡量警力是否充足的一个重要指标。“目前，世界中等发达国家的警力配置为万分之四十。以江苏省为例，江苏省人均GDP已经达到世界中等发达国家水平，警力配置仅万分之十一左

① 数据来源于《中国法律年鉴》（2017）。

② 参见戚丹：《大型安保工作社会化路径研究——以创新社会治安治理机制为视角》，载《中国人民公安大学学报（社会科学版）》2016年第6期。

右，苏北某些地区甚至只有万分之三到四。”[①] 笔者在调研中也发现，Z 市常住人口约 1250 万人，实际管理人口超过 2000 万人，在职民警仅 19300 人，每万人平均仅有 9.65 名警力。作为一个国际化城市，警力配备远远低于世界中等发达国家的平均水平，甚至低于我国万分之十一的平均水平。因此，案多人少，警力不足的状况使得同步录音录像下部分案件单警讯问合法化的呼声更大。

（2）“侦查人员不少于二人讯问”在司法实践中已经变通异化。尽管我国刑事诉讼法规定了讯问时侦查人员不得少于二人，但是由于基层办案警力紧张，案多人少的矛盾突出，尤其在案件高发期或同时抓获多名共同犯罪嫌疑人需要及时讯问的情况下，一些地方的公安机关做到两名正式侦查人员讯问比较困难。有些地方为了在形式上满足刑事诉讼法对讯问人员的数量要求，让快要退休的老民警专职陪同讯问或者由一名辅警陪同一名正式侦查人员讯问，陪同的老民警或辅警在讯问过程中并不能发挥实质性作用。二人讯问的制度在侦查实践中已经变通、异化，实际上无法得到全面的贯彻执行。

有学者曾对不规范的侦查讯问行为做过调查，共发放 170 份调查问卷，收回有效问卷 150 份，发现在不规范的侦查行为中被提到频率最高的是非侦查人员参与讯问，比例高达 48.6%，也就是说，有将近半数的问卷中都提到了这个问题；另外，讯问时侦查人员不足二人的情况也占 28.7%。[②] 2012 年《刑事诉讼法》修改后规定，三类案件讯问时必须同步录音或录像，非侦查人员二人讯问的局面有所好转。但是，由于案件量增多，安保任务繁重，警力紧张并未得到改变，非侦查人员讯问或一名侦查员讯问的情况依然存在。有学者曾对某市中院 2013 年审理的一审和二审

① 侯贺亮、刘杰琳:《实战导向下的基层警力不足问题分析及对策研究》，载《法制与社会》2015 年第 3 期。

② 参见夏红、曲利民:《常见不规范侦查讯问行为及其程序性处置调查分析》，载《黑龙江政法管理干部学院学报》2009 年第 6 期。

刑事案件进行统计，922 件刑事案件中，被告人主张非法讯问的有 43 件 49 人，涉及非法讯问的种类多达 14 种，其中包括一人审讯和审讯主体非侦查人员的情况。[①]

侦查人员讯问时不得少于二人的规定在司法实践中已经被变通和异化，单警讯问和一名侦查员配一名辅警讯问在有些地方已经被检察机关和法院默许。但是，单警讯问和一名侦查员配一名辅警讯问的问题一旦被律师发现和提出，讯问笔录将面临作为非法证据被排除的境遇。因此，在同步录音录像之下部分案件实行单警讯问制度十分必要。

3. 单警讯问的可行性

随着社会的不断发展，刑事诉讼理念、刑事诉讼制度、科技条件等方面都发生了改变，再加上公安机关执法规范化建设的不断推进使得单警讯问具备了可行性。

（1）讯问同步录音录像制度为单警讯问提供了可能性。讯问同步录音录像的立法、实施和不断完善保障了讯问过程的合法性，为单警讯问提供了可能性。

第一，讯问同步录音录像的案件范围接近全覆盖。《刑事诉讼法》第 123 条规定，侦查人员在讯问犯罪嫌疑人的时候，对于可能判处无期徒刑、死刑的案件或者其他重大犯罪案件，应当对讯问过程进行录音或者录像。《公安机关办理刑事案件程序规定》第 208 条将“可能判处无期徒刑、死刑的案件”解释为“应当适用的法定刑或者量刑档次包含无期徒刑、死刑的案件”；将“其他重大犯罪案件”解释为“致人重伤、死亡的严重危害公共安全犯罪、严重侵犯公民人身权利犯罪，以及黑社会性质组织犯罪、严重毒品犯罪等重大故意犯罪案件”。《公安机关讯问犯罪嫌疑人录音录像工作规定》第 4 条和第 6 条对讯问应当同步录音录像的案件又予以进一步

① 参见马静华：《非法讯问与监控式讯问机制》，载《法学家》2015 年第 6 期。

细化。[①]《公安机关讯问犯罪嫌疑人录音录像工作规定》的通知中，明确要求各地公安机关最迟于2017年以前实现对所有案件进行录音录像。[②] 笔者先后赴H市、S市、Z市、D市等地调研发现这些地方均已经提前实现讯问同步录音录像对所有刑事案件全覆盖。

第二，严格要求与同步监督可以保障录音录像的完整性、不间断性。为了防止录音录像被修改、剪辑等行为的发生，公安部发文专门对此进行了规制。《公安机关执法办案场所办案区使用管理规定》第20条和《公安机关讯问犯罪嫌疑人录音录像工作规定》第10条均要求录音录像应当自讯问开始时开始，至犯罪嫌疑人核对讯问笔录、签字捺指印后结束；讯问笔录记载的起止时间应当与讯问录音录像资料反映的起止时间一致。《公安机关讯问犯罪嫌疑人录音录像工作规定》第15条还规定："中止讯问的

---

① 《公安机关讯问犯罪嫌疑人录音录像工作规定》第4条规定："对下列重大犯罪案件，应当对讯问过程进行录音录像：(一)可能判处无期徒刑、死刑的案件；(二)致人重伤、死亡的严重危害公共安全犯罪、严重侵犯公民人身权利犯罪案件；(三)黑社会性质组织犯罪案件，包括组织、领导黑社会性质组织，入境发展黑社会组织，包庇、纵容黑社会性质组织等犯罪案件；(四)严重毒品犯罪案件，包括走私、贩卖、运输、制造毒品，非法持有毒品数量大的，包庇走私、贩卖、运输、制造毒品的犯罪分子情节严重的，走私、非法买卖制毒物品数量大的犯罪案件；(五)其他故意犯罪案件，可能判处十年以上有期徒刑的。"第6条规定："对具有下列情形之一的案件，应当对讯问过程进行录音录像：(一)犯罪嫌疑人是盲、聋、哑人，未成年人或者尚未完全丧失辨认或者控制自己行为能力的精神病人，以及不通晓当地通用的语言文字的；(二)犯罪嫌疑人反侦查能力较强或者供述不稳定，翻供可能性较大的；(三)犯罪嫌疑人作无罪辩解和辩护人可能作无罪辩护的；(四)犯罪嫌疑人、被害人、证人对案件事实、证据存在较大分歧的；(五)共同犯罪中难以区分犯罪嫌疑人相关责任的；(六)引发信访、舆论炒作风险较大的；(七)社会影响重大、舆论关注度高的；(八)其他重大、疑难、复杂情形。"

② 《公安机关讯问犯罪嫌疑人录音录像工作规定》(公通字〔2014〕33号)要求，"近年来，各地公安机关大力加强执法规范化建设，执法办案场所改造基本完成，为做好讯问犯罪嫌疑人录音录像工作提供了坚实的硬件条件。各级公安机关要在严格按照修改后《刑事诉讼法》要求对重大案件进行讯问录音录像的同时，根据本地实际情况，逐步扩大讯问录音录像的案件范围，并抓紧建设数量充足、功能完善、设置规范的标准化讯问室，最终实现对所有刑事案件的讯问过程进行录音录像。东部地区和执法办案场所规范化建设基础较好的地区，要力争在2015年实现对全部刑事案件讯问过程录音录像的工作目标；中西部地区要进一步加强执法办案场所的规范设置和使用管理，力争在2016年实现上述目标；个别执法办案场所规范化建设基础薄弱的地区，要积极创造条件，加快工作进度，加大资金投入，力争在2017年实现上述目标"。

情形消失后继续讯问的，应当同时进行录音录像。侦查人员应当在录音录像开始后，口头说明中断的原因、起止时间等情况，在讯问笔录中载明并由犯罪嫌疑人签字确认。”此外，《公安机关执法办案场所设置规范》第14条要求办案区的电子监控设备应当与警务督察部门网上督察信息系统实现数据对接，这保障了督察部门可以时时对讯问室的活动进行巡查监督。

（2）智能化办案中心的建设和运行为单警讯问提供了更多保障。21世纪以来，我国公安执法办案场所进行了三次升级改造。第一次是外观的改变。2005年4月，公安部发布《公安派出所建筑外观形象设计规范》，统一公安派出所的建筑外观便于群众识别。第二次是办案场所的规范化。2010年10月，公安部印发《公安机关执法办案场所设置规范》，实现了办案区与办公区、接待区、生活区的功能区分和规范；2013年10月，公安部印发《公安机关执法办案场所办案区使用管理规定》，进一步细化和规范办案场所的使用。第三次是办案场所的智能化。在办案场所规范化的基础上，条件好的地区开始积极建设智能化的办案中心。截至2017年6月，全国公安机关已经建成了3885个执法办案中心。① 其中部分办案中心已经实现了智能化。例如，北京海淀、深圳南山、杭州江干、山东德州等地的执法办案中心。智能化执法办案中心的建设为单警讯问的实现提供了更多的保障。

第一，智能化办案场所的建设和运行保障了讯问前后及办案全程的合法性。讯问同步录音录像的规定保障了讯问过程的合法性，智能化办案场所的建设和运行保障了讯问前后及办案全程的合法性，可以解除“打了再录”“先做工作再录”的顾虑。《公安机关执法办案场所办案区使用管理规定》第4条规定：“违法犯罪嫌疑人被带至公安机关后，办案民警应当将其立即带入办案区；除经办案部门负责人批准，起赃、辨认现场或者尸体的

① 参见《提档升级　跑出执法规范化建设的加速度——全国公安机关深化公安执法规范化建设综述》，载公安部官网，http://www.mps.gov.cn/n2253534/n2253535/n2253537/c5730062/content.html，2018年7月30日访问。

以外，不得将违法犯罪嫌疑人带出办案区。”《公安机关执法办案场所设置规范》第 14 条要求办案区应当安装可覆盖区域内外且具有数据存储功能的电子监控设备并与警务督察部门网上督察信息系统实现数据对接，这就保障了在办案区整个办案过程的合法性。智能化执法办案中心通过高科技的使用，为办案全程的合法性及监控提供了更可靠、便捷的保障。例如，在北京的执法办案中心，“民警抓获犯罪嫌疑人之后，必须在 1 小时内向办案中心报备，办案中心会为每个案件制作一个案件编号，并将办案民警信息与犯罪嫌疑人信息绑定”。[①] 犯罪嫌疑人和办案民警从进入办案中心开始，通过人脸识别系统（如深圳南山分局执法办案中心）或佩戴 GPS 电子手环（如北京各区县分局的执法办案中心）采集个人信息并自动存储，其等候、审讯等全过程行动轨迹都在视频监控之下。如果讯问时办案民警存在不当行为，系统会自动报警，监控室巡查监督民警也会给予提醒。当犯罪嫌疑人离开办案中心时，其行动轨迹、审讯音视频等资料由办案中心工作人员一并刻录光盘交给办案民警附卷，备份音视频可以在办案中心保留一年以上，实现了录审分离、独立保管。目前，公安机关智能化执法办案中心可以实现这一目标，保证犯罪嫌疑人从进入办案中心开始全过程活动轨迹处于视频监控之下。防止出现“侦查人员通过讯问谋略甚至刑讯逼供等非法方法彻底制服犯罪嫌疑人，确保后续审讯万无一失后，才正式开始录音录像，有的侦查机关甚至事后补拍”。[②]

第二，智能化办案场所的建设和运行保障了侦查讯问人员和犯罪嫌疑人的人身安全。在办案场所改造的第二个阶段，即规范化阶段公安机关就从硬件上消除了侦查讯问人员和犯罪嫌疑人在讯问中的人身安全隐患。首先，消除了办案场所存在的安全隐患。《公安机关执法办案场所设置规范》

---

① 董旭超、李娜:《公安机关一站式执法办案模式的现状与展望》，载《北京警察学院学报》2018 年第 2 期。

② 王超:《全程录音录像制度的功能异化——以侦查讯问录音录像的选择性录制与播放为视角》，载《华中科技大学学报（社会科学版）》2014 年第 1 期。

第2条规定，公安机关及其派出所应当将接待群众、内部办公、办案和生活区域实行分区设置和管理；第10—12条还规定了办案场所的细节设置和要求，[①] 防止逃跑、自杀等非正常死亡的发生。《公安机关执法办案场所办案区使用管理规定》第10条和第29条还规定了进入办案区的安全检查以及办案区禁止放置的物品。[②] 其次，执法办案中心讯问室放置了特殊设计的桌椅，实现侦查讯问人员和犯罪嫌疑人的物理隔离。《公安机关执法办案场所设置规范》第13条规定，讯问室应当设置违法犯罪嫌疑人专用座椅，座椅应当牢固并且有安全防护装置，椅脚安全固定于地面，座椅与墙壁及工作台等设施应当保持安全距离。此外，有些执法办案中心设置了特殊讯问室，可以将侦查讯问人员与带有传染性疾病（如艾滋病、肺结核等）的犯罪嫌疑人实施特殊隔离，切实保障办案民警的人身安全。高科技的应用为人身安全提供了更多的保障，如智能化办案中心中安装了红外感应系统，如果犯罪嫌疑人存在异常激烈的行为，感应系统会自动报警，防止犯罪嫌疑人自残、脱逃、伤害办案民警等。

第三，智能化办案场所的建设和运行为讯问人员提供了更多办案支持和保障。智能化的执法办案中心不仅整合了办案中的信息采集、人身检查、物品储存、临时性羁押、审讯、辨认等环节，而且集中法制、情报、网安、刑侦、技侦等多部门为侦查讯问提供支持，实现合成作战。侦查人员在审讯过程中遇到问题，可以直接向执法办案中心提出合成作战申请，

---

① 《公安机关执法办案场所设置规范》第10条规定，办案区的设置应当符合安全、保密的要求，并与其他功能区实行物理隔离，讯问室以及供违法犯罪嫌疑人使用的卫生间不得设置在二楼或者二楼以上；第11条规定，办案区应当安装应急报警装置，楼道门窗及区内各功能室、卫生间的窗户等应当安装牢固的防护栏网等防止违法犯罪嫌疑人逃跑的设施，区内各功能室、卫生间应当避免有凸出的硬棱角、悬挂支点及可能被直接用来行凶、自杀、自伤的物品；第12条规定，讯问室室内用电应当采用低压电源，墙面、门窗应当做隔音和防撞处理。

② 《公安机关执法办案场所办案区使用管理规定》第10条规定，办案民警将违法犯罪嫌疑人带至办案区后，应当首先对其人身及携带的物品进行安全检查；第29条规定，禁止将可能被用来行凶、自杀、自伤的物品，以及爆炸性、毒害性、放射性等危险物品或者其他可能影响执法安全的物品存放在办案区。

由情报、网安、刑侦、技侦等部门提供信息和技术支持，法制部门提供法律支持，通过大数据筛查、情报研判、关联信息分析等满足侦查人员的讯问需求。侦查人员坐在讯问室，从面前的电脑上就能够看到合成作战部门推送过来的信息，便于侦查人员随时核实口供、及时了解犯罪嫌疑人的相关信息。侦查人员坐在讯问室进行讯问的同时还可以通过耳机接受来自指挥室的讯问指导。这种多警种的同步支持，可以在一定程度上弥补单警讯问的不足。

（3）执法检查、执法考核和执法监督为单警讯问的合法化提供了保障。在公安机关的执法规范化建设过程中，执法检查、执法考核和执法监督起到了重要的保障作用，也为单警讯问的合法性提供了保障。为切实规范执法办案场所办案区的使用管理，严格落实“四个一律”的工作要求，提升安全规范执法水平，2014 年 3 月，公安部下发《公安机关规范使用办案区“四个一律”专项检查活动方案》的通知，于 2014 年 4 月至 8 月开展全国公安机关规范使用办案区“四个一律”专项检查活动。[①] 通过执法专项检查，“四个一律”已经成为办案人员自觉遵守的办案规则。根据《公安机关执法办案场所办案区使用管理规定》第 32 条规定，办案区的使用和管理均纳入执法质量考评的范围。根据《公安机关讯问犯罪嫌疑人录音录像工作规定》第 22 条规定，讯问录音录像工作和讯问录音录像资料的管理使用情况，均纳入所在单位案件审核和执法质量考评范围。根据《公安机关执法办案场所办案区使用管理规定》第 31 条规定，公安机关警务督察部门、法制部门应当加强对办案区使用管理的监督和视频巡查，发现存在安全隐患，或者执法办案单位、办案民警有违反规定行为的，应当及时纠正、制止。这些执法检查、执法考核和执法监督保障了讯问过程以

① “四个一律”即“违法犯罪嫌疑人被带至公安机关后，一律直接带入办案区，严禁违反规定带出办案区讯问询问；进入办案区后，一律先进行人身检查和信息采集；违法犯罪嫌疑人在办案区内，一律要有人负责看管；在办案区内开展执法活动，一律要有视频监控并记录”。

及讯问前后整个办案过程的合法性，保障了讯问录音录像的合法性和办案场所的规范使用，从而为单警讯问条件的落实提供了可靠保障。

（三）讯问同步录音录像的实践问题与改革经验

1. 讯问同步录音录像资料的保管、移送与查阅

《关于实施刑事诉讼法若干问题的规定》第 19 条规定：“人民检察院、人民法院可以根据需要调取犯罪嫌疑人的录音或者录像，有关机关应当及时提供。”据此，讯问录音录像的保管、移送和查阅就成为公检法办理刑事案件的常规性工作。《公安机关讯问犯罪嫌疑人录音录像工作规定》第三章“资料管理和使用”对讯问录音录像资料的保管和使用作出了比较细致的规定：第 16 条规定了讯问录音录像资料保管人员与办案人员的分离；第 17 条规定了讯问录音录像资料应当刻录光盘保存或者利用磁盘等存储设备存储，以及具体的要求，如刻录光盘保存的，应当制作一式两份，在光盘标签或者封套上标明制作单位、制作人、制作时间、被讯问人、案件名称及案件编号，一份装袋密封作为正本，一份作为副本；第 18 条规定了光盘正本的调取情形和程序；第 19 条规定了公检法调取讯问录音录像的情形；第 20 条规定了调取光盘需要在保管员处履行的手续。我们在调研中了解到，对于上述规定，上海、杭州、深圳、德州、扬州等地均能够遵照执行，整体运行效果良好。但是，在当前的运行中也存在一些问题。

第一，关于刻录光盘的保存问题。实践中，上海的操作主要针对重、特大案件，包括刑事诉讼法规定的案件肯定能做到，小案件方面的落实情况可能会有所欠缺。在深圳，有民警提出了同步录音录像的保存存在的问题：一是无明确的保存环境标准，使得存储介质存在毁损的风险；二是有的分局目前无能够放入光盘进行同步录音录像的设备，完全是对讯问室监控视频的重新拷贝，存在录音质量不高的问题；三是同步录音录像的设备公安部也无相应的标准和规范。

第二，关于讯问录音录像资料移交检察院、法院问题。讯问录音录像

的随案移交在监督讯问过程的合法性方面能够起到很好的作用，例如在赵某某、蔡某某涉嫌盗窃一案中，检察院通过调看讯问视频，发现侦查人员将犯罪嫌疑人双手反铐，并有推拉其肩膀的行为，认定属于刑讯逼供行为，进而将犯罪嫌疑人口供作为非法证据予以排除。刑事诉讼法及相关司法解释并没有规定侦查机关要随案移送讯问的录音录像，只是规定了人民检察院、人民法院可以依需要调取。司法实践中，各地对讯问录音录像的随案移送规定和做法不尽相同。上海市公安机关移交讯问录音录像资料的主要是重大案件，刑事诉讼法规定的重大案件移交录音录像资料情况较好，但大部分非重大案件录音录像资料移交情况有所欠缺。杭州市公安机关并不是所有的录音录像资料都要移送检、法，只是刑事诉讼法规定的几类重大案件，包括未成年人刑事案件，会随案移送讯问录音录像资料；其他刑事案件，现行的做法是将录音录像资料备份，如果检察院需要，可以随时调取；另外，部分案件中，记录犯罪嫌疑人由拒供到供述的录音录像资料，杭州市公安机关也会刻录光盘后附卷移送。

2. 讯问笔录和同步录音录像内容不一致

根据《刑事诉讼法》《公安机关办理刑事案件程序规定》和《关于实施刑事诉讼法若干问题的规定》的规定，我国进行侦查讯问录音录像的同时还应当制作讯问笔录。因此，对同一名犯罪嫌疑人的同一次讯问就出现了两种方式的记载：讯问笔录和讯问录音录像，两种记载方式的内容应当是一致的。但是，司法实践中讯问录音录像与讯问笔录经常存在不对应的情况，“这种不对应主要表现为三种情形：一是讯问录音录像的次数少于讯问笔录的次数；二是对同一次讯问，讯问笔录记载的内容少于讯问录音录像记载的内容；三是对同样的内容，讯问笔录的记载与讯问录音录像的记载不一致”。① 例如，“陈某某贩卖毒品案” ② 的辩护人向法庭提交了五

---

① 李玉华:《我国侦查讯问录音录像实施中的十大问题》，载《中国人民公安大学学报（社会科学版）》2014 年第 3 期。

② 参见广东省珠海市斗门区人民法院刑事判决书，（2017）粤 0403 刑初 339 号。

张从2016年12月22日审讯录像光盘中下载的图片，证明公安提供的讯问录像与讯问笔录的时间不一致，抓获被告人陈某某后，其所作的第一次有罪供述（2016年12月22日7时51分至9时19分）的同步录音录像是空的。法院对此评判如下：经查，本案是珠海市公安局斗门分局组织下属多部门联合执法行动破获的，对陈某某作第一次审讯的地点是在井岸派出所的审讯室进行的，由井岸派出所民警审讯，对其作第二次（2016年12月22日13时06分至15时46分）审讯是在白蕉派出所审讯室进行的，由白蕉派出所民警审讯，当天的同步录音录像是白蕉派出所提供的，在井岸派出所的同步录音录像因没有及时拷贝后来被覆盖而无法拷贝，即陈某某在井岸派出所的供述确实没有同步录音录像，但不采用陈某某的该供述，也不影响对被告人陈某某定罪量刑。2014年公安部的《公安机关讯问犯罪嫌疑人录音录像工作规定》第13条对此作出了回应："在制作讯问笔录时，侦查人员可以对犯罪嫌疑人的供述进行概括，但涉及犯罪的时间、地点、作案手段、作案工具、被害人情况、主观心态等案件关键事实的，讯问笔录记载的内容应当与讯问录音录像资料记录的犯罪嫌疑人供述一致。"但是，在司法实践中检察人员、审判人员、辩护律师并不一定认可公安部的规定，会提出讯问笔录与录音录像不一致的各种问题，有时检察院还会下发《纠正违法通知书》。

座谈中，有民警谈道，"不同民警制作笔录水平有高低，制作笔录的风格也非千篇一律——有些民警对讯问内容进行了概括；有些民警只是零零散散地记录讯问内容。从证据运用效果角度来讲，如果办案人员对讯问内容进行了概括，运用效果比办案人员零零散散地记录效果要好。但是，在这种情况下，检察院经常给我们下发《违法纠正通知书》，检察院偶尔会提出犯罪嫌疑人不是这么交代的，民警为何要把它概括起来。虽然讯问笔录中有些内容概括不到位，但大多数办案人员的概括都符合犯罪嫌疑人的本意。不同的犯罪嫌疑人表达能力有差别，有些水平高、语言表达能力强，有些水平低、语言表达能力差，因此，对表达能力较弱的犯罪嫌疑人，办案人员必须对他们的回答进行概括，才能突出重要的案件事实。另外，讯问中有些犯罪嫌疑人默认的内容，民警会记录在讯问笔录中，但如果单纯看录音录像资料，检察官、法官会发现犯罪嫌疑人并没有明确说过这些话。”

另有一名民警提出，“讯问笔录与同步录音录像一致性的要求，以及司法实践中的挑剔使得负责记录的侦查人员自由度极大受限，不得不去迎合一致性的要求，尽量记得与原话一致，讯问人员正在从侦查员沦为记录员。从传统的主动运用讯问的策略，转变为被动记录，你说啥，我记啥”。其实，“不同的参与主体（警察、检察官、辩护律师、陪审团、受害者、法官和犯罪嫌疑人）基于不同的诉求有可能对同一份影音证据作出不同的诠释。更重要的是，人类的语言和肢体交流本身存在的模糊性和多元价值也会造成影音数据在事后分析时必然带有极大不确定性”。“研究表明，观看者自身内心的期待和意愿会影响其理解和评判音像资料所传达的含义和内容。”①

讯问录音录像制度最早在英国实施，在英国的警察讯问中，如果进行了录音录像，是可以不制作讯问笔录的。② 在美国，对于讯问录音录像的同时要不要制作讯问笔录，在法律层面是没有规定的，实践中各州做法不一，有的要求同时制作讯问笔录，有的则不作要求。“在英国学者看来，

① 宋洪恩、赵华:《美国警察讯问录音录像制度》，载《警察法学》2013 年第 1 期。

② 英国在 20 世纪 80 年代初的试验中就不再要求同时制作讯问笔录，参见瓮怡洁:《英国的讯问同步录音、录像制度及对我国的启示》，载《现代法学》2010 年第 3 期。《1984 年警察与刑事证据法（PACE）守则 E：会见嫌疑人的录音带守则》5.1 规定，只要求讯问人在讯问后应当在笔记本上记录以下事实“已经对会见进行了录音，会见的时间，持续时间、日期和母带的识别号码”，并未要求记录整个讯问过程的内容，参见中国政法大学刑事法律研究中心编译:《英国刑事诉讼法（选编）》中国政法大学出版社 2001 年版，第 502 页。《1984 年警察与刑事证据法（PACE）守则 F：讯问犯罪嫌疑人录音录像守则》5.1 规定，只要求讯问人在讯问后应当在笔记本上记录以下事实“已经做过讯问并进行了录音录像及其时间、持续时长、日期和录像原件的序号”，并未要求记录整个讯问过程的内容，参见李玉华，刘文峰译:《1984 年警察与刑事证据法（PACE）守则 F：讯问犯罪嫌疑人录音录像守则》，载《西部法学评论》2013 年第 3 期。

法庭采纳被告人在警察讯问阶段制作的供述作为证据，实际上是传闻证据规则的例外。”[①] “在美国的法庭上，讯问录音录像可以代替讯问笔录，作为独立的固定供述的证据方式接受法庭审查。依循美国的证据规则，被告人审前在侦查讯问中所做的供述属于传闻证据规则的一项例外。”[②]

综上所述，在侦查讯问同步录音录像已经基本实现刑事案件全覆盖并且运行良好的基础上，在执法办案场所日益规范化并且智能化的今天，可以在条件成熟的地区先行试点讯问时只录音录像，不再制作讯问笔录，将来条件成熟时在全国推广应用。这样不仅可以从根本上解决讯问笔录与录音录像不一致的问题，而且，不用记笔录可以使侦查讯问人员集中精力进行讯问，与犯罪嫌疑人进行心理上和智慧上的较量，而不仅仅是记录员。将来所有案件的讯问均制作同步录音录像，而且不再制作讯问笔录，讯问录音录像就应当允许作为口供使用，侦查机关应当将讯问录音录像全部随案移送。为了更好地发挥指控犯罪的作用，在移送时侦查机关要对每次讯问录音录像的主要内容以及发挥的证明作用做一个摘要和提示。此外，讯问录音录像无论是用来证明实体问题还是用来证明刑讯逼供等程序问题，均允许律师查阅。

---

① 中国政法大学刑事法律研究中心：《英国刑事诉讼制度的新发展——赴英考察报告》，载陈光中、江伟主编：《诉讼法论丛》（第2卷），法律出版社1998年版，第360页。

② 董坤：《侦查讯问录音录像制度的功能定位及发展路径》，载《法学研究》2015年第6期。

二、警察出庭作证*

（一）警察出庭作证的身份

关于警察出庭作证的身份，一直存在不同的看法，争议集中于出庭作证的侦查人员的身份，也可以说是对《刑事诉讼法》第59条第2款“出庭说明情况”和第192条第2款“出庭作证”的不同理解。主要有两种观点：一种观点认为，出庭侦查人员的身份是证人，主要理由是界定出庭侦查人员的身份不应仅看文字表述，而应当看其陈述的内容和发挥的功能。[①] 另一种观点认为，出庭侦查人员的身份不是证人，仍然是侦查人员，主要理由是《刑事诉讼法》第59条第2款和第192条第2款使用了不同的表述，出庭说明情况是侦查职责的延伸。[②]

---

*本部分撰稿人为李玉华教授，根据已发表的前期成果修改而成，原文李玉华：《警察出庭作证的规则与边界》，载《法律适用》2018年第21期。

① 如董兆玲等认为，《刑事诉讼法》第57条第2款和第187条第2款分别使用了出庭说明情况和出庭作证两种不同表述，仅基于刑诉法的表述认为侦查人员有别于普通证人，不具有证人身份，属于简单的文字推理。界定侦查人员出庭身份，还要关注其出庭陈述的内容，即侦查活动的合法性。不能证明合法性的，相应的证据即被排除。侦查人员出庭有明确的证明对象，承担明确的证明责任，不是简单地说明情况，其身份只能是证人。参见董兆玲、李晓琛、李东蓊：《落实侦查人员出庭需厘清三大问题》，载《检察日报》2015年4月3日，第3版。

② 例如，董坤认为，在借鉴吸收了《排除非法证据规定》的合理内核后，新修订的《刑事诉讼法》又在文字表述上做了进一步的调整……还将侦查人员“出庭作证”修改为“出庭说明情况”。而用语的改变隐含着立法对出庭的侦查人员在身份认识上的微妙变化，因此，不能将出庭作证和出庭说明情况简单地予以等同；“出庭说明情况”无法涵盖证人出庭的所有活动以及应尽义务，出庭的侦查人员自然也不能简单地被等同为证人；从体系解释的角度进一步比较，我国刑事诉讼法中针对侦查人员出庭主要规定了两种情形（第187条第2款和第57条第2款）。比较两种情形可以发现，都是侦查人员出庭，但是立法却在出庭职能上作了不同表述，而且还规定于不同的章节，显然是有意为之。参见董坤：《侦查人员出庭说明情况问题研究——从〈刑事诉讼法〉第57条第2款切入》，载《法学》2017年第3期。朱孝清在文章中区分使用了警察出庭作证和侦查人员出庭说明情况，如“要鼓励、支持人民警察出庭作证和侦查人员出庭说明情况”。参见朱孝清：《略论以审判为中心》，载《人民检察》2015年第1期。

观点一阐明了出庭侦查人员具有证人身份的观点和理由，对传统上认为出庭侦查人员不是证人的观点及理由给予了反驳，应当予以肯定。但是，该观点没有注意到警察证人与普通证人在出庭作证上的不同，不利于针对警察出庭作证存在的问题，有针对性地、更好地予以解决并推动警察出庭作证工作。观点二主要关注了法律条文用语上的不同，但是忽视了在司法实践上可能造成的问题，如侦查人员出庭说明情况遇到控辩双方提问时以“自己不是证人，只是出庭说明情况”为由而拒绝回答提问怎么办？出庭说明情况应当适用什么规则，出庭说明情况的规则与出庭作证的规则有什么不同？如果侦查人员只是出庭说明情况而不回答提问，出庭又有多大的必要？与提交书面的情况说明又有多大的差别？此外，持该观点者还忽视了实际上很多公安机关已经对侦查人员的证人身份积极认同。随着新刑事诉讼法的实施和以审判为中心的诉讼制度改革的不断推进，越来越多的公安机关已经认同了出庭侦查人员的证人身份，并制定了相应的规则、开展培训积极推动警察出庭工作。例如，北京市第一中级人民法院、北京市人民检察院第一分院、北京市公安局法制办公室《关于警察证人、鉴定人出庭作证的会议纪要》第 1 条规定：“需要警察证人、鉴定人出庭作证，接受控辩双方和法庭询问的情形包括……（二）控辩双方对于搜查、勘验、检查、扣押、辨认、侦查实验等侦查活动中形成的笔录存在争议，需要警察陈述具体侦查过程的……（五）被告人提出警察采取刑讯逼供等非法方法收集被告人供述并提供了相关线索或者材料，而现有同步录音录像等证据材料不能证明证据收集的合法性，特别是在案证据不能明确排除警察采取刑讯逼供等非法方法收集口供的，但公安机关坚持作为指控证据，需要参与讯问的警察出庭说明情况的”；温州市中级人民法院、温州市人民检察院、温州市公安局《关于人民警察出庭作证若干问题的会议纪要》第 1 条规定：“具有下列情形之一的，经人民法院通知，人民警察应当出庭作证：（一）公诉人、被告人及其辩护人对公安机关出具的抓获经过、情况说明等证据有异议，且该证据对定罪量刑有重大影响的；（二）被告人及其辩护人提出公安机关以非法方法收集证据，并提供涉嫌非法取证的人员、时间、地点、方式、内容等相关线索或证据，根据现有材料无法证明证据收集合法性的；（三）公诉人、被告人及其辩护人对勘验、检查、辨认、侦查实验等侦查活动有异议，或者上述侦查活动违反程序规定，存在明显疑点的……”成都市公安局《民警出庭作证工作规范（试行）》第2条规定：“本规范所称的民警出庭作证包括《中华人民共和国刑事诉讼法》规定的三种情形：（一）在对证据收集的合法性进行法庭调查的过程中，经人民法院通知，有关民警出庭，就其证据收集的合法性说明情况……”

笔者认为，我国出庭侦查人员的身份不应界定为“侦查人员”，也不宜界定为“一般证人”，而应当界定为“特殊证人”。为什么不应界定为侦查人员？在刑事诉讼中，诉讼主体的名称是由其所处的诉讼阶段以及该主体承担的诉讼职责决定的，不同诉讼主体享有不同的权力（利），承担不同的义务。在侦查阶段，侦查人员担负着侦查犯罪的重任，主要负责收集证据与抓获犯罪嫌疑人。法庭审判是在公诉人、当事人以及其他诉讼参与人的参与下由审判人员解决被告人的定罪量刑问题。在法庭审判过程中，所有诉讼主体的身份都是明确的，只有身份明确，其在法庭上的权利义务才是明确的。曾经承担侦查职责的警察出庭，其任务主要是向法庭讲述自己在侦查活动中目击或者经历的事实，这一协助法庭查明事实的功能与其他证人没有什么不同。因此，无论是作为“证人出庭作证”还是作为“侦查人员出庭说明情况”，出庭警察的身份都是证人。如果否认这一点，将导致出庭侦查人员角色不清，在法庭上的权利义务不明确，行为上无所适从，失去其出庭作证的意义。在大陆法系国家，传统上认为协助检察官侦查犯罪的警察不能以证人身份出庭作证①，但是，这种观点已经受到了挑战，越来越多的大陆法系国家在法律和实践中承认了警察作为证人出庭。例

① 如《意大利刑事诉讼法典》第195条规定：“司法警官和警员不得就从证人那得知的陈述内容作证。”参见黄风译：《意大利刑事诉讼法典》，中国政法大学出版社1994年版，第96页。

如，德国斯图加特州立高等法院的两位法官阿克塞尔·文德勒博士和赫尔穆特·霍夫曼博士在合著的《审判中询问的技巧与策略》一书中专门写了询问警察的问题，还举例说明了法院如何与警察证人打交道。[①]

为什么不宜界定为一般证人，而宜界定为特殊证人？虽然警察证人与一般的证人出庭作证具有很多相同之处，[②] 但是，应当看到出庭的侦查人员具有特殊的职业身份，其出庭作证与一般证人确实有所区别：（1）出庭作证的内容有所不同。警察出庭作证的内容是基于其履行警察的特定职责所知晓的，不像其他证人作证的内容那么宽泛。陈瑞华教授曾根据作证的内容将侦查人员提供证言分为三种模式，并对侦查人员作为证人作证与一般证人作证分别进行了比较分析。[③]（2）出庭作证的形式和程序有所不同。例如，警察出庭作证可能会穿警服；法庭可能会通知出庭警察所在的单位；由于工作的需要出庭警察有时需要特殊保护，如缉毒警察可能需要不暴露外貌、改变声音等。（3）法律后果有所不同。“在为侦查行为的合法性提供证言方面，侦查人员一方面处于‘程序证人’的地位，另一方面则具有‘程序被告’的角色。所谓‘程序被告’，也就是指侦查人员的诉讼行为处于被控告的境地……他们不仅要通过提供证言来证明特定的程序事实，而且还要承担出庭应诉的责任，也就是不提供证言、不出庭作证就有可能面临‘败诉’的后果，其侦查行为的合法性有可能受到否定的评价。”[④] 此外，警察出庭作证，如果其收集的证据因非法而被排除，警察还有可能因

---

① 参见［德］阿克塞尔·文德勒、赫尔穆特·霍夫曼：《审判中询问的技巧与策略》，丁强、高莉译，中国政法大学出版社 2012 年版，第 24—25 页。

② 出庭警察和一般证人在法庭上的职责都是陈述事实，协助法庭查清事实。警察出庭与接受询问所遵循的规则与一般证人多数情况下也是相同的，如出庭作证要宣誓或者签署如实作证保证书；要遵守法庭规则并回答控辩双方以及审判人员等的询问；有权获得出庭作证补偿等。

③ 参见陈瑞华：《论侦查人员的证人地位》，载《暨南学报（哲学社会科学版）》2012 年第 2 期。

④ 陈瑞华：《论侦查人员的证人地位》，载《暨南学报（哲学社会科学版）》2012 年第 2 期。

为其先前收集证据的行为而受到法律或纪律的惩处。（4）所受约束规范与要求不同。普通的证人没有特别的要求，只需根据法庭的通知按时出庭作证，如实陈述即可，不需要进行专门的培训。侦查人员则不同，出庭作证是其工作内容的一部分，一般都有专门的规定进行规范，而且，在职业生涯中都要持续不断地接受警察出庭作证方面的培训。例如，美国警察不仅要在刚开始工作时接受关于出庭作证的培训，而且要在职业生涯中持续不断地接受这方面的培训，以提升能力。此外，还有专门指导警察出庭作证的书，如美国最为著名的指导用书是詹姆斯 M. 傅凯利克所著的《警察出庭作证指南》（James M. Vukelic，*A Law Enforcement Officer's Guide to Testifying in Court*, Carolina Academic Press 2003）。在我国香港特别行政区，新入职警察都要接受出庭作证的培训，刑事警察还要接受更多的出庭作证的培训。在我国内地警察出庭作证的培训也在各地相继展开，关于警察出庭作证的指导用书和音像制品也已经出版。

在我国，由于缺乏警察出庭作证的传统，如果将出庭警察完全看作一般证人的话，不利于消除警察对出庭作证的抵触情绪；也不利于正视和解决警察出庭作证中的实际问题。在调研座谈中，很多民警都提出了警察出庭作证的实际问题，如通知、出庭保护、培训等，表达了希望与一般证人区别对待的看法。笔者还曾就该问题对来自 21 个省份的 77 名警察进行了问卷调查（结果见表 2）；对来自 30 个省份的 147 名刑事法官进行了问卷调查（结果见表 3）。从问卷调查结果看，将出庭警察看作一般证人在警察和法官中的接受程度都非常低；而将出庭警察的身份看作特殊证人和侦查人员在警察和法官中的接受程度都比较高；且看作特殊证人与看作侦查人员的人数相差不大。这些观点上的分歧在警察出庭作证的具体活动中均有体现，如何通知警察出庭作证？警察出庭作证如何着装？等等。

表 2　出庭警察的身份应当是____？（警察问卷）

选项	人数	占被调查人数比重
A. 与普通证人相同的证人	2	2.60%
B. 特殊证人	37	48.05%
C. 侦查人员	36	46.75%
77 名警察参加问卷调查，其中 2 名没有做出选择		

表 3　出庭警察的身份应当是____？（法官问卷）

选项	人数	占被调查人数比重
A. 与普通证人相同的证人	13	8.84%
B. 特殊证人	65	44.22%
C. 侦查人员	65	44.22%
147 名刑事法官参加问卷调查，其中 4 名没有做出选择		

（二）警察出庭作证的范围

笔者赴杭州、上海、深圳、德州等地市局和县区分局两级公安机关调研中发现，自 2013 年以来各地都出现过警察出庭作证的情况，但是，总体上案件数量很少。参与座谈的民警对所在单位出现过的警察出庭作证的案子都数得比较清。这让我们不得不重新审视一下我国警察出庭作证的范围问题。

1. 我国法院有权决定警察是否出庭作证

在大陆法系国家，普遍实行直接言词原则，一般在法典中明确要求包括警察在内的证人均出席法庭。[①] 在英美法系国家，诉讼中实行传闻证据规则，要求所有的言词证据必须由证人亲自到法庭进行陈述，否则不得作为定案的证据使用（传闻证据规则的例外情况除外）。而且，在美国与证人进行对质还是被告的一项宪法性权利。因此，在英美法系国家开庭审理的刑事案件中，警察证人出庭作证是原则，不出庭是例外。

相比较而言，我国对直接言词原则的重视程度不够。立法者基于实用主义和注重实体真实的态度，将证人出庭作证看作法院查明事实的手段，没有明确规定证人证言应当在法庭上口头作出，而是在《刑事诉讼法》第192条进行了“有异议”“有重大影响”以及“认为有必要”三重限制，这就大大缩小了证人出庭作证的范围。[②]《刑事诉讼法》第59条关于侦查人员出庭说明情况的规定，也是将警察出庭作为其他方法不能证明取证合法的最后手段。最高人民法院、最高人民检察院、公安部、国家安全部、司法部《关于办理刑事案件严格排除非法证据若干问题的规定》（以下简称《严格排除非法证据规定》）第27条的规定与《刑事诉讼法》第59条相一致。

从上述规定以及司法实践可以看出，我国警察出庭作证存在两个问题：

---

① 如《德国刑事诉讼法》第250条规定：“对事实的证明如果是建立在一个人的感觉之上的时候，要在审判中对他询问。询问不允许以宣读以前的询问笔录或者书面证言而代替。”参见《德国刑事诉讼法典》，李昌珂译，中国政法大学出版社1995年版，第103页。《法国刑事诉讼法》第452条规定：“证人口头作证。但是，特殊情况下，经审判长允许，证人亦可借助文件作证。”参见《法国刑事诉讼法典》，罗洁珍译，中国法制出版社2006年版，第295页。根据第347条第3款、第4款的规定，重罪法院不得将案卷带进评议室；如果法庭认为有必要对案卷中的一些材料进行审查，审判长可以命令将案卷送进评议室，在检察院及被告人与民事当事人的律师在场时开卷查阅。参见《法国刑事诉讼法典》，罗洁珍译，中国法制出版社2006年版，第246—247页。《日本刑事诉讼法》第43条第1款规定：“判决，除本法有特别规定的以外，应当根据言辞辩论作出。”参见《日本刑事诉讼法》，宋英辉译，中国政法大学出版社2000年版，第12页。

②《刑事诉讼法》第192条规定：“公诉人、当事人或者辩护人、诉讼代理人对证人证言有异议，且该证人证言对案件定罪量刑有重大影响，人民法院认为证人有必要出庭作证的，证人应当出庭作证。”

一是警察证人是否出庭法院有决定权和自由裁量权；二是辩护方申请警察出庭作证的权利没有受到足够的重视。例如，笔者对某中级法院 2013 年 6 月至 2015 年 5 月两年间审结的 170 件一审公诉案件进行了统计，其中公诉人申请警察出庭作证的 14 件，法院审查后同意的 13 件，实际出庭的 13 件；辩护人申请警察出庭作证的 28 件，法院审查后同意的 15 件，实际出庭的 10 件；法院依职权通知警察出庭的 8 件，实际出庭的 6 件（见表 4）。"将证人出庭的决定权交由法官行使，从本质上来看，是对控辩双方质证权变相地剥夺，如果修改法律时不对这一规定进行改变，那么证人出庭难这一顽症在实践中难以获得彻底根除。"①

表 4 某中级法院 2013 年 6 月至 2015 年 5 月 170 件一审公诉案件分析

类型	申请或决定警察出庭（单位：件）	法院同意警察出庭（单位：件）	警察实际出庭（单位：件）
公诉人申请	14	13	13
辩护人申请	28	15	10
公诉人、辩护人同时申请	7	7	7
法院依职权决定	8	8	6

2. 绝对警察出庭作证率与必要警察出庭作证率

与警察证人出庭范围相关的一个问题是警察出庭作证率。警察证人出庭作证率问题不是一个"低"字那么简单，研究的关注点应当从绝对警察出庭作证率转向必要警察出庭作证率。

（1）绝对警察出庭作证率。绝对警察出庭作证率 = 警察出庭作证的案件数 / 案件总数。大多数研究警察出庭作证的学者会关注绝对警察出庭作

① 陈瑞华：《论证人证言规则》，载《苏州大学学报》2012 年第 2 期。

证率。[①] 关注绝对警察出庭作证率的好处是：警察证人出庭的比例通常在1% 左右，让人感觉起来非常低，产生危机感，从而寻求提高警察出庭作证率的方法；弊端是有警察出庭作证的案件数相对于案件总数来说太少，警察不出庭的案件太多，不利于对警察不出庭的案件进行研究，揭示警察不出庭的本质，不利于仔细分析警察不出庭的症结以及寻求解决问题的方法。其实，国外的绝对警察出庭作证率也不一定高。如在美国虽然实行传闻证据规则，但是，大多数刑事案件的警察证人都不会出庭作证，事实是由于辩诉交易等简易程序的存在，被告人作出承认有罪的声明后案件就不需要开庭审理，当然证人也就不需要出庭。一般来说，美国辩诉交易的案件数量在 90% 以上。

（2）必要警察出庭作证率。必要警察出庭作证率 = 警察实际出庭作证的案件数 / 警察应当出庭作证的案件数。[②] 必要警察出庭作证率才是研究我国警察出庭作证应该关注的。因为在我国没有争议的大多数情况下是不需要警察出庭作证的。通过必要警察出庭作证率能够清楚地看到应当出庭而没有出庭的案件数量，便于对警察应当出庭而没有出庭的案件情况进行分析，有针对性地寻求解决办法。

---

① 例如，“以北京为例，2013 年上半年全市各级法院共受理刑事案件 10958 件，结案 9692 件。在审理刑事案件过程中，一月至六月全市法院共审理涉及侦查人员出庭的案件 65 件 93 人次，约占受案比例的 0.6%。”参见柴艳如:《侦查人员出庭说明情况调查》，载《国家检察官学院学报》2013 年第 6 期。“随机抽取了某市 S 区公安分局 2013 年办结的 100 起刑事案件卷宗，其中包含各种书面说明和无说明之名而有说明之实的书面材料（如归案经过、破案经过等）共计 261 份，平均每件案件约 2.6 份，而警察出庭作证仅有 1 例贩毒案件，卷中仍有书面说明 3 份。”参见谢波:《警检关系视野下的警察出庭作证问题反思》，载《证据科学》2014 年第 5 期。“北大法意案例数据库同时间收集的刑事案例达 200 万起，其中涉及警察出庭作证的案例只有 207 起，可见出庭作证的比例还是非常低。在某市公安局调研同样发现了这个问题。某市公安局现有侦查人员 141 名，自 2013 年 1 月至 2015 年 10 月共侦破并移送审查起诉的刑事案件共 3571 起，竟无一例警察出庭作证的案件。”参见乔宗楼:《警察出庭作证现状分析与对策》，载《福建警察学院学报》2017 年第 2 期。

② 警察应当出庭的案件，从实质来看，是指法律规定警察应当出庭作证的案件；从形式来看，是指根据法律的规定警察接到出庭作证通知的案件。

笔者对某中级法院2013年6月至2015年5月两年间审结的170件一审公诉案件进行了统计（见表4），其中22件有警察出庭作证，绝对警察出庭作证率为13%。这相对于全国1%左右的比例已经非常高了[①]，但是，相对于案件总数来讲还是很低的，探究剩余的148件警察不出庭的案件工作量还是非常大的（见图4）。在这170件案件中，法院通知警察出庭作证的案件有29件，实际警察出庭的案件有22件，必要警察出庭作证率76%，应该出庭而未出庭的有7件（见图5）。关注分析这7件应出庭而未出庭的案件则重点突出，更有针对性。

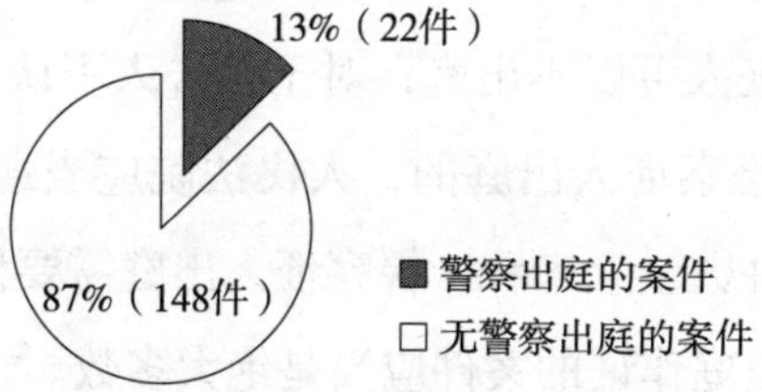

图4　绝对警察出庭作证率

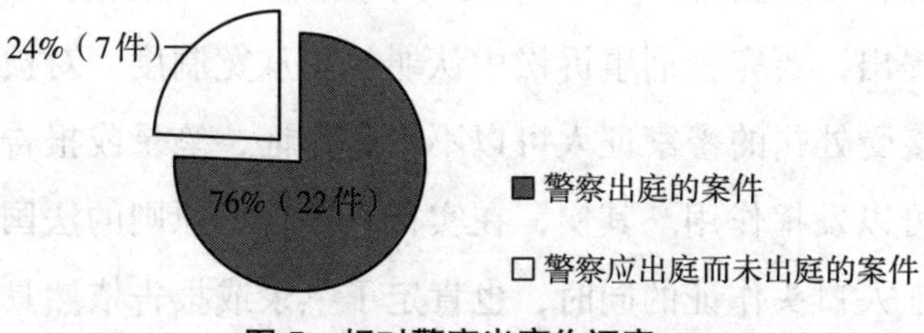

图5　相对警察出庭作证率

3. 我国警察出庭作证范围的重新界定

为了贯彻直接言词原则，我国对警察出庭作证应当坚持“刚柔并济”。所谓“刚”，是指对于警察证人应当出庭作证的情形法律规定要明确具体，不给法院自由裁量的空间；对于警察证人应当出庭作证的，法院必须通知出庭；法院通知出庭的，警察证人必须出庭作证，否则，庭前形成的书面

① 该法院领导重视和积极推动警察出庭作证。

证据不得作为定案根据。所谓“柔”，是指目前我国确立警察证人出庭作证的范围还不宜像大陆法系国家和英美法系国家那样原则上都要出庭；以“有必要”为原则比较合适，否则，规定脱离实际不仅浪费司法资源，而且有损法律的权威。有学者曾明确提出：“立足于我国的司法实际，全面落实直接言词原则存在困难，因此只能逐步推进，在当下贯彻相对的直接言词原则。”①

“有必要”的具体思路是：以发现真相和保障被告人对质权为出发点，既要考虑控方的要求，更应当关注和考虑辩方的要求，以被告人是否认罪认罚为标准，对警察证人是否出庭作证进行明确界定。对于被告人认罪认罚的案件，警察证人可以不出庭；对于被告人不认罪或不认罚的案件，控辩任何一方申请警察证人出庭的，人民法院应当通知警察证人出庭作证。这样一来，从案件数量上来看，警察证人出庭需要作证的案件应当是少数；警察证人不需要出庭作证的案件应当是绝大多数。②

被告人认罪认罚的案件通常都是对证据没有异议的，简化程序是有必要性和现实可能性的。《中共中央关于全面推进依法治国若干重大问题的决定》提出，要完善刑事诉讼中认罪认罚从宽制度。对被告人自愿认罪、自愿接受处罚的警察证人可以不出庭作证，笔录或报告等书面证据材料仍然可以发挥作用。其实，在实行直接言词原则的法国，在轻罪审理中规定证人口头作证的同时，也肯定了笔录或报告依然具有合法生存

---

① 陈光中、步洋洋：《审判中心与相关诉讼制度改革初探》，载《政法论坛》2015年第2期。

② 据有学者进行的实证调查，在审判阶段被告人认罪的案件一般可达到85%左右，不认罪的案件在15%左右。参见顾永忠：《以审判为中心背景下的刑事辩护突出问题研究》，载《中国法学》2016年第2期。

的空间。[①]

对于被告人不认罪或不认罚的案件，有必要最大限度地实现程序公开公正、最大限度地保障被告人的各项诉讼权利，控辩任何一方申请警察证人出庭的，人民法院应当通知警察出庭作证，将证人证言以及质证的过程展现在公众面前，让被告人充分质证、心服口服，让审判人员全面、充分地了解证据，进而裁判。但是，控辩双方均不申请警察出庭作证的，警察可以不出庭。这种情况可能是被告人对其他证据或者法律问题有异议，但对需要警察证明的事项没有异议。

总之，直接言词原则在一定的范围应当得到严格贯彻，要充分保障被告人的对质权，从实际出发明确界定警察证人应当出庭作证的情形，取消人民法院在警察证人是否出庭作证问题上的自由裁量权，对于警察应当出庭作证的情形，人民法院应当通知出庭。案卷笔录在直接言词原则严格适用的范围之外仍然具有生存空间和生命力。

（三）证人（含警察证人）询问规则

对出庭作证的警察在法庭上进行询问应当适用与一般证人相同的询问规则。我国传统上以审查书面证言为主，证人（包括警察证人）很少出庭作证，因此，对警察证人进行法庭询问的规则非常少。在法庭上，警察接受询问应遵循什么规则？在培训中，如何指导警察出庭作证接受询问？由于法律规则不明确，司法实践中常常感到困惑。笔者认为，随着对证人

---

①《法国刑事诉讼法典》第429条规定："任何笔录或报告，仅在其形式符合规定，制作人是在履行职责并且是在其管辖权限内，就亲自所见、所闻或所查证的事实作出报告时，始具有证明价值。任何讯问笔录或听证笔录，均应包含其做出回答的所有问题。"第430条规定："除法律另有规定的情况外，查证、确认发生轻罪的笔录与报告，仅作为一般情况而具有价值。"第431条规定："在司法警察警官、司法警察警员或者负担特定司法警察职责的官员或工作人员依据法律特别规定得到以笔录或报告查证确认发生轻罪之权力的情况下，只有采用书面形式或者只有证人，才能提出相反证据。"参见《法国刑事诉讼法典》，罗结珍译，中国法制出版社2006年版，第292页。

（包括警察证人）出庭作证的关注，我国应当逐步完善对证人（包括警察证人）进行法庭询问的规则。我国完善证人（包括警察证人）询问规则，可以借鉴两大法系的规定，但应当保留一些特别之处。[①]

1. 对证人的询问顺序借鉴了英美法系的交叉询问规则

在我国，根据《刑事诉讼法》第 194 条、最高人民法院《关于适用〈中华人民共和国刑事诉讼法〉的解释》（以下简称为《刑事诉讼法解释》）第 259 条和第 263 条的规定，证人出庭后，一般先向法庭陈述证言，其后，经审判长许可，由申请通知证人出庭的一方发问，发问完毕后，对方也可以发问。我国关于询问出庭证人的顺序借鉴了英美法系的交叉询问规则，即由申请证人出庭的一方先提问，对方再提问的顺序规则体现了控辩双方机会均等，更好地体现了程序公正，在我国的司法实践中顺利为各方所接受。而在德国的审判实践中，法官可以决定提问的顺序，“在处理具体案件时要考虑提问次序对结果所产生的影响。为了揭示真相，完全可以偏离常规，另外确定提问的先后，如让辩护人首先提问”。[②] 这种做法，法官的自由裁量权很大，不利于控辩双方获得平等的提问机会。

我国的立法虽然规定了对证人的发问顺序，但是并没有使用英美法系主询问、反询问的术语；也没有明确规定再主询问与再反询问，而在司法实践中存在第二轮“补充发问”。笔者对某法院 2013 年 19 名警察出庭作证的庭审笔录进行了分析，发现对 17 名出庭警察的询问都是相继由控、辩、审一轮提问完成，只有对两名出庭警察的询问在控、辩、审第一轮提问后，又进行了第二轮“补充发问”。对补充发问进行分析发现，我国的

---

① 在法庭上对证人进行询问形成了两种典型的模式：交叉询问模式和轮替询问模式。前者以美国为代表，后者以德国为代表。两种模式的主要区别是：第一，证人的区分；第二，法官询问的主导性；第三，异议与制止的规则；第四，禁止诱导性询问的规则。

② ［德］阿克塞尔·文德勒、赫尔穆特·霍夫曼：《审判中询问的技巧与策略》，丁强、高莉译，中国政法大学出版社 2012 年版，第 24—25 页。

补充发问不一定是完整的再主询问与再反询问，在对一名警察的补充发问中公诉人问了两个问题，被告人问了一个问题；在对另一名警察的补充发问中，只有被告人问了一个问题。笔者建议在立法中增加补充询问的规定，即“有权对警察证人发问的主体在第一轮发问后，可以根据发问顺序向审判长申请进行补充发问”。

2. 法官在询问证人中的主导权借鉴了大陆法系的规则

我国的证人询问规则，借鉴大陆法系规则最为明显的是法官询问证人和制止不当发问。根据我国《刑事诉讼法》第194条和《刑事诉讼法解释》第263条的规定，审判人员可以询问证人。审判人员对证人发问这一点与英美法系差别较大，而与大陆法系更为相似。在英美法系国家，“提出证据是当事人而不是法院的责任。因此对证人进行询问是诉辩者的事，不是法官的事”。[①] 但是，根据《联邦证据规则》第614条b的规定，法官也可以依职权询问证人。不过，法官原则上不行使询问证人的裁量权，“美国法官会发动职权讯问证人，多因证人证词模糊或混淆，或为帮助陪审团了解证据或争执所在”。[②] 德国的刑事诉讼法中同时有交叉询问与轮替询问的规定，实务运作中以轮替询问为主。[③] 根据《德国刑事诉讼法典》第239条[④] 和第

---

① ［英］克里斯托弗·艾伦：《英国证据法实务指南（第四版）》，王进喜译，中国法制出版社2012年版，第88页。

② 王兆鹏：《美国刑事诉讼法》，北京大学出版社2005年版，第513页。

③ 王国忠：《刑事诉讼交叉询问之研究》，中国人民公安大学出版社2007年版，第129页。

④ 《德国刑事诉讼法典》第239条规定：“（一）依他们的一致申请，审判长应当让检察院、辩护人询问由检察院、被告人提名的证人、鉴定人。对由检察院提名的证人、鉴定人，检察院有权首先询问，对由被告人提名的证人、鉴定人，辩护人有权首先询问。（二）在此交叉询问之后，审判长也可以对证人、鉴定人提出他认为为了进一步查明事实，有必要提出的问题。”参见《德国刑事诉讼法典》，李昌珂译，中国政法大学出版社1995年版，第99页。

240条[①]的规定，检察官和辩护人可以对证人进行询问；交叉询问之后，审判长、陪审法官、被告人、辩护人等均可对证人发问。在法国的重罪法庭[②]和轻罪法庭[③]，检察院、被告人、民事当事人以及各当事人的律师、审判长均可以向证人提问。笔者对19名警察出庭作证的庭审笔录进行统计分析后发现，接近半数的审判长会在控辩双方发问之后对警察证人进行补充发问（见表5）。

笔者认为，有必要保留审判人员对证人的发问权，但应当明确其是补充性的。理由是：在英美法系国家对证人出庭作证的案件通常由外行陪审团参加审理并对事实进行裁判，交叉询问一般时间较长、质证充分，法官只对适用法律进行裁判，因此，法官很少对证人发问。在我国，对事实进行裁判的是法官或者人民陪审员，法官对事实认定以及法律适用全面负责，而且由于职权主义诉讼传统的影响，法庭质证进程较快，保留法官的发问权仍有必要。但需要明确的是，审判人员对证人的发问是补充性的。控辩双方发问完毕，审判人员如果认为有必要可以补充发问，如果认为没有必要则无须发问。这是控辩平等对抗和程序公正的需要。

---

① 《德国刑事诉讼法典》第240条规定："（一）依要求，审判长应当许可陪席法官向被告人、证人和鉴定人发问。（二）同样的，审判长应当许可检察院、被告人、辩护人以及陪审员发问。不准许共同被告人直接向被告人提问。"参见《德国刑事诉讼法典》，李昌珂译，中国政法大学出版社1995年版，第99—100页。

②《法国刑事诉讼法典》第312条："以第309条之规定为保留条件，检察院以及各当事人的律师可以向审判长请求发言，直接向被告人、民事当事人、证人以及所有被传唤出庭的人提问。被告人与民事当事人亦可以通过审判长提出问题。"第332条："证人每次提供证言后，审判长得向其发问。检察院以及被告人与民事当事人的辩护人，被告人与民事当事人，按照第312条规定的条件，享有同样权利。"参见《法国刑事诉讼法典》，罗结珍译，中国法制出版社2006年版，第238页、第242页。

③ 《法国刑事诉讼法典》第442-1条规定："以第401条为保留条件，检察院和各方当事人的律师得向审判长请求发言，直接向被告人、民事当事人、证人以及任何受传唤出庭的人提出问题。被告人和民事当事人也可以通过审判长提出问题。"第454条第1款："证人每次作证之后，审判长以及检察院和民事当事人按照第442-1条规定的条件向证人提出其认为必要的问题。"参见《法国刑事诉讼法典》，罗结珍译，中国法制出版社2006年版，第294页、第296页。

我国借鉴了英美法系交叉询问中的控辩双方对对方不当提问的异议制度，同时保留了大陆法系法官对不当提问进行主动干预的权利。在英美法系，当事人进行交叉询问时，遇有不当的提问或者回答，对方当事人应当适时提出异议，并简要说明理由，法官要及时作出裁决。如果当事人不提出异议，法官不会主动干预。在德国，根据《德国刑事诉讼法典》第241条的规定，审判长可以剥夺在交叉询问中滥用询问权人员的提问权；可以在交叉询问和轮替询问中制止不适当的或者与案件无关的问题。我国《刑事诉讼法》第194条规定“审判长认为发问的内容与案件无关的时候，应当制止”；而《刑事诉讼法解释》第262条[①]则没有使用“应当”而是使用了“可以”。笔者认为，“可以”的表述更符合实际情况，一是对于不当提问，对方一般会主动提出异议；二是“发问内容与案件无关”主观性较强，不好一概当下作出判断，使用“应当制止”过于机械；三是法官对不当提问的制止是补充性的，通常是在控辩双方没有提出异议的情况下才提出，用“可以”尊重了控辩双方的权利，弱化了法官的主动干预。

虽然我国的立法确立了对不当询问的异议和制止，但是，在目前的司法实践中很少适用。笔者对19名警察出庭作证的庭审笔录进行了阅读分析，没有发现对不当询问提出过异议和制止。这并不是说我国对警察证人询问的水平高，反而从一个侧面说明，我国警察证人出庭少，控辩双方对证人进行询问的经验还不足。

3. 我国对证人法庭询问规则的独特之处

由于诉讼制度的差异，我国的证人法庭询问规则还有一些与两大法系均不相同之处，如被害人作为询问主体以及一律禁止诱导性询问。

（1）被害人作为询问主体。在我国刑事诉讼中，被害人是当事人，根

---

①《刑事诉讼法解释》第262条：“控辩双方的讯问、发问方式不当或者内容与本案无关的，对方可以提出异议，申请审判长制止，审判长应当判明情况予以支持或者驳回；对方未提出异议的，审判长也可以根据情况予以制止。”

据《刑事诉讼法》第194条的规定可以向证人发问，这一点与英美法系和大陆法系均不相同，呈现独特性。在英美法系国家，被害人作为控方证人，处于被询问的地位，在法庭上并没有询问其他证人的权利，对证人进行提问通常都是由控辩双方律师进行的。大陆法系国家也没有规定被害人可以对证人发问。此外，我国同大陆法系一样，允许被告人向证人发问。从立法规定来看，我国对证人进行询问的主体更加多元化；从提问顺序来看，如果是控方申请通知证人出庭作证，对证人提问的顺序应当是公诉人、被害人、诉讼代理人、被告人、辩护人；如果是辩方申请通知证人出庭作证，对证人提问的顺序应当是被告人、辩护人、公诉人、被害人、诉讼代理人。这使得我国对证人的交叉询问在三方展开，呈现复杂性。由于对证人多元化询问主体的存在，因此，英美法系存在于控辩双方律师之间的严格交叉询问在我国尚难适用。

从我国警察出庭作证的司法实践来看，对警察证人的提问主要是由公诉人和辩护律师进行，被告人对警察证人的提问很少，被害人对警察证人进行提问的亦罕见。笔者对19名警察出庭作证的庭审笔录进行了分析，发现100%的公诉人对警察证人进行了提问；63%的辩护人对警察证人进行了提问；7%的被告人对警察证人进行了提问（27个被告人中，仅有2名被告人对出庭警察进行了提问，且每人只问了2个问题）；没有被害人和诉讼代理人对警察证人提问（见表5）。

表5　对19名出庭作证警察询问的分析

主体	总人数	发问人数	提问问题总数	被询问警察数
公诉人	19	19	163	19
被告人	27	2	4	2
辩护人	27	17	71	10
审判长	19	9	46	9

司法实践中，被害人对证人发问的情况不多见，立法上还有必要保留

被害人对证人的发问权吗？笔者认为，一项具体制度不是孤立存在的，与其他制度是相互关联的。由于我国对被害人帮助的制度如国家补偿、民间机构援助等尚不完善，在诉讼中更注重被害人对影响案件结果的诉讼程序的参与。因此，1996 年修改刑事诉讼法将被害人提升为当事人。作为一项改革的成果自有其存在的合理性，作为当事人的被害人与其他当事人一样有对证人提问的权利。鉴于绝大多数情况下，通过公诉人的提问已经实现了被害人提问的目的，被害人及其诉讼代理人不再提问，因此，建议我国将来建立对证人的交叉询问规则时实行“集中询问 + 补充询问”的方式。“集中询问”主要由公诉人和辩护人进行；“补充询问”主要由被告人、被害人及其诉讼代理人、审判人员等进行。这样既能够保障交叉询问的集中进行，又能够兼顾当事人的利益与公正。

（2）一律禁止对证人进行诱导性询问。目前，我国的有关司法解释一律禁止对证人进行诱导性询问。1998 年最高人民法院《关于适用〈中华人民共和国刑事诉讼法〉的解释》在第 146 条首次规定了“不得以诱导方式向证人发问”；2012 年最高人民法院《关于适用〈中华人民共和国刑事诉讼法〉的解释》第 213 条重申了这一点，现行《刑事诉讼法解释》第 261 条延续 2012 年的规定。这一禁止性的规定适用对证人询问的所有情形，没有区分不同情形、没有规定例外。对此，学者存在不同的认识。

有学者对此提出了批评，“这一禁止诱导性询问的规定有绝对化的毛病，如前所述，即使在当事人主义诉讼制度中，也并非不加分析地一概禁止诱导询问，绝对禁止诱导询问的简单化做法，表面上十分公正，其实并不科学，也很难行得通”。[①] 进而认为《人民检察院刑事诉讼规则》的相

---

① 张建伟：《关于刑事庭审中诱导性询问和证据证明力问题的一点思考》，载《法学》1999 年第 11 期。

应规定较为允当。[①] 还有学者认为，“一律不得以诱导式发问，这对于控辩双方通过交叉询问进行质证是不利的”。[②] 进而提出“设立科学的交叉询问规则，其中明确规定直接询问一般应当采用开放式问题，不得采用引导式问题[③]，交叉询问则可以采用封闭式问题，也就是引导式问题”。

最高人民法院对不区分情形一律禁止诱导询问的解释是：“目前，我国刑事案件中证人出庭率极低，司法实践中对当庭询问证人的经验积累尚不充分。其二，司法实践中，诱导方式发问是一个较为主观的判断，而主询问与反询问、己方证人与他方证人都是相对的概念，实践中不便于把握。其三，当前公诉、辩护的对抗尚未真正形成，有待于进一步积累经验，进一步提升公诉和辩护水平，以更好地积累控辩双方询问证人的经验。因此，对此并未作修改，但在实践中可以积极探索，待积累相当经验后再予以规范。”[④]

笔者认为，诱导性询问有其存在的价值，适用于英美法系对他方证人进行的反询问中。上述两位教授对最高人民法院一律禁止诱导性询问的不同意见都是有道理的，从未来发展来看，“一律禁止”势必会被打破。但是，我国目前对证人进行询问的规则刚刚开始建立，并没有像英美法系那

---

① 此处所称《人民检察院刑事诉讼规则》的相应规定较为允当，是指其1999年第335条规定：“讯问被告人、询问证人应当避免可能影响陈述或者证言客观真实的诱导性讯问、询问以及其他不当讯问、询问。辩护人对被告人或者证人进行诱导性讯问、询问可能影响陈述或者证言客观真实的，公诉人可以要求审判长制止或者要求对该项陈述或者证言不予采纳。”这一规定将诱导性询问区别为可能影响陈述或者证言客观真实的和不影响陈述或者证言客观真实的两类，在庭审中加以区别对待，而不采取一概禁止的态度，这是与诉讼规律相契合的。

② 顾永忠：《以审判为中心背景下的刑事辩护突出问题研究》，载《中国法学》2016年第2期。

③ 顾永忠教授认为，所谓引导式问题，就是前文提到的诱导式问题，英语表述为 leading question，最初引入我国时被译成了诱导式问题。由于诱字在中文里具有贬义，诸如诱惑、诱骗、引诱等，诱导式问题被打上了贬义印记。将其改译为“引导式问题”，既符合原意，又可避免产生误解，应该是一种比较好的选择。参见顾永忠：《以审判为中心背景下的刑事辩护突出问题研究》，载《中国法学》2016年第2期。

④ 江必新：《最高人民法院关于适用〈中华人民共和国刑事诉讼法〉的解释》，中国法制出版社2013年版，第213页。

样将证人区分为己方证人和他方证人，而且有些案件的被告人没有辩护人，缺乏建立诱导性询问规则的基本条件。因此，现在建立严格的诱导性询问规则的条件还不成熟。最高人民法院的规定是符合我国的立法司法现状的。笔者对19名警察出庭作证的庭审笔录进行了分析，没有发现控辩任何一方提出对方进行诱导性询问的异议。笔者就该问题对来自30个省份的147名刑事法官进行的问卷调查，赞成一律禁止诱导性询问的占65.99%（见表6）。这也从侧面印证了最高人民法院进行司法解释时的判断。

表6 您认为目前我国在法庭上对警察是否应当一律禁止诱导性询问？

选项	人数	占被调查人数比重
A. 是	97	65.99%
B. 否	49	33.33%
147名刑事法官参加问卷调查，其中1名没有做出选择		

虽然最高人民法院的司法解释规定一律禁止诱导性询问，但是司法实践中诱导性询问并非不存在。根据我国现行的法律，对于在庭审中一方进行的诱导性询问，对方可以不当询问为由提出异议；法官也可以存在不当询问为由予以制止。但是，如果对方没有提出异议，法官也没有制止，最高人民法院的司法解释也没有规定不利的后果，这也就意味着未被制止的诱导性询问是无害的，是各方所能接受的。这就为诱导性提问提供了生存和探索的空间。[①] 笔者认为，随着在法庭上对证人进行询问经验的积累和诉讼的需要，可以在最高人民法院一律禁止诱导性询问的基础上逐步确立一些例外，将来待条件成熟时再建立严格规范的诱导性询问规则。

在法庭上对出庭警察进行询问，看似是一个小的诉讼技术问题，实际却是一个诉讼模式问题，与相应的律师制度、辩护制度、陪审制度等紧密

① 在笔者调研中，有律师表示由于我国的诱导性询问规则不是很严格，司法实践中如果在对证人的提问中使用了诱导性询问，效果很好，法官也会予以肯定。

相关。英美法系实行当事人主义，法庭的对抗激烈，交叉询问的规则比较烦琐，对律师的依赖比较大，没有律师的参与是不可想象的。大陆法系国家对证人的询问吸收了当事人主义的因素，但是，仍然保留法官的主导，没有实行烦琐的交叉询问规则，形成了混合式的交叉询问制度。我国对出庭警察的询问尚停留在初级阶段，目前完全实行英美法系的交叉询问是不现实的，应当合理借鉴两大法系的合理因素：借鉴英美法系的询问顺序，双方轮流询问，先由申请警察出庭作证的一方询问，再由对方询问；借鉴大陆法系的轮替询问的灵活性，保留审判人员的主动权；此外，由于诉讼制度的不同，也有必要保留独特之处。

（四）警察出庭作证改革的问题及对策

笔者在调研中了解到，民警反映出庭作证面对的困难主要在于以下几点：

第一，民警的法律素养存在一定差距。在法庭上，律师、检察官、法官都是通过司法考试专门从事法律职业的人员，而民警组成成分则比较复杂，有军转的民警，也有社会招录的民警，等等。相对于律师、检察官、法官等专门从事法律职业的人员，民警法律素养上存在一定的差距。

第二，民警缺少出庭作证经验。由于出庭经验少，警察出庭作证往往很紧张，作证效果并不是特别理想。有时律师在庭审中抛出的问题层层递进，这些问题常常超过要求出庭作证说明情况的内容，民警没有办法很好地应对。有时面对律师提出的不当问题出庭民警不知如何回答。例如，一位曾经在一起命案中出庭的警察谈道："感觉庭审中有些律师的提问过于刁钻甚至无理。当时，该律师就命案血迹提取情况提出质疑，为什么墙壁上的血迹没有全部提取，而是选择性地提取部分血迹。这个问题就问得很尴尬，民警不知如何回答。"

第三，警察出庭作证时距离案发时间长，很多办案情况和细节并不能准确记忆。由于刑事诉讼周期长，从案件立案到侦破再到庭审，少说有五六个月，长的话时间更长。因此，民警能记住的内容有限，很多内容不一定能记得清楚，这是客观现实。有民警认为，在这样的情况下，还坚持要警察出庭，不一定有现实性。

第四，警察出庭作证的方式可以更灵活多样。有警察提出可以建立远程视频作证制度，还可以打马赛克防止民警身份暴露。此外，在调研中有民警提出警察出庭作证和一般证人出庭作证是有区别的，但是法律没有给予足够的关注，如关于警察提供作证的通知、警察不出庭作证的法律后果、出庭作证的警察证人的保护制度等与一般证人是有区别的。

笔者认为，为了提升警察出庭作证工作，应当从以下方面予以强化：第一，应当明确警察证人的特殊证人身份，与一般证人有所不同，并且制定相应的出庭作证的细则，如通知出庭的程序、着装、不出庭的后果、出庭保护等；第二，改变警察的一些工作方式，以适应出庭的要求。如要求办案民警填写工作日志，建议民警出庭前查阅案卷和执法记录仪记录内容解决遗忘办案细节的问题。我国香港的警察在工作时一般会做笔记，上庭的时候，允许翻看当时的工作笔记，这些笔记对于警察回忆案件情况有重要帮助。第三，继续加强警察出庭作证的培训。近几年，对于警察出庭作证我们已经有一些初步的培训，今后应当将其作为新警、刑警、治安警等的固定实战化培训课程。

三、重大案件侦查终结前讯问合法性核查制度*

犯罪嫌疑人、被告人供述是法官定罪量刑的重要判断依据，讯问合法性的保障可视为司法公正的生命线。为将“带病证据”阻隔在审判程序之外，我国提出并建立了重大案件侦查终结前讯问合法性核查制度。① 该制度欲进一步规范侦查行为，展现出我国严格排除非法证据、保障被追诉人合法权利、强化“以审判为中心”的改革决心。本部分在具体分析当下侦讯情况复杂、司法资源不充足、相关配套措施不完善的基础上，总结了该制度目前仍存在讯问合法性分辨困难、启动时间上有分歧、办案线索收集难、核查方式传统、监督刚性不足、庭审运用核查结论的方式异化等困境。提出通过辨析非法取供的方式，充分运用信息共享平台新兴技术手段，探究检察驻所的最优模式，增强监督刚性，改革庭审中核查意见的拘束力等途径实现该制度“以审判为中心”的应然定位。

（一）重大案件侦查终结前讯问合法性核查制度改革的原因与意义

1. 该制度的出台背景暨原因分析

重大案件侦查终结前讯问合法性核查制度改革是完善讯问制度的有效途径。侦查讯问环节刑讯逼供行为屡禁不止是导致冤假错案频频发生的重要原因。近年来得到平反的冤假错案中，包括胥敬祥抢劫案、张绍友奸杀侄女案、佘祥林杀妻案等案情介绍中，犯罪嫌疑人都不约而同地提出了遭

---

* 本部分撰稿人为田力男副教授，根据已发表的前期成果修改而成，原文田力男、杨振媛:《侦查终结前讯问合法性核查制度刍议》，载《法律适用》2020 年第 11 期。

① 参见 2016 年最高人民法院、最高人民检察院、公安部、国家安全部、司法部《关于推进以审判为中心的刑事诉讼制度改革的意见》第 5 条；2019 年最高人民检察院《人民检察院刑事诉讼规则》第 71 条；2020 年最高人民检察院、公安部、国家安全部《关于重大案件侦查终结前开展讯问合法性核查工作若干问题的意见》。

受到侦查人员刑讯逼供的情况。刑讯逼供是司法程序中的一大“毒瘤”，不仅严重损害犯罪嫌疑人、被告人的合法权益，同时也使司法权威大大降低。因此，必须完善讯问制度，防止刑讯逼供，由人民检察院驻看守所检察人员询问犯罪嫌疑人，核查是否存在刑讯逼供、非法取证情形，并同步录音录像。

检察机关工作重心转移到法律监督职能，由检察机关对公安机关、国家安全机关和人民检察院侦查的重大案件进行讯问合法性核查，有利于推进“审判中心”改革。我国宪法早已明确规定，检察机关是我国的法律监督机关。检察机关侦查权大部分转隶和法律监督权的重申也是我国检察机关职能本位的回归。同时该制度又与国家持续深入推进的“审判中心”改革密不可分。理解“审判中心”不仅包括审前程序服务审判程序，还应体现裁判标准适用于审前活动。要彻底改变“侦查中心”或防止出现“检察中心”等异化格局，需在审前扭转检侦“配合”多于“制约”，侦查监督不力的局面。即“审判中心”不仅要在庭审中凸显，还应强调审前程序中贯彻庭审证据审查等方面的标准、检察监督侦查以及相互制约的要求。总之，就应然定位而言，法律监督是讯问合法性核查制度的性质；同时理想中的该制度还应不断强化“审判中心”地位。

2016年，最高人民法院、最高人民检察院、公安部、国家安全部、司法部《关于推进以审判为中心的刑事诉讼制度改革的意见》（以下简称《以审判为中心的刑事诉讼制度改革意见》），2019年最高人民检察院《人民检察院刑事诉讼规则》（以下简称《刑事诉讼规则》），2020年最高人民检察院、公安部、国家安全部《关于重大案件侦查终结前开展讯问合法性核查工作若干问题的意见》（以下简称《重大案件讯问合法性核查意见》）对核查范围、主体、对象及后果等作出初步规定，试图对公安、国安等侦查机关在重大案件中讯问监督全覆盖，符合检察机关法律监督的宪法职能定位。对讯问合法性的核查职权是检察机关法律监督职能的重要组成部分，且属于审前监督环节，存在一定程度上的同步监督性质。当然，还应从加快以审判为中心的诉讼制度改革做深层理解。

2. 该制度的功能设计暨意义分析

该制度的具体功能是防止非法取供和冤假错案的发生、保障合法取证流程、增进庭审质效。我国当下犯罪形势依旧严峻，获得犯罪嫌疑人的合法有效供述无疑是侦查中的重要环节。侦查机关的讯问行为在适用得当的前提下，可以产生更加高效维护社会秩序、保障公民安全、提高司法效益、促进公平自由的多重法律效果。但同时也应考虑到侦辩双方地位明显不对等，对犯罪嫌疑人保护的相关立法还不够完善等情况，犯罪嫌疑人在接受讯问过程中常处于较为弱势和被动的状态。为保证讯问结果的真实性和有效性，一定程度上限制侦查机关的权力滥用，必须有中立机构对讯问过程及结果进行监督。检察机关在侦查终结前对讯问行为的核查能够有效阻绝“带病证据”进入法庭审判环节，经过核查“过滤层”留下的证据具有更完善的证据能力，也有利于在庭审过程中增加法官的内心确信，为犯罪嫌疑人的庭前供述转化为法庭上的定案根据提供了一定程度的正当性保障。讯问合法性核查的实施在犯罪嫌疑人的人权保障、程序规范、实体公正的实现过程中均具有重要意义。

（二）重大案件侦查终结前讯问合法性核查制度改革的实践经验

重大案件侦查终结前讯问合法性核查制度的基本流程是驻看守所检察人员询问犯罪嫌疑人，核查是否存在刑讯逼供、非法取证情形，并同步录音录像。目前，我国的讯问合法性核查制度已经全面施行，但由于最初规定较为抽象，各个地方的施行模式与效果也各不相同，积累了不同的实践经验。例如，浙江省温州市鹿城区人民检察院的讯问合法性核查制度探索。鹿城区人民检察院将讯问合法性核查制度工作分为两部分——前期信息调查收集机制以及建立驻所检察部门与捕诉部门、公安机关纪检监察部门“双向联动”机制。一方面，通过与犯罪嫌疑人沟通，在监区张贴、向在押人员发放《在押人员权利义务告知书》，强化在押人员入所体检备案审查等方式拓宽信息收集渠道；另一方面，通过公检双向备案，及时发“排非”建议函等方式加强公检双方沟通。又如，广州市人民检察院、广州市公安局联合发布了《重大案件侦查终结前讯问合法性核查实施细则》，用以指导讯问合法性核查工作的具体执行。这一细则探索出一套整体核查工作机制，具体包括前期通告机制，中期核查沟通机制以及核查终结机制。这套工作机制首先根据对“重大案件”三层次划分后进行不同的处理，其次详细规定了除询问犯罪人之外的其他七种核查方式，最后对核查结果的处理情况进行了三种类型的区分。[①] 我国的讯问合法性核查制度运行还处于初步探索时期，部分沿海发达地区率先对该制度进行了探索性的程序设置和完善。这些先行者们的优秀经验是值得其他地区借鉴的，但与此同时，全国大部分地区在该制度的试行过程中仍旧存在诸多困惑与难题。直到《重大案件讯问合法性核查意见》出台后，该制度仍在实践中不断发展完善。

（三）重大案件侦查终结前讯问合法性核查制度改革的问题分析

据调研，在《以审判为中心的刑事诉讼制度改革意见》实施后，我国东部 W 市 L 区较早探索实施该制度。其 2017 年开展讯问合法性核查 30 人次，但并未发出针对非法讯问方面的纠正违法通知书，更没有相关检察建议；同期，南部 S 市检察院一个季度内通过驻所检察官主动与在押人员谈话（203 人次）、被约见（33 人次）、审查书面控申材料（21 件），发现待核查线索（4 例），又通过审查《入所健康体检表》（1585 份）发现核查线索（4 例），对此 8 例（9 人）核查后发现可能存在刑讯逼供等非法取证的 2 例（2 人）。从 2017 年 6 月至 2020 年 1 月集中在东部 J 省、南部 J 省、

① 相关实践情况参见王梓纶：《侦查终结前讯问合法性核查制度研究》，中国人民公安大学 2020 年硕士学位论文。

西部S省、北部S省、中部H省、东南部Z省等地的该制度试点区发现50件典型案例。[①] 以下重点结合法律规范层面分析该制度实践运行中的具体问题：

1. 非法讯问方法的隐蔽性与非典型性

在人权保障不断重申和强化的背景下，传统的刑讯逼供已不多见，如以上50件典型案例中仅有1例在侦查终结前因犯罪嫌疑人似有伤痕而核查后发现刑讯逼供，而对隐性逼供等其他非法方法却不易核查和判断。“软刑讯”愈加隐蔽与非典型，这也给核查带来了挑战。又如以上50件典型案例中有1例虽然侦查终结前核查结论为讯问合法，但被告当庭提出“侦查讯问存在诱供”，辩护律师认为“诱供”应与肉体刑讯同样对待，但法院最终并未采纳辩方意见。虽然现行法将需要排除供述的非法方法限定为“暴力、威胁以及非法限制人身自由等”[②]，但非法方法的外延依然模糊。实践中传统刑讯逼供相对容易辨识，而诸如“诱骗”方式是否属于上述范畴仍有争议。

明确合法讯问策略与非法取证分界至关重要，尤其是“引诱”“欺骗”的供述排除规则亟待厘定。其目前在法律上属宣示而非制裁性的违法手段，“引诱”“欺骗”一面被严禁，另一面又基本不排除相关供述的矛盾有待解决。从实定法角度，法律都严禁这两种方式，但非排除证据的理由；

① 截至2020年1月31日，从“北大法宝”数据库中检索到涉及讯问合法性的85件裁判文书，其中应用核查结论的19件；“中国裁判文书网”涉及合法性核查的裁判文书28件，其中应用核查结论的22件。两者结合并去除重复的11件，得到30件典型案例。从正义网中以“讯问合法性核查”为关键词的文献117篇中获取该制度审前实施的典型案例20件。综合而得50件典型案例。

② 参见2017年最高人民法院、最高人民检察院、公安部、国家安全部、司法部《关于办理刑事案件严格排除非法证据若干问题的规定》（以下简称《严格排除非法证据规定》）第2—4条。

在这里，从相关国家规定制定过程中的反复变化[①]可窥探出其本身的争议性、不同机关司法执法利益的冲突和专业认知的分歧、各方标准多元等；从审判实践角度，罕有排除仅因“引诱”或“欺骗”的供述，但有“引诱”加其他违法手段（如“威胁”）且主要因后者而被排除。[②]需明确讯问中“引诱”“欺骗”到何种程度应被排除相关供述。

2. 对核查启动时间的理解有分歧

核查启动时间的理解有广义与狭义之分。对核查的时间限制为“侦查终结前”，而这个“前”究竟是一个时间点即侦查工作即将结束而欲移送审查起诉前这一节点，还是指侦查终结前的整个侦查时间阶段？这意味着核查的工作方式是最后总结性的审查措施还是贯穿于整个侦查讯问流程的常态化机制。以上模糊或引起歧义的表述可能造成各地核查模式多元。上述50件典型案例的核查启动时间就有很大差别，最早在立案后，最晚在已经超越了侦查终结的审查起诉之前。再加之启动核查的检察人员本职并非讯问监督，个别地方检察与侦查机关开展与配合工作的积极性都不高，这导致核查制度难以常态化推行。《重大案件讯问合法性核查意见》欲将模糊的启动时间明确，但将启动的主导权交给侦查机关，即在收到侦查机关的“即将侦查终结”书面通知后，检察院开展核查，且似乎对《以审判为中心的刑事诉讼制度改革意见》中的核查阶段作了狭义解释。[③]如此规定并不理想，实践后可能导致监督被动、滞后等问题。

---

① 2012年《刑事诉讼法》修正草案一稿曾删除严禁“引诱、欺骗”，但最终修正案又保留了。2017年委托最高人民法院起草稿中曾规定排除特定的“引诱、欺骗”所得供述，但最终“两高三部”通过稿中予以了删除。

② 如排除“以取保候审相利诱和以抓捕其子女相威胁获取其有罪供述”，参见郑祖文贪污、受贿、滥用职权案［第1140号］，载《刑事审判参考》总第106集，法律出版社2017年版，第27页。

③ 参见《重大案件讯问合法性核查意见》第4条。

3. 检察资源不足，办案线索收集困难

讯问合法性核查的初始行为主体是驻看守所检察人员，其承担着看守所执法监督、羁押监督、受理相关控告、举报和申诉等工作。繁多而琐碎的驻所检察加之新增的核查检察不仅要求其及时掌握相关信息、了解所驻地案件情况，还要有过硬的法律专业素质和奉公不阿的态度。我国检察资源有限，应对如此繁重任务，仅靠检察人力监督实难面面俱到。《重大案件讯问合法性核查意见》有规定将检察人员发现相关非法取证线索作为核查的重要组成部分。但核查案件来源及相关信息收集渠道都有局限性。在调研案例中检察人员主要依靠自己日常巡查中主动抽检或者由犯罪嫌疑人一方提出申诉控告的方式获得相关线索；个别情况才有侦查人员出于防止翻供的目的主动要求或配合核查。实践中线索来源不规范、不系统，制度性操作难以保证。对非法取证线索收集而言，一方面处于侦查或看守部门控制的犯罪嫌疑人提出控告申诉的可能性并不大，另一方面检察人员主动寻找案件线索的方式效率较低且需要自身较高的工作积极性与主动性，这都给核查工作增加了重重阻力。

4. 核查监督方式传统，监督刚性不足

首先，《以审判为中心的刑事诉讼制度改革意见》仅简单将“询问犯罪嫌疑人”作为核查方式，其后规定“核查是否存在刑讯逼供、非法取证”[①] 究竟是承接询问方式核查，还是包括再以其他方式核查？尽管《重大案件讯问合法性核查意见》给出答案，扩展列举核查手段，[②] 但对初始核查的驻所检察人员而言远不及最终调查核实的捕诉部门人员手段丰富，且多为需依靠人力实施的传统调查方式。调研案例中几乎都以“询问”方式为主，辅之与不同主体“座谈”“访问”等形式进行，至于调阅卷宗、记录、讯问录音录像等材料，启动鉴定等做法各异、人为裁量空间较大。况

① 参见《以审判为中心的刑事诉讼制度改革意见》第 5 条。

② 参见《重大案件讯问合法性核查意见》第 10 条、第 12 条。

且以“询问”开展核查时询问对象恐怕难以说明实情。如有的犯罪嫌疑人“不敢说”，值班律师“不知情”或者侦查人员、其他相关人员“不配合”等都将使核查难以达到预期效果。

其次，《以审判为中心的刑事诉讼制度改革意见》规定“核查后发现刑讯逼供、非法取证情况，侦查机关应当及时排除非法证据”。[①]《重大案件讯问合法性核查意见》规定侦查机关排除后以告知书的形式书面告知检察院。[②] 但实践中对讯问合法性核查后的排除意见如何落实，侦查机关还是掌握了主动权。因以上50起案例中仅有1例发出纠正违法通知书，回复落实情况尚可。[③] 但若侦查机关并不回复或者拒绝纠正，则现实中仍缺乏有效的及时应对措施。长此以往，核查难以起到尽早排除非法证据的实质性作用，且难以形成有效威慑。

5. 讯问合法的核查结论拘束力异化——个别庭审运用该结论的方式有违“审判中心”要义

核查结论除了认为讯问非法，还有认定讯问合法的情况。实践中认为讯问合法的核查结论拘束力出现异化倾向。上述50起案例中，侦查终结前核查后仅有1件建议排除供述，其余皆作出讯问合法的核查结论。随后检察院将核查合法的结论（意见）作为书证或者将核查过程录制光盘以视听资料形式提交法院。其中76%的案件法院直接将其视为讯问合法的依据。其余12起案件被告方提出排除非法供述的申请，仅有3起案件法院最终排除，另外9起主要依据检察院的讯问合法性核查结论（意见）而不予排除。[④] 可见，讯问合法的核查结论对个别庭审产生异常影响。首先，

---

① 参见《以审判为中心的刑事诉讼制度改革意见》第5条。

② 参见《重大案件讯问合法性核查意见》第16条。

③ 该案检察院发出纠正违法通知书后，公安机关成立调查组，对该案侦查人员约谈、告诫并更换，且对犯罪嫌疑人重新取证。

④ 9起不排除的案件中2起法院直接驳回申请、1起根据核查意见、5起根据核查意见和其他证据、1起没有核查意见而根据其他证据，最终确认讯问合法。

对审判者而言，“审判中心主义”要求证据合法性须当庭裁判；尤其在辩方有异议时，法庭不应以审前控方核查意见作为裁判主要依据，更不应径行接受。其次，对控方而言，虽然审前核查是对侦查的监督，但审判中以此作为本方证据合法的确证手段就难免有“自我背书”之嫌。再次，对侦查方而言，个别侦查人员利用“检察担保”，邀请检察院对口供孤证核查后以补强其在法庭的证明力。这也使核查结论绑架庭审。最后，对被追诉者而言，核查结论认定讯问合法可能不利于其权利保障，更何况庭审阶段又限制甚至剥夺其异议权。总之，核查结论的异化适用可能使法庭启动和实质“排非”更难，也造成对“审判中心”的背离。

（四）重大案件侦查终结前讯问合法性核查制度改革的完善对策

1. 澄清非法诱骗取供的认定标准

如上文所论为实现讯问合法性核查制度防止冤假错案、尽早排除非法证据的目的，目前亟待对“引诱”“欺骗”取供进行理论辨析，确立相应排除规则。

第一，排除供述的理论基础具有多样性，体现出人为选择的价值判断。以美国为例，联邦最高法院排除非法供述的理由先后包括“不可靠”“保护自由意志”“震慑警察”。[①] 如因“非自愿”而排除，具体根据讯问时“全案情势”（totality of circumstance）综合判断，即结合被讯问者客观特征、与执法部门接触史、羁押及讯问策略等考量是否足以使被讯问者的意志自由被压制。[②] 大陆法系的德国法院排除供述的理由并不倚重“制约侦查”“惩戒警察”，更多遵循的是职权主义的基础理论即重视发现

① 参见 Hopt v. Utah, 1884, Sparf v. U.S. 1895；Bram v. U.S. 1897；Brown v. Mississippi, 1936, Haley v. Ohio, 1948. 转引自 SaulM. Kassin, etc.Police-Induced Confessions, Questioning Police Interrogation Methods, Law Press2018：89-90.

② 参见 Wilson v. U.S. 1896, Brown v. Mississippi, 1936, 转引自 SaulM. Kassin, etc. Police-Induced Confessions, Question ing Police Interrogation Methods, Law Press2018：89-90；另参见 Oregon v. Elstad, 470 U.S.298（1985）.

案件真相，也有尊重与保护人的尊严即“意思自由”的原因[①]，但“震慑检警和保护权利的效果比美国明显较弱”[②]。我国规定多因“违背意愿”而排除[③]，规则颁行的直接原因是多起冤案的曝出。可见，排除的理论基础主要是在遏制虚假供述、实现消极实体真实基础上保障人权。理论基础的选择是在符合国内刑事司法状况下的价值判断。上述理论都是契合实践需求的。而且大体可将“非自愿”等同于“不真实”。如据学者分析，讯问“强制性”与供述“自愿”“真实”间大致成反比例关系，“自愿”和“真实”的程度基本正比例对应。此乃由“经验事实”概括出的具有“相当高可信性”的三者关系。[④]

第二，“引诱”应区分为引供和诱供[⑤]，排除规则不同。前者也称“指供”，即引导或指定被讯问者按侦查人员推断或认定的事实供认。该种方式是对真实和自愿性的双重危害。综观已纠错的冤案中，供述被曝是刑讯“逼”出来的；但刑讯只是“外衣”，按照侦查人员设想的招供才是问题核心。若非指供，无辜者不知情岂能供出作案细节？指供导致供认的多属作案人所独知内容，且能与某些证据相互印证，具有很强的蒙蔽性，甚至司法人员仅看笔录很难怀疑其真实性。另外，指供中为达目的可能不择手段，刑讯行不通还会改换其他方式，被讯问者已沦为“复读机”，无任何自愿性可言。所以，建议排除指供所得供述，且将“能否自主决定供述细节性内容”作为具体标准，核查时也易于还原判断。

“诱供”也称“利诱”，即以某种利益为条件，促成被讯问者承认罪行并具体供述。一般而言，非受到重大或眼前急于实现的利益诱惑，权衡

① 参见［美］史蒂芬·沙曼:《比较刑事诉讼：案例教科书》，施鹏鹏译，中国政法大学出版社 2018 年版，第 94—96 页。

② 郑曦:《侦查讯问程序研究》，北京大学出版社 2015 年版，第 86 页。

③ 2017 年《严格排除非法证据规定》第 2—3 条。

④ 相关示意图及数据参见刘涛:《侦查讯问中威胁、利诱、欺骗之限度研究》，载《中国人民公安大学学报（社会科学版）》2016 年第 3 期。

⑤ 毕惜茜:《审讯原理与技巧》，中国人民公安大学出版社 2013 年版，第 41 页。

得失后正常心智者不会自陷不利、谎认罪行；因出于自主意识供认相应案情，故真实性较高。对于自愿性而言，在选择“是否”认罪时，若无压迫，其有权拒绝；在决定“如何”供述时，一般非经侦查人员“编导”，而是自己说出细节。关键在于侦查人员促使其心态转变的手段——许诺利益在法律上如何评价。美国因“辩诉交易”的广泛适用，交换供述的对价是有制度保障的；其警察讯问室中也充满对米兰达警告“有技巧”的使用、引诱回答等。[①] 德国绝对排除“以法未规定之利许诺”所获陈述，不论被讯问者是否同意。[②] 办案机关代表国家形象，应有信用；许诺的利益和条件应合法，唯有如此才有司法兑现性。建议我国规定排除许诺“于法无据之利”所获供述。

第三，对“欺骗”应相对容许，并设底线及特定情况的排除规则。有学者将“欺骗”列为除“坦白、自首”类以外的讯问强制性最小，供述的自愿和真实性最高的方式。[③] 甚至有认为侦讯“不可避免地带有欺骗成分”。[④] 比较法上，美国司法及学界对警察讯问欺骗策略一般较宽容，如对“虚假证据圈套”（false evidence ploy）问题，联邦最高法院“开绿灯”地认为口头伪造指证或同案犯已认罪的欺骗不足以导致非自愿口供，有州法院允许虚假陈述、但禁止伪造实验报告或影音资料[⑤]；学界则有英博、里德教授等总结包含欺骗策略的“九步讯问法”。但德国立法及司法反倒排

---

① 参见郑曦:《侦查讯问程序研究》，北京大学出版社 2015 年版，第 141 页。

② 参见［美］史蒂芬·沙曼:《比较刑事诉讼：案例教科书》，施鹏鹏译，中国政法大学出版社 2018 年版，第 94 页。

③ 认为若以 10 为满分，欺骗所获口供的自愿和真实性评分均在 8—10 分，相关示意图及数据参见刘涛:《侦查讯问中威胁、利诱、欺骗之限度研究》，载《中国人民公安大学学报（社会科学版）》2016 年第 3 期。

④ 龙宗智:《威胁、引诱、期骗的审讯是否违法》，载《法学》2000 年第 3 期。

⑤ 参见 Frazier v. Cupp, 1969, State v. Cayward, 1989, State v. Patton, 1993, State v. Chirokovskcic, 2004, 转引自 SaulM. Kassin, etc.Police-Induced Confessions, Questioning Police Interrogation Methods, Law Press2018: 89-90, 94-95。

除欺诈所得供述，不论被讯问者是否同意。[①] 这可能与一般印象略有出入。就此美德差异源自侦查构造及律师对警方的制约限度。美国侦查属对抗式构造，辩护律师有调查取证、讯问在场权等可牵制警方的手段，司法判例似乎因此对讯问欺骗手段“松绑”；德国侦查则属审问式构造，辩护律师没有讯问在场权、调查取证权有限且不积极行使，这些可能导致官方及公众对封闭讯问中的欺骗更加敏感，司法也严格排除。

为使侦查讯问行为受到更严格的过程性监督与合法性考验，可尝试将讯问录音录像同步于公检法机关办案信息共享平台中。[②] 改革后侦查讯问行为必将受到外部的有力震慑；辩护律师也可拥有对平台信息的某种程度上的知情权。基于此项改革以及口供内容真实、行为自愿的标准，我国应对讯问“欺骗”相对容许。但建议排除使用非陈述类虚假证据获得的供述。因伪造的书证、笔录等实物证据，或变造的鉴定意见、电子数据等在讯问用以欺骗后可能被继续作为“证据”使用而有损诉讼真实。利用非陈述类虚假证据或手段进行讯问还会造成相应的社会负面影响。如侦查人员假冒律师欺骗犯罪嫌疑人会使社会公众对于律师职业和侦查机关都失去信任，类似欺骗须绝对禁止并应进行程序制裁。

第四，对诱骗的判断应坚持客观分析法，必要时以“可靠性”辅助检验。认知心理学对“语用意义”（pragmatic implication）研究发现，输入式（听或读）获取信息时，人们更易捕捉“言外之意”，事后回忆也多是隐含义而非言语本义。聆听者甚至可能推出不必然在内之意。[③] 仅由犯罪嫌疑

① 参见［美］史蒂芬·沙曼:《比较刑事诉讼：案例教科书》，施鹏鹏译，中国政法大学出版社 2018 年版，第 94 页。

② 参见田力男:《论“办案信息共享平台”建设及对公安讯问新挑战》，载《浙江工商大学学报》2019 年第 1 期。

③ 参见 Chan&McDermott, Remembering Pragmatic Inferences. Applied Cognitive Psychology, 2006（20）: 633-639, cited in Questioning Police Interrogation Methods: A Comparative Study. Law Press, 2018: 108.

人臆断而供述，没有办案人员误导的，不能以欺骗论。[①] 侦查人员相关言行如果没有“明示”强迫或诱骗，则即便有“暗示”，程度也有限。可尝试适用“直接必然因果关系论”和“以供述产生客观情况论，非以被讯问者主观认识论”。[②] 对诱骗的非法性判断上，客观分析法仍有意义；必要时“可靠性”宜作为辅助检验标准，即侦查人员当时言行可能使供述不可信赖的将被排除。[③]

2. 技术保障手段的革新

充分利用大数据平台监督是解决办案线索来源渠道狭窄、监督启动时间不明、高效核查手段匮乏等问题的突破口。侦查终结前讯问合法性核查制度可依靠公检法办案信息共享平台[④]规范高效地运行。

探索建立一个统一标准的案件信息即时共享平台，平台强制侦查讯问活动“留痕”，实现全部案件侦查讯问环节“平台化”固定保存、以备随时还原，使过程性监督成为可能[⑤]，遏制刑讯逼供和其他非法取证。

第一，平台确保“有案必核”。立案后侦查人员可以初步判断是否为《重大案件讯问合法性核查意见》规定的“重大案件”范围。侦查人员应主动及时通过信息共享平台标记待核查案件。即使侦查人员规避标记，检察人员在审查批捕等环节仍会发现并应在系统中补充标注。为防止侦查不作为或检察疏漏，建议平台将核查讯问合法性作为重大案件移送起诉的前置环节，非经过核查的此类案件不能通过系统推送到检察院审查，即无法

---

① 参见龙宗智:《欺骗与刑事司法行为的道德界限》，载《法学研究》2002 年第 4 期。

② 参见田力男、郑曦:《非法证据排除规则的理论与实践》，中国政法大学出版社 2015 年版，第 212—215 页。

③ 可借鉴英国《1984 年警察与刑事证据法》第 76 条第 2 款（b）。

④ 参见田力男:《论“办案信息共享平台”建设及对公安讯问新挑战》，载《浙江工商大学学报》2019 年第 1 期。

⑤ 除“过程性监督”外，还可依靠平台建立相关责任追究机制。参见田力男:《公安机关刑事执法权力运行机制改革初探》，载《中国政法大学学报》2018 年第 3 期。

实现侦查终结。

第二，平台确保核查启动时间相对明确。建议规定侦查人员在认为主要侦查工作，尤其是讯问基本完成之后，需在系统中选择标记“准备接受讯问合法性核查”的状态。检察机关相应部门在平台提示后的时间段内予以核查，即核查启动的最晚阶段是侦查人员提请以后、准备移送起诉之前。同时赋予检察院在平台同步随机监看讯问的监督权作为常规核查的补充，将最晚阶段核查与过程性核查相结合，强化核查的震慑作用。

第三，平台确保全面高效核查。核查监督的检察人员对该类案件讯问情况有随时调看权，但无权更改案件信息或状态。借此平台采行前述核查标准，减少监督与被监督机关间的分歧；平台对侦查讯问活动易于还原，结合询问辩方对取证有疑问的内容重点回看，无须增加核查的更多环节和方式，且更直观便捷，总体上提升效率。通过上述平台核查的方式，检察机关将全面掌握案件讯问相关情况，消解侦查阶段办案信息通常由侦查机关垄断的现象，避免侦查机关人为选择或改变本应接受检察监督的内容；同时改变检察机关以往只能被动滞后进行侦查监督的局面，侦查机关也可及时接受监督、及早纠正非法行为。

另外，建议核查工作应于平台留痕。《以审判为中心的刑事诉讼制度改革意见》《刑事诉讼规则》及《重大案件讯问合法性核查意见》均作出了在讯问核查过程中须进行同步录音录像的规定，这些录音录像信息也应与侦查讯问的同步录音录像一样被实时上传存储到平台之中。同时建议在平台上建立核查任务考核机制，将其作为检察监督工作的考察指标与任务之一。这也将有效督促检察人员的监督行为，并防止各种原因产生的有案不核的现象发生。

3. 核查所依托模式的改革——检察监督驻所模式的探究

监督行为与其他环节融合性较差，监督行为滞后是检察监督效力式微的症结之一。针对这一现状，在以上各项改革落实的前提下，加强同步过程性监督，建立参与型监督体系——对侦查终结前的讯问全程监督。现阶段检察人员驻所工作即为全程监督的典型方式，但鉴于我国检察资源有限，我们不得不考虑采取哪种驻所方式更为合理。

理论上，检察官的驻所方式主要有常驻、巡回、轮值等。[①] 几种方式各有利弊，需综合权衡。第一种常驻，即检察官固定派驻在一个看守所，在此种派驻方式之下，检察官能够更加充分全面地了解本看守所的基本情况。同时与羁押人员更易增进沟通建立信任，能够及时发现问题并尽快处理。但常驻模式也存在较为明显的缺点，检察官长期派驻在同一个看守所，与看守所内的工作人员关系熟络，容易发生不愿监督、不便监督的情况，使监督异化为“走过场”，流于形式。第二种巡回驻派，本节语境下系指检察官每隔一段时间换一处驻派看守所，且一般不再回到原驻派单位的方式。此种模式下，检察官与监督对象的相处时间较短，检察官因碍于与监督对象之间的交情而徇私枉法的情况也会随之减少。但与此同时，检察人员可能就不够了解案件中被羁押人员及办案人员的相关情况，且在完成阶段性任务就能离开的情况下，容易产生“得过且过”“多一事不如少一事”的消极怠工想法，不利于保护被羁押人员切身利益。因此，第三种派驻方式——轮值更为妥当。即指数量确定的若干检察官共同负责并分别派驻若干看守所，每隔一段时间相互间进行岗位调换。此种方式下，检察官的监督范围为几个固定的看守所，如三个到五个为宜，数量不宜过多。一方面，检察官能够较为深入了解看守所情况；另一方面，每隔一段时间进行岗位调换又能较好地防止检察官与办案人员过于熟络而放松监督。[②]

4. 增强监督刚性，改革核查效力

第一，不回复不落实检察意见、建议等应承担相应责任。检察意见、

---

① 《刑事诉讼规则》第 622 条增加“巡回检察”与“派驻检察”并举作为对监管执法的监督方式，但讯问合法性核查的初始主体仍为“驻看守所检察人员”。

② 参见田力男、杨振媛:《刑事审前检察监督论要》，载《北外法学》2019 年第 1 期。

建议等效力弱化的主要原因是有关机关即使不落实也无须承担法律后果。为解决以上问题，可增设相应的法律追责机制。对于检察机关发出的关于讯问合法性核查结果的检察意见、建议等，若是侦查人员不回复或者拒绝纠正的，检察人员进行相应证明后，可以通报上级侦查机关或相关部门对侦查机关和人员进行相应问责。此外，建议增设检察院针对此类情况向法院提起的“准行政公益诉讼”制度，向不整改不落实的机关单位问责，让其承担相应的法律后果。

第二，监督活动“案件化”。除了事后提起诉讼，在监督的过程中应加大监督力度并提高要求。所谓案件化处理，即建立一套统一的检察监督程序，从“监督的立案”到“监督后意见或建议等执行”都“程序法定”，从监督者和被监督者的权力（或权利）、义务，监督的具体步骤，到证据的要求等都应建立明确标准。总之，让检察监督工作有法可依。当然，检察意见、建议等本身应有理有据且有可行性，并应就落实期限提出明确要求。[①]

第三，在增加监督刚性的同时，还应考虑到侦查工作的有效运转。需要探索实践中究竟需要何种有效监督，即监督如何才能更好地被办案人员接受，在保护被羁押人员的同时积极推进案件高效办理，不能让监督者和被监督者之间形成相互对立的局面。建议增设规定如该核查实施不影响侦查或补充侦查中其他进程，侦查人员不受法律监督之外的非法因素干扰等配套保障制度。总之，为检察监督减少阻力，使监督真正落到实处。

5. 改革庭审运用核查意见的方式，实现“审判中心”应然定位

第一，改革核查制度的结果称谓，建议将“核查结论”统一改为“核查意见”或“核查结果”。虽然实践中使用的文书是《重大案件讯问合法性核查意见书》，但《重大案件讯问合法性核查意见》规定中仍有“核查

---

① 参见田力男、杨振媛:《刑事审前检察监督论要》，载《北外法学》2019 年第 1 期。

结论”的表述。如前所述，对讯问系合法的检察意见不应成为约束各方的结论。

第二，建议规定核查意见不能在法庭上单独说明供述具有证据能力或证明力。《重大案件讯问合法性核查意见》规定了核查的双主体，除驻所人员外还有捕诉人员。随着从审前侦监者到法庭公诉方一并转变的还有核查意见的性质，法庭上出示的核查意见不再是发给侦查机关的公文书，而应被视为程序性证据。既然公诉方提交的侦查机关对讯问合法的情况说明不能单独证明取证合法[①]，则对法庭审查证据能力或证明力而言公诉方的核查意见也应作为一种性质相同、效力相当的说明材料。

第三，在处理审前核查与法庭合法性调查关系时还应注重维护辩方异议权。从程序性权利保障上，不能因审前存在核查而变相削弱辩方申请法庭调查的权利。虽然最高人民法院相关规定并未完全否定辩方申请权[②]，但对被告新增“说明理由”制度。其传达出法院过于相信审前核查意见，而缺少“有疑有利被告”立场。原则上审前核查发现问题、已被排除的供述不应再被法院知悉；但审前核查没发现问题的不应成为束缚辩方提出异议申请的理由。因为本质上核查制度不应作为防止被告翻供的工具，同时证据排除与否也应属于法院司法审查的范畴。辩方向法院提出异议，要求开启审查程序的权利不应被新设的审前核查制度变相湮灭。当然，现行法对申请时提供线索或材料的要求仍须保留。从“审判中心”改革出发，建议加大证据合法性的当庭裁判力度，对该类案件庭审阶段申请“排非”的不应另设条件。唯有如此，才能真正实现核查制度“以审判为中心”的应然定位。

---

① 参见 2021 年《刑事诉讼法解释》第 135 条。

② 参见 2017 年最高人民法院《以审判为中心的刑事诉讼制度改革的实施意见》第 22 条；2018 年最高人民法院《人民法院办理刑事案件排除非法证据规程（试行）》第 11 条。

四、涉案财物的先期处置 *

随着社会的快速发展，电信网络诈骗、非法集资、互联网金融犯罪等新型涉众型经济犯罪案件越来越多，涉案财物数量之巨、种类之多、价值之大早已超出了传统上人们对涉案财物的印象。① 例如，吴英集资诈骗案中，骗取集资款人民币77339.5万元，实际集资诈骗人民币38426.5万元。② e租宝案中全国公安机关共冻结涉案资金逾百亿元，查封、扣押涉案现金折合人民币约3亿元、黄金制品约18.7万克以及房产、珠宝、股权、车辆、直升机、办公用品等一批涉案财物。③ 在“中晋系”案中，警方对银行账户，包括车辆、房产、游艇，都进行了查封冻结扣押，其中徐勤个人挥霍的公司资产至少将近5亿元，包括1.48亿元的豪车、3亿元豪宅、游艇1390万元、豪华包机游2300余万元。④ 面对如此之巨的涉案财物，传统的随案移送，等到案件终结再处理涉案财物已经步履维艰。一方面是受

---

*本部分撰稿人为李玉华教授，根据已发表的前期成果修改而成，原文李玉华：《从涉众型经济犯罪案件看涉案财物的先期处置》，载《当代法学》2019年第2期。

① 2018年3月9日下午最高人民检察院检察长曹建明所作的最高人民检察院工作报告中提到：“突出惩治电信网络诈骗犯罪。2016年与公安部、工信部、人民银行等共同发布通告，与公安部共同挂牌督办“徐玉玉案”等62起重大案件，两年来共起诉电信网络诈骗犯罪5.1万人。加强境外司法合作，广东、北京、江苏检察机关提前介入侦查，及时批捕起诉崔培明等130人、张凯闵等85人、邱上岂等61人特大跨境电信诈骗案。”；“突出惩治非法吸收公众存款、集资诈骗、传销等涉众型经济犯罪，起诉8.2万人，北京、上海、湖南等地检察机关依法妥善办理‘e租宝’‘中晋系’‘善心汇’等重大案件”。载最高人民检察院网，2018年3月9日，http://www.spp.gov.cn/spp/tt/201803/t20180309_369886.shtml，2018年3月11日访问。

② 参见浙江省高级人民法院刑事判决书（2012）浙刑二重字第1号。

③ 卢国强：《警方冻结e租宝案涉案资金逾百亿封珠宝直升机》，载新华网，2016年11月23日，http://news.163.com/16/1123/10/C6I48NNH000187V5.html?baike，2017年3月26日访问。

④ 参见《中晋系大起底：老板生活奢靡远超e租宝丁宁》，载http://money.163.com/16/0516/09/BN67MM1000253B0H.html，2018年3月11日访问。

害群众急需拿到被骗资金，另一方面是再大的仓库都会随时爆仓。这也是一个世界性的问题。例如，曾任国际财产和证据协会主席的史蒂文·白德瑞（Steven Berdrow）也曾说过："证据和财物不能及时通过正确的方式清理将导致过分拥挤与无序。"[①] 此外，面对如此之巨的涉案财物，传统的单纯保管已经无法满足社会对财产的要求，涉案财物保值增值成了时代的呼唤与期待。因此，加快涉案财物流转，特别是加大涉众型经济犯罪涉案财物先期处置的力度不仅是涉案财物管理部门热切盼望的举措，也是满足社会对财产权期待的重要举措。笔者对北京、深圳、福建、浙江、四川、江苏六地的涉案财物管理进行了调研，具体方法包括到涉案财物管理场所实地参观，与办案人员及涉案财物管理人员座谈、个别访谈，对涉众型经济犯罪涉案财物先期处置的迫切性感同身受；同时，对世界主要国家关于涉案财物先期处置的法律规定也进行了比较考察，既受到一些共性的启发，又感到中国涉众型经济犯罪涉案财物先期处置问题具有特殊性。比如，很多国家的刑事诉讼法对先期处置有规定；区分涉案财物价值的大小规定不同的程序；由法官对涉案财物的处置进行裁定；等等。但中国的涉众型经济犯罪涉案财物数量多，涉及人数多，地域广，涉案财物先期处置的社会压力大。因此，我国涉案财物的先期处置既有世界共性，又有自生性，如涉众型经济犯罪办案机关承受的社会压力巨大；实践中涉案财物先期处置有效利用了淘宝司法拍卖网等。本部分对我国涉众型经济犯罪涉案财物先期处置问题进行了分析，提出了完善我国涉案财物先期处置的建议，希望引起更多人的关注，使其尽快完善，解决我国司法实践中的迫切问题。

（一）涉案财物先期处置制度改革的必要性和紧迫性

先期处置是公安司法机关在定罪量刑的裁判未生效之前，对涉案财物提前作出处理的制度。因此，在我国的刑事诉讼活动中，先期处置可以发

① Kathy Marks, The Modern Police Evidence Room, Law and Order, Feb 2013.

生在侦查、审查起诉、一审过程中以及二审裁判作出之前（死刑案件则是死刑复核的裁定作出之前）。涉案财物的先期处置包括对涉案财物的实体性处置，如返还被害人、没收违禁品；也包括程序性处置，如变卖、拍卖、出售等。涉案财物的实体性处置直接决定了涉案财物的归属，如从被追诉人转归被害人；而涉案财物的程序性处置只是改变了涉案财物的在案形式，如从实物或证券变为现金或存款，并没有改变涉案财物的归属，归属问题留待法院对刑事案件裁判时一并解决。

1. 涉案财物先期处置的必要性

（1）涉案财物先期处置是保护个人财产权的需要。财产权是人权的重要组成部分。长期以来，我国存在“重人身权保护，轻财产权保护”的观念。例如，在我国的刑事诉讼法中强制措施包括拘传、取保候审、监视居住、拘留和逮捕，均是涉及人身权的，而涉及财产权的搜查、扣押、查封、冻结等都归为强制性措施；再如，《2014 年中国人权事业的进展》白皮书的目录包括：“一、发展权利；二、人身权利；三、民主权利；四、公正审判权；五、少数民族权利；六、妇女、儿童和老年人权利；七、残疾人权利；八、环境权利；九、对外交流与合作”，而未将财产权列出。这些都反映了在现实中财产权还没有和人身权相提并论。

但是，现在情况正在发生变化，无论个人还是社会，对财产权都日益重视。我国 2004 年宪法修正案明确规定，“公民的合法的私有财产不受侵犯”。《物权法》2007 年 3 月 16 日通过，自 2007 年 10 月 1 日起施行。以此为转折，民众的物权保护意识有了大幅度提高，更加重视私有财产的权利保护。涉案财物作为重要财产，也越来越受到关注。2013 年 11 月 12 日，党的十八届三中全会通过《中共中央关于全面深化改革若干重大问题的决定》，进一步明确“公有制经济财产权不可侵犯，非公有制经济财产权同样不可侵犯”。2016 年 11 月，《中共中央、国务院关于完善产权保护制度依法保护产权的意见》出台。

在刑事诉讼中，涉案财物不仅关乎被害人的财产权而且关系到被追诉人和利害关系人的财产权。对被害人而言，特别是涉众型经济犯罪的被害人，被犯罪侵害的财产能够及时返还，财产损失能够及时地、最大限度地挽回就是对被害人财产权的最好保护；对被追诉人而言，被查封、扣押、冻结的财产能够保值增值就是对财产权的最好保护；对利害关系人而言，其拥有所有权的被查封、扣押、冻结的财产能够及时解除强制措施或者能够使利害关系人能够及时行使其对物的权利使其保值增值就是很好的保护。因此，对于权属关系明确的涉案财物及时返还被害人，对于易贬值的涉案财物及时处置，对于有期限的合同及时履行或解除等都是有效保护财产权的重要举措。

（2）涉案财物先期处置是保护社会财富、节约社会资源的需要。涉案财物，无论最终的权属归谁所有，都属于社会财富，特别是在涉众型经济犯罪案件中，涉案财物数额巨大，因此，物尽其用，让社会财富发挥其应有的作用是最好的处理，而不是在堆放与闲置中贬值。对涉案财物进行先期处置是保护社会财富、节约社会资源的有效举措。最需要先期处置的当属车辆、游艇、飞机等。例如，如某集资诈骗案中的一辆宾利车刚查封时价值800多万元，经过半年以后价值就剩600多万元了。再如成都市温江区在2016年2月之前，涉案车辆中有不少毒贩的作案车辆，像大黄蜂、奔驰轿车、房车等，由于搁置时间太长，后来基本成了废铁。据红牌楼一家有资质的车辆鉴定机构鉴定，参与鉴定的涉案车辆中，17辆已无实际使用价值需要报废，其中就包括按50元一吨废铁处置的“宝马730”，其他还有使用价值的车辆最高也不过万元。一台2003年上户的宝马汽车最终评估价仅3000元。① 在涉众型经济犯罪案件中，豪车数量众多，如果不能进行先期处置，造成社会财富的浪费是非常可惜的。

---

① 刘宏顺、钟振宇:《成都涉案车辆停满公安大院宝马沦为废铁50元一吨》，载新浪－四川，2016年2月19日，http://sc.sina.com.cn/news/b/2016-02-19/detail-ifxprucu2992145.shtml，2016-02-19 06:54，2017年3月26日访问。

（3）涉案财物先期处置是维护社会稳定的需要。在涉众型经济犯罪案件中，往往受害人数量众多、地域分布广泛、涉案财产数额巨大，被害人非常关注被侵害财产是否能够被追回，有时不惜采取极端行为向办案机关和政府施压，形成了社会的不稳定因素。例如，e租宝案涉及被害人90余万人、遍布全国31个省、自治区、直辖市，累计充值581.75亿元，累计投资745.11亿元，截至案发未兑付金额近370亿元。昆明泛亚有色案涉案金额430亿元，涉及全国22万名投资者。上海中晋案截至案发，“中晋系”累计向2.5万名投资者非法吸收金额累计399亿余元，未兑付金额52亿余元。杭州龙炎电商案涉案金额超过100亿元，涉及全国30多个省、自治区、直辖市20多万人。广东邦家案涉案金额99.5亿多元，受害人23万余人次。[①]在案件未得到解决前，这些案件中的被害人为了挽回损失，网上网下采取多种方式表达诉求，就像一颗颗不定时炸弹，时时危及社会的稳定。在这种情况下，如果能够迅速对涉案财物进行先期处置，有利于快速满足被害人的赔偿诉求，稳定社会秩序，减轻公安司法机关和政府的压力。

2. 涉案财物先期处置的紧迫性

（1）涉案财物管理中心“快进慢出、多进少出”形势严峻。长期以来，公、检、法机关接受涉案财物受到场地等多方面的因素限制。2015年中央办公厅、国务院办公厅下发意见[②]以来，各地陆续建立了一些新型的跨部门的涉案财物管理中心。这些新建涉案财物管理中心相对于传统的涉案财物保管场所呈现以下特点：地方大、信息化程度高、跨部门共用。但是，其也面临一个“进得多、出得少，进得快、出得慢”的问题。特别是

① 法盛-金融投资法律服务:《2016年十大非法集资大案，高达四五百亿触目惊心！》，载http://www.gdronghua.com.cn/home/detail?id=4f477af4-d461-4786-a8fc-043994842a8e，2017年3月26日访问。

② 参见中央办公厅、国务院办公厅《关于全面深化公安改革若干重大问题的框架意见》（中办发〔2015〕17号）和《关于进一步规范刑事诉讼涉案财物处置工作的意见》（中办发〔2015〕7号）。

遇到涉众型经济犯罪案件，问题更加突出。“涉案财产和证据管理机构最重要的两项工作是接受和处置涉案财产和证据。虽然日常优先的工作是接受涉案财产和证据，但最终的目标是处置的要多于接受的。”① 如果不解决先行快速处置的问题，场所建设的速度无论如何也赶不上涉案财物积压的速度，特别是车辆，场地再大也会迅速爆仓。如笔者在调研中了解到成都市涉案财物管理中心于 2016 年 9 月开始运行，截至 2017 年 4 月底，管理中心接收涉案车辆 400 余辆，从这儿出去的车辆还不足 10 辆。涉案车辆的保管已接近饱和状态，新来的涉案车辆已经无地可放，管理中心不得不建造第三个涉案车辆停放区。

（2）涉众型经济犯罪案件的办理急需完善的涉案财物先期处置制度。在对六省市县的调研中，笔者发现涉众型经济犯罪案件的办理急需完善的涉案财物的先期处置。在近年来的涉众型经济犯罪案件办理中，多由政府或政法委牵头成立多部门联合组成的资产处置领导小组全面处置涉案财产。资产处置领导小组全面处置涉案财物的方式有：资产确权、变卖、拍卖、实物资产出租、债权人会议、债转股、债务转移、管理人制度、破产清算、变现及兑现等。例如，在吴英案中，东阳市人民政府责成相关部门组成清产核资组，负责本色控股集团有限公司及其相关公司的资产清理、财务审计、债权债务等工作；2007 年成立了“专案指挥部”，其组成包括东阳市公安局、东阳市法制办、审计、财税、工商部门，对汽车、酒店经营权等涉案资产的拍卖均由指挥部集体决定。② 在 e 租宝案件的办理过程中也成立了涉众案件处置工作小组。这些涉众型经济犯罪案件办理过程中成立的资产处置机构，其成立的法律依据是什么？成员应该由哪些部门组

---

① Sherri Reaume, "*You Collect it. We Protect it.*" *This is Not the Whole Story* , Evidence Technology Magazine, Winter 2017.

② 参见叶飙、刘俊、吕明合:《祸“水”与暗渠：吴英案的资产处理》，载搜狐网，2012 年 2 月 10 日，http://business.sohu.com/20120210/n334333555.shtml，2017 年 4 月 5 日访问。

成？有哪些权利？都是值得思考的地方。从某种意义上来说，实务部门是通过“小组”这样的方式规避和弥补法律在先期处置等问题上的不完善。

（3）司法实践中一些涉案财物急需先期处置。通过调研笔者发现，在司法实践中，特别是涉众型经济犯罪案件的办理过程中，由于贬值快、保管成本高、保管不便等原因，下列类型的涉案财物先期处置的需求非常强烈：

A. 车辆。首先，车辆即使保存状况良好，随着时间的推移其价值贬值也非常快。其次，车辆的维护保养费用也比较大。据成都市涉案财物管理中心介绍，对涉案车辆引入 4S 店进行维护保养，每周打火、每月清洗、每三个月保养（不加机油机滤），普通汽车每辆车一年的保养费在 2000 元左右。最后，车辆一旦过了有效期就必须报废，只能当废品处理。对于接近有效期的车辆，其先期处置的迫切性就更大。根据我国刑事诉讼法的规定，案件从立案侦查到裁判生效可长达一年，特殊案件可能会更长，例如吴英案，从吴英被拘留到作出二审判决历经五年多；e 租宝案 2015 年 12 月 16 日立案，2017 年 4 月 26 日北京市第一中级人民法院一审开庭，2017 年 9 月 12 日一审宣判。因此，除了依法减少车辆的查封、扣押之外，进行先期处置也是必由之路。

B. 有期限正在履行的租赁合同中的涉案财物。比如，被追诉人用于犯罪活动而租赁的厂房、办公用房、住房、车辆等，被追诉人通过签订租赁合同取得一定期限的使用权，但是，由于涉案被羁押无法再支付租金，上述场所、车辆又被查封，产权人无法再行转租他人，其收益权就会受到侵害；而且，被追诉人在租赁期满前不能再进行经营活动，无法获得收益，其赔偿被害人的能力也会减弱，被害人的权利也会受到损害。这是吴英案、e 租宝案等涉众型经济犯罪中涉案财物处置面临的一个突出问题。因此，对有期限正在履行的合同及时解除也是先行处置需要考虑的一项内容。

C. 假冒伪劣商品。假冒伪劣商品的数量通常都比较大，动辄一车或者数车，比如假冒的电脑、打印机、箱包、烟、酒、盐、烟花爆竹等。数量如此之巨的物品，无论是工商等行政部门还是公安司法机关保管起来都面临场所不足的压力。因此，在不影响诉讼的前提下尽早固定证据后进行先期处置是最佳的方案。

D.有保质期的食品、药品、专营物品。在扣押的涉案财物中，有保质期的食品药品如果不及时处理，就有可能超过有效期，丧失价值；有些专营的物品，例如，在职务犯罪案件中扣押的大量高档香烟，如果不及时处理就会变质，造成巨大的浪费。

E.动物、植物活体。在涉案财物中急需处置的还有动物活体，宠物类的如狗、猫等；国家保护类的如老虎、猴子、蝴蝶、孔雀等；养殖类的如大批量的牛、羊、猪、鸡等。对动物的日常饲养需要大量的人力、物力的投入，而且，还有疫病死亡的风险，如果及早处置不仅可以减少饲养的经费开支和场所的占用，还可以减少死亡带来的损失。如在“e租宝”案中被扣押的有老虎、孔雀等；在“中晋系”案中被扣押的也有孔雀等。

F.其他大宗物品。其他大宗物品的保管与处置也面临很多困难。笔者在调研中了解到，在涉众型经济犯罪案件中有时桌椅板凳等办公用品拉来几大车，库房顿时爆仓。在其他案件中也有此问题，如在一起犯罪嫌疑人非法盗采矿产资源案件中，犯罪现场留有大量的开采设备等，办案人员对相关设备进行就地查封。但是在涉案开采设备被查封后，仍存在较大的执法风险。由于就地查封缺乏专人保管，开采设备一旦出现被盗、毁坏等问题，可能会给诉讼活动带来不便，对涉案财产价值造成损害。

（二）涉案财物先期处置制度改革的现实问题

目前，我国涉案财物的先期处置在观念上、立法上和执法上均有待转变。

1.观念上的模糊认识

（1）机械理解无罪推定与涉案财物先期处置的关系。无论是在理论上、司法实践中，还是在公众的意识中，都存在一种对涉案财物先期处置的机械认识："根据无罪推定原则，在对刑事案件的生效裁判未作出之前，被告人是无罪的，涉案的财物也不能认定为赃款赃物，因此也不能提前处理"。例如，有学者主张"在人民法院未对被指控人的行为定性之前，是不能对涉案财物予以处理的，因为对涉案财物的处理是以对犯罪行为的定性为前提，否则就是违背了无罪推定原则"。[①] 该观点乍一听颇有些道理，拿无罪推定说事儿，好似无可置疑的真理。但是，任何概念和制度都是有适用范围的，超出其边界就不一定正确了。无罪推定是针对被追诉人的诉讼地位而言的。涉案财物与涉案人是不同的：被追诉人的人身权一旦裁判错了，就不好救济；而涉案财物则不同，如果等到生效裁判，一旦错失良机造成涉案财物毁损、贬值，反而不好救济。此外，需要明确的是，先期处置的目的并非解决涉案财物的最终所有权和去向，只是为了防止贬值等，对涉案财物的在案方式作出的暂时性处置。这种以"无罪推定""赃款赃物"为由反对对涉案财物进行先期处置无异于作茧自缚。既然一种理论对现实的严峻问题无能为力甚至阻碍问题的解决，恰恰说明该理论是有边界的、有局限的。

（2）对涉案财物先期处置的性质认识不清。过去由于我们对涉案财物先期处置的研究与讨论较少，因此，很多人对先期处置的性质缺乏明确的认识，下意识将其作为对涉案财物所有权的最终处分而加以反对。其实，涉案财物的先期处置并非都是对财物所有权的法律上的最终处分。

首先，涉案财物的实体性先期处分，主要包括没收违禁品和返还被害人。违禁品的没收，确实是对涉案财物的实体性处分、最终性处分。无论在国内还是国外，对于违禁品均无须等到法院对刑事案件的裁判生效就可认定与处理，一般都是一经发现就根据违禁品的目录进行认定，然后作出

---

① 杨胜荣:《刑事诉讼中涉案财物的认定与处理》，载《湘潭大学学报（哲学社会科学版）》2015年第3期。

没收的处理决定。对于这种世界通例，在司法实践中一般不会有异议。

返还被害人，只是对刑事涉案财物案发前所有或持有状态的确认与恢复。例如，将涉众集资诈骗的资金返还给被害人被骗转出的银行卡，至于被害人的钱是借谁的，该不该还，不是该刑事诉讼案件所要解决的问题。财物权属纠纷是一个非常复杂的问题，作为专门的民事案件解决都要耗费大量的时间与精力。在刑事诉讼中解决复杂的权属争议，更是力不从心。因此，笔者建议在刑事诉讼的涉案财物处理中应当确立一项返还规则，即"案前状态规则"，刑事诉讼只解决与刑事犯罪直接相关的财物归属，只负责恢复到刑事案件案发前那一刻财物的所有或持有状态；至于之前的争议则需要通过其他法律程序予以解决。需要说明的是，刑事诉讼中对涉案财物的先期处置，并不妨碍权利人再通过民事诉讼或其他法律途径解决其权属纠纷。原中国银监会、公安部联合印发的《电信网络新型违法犯罪案件冻结资金返还若干规定》第 8 条规定的涉案资金的溯源返还即"案前状态规则"的一个最好体现。①

其次，涉案财物的程序性先期处置，主要包括拍卖、变卖等，只是出于对涉案财物保值或增值的目的而改变其存在的形式（如由实物变为现金），仍旧在案存放，并不改变其所有和持有，因此，只能称为"程序性"先期处置。至于司法实践中，涉案财物权利人及社会公众所担心的拍卖、变卖中的"贱卖"问题，通过正当程序的设计是可以解决的，不能因噎废食、无动于衷、坐视涉案财物贬值。在当今的诉讼活动中，对物的管理与处置远比对人要复杂得多。

（3）片面强调涉案财物的证据作用，忽视其作为财物的价值。从传统

---

①《电信网络新型违法犯罪案件冻结资金返还若干规定》第 8 条第 1 款规定："冻结资金以溯源返还为原则，由公安机关区分不同情况按以下方式返还：（一）冻结账户内仅有单笔汇（存）款记录，可直接溯源被害人的，直接返还被害人；（二）冻结账户内有多笔汇（存）款记录，按照时间戳记载可以直接溯源被害人的，直接返还被害人；（三）冻结账户内有多笔汇（存）款记录，按照时间戳记载无法直接溯源被害人的，按照被害人被骗（盗）金额占冻结在案资金总额的比例返还（返还计算公式见附件4）。"

上来看，民众对涉案财物的关注点在其证据价值，而不在其经济价值。因而，在刑事诉讼过程中对涉案财物看重的是其在定罪量刑、打击犯罪上发挥的作用，而忽视了涉案财物对权利人生产生活的影响以及其作为社会财富的一部分保值增值的必要性。因此，在司法实践中，涉案财物经历了刑事诉讼后丧失其使用价值的情况比比皆是。在中国改革开放之前，公众普遍不占有大量的社会财富，对涉案财物的价值感受不深。但是，在市场经济日益发达的今天，公众占有的社会财富越来越多，对涉案财物的价值感受越来越深。[①] 在很多涉众型经济犯罪案件中公众不仅关注案件的侦破，还关注涉案财物是否被追回，甚至有些被害人只关注财产追回的问题。比如，在e租宝这样的涉众型经济犯罪案件诉讼过程中，被害人聚集上访提出的诉求主要是返还被骗资金；甚至有些被害人希望该公司继续运作偿还自己的资金。现在，我们应当扭转传统观念，强调涉案财物作为证据与财物的双重价值。

2. 立法上过于原则与保守

正是由于存在上述观念上的问题，在立法上，我国对先期处置的规定就显得过于原则与保守。我国《刑事诉讼法》第245条第1款规定，“公安机关、人民检察院和人民法院对查封、扣押、冻结的犯罪嫌疑人、被告人的财物及其孳息，应当妥善保管，以供核查，并制作清单，随案移送。

---

① 例如，我国的国内生产总值1978年为3678.7亿元，2015年为685505.8亿元，37年增长了186.3倍；城镇居民人均可支配收入1978年为343元，2015年为31790元，37年增长了97.7倍；农村居民人均纯收入1978年为134元，2015年为10772元，37年增长了80.4倍；私人汽车2000年为625万辆，2015年为14099万辆，15年增长了22.6倍；移动电话用户2000年为8453.3万户，2015年为127139.7万户，15年增长了15倍；金融机构人民币各项存款余额1978年为0.12万亿元，2015年为135.70万亿元，15年增长了1130.8倍；金融机构人民币各项贷款余额1978年为0.19万亿元，2015年为93.95万亿元，15年增长了494.5倍；股票筹资额1978年为2103亿元，2015年为10975亿元，15年增长了5.2倍；保险公司保费金额1978年为1598亿元，2015年为24283亿元，15年增长了15.2倍。数据参见“1-2国民经济和社会发展总量与速度指标”，载中华人民共和国国家统计局编:《中国统计年鉴2016》，载国家统计局网，http://www.stats.gov.cn/tjsj/ndsj/2016/indexch.htm，2017年8月30日访问。

任何单位和个人不得挪用或者自行处理。对被害人的合法财产，应当及时返还。对违禁品或者不宜长期保存的物品，应当依照国家有关规定处理”。该条文将先期处置的范围限制在“被害人的合法财产、违禁品或者不宜长期保存的物品”，对该范围之外的涉案财物要求“随案移送，任何单位和个人不得挪用或者自行处理”。这大大限制了先期处置的涉案财物的范围，导致司法实践中办案机关在先期处置问题上缩手缩脚，涉案财物的出口不畅，积压严重。具体来说，我国立法关于涉案财物的先期处置存在以下问题：

（1）先期处置的启动程序和条件不明确。由于关于先期处置的法律规定过于原则，条文本身很少，关于先期处置的启动条件和程序也没有专门的条文进行规定，只是一笔带过。① 概括一下：对易损毁、灭失、变质等不宜长期保存的物品，易贬值的汽车、船艇等物品，或者市场价格波动大的债券、股票、基金份额等财产，有效期即将届满的汇票、本票、支票等“权利人同意”或“权利人申请”，具体如何同意、如何申请等再无规定。这样一来，是否要先期处置、何时进行先期处置、具体履行什么手续可以先行处置随意性就比较大。

（2）先期处置的程序过于简单。涉案财物种类繁多，不同的涉案财物进行先期处置的程序也不尽相同，如车辆的处置涉及车辆的年检、交通违章处理、报废、挂车牌（摇号等区域政策）、排放标准（不同地区标准不同）等；高档烟酒的处置则涉及专营、真假鉴定等。对涉案财物先期处置的程序规定条文寥寥，这使得办案机关即使想先期处置，但是考虑到操作程序过于简单，担心处置不当发生不利后果，也就只好等最终由法院连同案件一并裁判了。

（3）办案机关自行决定先期处置。根据现行的法律规定，在审前阶段

① 参见《公安机关涉案财物管理若干规定》第 21 条；《人民检察院刑事诉讼规则》第 214 条；中共中央办公厅、国务院印发《关于进一步规范刑事诉讼涉案财物处置工作的意见》（中办发〔2015〕7 号）第 7 条。

对涉案财物进行先期处置，都是由办案机关领导审批后自行作出决定；公安机关先行处置的，由县级以上公安机关负责人批准，由检察机关先行处置的，则由检察长批准。目前这种对涉案财物先期处置自行审批的做法效果并不好，受到了批评与质疑，如“侦查机关对涉案财物的变卖、拍卖、发还被害人或者出售、变现，意味着它们拥有自行处置涉案财物的权力。但是，在案件尚处于侦查环节、犯罪嫌疑人是否有罪尚未确定的情况下，侦查机关对涉案财物的自行处置，势必会造成一种‘涉案财物即为赃款赃物’的态势，从而对法院的审判施加积极的影响和压力。不仅如此，侦查机关对涉案财物的处置，由于处于不公开、不透明的状态，非常容易发生高价贱卖、贵重物品低价出售的情况，并给个别侦查人员进行权钱交易提供了机会”。[①] 在调研中笔者了解到，公安机关的侦查机关对自己行使涉案财物先期处置决定权也是有所顾虑的：侦查机关只是刑事诉讼的起始阶段，后面还有检察机关的审查起诉与审判机关的审判，自己处理涉案财物没有足够的权威性；再加上，近年来公安机关在插手经济纠纷方面所受的诟病与监督，作为侦查机关的公安机关并不愿意行使先期处置的决定权，而更希望由法院通过裁定的形式决定涉案财物的先期处置。

（4）先期处置缺乏救济程序。涉案财物的先期处置在司法实践中运用得不多还有一个重要的原因，即法律并没有明确涉案财物先期处置的救济。如果办案机关没有对涉案财物进行先行处置或者先行处置违法造成了财产损失，权利人如何救济，办案机关承担什么责任法律均未规定。因此，在有限的诉讼期限内，面对复杂的涉案财物，对于办案机关和办案人员来说比较安全与稳妥的办法就是随案移送涉案财物，等待诉讼终结法院作出生效裁判后再依照生效裁判进行处置。这样，虽然有些涉案财物因未进行先期处置，其贬值不可避免，但办案机关和办案人员不会承担责任。

---

① 陈瑞华:《论侦查中心主义》，载《政法论坛》2017 年第 2 期。

3. 执法上的谨慎

由于观念上认识模糊、立法上过于原则与保守，导致了司法实践中公安司法机关的办案人员对先期处置的谨慎。在调研中笔者了解到，在有些确实需要先期处置的情况下，办案人员虽然已经认识到涉案财物先期处置的必要性，但是担心先期处置有风险，不敢也不愿对涉案财物进行先期处置。司法实践中，确实有因先期处置引起争议的情况发生。比如，在吴英案中，2007 年吴英被捕后，东阳市公安机关将吴英的部分财产进行了拍卖，其中包括酒店、汽车等。这些先期处置引起了争议：公安机关认为这样做是为了防止涉案财物贬值；而吴英及其代理人则依据《刑事诉讼法》第 245 条第 1 款“查封、扣押、冻结的财物须随案移送，任何单位和个人不得挪用或者自行处理”的规定认为公安机关先期处置违法并损害了自己的合法权利。因此，司法实践中先期处置的涉案财物范围非常有限，涉案财物在诉讼过程中的贬值不可避免。

笔者在调研中发现，司法实践中能够先期处置的涉案财物通常有两大类：一是权属关系明确的被害人财产；二是易腐烂变质的财物。对于前者办案机关通常会将财产返还被害人；对于后者办案机关通常是将其就近变卖或拍卖保存所得价款。这两类财物之所以容易先期处置，一是因为法律规定明确；二是因为处置方式简单易行。例如，浙江省诸暨市公安机关曾对不易保存的玉米采用就近在市场张贴公告的形式进行变卖。

虽然按照规定，对易损毁、灭失、变质等不宜长期保存的物品，易贬值的汽车、船艇等物品，或者市场价格波动大的债券、股票、基金份额等财产，有效期即将届满的汇票、本票、支票等，经权利人同意或者申请，并经县级以上办案部门主要负责人批准，可以依法出售、变现或者先行变卖、拍卖。但是，在笔者对六省市的调研中鲜有对易变质生鲜类之外的涉案财物进行先行处置的案例。原因在于“易贬损物品”“市场价格波动大的物品”“不宜长期保存的物品”以及先期处置程序均有待明确细化。

最高人民法院和最高人民检察院对这一现状也在司法解释中予以默

认。如《人民检察院刑事诉讼规则》第330条规定，人民检察院审查移送起诉的案件，应当查明的事项中，涉及涉案财物的是：“……（十三）涉案财物是否查封、扣押、冻结并妥善保管，清单是否齐备；对被害人合法财产的返还和对违禁品或者不宜长期保存的物品的处理是否妥当，移送的证明文件是否完备”，并未提及违禁品和不宜长期保存的物品之外的车辆、股票、债券等的先行处置问题。《刑事诉讼法解释》第441条对不宜移送的实物，应当根据情况，分别审查以下内容“（一）大宗的、不便搬运的物品，查封、扣押机关是否随案移送查封、扣押清单，并附原物照片和封存手续，注明存放地点等；（二）易腐烂、霉变和不易保管的物品，查封、扣押机关变卖处理后，是否随案移送原物照片、清单、变价处理的凭证（复印件）等；（三）枪支弹药、剧毒物品、易燃易爆物品以及其他违禁品、危险物品，查封、扣押机关根据有关规定处理后，是否随案移送原物照片和清单等”，也没有对违禁品和不宜长期保存的物品之外的车辆、股票、债券等的先行处置进行审查的规定。

（三）涉案财物先期处置制度改革遵循的原则

笔者认为，对涉案财物进行先期处置总体上除了应当遵循法治原则外，还一定要遵循比例原则和正当程序原则。

1. 法治原则

对涉案财物进行先期处置首先要遵循法治原则。对涉案财物进行适当的先期处置是保护财产权和保障人权的重要举措，必须依法进行，否则，滥用先期处置权就可能侵权，违反制度设计的初衷。遵循法治原则，依法对涉案财物进行先期处置是实现司法公正的前提和保障。

从立法方面来说，对涉案财物先期处置遵循法治原则要求对涉案财物的先期处置有明确的法律规定，具体包括涉案财物先期处置的主体、范围、条件、程序、救济等。从司法方面来说，对涉案财物进行先期处置只有在符合法律规定的条件时才能适用，适用时必须严格遵照法律规定，不能超出法律授权的范围。从目前我国先期处置法治原则面临的问题看，立法方面面临的问题是主要的。首先，刑事诉讼法等基本法律关于先期处置的规定过于简单；其次，行政法规、规章制度等对先期处置的规定也很匮乏。笔者通过对六地的调研发现，对不同类型涉案财物进行先期处置的具体规则普遍缺乏，这导致执法办案人员先期处置时无所适从。因此，从基本法律制度和具体规则两方面对涉案财物的先期处置进行规制是落实法治原则的当务之急。

2. 比例原则

比例原则产生于19世纪德国的警察国家观念和与之相应的警察法学，最初是行政法上的一个基本原则。一般认为，比例原则包含适当性、必要性和狭义比例性等子原则。比例原则的基本精神在于限制国家权力、最大限度地保障公民权益。第二次世界大战后，随着民主、法制的发展，比例原则在德国不仅获得了内涵上的发展与完善，更重要的是走出了狭隘的警察法领域，而取得了宪法原则的地位。① 随着人们对比例原则的认识不断加深，其已经逐步扩大使用到刑事诉讼法等公法领域。随着比例原则适用范围的扩大，其内涵也更加丰富，例如，“西班牙的比例原则不仅体现在行政实体方面，而且体现在行政程序方面。实体方面即行政措施的强度要与客体的性质和大小相适应，程序方面即行政措施的强度要与程序的严格程度成正比例关系。概括起来就是，客体越严重越广大，行政措施就越强大；而行政措施越强大，相关程序就应当越严格”。② 狭义比例原则要求所得收益大于成本，以成本收益持平为最低限度。不可大题小做，也不可小题大做，所谓杀鸡取卵显然是不成比例的。③ 笔者认为，

① 参见黄学贤:《行政法中的比例原则研究》，载《法律科学》2001年第1期。

② 参见黄学贤:《行政法中的比例原则研究》，载《法律科学》2001年第1期。

③ 参见姜昕:《比例原则释义学结构构建及反思》，载《法律科学》2008年第5期。

比例原则的精髓在于限制公权力、保护公民的基本权利，应当适用于所有公法领域，包括实体法和程序法，“哪里人权易受到侵犯，哪里就会有比例原则的运用领域，比例原则永远与人权保障相伴随”。[①] 在程序法中，保护权利人的程序设计也应当遵循比例原则。凡是涉及权利人重大利益的，在程序设计上就应当完备一些，给予权利人更多的保障，如通知、公开听证、陈述、辩论、律师帮助、救济等；反之，如果涉及权利人的利益较小时，在程序设计上可以适当简单一些。比例原则也是公正与效率动态平衡的体现。

对涉案财物进行先期处置遵循比例原则体现为：第一，适当性原则。涉案财物先期处置适用的目的应符合法律设置的目的，即为了保护财产权，保证涉案财物保值增值。因此，在诉讼中不能出于其他目的，随意对涉案财物进行先期处置。第二，必要性原则。涉案财物先期处置只有在不采取就无法避免涉案财物大幅贬值时或者保管费用过高接近或超过财物本身的价值时或者保管极度困难时才可适用。第三，狭义比例原则。涉案财物先期处置的适用与其所达到的目的之间必须合比例或相称。因此，先期处置的适用需要根据具体案件情况判断，包括涉案财物的价值、涉案财物的保管费用、案件的难易程度及可能的诉讼时间、涉案财物的价值变化等，总之，收益应当大于成本。

3. 正当程序原则

从制度上考察，正当程序原则起源于英国法中的“自然正义”（Nature Justice），发达于美国法所继承的“正当法律程序”（Due Process of Law）。[②] 正当程序原则最初是一项重要的宪法原则，后来渗透到行政法、刑事诉讼法等领域，现在成为公法领域的一项重要原则。[③] 正当程序原则在我国越

---

① 郝银钟、席作立：《宪政视角下的比例原则》，载《法商研究》2004 年第 6 期。

② 参见周佑勇：《行政法的正当程序原则》，载《中国社会科学》2004 年第 4 期。

③ 参见汪进元：《论宪法的正当程序原则》，载《法学研究》2001 年第 2 期；参见周佑勇：《行政法的正当程序原则》，载《中国社会科学》2004 年第 4 期。

来越受到关注与认可，不仅学术界，而且实务界也逐步接受，出现在裁判文书之中。[①] 关于正当程序有哪些具体要求，许多学者都做过有益的探讨，存在不同的理解。[②] 笔者认为，程序中立性、程序参与性和程序公开性是正当程序的最基本要求。从涉案财物的先期处置关系到作为基本人权的财产权，遵循正当程序原则是理所当然的。

对涉案财物进行先期处置遵循正当程序原则也应当体现为：程序中立性、程序参与性和程序公开性。程序中立性就是要求决定程序法律结果的法律主体应当处于中立地位，对参与程序的任何一方不得存有偏见和歧视。这是法律程序对决定程序法律结果的法律主体的“正当”要求。[③] 具体到涉案财物的先期处置，最好由法院进行裁定，更能体现公正，更能让人信服。程序参与性，要求“程序所涉及利益的人或他们的代表，能够参加诉讼，对于自己的人身、财产等权利相关的事项，有知悉权和发表意见权”。[④] 具体到涉案财物的先期处置，决定对涉案财物进行先期处置的程序以及对涉案财物进行先期处置的程序，权利人或者他们的代表都有权参加。涉案财物的权利人或者他们的代表对涉案财物的处置有知悉权和发表意见的权利。因此，有关机构应当事先将决定对涉案财物进行先期处置的程序和对涉案财物进行先期处置的程序通知权利人或者他们的代表。程序公开性，即法律程序的每一阶段和步骤都应当以当事人和社会公众看得见

---

① 参见何海波:《司法判决中的正当程序原则》，载《法学研究》2009 年第 1 期。

② 泰勒认为，评价某一法律程序是否公正有“六项”价值标准；戈尔丁认为程序公正包含“九项”内容；萨默斯认为“程序价值”有“十项”基本内容。贝勒斯则将“程序价值”总结为“七项”原则；孙笑侠提出“程序公正的六大要义”；季卫东提出“现代程序的四项基本原则”；陈桂明提出“诉讼程序的六大要素”；陈瑞华提出“最低限度程序正义的六项要求”；肖建国提出“最低诉讼程序公正的五项标准”；周佑勇提出“现代法律程序所要实现的最低限度的程序正义要求至少应当包括三项：程序中立性、程序参与性和程序公开性”；等等。上述观点概括参见周佑勇:《行政法的正当程序原则》，载《中国社会科学》2004 年第 4 期。

③ 参见周佑勇:《行政法的正当程序原则》，载《中国社会科学》2004 年第 4 期。

④ 宋英辉等:《刑事诉讼原理》(第三版)，北京大学出版社 2014 年版，第 65 页。

的方式进行。[①] 具体到涉案财物的先期处置，不论是决定对涉案财物进行先期处置的程序，还是对涉案财物进行先期处置的程序，都应当遵循程序公开原则，不仅应当允许权利人或者代理人参与，而且应当公开透明，允许和方便社会各界随时监督。

（四）涉案财物先期处置制度改革的完善对策

在对涉案财物先期处置的必要性与紧迫性有了清醒认识以后，需要及时转变观念，从国家立法层面对先期处置进行明确、细化。我国先期处置的完善必须在法律上明确以下几个核心问题：

1. 涉案财物先期处置的范围与条件

并非所有的涉案财物都可以先期处置，应当规定一定的条件和范围。从司法实践来看，先期处置的涉案财物应当具备以下三个条件：

（1）先期处置确有必要。关于涉案财物的先期处置首先需要考虑的就是必要性。作为程序性的先期处置不是对涉案财物所有权的最终处理，而是一种规避风险和方便管理的手段。从中外的立法和司法实践来看，进行程序性的先期处置通常基于以下必要：第一，避免贬值；第二，财物价值过低或保管费用过高；第三，保管不便等。[②]

此外，为了保证司法公正，先期处置（特别是程序性先期处置）需要在诉讼过程中短时间内履行很多程序方能完成，会增加办案机关（尤其是侦查机关）的工作量，因此，进行先期处置应当切实遵守比例原则中的必

---

① 参见周佑勇:《行政法的正当程序原则》，载《中国社会科学》2004 年第 4 期。

② 参见《新加坡刑事诉讼法典》第 371 条、第 372 条，载《世界各国刑事诉讼法》编辑委员会:《世界各国刑事诉讼法》（亚洲卷），中国检察出版社 2016 年版，第 635 页；参见《日本刑事诉讼法》第 121 条、第 123 条、第 124 条，载《世界各国刑事诉讼法》编辑委员会:《世界各国刑事诉讼法》（亚洲卷），中国检察出版社 2016 年版，第 329 页以下；参见《韩国刑事诉讼法》第 130 条、第 132 条，载《世界各国刑事诉讼法》编辑委员会:《世界各国刑事诉讼法》（亚洲卷），中国检察出版社 2016 年版，第 241 页。

要性原则。

根据现行有关规定以及司法实践的需要，笔者认为，除返还被害人和没收违禁品外，有先期处置必要的涉案财物范围主要应当包括：易腐烂变质的物品；易贬值的物品，如车辆、游艇、高档香烟、烟花爆竹、快到保质期的商品等；有期限的合同、即将到期债券等；价格波动大的股票、房产等；数量巨大、保管不便的物品，如办公设备、假冒商品、盗伐的木材等；需要饲养的动物、植物。但是，对于金银珠宝、名贵字画、价格稳定的房产等一般不要先期处置。

（2）权属关系明确，不损害他人利益。由于先期处置是在裁判生效之前进行的，尤其是在侦查、起诉的诉讼早期阶段，诉讼期限都比较短，如果权属关系明确就能够迅速对涉案财物进行先期处置；如果权属关系不明确、有争议，为了防止侵犯权利人的财产权，不宜进行先行处置；除非争议各方均同意先行处置。

（3）不影响诉讼活动。在诉讼活动中，涉案财物必须首先满足其作为证据的需求，因此，在先期处置时必须明确：第一，拟先期处置的涉案财物不是必须在法庭上出示或质证的原物；第二，要采取适当的手段与方法对先期处置的涉案财物进行证据固定。

2. 涉案财物先期处置的启动

笔者认为，涉案财物的先期处置可以因三种情形而启动：

（1）权利人申请。在侦查、起诉、审判的每一个阶段，办案人员均有义务及时书面告知权利人（犯罪嫌疑人、被告人、被害人）其有权对涉案财物提出先行处置的申请。在办案人员将先期处置的申请权告知权利人后，权利人可以向办案机关提出先期处置的申请。办案机关应当受理并在3天之内（易腐烂变质物品应当立即）提交法院进行裁定；法院收到办案机关提交的先期处置申请后，应当在3天之内（易腐烂变质物品应当立即）作出是否同意进行先期处置的裁定。

（2）办案机关建议，权利人同意。由于犯罪嫌疑人、被告人多处于羁押状态，对案件情况缺乏客观全面的认识、对社会和经济的变化缺乏及时的了解；再加上自已涉案并被羁押，有时对涉案财物是否需要进行先期处置无暇或者无法作出判断与决定。办案机关如果认为有必要也可以建议权利人申请对涉案财物进行先期处置，权利人如果接受建议，可以向办案机关提出先期处置的申请，办案机关再提交法院裁定。在这个过程中，要注意对被羁押的权利人的权利保护，应当保障权利人在律师帮助下实施该行为，防止出现好心办坏事或者强迫权利人处置财产的情况。比如，在吴英案中，在吴英被采取强制措施以后东阳市公安机关就拍卖了吴英的部分汽车以及酒店，吴英表示拍卖未经其同意。东阳市公安机关曾通过媒体就此进行过解释：当时是为了财产的保值和安抚债权人的需要。① 但是，在2007年6月27日的律师会见笔录中，看守所内的吴英对律师说，她曾委托政府拍卖“本色”的车辆，但那是在“被提审我的公安人员欺骗、吓唬我的情况下写的”。“他们说如果卖了车把钱存银行不会贬值，（但）车放那儿会贬值，卖了车能立功、减刑，不卖车就是不配合政府，到了法院也得卖，还会重判。”②

（3）利害关系人申请。除上述两种情形外，犯罪嫌疑人、被告人、被害人之外的案外人如果认为涉案财物与自已有利害关系的，也可以向办案机关提出先期处置的申请。如写字楼的所有权人可以请求办案机关帮助提前终止与犯罪嫌疑人或被告人的房屋租赁合同，并解除查封；汽车租赁公司可以请求办案机关帮助提前终止与犯罪嫌疑人或被告人的汽车租赁合同，并解除扣押等。办案机关收到申请后应当提交法院裁定。

上述引起先期处置的动因，无论哪种情形，均应当由办案机关向法院

---

① 参见郭芳:《吴英案资产处置无实质进展》，载 http://www.huaxia.com/tslj/rdrw/2015/05/4409608.html，2017年4月5日访问。

② 叶飙、刘俊、吕明合:《祸“水”与暗渠：吴英案的资产处理》，载搜狐网，http://business.sohu.com/20120210/n334333555.shtml，2017年4月5日访问。

提交先期处置的申请。因为先期处置的财物在法律关系中是附属于刑事案件的，没有刑事案件也就没有所谓的涉案财物，由于办案机关对涉案财物的来龙去脉最为清楚，因此，由其向法院提交申请比较妥当。办案机关向法院提交的先期处置申请书应当包括以下内容：犯罪嫌疑人、被告人基本情况；被害人基本情况；利害关系人的基本情况；案由、涉嫌犯罪事实和主要证据材料；申请先期处置的涉案财物的种类、数量、所在地、拟处置的方式；权利人申请或同意对涉案财物先行处置的文件；先行处置的理由和法律依据；先期处置的方式（如拍卖、返还、没收、销毁等）。

3. 先期处置统一由法院裁定

（1）是否进行先期处置以及处置的方式应当由法院以裁定的形式作出。笔者在调研中了解到很多侦查机关（特别是公安机关）并不愿意行使涉案财物先期处置审批权，原因在于责任大、风险大，容易被误解。在涉众型经济犯罪案件的涉案财物处置中还存在临时成立的资产小组（其职权包括对涉案财物的先期处置），如吴英案、e租宝案。在司法实践中，这种做法也曾受到质疑。例如，在吴英案中，有人对资产小组决定涉案财物的合法性提出了质疑。对此，笔者专门研究了世界主要国家的做法：涉案财物的先期处置大多是由法官裁定，个别是由检察官决定。法国由自由羁押法官、预审法官或者大审法院院长或由其授权的法官作出裁定①；印度对警察扣押财物的先期处置是由治安法院进行裁定的②；新加坡对涉案财物的先期处置也是由治安法院裁定的③；德国侦查程序中先期处置的决定由检察院决定，提起公诉后由受理法院作出命令，在取得法院命令之前物品就面临

① 参见《法国刑事诉讼法》第41-5条、第99条、第99-1条、第99-2条，载《世界各国刑事诉讼法》编辑委员会:《世界各国刑事诉讼法》(欧洲卷·上)，中国检察出版社2016年版，第555页和第578页以下。

② 参见《印度刑事诉讼法》第457条、第459条，载《世界各国刑事诉讼法》编辑委员会:《世界各国刑事诉讼法》(亚洲卷)，中国检察出版社2016年版，第763页。

③ 参见《新加坡刑事诉讼法》第371—372条，载《世界各国刑事诉讼法》(亚洲卷)，中国检察出版社2016年版，第635页。

变坏之虞的检察院也有权决定[①]。

鉴于我国司法实践的需求以及国外的有益经验，笔者建议，我国涉案财物的先行处置应当由办案机关（侦查机关或检察机关）提交申请后由法院裁定。一是实现了权力的制约；二是法院作为中立的裁判者，其裁定结果更具公正权威性。

（2）法院应当根据案件情况采用不同程序审查后作出是否同意先期处置的裁定。法院采取什么程序作出裁定，应当遵循程序参与原则和比例原则。程序参与原则要求对涉案财物先期处置应当听取权利人或者其代理人的意见。例如，《德国刑事诉讼法》第111i条“紧急转让扣押、假扣押之物”第4项规定：“命令紧急转让前，应当听取犯罪嫌疑人、物主和其他对物品有权利的人的意见。”[②] 比例原则要求适用的程序要与涉案财物的价值大小、涉案财物的特征与类型等相适应。建议对价值不大的涉案财物先期处置可以采取简易程序；涉及价值大的财物，如房产、汽车以及3000元以上的财物等应当采取普通程序。适用简易程序，法官进行书面审查即可，但应当听取权利人或者其代理人的意见。适用普通程序，法官应当举行听证，公开听取权利人或者其代理人的意见。

4. 细化涉案财物的处置程序

先期处置的执行应当根据法院的裁定进行。先期处置的具体程序设计要遵循程序公开与程序参与原则，重点解决以下问题：

（1）应当根据涉案财物的不同类别制定不同的先期处置程序。比如，涉案假冒伪劣商品的先期处置程序、涉案香烟的先期处置程序、涉案酒类先期处置程序、涉案烟花爆竹先期处置程序、涉案机动车辆先期处置程序、涉案非机动车辆先期处置程序、涉案金银珠宝先期处置程序、涉案股

① 参见《德国刑事诉讼法》第111i条第3项、第4项，载《世界各国刑事诉讼法》（欧洲卷·上），中国检察出版社2016年版，第273页以下。

② 参见《德国刑事诉讼法》第111i条第3项、第4项，载《世界各国刑事诉讼法》（欧洲卷·上），中国检察出版社2016年版，第273页以下。

票有价证券先期处置程序等。不论什么类别的涉案财物，其处置程序均应遵循程序公开原则和程序参与原则，便于接受权利人和社会的监督以及保护权利人的合法权益。例如，拍卖可以依托由最高人民法院的人民法院诉讼资产网的拍卖专栏和淘宝拍卖会网站。前者下设项目公告、工作公示、摇号结果、政策法规和拍卖流程等各种拍卖信息，全国所有拍卖公告均展示在此网站上，并可以网上竞价和网上支付。后者，全国 885 家人民法院已经入驻，对拍卖标的物进行分类竞拍，并在标的物照片下附有起拍价、评估价和拍卖时间，是我国最大最全的司法拍卖网站。[①] 在调研中笔者也了解到，很多侦查机关对涉案财物的处理也会依托淘宝拍卖会网站。当然，办案需要保密的情况除外。

（2）应当妥善固定诉讼证据。涉案财物既可以是有经济价值的物品，也可以是用作证据的有诉讼价值的物品。作为有经济价值的物品，我们关注的是其价值的大小以及价值的变化；作为诉讼证据，我们关注的是其关联性、客观性和合法性，以及由此衍生出的证据的唯一性、不变性（也就是提交法庭质证的证据就是最初提取的证据，没有替换）。刑事诉讼中涉案财物的经济价值和诉讼价值相比较而言诉讼价值是首要的。但是，要防止过分注重诉讼价值而损害其经济价值。应当转变观念，通过合理的制度设计在实现涉案财物经济价值最大化的同时，满足其作为诉讼证据的首要功能。具体可以根据涉案财物的具体情况通过以下一种或几种方式实现：

第一，用笔录、绘图、拍照、录像等方法对作为证据使用的涉案财物加以固定。例如，对易烂易腐的物品可以在清点数量、拍照以及录像后先行处置；笔录应当详细记录处置的时间、地点、参与人、处置的过程等。

第二，留样。对于需要占用大面积仓储空间的涉案财物，在法庭审判时不可能全部当庭出示的批量物品，如大批量的假冒伪劣商品，可以在清

---

① 参见高一飞、张露：《刑事诉讼涉案财物处置公开机制的构建》，载《河南财经政法大学学报》2016 年第 6 期。

点、拍照、录像、留样后销毁、变卖、拍卖等，当然整个过程中要制作笔录。留样的目的一是在法庭审判时出示；二是以备将来重新鉴定之用。为了避免先行处置后对留样物品与被先期处置物品的同质性产生争议，建议在先期处置前由相关权利人对其同质性签字认可。

第三，鉴定。对于需要定性、定价的涉案财物，除上述方法之外，还需要由合法的鉴定机构进行鉴定并出具鉴定意见，如毒品的成分、数量等；产品的真假；涉案物品的价格等。司法实践中的涉案财物有时是大批量的，是逐一鉴定，还是抽样鉴定？如果抽样鉴定后将其他财物处理掉，庭审中被告方提出异议要求对其他财物也进行鉴定怎么办？例如，在一起盗窃珍稀动物的案件中，共扣押了300多只鸟，要认定该批鸟是某珍稀动物需要进行DNA鉴定，如果对300多只鸟逐一进行鉴定，费用是相当高的。笔者认为，逐一鉴定无法实现，而且成本太高，只能采取抽样鉴定的方法。但是，为了避免审判程序中的异议可以从制度上设计：在最初扣押涉案财物的时候请被追诉人进行辨认，特别请被追诉人确认所扣押的该批财物是不是同质的，如果不是应当明确提出，否则进行鉴定时一律随机抽样。

（3）应当明确涉案财物先期处置所得价款由办案部门登记在案，并由涉案财物管理部门打入专门银行账户保管，并及时告知当事人或者其近亲属。如果日后权属产生争议，应当根据法院的裁判将价款返还权利所有人。

（4）通知权利人。执行机构应当在先期处置之前通知权利人涉案财物先期执行的时间、地点以及执行方式[①]，在先期处置后通知权利人处置的结果。执行机构对涉案财物进行先期处置时权利人或者其代理人有权在场。

---

① 借鉴《德国刑事诉讼法》第111i条“紧急转让扣押、假扣押之物”第4项规定，在可行的范围内，应当通知他们此命令（指紧急转让的命令）以及转让的时间和地点。参见《世界各国刑事诉讼法》（欧洲卷·上），中国检察出版社2016年版，第273页以下。

（5）公告。为了保护利害关系人的利益，对重大涉案财物进行先期处置应当进行公告。重大涉案财物是指企业、房产、机动车辆、名贵字画以及价值在10万元以上的贵重财物。但是，如果公告可能导致泄露办案秘密，导致串供，未抓获共犯逃跑等影响案件办理情形的，可以不进行公告，如果日后确认利害关系人拥有所有权，可以将先行处置的价款返还利害关系人。关于公告的期限，因为是在诉讼过程中，如果公告期限过长就失去了先期处置的意义，建议借鉴《电信网络新型违法犯罪案件冻结资金返还若干规定》第8条第2款的规定，将公告期间规定为30日。[①]

（6）采取灵活多样的权属变更实现方式。考虑到权利人涉案被羁押，涉及财产权属变更的先期处置，其具体办理方式可以灵活多样。一般情况下，涉及财产权变更的，均需要权利人本人到场签字完成财产权的变更，但是，在我国的刑事诉讼中权利人多处于被羁押状态，同时还要考虑办案的安全性问题。因此，在涉案财物的处置及权属变更时可以依次考虑以下方式：委托办理；上门服务；陪同前往。

犯罪嫌疑人、被告人多处于被羁押状态，外出办理的风险比较大，最好的方式是办理委托手续委托亲属、朋友、律师或者社会机构进行办理。但是，对于必须自己处理的事项可以采取以下方式办理：上门服务、陪同前往。在传统观念中，我们忽视了被追诉人的财产权保护，一个人一旦被羁押，进了看守所或者监狱，其很多财产权就难以行使。现在我们认识到，财产权与人身权一样，也是人权的重要组成部分。建议羁押场所设立专门场所与房产部门等机构联系定期为被羁押人员处理财产事宜提供上门服务。这有点类似于选举期间在羁押场所设置投票点保障被羁押人行使选举权。对于不能上门服务，必须权利人亲自到场处理的，在不影响办案的情况下，可以由办案人员在确保安全的情况下陪同被羁押人前往专门机构办理。

---

①《电信网络新型违法犯罪案件冻结资金返还若干规定》第8条第2款规定："按比例返还的，公安机关应当发出公告，公告期为30日，公告期间内被害人、其他利害关系人可就返还冻结提出异议，公安机关依法进行审核。"

5. 救济

涉案财物先期处置涉及权利人的重要财产权利，应当明确相应的法律救济。具体应当包括以下救济途径：

（1）上诉。对于法院关于先期处置的裁定，权利人可以在 3 日内向上一级法院提起上诉，上级法院收到上诉后应当在 7 日内作出裁定。

（2）申诉。对于先期处置不当的，权利人可以向检察机关的控告申诉部门申诉。控告申诉部门接到申诉后应当进行调查并在 7 日之内给予答复。

（3）国家赔偿。应当进行先期处置而未进行先期处置或者先期处置违法造成财产权损害的，权利人有权申请国家赔偿。

此外，对涉案财物的先期处置不影响以后权利人通过民事诉讼或其他法律途径解决权属争议。

五、侦查阶段律师权利保障*

侦查程序是整个刑事诉讼程序的开端，也是关乎犯罪嫌疑人人身权利和诉讼权利最关键的阶段，基于我国目前的刑事司法现状，侦查阶段的诉讼活动效果往往决定着案件的实质走向及趋势。侦查阶段的权利是律师权利的核心，通过在侦查阶段与犯罪嫌疑人的会见和通信以及其他一系列权利的行使，律师不但能够最大限度地还原案件事实原貌，而且更可以从中发掘辩护的关键线索及思路，并发现侦查活动可能存在的侵害犯罪嫌疑人人权及诉讼权利的情况，为审查起诉和审判阶段的辩护做好必要的准备工作。笔者通过对相关法律进行梳理，结合对司法实践的考察，总结了我国当前侦查阶段对律师权利保护的改革完善情况。

（一）侦查阶段律师权利保障的制度供给

1996年刑事诉讼法修正时，将犯罪嫌疑人可委托辩护人的时间规定为“公诉案件自案件移送审查起诉之日起，犯罪嫌疑人有权委托辩护人。自诉案件的被告人有权随时委托辩护人。人民检察院自收到移送审查起诉的案件材料之日起三日内，应当告知犯罪嫌疑人有权委托辩护人。人民法院自受理自诉案件之日起三日内，应当告知被告人有权委托辩护人”。虽然刑事诉讼法同时规定，犯罪嫌疑人在被侦查机关第一次讯问后或者采取强制措施之日起，可以聘请律师为其提供法律咨询、代理申诉、控告，申请取保候审等法律帮助。但由于律师在侦查阶段不享有辩护人身份，其权利行使受到很大限制。而且1996年刑事诉讼法对律师会见通信权的行使施加了一定的限制，即侦查机关可以在律师会见时派员在场，且在涉及国家

---

* 本部分为李玉华教授、魏云皓撰写。

秘密的案件中，侦查机关享有对律师申请会见的批准权，即在侦查机关不批准的情况下，律师无法与犯罪嫌疑人会见。2012 年，刑事诉讼法又进行了一次较大规模的修改，明确规定“犯罪嫌疑人自被侦查机关第一次讯问或者采取强制措施之日起，有权委托辩护人”，而且将 1996 年刑事诉讼法中律师会见时“侦查机关可以派员在场”的规定修改为“辩护律师会见犯罪嫌疑人、被告人时不被监听”。2018 年在对刑事诉讼法进行修正时，并未修改相关规定。

现行相关法律法规亦对侦查阶段律师的权利保障作出了相应规定，如《公安机关办理刑事案件程序规定》第 55 条规定：“辩护律师会见在押或者被监视居住的犯罪嫌疑人时，看守所或者监视居住执行机关应当采取必要的管理措施，保障会见顺利进行，并告知其遵守会见的有关规定。辩护律师会见犯罪嫌疑人时，公安机关不得监听，不得派员在场。”2017 年《律师法》第 33 条规定：“律师担任辩护人的，有权持律师执业证书、律师事务所证明和委托书或者法律援助公函，依照刑事诉讼法的规定会见在押或者被监视居住的犯罪嫌疑人、被告人。辩护律师会见犯罪嫌疑人、被告人时不被监听。”再如，2014 年《最高人民检察院关于依法保障律师执业权利的规定》第 5 条提到：“人民检察院在会见时不得派员在场，不得通过任何方式监听律师会见的谈话内容。”2015 年，最高人民法院、最高人民检察院、公安部、国家安全部、司法部印发了《关于依法保障律师执业权利的规定》，其中第 4 条规定：“人民法院、人民检察院、公安机关、国家安全机关、司法行政机关应当建立和完善诉讼服务中心、立案或受案场所、律师会见室、阅卷室，规范工作流程，方便律师办理立案、会见、阅卷、参与庭审、申请执行等事务。探索建立网络信息系统和律师服务平台，提高案件办理效率”；第 7 条规定：“看守所应当设立会见预约平台，采取网上预约、电话预约等方式为辩护律师会见提供便利，但不得以未预约会见为由拒绝安排辩护律师会见。辩护律师会见犯罪嫌疑人、被告人时不被监听，办案机关不得派员在场。在律师会见室不足的情况下，看守所经辩护律师书面同意，可以安排在讯问室会见，但应当关闭录音、监听设备”。这些相关法律规定从根本上保证了侦查阶段律师介入的真正目的，使律师与犯罪嫌疑人能够真正进行有效沟通，为律师开展侦查阶段、审查起诉阶段和审判阶段的工作提供了良好的铺垫和基础。2016年，中共中央办公厅、国务院办公厅印发《关于深化律师制度改革的意见》，提出保障律师诉讼权利，制定保障律师执业权利的措施，健全完善侦查、起诉、审判各环节重视律师辩护代理意见的工作机制，落实听取律师意见制度，完善律师收集证据制度。2017年《最高人民法院、最高人民检察院、公安部、国家安全部、司法部、中华全国律师协会关于建立健全维护律师执业权利快速联动处置机制的通知》指出，各级人民法院、人民检察院、公安机关、国家安全机关、司法行政机关和各律师协会要认真贯彻落实中央有关保障律师执业权利工作部署，针对律师执业权利保障中存在的突出问题，建立健全维护律师执业权利快速联动处置机制。2019年《公安部、司法部关于进一步保障和规范看守所律师会见工作的通知》也对侦查阶段律师的权利行使提出了新的要求，如“依法安排及时会见，保障律师正常执业”“加强制度硬件建设，满足律师会见需求”。

（二）侦查阶段律师权利保障的硬件改造

为了不断完善侦查阶段律师权利行使的保障制度，切实满足《刑事诉讼法》对于侦查阶段律师会见、通信等一系列工作的要求，从而实现依法保障犯罪嫌疑人、被告人的权利，全国各地纷纷改进硬件条件，并取得明显成效。早在2013年，北京市公安局监所管理总队就对相关硬件条件进行了升级。如北京市第一看守所，早早就将律师会见的场所由会议室升级为单人间。其设立了独立的会见室，每个会见室都有独立的门，关上门后可以隔绝外界的干扰。会见室的上方配备LED显示屏，显示律师的姓名、会见号码等信息。会见室的空间约有4平方米，律师这一内侧有两把座椅，会见台上被铁栅栏隔开，但栅栏上并未安装玻璃，可供在押人员履行签字手续等。铁栅栏另一侧，在押人员所在的一侧，同样也是封闭的空间，在押人员进入会见室后，可以将门关上，看管人员只能在门外的过道上巡视，但无法听到会见室内的交谈内容。[①] 2018 年，佛山市公安局开展了律师会见难问题专项整治工作。通过改造增加律师会见室、完善会见室设施、启用网上预约会见、推行公休日会见等措施，使佛山市律师会见工作效率和会见环境得到明显提升。截至 2018 年 11 月，佛山市各区看守所共改建增加律师会见室 70 间，各区看守所改造盘活讯问室，改造成为普通律师会见室。各区看守所律师会见室均配备齐全会见设施设备和空调配备，为律师提供休息室和停车便利，并设置了快速会见室，实行快速会见机制。[②]

2019 年，在前述各地实践探索的基础上，公安部、司法部又发布了《关于进一步保障和规范看守所律师会见工作的通知》，对硬件条件的改造提出了新的要求：要加强会见场所建设，新建看守所律师会见室数量要按照设计押量每百人 4 间的标准建设，老旧看守所要因地制宜、挖掘潜力，通过改建、扩建等办法，进一步增加律师会见室数量。在律师会见室不足的情况下，经书面征得律师同意，可以使用讯问室安排律师会见，但应当关闭录音、监听设备。律师会见量较大的看守所可设置快速会见室，对于会见时间不超过 30 分钟的会见申请，看守所应安排快速会见。

（三）侦查阶段律师权利保障改革的举措

随着刑事案件律师辩护全覆盖的实施，侦查阶段律师会见量急剧增多，一些看守所律师会见排队时间过长，甚至出现个别变相限制律师会见

---

① 参见《北京看守所改造：律师会见从会议室到单人间》，载搜狐网，http://news.sohu.com/20130318/n369187125.shtml，2020 年 12 月 12 日访问。

② 参见《重磅消息！佛山市各区看守所全部实现公休日会见》，载搜狐网，https://www.sohu.com/a/278459907_670590，2020 年 12 月 12 日访问。

的现象，影响了律师的正常执业。为切实解决侦查阶段律师权利行使的困境，使刑事诉讼法的规定落地，在前述硬件条件改造的基础上，全国各地也积极探索改革的路径。2014 年至 2015 年，公安部在全国公安机关部署开展看守所勤务模式科学化、执法行为规范化、管理方式精细化、监管手段信息化、设施保障标准化建设工作（简称“五化建设”）。各级公安机关高度重视、周密部署，攻坚克难、狠抓落实，纷纷开展相关改革，提出一系列创新举措，明显提高了全国看守所执法管理和基本保障水平。

1. 远程会见

受地域条件或是场地条件的限制，律师在看守所开展会见工作往往难以尽如人意。为了改善这一困境，《公安部、司法部关于进一步保障和规范看守所律师会见工作的通知》明确规定，要加强相关制度建设。例如，看守所应设立律师会见预约平台，在确保在押人员信息安全的前提下，通过网络、微信、电话等方式为律师预约会见，但不得以未预约为由拒绝安排律师会见，有条件的地方可以探索视频会见。根据笔者的调研发现，北京市公安局积极依托远程视频系统率先推行律师快速远程会见新模式，在基层办案单位与看守所之间为律师与在押人员搭建快速会见平台。同时，北京市公安局还出台了《北京市公安局律师快速会见工作规范》，自 2019 年 1 月 1 日起，会同北京市律协在全市推广律师远程会见，即律师可以在公安派出所通过公安机关远程视频会见系统，与看守所在押的犯罪嫌疑人、被告人进行会见。此举彻底打破地域限制，使律师会见更加便捷高效，进一步保障了律师在侦查阶段的执业权利和在押人员的合法权益。在此基础上，江苏省南京市进行了更进一步的探索。2020 年 1 月 21 日，“南京律师远程会见中心”开始试运行，其办公总面积为 537 平方米，设有身份核验区、等候休息区和会见区。建有 12 个远程会见室，同时预留了 9 个会见室的改造空间，如有需求可建成 21 个会见室供律师使用。如果按照每天每间接待 6 名律师的最大化运行，每天可接待会见律师 126 名。目前，试运行阶段仅开通对接了市看守所的2间视频会见室。该中心是公安机关把律师远程会见场所放在律师“娘家”办公地的全国第一家，大大节省了律师的时间成本。[①]

2. 预约会见

由于看守所大多地处偏远位置，过去，律师通常要花费很长时间到现场提交会见申请，遇到会见对象正在提讯或其他原因无法会见时，律师白跑一趟的现象时有发生。为了充分提高律师侦查阶段权利行使的效率，各地纷纷采取举措，实现侦查阶段律师的预约会见。据统计，公安部“五化建设”以来，95.82%的看守所建立了办案单位讯问和律师会见预约制度。[②] 自2013年以来，北京监管系统不断提升服务保障律师会见水平，采取一系列措施，保障律师执业。北京市公安局监所管理总队先后采取现场预约、电话预约等方式方便律师会见，并主动顺应新媒体时代的形势发展要求，向北京市公安局申请研发律师会见网上预约系统。2016年7月底，北京网上预约系统搭建完成，开始试运行。律师可通过互联网进入预约平台，通过身份审核后，输入拟会见的被监管人员姓名、身份号码等资料，提交会见申请。各看守所将根据提交申请的先后顺序，及时安排会见的具体时间、地点等。律师可通过预约平台查询预约结果，并依据预约结果安排会见事项。预约平台在本市各看守所全面投入使用，各看守所预留部分席位，律师通过网上预约会见还可享有优先会见权。[③] 预约系统的应用不仅使律师能主动安排会见日期，少跑冤枉路，而且能最大限度地减少排队等候时间，为提升律师会见效率，依法保障律师执业提供了有效支撑。

---

① 参见《南京律师远程会见中心开始试运行》，载中国律师网，http://www.acla.org.cn/article/page/detailById/26564，2020年12月13日访问。

② 《全国公安机关强力推进看守所“五化建设”》，载中国警察网，http://jiansuo.cpd.com.cn/n2698292/c32339763/content.html，2020年12月13日访问。

③ 《律师到北京市各看守所会见可网上预约》，载搜狐网，https://www.sohu.com/a/109676557_118019，2020年12月12日访问。

3. 提供食堂餐等保障

为了提高侦查阶段律师执业的相关保障工作水平，为律师行使权利提供最大的便利，公安部、司法部《关于进一步保障和规范看守所律师会见工作的通知》明确规定，要加强服务保障，有条件的看守所可设立律师等候休息区，并配备一些必要的服务设施及办公设备，最大限度地为律师会见提供便利。律师可以携带个人电脑会见，但应当遵守相关法律法规的规定，确保会见安全。2020 年 11 月 16 日，河南省公安厅、河南省司法厅联合制定下发《保障和规范看守所律师会见工作规定（试行）》，其中指出，看守所应积极为律师会见时的工作、生活提供方便。有条件的，可以为因会见误餐的辩护律师提供工作餐，为全天持续会见的律师提供午休场所，为辩护律师的交通工具提供专用停车位。不具备条件的，应在监所明显位置悬挂张贴相应的服务指南。并指出，看守所律师会见工作区域内的附属设施配置应符合公安部“五化建设”标准。有条件的看守所，可在会见等候区域设置软式座椅、自助贩卖机、饮水机、复印机等配套设施，在会见室内设置单机版电脑、打印机、冷暖空调和对讲呼叫设备等配套设施。①

自党的十八届四中全会以来，随着以审判为中心的诉讼制度改革的推进，我国的侦查制度改革取得了很大的进步。公安部及有些地方公安机关进一步细化了关于讯问同步录音录像的相关规定；讯问录音录像的案件范围基本实现刑事案件全覆盖；录制和保管日趋规范。公安机关对非法证据排除培训力度很大，侦查人员普遍认识到非法证据排除不再是口号；公安法制部门通过审核对非法证据严格把关、刑讯逼供不再有存在的必要和空间。但是，仍然有一些具体制度需要进一步细化与推进，例如，对于疲劳讯问需要通过“限定讯问时间 + 保障休息时间 + 例外”的方式明确界定；对于“威胁、引诱、欺骗”需要通过立法明确界定并进行必要的列举，以

① 参见河南省公安厅、河南省司法厅《保障和规范看守所律师会见工作规定（试行）》。

及应当通过案例进行指导。警察出庭作证的运行顺利起步，但达到运行自如还需要走很长的路，例如，如何吸收借鉴他国经验在法庭上对警察的交叉询问并进行积极探索，形成符合我国刑事诉讼需求的具体规则。此外，侦查阶段律师权利保障取得较大的进步，各地不仅在硬件设施上投入大量成本进行改造，还各自结合当地实际，提出相应的创新改革举措，从而为侦查阶段依法保障律师权利行使提供了有效支撑。

专题二　检察制度改革实证研究*

2014年10月23日，党的十八届四中全会通过《中共中央关于全面推进依法治国若干重大问题的决定》，将“依法治国”作为主题深入研讨，在党的历史上尚属首次，而“保证公正司法，提高司法公信力”作为全面推进依法治国的重要环节，其核心即《中共中央关于全面推进依法治国若干重大问题的决定》所提出的“以审判为中心的诉讼制度改革”，以此为主线进而完善司法管理体制、健全司法权力运行机制、规范司法行为、加强对司法活动的监督。党的十八届四中全会后，各级公、检、法机关深入学习“以审判为中心”的相关理论知识及实践导向，时任最高人民检察院检察长曹建明在主持学习时，即指出当下的改革方向对检察机关提出了新要求，各级检察机关必须积极面对，并深刻认识其重要性和紧迫性。[①]近年来，检察机关不断推陈出新，探索和试点了一系列有利于推进“以审判为中心”的刑事检察制度改革，成效喜人。但由于各地检察机关推行相关改革过程中进度有别、侧重不同，因而缺乏统一的理论认识和充分的实践把握，亟须对党的十八届四中全会以来刑事检察制度改革之实施效果进行系统的实证研究，以便总结经验、吸取教训，为进一步深化刑事检察制度改革建言献策。

党的十八届四中全会后，检察机关在刑事领域的改革重点在于检察机关侦查权的配置与运行、检察环节贯彻认罪认罚从宽、检察机关提前介入

---

*本专题由卞建林教授负责。

① 参见《积极适应以审判为中心诉讼制度改革要求》，载《检察日报》2014年12月26日。

侦查的探索、公安派出所侦查活动监督机制、审查批准逮捕程序诉讼化改造、加强和完善补充侦查制度、推进科技强检建设智慧检务等方面。鉴于此，本课题组先后专门实地走访调研了北京、上海、湖南、江苏、山东、安徽、浙江、宁夏、陕西、四川、福建、广东、河南等省、自治区、直辖市的各级检察机关，获取了大量的一手材料和相关规范性文件，[①] 并结合全国其他地区的改革进程与相关数据，对党的十八届四中全会以来刑事检察制度改革实施效果进行了实证分析。我们将对一系列检察机关改革的实施效果加以研判，以期阐释可复制、可推广的若干经验，并呈现下一步亟须重点解决的具体问题。

① 本部分所涉诸多内容及数据均是调研中所获取，因为部分材料此前并未公开，根据研究惯例，文中隐去部分单位实名，以英文字母代替。在此感谢各调研单位的协助与支持。

一、检察机关侦查权的配置与运行*

（一）国家监察体制改革对检察机关侦查权的影响

2018年3月，第十三届全国人民代表大会一次会议审议通过《中华人民共和国宪法修正案》（以下简称为《宪法修正案》）和《中华人民共和国监察法》（以下简称为《监察法》），国家监察体制改革得到宪法、法律层面的肯认，需要刑事诉讼法修改调整检察机关的侦查职权，解决监察制度与刑事诉讼制度的衔接问题，进而与《监察法》相衔接。① 正如有学者所言，国家监察体制改革将检察机关又一次推向重大改革的当口，作为宪法意义上的法律监督机关，检察机关如何实现法律监督，始终是一个历史性难题；尤其是在当前依法治国之语境下，检察机关更应着力找寻践行法律监督的全新切入点，进而切实守护公民基本权利和宪法法律秩序。② 在此次国家监察体制改革试点启动后、刑事诉讼法修正草案公布前，曾有部分学者和实务人员悲观地认为，检察机关侦查权将被完全取消和转隶，诸如“检察院以后恐怕就是个公诉机关了”“监察委的案件拿来就得诉”此类论调的蔓延，呈现出改革后检察机关的失落与焦虑；还有学者认为检察机关职务犯罪侦查权转隶后，其所行使的“刑事法律监督”职能即“走向

---

* 本部分撰稿人为卞建林教授、谢澍副教授，根据已发表的前期成果修改而成，原文卞建林：《检察机关侦查权的部分保留及其规范运行——以国家监察体制改革与〈刑事诉讼法〉修改为背景》，载《现代法学》2020年第2期。

① 参见卞建林、谢澍：《新中国刑事诉讼制度的诞生和发展——写于中华人民共和国成立70周年暨〈刑事诉讼法〉颁布40周年之际》，载《暨南学报（哲学社会科学版）》2019年第10期。

② 参见魏晓娜：《依法治国语境下检察机关的性质与职权》，载《中国法学》2018年第1期。

终结”，仅保留“行政监督”与“诉讼监督”。[①] 然而，2018 年 10 月 26 日第十三届全国人民代表大会常务委员会第六次会议审议通过的《全国人民代表大会常务委员会关于修改〈中华人民共和国刑事诉讼法〉的决定》（以下简称《刑事诉讼法修改决定》）[②] 显然否定了这一点，并且，检察机关保留部分侦查权很可能成为未来巩固检察机关法律监督地位的突破口与增长点。

检察机关行使侦查权是中国特色社会主义检察制度的重要组成部分，具有坚实的法理依据和实践基础：首先，检察机关侦查权是由检察机关的法律监督职能所派生的；其次，检察机关的独立法律地位和上下级领导体制均有助于其行使侦查权；再次，从诉讼原理上看，收集和提交证据的权力是诉权之重要组成部分，侦查权原本就是诉权的应有之义；最后，从实践角度来看，检察机关对于部分案件直接行使侦查权还有利于实现侦查与起诉的有机衔接。[③] 此次《刑事诉讼法修改决定》中虽然删去了检察机关对职务犯罪案件行使侦查权的规定，但也保留了部分侦查权：人民检察院在对诉讼活动实行法律监督中发现的司法工作人员利用职权实施的非法拘禁、刑讯逼供、非法搜查等侵犯公民权利、损害司法公正的犯罪，享有立案侦查权；对于监察机关移送的案件，《刑事诉讼法修改决定》规定，检察院依照刑事诉讼法和监察法的有关规定进行审查，认为需要补充核实的，应当退回监察机关补充调查，必要时可以自行补充侦查；此外，对于公安机关管辖的国家机关工作人员利用职权实施的重大犯罪案件，需要由人民检察院直接受理的时候，经省级以上人民检察院决定，可以由人民检察院立案侦查。就此而言，重新配置后的检察机关侦查权共有三类：自行

① 参见陈瑞华:《论检察机关的法律职能》，载《政法论坛》2018 年第 1 期。

② 为了与2018年修改后的《刑事诉讼法》区分，本专题将2018年修改后的《刑事诉讼法》简称为《刑事诉讼法》，2012 年修正后《刑事诉讼法》简称 2012 年《刑事诉讼法》。

③ 参见卞建林:《论检察》，中国检察出版社 2013 年版，第 125 页以下。

侦查权、补充侦查权、机动侦查权。

其中，检察机关自行侦查权的范围是此次刑事诉讼法修改的重点之一。[①] 2012 年《刑事诉讼法》第 18 条第 2 款原本规定："贪污贿赂犯罪，国家工作人员的渎职犯罪，国家机关工作人员利用职权实施的非法拘禁、刑讯逼供、报复陷害、非法搜查的侵犯公民人身权利的犯罪以及侵犯公民民主权利的犯罪，由人民检察院立案侦查。对于国家机关工作人员利用职权实施的其他重大的犯罪案件，需要由人民检察院直接受理的时候，经省级以上人民检察院决定，可以由人民检察院立案侦查。"随着国家监察体制改革，检察机关职务犯罪侦查权转隶，依照《监察法》第 11 条规定："监察委员会依照本法和有关法律规定履行监督、调查、处置职责，对涉嫌贪污贿赂、滥用职权、玩忽职守、权力寻租、利益输送、徇私舞弊以及浪费国家资财等职务违法和职务犯罪进行调查；对涉嫌职务犯罪的，将调查结果移送人民检察院依法审查、提起公诉。"此后中央纪律检查委员会、国家监察委员会颁行的《国家监察委员会管辖规定（试行）》进一步明确了监察机关管辖的案件内容，具体包括 6 类犯罪 88 个罪名，涉及刑法条文共 95 条。[②] 但原属检察机关立案侦查范围的非法拘禁、刑讯逼供、非法搜查等侵犯公民权利、损害司法公正的犯罪并不属于监察法规定的调查范围，因而检察机关在对诉讼活动实行法律监督过程中发现此类犯罪时，依然有权直接立案侦查。《刑事诉讼法》第 19 条第 2 款即对此予以保留。2018 年 11 月，最高人民检察院为做好刑事诉讼法修改后人民检察院与监察委员会案件管辖范围的衔接，对在诉讼监督中发现的司法工作人员利用职权实施的侵犯公民权利、损害司法公正的犯罪行为依法履行侦查职责，

① 参见卞建林、谢澍:《刑事诉讼法再修改：解读与反思》，载《中共中央党校学报》2018 年第 6 期。

② 关于监察机关调查范围内之具体内容，可参见中共中央纪律检查委员会法规室、中华人民共和国国家监察委员会法规室:《〈中华人民共和国监察法〉释义》，中国方正出版社 2018 年版，第 92—93 页。

发布了《关于人民检察院立案侦查司法工作人员相关职务犯罪案件若干问题的规定》(以下简称《检察院侦查司法人员职务犯罪规定》)，其中明确了人民检察院可以立案侦查的案件管辖范围具体包括：非法拘禁罪，非法搜查罪，刑讯逼供罪，暴力取证罪，虐待被监管人罪，滥用职权罪，玩忽职守罪，徇私枉法罪，民事、行政枉法裁判罪，执行判决、裁定失职罪，执行判决、裁定滥用职权罪，私放在押人员罪，失职致使在押人员脱逃罪，徇私舞弊减刑、假释、暂予监外执行罪。

自行侦查权、补充侦查权、机动侦查权构成了现有的检察机关侦查权之制度体系，但需要明确的是，这三类侦查权并非重新创设，而是在国家监察体制改革、检察机关职务犯罪侦查权转隶之背景下，检察机关对侦查权进行的部分保留。当然，对此并非毫无争议。笔者专门走访调研了部分检察院[①]，有相关负责人员即对检察机关侦查权的部分保留提出质疑：一方面对于检察机关侦查权的行使感到“无力”，认为职务犯罪侦查部门转隶后，检察机关内部没有专业的侦查力量，很难有效运行侦查权；另一方面对于检察机关侦查权的行使感到“无心”，认为《刑事诉讼法》修改后检察机关侦查权极度限缩，可能出现的案件量不大，不应投入专门的人力、物力、财力。据最高人民检察院统计，2009 年至 2017 年全国检察机关立案侦查的涉嫌职务犯罪的司法工作人员为每年两千余人。[②] 按此数量估计，平均到 32 个省、自治区、直辖市，每省每年的案件数量为 60 件左右。如此少的案件数量，一方面难以保证检察机关的诉讼刚性和监督刚性，另一方面也难以对监察委的反腐工作进行补充与配合。[③] 另外，对于机动侦查权

① 笔者对多省市的检察机关进行了实证研究，较为深入地了解了实务一线动态。更多调研情况参见卞建林、谢澍:《刑事检察制度改革实证研究》，载《中国刑事法杂志》2018 年第 6 期。

② 参见《2009—2017 年最高人民检察院工作报告》，载 http://www.spp.gov.cn/spp/gzbg/index.shtml，2019 年 1 月访问。

③ 参见董邦俊、吕文心:《监察体制改革背景下检察机关侦查权研究》，载《中国人民公安大学学报(社会科学版)》2019 年第 4 期。

的适用，检察机关稍显消极。全国检察机关每年直接立案侦查的职务犯罪案件数量大概在32000件至34000件，保持在一个相对平稳的状态。形成鲜明对比的是，包括适用机动侦查的案件在内的其他检察机关直接办理的案件数量每年仅为500件至700件左右，相当于检察机关每年查办案件总数的零头。[①] 检察机关机动侦查权处于相对“沉睡”状态，2018年刑事诉讼法的修改仍然未能有效地为机动侦查权“松绑”，机动侦查权难以在实务中真正发挥作用。[②] 上述观点在一定程度上代表了实务部门当前的困惑，但也从侧面反映了对于检察机关保留部分侦查权的正当性和必要性认识不足，亟须理论上加以澄清和阐释。修法完成之初，检察机关侦查权之运行必然存在一定困难，毕竟相关人员、机构、装备及配套措施均很难紧跟此次《刑事诉讼法》修改的步伐。但实务人员不能因此就抗拒检察机关侦查权的部分保留，应当从更高的层面来认识和理解保留部分检察机关侦查权的理论与实践意义，即巩固检察机关法律监督的宪法地位。鉴于此，下文将以检察机关自行侦查权为主要论域，深入分析其监督性以及规范运行的基本方向。

（二）职权转隶后侦查权的部分保留与监督性的显著强化

各地数据显示，监察体制改革后检察机关的侦查权行使情况发生显著变化。2016年监察体制改革启动后，全国检察机关在2017年仍然立案侦查46113人[③]，但在2018年监察体制改革在全国范围内启动后，检察机关行使侦查权情况即发生转变，2018年全国检察机关立案量为71人[④]，2019

① 参见董坤:《检察机关机动侦查权研究——从2018年修改的〈刑事诉讼法〉第十九条第2款切入》，载《暨南学报（哲学社会科学版）》2019年第1期。

② 参见董邦俊、吕文心:《监察体制改革背景下检察机关侦查权研究》，载《中国人民公安大学学报（社会科学版）》2019年第4期。

③ 参见最高人民检察院2014年至2018年工作报告。

④ 参见张军于2019年3月12日第十三届全国人民代表大会第二次会议所作《最高人民检察院工作报告》。

年对司法工作人员侵犯公民权利、损害司法公正犯罪立案侦查871人[①]。

2018年《刑事诉讼法》修改后不久，浙江省湖州市人民检察院即依据最新规定，对湖州监狱民警钱某涉嫌虐待被监管人罪一案立案侦查；山东省济南市人民检察院也对某监狱民警尹某以涉嫌虐待被监管人罪立案侦查。[②] 安徽省人民检察院更是在近一年时间里通过其官方微信公众号发布了十余条检察机关行使自行侦查权的案例，包括以涉嫌徇私枉法罪对定远县公安局原党委副书记、政委施某某，滁州市公安局原副县级调研员曹某，亳州市蒙城县公安局原副局长张某，合肥市肥西县公安局桃花派出所原副所长陶某某，石台县人民法院民二庭原庭长陈某某，太和县公安局开发区派出所原副所长于某，六安市公安局金安分局东桥派出所原指导员牛某某立案侦查，以涉嫌玩忽职守罪对石台县人民检察院原副检察长陈某某立案侦查，以涉嫌民事枉法裁判罪对望江县人民法院执行庭原庭长陈某某、临泉县人民法院民二庭原副庭长臧某某立案侦查，以涉嫌失职致使在押人员脱逃罪对池州市九华山风景区公安局原辅警陶某、刘某某立案侦查，以涉嫌滥用职权罪对太和县公安局城北派出所原副所长田某某立案侦查，以涉嫌徇私舞弊减刑罪对阜阳监狱原民警何某某立案侦查，以涉嫌执行判决、裁定滥用职权罪对马鞍山市花山区法院执行庭原副庭长桂某某立案侦查，等等。[③] 不难发现，《检察院侦查司法人员职务犯罪规定》中罗列的检察机关自行侦查权所涉及的案件管辖范围，已有超过半数罪名在近一年的司法实践中出现，检察机关自行侦查权的运行效果并没有制度设置之初那般悲观，各地检察机关不仅高度理解和把握了检察机关侦查权的制度内涵与要点，还创造条件有效运行自行侦查权，尤其是通过个别典型案

① 参见张军于2020年5月25日第十三届全国人民代表大会第三次会议所作《最高人民检察院工作报告》。

② 参见范跃红:《浙江：立案侦查一监狱民警涉嫌虐待被监管人罪案》，载《检察日报》2018年11月29日，第1版；卢金增、鲁剑轩:《山东：立案侦查一起司法工作人员职务犯罪案》，载《检察日报》2018年12月1日，第1版。

③ 以上信息均来自“安徽检察”微信公众号。

例，让顶层设计者和社会公众意识到检察机关侦查权有效运行的重要性，有效维护了国家法制的统一和法律的正确实施。

据对 H 省检察机关案件办理情况调查显示：截至 2019 年 9 月，全省检察机关立案侦查司法人员相关职务犯罪案件 17 件 25 人、分别是 1 件 4 人的 1 件，1 件 2 人的 7 件，1 件 1 人的 7 件，以事立案暂未确定犯罪嫌疑人的 2 件。案件的线索来源主要是检察机关在诉讼监督中发现的案件线索，为 12 件 16 人，其中，在办理审查起诉案件中发现案件线索 4 件 8 人，接受纪委监委移送案件线索 3 件 5 人，受害人举报控告 2 件 4 人。所立案件中，已侦查终结的案件 5 件 11 人，为所查案件的 29% 和 44%。其中，决定移送审查起诉的案件 5 件 10 人，起诉率为 100% 和 90%。[①] 从犯罪嫌疑人的身份和案件性质看，立案侦查公安民警 20 人，立案侦查法院法官 2 人，立案侦查涉嫌共同犯罪的其他相关人员 3 人，所立案件中属于黑恶势力“保护伞”性质的案件 10 件 14 人。从案件的线索来源看，主要为检察机关在诉讼监督中发现、纪委监委移送和受害人举报。从办案主体和工作模式看，由市级人民检察院立案侦查的案件 15 件 21 人，由市级人民检察院交县级人民检察院立案侦查的案件 2 件 4 人，以刑事执行检察部门人员为主要办案力量，抽调其他业务部门人员参与办案，成立侦查办案组查办的案件 13 件 20 人，从各部门抽人临时组建办案机构查办的案件 4 件 5 人。H 省情况表明，刑事诉讼法保留检察机关对司法人员相关职务犯罪侦查权的制度效能得以初步发挥。其一，新体制下此项侦查权启动不到一年，H 省有 25 名司法人员因涉嫌利用职权侵犯公民权利、损害司法公正的犯罪受到查处，已初步形成的司法反腐的有利态势，对促进司法人员严格执法、规范办案无疑将起到一定的警示作用。特别是，严肃查处充当黑恶势力“保护伞”的案件，对扫除黑恶势力、惩治发生在群众身边的腐

① 参见湘潭大学“监察法实施中的疑难问题研究”课题组:《监察法实施过程中的疑难问题及对策建议》，载中共湖南省委宣传部:《智库成果专报》2019 年第 7 期。

败，具有重要的法治效能。其二，由市级人民检察院立案侦查和由市级人民检察院交县级人民检察院立案侦查，以刑事执行检察部门人员为主要办案力量和抽调其他业务部门人员参与办案，是新体制下职务犯罪侦查全省“一体化”、全院“一盘棋”模式的重要探索。其三，在强制措施的采用、衔接、变更上，体现了检察机关与监察机关的紧密衔接，法律赋予的各种侦查措施和强制手段在办案中发挥了积极作用。其四，无论是案件线索的移送，还是互涉案件的移交，均体现了检察机关与监察机关的紧密配合和衔接。其五，约三分之一的案件侦查终结，约 100% 的起诉率表明侦查工作基本符合程序规范和证据标准要求。通过对该省的相关业务数据进行分析，可以发现检察机关相关职务犯罪侦查权运行情况可圈可点。[①]

2019 年广东省检察机关共立案侦查司法工作人员利用职权实施的侵犯公民权利、损害司法公正犯罪 45 件 47 人，其中徇私枉法罪 22 人，玩忽职守罪 6 人，虐待被监管人罪、失职致使在押人员脱逃罪和刑讯逼供罪各 5 人，滥用职权罪和民事行政枉法裁判罪各 2 人，立案总数位居全国第四位，取得了良好的办案成效。不过，与新时代法治建设要求相比还有较大提升空间：一是少数检察机关对侦查职能定位认识模糊，存在等靠思想和观望心理，过于依赖上级检察机关的指导推动，导致侦查工作整体进展较为缓慢。二是犯罪线索来源较为稀缺。在职务犯罪案件中，司法工作人员与非法利益获得者关系紧密，犯罪更加隐蔽，案件线索主要依靠检察机关在诉讼监督中自主发现。三是犯罪主体反侦查能力和规避罪责的抗辩能力更强，侦查难度大，且检察机关立案侦查的 14 类犯罪均为结果犯，对于渎职刑事案件，如何认定致使公共财产、国家利益和人民利益遭受重大损失，存在较大不确定性。四是徇私舞弊类渎职案件往往伴随贿赂等职务犯罪发生，与监察机关查办的案件互相交织，此类互涉案件的衔接机制尚不

---

① 参见吴建雄、马少猛:《司法人员职务犯罪侦查制度的基本理论与机制构建》，载《中国刑事法杂志》2020 年第 5 期。

健全。五是检察机关职务犯罪侦查人员和装备已绝大部分转隶或移交，现存的侦查力量较为薄弱。①

监察体制改革下，检察机关职务转隶后保留部分侦查权，且法律监督属性得以显著强化。改革过程中，检察机关所取得的成效与经验颇为丰富。但是对于《刑事诉讼法》第19条第2款所部分保留的检察机关侦查权的适用，仍需审慎把握：其一，检察机关侦查权所面向的犯罪主体，必须是“司法工作人员”，即《刑法》第94条所规定的，指有侦查、检察、审判、监管职责的工作人员；其二，检察机关侦查权所针对的犯罪行为之性质，必须是“利用职权实施的非法拘禁、刑讯逼供、非法搜查等侵犯公民权利、损害司法公正的犯罪”，前已述及，《检察院侦查司法人员职务犯罪规定》中已将具体罪名进行罗列，主要涉及《刑法》第四章“侵犯公民人身权利、民主权利罪”和第九章“渎职罪”中的罪名；其三，检察机关侦查权的行使，其发现犯罪行为及线索的方式必须是“人民检察院在对诉讼活动实行法律监督”这一过程中，易言之，脱离了诉讼活动或法律监督，检察机关侦查权是无法运行的。这与监察法相关规定正好形成了体系上的互补，《监察法》第3条规定：“各级监察委员会是行使国家监察职能的专责机关，依照本法对所有行使公权力的公职人员（以下称公职人员）进行监察，调查职务违法和职务犯罪，开展廉政建设和反腐败工作，维护宪法和法律的尊严。”本质上，“司法工作人员”也属于“行使公权力的公职人员”，但之所以在监察法规定之外，仍然通过刑事诉讼法授权检察机关保留部分侦查权，正是基于检察机关在诉讼活动中实行法律监督更利于发现司法工作人员犯罪的相关线索，提高特定领域职务犯罪侦查的效率，及时、有效地对相关犯罪进行侦查，维护国家法制的统一和法律的正确实施。并且，《刑事诉讼法》第19条第2款与《监察法》第3条在管辖上并

① 参见李粤贵：《检察机关侦查司法工作人员相关职务犯罪形势与对策》，载《人民检察》2020年第8期。

不冲突，因为《刑事诉讼法》第19条第2款只是规定相关案件“可以”由人民检察院立案侦查，并非“应当”，这也意味着当案件涉及多条犯罪线索、多个罪名时，可以由监察机关与检察机关按照相关规定对管辖范围进行沟通，并非绝对由监察机关或检察机关管辖。但可以肯定的是，当前检察机关所保留的部分侦查权，由于强调犯罪主体必须是“司法工作人员”，犯罪行为性质必须是“利用职权实施的非法拘禁、刑讯逼供、非法搜查等侵犯公民权利、损害司法公正的犯罪”，发现犯罪行为及线索的方式必须是“人民检察院在对诉讼活动实行法律监督”这一过程中，因而检察机关侦查权的监督性得到了显著强化，具体原因可以从三方面展开。

首先，在国家监察体制改革、检察机关职务犯罪侦查权转隶的节点，保留并充分行使检察机关侦查权，是巩固检察机关法律监督地位的重要切入点。申言之，侦查权并非一项独立、专属的权力，检察机关、公安机关、国家安全机关、海关、监狱部门、军队保卫部门等均可以行使侦查权。但上述机关中，唯独检察机关行使侦查权具有监督性，[①] 这是由检察机关侦查之目的与对象所决定的。[②]《宪法》第134条规定：“中华人民共和国人民检察院是国家的法律监督机关。”作为我国检察机关履行法律监督职能的特色和亮点，其具有鲜明的“司法性”，是具体通过侦查、批准逮捕、提起公诉、抗诉等环节加以实现的[③]，而2018年《刑事诉讼法》修改后，检察机关侦查权可谓“回归”了“司法性”：第一，重新配置后的检察机关侦查权之行使，特指对诉讼活动实行法律监督过程中发现司法工作人员利用职权实施犯罪的侦查，对于公安机关或监察机关移送案件的自行

---

① 法律监督本身即一项专门、特殊的国家活动，除检察机关外，任何主体均无权实施。这不仅是宪法的规定，也是法律监督之理论实质所决定的。参见［俄］维诺库罗夫主编:《检察监督》(第七版)，刘向文译，中国检察出版社2009年版，第1页。

② 参见张智辉:《检察权研究》，中国检察出版社2007年版，第52—53页。

③ 然而，检察机关的性质、职能与其“三级审批制”的行政性办案方式长期存在突出矛盾，这也是为何检察机关当前需要推进适度司法化的改革。参见龙宗智:《论检察》，中国检察出版社2013年版，第144页。

补充侦查，以及公安机关侦查的国家机关工作人员利用职权实施的其他重大犯罪案件的机动侦查。其根本目的均是在诉讼活动中维护国家法制的统一和法律的正确实施，具有法律监督性质，不同于公安机关对普通刑事案件的侦查，后者更多是维护社会秩序的国家管理行为。第二，检察机关侦查的对象是国家机关工作人员、司法工作人员利用职权实施的犯罪，以及公安机关、监察机关移送的需要补充侦查的案件，前两项是相关人员在履行法定职责过程中利用职权损害国家利益、公民利益或有碍司法公正的犯罪行为，直接危害国家法制的统一和法律正确实施，而后一项则是侦查、调查活动存在瑕疵，同样可能影响诉讼有效推进和法律正确实施，因而对上述几类对象的侦查活动同样具有法律监督性质。

其次，职务犯罪侦查权转隶并非弱化检察机关的法律监督地位，而是给法律监督“减负”。法律监督是内生型权力制约与监督体系中的重要环节，一旦检察机关的法律监督地位弱化，必然导致内生型监督机制的监督能力弱化，甚至动摇我国政治根基。[①] 虽然检察机关侦查权大幅限缩了适用范围，但却与法律监督理论形成逻辑内洽，为提升法律监督实践效果带来契机。诚如有论者所言，一方面，反腐之功能在一定程度上超出了检察机关的宪法职能。过往，包括法律监督在内的多种监督机制并没有真正阻止腐败现象的蔓延。但法律监督未能充分发挥打击腐败之功用，其本质原因或许并不在于检察机关自身，现行领导体制下，检察机关的职务犯罪侦查权很难对同级地方党委以及其他级别更高的部门和人员形成有效监督。因而需要整合资源，构建统一、权威、高效的国家监察体制。另一方面，职务犯罪侦查之对象超出了法律监督的应然范围。以往检察机关直接侦查的职务犯罪案件，主要是国家机关工作人员贪污、受贿、渎职类犯罪，以及国有公司、企业、事业单位人员的贪污、贿赂犯罪。对于前一类

① 参见谢佑平等:《中国检察监督的政治性与司法性研究》，中国检察出版社2010年版，第1页以下。

犯罪，其行为妨害了国家管理活动，损害了国家权力行使的廉洁性，但未必真正妨害了法律正确实施；对于后一类犯罪，随着社会主义市场经济深入发展，国有企业经营活动同样在市场调节下进行，很难再仅把私营企业的经营活动视为纯粹经济活动，而国有企业的经营活动就是作为法律监督对象的法律实施行为。就此而言，与法律正确实施没有必然直接关联的职务犯罪案件转交由其他国家机关查办，反而利于检察机关集中资源查办严重影响法律正确实施的犯罪案件，并不影响其作为法律监督机关维护法律尊严。①

最后，检察机关侦查权的监督性并不局限于“诉讼监督”，仍是一般意义上的“法律监督”，即维护国家法制的统一和法律的正确实施。我国检察机关侦查权具有法律监督性质、从属于法律监督权，这一论断在过去并无太大争议。② 但在此次国家监察体制改革和刑事诉讼法修改的背景下，开始有论者将检察机关侦查权视为诉讼监督，而非法律监督，要么将二者混为一谈，要么认为检察机关的法律监督职能已经降格为诉讼监督职能。③ 可见，这一问题亟待澄清。从内容上看，“诉讼监督”更多是指对法律适用情况的监督，即对三大诉讼活动中确有错误的判决、裁定以及违反法定程序的情况进行监督；而“法律监督”在对法律适用情况的监督之外，还包括对法律执行情况的监督和法律遵守情况的监督。④《刑事诉讼法》第19条第2款中明确“人民检察院在对诉讼活动实行法律监督中发现的司法工作人员利用职权实施的非法拘禁、刑讯逼供、非法搜查等侵犯

① 参见张智辉:《检察侦查权的回顾、反思与重构》，载《国家检察官学院学报》2018年第3期。

② 参见王桂五主编:《中华人民共和国检察制度研究》，中国检察出版社2008年版，第199页。

③ 由此延伸，检察机关在刑事诉讼之分工负责、互相配合、互相制约原则中所履行的是法律监督抑或诉讼监督，也是值得推敲的。参见卞建林、谢澍:《“以审判为中心”：域外经验与本土建构》，载《思想战线》2016年第4期。

④ 关于“法律监督”之概念与内容的探讨，可参见朱孝清、张智辉主编:《检察学》，中国检察出版社2010年版，第184—185页。

公民权利、损害司法公正的犯罪，可以由人民检察院立案侦查”，而此条在最初的“刑事诉讼法修改初步方案”中表述为“人民检察院在诉讼监督中发现的司法工作人员违反法律规定、侵犯公民权利、损害司法公正的犯罪，由人民检察院立案侦查”[①]。由此观之，《刑事诉讼法修改决定》将原先“诉讼监督”之表述修改为当前“对诉讼活动实行法律监督”之表述，实际上是肯定了检察机关侦查权的法律监督性质，保留了法律监督中对法律执行情况的监督和法律遵守情况的监督，而不局限于对法律适用情况的监督。法律监督是维护国家法制的统一和法律正确实施，而诉讼监督仅仅针对诉讼活动的合法、有序进行，加之前已述及，检察机关侦查之目的是在诉讼活动中维护国家法制的统一和法律正确实施，而检察机关侦查之对象是危害国家法制的统一和法律正确实施的国家机关工作人员、司法工作人员等。因而，尽管“对诉讼活动实行法律监督”相对于一般意义上的法律监督范围有所限缩，但不能就此将检察机关侦查权的法律监督性质“矮化”或“降格”为诉讼监督，检察机关的刑事法律监督职能显然也没有就此“走向终结”，而是迈入了新的历史阶段。

（三）检察机关侦查权规范运行的问题与对策

在现有实践的基础上，理论界与实务界有必要适度将关注重点转向检察机关侦查权的规范运行，明确制度运行中的重点和难点问题，从检察机关侦查权与监察机关调查权的协调、检察机关内部的分工与合作、检察机关侦查能力的培养与强化等方面着手，提出有效的对策建议，以确保检察机关侦查权形成长效的规范运行机制。

1. 检察机关侦查权与监察机关调查权的协调

随着 2018 年《宪法修正案》和《监察法》的通过，以及《刑事诉讼

① 参见《刑事诉讼法修改初步方案》，2018 年 3 月 5 日稿。

法》的修改完成，刑事案件的侦查（调查）权被划分为三大部分，即监察机关对职务违法和职务犯罪的调查，公安机关对普通刑事案件的侦查，检察机关对诉讼活动实行法律监督中发现的司法工作人员利用职权实施的非法拘禁、刑讯逼供、非法搜查等侵犯公民权利、损害司法公正的犯罪的侦查，其中可能存在管辖的竞合问题。① 前已述及，《刑事诉讼法》第 19 条第 2 款只是规定相关案件“可以”由人民检察院立案侦查，并非“应当”，而本款所明确的犯罪主体必须是“司法工作人员”，犯罪行为性质必须是“利用职权实施的非法拘禁、刑讯逼供、非法搜查等侵犯公民权利、损害司法公正的犯罪”，发现犯罪行为及线索的方式必须是“人民检察院在对诉讼活动实行法律监督中”。由此观之，刑事诉讼法规定的检察机关自行侦查权相较于《监察法》第 3 条关于监察机关对职务违法和职务犯罪的全面调查之定位，其在职务犯罪侦查（调查）中所扮演的只是补充的角色。当监察机关与检察机关在管辖问题上存在竞合时，检察机关所占据的也是配合、协助而非主导的位置，《监察法》第 34 条即对此作出规定：“人民法院、人民检察院、公安机关、审计机关等国家机关在工作中发现公职人员涉嫌贪污贿赂、失职渎职等职务违法或者职务犯罪的问题线索，应当移送监察机关，由监察机关依法调查处置。被调查人既涉嫌严重职务违法或者职务犯罪，又涉嫌其他违法犯罪的，一般应当由监察机关为主调查，其他机关予以协助。”这一规定确立了所谓的“监察优先原则”，一方面，涉案线索优先移送监察机关；另一方面，管辖竞合时由监察机关优先主导调查。其后，《检察院侦查司法人员职务犯罪规定》制定时，也对这一“监

① 因监察调查对象包括职务违法和职务犯罪，不能统称为监察侦查，但其中对职务犯罪的调查实际上具有侦查性质。由于搜查、扣押、查封、冻结、留置、技术侦查等调查措施所具有的强制性质，可能对公民个人合法权益造成很大限制或者侵害，不能因为称其为调查便掩盖其侦查的实质。特别是像留置这样长时间限制或剥夺人身自由的措施，不容掩饰其实际具有的羁押性质。参见卞建林：《监察机关办案程序初探》，载《法律科学（西北政法大学学报）》2017 年第 6 期。

察优先原则”予以明确。[①]

笔者认为，“监察优先原则”固然存在一定合理性，但不能“一刀切”地适用“监察优先原则”，一方面部分案件可能与监察机关承担的反腐败职能不符，另一方面可能淡化检察机关对诉讼活动实行法律监督的职能优势，反而不利于案件的及时、有效办理。妥当处理检察机关侦查权与监察机关调查权的冲突与协调，应当建立案件管辖的前置协调沟通机制，即先由检察机关与监察机关、公安机关等协商解决管辖问题。根据以往司法实践的经验，当检察机关与公安机关产生管辖竞合的情况时，通常分别立案侦查，但以涉嫌主罪来确定管辖主体。[②] 例如，内蒙古自治区政协原副主席赵黎平故意杀人、受贿、非法持有枪支、弹药、非法储存爆炸物案，这起案件既有受贿犯罪，同时也涉及了故意杀人、非法持有枪支、弹药、非法储存爆炸物等重大刑事犯罪。故在主罪系普通刑事犯罪的情况下，由公安机关负责管辖、检察机关作为配合将更有利于案件办理。在检察机关侦查权与监察机关调查权存在管辖竞合时，应当具体区分案件性质。例如，刑讯逼供、暴力取证、非法拘禁、非法搜查以及采取伪造、抽取、添加证

① 《检察院侦查司法人员职务犯罪规定》规定：“人民检察院立案侦查本规定所列犯罪时，发现犯罪嫌疑人同时涉嫌监察委员会管辖的职务犯罪线索的，应当及时与同级监察委员会沟通，一般应当由监察委员会为主调查，人民检察院予以协助。经沟通，认为全案由监察委员会管辖更为适宜的，人民检察院应当撤销案件，将案件和相应职务犯罪线索一并移送监察委员会；认为由监察委员会和人民检察院分别管辖更为适宜的，人民检察院应当将监察委员会管辖的相应职务犯罪线索移送监察委员会，对依法由人民检察院管辖的犯罪案件继续侦查。人民检察院应当及时将沟通情况报告上一级人民检察院。沟通期间，人民检察院不得停止对案件的侦查。监察委员会和人民检察院分别管辖的案件，调查（侦查）终结前，人民检察院应当就移送审查起诉有关事宜与监察委员会加强沟通，协调一致，由人民检察院依法对全案审查起诉。”

② 参见《最高人民法院、最高人民检察院、公安部、国家安全部、司法部、全国人大常委会法制工作委员会关于实施刑事诉讼法若干问题的规定》第 1 条规定：“公安机关侦查刑事案件涉及人民检察院管辖的贪污贿赂案件时，应当将贪污贿赂案件移送人民检察院；人民检察院侦查贪污贿赂案件涉及公安机关管辖的刑事案件，应当将属于公安机关管辖的刑事案件移送公安机关。在上述情况中，如果涉嫌主罪属于公安机关管辖，由公安机关为主侦查，人民检察院予以配合；如果涉嫌主罪属于人民检察院管辖，由人民检察院为主侦查，公安机关予以配合。”

据等方法进行徇私枉法等犯罪，均是司法工作人员在办案过程中实施的犯罪，检察机关在审查“前案”时，对发现的上述犯罪直接实施侦查，有利于及时、有效地对“前案”某些证据是否合法、是否应当认定为非法证据予以排除、案件是否构成犯罪等问题作出正确判断。[①] 倘若主罪是检察机关在对诉讼活动实行法律监督中发现的司法工作人员利用职权实施的此类犯罪，且同时发现其他职务犯罪的线索，仍坚持“监察优先原则”并移送监察机关依法调查处置，则可能延误对“前案”相关问题的判断，既不利于案件的及时、有效办理，也不利于“前案”当事人的权益保护。鉴于此，为了确保刑事案件管辖分工之清晰，同时确保刑事案件办理之高效，有必要加强监察机关、检察机关、公安机关之间的管辖协调，具体问题具体沟通，而不是“一刀切”地适用“监察优先原则”，这亦与《监察法》第 4 条所确立的监察机关、审判机关、检察机关、执法部门互相配合、互相制约原则相一致。[②]

2. 检察机关内部的分工与合作

根据当前最高人民检察院内设机构改革，以及地方检察机关内设机构改革的推进情况。最高人民检察院第五检察厅负责对监狱、看守所和社区矫正机构等执法活动的监督，对刑事判决、裁定执行、强制医疗执行、羁押和办案期限的监督，羁押必要性审查；办理罪犯又犯罪案；负责对法律规定由最高人民检察院办理的司法工作人员利用职权实施的非法拘禁、刑讯逼供、非法搜查等侵犯公民权利、损害司法公正犯罪，以及按照刑事诉讼法规定需要由人民检察院直接受理的其他重大犯罪案件的侦查。地方检察机关同样以刑事执行检察部门为侦查主体，负责检察机关自行侦查权的运行。从职能上看，在刑事执行检察部门中配置侦查力量，能在检察机关

① 参见朱孝清:《检察机关如何行使好保留的职务犯罪侦查权》，载《中国刑事法杂志》2019 年第 1 期。

② 参见卞建林:《配合与制约：监察调查与刑事诉讼的衔接》，载《法商研究》2019 年第 1 期。

内部保证侦查与控诉、批捕的相对分离。曾有观点主张，检察机关承担的诉讼职能与监督职能应适度分离，并需要通过在检察机关内部设立专门的监督机构以集中统一行使监督职能。在此意义上看，借助检察机关侦查权部分保留的契机，将刑事执行检察部门进一步拓展为专门的监督机构，似乎也更符合检察改革的总体趋势。[①] 但检察机关侦查权的规范运行，不能仅仅依仗于刑事执行检察部门，自行侦查案件的办理还需检察机关内部的通力协作，形成规范的配合与制约机制。例如，《检察院侦查司法人员职务犯罪规定》即明确，“设区的市级以上人民检察院侦查终结的案件，可以交有管辖权的基层人民法院相对应的基层人民检察院提起公诉；需要指定其他基层人民检察院提起公诉的，应当与同级人民法院协商指定管辖；依法应当由中级人民法院管辖的案件，应当由设区的市级人民检察院提起公诉”；“对本规定所列犯罪案件，人民检察院拟作撤销案件、不起诉决定的，应当报上一级人民检察院审查批准”；“人民检察院负责刑事检察工作的专门部门办理本规定所列犯罪案件，认为需要逮捕犯罪嫌疑人的，应当由相应的刑事检察部门审查，报检察长或者检察委员会决定”；“人民检察院办理本规定所列犯罪案件，应当依法接受人民监督员的监督”。

此外，依照《检察院侦查司法人员职务犯罪规定》，检察机关自行侦查权所涉及的案件，原则上由设区的市级人民检察院立案侦查[②]，但“基层人民检察院发现犯罪线索的，应当报设区的市级人民检察院决定立案侦

① 关于刑事执行检察改革，以及诉讼职能与监督职能适度分离的问题，可参见卞建林、谢澍：《刑事执行检察监督：资源整合与体系建构》，载《河南社会科学》2015年第7期。

② 根据最高人民检察院副检察长陈国庆的介绍，之所以规定由市级院管辖，主要是基于三点考虑：一是办案质量，由上一级人民检察院管辖便于办案资源优化配置，更有利于确保案件侦查工作质量；二是案件数量，总体上检察院立案侦查司法工作人员相关职务犯罪案件的数量不大，从前几年的平均案件量来说，全国也就1000件左右，完全可以胜任；三是排除阻力，在刑事诉讼中，侦查机关、审判机关和检察机关相互制约，由上一级人民检察院立案侦查，可以排除可能发生的干扰。参见陈国庆：《刑事诉讼法修改与刑事检察工作的新发展》，载《国家检察官学院学报》2019年第1期。

查。设区的市级人民检察院也可以将案件交由基层人民检察院立案侦查，或者由基层人民检察院协助侦查。最高人民检察院、省级人民检察院发现犯罪线索的，可以自行决定立案侦查，也可以将案件线索交由指定的省级人民检察院、设区的市级人民检察院立案侦查”。曾有学者对此提出质疑，基层检察机关是否具有足够的侦查能力？如果案件属于检察机关与监察机关互涉案件，履行立案调查职能的监察机关属于区县级监察机关，地市级检察机关如何予以协助？[①] 笔者认为，这有赖于检察机关内部的沟通与协调，原则上，无论由何种级别的检察机关具体立案侦查，上级检察机关均应当给予适当指导并进行监督，同理，在协助监察机关调查的过程中亦然。倘若基层检察机关在立案侦查和协助监察机关调查的过程中存在具体困难，可以与上级检察机关进行沟通。

3. 检察机关侦查能力的培养与强化

检察机关侦查权的规范运行，还有赖于具备专业化能力的侦查人员，以及具有科技含量的侦查装备，这既需要当前检察机关内部资源整合，更需要日后检察机关有意识地培养和强化侦查能力。首先，检察机关应当重视侦查队伍的建设。侦查活动需要一定的经验和技巧，并非具备一般的法律知识即能胜任，以往检察机关内部的侦查专家往往是多年实践积累所练就的，需要通过个案积累侦查经验。因此，倘若以往曾有反贪、反渎工作经验的办案人员应当优先加入检察机关内部的侦查队伍，并作为骨干力量委以重任。无论是宏观的侦查思路、原则、策略、谋略、方法等方面的经验，还是中观的侦查各类案件、采取各种侦查措施和强制措施的经验，抑或微观的侦查个案的经验，均应当得到传承和借鉴。[②] 其次，检察机关应当保留并发展侦查装备。职务犯罪侦查部门整体转隶后，一些原先供侦

① 参见郭华:《我国检察机关侦查权调整及其互涉案件程序的探讨》，载《法治研究》2019 年第 1 期。

② 参见朱孝清:《检察机关如何行使好保留的职务犯罪侦查权》，载《中国刑事法杂志》2019 年第 1 期。

查使用的装备、系统和多少年来积累的有形、无形资产仍归属检察机关，需要加以合理利用。同时，适应“科技强检”“智慧检察”的建设目标，检察机关应当尽快实现侦查装备的科技化转型升级，充分利用大数据、人工智能产品，在与监察机关、公安机关的沟通过程中实现信息共享。最后，检察机关侦查权的公正、专业、规范运行，还应注重培养和提升检察机关侦查人员的业务水平。除了日常业务的积累和总结，还需创造条件加强检察机关侦查人员与科研院所、公安机关、监察机关的交流与合作，增加侦查技能的培训，一是强化检察机关侦查人员的侦查知识和水平；二是通过交流促使各机关明确业务标准和侦查活动的规范程度，尤其是检察机关、监察机关、公安机关之间需要明确侦查合法性标准和证据标准。[①] 毕竟无论是国家监察体制改革，还是2018年《刑事诉讼法》修改，均有要求相关程序在合法、规范的制度框架下运行，这与“以审判为中心”的刑事诉讼制度改革方向亦不冲突。[②]

---

① 刑事诉讼各阶段的证明（证据）标准究竟是统一抑或递进，在理论上存在争议，国家监察体制改革后，调查与侦查是否标准统一更需要审慎把握。《监察法》第40条规定：“监察机关对职务违法和职务犯罪案件，应当进行调查，收集被调查人有无违法犯罪以及情节轻重的证据，查明违法犯罪事实，形成相互印证、完整稳定的证据链。严禁以威胁、引诱、欺骗及其他非法方式收集证据，严禁侮辱、打骂、虐待、体罚或者变相体罚被调查人和涉案人员。”这是“印证”首次正式写入我国法律，实际上提出了更高标准。参见谢澍：《反思印证：“亚整体主义”证明模式之理论研判》，载《华东政法大学学报》2019年第3期。

② 原本“以审判为中心”提出时只涉及公安机关、检察机关、审判机关、当事人及其辩护律师之间的关系，国家监察体制改革之后，由于监察机关的出现，其相互关系更加多元和复杂，但在刑事诉讼程序中被追诉人是否有罪的标准仍然需要由审判机关具体把握。参见卞建林、谢澍：《“以审判为中心”视野下的诉讼关系》，载《国家检察官学院学报》2016年第1期。

二、检察环节贯彻认罪认罚从宽制度的举措 *

《中共中央关于全面推进依法治国若干重大问题的决定》提出完善“认罪认罚从宽制度”，这也是当前司法机关针对刑事案件进行程序分流、合理分配司法资源的必要举措。2014 年以来，全国人大常委会先后授权在 18 个省、市分别进行了为期两年的刑事速裁程序试点和认罪认罚从宽制度试点，取得良好成效。因而，为了将可复制、可推广的试点工作经验上升为法律规范，完善刑事案件认罪认罚从宽制度和增加速裁程序即成为《刑事诉讼法》再修改的重点之一。2018 年修法吸收了先前《关于在部分地区开展刑事案件认罪认罚从宽制度试点工作的办法》的主要内容，其中已对认罪认罚从宽制度的案件适用范围、基本原则、法律援助、强制措施以及侦查程序、审查起诉程序、审判程序中的实施方式和具体问题加以规范，形成制度雏形并在试点中证明行之有效，《刑事诉讼法》再修改对此也基本予以认可。①

总体而言，认罪认罚从宽制度试点效果良好，即使在非试点地区，也积极探索轻刑快办机制，以适应完善程序分流、节约司法资源的趋势。时任最高人民法院院长周强在认罪认罚从宽制度试点情况的中期报告中，列举了一系列数据，充分展示了这一制度的实践样态：截至 2017 年 11 月，18 个试点地区共确定试点法院、检察院各 281 个，适用认罪认罚从宽制度

---

* 本部分撰稿人为卞建林教授，根据已发表的前期成果修改而成，原文卞建林、谢澍:《刑事检察制度改革实证研究》，载《中国刑事法杂志》2018 年第 6 期；卞建林、陶加培:《认罪认罚从宽制度下检察机关的主导责任》，载《人民检察》2019 年第 23 期；卞建林、陶加培:《认罪认罚从宽：检察机关主导责任的展开》，载《检察日报》2021 年 3 月 16 日，第 3 版。

① 参见卞建林、谢澍:《刑事诉讼法再修改：解读与反思》，载《中共中央党校学报》2018 年第 6 期。

审结刑事案件91121件103496人，占试点法院同期审结刑事案件的45%。其中检察机关建议适用的占98.4%。试点地区法律援助机构在看守所、法院、检察院设立法律援助工作站630个，其中设在看守所、法院的法律援助工作站覆盖率分别为97%和82%。检察机关对认罪认罚案件依法提出从宽量刑建议，其中建议量刑幅度的占70.6%，建议确定刑期的占29.4%，法院对量刑建议的采纳率为92.1%。认罪认罚案件犯罪嫌疑人、被告人被取保候审、监视居住的占42.2%，不起诉处理的占4.5%，免予刑事处罚的占0.3%，判处三年有期徒刑以下刑罚的占96.2%，其中判处有期徒刑缓刑、拘役缓刑的占33.6%，判处管制、单处附加刑的占2.7%，非羁押强制措施和非监禁刑适用比例进一步提高。对于认罪认罚案件，检察机关审查起诉平均用时26天，人民法院15日内审结的占83.5%。适用速裁程序审结的占68.5%，适用简易程序审结的占24.9%，适用普通程序审结的占6.6%；当庭宣判率为79.8%，其中速裁案件当庭宣判率达93.8%。[①] 值得一提的是，与域外之辩诉交易或刑事协商相比，我国之认罪认罚从宽制度中检察机关扮演着举足轻重且不同于域外的角色[②]，其经验和问题也具有鲜明的本土特点，值得总结与反思。

（一）认罪认罚从宽制度下检察机关的主导责任

我国认罪认罚从宽制度的确立，使得检察机关作为国家追诉的执行者、刑事政策的调控者、程序分流的主导者、诉讼活动的监督者，在刑事诉讼中的主导责任日渐突出。我国所确立的认罪认罚从宽制度，在审查起诉环节具有检察机关主导下的控辩量刑协商色彩。量刑建议作为协商成果

---

① 参见周强：《最高人民法院、最高人民检察院关于在部分地区开展刑事案件认罪认罚从宽制度试点工作情况的中期报告——2017年12月23日在第十二届全国人民代表大会常务委员会第三十一次会议上》。

② 参见卞建林、谢澍：《职权主义诉讼模式中的认罪认罚从宽——以中德刑事司法理论与实践为线索》，载《比较法研究》2018年第3期。

的主要载体，在认罪认罚从宽制度下被赋予了新的内容。检察机关主导责任的履行与规范，是严格审慎行使检察权，促进认罪认罚从宽制度良好运行的关键所在。故检察环节规范贯彻认罪认罚从宽制度要求对于认罪认罚从宽制度适用十分必要。

1. 检察机关主导责任的理论动因

我国认罪认罚从宽制度的落实是世界范围内协商性刑事司法悄然兴起的具体表现，这种公力协商性司法模式的借鉴，为中国特色社会主义刑事程序法治体系注入了较多全新的内容。在此背景下，检察机关作为公权力主体，理应也必须发挥重要的主导作用，这是推进认罪认罚从宽制度改革与实现和落实检察机关主导责任的必然要求。具体来说，检察机关主导责任的理论动因主要有以下几个方面：

一是检察机关享有排他性的公诉职权。公诉权可以说是检察机关的立命之本。检察机关依职权提起诉讼，审判也应以起诉为前提，并受起诉范围限制。侦查活动在诉讼活动的前端，侦查活动结束后要将案件依法移送检察机关起诉。在认罪认罚从宽制度中，检察机关与被追诉人、辩护人或值班律师之间形成协商合意，也正是通过检察机关发挥主导作用得以实现。

二是检察机关程序分流职能作用愈加突出。在审查起诉环节，检察机关可以依据被追诉人认罪与不认罪、重罪与轻罪等因素进行差异化处理。在认罪案件中，应重视被追诉人及其辩护人的意见，通过协商建议选择适用简易程序或是刑事案件速裁程序对案件进行审判。

三是检察机关享有不起诉裁量权。在宽严相济刑事政策下，检察机关拥有法律赋予的不起诉裁量权。不起诉权在一定意义上与法院的免刑和无罪判决具有相似的效力，具有裁断性与终局性。认罪认罚从宽制度为检察机关不起诉权的行使提供了妥当的适用契机。

四是检察机关是提出量刑建议的唯一适格主体。量刑建议作为检察机关公诉权的一部分已经成为牵动认罪认罚案件诉讼程序运行的关键部分。检察机关作为提起量刑建议的主体，又作为控辩协商的一方主体，在新形势下，肩负着重要的主导责任。

2. 检察机关主导性的具体表现

在量刑协商过程中，鉴于检察机关公权力的属性与被追诉人犯罪嫌疑人的身份，检察机关具有当然的主导地位，其主导性主要体现在以下方面：

首先，在量刑建议的提出和具结书的签署上。根据《刑事诉讼法》第176条第2款的规定，犯罪嫌疑人认罪认罚的，检察机关应当就主刑、附加刑、是否适用缓刑等提出量刑建议。检察机关量刑建议成为记录量刑协商成果的主要载体，对于犯罪嫌疑人而言，量刑建议是其可期待的量刑结果的具象化，检察机关提出量刑建议是行使公诉权的表现，掌握量刑建议权实质上就是把握量刑协商的关键所在。

其次，根据《刑事诉讼法》第174条的规定，犯罪嫌疑人自愿认罪，同意量刑建议和程序适用的应当在辩护人或者值班律师在场的情况下签署认罪认罚具结书。签署具结书的效果就是固定认罪事实与量刑建议，对协商的双方起到约束作用。

再次，办理认罪认罚案件，检察机关应当听取被害人及其诉讼代理人的意见，并将犯罪嫌疑人、被告人是否与被害方达成和解协议、调解协议或者赔偿被害方损失，取得被害方谅解，作为从宽处罚的重要考虑因素。对犯罪嫌疑人、被告人认罪认罚的，检察机关应当积极促进当事人自愿达成和解。对其他认罪认罚案件，检察机关可以促进犯罪嫌疑人、被告人通过向被害方赔偿损失、赔礼道歉等方式获得谅解。

最后，检察机关的主导作用还体现在后续程序中。其一，检察机关向法院提起诉讼时，应当将作为固定和体现量刑协商成果的认罪认罚具结书与量刑建议一并提交。其二，在法庭审理阶段，检察机关应当对起诉书与量刑建议的内容进行阐释，使法院接受量刑建议的具体内容。

（二）检察环节贯彻认罪认罚从宽制度的成效与经验

检察机关在认罪认罚从宽制度中肩负主导责任，自认罪认罚从宽制度全面推行，检察机关为有效贯彻认罪认罚从宽采取多方面举措，取得显著成效的同时也收获了重要的实践经验。

1. 检察环节贯彻认罪认罚从宽制度的成效

2020 年 10 月 17 日，张军检察长代表最高人民检察院向全国人民代表大会常务委员会就适用认罪认罚从宽制度情况进行汇报，指出认罪认罚从宽制度具有重大意义且现阶段取得了良好的实践效果。2019 年 1 月至 2020 年 8 月，在监察机关、人民法院、公安机关和司法行政机关支持配合下，全国检察机关在依法严惩严重刑事犯罪的同时，适用认罪认罚从宽制度办结案件 1416417 件 1855113 人，人数占同期办结刑事犯罪总数的 61.3%，认罪认罚从宽这一制度在推进国家治理中的优势充分彰显。[①]

2021 年 1 月 10 日至 11 日召开的第十五次全国检察工作会议指出，2020 年认罪认罚从宽制度全年适用率达 86.8%，量刑建议采纳率达 94.9%，一审服判率达 95.8%，高出其他刑事案件 21.7 个百分点。这些数据表明认罪认罚从宽制度的全面实施已取得显著成效。认罪认罚从宽制度的广泛适用是由于各方因素综合作用而促成的。在实体法层面上，主要是随着社会发展，犯罪态势发生很大变化。时任最高人民检察院检察长张军在 2020 年全国两会工作报告中指出，1999 年至 2019 年，检察机关起诉严重暴力犯罪从 16.2 万人降至 6 万人，年均下降 4.8%；被判处三年有期徒刑以上刑罚的占比从 45.4% 降至 21.3%，这说明杀人、抢劫、重伤害等暴力犯罪已

① 参见《最高人民检察院关于人民检察院适用认罪认罚从宽制度情况的报告——2020 年 10 月 15 日在第十三届全国人民代表大会常务委员会第二十二次会议上》，载 https://www. spp.gov.cn/zdgz/202010/t20201017_482200.shtml。

不再是刑事犯罪的主流。与此同时，新类型犯罪增多，“醉驾”取代盗窃成为刑事追诉第一犯罪，生产、销售伪劣商品犯罪增长34.6倍，侵犯知识产权犯罪增长56.6倍。刑事犯罪结构发生重大变化，轻罪案件数量呈现快速攀升，目前三年以下轻刑率已近80%，被告人认罪认罚案件已超80%。这种犯罪结构的变化和被告人认罪态度的转变为认罪认罚从宽制度的适用提供了空间。在程序法层面上，各级公安政法机关贯彻落实修改后的刑事诉讼法，推进国家治理体系和治理能力现代化。特别是全国检察机关转变理念，创新措施，大力推进认罪认罚从宽制度的实施。在2018年《刑事诉讼法》修改之后，时任最高人民检察院检察长张军提出了“认罪认罚从宽是刑事司法与犯罪治理的‘中国方案’”和“检察机关在认罪认罚从宽制度中应当担负主导责任”的观点，对于指导检察机关办理认罪认罚从宽案件具有积极意义。

2. 检察环节贯彻认罪认罚从宽制度的举措与经验

为规范检察机关履行其在认罪认罚从宽制度中的主导责任，严格审慎行使检察权，检察环节贯彻认罪认罚从宽制度的举措围绕以下方面展开：

一是关于权利告知与听取意见方面。在认罪认罚从宽制度中，被追诉人的知悉权是其作出认罪认罚决定的前提条件，是其认罪认罚明智性的重要保障，检察机关在审查起诉环节努力履行告知义务和说明义务。

二是关于听取值班律师意见方面。按照认罪认罚从宽的制度设计，值班律师担负重要职责。刑事诉讼法规定，由值班律师为犯罪嫌疑人、被告人提供法律咨询、程序选择建议、申请变更强制措施、对案件处理提出意见等法律帮助。实践中，值班律师往往陷入较为尴尬的境地。其在认罪认罚案件中的程序参与感较弱，实质作用得不到有效发挥，值班律师“见证人化”现象似乎成为常态。因此，检察机关着力重视发挥值班律师的作用，注意保障值班律师在审查起诉阶段特别是检察官与犯罪嫌疑人协商过程中的参与权利，以保障犯罪嫌疑人获得值班律师的有效法律帮助。

三是关于自愿性与合法性审查方面。认罪认罚从宽制度中，保障和审查被追诉人认罪认罚自愿性与合法性是检察机关审查起诉阶段适用认罪认罚从宽制度的重要内容。对侦查阶段认罪认罚的案件，检察机关应当重点审查犯罪嫌疑人是否自愿认罪认罚，有无因受到暴力、威胁、引诱而违背意愿认罪认罚；认罪认罚时的认知能力和精神状态是否正常；是否理解认罪认罚的性质和可能导致的法律后果；侦查机关是否履行告知义务；等等。经审查，犯罪嫌疑人违背意愿认罪认罚的，检察机关可以重新开展认罪认罚工作。存在刑讯逼供等非法取证行为的，依照相关法律规定处理。因此，检察机关对于侦查阶段认罪认罚的案件，应当切实履行好审查职责，重点关注认罪认罚的自愿性与合法性，发现问题及时作相应处理。

四是关于量刑建议方面。相较于认罪认罚从宽制度实施之前，量刑建议最为显著的区别就是由之前柔性的求刑性质转变为可能具有确定性的量刑定论。这主要是因为，认罪认罚案件的审理一般适用速裁程序或简易程序，法庭调查、法庭辩论等程序功能被弱化甚至省略，案件审理更多聚焦于量刑方面，而法院对控辩双方审前所达成的量刑协议，一般都给予尊重和采纳。在这种情况下，检察机关的量刑建议书通常会成为法院量刑的主要依据。囿于量刑建议在认罪认罚从宽制度中具备了确定性，随之而来的问题就是量刑建议的合理性问题。在认罪认罚从宽制度之前，量刑问题主要是由法院在审理阶段进行裁断，而在认罪认罚从宽制度下，量刑判断权首先转移至检察机关，这也就对检察机关在量刑方面提出了新的更高的要求。

五是关于不起诉裁量方面。有学者认为，认罪认罚从宽制度的推行无疑进一步强化了检察机关选择性不起诉的权力，尤其是从《刑事诉讼法》第 182 条的规定来看，检察机关不起诉的适用已经超出了轻罪范围，扩展到重罪案件。在附条件不起诉方面，有学者认为附条件不起诉与认罪认罚从宽制度在价值功能方面具有契合性，认罪认罚从宽制度为附条件不起诉扩大适用于成年人案件提供了制度空间，附条件不起诉则为认罪认罚案件提供了新的非犯罪化的处理方式。为贯彻好认罪认罚从宽制度，检察机关应完善起诉裁量权，扩大相对不起诉在认罪认罚案件中的适用，以更充分更及时地兑现刑事政策，实现程序分流。

自认罪认罚从宽制度开展地方试点到全面入法推行，检察机关不断总结制度运行经验，为在检察环节进一步贯彻认罪认罚从宽制度、优化检察机关职权行使提供有益参考，具体实践经验体现为以下几点：

首先，检察机关与公安机关、审判机关、司法行政机关相互配合，建立侦查、起诉、审判、执行一体的认罪认罚案件快速办理机制。不仅在各程序环节的衔接上设置快速联动机制和绿色通道，还特别强调检察机关在认罪认罚案件中对侦查的介入和引导，以及公安机关对检察院的配合义务。一方面，检察机关应及时提前介入，视案情提出量刑幅度意见，公安机关根据该量刑幅度进一步全面收集证据。另一方面，在办理认罪认罚案件的过程中，检察机关要求公安机关补充相关证据的，公安机关应及时补充，以确保相关程序顺利适用。① 此外，部分地区还试行了联络员制度，定期通报各单位认罪认罚案件的办理情况，并及时进行数据统计工作，对办案过程中暴露的问题进行汇总反馈和及时解决。

其次，实行案件分类、人员分组。试点中，部分检察机关将认罪认罚案件与普通案件进行区分，针对认罪认罚案件成立专案组，实现认罪认罚案件集中审查、集中起诉、集中开庭，明显提升了办案效率。通过上述案件分类、人员分组的办法解决了以往简易、速裁案件与普通案件同时办理所造成的“简案快不起来、繁案精不下去”的问题。同时，实行繁简分流与轻刑快办相结合。明确认罪认罚案件的范围、证据审查标准以及办理期限，对此类案件实行二次分类，简中挑简，对案情相对简单的酒驾、扒窃等类型的案件实行表格化办案，简化审查报告的制作，实现案件

① 参见林喜芬：《认罪认罚从宽制度的地方样本阐释——L、S、H三个区速裁试点规则的分析》，载《东方法学》2017年第4期。

快速办理。

最后，在保障被追诉人自愿性的同时，调动被追诉人及办案人员积极性。实践中，对于认罪认罚案件的处理，最为核心的其实是审查起诉阶段，犯罪嫌疑人是否认罪认罚、是否同意适用速裁程序绝大多数都发生在此。亦即，被追诉人对律师帮助需求最为迫切的是审查起诉阶段，而非审判阶段。[①] 因此，试点中检察机关以律师帮助的普遍性和有效性为突破口，切实保障被追诉人自愿性。在调动积极性方面，一是简化诉讼程序和内部手续，使办案人员有足够意愿助推认罪认罚从宽之启动；二是在提供足够法律帮助的前提下，给予被追诉人一定宽宥以激励其选择认罪认罚从宽。以北京市海淀区司法机关为例，其主要举措在于：其一，在刑事诉讼启动之初即进行“认罪认罚”的案件分流，进而启动“全流程”简化，强调各机关之配合；其二，倘若公安机关建议适用速裁程序的，检察院可以派员提前介入侦查，避免下一阶段重复审查；其三，消减各机关内部流转环节，同时有效压缩案件流转的在途时间；其四，规范量刑激励并简化文书，避免书面流转的工作繁复。[②]

（三）检察环节贯彻认罪认罚从宽制度的问题及对策

检察环节充分贯彻认罪认罚从宽制度的同时，具体实践也存在一些问题，主要体现为以下方面：

第一，部分检察机关在试点中一味求“快”，却忽视了制度本身的正当性基础。在调研中我们发现，部分地区检察机关与侦查机关、审判机关相互配合，建构快速办理机制，已经将个别案件的侦、诉、审全程整体压缩至24小时以下，甚至有22小时内同时完成9起案件的侦、诉、审全程，

① 参见刘方权：《认罪认罚从宽制度的建设路径——基于刑事速裁程序试点经验的研究》，载《中国刑事法杂志》2017年第3期。

② 参见北京市海淀区人民法院课题组：《关于北京海淀全流程刑事案件速裁程序试点的调研——以认罪认罚为基础的资源配置模式》，载《法律适用》2016年第4期。

这固然体现出试点中各机关的协作精神和办案能力，但对于犯罪嫌疑人、被告人的权利保障却存在疑问。例如，诸如24小时或48小时的时间内，是否足以让犯罪嫌疑人、被告人对于认罪认罚考虑成熟，其自愿性是否有足够保障，倘若在24小时、48小时后反悔并已交付执行的情况下如何处理，均值得进一步考量。毕竟当前实践中，仍然存在将“认罪认罚”局限于通过坦白等方式换取宽大处理的传统认识，却尚未足够意识到“认罪认罚”是被追诉人作为诉讼主体参与诉讼程序的理性选择之一。①

第二，检察机关量刑建议的效力需要进一步明确。试点中，检察机关量刑建议往往根据案件事实以及犯罪嫌疑人、被告人的认罪认罚态度而作出，在一定程度上决定被追诉人认罪认罚后的量刑从宽幅度。但部分被告人在庭审过程中却对此提出异议，希望在量刑上得到进一步从宽。2018年《刑事诉讼法》修改的二审稿中同样规定：“人民法院经审理认为量刑建议明显不当，或者被告人、辩护人对量刑建议提出异议的，人民检察院可以调整量刑建议。人民检察院不调整量刑建议或者调整量刑建议后被告人、辩护人仍有异议的，人民法院应当依法作出判决。”实际上，倘若被告人在审判阶段可以随意对量刑建议提出异议，可能导致检察院量刑建议失去意义，也动摇了认罪认罚从宽制度的基础。试点中更是有部分被告人为了留在条件相对更好的看守所而不前往监狱服刑，“策略性”地对量刑建议提出异议并使用上诉权，导致司法资源浪费。

第三，值班律师的作用有限。2017年，最高人民法院与司法部联合发布了《关于开展刑事案件律师辩护全覆盖试点工作的办法》，其中认罪认罚从宽制度的律师参与，即是“全覆盖”的重点之一。然而，对于认罪认罚从宽制度中的值班律师定位尚存争议，现有相关文件均将值班律师定位为“提供法律帮助”而非“提供辩护”，这也就意味着值班律师的职责限

---

① 参见卞建林、谢澍：《认罪认罚从宽与台湾地区刑事协商之比较研究》，载《法学杂志》2018年第5期。

定于法律咨询、程序选择、申请变更强制措施、见证具结书签署等程序性法律帮助事项。质言之，值班律师并无“辩护人”之定位，不享有阅卷权、调查取证权等。2018年《刑事诉讼法》修改过程中对于这一问题同样存在争议。① 正是因为值班律师定位模糊、作用有限且相关制度保障不足②，试点中部分地区出现了值班律师不到岗的现象，更有地区值班律师甚至发挥了帮助司法机关说服被追诉人认罪认罚的作用，背离了制度初衷。

第四，执法司法机关衔接配合需加强。认罪认罚从宽制度作为一项新制度，在制度运行过程中，执法司法机关相互配合、制约总体较好，但也存在经验不足、认识不够统一等问题。部分地区侦查阶段主动适用制度、促进认罪认罚教育较少。一些检察官、法官对量刑建议认识有较大差异，有的检察官把刑事诉讼法规定的“人民法院依法作出判决时，一般应当采纳人民检察院指控的罪名和量刑建议”错误理解为都要采纳；有的提出确定刑量刑建议说理不充分。量刑建议协商机制不健全，主动听取律师意见不够，影响量刑协商效果。值班律师资源紧缺和经费保障不足问题不同程度存在，西部地区尤为突出，一些案件犯罪嫌疑人主动认罪认罚却缺乏律师参与。③

尽管认罪认罚从宽制度已经在2018年《刑事诉讼法》修改中得到认可，但仍需结合试点经验与问题加以进一步完善，整体贯彻思路应当符合

---

① 一审稿中规定为“犯罪嫌疑人、被告人没有委托辩护人，法律援助机构没有指派律师为其提供辩护的，由值班律师为犯罪嫌疑人、被告人提供法律咨询，程序选择建议，代理申诉、控告，申请变更强制措施，对案件处理提出意见等辩护”；二审稿中规定为“犯罪嫌疑人、被告人没有委托辩护人，法律援助机构没有指派律师为其提供辩护的，由值班律师为犯罪嫌疑人、被告人提供法律咨询、程序选择建议、申请变更强制措施、对案件处理提出意见等法律帮助”。

② 参见闵春雷：《认罪认罚案件中的有效辩护》，载《当代法学》2017年第4期。

③ 参见《最高人民检察院关于人民检察院适用认罪认罚从宽制度情况的报告——2020年10月15日在第十三届全国人民代表大会常务委员会第二十二次会议上》，载https://www.spp.gov.cn/zdgz/202010/t20201017_482200.shtml。

以下要求：首先，认罪认罚从宽程序不得一味求快。对于被追诉人主动认罪认罚者予以从宽处理，是此项制度的核心理念，是落实宽严相济刑事政策的必然要求，压缩程序期限、节约司法资源固然是认罪认罚从宽制度的目标之一，但不是重点，更不是全部。其次，既然认罪认罚是被追诉人的理性选择，就应当加强对被追诉人认罪自愿性的保障，确保其自愿作出理性的思考和选择。最后，针对部分被告人“策略性”地对量刑建议提出异议并使用上诉权的问题，应当区分检察机关的一般量刑建议与建立在被追诉人认罪认罚基础上的量刑建议，对于在检察环节被追诉人自愿认罪并签署具结书，又得到了律师的帮助，在此情况下应当考虑对追诉人的异议权和上诉权作出一定限制，否则会动摇认罪认罚从宽的制度基础。

新时期检察机关应当坚持以习近平法治思想为指导，切实担负起检察机关在认罪认罚从宽制度中的主导责任，在办理认罪认罚从宽案件中努力实现政治效果、法律效果和社会效果的有机统一。具体而言，要结合《最高人民检察院就十三届全国人大常委会对人民检察院适用认罪认罚从宽制度情况报告的审议意见提出28条贯彻落实意见》（以下简称《落实意见》），着重从以下几方面入手，推进和改进检察机关在认罪认罚从宽制度中的实施工作。

首先，进一步加强与侦查、调查部门关于适用认罪认罚从宽制度的交流与衔接。认罪认罚从宽制度涉及司法理念和刑罚观念变革、司法资源优化配置，涉及侦查、批捕、起诉、审判各个环节，涉及公、检、法、司等多个部门，是一项系统工程。各级检察机关应自觉坚持在党的领导下推进制度落实，贯彻落实中的重大事项及时请示报告。同时，在分工负责、各司其职基础上，主动与相关部门协调配合，推动形成合力。考虑到认罪认罚从宽制度适用阶段的全局性，尤其是在阶段性量刑优惠政策的感召下，犯罪嫌疑人认罪认罚的时间也趋于提前。因此，在普通刑事案件中，检察机关应当加强与公安机关关于适用认罪认罚从宽制度方面的交流和衔接，进一步健全认罪认罚案件快速办理机制，推动公安机关在侦查阶段同步开展认罪教育工作，进一步强化对侦查取证的引导，保证从认罪认罚的起始阶段就提高案件办理质量。对于职务犯罪案件，《监察法》第 31 条体现了认罪认罚从宽的精神，但在监察调查阶段能否适用认罪认罚从宽制度，监察法和刑事诉讼法均无具体规定。对于监察调查中涉及认罪认罚从宽案件的，检察机关应当加强与监察机关的沟通、协作和配合，完善监察调查程序与刑事诉讼程序衔接机制，充分发挥认罪认罚从宽制度在惩治职务犯罪中的积极作用。

其次，进一步做好做实控辩量刑协商程序。控辩量刑协商是落实认罪认罚从宽制度的重要环节，做好做实控辩量刑协商是该制度能否取得良好实效的关键。下一步可以着重从两个方面着手：其一，要加强控辩量刑协商程序的公开性与透明度，可以按照《落实意见》的第 13 条，探索建立控辩协商同步录音录像制度，固定和留存认罪协商过程、具结书签署过程，提高认罪协商程序的公信力。其二，要切实保障辩护方参与认罪协商并提出意见的权利。检察机关首先应当落实《刑事诉讼法》第 173 条第 3 款的规定，为值班律师了解案件有关情况提供必要的便利。同时，要完善检察机关听取意见的机制和程序，注意发挥辩护律师和值班律师的作用。

再次，进一步提升量刑建议的精准化与规范化。对于检察机关而言，在认罪认罚从宽案件中提出精准量刑建议已然成为新的责任，确定刑量刑建议提出率以及量刑建议采纳率已经成为衡量检察机关办理认罪认罚从宽案件的重要标准。鉴于此，今后应当协同人民法院，制定更加详细完备的量刑标准指南和量刑实施细则，形成统一的量刑准则。要贯彻落实“两高三部”《关于适用认罪认罚从宽制度的指导意见》和《关于规范量刑程序若干问题的意见》，健全量刑建议程序规范，加强量刑建议说理，提升量刑建议质量。要完善量刑建议调整机制，对于人民法院认为明显不当的量刑建议，要高度重视、审慎对待，认为需要调整的要及时依法调整，不需要调整的也应及时与人民法院沟通。

最后，进一步提升检察人员办理认罪认罚从宽案件的素质能力，防范廉政风险。坦率地说，认罪认罚从宽制度将检察机关放在更加重要的位置之上，检察人员的办案能力和公正廉洁都在经历新的考验。时任最高人民检察院检察长张军强调，应当强化检察机关自身建设，解决能力素质不适应问题。加强检察系统业务培训和岗位练兵。注重类案总结分析，建立认罪认罚案例库，为基层一线办案提供参考。将办理认罪认罚案件的质量、效率、效果纳入检察官业绩考评，促进提升社会治理功效。深化落实办理认罪认罚案件监督管理办法，严格执行过问或干预、插手司法办案记录报告的“三个规定”，坚决防止徇私枉法、权钱交易、权权交易，坚决防止人情案、关系案、金钱案。[①] 今后检察机关需要尽快适应认罪认罚从宽制度带来的新任务与新要求，注意培养和提升与侦查机关、审判机关的沟通协调能力，与辩护律师、值班律师的交流协商能力，提出精准确定刑量刑建议的能力等。检察人员良好扎实的办案能力是实施认罪认罚从宽制度的重要保障。此外，还要加强廉政教育，防范廉政风险，强化对检察人员办案裁量权的监督制约，确保廉洁办案，公正司法。

---

① 参见《最高人民检察院关于人民检察院适用认罪认罚从宽制度情况的报告——2020年10月15日在第十三届全国人民代表大会常务委员会第二十二次会议上》，载https://www.spp.gov.cn/zdgz/202010/t20201017_482200.shtml。

三、检察机关提前介入侦查的探索 *

为了保证起诉的效果和质量，履行公诉职能的检察官对从事侦查活动的警察，在侦查取证方面予以指导和在法律事务方面予以咨询，具有正当性且十分必要。因此，检察介入侦查、公诉指导侦查作为公诉职能向侦查阶段延伸与拓展的具体制度，值得探索[①]；同时，检察机关提前介入侦查也为进一步强化侦查监督提供可能，将原有的事后监督改为同步监督，因而部分地区检察机关在捕诉一体机制运行前采取侦查监督部门与公诉部门共同介入侦查的方式，实现公诉职能与监督职能同时向前延伸。2015 年，最高人民检察院即已将“推动建立重大、疑难案件侦查机关听取检察机关意见建议制度”作为当年度工作重点之一[②]，全国检察机关第五次公诉工作会议进一步提出公诉部门要发挥“诉前主导”作用。中央政法委发布的《关于切实防止冤假错案的规定》第 4 条指出：“人民检察院依法对侦查活动是否合法进行监督，及时提出收集、固定和完善证据的意见和建议，必要时指派检察官参加侦查机关对重大案件的讨论和对犯罪有关的场所、物品、人身、尸体的复验、复查。”最高人民检察院《关于切实履行检察职能、防止和纠正冤假错案的若干意见》第 18 条也要求：“对命案等重大复杂案件、突发性恶性案件、争议较大的疑难案件、有重大社会影响的案件，应当与侦查机关协商，通过介入现场勘查、参加案件谈论等方式，引导侦查机关依法全面收集、固定和完善证据。”近年来，已有部分典型案件借助

---

* 本部分撰稿人为卞建林教授、谢澍副教授，根据已发表的前期成果修改而成，原文卞建林、谢澍：《刑事检察制度改革实证研究》，载《中国刑事法杂志》2018 年第 6 期。

① 参见卞建林、谢澍：《“以审判为中心”视野下的诉讼关系》，载《国家检察官学院学报》2016 年第 1 期。

② 参见《最高人民检察院工作报告》，2015 年 3 月 12 日。

检察机关提前介入侦查取得了良好的法律效果与社会效果，例如江苏昆山“反杀”案、滴滴顺风车司机杀人案、“长生疫苗”事件、携程亲子园虐童案等。2015年10月26日，江苏省检察院和省公安厅发布《重大疑难案件公安机关听取检察机关意见的实施办法》，截至2016年6月，全省检察机关侦查监督部门共提前介入公安机关办理的重大疑难案件1347件，公安机关听取检察机关意见案件1178件。[①] 2016年11月5日，时任最高人民检察院检察长曹建明在第十二届全国人民代表大会常务委员会第二十四次会议上所作的《关于加强侦查监督、维护司法公正情况的报告》中提到，“探索建立重大疑难案件侦查机关听取检察机关意见和建议制度”。江苏、云南等地检察机关主动与公安机关协调，开展改革探索。北京、湖北、贵州等地针对命案等重大案件建立检察机关介入侦查、引导取证制度。[②]

党的十八届四中全会提出以审判为中心的诉讼制度改革，“探索建立重大疑难案件公安机关听取检察机关意见和建议制度”是改革的一项重要内容。为贯彻落实《中共中央关于全面推进依法治国若干重大问题的决定》的有关要求，推进以审判为中心的刑事诉讼制度改革，最高人民法院、最高人民检察院、公安部、国家安全部、司法部发布《关于推进以审判为中心的刑事诉讼制度改革的意见》(以下简称《意见》)，第16条规定，完善人民检察院对侦查活动和刑事审判活动的监督机制。检察机关提前介入侦查有助于实现对侦查活动的全程监督、动态监督，《意见》为进一步深度探索检察机关提前介入侦查提供明确的方向指引。2018年3月12日，时任最高人民检察院检察长张军在工作报告中强调，对社会高度关注的驾车撞人、砍杀无辜等重大恶性案件，指导地方检察机关迅速介入，

---

① 参见李楠楠、张雨:《江苏：率先在省级层面建立重大疑难案件公安机关听取检察机关意见工作机制》，http://legal.people.com.cn/n1/2016/0810/c42510-28626862.html，2021年6月18日访问。

② 王贞会:《重大疑难案件检察引导侦查制度探讨》，载《人民检察》2017年第9期。

依法批捕起诉。2019 年 4 月 25 日，最高检第一检察厅制定下发《关于建立普通刑事犯罪重大敏感案件快速反应机制的意见（试行）》，对于检察机关及时发现报告、依法妥善处理重大敏感案件作出专门规定，明确了重大敏感案件的范围，确立了内部快速反应、上下联动、执法办案风险评估预警、快速介入监督等相关工作机制。该意见要求下级检察院做到重大敏感案件及时发现上报，上级检察院指定专人跟踪监督，及时记录提前介入、受理、批准或不批准逮捕，起诉或者不起诉以及法院判决情况，最高检相关业务部门随时跟踪、督导、指挥下级检察院依法办理，确保办案质量和效益。各级检察机关均要及时启动相关机制并适时向社会公开，依法、公开、高效履行检察职能。此意见下发后，最高检指导下级院办理了丽江反杀案，认定唐雪的防卫行为系正当防卫，依法不负刑事责任，受到舆论好评。最高检强调，对重大敏感案件，要提前介入，引导侦查机关依法全面收集固定证据，要利用内部快速反应机制，上下联动办案，依法准确打击犯罪，避免产生负面社会效应。要加大对社会广泛关注的重大敏感案件的研究指导和监督，及时发现、依法妥善处理重大敏感案件，力求实现办案政治效果、法律效果、社会效果的统一，维护司法权威，促进社会和谐稳定。[①] 2019 年 3 月 12 日，时任最高人民检察院检察长张军指出，媒体披露“昆山反杀案”后，最高检指导江苏检察机关提前介入，提出案件定性意见，支持公安机关撤案，并作为正当防卫典型案例公开发布。[②] 2020 年 1 月 18 日，全国检察长会议要求，自 2020 年起，所有涉黑案件检察机关均可提前介入，以充分发挥检察机关在扫黑除恶中的关键作用。可见，检察机关提前介入侦查的探索不断深入。

---

① 参见《最高检：实现介入指导常态化　在司法办案中回应社会关切》，载 https://www.spp.gov.cn/spp/zdgz/202004/t20200420_459076.shtml，2021 年 9 月 10 日访问。

② 参见《检察机关依法办理“昆山反杀案”、赵宇正当防卫案》，载 https://www.spp.gov.cn/spp/zdgz/201903/t20190312_411487.shtml，2021 年 9 月 10 日访问。

（一）检察机关提前介入侦查的成效与经验

以往，“以侦查为中心”的实践样态往往直接导致后续诉讼程序中审查起诉与审判之于侦查结论的纠偏、纠错功能极度弱化，一些案件中错误的侦查结论带病进入庭审，导致冤错案件产生。[①] 当前，检察机关不仅通过提前介入指导收集有罪证据，也对无罪案件提前进行指导，避免案件移送检察机关后陷入诉与不诉的两难境地，无罪案件在侦查阶段就予以撤案，既能节约司法资源也能充分保障当事人合法权益，更是避免将存疑案件或无罪案件的压力传递至法庭。这一点在江苏“昆山反杀案”中得到充分体现，在检察机关提起介入侦查后，犯罪嫌疑人最终被公安机关认定为正当防卫，并以撤案告终。又如P市毛某某等21人涉黑案，涉嫌6个罪名28桩犯罪事实，案卷和证据材料多达94册，但从侦查机关移送起诉到检察机关向法院提起公诉，仅用时21天就成功办结，如此高效的办案得益于检察机关提前介入。[②] 同时数据显示，部分省市检察机关提前介入侦查的探索实效良好。例如，2014年至2015年12月，山西省检察机关共介入命案侦查685件，提出引导取证意见和建议539条，公安机关采纳519条，采纳率为96.3%；共提出纠正违法意见15件，公安机关纠正15件，纠正率为100%。[③] 又如深圳市检察院全面落实最高检关于“在办案中监督，在监督中办案”的检察监督新理念，按照最高检关于“捕诉一体”办案机制的部署，探索“侦捕诉一体化”办案模式，取得良好的效果。刑事检察官全面深入侦查一线，以派驻检察官办案组入驻侦查单位现场办公办案和专业办案组相结合的方式，按照“办案同在、取证同力、协调同时、监督

---

① 参见单民、董坤：《以审判为中心背景下的诉审关系探讨》，载《人民检察》2015年第12期。

② 参见李斌：《浅析提前介入在办理涉黑犯罪案件中的应用》，载《2020年贵州省六盘水市检察机关理论研究年会论文集》，第123—128页。

③ 参见刘子阳：《检察机关频频提前介入大要案侦查专家建议提前介入侦查应把握“深度”和“尺度”》，载法制网，http://www.legaldaily.com.cn/index/content/2018-09/03/content_7636776.htm?node=20908，2018年10月11日访问。

同步”的要求，对辖区内公安分局 15 个侦查单位和市公安局交警支队的办案与监督全覆盖。检察官在“捕诉一体”基础上更进一步，全程介入公安派出所主要侦查活动，不仅在程序上延伸至立案前，还在侦查过程中实现同步和动态监督。[①] 在制度建构和试点推广过程中，各级检察机关也逐步总结了一套较为成熟的工作经验。

首先，对于检察机关提前介入重大疑难案件的类型范围，实践中通常包括情节有重大影响、认定有重大分歧、手法特殊新颖、社会舆论关注等几类，同时实践中也包括上级检察机关等单位督办或交办的案件，以及检察长指示需要派员介入的案件。一般而言，案件类型既有非法经营，合同诈骗，非法吸收公众存款等疑难复杂案件；也有生产销售有毒、有害食品，污染环境，危害公共安全等受舆论关注的热点问题，部分省市结合知识产权犯罪案件和金融犯罪案件较多的特点，也要求此类案件中进一步加强检察对侦查的引导，总之在适用范围上充分考虑了案件的法律效果、社会效果等多方面因素。

调研发现，检察机关提前介入案件涉及污染环境罪、以危险方法危害公共安全罪等 33 个罪名，介入的罪名具有广泛性。90 件案例中，介入程度高的罪名包括故意杀人罪（10 件）、诈骗罪（10 件）、侵犯公民个人信息罪（8 件）、污染环境罪（7 件）、假冒注册商标罪（6 件）、玩忽职守罪（6 件）、重大责任事故罪（5 件），这说明检察机关在全面介入的同时，正在逐步探索特别案件的深度介入机制。[②] 目前，国家监察委员会与最高人民检察院建立了案件沟通联络工作机制，相互配合做好衔接工作，2019 年 1—11 月，全国检察机关受理审查职务犯罪案件同比上升 31.9%。其中，

① 参见《“侦捕诉一体化办案模式”研讨会在深圳举行》，载人民网，https://www.sohu.com/a/347356964_114731，2021 年 9 月 10 日访问。

② 参见胡印富、王飞、周梅:《检察机关提前介入侦查问题研究》，载《人民检察》2018 年第 4 期。

对每起中管干部职务犯罪案件均提前介入。[①] 实践中，针对职务犯罪案件，有些地方检察机关在立案调查后或者移送审理后介入，且效果良好。如北京市朝阳区检察院对监察机关调查的职务违法犯罪案件提前介入率达87.5%，且在调查、审理阶段均有介入，调查阶段介入侧重辨别罪与非罪、引导取证，审理阶段介入侧重证据完善、程序审查。[②] 湖南省娄底市监察委于2018年1月5日决定对正在接受审查的娄底市住建局原党委副书记，市房管局原党委书记、局长吴某祥，娄星区三元社区原党支部书记曾某长立案调查。因该案案情复杂、重大、疑难，涉及罪名多，被调查人作案手段比较隐蔽，反调查能力较强，取证工作面广、量大，娄底市监察委商请娄底市检察院派员提前介入，共同解决该案的证据补充、完善、固定及法律适用问题。在初步了解案情及证据收集情况后，检察人员立即着手证据审查工作，在商定的期限内，娄底市检察院将就该案的定性、证据收集、程序适用向娄底市监察委提出意见。[③]

其次，实践中检察机关提前介入侦查的主要职责在于：第一，就侦查取证的思路、方向和重点提出意见和建议，引导侦查部门依法、及时、规范地开展取证工作，全面客观地收集证明犯罪嫌疑人有罪、罪重以及无罪、罪轻的证据；第二，根据指控犯罪的需要，对侦查部门已经获取的证据材料进行分析，提出进一步补充、固定、完善证据的具体建议，督促侦查部门及时收集容易毁损灭失、隐匿转移的证据；第三，对发现的非法证据，提出依法排除或者重新收集的意见，对瑕疵证据提出完善补正的意见；第四，对侦查部门提出的案件事实认定、法律适用问题，提出意见和建议；

---

① 《最高检：对中管干部职务犯罪案件均提前介入》，载最高人民检察院网，https://www.spp.gov.cn/zdgz/202005/t20200506_460480.shtml，2021年6月18日访问。

② 参见马迪、李晓娟：《监察体制改革背景下检察机关开展职务犯罪检察工作的实证研究——以北京市朝阳区人民检察院职务犯罪检察工作为研究对象》，载《中国检察官》2018年第17期。

③ 参见王智芳等：《检察院提前介入监察委案件调查》，载《三湘都市报》2018年1月12日，第2版。

第五，依法监督侦查活动是否合法，发现侦查活动违法的，提出纠正意见；第六，就案件管辖提出意见和建议；第七，对法律文书是否齐全、卷宗材料是否齐备等提出意见和建议。如P市检察机关在办理杨某等9人涉黑案过程中，抽调检察人员到侦查机关提前统一集中介入30天，对该案涉嫌的44桩犯罪事实提出321条补查提纲，为案件的后续审查批捕和起诉奠定了坚实基础，后该案在检察环节未经退查便成功起诉至审判机关，提前介入取得了良好效果。但在依职权主动介入过程中检察机关要始终保持检察监督的中立性，秉持谦抑性原则，不得超越各自职责范围办案，更不能违反法定程序共同“对付”犯罪嫌疑人。①

再次，关于实践中检察机关的介入方式。一是坚持一般介入和专人介入相结合。一般介入即在介入案件方式上重引导、建议，在介入内容上重事实证据的排疑补漏，在介入程度上不干预和妨碍侦查，以“参与不干预、监督不越位、引导不代替”或“介入不越权、建议不决断、监督不干扰”为原则，不对案件处置做表态或承诺。而专人介入即选派理论功底扎实、工作经验丰富的检察官介入侦查，以提升介入侦查引导取证的质量。二是坚持通知介入与主动介入相结合。对侦查取证存在疑问、侦查方式有待研究的案件，以侦查机关通知介入为主，对新类型案件选派理论扎实、工作经验丰富的检察官主动介入，以确保介入侦查引导取证质量。三是坚持专案介入与类案引导相结合。通过召开刑事案件联席会议、个案交流、专案研讨以及同类案件反馈等方式在证据收集和规范侦查活动方面的共性问题上进行整理和剖析，致力于通过一件案件解决一类案件的侦查取证范围。对几类难点案件的证据标准进行全面分析，使侦查人员在侦查该类案件、收集固定有关证据时有章可循，起到事半功倍的效果。

B市1区检察机关介入侦查模式属于较为典型的专人介入，检察机关

① 参见李斌：《浅析提前介入在办理涉黑犯罪案件中的应用》，载《2020年贵州省六盘水市检察机关理论研究年会论文集》，第123—128页。

通过派驻检察员等形式，将人员安排到侦查一线，直接参与全程的侦查活动，对证据收集、提取、固定及侦查方向提出符合批捕、起诉条件的法律意见，并在侦查过程中对侦查行为的合法性形成同步监督。B 市 1 区检察院会同公安机关出台了《关于强化检察监督试行侦捕诉衔接办案新模式的若干意见》，创设了“四同办案模式”，即“办案同在、取证同力、协调同时、监督同步”。其中，“办案同在”是指检察机关与公安机关商定通过提前介入、案中审查、捕后跟进等方式，在刑事犯罪侦查全过程中充分发挥侦查引导作用，促进案件顺利侦结。在具体运行层面，该区通过在分局、派出所分别建立 14 个派驻“检察官办公室”，采取派驻检察官入驻派出所现场办公（每周派驻时间不少于 3 个工作日）与定期带队分片区巡查走访相结合的方式，实现对区公安分局 13 个侦查单位的全覆盖。即检察官在“捕诉”基础上更进一步全程介入公安派出所主要侦查活动，不仅在程序上延伸至立案前，还在侦查过程中实现了同步和动态监督。针对该区派出所的特点和辖区案件类型，检察机关随后对派驻工作进行调整，形成了“专家门诊”式的派驻方式。即由检察院派员每周固定时间到派出所解决疑难案件，由派出所准备好案件材料和“问题清单”，派驻检察官到所后，有需要的办案民警便逐个与检察官沟通，检察官逐一解决疑难问题。通过这种模式，检察官每周可以到所解决至少 6 个到 8 个疑难案件，最多的时候一天可以解决 15 个案件涉及的问题。对于一些特别复杂或者专业性较强的案件，还邀请被害单位人员到场参与“会诊”，这使得检察官能在第一时间了解案情，对案件的把握更有底气，办案亲历性得到了显著提高。如 2018 年，辖区内某派出所接到某高新企业报案称软件著作权遭到侵犯，所里对是否构成犯罪以及立案后的侦查方向存在疑问。派驻检察官在派出所和办案人员一起接待报案人，在详细查阅报案材料，听取了报案人意见后，确定这是一起典型的侵犯软件著作权案件。派驻检察官建议所里迅速立案侦查，并提出了侦查取证方向。最后经过检警对案件的缜密侦查，严格审查，法院依法审理，涉案6名被告人均被判处侵犯著作权罪。[①]

最后，侦查机关在检察机关提前介入侦查后，应当做好相应配合工作。其中包括全面介绍案件情况，提供相关法律文书和已经取得的证据材料；根据侦查监督、公诉部门提出的意见，进一步收集、固定证据，完善证据体系；对侦查监督、公诉部门提出的证据瑕疵等问题及时进行补正或者作出合理解释；对侦查监督、公诉部门提出的侦查活动中存在的违法取证、违法采取强制措施等问题，依法及时纠正；等等。另外，应强力推进检察机关提前介入侦查、引导侦查中的智慧检务建设。当前，要将大数据在统一证据标准、提高量刑建议水平方面的应用、出庭一体化平台建设以及智能语音、“三远一网”技术的运用等作为重点内容。打通公检机关的案卷信息沟通渠道，使其能够提前通过网络信息平台传导相应的案卷材料，检察机关根据公安机关的邀请，提前通过阅卷形式，提供案件办理、取证等方面的指导意见。全程办案留痕，可以防止过程中的权力滥用。全面启动智慧执法信息化新警务建设，全力试点建设“政法跨部门大数据办案平台”，让线下试行的“侦捕诉一体化”工作机制在线上“跑起来”，真正实现检警之间网络畅通、数据融通。例如，某地区已经成功通过“政法跨部门大数据办案平台”，以电子卷宗“单轨制”方式移送提请批准逮捕案件31宗，移送起诉案件22宗，办理网上电子换押36人次，检察院作出的相关文书也能通过系统及时回流到公安端，已初步实现了由原来的“脚下奔波”办案，到“指尖操作”网上办案的转变，初步形成了“侦捕诉一体化”检警紧密协同作战的“大控方”新格局。[②]

---

① 参见周新:《检察引导侦查的双重检视与改革进路》，载《法律科学（西北政法大学学报）》2020年第2期。

② 参见周新:《检察引导侦查的双重检视与改革进路》，载《法律科学（西北政法大学学报）》2020年第2期。

（二）检察机关提前介入侦查的问题及对策

调研中，我们发现，部分办案人员对于检察机关提前介入侦查并不理解，例如有侦查人员表示，过去办案期间就经常通过电话等方式向检察官咨询侦查中的相关问题，不知当前改革与过往有何差异；还有检察官表示，提前介入增加了自身工作量，且侦查机关并不完全欢迎，属于“吃力不讨好”。总体而言，在检察机关提前介入侦查的探索过程中，呈现出以下几方面问题，亟待解决：

第一，提前介入引导侦查案件数量比重仍然较小，部分地区甚至流于形式。C市W区检察院过去两年收到公安机关通报并提前介入各类重大刑事案件200余件，占受理案件总数的10%。但这已经是我们调研中呈现比例较高的基层检察院。易言之，大多数检察机关提前介入引导侦查案件数量比重不足10%。由于信息不对称以及人力有限，检察机关对于绝大部分处于侦查阶段的案件不能及时掌握情况，目前对于侦查活动的监督仍以事后监督为主，提前介入引导侦查案件数量占比不高，部分案件在移送起诉时由于错过最佳取证时机，导致重要客观性证据无法调取，这也造成实践中依旧存在以言词证据为中心的情形。

第二，提前介入侦查缺乏足够的制度保障。大多地区检察机关虽然与侦查机关针对提前介入侦查会签了有关规范性文件，对检察机关提前介入侦查起到一定的保障和促进作用，但是在实践中因缺乏刚性，检察机关在具体案件上能否介入、何时介入、介入程度等方面问题仍然主要取决于侦查机关的意愿。实践中，案件信息来源有的是检察机关通过新闻媒体获取，有的是上级部门指定，而侦查机关对属于提前介入的案件有时会出于种种原因而不及时通知检察机关，致使未能及时有效地开展介入工作。

第三，介入效果不明显，缺乏有效衡量标准。检察机关派员介入侦查，通常是听取侦查人员汇报、阅卷，以及对案件证据的发现、收集、固定、保全及侦查方向提出意见和建议。但一方面，侦查机关与检察机关在对侦查手段、方向、证据收集等问题上存在观念差异，对于检察机关提出的意见和建议，侦查机关时常提出异议，有时甚至难以调和，影响案件办理。另一方面，对于检察机关介入侦查并无硬性规定，能否破案对检察机关并无直接影响，介入侦查效果并不明显。部分检察人员对提前介入侦查存在认识、定位错误。浙江省检察机关以 3 个试点市检察院为龙头，其他 8 个市检察院适时跟进，积极开展介入命案侦查工作。经调研发现，部分检察人员认为侦查机关和检察机关承担着不同职责，应当各自独立、互不干涉；提前介入对办理命案没有实际帮助，而且容易导致在审查时产生先入为主的错误判断。二是部分侦查人员对检察机关提前介入命案侦查也存在误解，有抵触情绪；有的侦查人员出发点不正确，认为只要按照检察人员意见，就能够顺利批捕起诉，一旦案件质量出现问题，可以向检察人员推卸责任。[①]

综上所述，检察机关提前介入侦查的探索中仍有部分问题亟待解决，建议推广部分地区有益经验，注意提升介入侦查效果。2019 年，深圳市人民检察院召开“侦捕诉一体化办案模式”研讨会，就进一步完善发展办案模式提出了意见和建议，在检察机关提前介入侦查制度完善中可以予以借鉴，有以下几点原则：一是要注重平衡发展。应当坚持惩罚犯罪与保障人权相统一，严格遵循法律程序，在履行审查批捕、审查起诉等职能注重与保障人权动态平衡发展。二是要注重贯彻落实以审判为中心的理念。在以审判为中心的刑事诉讼制度改革背景下，检察机关和公安机关应牢固树立刑事证据意识，持续提高证据收集、固定等能力，推动审判环节顺利进行，确保侦查、起诉的案件经得起法律的检验。三是要更加符合司法规律的发展。必须坚持从我国的国情出发，尊重司法规律，争取建设具有中国特色的社会主义检察制度，努力创造更高水平的社会主义司法文明。四是要注重完善内部监督制约机制。检察机关作为国家法律监督机

① 参见黄林生等:《检察机关公诉部门介入命案侦查的制度构建》，载《人民检察》2017 年第 4 期。

关，在履行监督职能的同时，应强化内部监督制约，避免办案过程中出现倾向性、普遍性等问题，通过不断完善内部制约监督机制，倒逼检察官依法正确履职。[①]

检察机关提前介入侦查制度完善具体从以下几方面展开：首先，应当明确检察机关介入侦查的重大疑难案件之范围，除了有重大影响、认定有重大分歧、手法特殊新颖、社会舆论关注等案件外，还应结合各地区特点，对辖区范围内具有普遍意义的重大疑难案件，给予重点关注和适时介入。其次，应当注意提升介入效果，选派理论扎实、工作经验丰富的检察官介入侦查，对证据收集进行有效指导，对证据材料进行细致分析，并对侦查活动提出适当建议。同时，对同类型疑难案件进行集中分析和梳理，实现有效的类案引导。最后，需要为检察机关提前介入侦查提供足够的制度保障。即通过规范性文件明确侦查机关在检察机关提前介入侦查过程中的配合义务，检察机关在具体案件上能否介入、何时介入、介入程度等方面问题不应取决于侦查机关意愿。

---

① 《"侦捕诉一体化办案模式"研讨会在深圳举行》，https://www.sohu.com/a/347356964_114731，2021 年 9 月 10 日访问。

四、公安派出所侦查活动监督机制*

近年来，随着公安警力下沉，派出所办理刑事案件的数量不断上升，一些地方办理的刑事案件数占当地办案总数的70%以上，有的甚至超过80%。此外，派出所除办理盗窃、故意伤害等“轻罪”案件外，有些地方派出所也办理毒品、故意杀人等“重罪”案件。从履行监督职能出发，从强化重大、复杂案件侦查监督角度考虑，都需要对公安派出所侦查活动予以监督。① 绝大多数刑事案件属于派出所的受案范围，以天津市某区派出所办案数为例，辖区内13个派出所在2016年度共受理刑事案件4086起，占全区公安机关受理案件总数95%以上。派出所逐渐成为刑事案件办理的主力军，但是由于派出所警力不足、执法意识、执法能力不强等原因，在办理刑事案件过程中依然存在执法行为不规范、不文明等情形，亟待通过加强监督加以改善。② 当前公安派出所承担了大量刑事案件侦查工作，为保障办案质量，需要加强与检察机关的相互配合与制约。建立对公安派出所侦查活动监督机制是贯彻落实党的十八届四中全会进一步深化司法体制改革的任务要求。2015年以来，最高人民检察院选择山西等10个省、市进行试点，共计1064个基层检察院、8370个公安派出所参与了试点工作。在两年的试点过程中，检察机关监督公安派出所立案5243件，对违法侦查活动提出纠正意见15162件次，促进公安派出所办案质量明显提高。因

---

* 本部分撰稿人为卞建林教授、谢澍副教授，根据已发表的前期成果修改而成，原文卞建林、谢澍:《刑事检察制度改革实证研究》，载《中国刑事法杂志》2018年第6期。

① 参见孙谦:《刑事侦查与法律监督》，载《国家检察官学院学报》2019年第4期。

② 参见杨飞:《公安派出所侦查活动检察监督实证研究》，载《中国检察官》2018年第1期。

而，2017 年 3 月，最高人民检察院要求各级检察院因地制宜，全面开展对公安派出所刑事侦查活动的监督工作，并于当年年底前实现全面铺开。推广北京、山西、广东经验，向公安机关执法办案管理中心、法制部门或派出所派驻检察室，加强对立案和侦查活动同步监督。对认为确有错误的刑事裁判提出抗诉 8302 件，法院已改判、发回重审 4364 件。[①] 刑事诉讼监督取得实效。

（一）公安派出所侦查活动监督改革的成效与经验

由于公安派出所深入基层社区，其日常工作样态往往由其辖区特点所决定，因而各地检察机关也根据地域特点和现实需求，探索出一系列颇具特色的监督机制（见表 1）。

表 1　公安派出所侦查活动监督试点检察院监督模式 [②]

监督模式	工作机制	试点检察院
驻所检察官办公室模式	在辖区内每个派出所设立驻所检察官办公室，开展“一对一”监督	江苏省扬州市、湖南省娄底市
片区式监督模式	将辖区内对应的派出所分为若干片区，以检察官联络员的形式分片区定点对派出所进行刑事侦查活动监督	吉林省、辽宁省本溪市、福建省龙岩市、南京市下关区等
集中监督模式	在县（区）级公安分局设定检察官办公室，利用公安机关执法办案管理中心信息平台，审阅公安机关案件办理情况	北京市、江苏省昆山市、山东省滕州市等
派驻街镇（社区）检察室模式	将对派出所侦查活动的监督作为街镇（社区）检察室主要监督职责之一	上海市和辽宁省鞍山市
设置诉讼监督部模式	整合批捕和起诉监督资源，实现监督专业化	以湖北省黄石、大冶等地检察院为代表

① 参见时任最高人民检察院检察长张军于 2020 年 5 月 25 日第十三届全国人民代表大会第三次会议作《最高人民检察院工作报告》。

② 参见杨飞:《公安派出所侦查活动检察监督实证研究》，载《中国检察官》2018 年第 1 期。

例如，X市作为省会城市，下辖11区、2县，常住人口近900万人，其中常住人口最多的派出所辖区内共有12.2万余人，最少的仅2000人左右；而全市派出所在2017年立案侦查的案件约占全市刑事案件的88%，2016年这一数值更是达到95%左右，较之同期其他省市而言比重较高。但即便如此，各派出所承担的压力也不尽相同，2017年全市办理刑事案件最多的派出所共有2898件，最少的却是0件。因此，包括X市在内的各地检察机关均根据现实需求，探索出不同的公安派出所侦查活动监督模式，适用较多的有以下三种：一是派驻检察官办公室模式。这一模式是各地检察机关普遍采用的监督模式，即选择在主城区、城乡接合部、刑事案件高发、办案质量问题突出的重点派出所设立派驻检察官办公室，集中优质监督力量进行实地监督。这种模式在实践中适用面广、监督工作较为直接、检警交流较为顺畅，不足之处是因人力资源有限，难以覆盖到全部派出所。二是定期、不定期巡查模式。各地检察机关选择在设立派驻检察官办公室的同时，对于其余办案数量少、地点分散，尚不具备派驻条件的偏远地区派出所，通过定期或不定期派遣检察官走访巡查的模式进行监督。这一模式的优点在于监督的覆盖面广、时间和人员安排较为灵活，但监督工作难以得到规范、持久的落实。三是采取在区县公安局法制部门派驻检察室的模式开展集中监督工作。这一模式的优点是让检察机关与公安法制部门对接，公安法制部门可以比较系统地掌握辖区各派出所侦办案件的质量，便于统一开展业务指导和考评。但不足之处在于，检察机关和派出所之间直接沟通不足，使得监督缺乏直接性与同步性。

又如浙江省温州市瓯海区检察院结合工作实际，与公安机关积极会商，探索建立对公安派出所侦查活动的巡回检察机制，在省内尚属首例。瓯海区检察院推行的巡回检察机制实现了对全区14个基层派出所侦查活动监督的全覆盖，并以此为切入点，与公安机关建立案件信息共享、侦捕诉专人对接、重大疑难案件会商、存疑不捕和退回补充侦查案件跟踪监督、案件质量评查通报等一系列制度，取得了良好的监督效果。一是执法理念有所转变。开展巡回检察之前，一些民警尚不适应以审判为中心刑事诉讼制度改革下的证据标准和要求，认为批捕条件过于严格；一些民警存有认识偏差，特别是对传统的侵财性犯罪作有罪不捕表示不理解。在巡察过程中，检察人员就此类问题与办案人员进行积极沟通与交流，取得了派出所的理解与配合。二是一批久拖不决案件得到妥善处理。首轮巡回检察期间，瓯海区检察院梳理了近年来派出所办理的42件存疑或有罪不捕、退回补充侦查未重报案件，逐案进行监督。巡察发现，公安机关除了对其中17件案件已经作出后续处理外，尚有25件案件因各种原因未作处理。巡察过程中，经巡察人员与公安派出所、公安机关预审、法制部门工作人员充分探讨，对部分案件的处理当场达成共识。在第二轮巡回检察对该批未处理案件进行跟踪监督时，除了其中7件案件因犯罪嫌疑人潜逃尚未归案、证据不足但未到撤案时间等特殊原因之外，其余的18件案件已全部作出撤案、终止侦查决定或者重报检察机关处理。三是一批新的疑难复杂案件得到及时磋商。2018年4月开展的第二轮巡回检察，对2018年1月至3月辖区派出所办理的43件存疑不捕或退回补充侦查案件进行监督，发现有20件案件尚未及时处理。经与公安人员探讨，部分案件当场形成处理意见，部分案件由巡察人员带回，与相关部门及经办人沟通后，及时给予了反馈。四是派出所办案质量得到明显提升。经过巡回检察，公安派出所更加注重办案质量、办案效率和执法规范化建设。2018年1月至4月，派出所办理的刑事案件，提请批准逮捕案件存疑不捕率同比下降15%，移送起诉案件退回补充侦查率同比下降近20%。[①]

尽管各地检察机关所采用的公安派出所侦查活动监督模式并不完全统一，但其实施过程中的总体效果却是积极的，也总结出了一系列行之有效的工作经验，主要包括：

---

① 参见陈贤、潘标标：《对公安派出所侦查活动监督机制的新探索——以浙江省温州市瓯海区检察院推行巡回检察机制为例》，载《人民检察》2018年第16期。

第一，建立立体化的信息共享机制。监督的前提是信息通畅，部分检察机关秉持“前方摸清、后方对接、整体监督”的工作机制，建立起派驻检察官、基层院、省市级院联动的立体监督网络，实现信息共享。如无锡市B区检察院经与公安、法院协调，建立公检法信息共享平台，将平台系统接入公安视频网，建成侦查审讯监督专线，对公安派出所的审讯进行实时监控。目前，辖区15个派出所讯问室的音视频可实时动态投射到检察院指挥中心电视墙，检察官足不出户就能实时监督派出所的侦查讯问活动。2018年，该院派员监督审讯20次，提出侦查意见46条。对于条件尚不具备的地方，可先行建立信息共享机制，定期相互通报公安派出所刑事发案、报案、立案、破案、采取强制措施、刑罚执行以及刑事立案监督、侦查活动监督、刑罚执行监督、批捕、起诉等情况，对于重大案件则建立随时通报机制。①

第二，个案监督与类案监督相结合。为了促进公安机关规范刑事侦查活动，调取对比受理、立案、侦破、处理等多方面有关数据，及时发现立案监督线索。对立而不侦等消极侦查现象进行监督，对同类案件深入剖析，以便提出侦查思路、提高破案率。如浙江省温州市瓯海区建立由检察机关侦监、公诉、未检、基层检察室等部门员额检察官和公安机关法制、预审部门人员、各派出所分管领导组成的“检警互动微信群”，以“面对面”进行理论研讨和工作交流。办案工作中的一般性问题可由员额检察官与派出所分管领导等专人进行统一对接和沟通，需要对有关案件进行补充调查取证等事项，也可以通过派出所分管领导通知具体经办人，或者直接联系经办人。②

第三，硬性监督与理念引导相结合。保障侦查监督的实施效果，需要

① 参见邱华锋:《公安派出所刑事侦查活动监督机制的完善》，载《检察调研与指导》2019年第2期。

② 参见陈贤木、潘标标:《对公安派出所侦查活动监督机制的新探索——以浙江省温州市瓯海区检察院推行巡回检察机制为例》，载《人民检察》2018年第16期。

打消侦查人员的抵触心理，部分检察机关通过制作常见案件证据目录、典型案例点评等方式，加强对公安机关的执法理念、侦查思维的引导，促进公安派出所树立正确的司法理念。如无锡市B区检察院自2014年建立刑事侦查案件质量点评机制，通过公检联席会议商议，个案点评后向全分局通报，并将侦查质量评价情况纳入侦查人员的绩效考核，倒逼被“点名”派出所或侦查人员及时整改，也促使其他侦查人员从中吸取教训，有效解决了侦查活动中存在的普遍性、倾向性问题。四年来对225起刑事案件开展了质量点评，指出案件质量问题197个，召开集中通报会12次，发出的纠正违法通知书数量比之前下降了50%左右。[①]

（二）公安派出所侦查活动监督改革的问题及对策

首先，监督刚性不强。部分地区公安派出所侦查活动监督中，检察机关提出意见后无法得到落实，监督事项难以及时纠正，侦查活动依然存在违法或瑕疵。对此，有检察机关尝试对于提出监督事项未进行纠正的，依法作出书面纠正意见并重点通报，并与公安内部执法考核相衔接，作为对派出所、民警执法质量的考评指标，以此提升监督刚性。但考评指标设计本身存在争议，且这一提升监督刚性的方法治标不治本，如何从源头上转变公安机关执法理念，使其主动接受监督，仍需斟酌。

其次，信息共享不畅。尽管部分地区检察机关已经建立了立体化的信息共享机制，但仍有个别地区尚未形成良好的信息沟通渠道，或者即便建立信息共享机制驻所检察官自身却无查询权限。加之检察机关执法信息收集受制于公安机关案件信息录入，有的案件已经破案，系统中仍然显示未立案；有的案件还在初查阶段，内勤为了省事直接将其录为已立案；还有的案件已经开展了大量初查工作，在系统中却没有反映；等

① 参见邱华锋:《公安派出所刑事侦查活动监督机制的完善》，载《检察调研与指导》2019年第2期。

等。[①] 这也造成监督线索知情难、监督渠道不畅，信息迟报、漏报、误报等情况时有发生，无法主动、及时地开展立案和侦查监督活动。广东省检察机关在全国首创侦查活动监督平台，于 2015 年末在全省推行，将监督事项列举为 25 类 111 项，由监督人员逐项核对，并与全国检察机关统一业务应用系统进行数据对接。实践中探索出的“定期巡查公安信息平台”和“刑事案件信息共享平台”方式可直接进入公安机关办案系统，获取第一手监督资料。通过监督平台可以突出监督重点，但也存在不少短板，如监督人员在平台发现线索后缺少配套制度，如何处理尚不明确。并且平台信息量大，分析判断工作量大，不易跟踪和发现线索，会造成疏漏和盲点，还有待实践完善。[②]

最后，监督力量欠缺、工作规范不足。基层检察机关人员较为紧张，本身案件数量多、时间紧、任务重，往往造成重公诉而轻立案与侦查活动监督。从履职区域上看，由于机构设置的区别，公安派出所数量众多，单个公安派出所在履职区域上远小于对其实施监督的检察机关。检察机关负责侦查监督的部门作为检察机关办理刑事案件的第一道关口，成为对公安派出所开展监督的主要负责部门。但检察机关实行捕诉一体机制后，更注重批捕和起诉的质量，对公安机关侦查活动的监督不够及时、同步。实践中，部分派出所仍然采取口头邀请的传统方式邀请检察机关介入侦查活动进行监督和指导，部分办案人员也没有正确使用相关工作文书，没有对工作过程进行书面记录，或者没有将监督情况录入检察机关统一业务系统。

X 区检察院在实践探索中发现，检察官驻所期限以半年为宜，期限过短，难以发现派出所办案中的根本性、基础性问题；期限过长，检察官与派出所办案人员容易打成一片，不可避免地影响监督的客观公正。在机制

① 参见伦朝平等:《检察机关对公安派出所监督机制实证研究》，载《人民检察》2013 年第 9 期。

② 参见汪燕、谭远磊、李淮:《公安派出所侦查活动检察监督机制研究》，载《太原理工大学学报（社会科学版）》2017 年第 4 期。

设计上，要充分考虑检察官监督权行使的独立性和专注力，一方面要防止驻所检察官成为派出所的“拐杖”，影响审查逮捕及起诉时的客观公正判断；另一方面要防止脱离监督主责主业，过度介入派出所非警务活动。[①]

有鉴于此，笔者认为，在完善公安派出所侦查活动监督机制的进程中，应当着重从两方面加以强化：一方面，需要进一步完善立体化的信息共享机制，保障各机关之间信息通畅，公安机关应当通过信息共享平台及时更新执法信息，向检察机关提供监督线索。借鉴各地实践建立刑事案件信息共享平台优秀经验，将案件管理和法律监督工作有机结合起来。为适应实战需要，这些信息系统要做到技术标准统一、系统模式匹配、数据兼容、智能程度较高，能够根据需求实现自动或半自动地运用。[②] 另一方面，需要各级检察机关进一步出台实施细则，明确公安派出所侦查活动监督的工作原则、案件范围、承办部门、办理程序、责任追究等内容，在提升监督工作规范性的同时，强化监督刚性。以规范且具有刚性的监督为基础，进而丰富监督手段，推广个案监督与类案监督相结合、刚性监督与理念引导相结合的有效经验。根据最高人民检察院部署，检察机关对公安派出所刑事侦查活动监督重点在于四个方面，在后续问题解决中应当牢牢把握：一要把保证证据合法性，确保指控犯罪的效果作为对公安派出所刑事侦查活动监督的主要工作目标。二要结合实际情况，确定不同的监督模式。对主城区、城乡接合部、刑事案件高发等重点地区的派出所，可以采取设立派驻公安派出所检察室或检察官的模式；对办案量少的小型派出所，可以采取定期或者不定期巡查模式；对于所在地区大多数公安派出所不办理刑事案件的，也可以探索在区县公安局派驻检察室，统一开展对辖区公安派出所侦查监督工作。三要突出重点，聚焦侦查违法易

---

① 参见周忠、谢立波:《检察机关对公安派出所刑事侦查活动监督机制研究——以C市X区检察院探索实践为视角》，载《检察调研与指导》2016年第6期。

② 参见胡东林、苗勇、李晓男:《检察机关监督公安派出所刑事侦查活动的问题与对策》，载《检察调研与指导》2017年第1期。

发多发问题。监督的重点是群众反映强烈、影响社会和谐稳定、违法动用刑事手段插手民事经济纠纷的案件，侦查活动中刑讯逼供、暴力取证等非法取证案件，以及采取强制措施、强制性侦查措施可能侵犯犯罪嫌疑人人身权利、财产权利的案件。四要加强协作配合，形成合力。充分发挥检察一体优势，强化负责侦查监督的部门的职能作用，主动向相关部门通报情况，相互支持配合。①

① 参见徐日丹:《最高检召开全国电视电话会议部署对公安派出所刑事侦查活动监督工作》，载《检察日报》2017年3月30日。

五、审查批准逮捕程序诉讼化改造*

（一）审查批准逮捕程序诉讼化改造的价值与意义

逮捕是最为严厉的强制措施，凡适用逮捕措施均需要经过人民检察院审查批准。1996年刑事诉讼法规定的审查批准程序仅仅是一种书面审查，检察院作出批准逮捕的决定完全建立在侦查机关提供的书面材料之上。这一审查方式显然与逮捕措施的严厉程度不相匹配，不能保证审查批捕的质量。有鉴于此，2012年刑事诉讼法对审查批捕程序进行了改革。[①] 尽管有讯问犯罪嫌疑人、羁押必要性审查等规定，但是审查批准逮捕程序的书面审查、程序封闭等问题还比较突出，行政审批色彩依旧浓厚，与逮捕制度重在对审前羁押进行法律监督这一制度定位和要求不相吻合。[②] 长期以来，在强调逮捕对于刑事诉讼顺利进行的保障功能，以及实体判断标准“构罪即捕”影响下，逮捕功能异化，逮捕适用率畸高，捕判率一直居高不下。2013—2016年，批准逮捕人数及捕诉率保持微降趋势，但变化并不明显。2017年批准逮捕人数同比上升近3成，远超提起公诉人数的升速，捕诉率触底反弹，升至64.2%。2017年批准逮捕人数首次突破100万人，比2016年多出24万多人，达到1068729人，同比上升29%；提起公诉人数再创新高，达到1664810人，同比上升18.7%。同时，实践中羁押必要性审查效果也不甚理想，有学者调研得知，2014年北京市检察机关对批准、决定逮捕

---

*本部分撰稿人为卞建林教授、谢澍副教授，根据已发表的前期成果修改而成，原文卞建林、谢澍:《刑事检察制度改革实证研究》，载《中国刑事法杂志》2018年第6期。

① 参见卞建林、张璐:《刑事强制措施的完善与实施》，载《安徽大学学报（哲学社会科学版）》2013年第1期。

② 参见孙谦:《司法改革背景下逮捕的若干问题研究》，载《中国法学》2017年第3期。

的16154人，提出释放或者变更逮捕建议的仅87人，只占逮捕人数的0.5%；采纳仅66人，为逮捕人数的0.4%。[①]

可见，虽然2012年刑事诉讼法修改对审查批捕程序进行了初步诉讼化改造的探索，但并没有去除审查批捕程序封闭性、行政性的色彩，仍有必要进一步对审查批捕程序进行诉讼化、公开化改造。审查逮捕本质上是审前的程序性裁判活动，由侦查机关提出提请批捕的正式请求，由中立的检察机关作为裁判方主持，在犯罪嫌疑人及其辩护律师等诉讼参与人的共同参加下，解决关涉犯罪嫌疑人人身自由的重大程序性问题。因而，审查逮捕应以裁判为中心进行诉讼化建构，而以裁判为中心恰恰是以审判为中心的应有之义和逻辑延展。[②] 审查批准逮捕程序诉讼化改造正是顺应以审判为中心的诉讼制度改革而持续推进的，这一改革具有多重意义与价值。

第一，审查批准逮捕程序诉讼化改造与逮捕权的司法属性相契合，有助于优化审查批捕程序运行，强化程序正义的体现。司法权是一种裁判权，需要存在一定利益争端，牵涉两方以上主体，一方将案件提交给中立的司法机构，由司法机构举行听证，各方以言词争辩方式提出意见并提交证据，裁判者在此基础上认定事实适用法律作出裁决。[③] 司法程序中，对立双方的争论加上裁判者的居中判断形成探寻真相的基本结构，裁判者必须认真听取双方意见，不偏袒任何一方。公开、诉讼式改革强调检察官和诉讼构造的亲历性和多方参与性，符合司法权运行的基本要求和程序特征。我国刑事诉讼中控方处于相对强势地位，对审查逮捕方式进行适度的诉讼化改造，强化辩护律师的参与，协助犯罪嫌疑人行使权利，有助于在审前程序中构建控辩双方相对平等，裁判者中立裁断的司法审查结构，采

---

① 参见刘计划：《我国逮捕制度改革检讨》，载《中国法学》2019年第5期。

② 参见闵春雷：《论审查逮捕程序的诉讼化》，载《法制与社会发展》2016年第3期。

③ 参见陈瑞华：《司法权的性质》，载《法学研究》2000年第5期。

用直接言词方式听取各方意见，尽可能保障各方表达观点，才可能真正实现公平正义。[①]

第二，审查批准逮捕程序诉讼化改造有利于提高审查逮捕质量，充分保障犯罪嫌疑人、被告人权利。侦查机关基于其追诉犯罪地位，更加注重收集证实犯罪嫌疑人有罪、具有社会危险性等不利于犯罪嫌疑人的证据，辩护人基于其辩护地位，承担提出犯罪嫌疑人无罪、罪轻或者减轻、免除其刑事责任的材料和意见职责。侦、辩双方基于诉讼角色和利益诉求，提出的观点和材料难免偏颇，需要检察机关充分听取双方意见，对部分争议较大的案件需要双方到场对审，提高审查逮捕质量，充分保障被追诉人审前的合法权益。从上海开展逮捕公开诉讼化审查的案件情况看，部分案件通过审查发现了在书面审查中难以发现的信息，一定程度上能够降低甚至避免误判情况的出现。

长期以来，审前羁押是一种对犯罪嫌疑人相对常态化的处置方式。有学者统计，1990—2009年的20年间，高达94.8%的被告人被采取了逮捕这一强制措施。[②] 检察机关不断强化公安机关社会危险性证明责任，避免构罪即捕、以捕代侦，降低审前羁押率，2015年全国批捕数与起诉数之比下降至63.2%。[③] 推动逮捕公开化诉讼化审查，加强听取犯罪嫌疑人和辩护律师意见，有助于促使侦查机关加强社会危险性证据材料的收集提供，助力检察机关充分了解综合评判社会危险性，进一步减少不当羁押，降低捕后轻缓刑率，去除审查逮捕被不当赋予的惩罚教育、刑罚预支、证据发现等异化功

---

① 参见胡图:《审查批准逮捕程序的诉讼化路径探寻》，载《犯罪研究》2014年第1期。

② 参见刘计划:《审查逮捕制度的中国模式及其变革》，载《法学研究》2012年第2期。

③ 该数字来源于最高人民检察院2015年度报告中批捕和起诉人数之比，其中批捕879615人，起诉1391225人。

能。[1] 以上海为例，2013—2015年，全市检察机关共开展逮捕公开诉讼化审查320件373人，其中非上海户籍265人，占71.0%。经审查不批准逮捕242人，不批准逮捕率为64.9%，远高于全市平均不捕率，羁押率仅为35.1%，不捕后被取保候审的犯罪嫌疑人没有一人逃逸、重新犯罪。

第三，审查批准逮捕程序诉讼化改造有利于加大侦查监督力度，有效控制和规范侦查权的行使。我国刑事诉讼制度以侦查为中心痕迹明显，侦查机关拥有立案权、取证权、羁押场所控制权，以及除逮捕外的其他强制措施的适用权，且基本封闭运行，监督难度大。对审查逮捕进行适当司法化改造，能够充分听取侦辩双方意见，拓宽获取监督线索渠道，破解封闭式侦查弊端，及时发现侦查违法行为，有效化解非法证据发现难、调查核实难的现实困境，尽早排除非法证据，以保障后道程序顺利进行，防止冤假错案。审查批捕程序的诉讼化改造有助于准确把握逮捕条件，遏制侦查机关对羁押强制措施的过度使用。通过对侦查权的有效控制，更加体现检察机关审查逮捕时的中立性，可以适度消弭外界对于检察机关行使审查逮捕权的质疑。[2]

（二）审查批准逮捕程序诉讼化改造的成效和经验

为贯彻党的十八届四中全会精神，并落实最高人民检察院《"十三五"时期检察工作发展规划纲要》中关于"围绕审查逮捕向司法审查转型，探索建立诉讼式审查机制"的工作要求，近年来各地检察机关均对审查批准逮捕程序的诉讼化改造进行了有益尝试。目前，据不完全统计，全国范围内上海、北京、重庆、安徽、山东、福建、湖南、浙江、江苏、河南、湖北、黑龙江等省市开展逮捕诉讼化审查，且卓有成效。

---

① 参见卞建林:《我国刑事强制措施的功能回归与制度完善》，载《中国法学》2011年第6期。

② 参见李昌林:《审查逮捕程序改革的进路》，载《现代法学》2011年第1期。

例如，上海市检察机关在“十三五”规划之前，即于2012年起在最高人民检察院原侦查监督厅的指导下，积极探索、稳步推进逮捕诉讼化、公开化审查工作。上海检察机关在最高人民检察院原侦查监督厅的指导下，积极探索、稳步推进逮捕公开审查工作，历经了理论研究、实践探索、制度设计三个阶段，先后制定《上海检察机关侦查监督部门逮捕公开审查工作实施办法（试行）》《逮捕公开审查工作操作规范》等规范性文件，对公开审查案件范围、启动方式、参与人员、审查程序、审查决定等方面予以明确规定。2013年，先是在闵行、普陀、徐汇等区院开展试点，在积累经验的基础上，2014年逐步推广至全市，2015年所有区县院都开展了逮捕诉讼化审查。三年间，上海市检察机关共诉讼化审查逮捕案件320件373人。诉讼化审查逮捕的案件中，从启动方式看，依职权启动232人，依申请启动141人，依申请启动的比例2013年为24.7%，2014年为35.0%，2015年为43.9%。从户籍情况看，非上海户籍265人，占71.0%；上海户籍108人，占29.0%。从罪名分布看，主要集中于常见多发犯罪，其中盗窃79人、寻衅滋事70人、故意伤害54人、妨害公务29人，上述罪名占诉讼化审查案件总数的62.2%。从律师参与情况看，有律师参与的共270人，占72.4%，其中2013年67人，2014年55人，2015年148人。[①] 从审查结果看，批准逮捕131人，不批准逮捕242人，不捕率为64.9%。

在审查批准逮捕程序诉讼化探索取得显著成效的同时也收获了重要的实践经验。第一，审查批准逮捕程序诉讼化改造首先需要设定诉讼化、公开化审查的案件范围。有检察机关在试点中以逮捕三要件确定适用范围，即对社会危险性有重大争议的、逮捕的刑罚要件和证据要件可能发生重大变化的案件进行诉讼化审查。以C市J区为例，试点以来进行逮捕诉讼化审查的75件案件中，辩护人提交了不予批捕书面意见但事实清楚、证据充分的27件，犯罪嫌疑人、辩护人提出无罪证据或排除非法证据申请的1

① 参见《上海市逮捕公开审查工作三年情况总结（2013—2015）》。

件，犯罪嫌疑人近亲属、辩护人在审查批捕阶段提出影响案件事实认定的关键证据的2件，侦辩双方对证明犯罪嫌疑人有无社会危险性、不可能判处徒刑以上刑罚的证据和事实有较大争议的17件，检察官认为通过诉讼化审查有利于查明事实、证据、刑罚和社会危险性的28件。

福建省泉州市规定诉讼化审查批捕程序适用于事实清楚、证据收集到位，社会影响较大的案件、法定刑在三年徒刑以上但是具有法定从轻情节可能减轻处罚的案件，以及当事人达成和解协议的情节严重案件；江苏省南京市规定诉讼化审查批捕程序适用于案情重大、疑难、复杂，检察机关与侦查机关在是否构成犯罪、是否具有社会危险性等方面存在重大争议的案件，社会高度关注的案件，以及涉及专业知识需要听取专业意见的案件等；山东省东营市、河南省辉县市规定适用于事实清楚、证据确实充分，但逮捕必要性有争议的案件。① 上海市规定逮捕诉讼化审查适用于犯罪嫌疑人认罪，但对社会危险性有争议的案件，主要包括三类：一是辩护人对社会危险性提出意见，申请公开审查的；二是案件社会危险性争议较大，公开审查有利于充分听取各方意见，准确处理的；三是案件社会影响较大，媒体高度关注，公开审查有利于展示司法公正，提升司法公信力的。另有地方检察机关诉讼化审查主要集中于针对社会危险性有争议的案件：一是辩护人对社会危险性提出意见，申请诉讼化审查的；二是案件社会危险性争议较大，诉讼化审查有利于充分听取各方意见，准确处理的；三是案件社会影响较大，媒体高度关注，诉讼化审查有利于展示司法公正，提升司法公信力的。考虑到审查逮捕办案期限短、人案矛盾突出，对于依照法律犯罪嫌疑人应当径行逮捕的案件，一般不进行诉讼化审查。

各地除了正面规定了适用逮捕公开诉讼化审查的案件外，一般还规定了不适用逮捕公开诉讼化审查的案件范围。主要集中于案件事实证据存疑

---

① 参见许全勇、陈星亮:《审查逮捕阶段公开听取意见的实证分析》，载《人民检察》2014年第8期。

的案件，应当径行逮捕的案件，以及涉及国家秘密、商业秘密和个人隐私的案件。部分地方还规定了其他限制条件，例如福建省泉州市规定有重要同案犯在逃或犯罪嫌疑人涉嫌其他犯罪有待进一步侦查的，以及犯罪嫌疑人、被害人系未成年人的案件不适用逮捕公开诉讼化审查。福建省连城县规定，雇凶伤人、聚众斗殴等涉黑涉恶、寻衅滋事、携带凶器伤人、抢劫、抢夺等严重影响社会治安的伤害案件不适用公开诉讼化审查。江苏省南京市规定涉及未成年人、在校学生的案件不得适用。

第二，目前审查批捕程序诉讼化改革主要由侦查人员、犯罪嫌疑人及其辩护律师参加，参与人员以侦查人员和辩护律师为主。犯罪嫌疑人可以由侦查机关通知到院参加审查，有条件的也可以让犯罪嫌疑人通过远程视频的方式参加审查；关于审查地点，目前多地检察机关已经建立规范化的司法办案区，各单位设立了专门的诉讼化审查办案场所，诉讼化审查案件在专门的办案场所进行，有条件的全程同步录音录像，以保证诉讼化审查活动的严肃性。例如甘肃省金昌市金川区除了邀请公安机关和辩护律师外，还邀请政法委、司法局、居委会等单位人员参与并发表意见①，武汉市汉阳区邀请被害人、犯罪嫌疑人家属及人民监督员参与②，黑龙江省则范围更宽，允许邀请有关专家及被害人、犯罪嫌疑人所在单位、学校、居住地基层组织工作人员以及社会各界代表参加。C 市 Y 区调研中程序参与主体包括检察官、检察官助理或书记员，侦查机关指派 1—2 名侦查人员（案件承办民警、法制科审核民警均可，关键是了解案情），犯罪嫌疑人

---

① 如甘肃省金昌市金川区在一次逮捕公开审查中，邀请公安机关侦查人员、犯罪嫌疑人亲属、被害人及律师代表参加。邀请市检察院、区人大代表、区委政法委、区司法局及相关社区代表监督并发表意见，此外，还邀请金昌电视台等 3 家新闻媒体参加进行舆论监督，约 30 人参加了听证会。载搜狐网，http://mt.sohu.com/20150430/n412220564.shtml，2016 年 3 月 9 日访问。

② 如武汉市汉阳区检察院在办理刘某涉嫌盗窃一案逮捕公开审查中就邀请了犯罪嫌疑人家属、被害人及人民监督员参与，载腾讯网，http://hb.qq.com/a/20160106/042305.htm，2016 年 3 月 9 日访问。

及其委托的辩护律师，如果没有委托辩护律师的，符合法律援助条件的，由法律援助律师参加；不符合法律援助条件的，司法行政机关可为其指派值班律师参与。

上海市逮捕公开诉讼化审查主要由侦查机关、辩护律师参加，在闵行、嘉定区院探索运用远程视频系统，犯罪嫌疑人直接参加公开诉讼化审查。部分区院结合办案实际，对参与公开诉讼化审查的人员范围作了谨慎探索，在听取公安机关和辩护律师意见的同时，邀请犯罪嫌疑人所在社区居委会工作人员、所在公司负责人、监所检察干部等其他人员参加公开诉讼化审查，将日常表现、工作表现、羁押期间的表现纳入对犯罪嫌疑人社会危险性的评价依据。对于故意伤害等有被害人的案件，初步探索了被害人、犯罪嫌疑人近亲属参与公开审查，充分了解赔偿和解情况，提供平台促成和解。

同时，上海和各地逮捕公开诉讼化审查中都允许邀请人大代表、政协委员等参与观摩。不同的是，上海市规定人大代表、政协委员仅仅是观摩，并不对是否具有社会危险性发表意见，也不对其他参与人提问。其他省市对此有不同做法，例如湖南省永顺县人民检察院在田某故意伤害案审查中，所邀请的 12 名人大代表、政协委员、人民监督员等均在审查过程中发表犯罪嫌疑人是否有逮捕必要的意见。江苏省南京市审查中人大代表等独立第三方也需要对是否逮捕发表意见，典型的如“南京虐童案”逮捕公开审查。还有检察机关对逮捕公开审查采用与会人员发表观点少数服从多数的方式表决审查逮捕决定。

第三，关于审查程序启动方式，实践中主要采取由检察官依职权启动和依犯罪嫌疑人、辩护人申请启动两种方式，此外还有少量侦查机关申请复议、复核的。对于犯罪嫌疑人、辩护人提出申请的，原则上都进行诉讼化审查。上海逮捕诉讼化审查主要采取由检察官依职权启动和依犯罪嫌疑人及其辩护人申请启动两种方式。对于犯罪嫌疑人、辩护人提出申请的，需要审查是否符合公开诉讼化审查条件，符合条件的原则上都进行公开审查。全国其他地区也基本规定可以采用上述两种方式启动，有的地方将申请范围扩大至犯罪嫌疑人近亲属、被害人法定代理人及其近亲属，但一般都规定并非经申请就当然启动，需要经过审核或审批。例如福建省连城县规定犯罪嫌疑人及其法定代理人、近亲属、辩护律师，被害人及其法定代理人、近亲属、诉讼代理人提出申请的，经审批同意后启动公开诉讼化审查。为了保障犯罪嫌疑人诉讼权利，上海推动与司法局建立审查逮捕环节法律援助制度，静安、闵行等区院与司法局会签《关于逮捕公开审查加强刑事法律援助的实施办法》，对审查逮捕环节法律援助申请、转达的方式及时间要求等予以明确。

第四，关于审查程序运行。各地因为案件范围不同，审查重点也有所不同，但基本以社会危险性为主，重点审查对犯罪嫌疑人予以羁押的理由是否充分、证据是否充分。上海市规定重点审查对犯罪嫌疑人予以羁押的理由是否充分、证据是否充分，不涉及事实、证据和法律适用，参与各方主要围绕社会危险性进行询问、示证、质证和发表意见，程序设置相对简便，兼顾诉讼公平和诉讼效率。福建省泉州市规定参与人员可以就案件事实、证据、适用法律以及是否应予逮捕发表意见。根据C市Y区人民检察院《关于逮捕案件诉讼式审查试点工作实施细则（试行）》，逮捕诉讼式审查围绕犯罪嫌疑人的社会危险性展开的讨论贯穿整个审查过程。对于案件事实、罪名及证据问题一般不作为审查内容，侦查人员、犯罪嫌疑人及律师如果对案件事实、罪名及证据有争议，主持审查程序的检察官将及时中止审查，并通过原有的书面审查、单方面听取各方意见的方式对相关问题予以核实。[①] 同时，大多地区也对逮捕的刑罚要件和证据要件进行审查。部分检察机关试行宣布决定的同时进行说理，即检察官当场宣布是否逮捕的决定，并向侦辩双方阐述其采纳意见情况以及作出决定的依据。事后作

---

① 向娇:《逮捕诉讼式审查试点调研报告》，西南政法大学硕士学位论文2018年，第13页。

出决定的，不批捕的要向侦查机关送达理由说明书，并告知辩护律师或值班律师并说明理由。

（三）审查批准逮捕程序诉讼化改造的问题及对策

总体而言，各地检察机关审查批准逮捕程序诉讼化改造的效果良好，个别地区不批准逮捕率占诉讼化审查案件的50%甚至60%以上，已逐步总结了一套较为成熟的工作经验，但仍存在一些具体问题亟待解决。

1. 审查批准逮捕程序诉讼化改造的问题

逮捕公开审查是讯问犯罪嫌疑人、听取辩护律师意见的具体方式，但是该制度要获得合法性，需要法律明确或者至少在司法解释层面规定，否则可能引起合法性质疑。[①] 最高人民检察院原侦查监督厅在全国第四次侦查监督工作会议和2016年工作要点中都提出要探索公开审查案件的办案方式，但尚未制定规范性文件或形成明确可操作的指导意见，主要依靠各地自行探索，制度顶层设计不够。[②] 当前审查批准逮捕程序诉讼化改造实践中的问题具体体现为以下方面：

第一，审查批准逮捕程序诉讼化对程序参与方提出新要求，各方能力尚有欠缺，检察官掌控听证的能力需要提升。对审查批准逮捕程序的重构，要求检察机关审查批准逮捕办案方式的适度司法化，反映其司法性审查的程序特点，为了贯彻平衡原则，要求审查主体较为中立和独立。[③] 逮捕案件听证审查由检察官把控、引导整个程序，并且需要做到客观中立、

---

① 例如湖北省武汉市江汉区开展的一起逮捕必要性公开诉讼化审查就引起了制度合法性争议，反对者认为现有法律对于检察机关的决定没有规定听证程序，因此该尝试有违法之嫌。参见刘国媛：《刑事检察听证制度的“理”与“法”》，载《法学评论》2015年第1期。

② 参见李强、赵婕：《捕前公开审查程序存在的问题及完善》，载《人民检察》2014年第20期。

③ 参见龙宗智：《检察机关办案方式的适度司法化改革》，载《法学研究》2013年第1期。

居中判断，这要求检察官具备良好的法律素养、较高的听证把控能力、明晰的审查思路以及当场决断的能力，这对检察官的综合素质提出了新的挑战。审查逮捕由封闭走向公开，刑事检察官由幕后走向台前，还存在心理上的畏惧和能力上的欠缺。突出表现为主持检察官在语言表达、引导各方发言、现场节奏掌控和应急情况处置等方面，经验还显不足，能力有待提高。侦查人员在参与公开诉讼化审查中同样还不适应，主要是对于社会危险性认识不深、理解不透，单纯重复涉嫌犯罪事实和刑事诉讼法规定，不能结合犯罪嫌疑人的犯罪具体行为、犯罪前后表现、人身危险等具体说明社会危险性。大多数侦查人员认为增加了工作量，参与听证审查的侦查人员普遍反映不能适应，不清楚应当如何举证、如何发表意见以及与律师对抗。

第二，审查批捕诉讼化改造理念的更新需要时间，部分检察官思想认识有待提高。检察人员一方面还存在构罪皆捕观念。构罪情况下逮捕不会有风险，而不捕需要与公安机关沟通，撰写不批准逮捕理由说明书，工作量明显增大，还要承担犯罪嫌疑人逃跑或者重新犯罪导致案件评查和错案追究的风险。另一方面对逮捕公开审查存在疑虑。部分检察官认为，通过阅卷、讯问犯罪嫌疑人和单独听取辩护律师意见，已经能够查清社会危险性，公开诉讼化审查仅具有形式意义，必要性不大。在探索初期，部分审查案件确实不存在社会危险性争议，或者已经预先有了审查结论，为了尝试而开展公开审查，即“先定后审”，也加深了这种看法。公安机关还存在重实体轻程序、重打击轻保护的传统观念，社会危险性观念尚未完全树立，办案中重犯罪事实调查轻社会危险性证明，提请批捕时不说明、不论证社会危险性，不提供社会危险性证明材料的现象还存在。当前公安机关注重打击力度和效果，对批准逮捕的期望值还较高；辩护律师对逮捕公开诉讼化审查工作了解还不多，虽然主动申请逮捕公开诉讼化审查的数量和比例逐年提高，但与案件总量相比仍然偏少，宣传力度有待加强。

第三，案多人少矛盾突出，各方配合协作有待加强。据统计，2015 年上海青浦、奉贤两区侦监部门人均办案量甚至达到160余件，平均每人每周要办理3—4件案件。每个案件要在5个工作日内完成阅卷、讯问、报告撰写、汇报、填写办案软件，繁忙的办案节奏让检察官疲于应付，影响开展逮捕公开诉讼化审查的积极性。公安机关同样人案矛盾突出，促使更加依赖羁押强制措施，也增加侦查人员参加逮捕公开诉讼化审查的难度。目前各地通过会签文件争取公安机关支持派员参加，加强法律援助保障辩护权落到实处。例如上海《第二十四次公检联席会议纪要》明确，对于检察机关开展的逮捕公开诉讼化审查，公安机关均应当派员参加。此外，上海部分检察机关如静安、闵行等区院还通过与司法局会签《关于逮捕公开审查加强刑事法律援助的实施办法》，加强保障犯罪嫌疑人获得辩护的权利。这些制度对于加强与公安、律师相互协作发挥了一定作用，但是如何细化操作强化执行，确保发挥实效还有待进一步完善。逮捕公开诉讼化审查最终目的是要准确判断犯罪嫌疑人社会危险性，逐步降低羁押率。但实践中对犯罪嫌疑人不羁押的监管措施并不完善，尤其是上海、北京、深圳等特大城市，犯罪嫌疑人多系外来人员，取保候审后可能导致犯罪嫌疑人无法查找，影响诉讼进程。

第四，审查批捕程序诉讼化实践中辩护质量有待提高。对律师而言，当前法律援助全覆盖尚未涉及批捕环节，大量的案件当事人没有委托辩护人。以C市W区为例，在其受理审查逮捕案件中有辩护律师的仅占5%，这严重限制了诉讼化审查的发展。辩护人由于在批捕环节没有阅卷权，更不能调查取证，其对案件事实、证据知悉信息量少，加之审查逮捕期限仅有7天，部分律师没有深入调查了解犯罪嫌疑人社会危险性具体情况，发表观点泛化不具体，或者缺乏证据支撑，听证审查时不能充分发表意见，辩护力度和辩护效果受到影响。2013年1—6月，B市提请批捕案件已聘请律师人数占受案总人数的比例不到8%，而所聘律师中提出书面意见的17人，提出口头意见的21人，合计占已聘请律师人数的56%。总体上，律师介入对批捕工作的影响尚不明显，一是因当事人观念及费用问题，在批捕阶段聘请律师的还不多；二是法律把提出意见的主动权赋予了律师，但一些律师对批捕阶段行使权利不够重视，提出意见的较少。调研了解到，律师提出意见的，检察机关均作了听取，经审查采纳的有10人，比例虽不很高，但也较为适中。在审查逮捕意见书中说明情况和理由的16人，部分听取情况未能在审查逮捕意见书中体现。[①]

第五，关于侦查秘密与听证审查的平衡。听证审查过程中，侦查人员、犯罪嫌疑人与辩护律师、检察官三方参与调查核实案件事实，相关证据势必会让犯罪嫌疑人知晓，尤其是关键证据和侦查取证程度（如同案犯到案及供述情况），甚至可能暴露证人或为犯罪嫌疑人翻供提供机会，进而影响证人安全和证言稳定性。审查批捕环节仍处于侦查阶段，在听证审查中如何平衡与侦查秘密的关系还需进一步研究。

需要强调的是，在当前实行“捕诉一体”机制中，似应进一步落实审查批准逮捕程序的诉讼化改造，通过优化程序，加强对逮捕适用条件特别是社会危险性的审查，在保证诉讼活动顺利进行的同时，注意保障当事人的合法权益。特别是要尽可能保障犯罪嫌疑人在逮捕审查中得到律师的有效帮助，以保证逮捕措施的正确适用。

2. 审查批准逮捕程序诉讼化改造的对策

第一，明确审查批准逮捕程序诉讼化的发展方向，在制度设计层面明确审查批捕诉讼化程序的地位和基本规则，进行统一且明确的审查批捕诉讼化运行的具体程序规则，包括适用范围、程序启动、参与人员、审查地点、审查程序、审查决定、程序救济措施等内容。一方面，在对逮捕公开诉讼化审查充分的理论论证和实践探索后，建议修改刑事诉讼法明确审查逮捕可以采用公开诉讼化审查方式，并通过司法解释或专门规定对概念内涵、适用范围、审查内容及操作规范等予以明确，明确法律地位和基本规

① 参见李强、朱婷：《新刑诉法实施后审查批准逮捕制度运行的调研报告》，载《中国刑事法杂志》2013年第12期。

则，为此项工作常态化发展奠定法律和制度基础。另一方面，逮捕公开诉讼化审查案件范围应当进一步扩大。随着我国诉讼制度的改革和侦查技术能力的提高，对犯罪嫌疑人及其辩护律师公开诉讼化审查的范围会扩大，侦查秘密限制的范围将合理限缩，不排除赋予辩护律师在侦查阶段的讯问在场权和调查取证权，届时审查将不再局限于事实清楚、证据确实但社会危险性是否构罪存在争议的案件，所有审查逮捕案件均可适用公开诉讼化审查。

另外，侦查活动监督职责应当进一步加强。目前逮捕公开诉讼化审查制度设计主要基于逮捕的羁押职能，主要目的是有效降低羁押率，未来随着对侦查监督职责的全面体现，公开诉讼化审查案件范围和审查内容也将扩大，更多关注证明程度和证据合法性，有助于检察机关加强对侦查权的监督制约，真正构建对强制措施和侦查行为的司法控制和程序性裁判制度，充分发挥检察机关捕诉部门防范冤假错案第一道关口的作用。

第二，在推动审查批捕程序诉讼化过程中，应增强检察机关听取辩护律师意见的自觉性和主动性。检察机关要重视听取辩护律师意见，凡是有辩护律师的，都应当积极主动听取意见，并将听取和采纳情况在审查逮捕意见书中载明。争取与侦查机关达成共识，明确侦查机关提请逮捕时双向告知义务，既要告知检察机关即在报捕书列明是否聘请律师，律师的联系方式；又要在报捕后及时告知辩护律师提请逮捕时间、罪名及主要犯罪事实。审查批准逮捕的重点在于社会危险性，而讯问和单独听取律师意见则可以充分审查逮捕的证据条件、刑罚条件和社会危险性条件，核实合理辩解、发现无罪线索、扩展监督渠道、调查侦查违法行为，发挥审查证据、事实认定和预防冤假错案的作用，具有独特价值。[①] 一方面，检察机关可以与公安机关沟通，明确要求其在提请逮捕时，应当提供犯罪嫌疑人是否

---

① 参见任楚翘：《审查逮捕如何落实“审判中心”诉讼制度改革要求》，载《人民检察》2015年第9期。

已聘请律师及其联系方式等有关信息。另一方面，检察机关也可以通过直接讯问犯罪嫌疑人，了解其是否已经聘请了律师等相关情况。律师是具备专门法律知识的人，对犯罪嫌疑人是否涉嫌犯罪、有无社会危险性、是否适宜羁押、侦查取证活动是否违法等方面，能够从不同于侦查机关的角度提出专业性意见。检察机关对律师提出的意见，应当认真听取，并在审查逮捕意见书中，对是否采纳的情况和理由，作出分析阐述，以证明批捕或者不批捕决定的合理性。①

第三，审查批捕程序诉讼化改造中强化律师参与，通过完善法律援助制度与值班律师制度提升辩护质量。限于知识结构文化程度等客观原因，绝大部分犯罪嫌疑人不具备对逮捕公开诉讼化审查的过程与结果产生实质性影响的能力，被羁押的现实状况也导致很难参与审查中。司法实践中，刑事案件辩护率并不高，许多案件在侦查阶段缺乏律师介入，听取律师意见和逮捕审查都难以开展。检察机关应当与侦查机关、司法行政机关加强协商，通过签订工作规定完善逮捕阶段法律援助机制，厘清职责分工，完善具体衔接，建立稳定、便捷的法律援助程序，最好侦查机关在侦查阶段就代为转达法律援助申请，即第一次讯问告知法律援助申请权，转交法律援助申请；法律援助机构受理审查法律援助申请，指派律师办理法律援助案件，参与审查程序；检察机关捕诉部门筹备并主持审查程序，利用网络、移动通信与法律援助相关人员联系，审查现场相互转交法律文书，简化文书手续，适应逮捕工作特点。

另外，通过完善值班律师制度弥补现行法律援助制度的不足。在逮捕公开诉讼化审查中建立值班律师制度，值班律师通过日常工作包括侦查部门、驻所检察转交、犯罪嫌疑人申请获悉要求后，为犯罪嫌疑人释明逮捕条件和社会危险性含义，审查社会危险性条件，出具关于社会危险性的律

① 参见李强、朱婷:《新刑诉法实施后审查批准逮捕制度运行的调研报告》，载《中国刑事法杂志》2013年第12期。

师意见并参与逮捕公开诉讼化审查发表意见。承办检察官在讯问时可预约值班律师一并到场，当场听取律师意见，如需举行公开诉讼化审查，可在讯问后相继进行，也可通过视频会议方式，让犯罪嫌疑人、值班律师在看守所参与公开诉讼化审查。建立值班律师制度需健全权利告知，驻所检察人员、侦查人员、看守所管理人员和值班律师有义务告知犯罪嫌疑人值班律师制度与相关权利。值班律师制度运行根据律师资源、法律援助事业发展具体情况灵活采用“值班制”或“名簿制”。

第四，强化检察机关在审查逮捕意见书中的说理与论证。审查逮捕意见书是批捕阶段最为重要的法律文书，承办人对案件审查的全过程都应反映其中。社会危险性条件的审查认定，直接关系着犯罪嫌疑人是否符合逮捕条件。因此，检察机关对社会危险性的审查及认定，应在审查逮捕意见书中予以详细分析说明。这也是控制审查的主观性与不确定性，改变和防止“构罪即捕”现象的有效途径。[①] 审查逮捕意见书改善的总体原则应是反映承办人对报捕案件的事实证据审查、社会危险性审查和法律监督审查；应繁简分流，解决篇幅冗长、证据罗列不清、缺乏条理性等问题，应体现公开诉讼化审查的特色，突出重点；立足于以电子卷宗为基础、以全程录音录像为保障、以法律文书为标准。

---

① 参见李强、朱婷:《新刑诉法实施后审查批准逮捕制度运行的调研报告》，载《中国刑事法杂志》2013年第12期。

六、完善补充侦查制度*

补充侦查是依照法定程序，在原有侦查工作的基础上进一步查清事实、补充完善证据的诉讼活动，是刑事诉讼法上的一项重要制度。从1979年我国制定第一部《中华人民共和国刑事诉讼法》（以下简称1979年《刑事诉讼法》）作出规定开始，补充侦查制度在我国已经运行了四十多年。在此期间，补充侦查制度内涵不断深化、实践逐渐深入，发挥了重要效用。补充侦查制度适用于刑事诉讼的多个节点，在不同诉讼阶段中，补充侦查的内容不尽相同，随着国家监察体制改革和刑事诉讼法的修改，补充侦查制度格局的变化迫切要求对该制度予以完善，以往补充侦查实践中积蓄的问题也亟待解决。2020年3月，为进一步加强和规范补充侦查工作，最高人民检察院、公安部联合制发了《关于加强和规范补充侦查工作的指导意见》（以下简称《加强和规范补充侦查指导意见》），首次系统地对补充侦查工作进行了指导和规范，补充侦查制度得以进一步发展完善。

（一）补充侦查的程序功能与制度价值

补充侦查不是刑事案件的必经程序，却具有不可忽视的程序功能和制度价值。通过补充侦查制度能够进一步核对查明案件事实，补充完善证据，查补追诉漏罪漏犯，从而保障追诉犯罪的效果，促进诉讼监督的落实。概言之，补充侦查制度是检察权能的重要载体，也是侦查活动的目的得以实现的必要保障。

第一，补充侦查制度是完成侦查任务的有效手段。侦查的直接目的在

---

* 本部分撰稿人为卞建林教授，根据已发表的前期成果修改而成，原文卞建林、李艳玲：《论我国补充侦查制度的发展与完善》，载《法治现代化研究》2021年第1期。

于查找和寻获犯罪证据、查缉和甄别犯罪嫌疑人。[①] 犯罪发生后，侦查机关需要以国家强制力量为支持，采用各种侦查技术、采取各类非常措施来侦破案件、查获犯罪嫌疑人，以维护国家和公民的利益，保护公民的生命和财产安全，恢复被犯罪行为损害的社会关系和社会秩序，这是现代刑事诉讼中侦查的直接任务，任何国家和地区概莫能外。[②] 此外，侦查更深层次的目的还在于为起诉做准备，提升公诉的质量和效果。正如我国台湾地区学者陈朴生所提出的，“侦查，乃检察官为提起或实行公诉，而调查犯人及证据之程序”[③]，侦查活动更深层次的期待还在于有效连接起诉，提交符合法律规定的证据材料，为检察机关提起公诉提供良好的事实和证据基础，从而提升公诉的质量和效果。侦查目的的实现具有重要意义，正如日本学者田口守一所说的，同犯罪作斗争的成败，在很大程度上取决于是否善于进行侦查工作。[④] 通过侦查活动，查明事实，收集证据，确定犯罪嫌疑人，进而启动起诉活动，才能最终实现国家刑罚权，达到惩罚和控制犯罪的目的。

补充侦查是侦查活动的延续，是完成侦查任务的有力手段，是实现侦查目的的必要保障。一方面，补充侦查能够补充案件事实和证据，查补漏罪漏犯，有利于保障侦查活动直接目的的实现。受案件情况的影响和侦查能力的限制，侦查机关原先的侦查结果可能存在事实上的缺陷、证据上的不足甚至遗漏了其他罪行和同案犯，此时就需要通过补充侦查对原有侦查工作进行补充，弥补其中的不足，从这个意义上说，补充侦查更加偏重于追求实体真实、实体正义。另一方面，补充侦查能够强化案件的事实证据

---

① 参见卞建林:《论我国侦查程序中检警关系的优化——以制度的功能分析为中心》，载《国家检察官学院学报》2005 年第 4 期。

② 参见卞建林:《论检察》，中国检察出版社 2013 年版，第 452 页。

③ 陈朴生:《刑事诉讼法实务》，台北海天印刷厂有限公司 1981 年版，第 267 页。

④ 参见 [日] 田口守一:《刑事诉讼法》，张凌、于秀峰译，群众出版社 1983 年版，第 122 页。

基础，有利于保障侦查更深层次目的的实现。根据法律规定，检察机关指控犯罪必须满足“犯罪事实清楚，证据确实、充分”的条件，但是侦查机关因各种原因在证据收集上存在问题，导致原有侦查结果不能符合起诉要求的情况并不少见。此时，通过补充侦查能够坚实事实依据、强化证据基础，为检察机关的起诉提供支撑，从而实现对犯罪的指控和追究。

第二，补充侦查制度是实现检察权能的重要载体。现阶段，检察机关是补充侦查的唯一启动主体，且经过了一定的演变过程。1979 年《刑事诉讼法》奠定了我国补充侦查制度的基本架构。根据规定，检察机关有权启动补充侦查，同时 1979 年《刑事诉讼法》还保留了法院的补充侦查启动权。一是法院对公诉案件进行审查后认为主要事实不清、证据不足的，有权退回检察机关补充侦查[①]；二是法院在法庭审判中认为案件证据不充分，或者发现新的事实的，有权退回检察机关补充侦查，并且在此情形下合议庭可以延期审理。[②] 这是由于当时的刑事诉讼理念与制度受强职权主义的深刻影响，强调法院与侦查机关、检察机关的互相配合，共同协作，以有效打击犯罪，不让一个犯罪分子逃脱法网。随着诉讼理念的更新和诉讼制度的发展，1996 年 3 月第八届全国人民代表大会第四次会议通过了《关于修改〈中华人民共和国刑事诉讼法〉的决定》，此次修法的一个重要倾向就是弱化强职权主义的色彩，吸收当事人主义的优点。因此，1996 年修正后的刑事诉讼法废除了法院的补充侦查启动权，以进一步促进控审分离，加强被追诉人的权利保障。自此，法院只能在法定情形下建议检察机关补

① 1979 年《刑事诉讼法》第 108 条规定：“人民法院对提起公诉的案件进行审查后，对于犯罪事实清楚、证据充分的，应当决定开庭审判；对于主要事实不清、证据不足的，可以退回人民检察院补充侦查；对于不需要判刑的，可以要求人民检察院撤回起诉。”

② 1979 年《刑事诉讼法》第 123 条规定：“在法庭审判过程中，遇有下列情形之一影响审判进行的，可以延期审理：（一）需要通知新的证人到庭，调取新的物证，重新鉴定或者勘验的；（二）检察人员发现提起公诉的案件需要补充侦查，提出建议的；（三）合议庭认为案件证据不充分，或者发现新的事实，需要退回人民检察院补充侦查或者自行调查的；（四）由于当事人申请回避而不能进行审判的。”

充侦查，是否启动则由检察机关自主决定，检察机关成为补充侦查的唯一启动主体。

由检察机关作为补充侦查的决定主体，这是与我国检察机关的职能定位相契合的。检察机关是我国的法律监督机关，《刑事诉讼法》第 8 条规定“人民检察院依法对刑事诉讼实行法律监督”，并由此延伸出公诉权和诉讼监督权两项重要权能。检察机关作为唯一的公诉机关，在公诉案件中承担着证明责任，检察机关需要提供充足的证据，说服法官或者合议庭支持自己的诉讼主张，公诉方的一切活动都是围绕着这一目的展开的。[①] 如果证据缺失或者证据不足以证明犯罪事实，则被告人的罪名就无法成立，检察机关的指控目的就无法达到。所以，通过补充侦查制度对案件事实证据的薄弱之处和缺漏之处进行弥补，是为了充分行使检察机关的追诉权、有效追诉和惩罚刑事犯罪，故而检察机关的补充侦查权是“公诉权所派生出来的应有权力”。[②] 同时，检察机关通过行使诉讼监督权，对诉讼活动进行监督来维护国家法律的统一正确实施。检察机关对侦查活动的监督就是其中的重要内容。检察机关通过启动补充侦查来保证案件的处理符合法定标准、维护法律的遵守和实施，因此，补充侦查制度又与检察机关的诉讼监督职能有着内在的逻辑联系。

第三，补充侦查制度是加强人权保障的必要屏障。在我国刑事诉讼中，审查起诉是承接侦查与审判的独立程序。其制度设计既贯彻公安机关、人民检察院、人民法院进行刑事诉讼实行分工负责、互相配合、互相制约的原则，又体现人民检察院作为法律监督机关在刑事诉讼中的重要地位和作用。检察机关进行审查起诉，对事实不清、证据不足的案件决定补充侦查，既要防止漏罪漏犯，切实履行好代表国家追诉犯罪的职能，又要切实保障人权，防止将无辜的人或者依法不应追究刑事责任者错误地诉上

① 参见卞建林：《刑事诉讼的现代化》，中国法制出版社 2003 年版，第 475 页。

② 参见陈卫东：《职务犯罪监察调查程序若干问题研究》，载《政治与法律》2018 年第 1 期。

法庭。因此，补充侦查的任务不仅是进一步收集补充证据，为提起公诉打下坚实的事实证据基础，也需要通过补充侦查，进一步查清事实，核实证据，甄别是非，解除嫌疑，避免冤枉无辜。为此，1996年刑事诉讼法修正，增加“对于二次补充侦查的案件，人民检察院仍然认为证据不足，不符合起诉条件的，可以作出不起诉的决定”的规定。2012年刑事诉讼法修改，更是将“可以”改成“应当”作出不起诉的决定。由立法的演变可以看出，对补充侦查制度更全面、更科学地定位，以便在准确及时追究犯罪的同时加强刑事司法中的人权保障，赋予补充侦查制度保障无辜、避免冤假错案的功能。

（二）补充侦查制度改革的成效与经验

《加强和规范补充侦查指导意见》立足我国补充侦查制度实践现状，细化了相关规定，并提出了一些颇有价值的制度创新，旨在提高补充侦查质效、促进司法公正。随着《加强和规范补充侦查指导意见》的颁布施行，补充侦查制度改革进入了一个新的阶段，在取得改革成效的同时，也积累了丰富的改革经验。

1. 补充侦查制度改革的成效

首先，实践中补充侦查的适用比例有所降低。补充侦查适用比例特别是审查起诉阶段退回补充侦查率偏高在实践中饱受诟病。有学者指出，退回补充侦查率偏高并不是某一地区、某一时期特殊现象，而是实践中普遍现象，大部分地区退回补充侦查率在15%—45%。[①] 有实证调研数据显示，P地区检察院2013—2017年，平均每年大概有34%的案件进行了一次退回补充侦查，在此基础上，又有近17%的案件进行了二次退回补充侦查。其中，补充侦查时间“用足”现象也较为突出。我国刑事诉讼法规

① 参见刘东、吴庆国:《论以审判为中心背景下侦诉关系之改革：以退回公安机关补充侦查为切入点》，载《时代法学》2018年第2期。

定，一次补充侦查期限为一个月，最多可退回补充侦查两次。在P地区，约有60%的退回补充侦查案件每次平均用时为20—25天，而有40%的退回补充侦查案件每次用时为一个月。[①] 改革以来，这一问题得到了明显改善。2021年3月8日，第十三届全国人民代表大会第四次会议举行全体会议，时任最高人民检察院检察长张军在会上作了最高人民检察院工作报告。工作报告中提到，2020年检察机关退回补充侦查同比下降42.6%。退回补充侦查率下降，一方面体现了检察机关对补充侦查制度认识与观念的转变，补充侦查制度定位正由一种趋于常态化的办案手段向补充性的、特殊的诉讼程序回归。另一方面，滥用补充侦查制度现象的减少，在提高办案效率、规范办案方式的同时，促进了补充侦查制度良性发展。

其次，检察机关对补充侦查的引导得到强化。检察机关主要通过补充侦查提纲对具体工作进行引导，如果补充侦查提纲内容不够详细，就会削减检察机关对案件补充侦查工作引导力度和效果。在以往调研中发现，某检察机关制作的退回补充侦查提纲只有一页，上面只有一行字“该案事实不清证据不足，退回补充侦查”。可以想象，这种“一句话”补充侦查提纲，对具体补充侦查工作难以起到准确、足够指引，是导致补充侦查实效不佳的重要因素。补充侦查制度改革中非常重视对补充侦查提纲制作进行规范，《加强和规范补充侦查指导意见》对此有明确规定，此外，为贯彻落实《加强和规范补充侦查指导意见》，最高人民检察院还同步印发了《补充侦查工作文书样式及补充侦查提纲参照范例》。改革以来，补充侦查提纲内容明显充实，检察机关引导作用得到强化。2020年11月，最高人民检察院下发了8起检察机关补充侦查典型案例。在“王某诈骗退回补充侦查案”中，被告人王某辩称自己募集资金是为了投资经营，而无法履行还款义务系被刘某所骗。对此，检察机关退回补充侦查，并提出了详细的

---

① 参见张杰、刘勇:《以审判为中心背景下审查起诉退回补充侦查的路径优化》，载《福建警察学院学报》2020年第4期。

补充侦查提纲，列明了结合司法会计鉴定，通过讯问被告人，询问证人、被害人，调取电子数据，查询工商登记等完善证据以进一步明确被告人具有非法占有的目的；查明募资对象是特定人群还是不特定社会公众等重要内容。公安机关根据提纲展开补充侦查，及时收集固定了相关证据。最终，检察机关认为王某的诈骗行为不具备公开性、社会性，从而改变了案件定性，认定王某构成涉众型诈骗犯罪，并对案件薄弱环节进行了完善。[①]当前，补充侦查提纲越来越注重“详”“略”结合，既指明补充侦查方向和目的，又具体列明补充侦查工作意见。随着检察机关引导职能的加强，补充侦查质效显著提升，增强了打击刑事犯罪的效果。

再次，检察机关自行补充侦查有了突出成绩。自行补充侦查有着不可忽视的作用和意义。一是自行补充侦查有利于保障收集证据的质量。检察机关作为公诉机关，对证据认识更加深入，对证明标准有着更准确把握，且检察机关在审查起诉时，对侦查结果中的事实缺陷、证据缺失有着更直观、明确认识。故而，由检察机关自行补充侦查有益于确保补充收集证据质量。二是自行补充侦查有利于保障收集证据的效率。自行补充侦查免去了退回侦查机关所要花费的时间、手续成本，工作效率较高。特别是针对一些证据容易灭失、收集证据时间紧迫案件，自行补充侦查能够及时收集固定证据，有效避免了证据失而难得的风险。三是自行补充侦查还有利于促进司法公正。侦查机关在补充侦查中需要对已经形成的侦查结果进行补充核实，有的侦查结论甚至需要推倒重来，一些侦查机关难免会产生抵触情绪，拖延懈怠。由检察机关自行补充侦查，能够避免因侦查机关消极补充侦查可能对案件产生的不利影响，促进个案公正。改革以来，自行补充侦查工作有了突出成绩，数量和质量均有所上升。2020 年最高人民检察院工作报告中提到，2020 年全国自行补充侦查共计 4.8 万件，是 2019 年的

① 参见苗生明、张建忠:《检察机关补充侦查典型案例解读》，载“人民检察”公众号，2021 年 2 月 28 日。

23.5 倍。2020 年 1 月，湖北省天门市人民检察院通过对“艾某某涉嫌贪污、受贿罪一案”自行补充侦查，推动了追诉工作，为国家挽回经济损失 50 余万元。[①]

最后，监察案件退回补充调查制度有所完善。随着国家监察体制改革，检察机关原有的职务犯罪侦查职能转隶至监察机关，2018 年修正后的刑事诉讼法对此作出了相应调整。在审查起诉阶段，监察案件形成了检察机关自行补充侦查和退回监察机关补充调查格局。这是国家监察体制改革必然结果，也是强化职务犯罪指控应然要求。严格意义上讲，退回补充调查不属于补充侦查制度范畴，但鉴于两者的内在联系，退回补充调查仍然是补充侦查制度改革中不可忽视的话题。最高人民检察院工作报告中指出，2020 年退回补充调查共计 7806 人，发挥了重要作用。与此同时，退回补充调查制度也有所完善，比如，《人民检察院刑事诉讼规则》第 343 条规定，检察机关将案件退回补充调查时，应当制作补充调查提纲，对监察机关工作进行指引。又如，《人民检察院刑事诉讼规则》第 343 条第 3 款规定，监察机关需要对已被采取刑事强制措施的犯罪嫌疑人进行讯问的，检察机关有配合义务，有助于有效追诉和打击职务犯罪。再如，2018 年最高人民检察院和国家监察委员会制定的《办理职务犯罪案件工作衔接办法》第 38 条规定，退回补充调查期间，对犯罪嫌疑人沿用检察机关作出的强制措施，基本确立了“案退人不退”原则，这不仅是基于便利和效率考虑，更有利于犯罪嫌疑人权利保障。

2. 补充侦查制度改革的经验

第一，以刑事程序法层面进一步明确补充侦查制度的适用情形和程序要求，为制度运行提供明确的程序指引。《刑事诉讼法》及《人民检察院刑事诉讼规则》对补充侦查适用情形作了概括性规定，表述较为模糊、不

---

① 参见王倩倩:《天门检察：自行补充侦查，为国家挽回经济损失 50 余万元》，载“天门检察”公众号，2021 年 1 月 5 日。

易把握。《加强和规范补充侦查指导意见》在此基础上，进一步说明了补充侦查的适用情形。首先，《加强和规范补充侦查指导意见》第 3 条规定，适用补充侦查时应当遵循必要性与可行性原则。根据这两项原则要求，适用补充侦查一方面必须是有现实必要的，不得因与案件事实、证据无关的理由退回补充侦查；另一方面应当是可行可操作的，对于无法通过补充侦查收集证据材料的，不得适用补充侦查。这就从原则上对补充侦查的适用提供了指导。其次，《加强和规范补充侦查指导意见》第 9 条还列举了一般不得退回补充侦查的情形。该规定具有重要意义，能够有效防止补充侦查滥用、节约侦查资源，使侦查机关得以将有限的人力、物力投入到那些确有补充侦查必要且可行的案件中。值得一提的是，《加强和规范补充侦查指导意见》第 6 条还对二次退回补充侦查进行了规范。通过提高一次退回补充侦查质效来减少二次退回补充侦查，且对二次退回补充侦查施加了一些限制条件，有利于降低二次退侦率、缓解侦查资源紧张。《加强和规范补充侦查指导意见》说明了自行补充侦查适用情形，并完善了相关程序规定，对避免自行补充侦查权的空置、发挥自行补充侦查效用具有积极意义。一方面，《加强和规范补充侦查指导意见》第 11 条从必要性原则和可行性原则出发，规定了检察机关可以自行补充侦查的几种情形，检察机关行使自行补充侦查权有了更加明确的依据。另一方面，《加强和规范补充侦查指导意见》第 12 条完善了自行补充侦查具体程序和人员配置，并规定必要时检察机关技术部门和警务部门派员协助义务以及公安机关配合义务，从而保障了自行补充侦查顺利开展。

第二，加强检察机关对补充侦查的引导力度。检察机关制作的补充侦查提纲、退回补充侦查提纲是对具体工作进行引导的重要方式。在以往的实践中，有的补充侦查提纲、退回补充侦查提纲不够规范、较为简略，无法为补充侦查工作提供准确、有力引导。《加强和规范补充侦查指导意见》充实了相关规定，着力加强检察机关对补充侦查的引导力度。一方面，《加强和规范补充侦查指导意见》着重强调了补充侦查提纲和退回补充侦查提纲的说理性。不仅在第 3 条明确规定了制作提纲的基本原则——说理性原则，还在第 7 条中规定了补充侦查提纲、退回补充侦查提纲一般应当包括的内容。另一方面，《加强和规范补充侦查指导意见》第 5 条、第 16 条明确提出侦查机关有责任遵循提纲开展工作，确保了提纲引导作用的切实发挥。具体而言，侦查机关既要根据提纲上指明的内容，妥善完成各项补充侦查事项，也要准确把握补充侦查范围，不超出提纲，以提高补充侦查效率、防止侦查资源不必要浪费。

第三，落实检察机关对补充侦查的监督职能。侦查监督是检察机关承担的一项重要使命[①]，检察机关在对侦查活动进行监督的过程中，督促侦查机关依法行使侦查权、提升侦查活动质效，并保障公民合法权益不受侵害。针对以往实践中检察机关对补充侦查工作监督不足且稍显滞后，《加强和规范补充侦查指导意见》完善了相关监督措施，将监督职能落到实处。首先，《加强和规范补充侦查指导意见》落实了检察机关对补充侦查过程的监督，根据第 17 条规定，对于侦查机关未及时有效开展补充侦查的，检察机关有权进行口头督促，必要时可以发出检察建议。该规定将检察机关进行监督的时间提前到了补充侦查中，避免了监督滞后，以减少侦查机关退而不查、拖延懈怠的情况。其次，《加强和规范补充侦查指导意见》第 347 条落实了检察机关对补充侦查结果的监督。最后，《加强和规范补充侦查指导意见》第 14 条、第 17 条还落实了检察机关对补充侦查合法性的监督。

第四，强化检察机关与公安机关的沟通配合。检察机关与公安机关在补充侦查中加强沟通配合、形成办案合力，是提高补充侦查质效关键。故而，《加强和规范补充侦查指导意见》中明确了配合性原则，提倡检察机关与公安机关在补充侦查中应当就案件情况加强沟通、促进协作，并在多处强化了检察机关与公安机关的沟通配合。比如，《加强和规范补充侦查

---

① 参见卞建林:《论检察》，中国检察出版社 2013 年版，第 83 页。

指导意见》第8条加强了检察机关与公安机关在具体案件补充侦查工作中的沟通配合，特别是在重大复杂案件和公安机关提出请求案件中，检察机关可以提出建议，必要时还可以列席公安机关的案件讨论并发表意见。又如，《加强和规范补充侦查指导意见》作出了一些重要制度创新，旨在强化检察机关与公安机关在补充侦查制度整体运行中的沟通配合。第20条规定，检察机关、公安机关应当建立联席会议、情况通报会等工作机制，并适时组织联合调研检查，以便检察机关及时了解动态补充侦查情况，发现和解决问题，探讨和平息制度运行中的争议，与公安机关形成统一认识，协力促进补充侦查制度有效运行。

（三）补充侦查制度改革的问题及对策

长期以来，补充侦查发挥了积极的制度效用。但是，由于法律规定的不尽完善和司法实践中的操作误区，补充侦查制度也暴露出一些问题，特别是在审查起诉阶段的退回补充侦查，对于改革中出现的问题应当给予高度重视并努力寻求对策。

1. 补充侦查制度改革的问题

第一，退回补充侦查的适用比例偏高，且有滥用的现象。实践中，审查起诉阶段适用退回补充侦查的比例较高。有实证调研结果显示，有的检察机关全年一次退回补充侦查案件占一审公诉案件总数的比重占到了25%以上[①]，重大、复杂刑事案件退回补充侦查的比例则更高。退回补充侦查的适用比例偏高，在某种程度上体现了检察机关坚持起诉标准、审慎办理案件的态度，但是适用比例的长期居高不下实际上是违背补充侦查制度设立初衷的。补充侦查制度应当是且只能是补救性的、非常态的，而实践中却

① 参见胡卫列、韩大元主编:《以审判为中心的诉讼制度改革与检察工作发展——第十一届国家高级检察官论坛论文集》，中国检察出版社2015年版。

有从补救程序演变为一种常规程序[①]的趋势，这在使得补充侦查制度“变质”的同时，也带来了一些消极影响。大量案件被退回补充侦查会导致诉讼效益降低、侦查资源紧张，还会对侦查人员形成误导，有的侦查人员习惯于利用补充侦查进行补救而忽视了原有侦查工作质量的提高。更加值得警惕的是，实践中还存在利用退回补充侦查互借诉讼时间、滥用补充侦查制度的现象。有的侦查人员由于自身业务水平不够高或者案件难度较大等原因，在侦查期限临近却又难以查清案件事实、无法收集足够证据，往往选择先行移送起诉，然后利用检察机关退回补充侦查来延长侦查时间。反之，也有检察机关利用将案件退回补充侦查来缓解办案压力，“甚至部分案件承办人在特殊时期内或者在年终将退回补充侦查作为一种规避考核的办法”。[②]诸如此类“互借时间”的现象，造成了不良影响，扭曲了补充侦查制度的价值。

第二，有的侦查机关补充侦查的质量不高、效果不佳。实践中，有的侦查机关补充侦查工作的质效不好。有的侦查机关对补充侦查重视不够，案件经过补充侦查后，没有很好地收集补充证据，使案件仍然无法满足起诉的标准和要求。在一次补充侦查质效不佳的情况下，检察机关只能继续退回补充侦查，造成实践中较高的二次退回补充侦查比例，影响诉讼效率和办案质效。造成补充侦查质效不佳的原因有多个方面。从侦查人员的角度来看，有的侦查人员侦查水平不高、证据意识不足，对证明标准的理解与把握也不够，是造成补充侦查质效不佳的重要原因。另外，不可否认的是，实践中不少侦查人员对补充侦查抱有抵触情绪，不愿在同一案件上花费额外的时间和精力，对补充侦查的重视程度和积极性并不高。从检察机关的角度来看，一是检察机关对补充侦查的引导不够。根据法律规定，检

① 参见吴宏耀、范仲瑾：《检察机关补充侦查权的规范化运用》，载《人民检察》2018年第14期。

② 参见胡卫列、韩大元主编：《以审判为中心的诉讼制度改革与检察工作发展——第十一届国家高级检察官论坛论文集》，中国检察出版社2015年版。

察机关决定补充侦查的，需要制作补充侦查提纲，指明补充侦查的方向、阐明需要补充侦查的事项，但在实践中，有的检察机关制作的补充侦查提纲非常简略，没有准确传递补充侦查的目的和要求，无法有效地引导具体补充侦查工作的开展。二是检察机关对补充侦查的监督不足。检察机关对侦查人员在补充侦查中的拖延、懈怠甚至违法情况，监督纠正还不够及时有力，不利于保障补充侦查的质效。

第三，自行补充侦查的适用率较低，且面临现实的困境。虽然刑事诉讼法明确赋予检察机关在审查起诉阶段的自行补充侦查权，但在实践中，检察机关自行补充侦查的情况较少，其作用未能得到有效发挥，主要是由于检察机关行使自行补充侦查权的积极性不够高。对于监察机关监察调查后移送起诉的案件，检察机关行使自行补充侦查权还面临一些困境：第一，检察机关对职务犯罪案件行使自行补充侦查权受到限制。根据刑事诉讼法的规定，对于监察机关移送的案件，检察机关仅在“必要时”可以自行补充侦查，而“必要时”这一条件较为模糊，法律也未作出更详细的解释，很大程度上限制了检察机关对职务犯罪案件进行补充侦查的主动权。第二，转隶后检察机关的侦查力量不足。随着国家监察体制改革，检察机关的职务犯罪侦查职权和人员均转隶至监察机关，现阶段检察机关内部缺乏足够的侦查力量，检察机关如果行使自行补充侦查权将面临侦查技术、经验、人力以及资源等各方面的困难。

2. 补充侦查制度改革的对策

第一，围绕审判中心，充实补充侦查工作的指导理念。以审判为中心的诉讼制度改革是党的十八届四中全会为健全司法权运行机制、完善刑事诉讼程序作出的重要部署[①]，对我国刑事诉讼制度有着重大意义和深远影响。补充侦查制度改革是以审判为中心诉讼制度改革中重要一环，如何将

---

① 参见卞建林:《“以审判为中心”视野下的诉讼关系》，载《国家检察官学院学报》2016年第1期。

补充侦查制度改革与审判中心相结合？笔者认为，应当围绕审判中心，充实和完善补充侦查指导理念。一是树立服务审判理念。在补充侦查中，侦查人员应当克服“侦查中心主义”弊端，不能仅从侦查角度补充收集证据，而应当树立使侦查结果接受审判检验的理念，切实依照审判要求和标准完成补充侦查工作。二是强化证据裁判理念。证据是诉讼的基石，“在刑事诉讼中，从立案、侦查、起诉到审判，全部诉讼活动都是围绕着证据展开和推进的，任何案件在发生之后，对案件事实的认定都唯有依赖证据”。[①] 作为补充完善证据重要机制，补充侦查工作也应当遵循证据裁判原则。侦查人员应当全面、客观地补充收集证据，检察机关应当依法审查证据，补强薄弱证据、排除非法证据。三是加强人权保障理念。人权保障是刑事诉讼一个重要话题，保障被追诉人即犯罪嫌疑人、被告人和罪犯的权利是刑事司法人权保障中最基本层次的要求。[②] 补充侦查工作应当加强人权保障理念，坚持疑罪从无、杜绝刑讯逼供，确保被追诉人各项合法权益不受损害。

第二，落实检察职能，扮演好补充侦查中的检察角色。首先，办案效率的提升者。“案－件比”是检察机关办案质量评价核心指标，即司法实践中发生的具体案件，与案件进入司法程序之后所经历诉讼环节之间形成的对比关系。案件所经历诉讼环节越少，说明案件花费司法成本越低、办案时间越短，因此，降低“案－件比”能够提高检察机关办案效率、维护良好办案秩序。补充侦查制度作为刑事诉讼一个额外环节，不当适用或者滥用将会引起“件”的增加，进而影响“案－件比”指标。检察机关在考虑适用补充侦查制度时，要牢牢把握必要性原则和可行性原则，准确判断是否应当补充侦查，对一些不属于关键证据或者补充移送难度不大、花

---

① 参见卞建林、倪润：《证据裁判原则在我国的确立与贯彻》，载《贵州民族大学学报（哲学社会科学版）》2015 年第 4 期。

② 参见陈光中：《应当如何完善人权刑事司法保障》，载《法制与社会发展》2014 年第 1 期。

费时间不多的证据，可以直接要求公安机关补充移送，避免补充侦查成为办案常态。其次，补充侦查的引导者与监督者。检察机关应当发挥“捕诉一体”机制优势，加强对补充侦查工作的引导和监督。一方面，检察机关要做好介入补充侦查工作，将起诉、审判标准和要求准确传递到侦查过程中。另一方面，检察机关要充分重视审查逮捕阶段工作，对于不批准逮捕中需要补充侦查的，应当详细列明补充侦查提纲，引导补充侦查工作开展，对于批准逮捕中确有必要的，应当提出捕后侦查意见，引导公安机关在捕后进一步完善证据、补正证据合法性、全面查清事实。

第三，树立庭审意识，以庭审标准改进补充侦查水平。其一，侦查人员在补充侦查中应当遵循司法审判标准。实践中，有的侦查人员由于对审判不够重视、侦查水平不高等原因，所核查案件事实、收集证据材料达不到庭审要求的“事实清楚，证据确实、充分”证明标准，减损了庭审质量。所以，侦查人员在补充侦查中应当向审判看齐，认识和把握庭审标准，严格遵循庭审标准和要求来核对案件事实、补充完善证据。其二，侦查人员在补充侦查中应当全面收集证据。虽然我国刑事诉讼法明确规定侦查人员必须全面收集证据，但实践中，侦查人员倾向于收集有罪证据、怠于收集无罪、罪轻证据现象较为常见，最终导致庭审无法全面审查证据、准确认定犯罪，极易导致冤假错案的发生。在补充侦查中，由于大多数补充侦查都是出于强化刑事指控、有效追诉犯罪目的，故而侦查人员收集有罪证据的倾向可能更为明显，有必要进行规范。侦查人员在补充侦查中应当注重全面收集和移送证据，为庭审提供良好证据基础。其三，侦查人员在补充侦查中应当规范取证行为。在补充侦查中，侦查人员应当自觉规范取证行为，避免因盲目追求打击犯罪而实施违法取证行为，确保所收集证据真实性和合法性。

第四，监督与保障并行，切实发挥自行补充侦查效用。首先，建立和完善自行补充侦查工作的监督机制。一是对启动自行补充侦查监督，检察机关决定自行补充侦查应当切实依照《人民检察院刑事诉讼规则》和《加强和规范补充侦查指导意见》规定的适用情形，满足必要性原则和可行性原则要求；二是对自行补充侦查过程监督，检察机关开展自行补充侦查工作，应当严格落实《刑事诉讼法》《人民检察院刑事诉讼规则》中对侦查的要求，以及《加强和规范补充侦查指导意见》中具体程序规定，不得采取非法取证行为、不得滥用侦查手段。具体监督措施可以包括在检察机关统一应用业务系统上留痕、将自行补充侦查纳入案件质量评审范围以及增设投诉举报通道等。[①] 其次，巩固和提升检察机关的自行补充侦查能力。职务犯罪侦查职能和人员转隶之后，检察机关现有侦查能力不足，对自行补充侦查造成了较大阻碍。所以，当前应当巩固和提升检察机关侦查能力，增加检察机关适用自行补充侦查信心，保障自行补充侦查效果。一方面，应当整合现有侦查力量和资源。倘若以往曾有反贪、反渎工作经验的办案人员应当优先加入检察机关内部侦查队伍，并作为骨干力量委以重任。[②] 并将一些原供侦查使用装备、资产配置给这些人员使用。另一方面，应当加强对检察人员侦查能力培养。在日常培训中，应当重视侦查技能的培训，提高检察人员的侦查技术水平和知识水平。除此之外，还要加强检察机关与公安机关等的交流合作，促使检察人员掌握侦查技能，积累侦查经验。

① 参见刘戈、闫平、陈彩华:《检察机关自行补充侦查权研究》，载《南方论刊》2019 年第 8 期。

② 参见卞建林:《检察机关侦查权的部分保留及其规范》，载《现代法学》2020 年第 2 期。

七、检察机关运用人工智能的机遇和挑战*

随着移动互联网、大数据、超级计算、区块链等新理论新技术的出现，全球人工智能发展进入崭新阶段，呈现跨界融合、人机协同、群智开放等新特征，深刻改变了人类生活，并对各个领域带来变革性影响。2017年7月，国务院印发了《新一代人工智能发展规划》，工业和信息化部随后发布了《促进新一代人工智能产业发展三年行动计划（2018—2020年）》，我国人工智能产业蓝图日渐明晰。与此同时，人工智能在我国司法领域的运用及发展也受到党中央高度重视，政法智能化建设成为推动社会治理现代化的重要一环。在人工智能的时代背景之下，我国刑事诉讼制度面临着新的机遇与挑战。如何遵循刑事诉讼的自身规律，顺应司法智能化的发展趋势，回应人工智能发展所带来的系列挑战，并立足我国国情和司法现实，进一步健全我国刑事诉讼制度和程序，是我们必须慎重思考与认真对待的问题。

利用科技力量推行“智慧检务”，是新时代检察工作的重心。2017年，时任最高人民检察院检察长曹建明在第十二届全国人大五次会议第三次全体会议上作最高人民检察院工作报告时就表示，检察机关将强化大数据战略思维，深化“智慧检务”建设，实现四级检察机关司法办案、检务公开等“六大平台”全覆盖。2018年，最高人民检察院在充分调研论证的基础上，正式印发了《关于深化智慧检务建设的意见》，勾勒了我国“智慧检务”建设的未来蓝图。

当前，“智慧检务”建设的主要实践包括办案智能辅助系统、量刑建

---

* 本部分撰稿人为卞建林教授，根据已发表的前期成果修改而成，原文卞建林：《人工智能时代我国刑事诉讼制度的机遇与挑战》，载《江淮论坛》2020年第4期。

议辅助系统、远程提讯系统、监狱检察信息指挥系统等，随着人工智能运用于检察工作的实践，检察工作的实效得到了提升。例如，量刑建议辅助系统的推行，促使检察官从经验思维转向数据思维，增强了量刑工作的精准性与规范性。尤其是在认罪认罚从宽制度入法后，检察机关的量刑建议不仅是解决量刑问题的“牛鼻子”，也是能否真正贯彻落实认罪认罚从宽制度的关键所在。[①] 在量刑建议辅助系统的帮助下，检察官能够提出更为准确的量刑建议，避免量刑畸轻或畸重，弥补了实践中开放式量刑建议占多数的缺憾。这不仅增强了被告人对量刑从宽的可预见性，有利于提高其选择适用认罪认罚从宽制度的积极性，同时也在一定程度上化解了同案不同判的实践难题，确保了量刑建议的公正性与规范性。值得一提的是，量刑建议辅助系统不仅关注于量刑的精细化，基于人工智能的本质，其在对海量数据进行分析的基础上，还能依靠自身强大的运算能力与学习能力实现对思维过程的模拟。故根据录入系统的信息与数据，量刑建议辅助系统能够通过自我学习与研判，确保量刑建议的理性与逻辑，避免陷入纯粹机械化量刑的误区。除量刑建议辅助系统之外，基于大数据构建起来的办案智能辅助系统也对检察工作产生了积极影响。通过类案推送、风险评估、数据检索等功能，办案智能辅助系统为检察官办案决策提供了强大的“外脑”支持，客观上缩短了检察官的办案时间，提高了检察工作的效率，使得司法实践中“案多人少”的矛盾得到相当缓解，继而有益于实现司法资源的优化配置。[②]

（一）检察机关运用人工智能的实践效果

源自贵阳市委政法委的数据显示，自2017年政法大数据办案系统正

① 参见卞建林:《认罪认罚从宽制度赋予量刑建议全新内容》，载《检察日报》2019年7月29日，第3版。

② 参见管莹、卢志坚:《给检察官配个机器人助手》，载《检察日报》2018年5月13日，第2版。

式运行以来，截至当年7月，共办理刑事案件419起480人，同类案件的办案时间同比去年缩短30%，因证据不足退回补充侦查率同比去年下降25.7%，因证据不足不批捕率同比去年下降28.8%，服判率同比上升8.6%，因证据不足作出无罪判决的案件“零发生”。① 显而易见，从数据上看，大数据与人工智能的运用，在刑事司法实践中的效果显著。但在2017年的一系列集中报道后，刑事司法领域的人工智能系统近期稍显沉寂，现实中一线办案人员似乎也并没有得到预期的便利。以致有学者指出，我国在顶层设计、官方政策、学术界研究方面对人工智能的重视程度超过不少国家，其话语热度持续升温，但却在司法实践运用效果层面却遭受冷遇。②

1.“简易案件不需要，复杂案件不敢用”

在人工智能的具体运作样态上，以上海的“206”系统为例，其将命案分成四种类型：第一种是现场目击型，也就是现场有目击证人或者有监控录像，能够完整反映案件情况的命案类型；第二种是现场留痕型，比如现场有血指纹、血脚印等能够证实犯罪嫌疑人作案的客观性证据的命案类型；第三种是认罪供述得到印证型，也就是主要依靠犯罪嫌疑人的供述与其他证据印证从而定案的命案类型；第四种是拒不认罪型。③ 而盗窃模型按照证据数量和种类的不同，分为当场抓获型、重要线索型和网络犯罪型三种类型。根据初步设想，证据模型不仅要有证据指引功能，还要有单个证据合法性校验功能，证据和证据间相互印证的功能，以及证据之间逻辑

---

① 参见杨唯:《贵州贵阳政法大数据办案系统证据指引增效率自动监督保公正》，载《法制生活报》2017年9月14日，第1版。

② 参见左卫民:《热与冷：中国法律人工智能的再思考》，载《环球法律评论》2019年第2期。

③ 参见余东明:《研发“刑事案件智能辅助办案系统”避免冤错案》，载《法制日报》2017年10月13日，第6版。

判断的功能。[①] 按证据数量和种类对犯罪进行分类的逻辑，在实践中可能遭遇适用困难，例如获悉一起网络犯罪的重要线索，然后伏击当场抓获，应属于上文中的何种类型？一起谋杀案，既有现场目击者亦有现场留痕，但犯罪嫌疑人拒不认罪，又应当归于何种类型？

这也不难理解，为何有办案人员在访谈中表示："简易案件不需要，复杂案件不敢用"。面对案件事实清楚，证据确实、充分的简易案件，其类型往往是办案人员日常接触较多且较为熟悉的。需要何种证据、证明力需要达到何种程度，办案人员往往如同条件反射一般熟练操作。这原本即不需要人工智能系统进行指引和辅助。而在复杂的案件中，办案人员当然会投入更多的精力，其审查程度自然也更高，在面对并不熟悉的人工智能系统时，办案人员更愿意相信自己的大脑而不是眼前的机器。"说实话我们自己也不知道这个系统的原理是什么，有时候我们觉得证据够了，但系统觉得不够；有时候我们觉得证据之间还有些矛盾，但证据规格符合系统要求，系统也没有进行提示"，一位受访检察官说道。

人工智能系统的证据指引作用，主要是基于所谓"证据规格"而设计的，前已述及，其目的之一即"统一证据标准"。"证据规格"本是源自我国刑事司法实践而产生的概念，系对某类案件中所必须收集的证据及其基本形式、取证要求所作出的规范。但显然，"证据规格"只是辅助性或指导性的，并非强制性，目的是便于实践操作和降低错误可能。因为证据规格不能等同于证明标准，更不是证据判断的全部内容，单个证据之证据能力、证明力判断以及全案证明标准、证明责任分配等问题，除了应当依据法律规范、经验法则、逻辑法则进行评价，还需要借助法律解释和论证融

① 参见毛丽君：《代号"206"上海刑事案件智能辅助办案系统正式"解密"》，载东方网，http://sh.eastday.com/m/20170710/u1ai10706910.html，2019 年 7 月 12 日访问。

入价值判断，而这显然是人工智能所力不能及的。[①] 简言之，在具体案件中，可能超出“证据规格”的基本要求而收集“额外”的证据，也可能无须满足“证据规格”的形式要件即可达到证明目的。但如今，人工智能系统以“证据规格”为基础，对刑事案件进行监控，在简易案件中其实作用并不显著，而在复杂案件中也不可能穷尽案件的一切可能。是故，当前基于“证据规格”而设计的人工智能系统，正如曾有系统设计者在为办案人员培训系统操作时表示的：“当前系统存在不少问题，可能确实不太好用，我们也希望大家更多地反馈问题和需求，以便我们日后改善。”

2. “补课而非升级”

一线办案人员对于人工智能系统的另一个直观感受是“补课而非升级”，即对过往刑事司法领域的不规范行为进行查漏补缺，而没有实质性地提升办案质量或效率。有关报道透露，“206”不仅能发现单一证据的瑕疵，还能发现证据之间的逻辑冲突之处：例如发现个案中七次供述的作案动机前后不一致，存在矛盾，需要办案人员进一步查证；又如，《法庭科学DNA检验报告》显示，公安机关共送检了14处血迹，但是现场勘查笔录显示，从案发现场仅提取了11处血迹，送检材料中多出来的3处血迹从何而来，需要办案人员进一步说明。[②] 但这对于办案人员而言，并非必须借助人工智能方能发现的瑕疵，倘若真的没有发现，只能说明相关办案人员的能力或态度存在问题，当然不能以智能辅助不到位作为借口。易言之，人工智能并没有带给刑事司法本质上的“升级”，就此而言，其仍然是工具范畴的“弱人工智能”。同时，刑事司法领域的人工智能系统似乎更关乎“公正”，即“防范冤假错案”，而非“效率”。办案人有任何一步不符合标准的要求，倘若没有进行合理解释就走不了“下一步”。这当

① 参见纵博：《人工智能在刑事证据判断中的运用问题探析》，载《法律科学》2019年第1期。

② 参见余东明：《研发“刑事案件智能辅助办案系统”避免冤错案》，载《法制日报》2017年10月13日，第6版。

然可能确保案件质量、防范冤假错案，但从办案人员的反馈来看，僵化的系统设计，反而在某种程度上增加了负担，并没有实质提升效率。例如一位受访办案人员就曾抱怨道："我有一个盗窃案，'206'系统识别出卷宗缺少鉴定意见，这个案子盗窃的是包，确实没注意做鉴定，多亏了系统提醒；另一个盗窃案，还是识别出缺少鉴定意见，但盗窃的是人民币，这是不需要鉴定的，系统却要求我进行解释。为什么系统犯错需要我来解释？这就很不合理，从那以后我再也没用过这个系统。"

由此可见，一方面，人工智能系统基于"证据规格"试图"统一证据标准"，但即便同样是盗窃案件，其所需要收集的证据也可能是不同的，并非类案即有统一的证据标准；另一方面，当前人工智能系统在实践中的确可以提示办案人员存在的疏忽，但也可能因为自身系统的僵化而降低效率，甚至增加不必要的工作量，与其"增效""减负"的初衷相违背。在大数据、人工智能时代，任何技术的运用都应当充分平衡成本与收益[①]，避免人力、物力、财力的浪费。倘若人工智能的介入，只能为刑事司法带来"补课"而非"升级"，这样的收益显然是不如预期的。

（二）人工智能给检察机关带来的挑战

1. 数据的昂贵与垄断，可能恶化刑事被追诉人的处境

人工智能是大数据发展到一定阶段的产物，大数据是人工智能发展的基础所在。前述刑事司法实践中的各种智能辅助系统，无论是分析运行还是自我学习，都需要依靠大量的数据。大数据作为一种前所未有的方式，成为新发明和新服务的源泉，而更多的改变正蓄势待发。[②] 然而，大数据作为一种拥有巨大价值的技术或服务，当前基本垄断于国家手中，当国家

---

① See Stephen E. Henderson, *A Few Criminal Justice Big Data Rules*, 15 Ohio State Journal of Criminal Law 527 (2018).

② 参见［英］维克托·迈尔·舍恩伯格：《大数据时代》，周涛译，浙江人民出版社 2014 年版，第 17 页。

处于独占数据的优势之下，司法机关在刑事诉讼进程中的主导地位也将得到进一步巩固。与此同时，由于数据的昂贵性与稀缺性，本就处于相对弱势地位的刑事被追诉人也因此陷入了信息不对称、资源不平等的境地，加大了其与司法机关抗衡的难度。并且，一旦国家占据了这一优势，期望数据的开放和共享也就变得越发困难，司法机关则可以利用数据的垄断优势不断拉开与被追诉人之间的差距。

对于我国刑事被追诉人来说，其在刑事诉讼中处于较为脆弱的地位，随着人工智能在刑事司法领域的不断推行，数据的昂贵与垄断可能进一步加大其在刑事诉讼中的危机。例如，当前侦查机关利用侦查数据库来获取破案的证据材料，这部分数据以电子监控信息、GPS信息、个人身份信息等为基础，其获取直接指向了公民的隐私权，但却脱离了刑事诉讼程序的严格规制，使侦查权实际处于一种恣意的状态之中，对被追诉人的基本权利则未能予以关注与保障；再如，当前刑事案件智能辅助办案系统尽管实现了公、检、法三机关之间的数据整合，但是却从源头上把辩方给剥离出来了。换言之，司法数据库欠缺辩方的证据与资料，这一缺陷无疑对人工智能进行深度学习形成了障碍。试想，如果人工智能运行所依赖的是不完整的数据，那么其所形成的司法决策模式也是不准确的。因此，正如学者所言，唯有通过充分准确的司法数据“喂养”法律人工智能，才能生产出正确的司法结论。[①]

2. 算法的偏见与隐蔽，可能增加司法决策不公的风险

人工智能高度依赖于以数据为基础的算法运行。所谓“算法”（Algorithm），通常可以理解为解题方案的准确而完整的描述，是一系列解决问题的清晰指令，其代表着用系统的方法描述解决问题的策略机制。我国刑事司法实践中已经推行与运用的诸多智能辅助系统，与其他领域的人

① 参见左卫民：《热与冷：中国法律人工智能的再思考》，载《环球法律评论》2019年第2期。

工智能一样，基于大数据得以构建、通过算法得以运行。然而，随着人工智能广泛运用于刑事诉讼领域，算法的“先天缺陷”也逐渐暴露，并可能对刑事司法实践产生相应的消极影响。

一方面，受制于数据采集的数量与质量，以及算法设计者的能力与认知，算法极易出现偏见与歧视的问题。例如，美国“威斯康星州诉卢米斯”一案，即因法官所使用的量刑智能辅助工具（COMPAS）而引发了激烈争议。争议焦点就在于COMPAS本身是否存在算法歧视，而导致COMPAS倾向于判定黑人犯罪者比白人犯罪者更有可能获得较高的风险等级。[①] 正因算法存在着偏见的风险，其在辅助司法工作者作出决策时，也为决策结果埋下了不确定与不公正的隐患。更为消极的后果在于，由于被追诉人处于天然弱势的一方，其往往难有对算法进行质疑的能力，或者即使进行了质疑，也很难得到司法机关的回应，故在无形中助长了公权力于刑事诉讼场域中的扩张。另一方面，算法分析与决策过程的可知性低，欠缺公开和透明，即使是算法研发者也未必能对其进行确切的描述，更不用说是并不通晓这些技术的司法工作者了。即使是当算法被恶意篡改时，也往往难以得到及时的察觉与纠正，这种难以知悉的“黑箱”效应也在客观上增加了司法决策不公的风险。尤其是随着开源代码的兴起，人工智能的研发门槛也随之降低，上述风险的预防就变得更为困难。对于案件当事人与社会公众，算法的隐蔽性则在一定程度上剥夺了其知情权与监督权，使其难有参与及监督司法的有效途径，与现代法治社会所追求的司法民主有所背离。

3. 技术的机械与瓶颈，可能削弱司法工作者的能动性

受制于人工智能技术特征的机械与局限，其在刑事司法实践中的运用应当具有一定的限度。正如研究者指出，人工智能除非其达到人类对于外

---

① 参见朱体正：《人工智能辅助刑事裁判的不确定性风险及其防范——美国威斯康星州诉卢米斯案的启示》，载《浙江社会科学》2018年第6期。

在世界的认识能力，否则其难以实现比较精准的事实判断能力。[①] 毕竟刑事案件的裁判并非简单的推算，公正裁判的作出不仅离不开法官的法理与常识，更离不开法官的经验与良心。因此，即使人工智能具有深度学习与自我改造的能力，我们也不应指望其能完全代替法官来作出公正合理的裁判。更何况，当前人工智能机器自我学习的能力及其限度究竟如何，在技术层面仍存在相当的争议与不确定性，故盲目夸大人工智能的功效，将会导致司法工作者对这种智能辅助系统的过度依赖，继而削弱了自身的主观能动性。

尤其是在当前司法机关"案多人少"的压力之下，智能办案系统的推行极大地减轻了司法工作者的办案负担，但在权力行使便利的同时，则难免对提供便利的载体产生依赖。久而久之，司法工作者的主体性与能动性也将受到相应削弱，人工智能的算法将实际主导刑事诉讼进程，即算法主导刑事诉讼程序。更值得警惕的是，人工智能的迅速发展也将促使智能机器人的产生，其是完成人工智能任务的载体[②]，但智能机器人摆脱人类的纯粹工具地位而获取主体身份将是一个必然的趋势[③]，在这种发展趋势之下，如何界分智能机器人的身份及责任等问题，不仅将关系到刑事诉讼程序的设置与实施，更将深刻影响整个刑事司法系统的定位与构造。

（三）人工智能时代我国检察制度的应对

1. 人工智能运用于刑事诉讼的基本原则

为了促进新时代人工智能的健康发展，2019年6月，中国国家新一代人工智能治理专业委员会在北京发布了《新一代人工智能治理原则——发展负责任的人工智能》，明确提出"和谐友好、公平公正、包容共享、尊

---

① 参见吴旭阳：《法律与人工智能的法哲学思考——以大数据深度学习为考察重点》，载《东方法学》2018年第3期。

② 参见李德毅主编：《人工智能导论》，中国科学技术出版社2018年版，第247页。

③ 参见马长山：《智能互联网时代的法律变革》，载《法学研究》2018年第4期。

重隐私、安全可控、共担责任、开放协作、敏捷治理”八项原则。上述原则为人工智能运用于刑事诉讼提供了重要参照。笔者认为，人工智能运用于刑事诉讼应当贯彻尊重与保障人权，遵循正当程序要求，坚持以下几方面的基本原则：

其一，程序法治原则。程序法治的核心是程序正义，即通过正当程序的约束确保诉讼过程与诉讼结果的正当性。现代程序法治原则的根本目标在于抑制权力的恣意行使，防止权力的异化滥用，加强诉讼中的人权保障。[①] 当前人工智能在为司法机关行使权力提供强大辅助与便利的同时，客观上也给予了公权力扩张的空间。若不加以干预，则可能导致权力与权利处于极度不平衡的状态。因此，人工智能运用于刑事诉讼应当首先坚持程序法治原则，即着重对公权力进行合理控制，通过严格的程序来规制与约束人工智能在刑事诉讼领域的运用。为了确保公民的人身权、隐私权等基本权利不受侵犯，应当对适用人工智能的案件标准、条件与程序等内容作出明确规范，通过严格正当的程序来防止权力的恣意与滥用。

其二，比例原则。人工智能运用于刑事诉讼时还应当遵循比例原则，即在考量人工智能适用效果的同时，应当切实考量具体手段或方式的适当性、相称性、必要性。比例原则贯穿于刑事诉讼全过程，要求公、检、法三机关使用人工智能时不能毫无节制，而应该根据案件情节的轻重来加以衡量确定。尤其要选择对被追诉人权利限制和干预最小的方式，最大限度地降低人工智能对被追诉人权利的侵入性，以及技术不确定所可能带来的风险。例如，对于大数据侦查，有学者即提出应当坚持重罪原则与最后手段原则，鉴于大数据侦查对犯罪嫌疑人和大量公民的个人信息甚至隐私信息施加了全面监控与比对，该项措施只能限于预防或者侦查严重犯罪时方可适用。[②]

① 参见卞建林:《刑事诉讼的现代化》，中国法制出版社2003年版，第50—51页。

② 参见程雷:《大数据侦查的法律控制》，载《中国社会科学》2018年第11期。

其三，参与原则。刑事程序法治现代化的基本要义包括了程序正义的要求，其对刑事诉讼活动提出了独立于实体正义的基本标准，具体包括法官中立、程序参与、程序对等、程序公开、程序及时、程序自治、程序理性等内容，对于实现刑事程序法治具有显著的推动作用。① 在人工智能广泛运用于刑事诉讼的情景之下，程序正义旨在应对人工智能隐蔽性、自发性等特征，防止人工智能运用的风险与失控。其中，参与原则显得尤为重要，其指向为国家保障被追诉人参与人工智能的信息共享、参与人工智能的算法公开中去。毕竟，国家权力可以借助大数据、人工智能技术实现对每一个人的全方位、立体化、全天候彻底监控。② 那么，出于确保权力行使的谦逊，就应当通过赋予被追诉人相应权利来对抗这一权力鸿沟。具体来说，应当明确被追诉人在刑事诉讼中享有对于大数据、人工智能的知悉权、选择权、更正权，确保其能有效参与到人工智能适用的进程之中。更重要的是，考虑到被追诉人在刑事诉讼中处于天然脆弱的地位，在国家已经掌握数据优势的情况下，为了避免数据的垄断，还应当明确司法机关对于被追诉人知悉权、选择权、更正权等权利负有关照义务，故司法机关应当诚实地履行信息披露义务，确保信息披露的完整性、准确性与充分性，并依法实现数据的共享与开放，克服算法歧视和算法"黑箱"，确保辩方进行刑事诉讼活动的武装平等。

2. 人工智能运用于刑事诉讼的程序规则

人工智能如同一把"双刃剑"，在为刑事司法实践带来智慧动力的同时，也伴随着巨大的风险隐患。因此，为了应对人工智能作为科技文明本身所可能带来的风险，如学者所言，必须以人工智能的技术发展与规制为

① 参见卞建林、谢澍:《"以审判为中心"与刑事程序法治现代化》，载《法治现代化研究》2017 年第 1 期。

② 参见齐延平:《论人工智能时代法律场景的变迁》，载《法律科学》2018 年第 4 期。

主题，形成包含法律规则、政策规定和伦理规范的社会治理体系。[①] 就刑事诉讼而言，我国刑事诉讼法应当顺应司法智能化的发展趋势，回应人工智能发展所带来的系列挑战，在遵循刑事诉讼规律、立足我国国情和司法现实的基础上，妥善设置相关规则及程序。

一方面，应当及时增补与完善相应的法律条文，为人工智能运用于刑事诉讼各个环节提供相应支撑，规范公权力借助人工智能行使权力。例如，对于人工智能运用于刑事侦查领域，刑事诉讼法应当对其适用条件、法定程序、救济机制、证据效力等问题作出具体明确的规范，使之在与现行刑事诉讼法有效衔接的基础上，充分落实对于人工智能的法律控制；另一方面，刑事诉讼法也应当为人工智能的发展预留必要的制度空间。在立足当前司法实践的基础上，立法除了要体现相当的前瞻性，也不应当妨碍科技的创新与进步，并适当从促进与发展的角度为人工智能技术提供相应的支撑。

3. 人工智能运用于刑事诉讼的协同机制

尽管人工智能目前还处于弱人工智能的阶段，但因其具有长期积累、短期爆发的特点，故强人工智能时代很可能不期而至。对此，我们更应当以前瞻性的视角看待人工智能及其发展，尤其是其衍生而来的法律、伦理与安全问题，需要我们审慎应对。为了促进人工智能运用于刑事诉讼中的正当性，除了前述法律规制之外，还应当健全完善相应的协同机制。

其一，信息共享机制。伴随人工智能技术的不断发展，更为复杂的算法与更为庞大的数据也将成为必然。由于刑事诉讼领域涉及公共利益，为了避免上述发展可能加剧的偏见与歧视，就需要更大程度的公开性与透明度。对此，应当尽快建立完善的信息公开与共享机制，消除在数据获取、

① 参见吴汉东：《人工智能时代的制度安排与法律规制》，载《法律科学》2017年第5期。

算法设计、技术开发、产品研发和应用过程中所可能产生的偏见与歧视。对于司法机关来说，应当依法强制信息披露，即将除涉及国家秘密外的算法内容以可理解的方式向社会公开并接受公众的监督。

其二，风险评估机制。人工智能的不确定性蕴含了运用过程中失控的风险，随着人工智能自主性的不断提升，这种风险也在不断增强。因此，以降低风险为目标，应当建立起相应的风险评估机制，重点关注算法的安全性。除了在事前严格审查适用标准之外，还应当对算法错误设置相应的处理机制，避免算法的误用、滥用及恶用，尤其要防止算法被恶意篡改而引发相应的风险。国家层面还应当尽快出台相应的技术标准和安全标准体系，不断提高人工智能的可控性和抗干扰性，并逐步形成人工智能安全评估和管控能力。

其三，责任追究机制。应当逐步构建人工智能的问责机制，明确系统研发者、司法工作者和受用者之间的法律责任。同时，应当在我国司法责任制的框架之下，尽快厘清人工智能与司法工作者之间的责任分担，防止司法工作者将个人责任转嫁给人工智能技术。此外，为了更好地理解人工智能的决策过程并作出必要修正，还应当构建人工智能决策追溯机制，通过收集与记录人工智能运行与学习的情况，对其存在的缺陷与潜在不足进行追踪与修复，提高人工智能辅助司法决策的准确性。

其四，人才培养机制。随着人工智能的迅猛发展，亟须培养适应于司法智能化的专业人才队伍。应当加快推进培养复合型人才的步伐，带动专业人才培养，挖掘专业人才潜力。努力培养既精通法律又了解技术的司法工作者，避免在使用人工辅助的过程中形成过度依赖从而丧失了自身的主体性。

专题三　庭审实质化改革实证研究*

《中共中央关于全面推进依法治国若干重大问题的决定》要求"推进以审判为中心的诉讼制度改革"，"保证庭审在查明事实、认定证据、保护诉权、公正裁判中发挥决定性作用"。为实现改革初衷，最高人民法院、最高人民检察院、公安部、司法部、国家安全部颁布了《关于推进以审判为中心的刑事诉讼制度改革的意见》。2017年，最高人民法院发布了《关于全面推进以审判为中心的刑事诉讼制度改革的实施意见》，并印发了"三项规程"，包括《人民法院办理刑事案件庭前会议规程（试行）》（以下简称《庭前会议规程（试行）》）、《人民法院办理刑事案件排除非法证据规程（试行）》（以下简称《排除非法证据规程（试行）》）、《人民法院办理刑事案件第一审普通程序法庭调查规程（试行）》（以下简称《法庭调查规程（试行）》）。与此同时，各地公安司法机关也通过出台规范性文件、进行试点等方式推动此项改革向纵深发展。党的十八届四中全会以来，刑事庭审实质化改革取得重要成就。庭前会议制度、法庭调查和法庭辩论制度、规范量刑、当庭宣判制度以及缺席审判制度等都在改革进程中发生了较大变化，这些重大改革措施相互交织、彼此关联，共同搭建起了庭审实质化的法治大厦，推动我国人权保障水平、司法文明指数不断迈向新台阶，也推动了国家治理体系和治理能力的现代化。

为了解审判制度改革的运行情况和效果，"十八届四中全会以来我国刑事诉讼制度重大改革实施效果的实证研究"课题组深入SH省X市、S

---

* 本专题由汪海燕教授负责。

省C市及其下辖区、县等地进行考察。基于一审普通程序之典型性，本文以其为主线，主要从庭前会议、法庭调查与法庭辩论、规范量刑、当庭宣判以及缺席审判等几个方面，在实证考察基础上结合相关规范性文件对改革实施效果进行研判，同时对下一步改革方向进行探究。

一、庭前会议制度*

庭审实质化的实现离不开一个运作精良的审前整理程序的支撑。2012年《刑事诉讼法》[①] 修改时新增设了庭前会议制度，为审前整理程序的创设和发展开辟了制度空间。《刑事诉讼法》第187条第2款规定："在开庭以前，审判人员可以召集公诉人、当事人和辩护人、诉讼代理人，对回避、出庭证人名单、非法证据排除等与审判相关问题，了解情况，听取意见。"其立法初衷是"在控辩双方的同时参与下，法官就案件程序问题集中听取意见"，"有利于明确庭审重点、提高庭审效率、保证庭审质量"。[②] 庭前会议制度的有效运行对庭审实质化具有重要的促进作用，但如果设计不当反而可能引起法官预断，导致庭审虚化。《关于推进以审判为中心的刑事诉讼制度改革的意见》对庭前会议提出明确的改革要求，即"完善庭前会议程序，对适用普通程序审理的案件，健全庭前证据展示制度，听取出庭证人名单、非法证据排除等方面的意见"。为完善庭前会议程序，最高人民法院制定了《庭前会议规程（试行）》，并进一步明确庭前会议的功能是，"人民法院可以就与审判相关的问题了解情况，听取意见，依法处理回避、出庭证人名单、非法证据排除等可能导致庭审中断的事项，组织控辩双方展示证据，归纳争议焦点，开展附带民事调解"。《庭前会议规程

---

* 本部分撰稿人为汪海燕教授，根据已发表的前期成果修改而成，原文汪海燕：《刑事审判制度改革实证研究》，载《中国刑事法杂志》2018年第6期。

① 为了与2018年修改后的《刑事诉讼法》区分，本专题将2018年修正后的《刑事诉讼法》简称为《刑事诉讼法》，2012年修正后《刑事诉讼法》简称为2012年《刑事诉讼法》。

② 全国人大常委会法制工作委员会刑法室编：《〈关于修改《中华人民共和国刑事诉讼法》的决定〉条文说明、立法理由及相关规定》，北京大学出版社2012年版，第215页。

（试行）》重在落实中央改革文件关于完善庭前会议程序的要求，对庭前会议作出进一步细化，确保法庭集中持续审理，提高庭审质量和效率。

可以看出，《庭前会议规程（试行）》将庭前会议界定为审前整理程序和庭审准备程序，庭前会议不得处理定罪量刑等实体性问题，不能弱化庭审，更不能取代庭审。而从诉讼法理来看，庭前会议在预断排除、程序性事项处理、争点整理以及决定的权威性等方面影响着庭审实质化的实现。因此，下文从主持法官身份定位、庭前会议的适用情况、法律效力及处理事项等方面对庭前会议的运行状况进行检视。

（一）庭前会议主持法官的身份定位

庭前会议主持法官的身份安排对于防范预断，确保庭审在查明案件事实、公正裁判中具有重要的作用。然而，以往关于庭前会议制度的实证调研成果很少注意到这个问题。[①] 根据《刑事诉讼法》第 187 条第 2 款的规定，庭前会议应当由“审判人员”主持召开。应当如何理解“审判人员”的范围？这个问题在庭审实质化改革推行之前存在很多争议。第一种观点认为，审判人员就是指主审法官，包括承办法官和其他合议庭成员。其理由是，由审案法官主持庭审可以节约时间，提高效率，而且由于庭前会议处理的是程序性问题，不会对定罪量刑等实体问题造成预断，何况在控辩双方同时参与的情况下，还可以抑制法官阅卷后形成的单方预断和偏见。[②] 第二种观点认为，应当对“审判人员”作扩大解释，将主持庭前会议的法官解释为立案庭的法官，将主持庭前会议的法官与主持庭审的法官相分

---

① 2015 年 1 月，中国政法大学诉讼法学研究院与北京、无锡、盐城三地部分法院和检察院合作开展了教育部人文社会科学重点研究基地重大项目《刑事诉讼庭前会议制度研究》（项目批准编号：14JJD820013）的调研和试点活动。最终成果为卞建林，杨宇冠主编：《刑事诉讼庭前会议制度研究》，中国政法大学出版社 2017 年版，参见该书“第三部分实证试点报告”，第 125—266 页。

② 参见钟毅：《庭前会议程序该解决哪些问题》，载《检察日报》2013 年 9 月 27 日，第 3 版。

离，可以有效防止庭前预断。[①] 第三种观点认为，可以由法官助理主持庭前会议，理由是案件直接移送法官助理，可以有效减少案件在法院内部的不同部门之间的流转，而且法官助理向合议庭报告庭前会议情况，也可以避免庭前预断。[②] 第一种观点过于乐观地假设了庭前会议中的程序问题和法律问题是泾渭分明的，然而，实践经验表明庭前会议中的实体问题和程序问题往往是交织在一起的，主审法官负责主持庭前会议不可避免地会形成预断乃至偏见；第二种观点在扩大解释"审判人员"的范围时，忽略了法院法官内部的管理机制和业务运作机制，立案庭的法官主持庭前会议不具备可行性。

如前所述，本部分的基本立场是通过庭前会议主持法官的身份定位，削弱乃至排除法官的庭前预断，因此笔者赞成庭前会议主持者的身份可以扩大到"法官助理"，这还有助于缓解法官员额制改革后带来的案多人少问题。当然，针对"法官助理"庭前会议的问题，也存在"合法性"的质疑，即《法官法》规定的审判人员的范围不包括法官助理。[③] 根据《法官法》第67条的规定，人民法院的法官助理在法官指导下负责审查案件材料、草拟法律文书等审判辅助事务；人民法院应当加强法官助理队伍建设，为法官遴选储备人才。因此，法官助理只是审判人员的"预备队"，"审判人员"并不包括法官助理，法官助理没有资格主持庭前会议。这种观点有一定的合理性，因此，法官助理应当在主审法官的指导下主持庭前会议，而且与案件相关的决定仍需承办法官或者其他合议庭成员作出。

就庭前会议主持法官的身份定位问题，《庭前会议规程（试行）》予以了回应。该规程第3条第1款规定："庭前会议由承办法官主持，其他合议

---

① 参见陈卫东、杜磊：《庭前会议制度的规范建构与制度适用——兼评〈刑事诉讼法〉第182条第2款之规定》，载《浙江社会科学》2012年第11期。

② 参见牟军、张青：《法院审前准备与刑事庭审程序的运行》，载《西南民族大学学报（人文社会科学版）》2012年第5期。

③ 参见莫相益：《庭前会议：从法理到实证的考察》，载《法学研究》2014年第3期。

庭成员也可以主持或者参加庭前会议。”参与“三项规程”试点的专家学者在总结经验时也指出，“在庭前会议主持人这一问题上，多数试点法院的做法是原则上由承办法官主持，部分案件也可以由法官助理主持，还存在由审判长主持庭前会议的情况”。[①] 因此，在法律层面，庭前会议主持法官的身份分为三种模式：承办法官主持模式、合议庭其他成员主持模式、法官助理主持模式。

1. 承办法官主持

经考察，SH 省 X 市中级法院和 X 区法院采取此种模式，在 X 市中级法院召开庭前会议的 14 起案件中，12 起由合议庭成员全部参加，2 起由一名承办法官参加。在中国政法大学诉讼法学研究院开展的试点项目中，绝大多数庭前会议是由承办法官主持的。[②] 承办法官作为庭审主持者，由其主持庭前会议有利于掌握案件证据情况，了解控辩双方的争议焦点，有利于法官做到对案件和庭审心中有数，提高庭审效率，但其弊端是法官会受“锚定效应”的影响而形成预断，造成认知偏差。

2. 合议庭其他成员主持

按照规定，另一种模式是由承办法官以外的其他合议庭成员主持庭前会议，S 省 C 市中级法院即是如此。此种模式具体操作方式是在合议庭组成后由主审法官（承办法官）指定一名法官作为程序法官，由其先阅卷，组织召开庭前会议，包括主审法官在内的其他合议庭成员不阅卷，庭前会议结束后，程序法官整理制作会议材料，将书面材料交给其他合议庭成员查阅，并向其他法官介绍案件主要争点及问题。在此模式中，主审法官和庭前会议主持法官相分离，审判组织相对二元化，一定程度上能减少法官

① 施鹏鹏：《庭审实质化改革的核心争议及后续完善——以“三项规程”及其适用报告为主要分析对象》，载《法律适用》2018 年第 1 期。

② 参见卞建林、杨宇冠主编：《刑事诉讼庭前会议制度研究》，中国政法大学出版社 2017 年版，第 261—264 页。

预断，但由于主审法官和控辩双方及案卷材料之间隔着一名程序法官，庭审效率会受到一定程度影响，而且在之后的庭审及后续程序中，主审法官仍会阅卷，同时程序法官亦为合议庭成员，排除审判组织预断或先入为主的效果有限。

3. 法官助理主持

根据《庭前会议规程（试行）》第 3 条规定，“承办法官可以指导法官助理主持庭前会议”。此种模式由法官助理主持庭前会议，但是，由于法官助理的任务是辅助法官，其工作受承办法官的指导，即使由其主持庭前会议，与案件相关的决定仍需承办法官作出。此种模式主要是考虑到法官员额制改革后，法院案多人少矛盾凸显，在承办法官的指导下由法官助理主持庭前会议，可以在一定程度上减少员额法官的工作量。在考察中，并未发现有法官助理独自主持庭前会议的情况。

4. 合议庭以外的法官主持

从逻辑上看，还有一种模式，即由合议庭成员以外的法官主持庭前会议，在程序结束后，再将案件和庭前会议决定移交合议庭。此种模式能够最大程度上防止合议庭成员在庭前会议中产生预断，但是，由于主持庭前会议法官与合议庭分离，涉及宗卷移送、分案、启动庭前会议、案件移转等诸多程序，可能会降低诉讼效率，加之相关解释性文件并没有规定此种模式，调研中发现实践中很少有法院采取此种模式。不过，在庭审实质化改革试点法院中，已经存在这样典型的实践样本：

【案例 1】 C 市法院在制订改革方案时选择了一个折中的办法，即程序法官阅卷制：合议庭组成后，由主审法官在庭前指定一名法官担任本案的程序法官，再由程序法官在庭前阅卷，并组织召开庭前会议；而合议庭其他成员包括主审法官在庭前都不阅卷。这一制度设计的好处在于：由程序法官通过庭前阅卷了解、掌握基本案情，又通过召开庭前会议明确庭审焦点，再将本案争点整理成书面材料向合议庭报告，以有利于合议庭在庭审中把握庭审重点，有效掌控庭审进程，提高庭审效率；而合议庭其他成员庭前不阅卷，亦不参加庭前会议，仅仅听取程序法官的报告、查看程序法官整理的关于本案争点的书面材料，如《控、辩争议事实、证据表》《出庭作证人员名单》等。因为并不直接接触证据和事实，可以有效保证合议庭多数成员不受案卷影响，保持以“白纸”心态莅临审判，并促使合议庭将主要精力放在庭审上，通过庭审来查明事实，真正做到“案件事实查明在法庭”。[①]

可以说，这种程序法官与合议庭法官相区别的“分离模式”是非常富有想象力的。“分离模式”如果能够顺利实践，总结经验向全国法院推广，将会有力解决法官庭前预断和偏见的问题。

（二）庭前会议的处理对象

庭前会议设立的目的是防止庭审因程序性事项而中断，以保证庭审能够集中精力解决实体问题。因此，庭前会议的定位是解决程序性争议或相关事项。《庭前会议规程（试行）》以不完全列举的形式规定了可能导致庭审中断的程序性事项，如管辖、回避、申请非法证据排除、申请证人出庭等，最后以“与审判相关的其他问题”作为兜底条款。庭前会议要解决的程序性事项需要满足两个条件：其一，解决的事项与定罪量刑等实体性问题无关，例如是否构成正当防卫等定罪构成要件问题，以及是否构成自首、立功等量刑情节问题不得在庭前会议中解决；其二，所要解决的程序性事项在庭审中提出来会导致庭审中断，因此，理论上所有可预见的、可能导致庭审中断的程序性事项都有必要在庭前会议中解决。“多数试点法院在庭前会议解决事项、适用范围、证据展示等主要问题上达成普遍共

---

① 参见万毅、赵亮：《论以审判为中心的诉讼制度改革——以C市法院“庭审实质化改革”为样本》，载《江苏行政学院学报》2016年第6期。

识，严格按照庭前会议规程的相关规定进行实践操作。”①

通过庭前会议制度改革试点法院的个案实践，我们可以直观地了解到庭前会议处理对象的实际情况。2015 年 7 月 1 日至 2015 年 12 月 31 日，江苏省盐城市中级人民法院在全市法院范围内开展了为期 6 个月的庭前会议试点工作。在试点期间，共召开庭前会议 149 次，其中，因刑事调解或和解而召开的有 37 件，因非法证据排除而召开的有 28 件，因证据材料较多、案件疑难复杂而召开的有 27 件，因证据开示而召开的有 16 件，因了解或确定争议焦点而召开的有 10 件，因被告人人数众多而召开的有 7 件，因社会影响重大而召开的有 5 件，因申请回避、管辖权异议而召开的有 4 件，因申请证人出庭而召开的有 4 件，因被告人有特殊情况可能影响庭审而召开的有 3 件，因专业性较强而召开的有 3 件，其他情况如开庭需要、批量简化审理案件需要等而召开的有 5 件（见图 1）。②

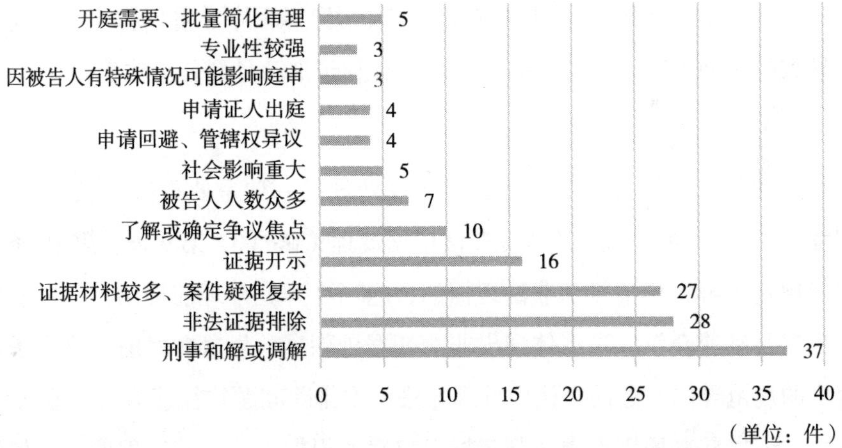

图 1　2015 年 7 月 1 日至 12 月 31 日江苏省盐城市中级人民法院庭前会议召开情况

① 施鹏鹏：《庭审实质化改革的核心争议及后续完善——以“三项规程”及其适用报告为主要分析对象》，载《法律适用》2018 年第 1 期。

② 参见《江苏省盐城市中级人民法院庭前会议调研报告》，载卞建林、杨宇冠主编：《刑事诉讼庭前会议制度研究》，中国政法大学出版社 2017 年版，第 218—219 页。

根据《庭前会议规程（试行）》，结合调研实践，本书主要将庭前会议的处理对象分为5类：管辖、回避等程序性事项；证据收集合法性事项；整理证据争点；建议检察机关补充材料或撤回起诉；与审判相关的其他问题。

1. 管辖、回避等程序性事项

管辖、回避、是否公开审理等程序性事项如不及时处理，一旦在庭审中再处理，则会极大地影响庭审效率，因此，庭前会议解决此类事项事半功倍。如SH市X区法院庭前会议除解决证据争议问题外，主要用来解决回避等程序性问题。另外，根据图1可知，江苏省盐城市中级人民法院的试点中，刑事和解或调解的数量也占据较高比例。借助庭前会议独有的氛围和开放性特征，法官、检察官以及辩护律师可以引导和推动刑事和解、调解的有效达成。同时，和解、调解作为重要的量刑情节，如果在庭前会议中就有了明确的结果，可以有效克服我国定罪程序和量刑程序一体化可能导致的量刑情节考虑不全面的弊端，有利于推动量刑公正化建设。

2. 证据收集合法性事项

处理非法证据排除申请是庭前会议处理的一项重要事项。《庭前会议规程（试行）》第14条，《排除非法证据规程（试行）》第9条、第10条也明确规定了辩方申请排除非法证据的，应当在开庭审理前提出，人民法院应当召开庭前会议。这也体现出非法证据排除事项尽量在庭前会议中予以解决的规范导向。庭前会议中处理非法证据排除问题往往能取得良好效果：首先，证据裁判原则要求裁判者据以定案的根据必须具有证据能力，如果缺乏证据能力的证据进入庭审中，势必会污染裁判者的心证；其次，证据资格问题往往涉及错误成本问题，在庭前会议中解决非法证据，可以提前解决可能带来的错误，降低错误成本；再次，庭前会议中解决非法证据问题，体现了程序性审查优先于实体性裁判的问题，可以避免正式庭审中程序中断，维持集中审理，提高诉讼效率；最后，程序性裁判优先有利于培育法院固有的程序性裁判职权，强调法院对审前诉讼程序的控制意识，逐渐摆脱那种将实体程序一把抓，或者将程序问题作为实体问题之附庸的司法积习。[①] 江苏省东台市法院在庭前会议试点改革过程中积累了庭前会议排除非法证据的典型案例：

【案例2】 2015年9月10日，江苏省东台市法院在受理一起故意伤害案后，辩护人于2015年9月27日提出侦查人员在对被告人进行讯问时存在威胁和诱供嫌疑，申请排除被告人在侦查阶段的供述，并申请证人出庭作证。合议庭经讨论认为，该案有召开庭前会议的必要性，东台市法院决定召开庭前会议，并拟定于2015年10月16日召开会议，同时将会议的内容确定为两项：一是非法证据排除事项；二是确定证人出庭名单。随后，承办法官提前5天通知控辩双方庭前会议的时间、地点以及会议内容，并制作了庭前会议提纲。10月16日，在刑庭会议室召开了庭前会议，合议庭成员、公诉人、辩护人参加庭前会议，会议由审判长主持。会议的第一项内容是非法证据排除事项，在庭前会议中，合议庭组织控辩双方观看完讯问录像，并由控方出示讯问笔录，同时由控辩双方发表意见，公诉人表示，侦查机关对被告人的讯问确实存在威胁和诱供嫌疑，同意将被告人在侦查阶段的供述予以排除，庭审中不再出示。会议第二项内容确定了证人出庭名单，辩护人申请多名证人出庭，经控辩双方协商，最终确定两名证人出庭作证。在庭审中，公诉人仅出示了被告人在审查起诉阶段的供述，辩护人未提出新的异议。[②]

这个典型的个案实践表明，在庭前会议中解决非法证据排除问题，不

① 参见汪海燕、殷闻：《审判中心视阈下庭前会议功能探析》，载《贵州民族大学学报（社会科学版）》2016年第3期。

② 参见《江苏省盐城市中级人民法院庭前会议调研报告》《江苏省东台市人民法院庭前会议制度试点情况的报告》，载卞建林、杨宇冠主编：《刑事诉讼庭前会议制度研究》，中国政法大学出版社2017年版，第222—223页、第242—243页。

仅可行，而且能够有效促进庭审围绕争议焦点高效展开。但是，调研显示，庭前会议中辩方提出排除非法证据的申请虽然有一定的数量，但基于这一事项的特殊性，真正能够达成合意的情况较少[①]，而往往将此事项置于庭审中解决。

3. 整理证据争点

虽然起诉后证据基本固定，但就动态视角来看，控方的证据体系处于动态变化之中，有持续披露之义务，同时辩方对掌握的“不在场、未达刑事责任年龄、属于不负刑事责任的精神病人”等证据亦应当提交人民法院。准备程序不仅是为了实现迅速审理、持续审理的效率，而且是在互相沟通的基础上充分地进攻和防御，实现充分的审理。[②]

SH 市 X 区法院在庭前会议中处理证据事项主要涉及两个方面：一是对控辩双方决定在庭审中出示的证据，人民法院组织展示有关证据，听取双方意见，梳理争议证据、整理案件争点；二是核实控辩双方是否申请重新鉴定、勘验、相关人员出庭、调取新的证据等事项，如有相关要求的应及时提出，以便法院提早审查，如有需要的可以提前做好协调、安排。江苏省盐城市中级法院在庭前会议的证据争点整理中也总结出了良好的经验：

> **【案例 3】** 2015 年 7 月 23 日，江苏省盐城市中级人民法院受理一起贩卖、运输毒品、容留他人吸毒的案件，由于本案被告人数众多，案情重大复杂，卷宗材料多达 30 余册，合议庭经讨论认为，该案应当召开庭前会议，以整理证据，明确争点，提前解决程序性争议，遂决定于 2015 年 9 月 15 日召开庭前会议，并将会议内容定为：了解是否申请回避，是否申请证人、鉴定人出庭，是否申请非法证据排除

① 有学者调研发现，示范庭中庭前会议阶段对非法证据予以排除的案件仅占全部申请的 11.11%。参见左卫民:《地方法院庭审实质化改革实证研究》，载《中国社会科学》2018 年第 6 期。

② 参见［日］田口守一:《刑事诉讼法》，张凌、于秀峰译，中国政法大学出版社 2010 年版，第 207 页。

等程序性问题，听取辩方对指控的犯罪事实及定罪量刑的意见。在庭前会议召开后，审判人员首先讯问被告人、辩护人是否申请回避，是否申请证人、鉴定人出庭作证，是否申请非法证据排除，被告人、辩护人均回答不申请。之后，审判人员讯问被告人，辩护人对指控的犯罪事实及案件定罪量刑的意见，辩方对起诉书指控的涉毒数量、毒资多少、是否明知等提出了一些异议，同时对羁押的起始时间提出异议，并提出吸毒情节应当在量刑时予以考虑，另外，一名被告人的辩护人提出其委托人具有立功情节，但公诉人对此不予认可。最后，检察机关进行了简要的证据展示，并听取辩方意见，辩方对大部分证据材料不持异议，但对被告人供述的一些细节等提出了异议。在2015年10月8日庭审的法庭调查环节，合议庭重点就控辩双方有异议的犯罪事实争议焦点进行了有针对性的调查；在法庭举证质证环节，合议庭对控辩双方有争议的证据进行重点质证，对没有争议的证据进行简要质证；在法庭辩论环节，合议庭引导控辩双方就争议焦点进行了辩论。该案庭审持续了4个多小时就结束了。[①]

从案例3可以看出，通过整理证据争点，可以有效解决证据复杂可能导致的效率低下问题。然而，在展示、梳理证据，整理案件争点的过程中，控辩双方对证据发表意见难免会与被指控的犯罪事实、量刑情节等实体内容相联系，法官也会接触相关证据，庭前会议体现出实体化倾向。如何防止法官庭前过度介入法庭审理之实体性事实，控辩双方如何既对证据提出异议，又不深入讨论和具体质证，并非易事。

4. 建议检察机关补充材料或撤回起诉

《关于推进以审判为中心的刑事诉讼制度改革的意见》第8条和《庭前会议规程（试行）》第22条规定，人民法院在庭前会议中听取控辩双方

① 参见《江苏省盐城市中级人民法院庭前会议调研报告》，载卞建林、杨宇冠主编:《刑事诉讼庭前会议制度研究》，中国政法大学出版社2017年版，第223—224页。

对案件事实证据的意见后，对于明显事实不清、证据不足的案件，可以建议人民检察院补充材料或撤回起诉。此规定体现了诉讼经济原则，也一定程度上体现了审判机关对检察机关的审前控制。我国台湾地区有学者提出，庭前审查程序——判决阶段之始端——不在于替代无罪判决，而仅在于对明显违反起诉法定原则者的“离谱控制”，即防止“依据卷证即得明显判断欠缺成立犯罪的实体要件者”进入庭审程序。①

由于召开庭前会议的一般是重大、疑难、复杂案件，往往被告人人数众多或事实、证据较为繁杂，很难仅通过庭前会议就认定为案件明显事实不清、证据不足，再加之撤回起诉还涉及检察机关起诉案件质量的认定和考核等因素，所以实践中较少出现。课题组在调研中也未发现在庭前会议中检察机关即撤回起诉的案件。此条关于撤回起诉的规定基本处于休眠状态，更为常见的是法院建议检察机关补充材料。

5. 与审判相关的其他问题

“与审判相关的其他问题”作为一条开放性的规定，表明庭前会议的解决事项具有一定的扩展性，即在庭审中不适宜解决的事项或者有利于提升庭审效率的事项均有可能在庭前会议中予以解决。此种规定“诱发”了相关司法人员扩大庭前会议解决事项范围的冲动，如调研中有法官就提出庭前会议能否扩展到解决证据、量刑、法律适用等事项。案例 3 中，虽然控辩双方在庭前会议中讨论的是一些“案件细节问题”，如是否主观明知、毒品数量等，但其实已经不自觉地涉及了案件的实体问题。

（三）庭前会议的效力及适用

1. 庭前会议法律效力的确定及效果

刑事诉讼法虽然赋予法官在正式开庭前召开庭前会议的职权，但法官

---

① 参见林钰雄：《刑事诉讼法》（下册），中国人民大学出版社 2005 年版，第 97 页。

只得就程序争议问题“了解情况、听取意见”。实践中关于庭前会议中法官如何作出裁决，裁决具有何种效力模糊不清。一些实务型的学者甚至认为，“庭前会议只能了解情况和听取意见，法院不能在庭前会议中对回避、出庭证人名单、非法证据排除等程序性事项作出裁决、决定。对于庭前会议达成的共识，也不具有法律效力”。[①] 这严重阻碍了庭前会议功能的发挥。但是，在党的十八届四中全会之前，一些地方人民法院在庭前会议效力问题上，做了很多积极有益的探索工作，但由于认识不统一，关于庭前会议效力的各种试点和改革口径不一，分歧较大，关于庭前会议的效力主要存在两种实践类型和理论争议，即“会商模式”（也称“合意模式”）和“裁决模式”（也称“决定模式”）。“会商模式”是指双方在庭前会议中达成一致意见的，庭审中无正当理由不得再提出，否则法院不再处理，对双方有争议的议题，法院不得直接作出裁决；“裁决模式”是指法院就双方争议的程序性事项直接作出裁决，庭审中没有新证据或新线索，不得再提出处理申请，即使提出法院也不再处理。[②] 两种模式都认可控辩双方在庭前会议中达成一致的事项可以当庭确认，但它们的分歧在于对法院能否就控辩双方的争议作出实质性裁决持相反意见，“会商模式”认为“控辩合意”只是确定了程序效力之来源，而未触及“合意”对庭审程序之拘束力问题[③]，强调法律没有明确授权法院在庭前会议中的裁决权，法院只能“了解情况，听取意见”，而且庭前裁决会限制控辩双方的权利；“裁决模式”认为，如果法院不能就程序性争议问题作出实质性裁决，庭前会议将没有实质意

① 江必新：《最高人民法院关于适用〈中华人民共和国刑事诉讼法的解释〉理解与适用》，中国法制出版社 2013 年版，第 190—191 页。

② 参见《北京市人民检察院第二分院庭前会议的调研报告》，载卞建林、杨宇冠主编：《刑事诉讼庭前会议制度研究》，中国政法大学出版社 2017 年版，第 149 页。

③ 参见汪海燕：《庭前会议制度若干问题研究——以“审判中心”为视角》，载《中国政法大学学报》2016 年第 5 期。

义，还会拖延诉讼效率。[①] 两种模式在实践中平行存在，引发了诸多问题，严重折损了庭前会议的效力和权威性。

一切程序的实施都有赖于程序本身的权威性，而程序的权威性主要来源于程序的效力。庭前会议作出的决定有无效力直接关乎该制度立法初衷的实现。“庭前会议的效力主要是指庭前会议及其决定对庭审程序的约束力。”[②] 具体说来，庭前会议的效力主要体现在三个方面：请求的时效性、决定的约束性以及权利的救济性。请求的时效性，是指程序性争议问题如果在庭前会议中不提出来，庭审中就不得再提出来，防止证据突袭和诉权滥用；决定的约束性，是指在庭前会议中达成一致的事项，或者经法院裁决的事项，庭审中除非有正当理由，否则不得重复提出，法院也不再重复处理；权利的救济性，是指在有正当理由或者新证据、新材料的情况下，当事人可以提出程序性上诉。左卫民教授的实证访谈也表明，“从法官立场来看，庭前会议如何能形成更具实质性与权威性的程序处理决定，其在中国会有相当的制度前景”。[③]

秉持塑造庭前会议权威性的精神，庭审实质化试点工作铺开后，最高人民法院在总结“裁决模式”经验的基础上下发《庭前会议规程（试行）》，对庭前会议的效力作出了统一规定：第一，用庭前会议笔录固定庭前会议的成果，并要求参会人员核对后签名（第 23 条第 1 款）。第二，法院根据庭前会议笔录制作“庭前会议报告”，在报告中“说明庭前会议的基本情况、与审判相关的问题的处理结果、控辩双方的争议焦点以及就相关事项达成的一致意见等”（第 23 条第 2 款）。第三，庭审过程中，在宣读起诉书后，法庭应当宣布庭前会议报告的主要内容，宣布庭前会议报告

① 参见莫相益:《庭前会议：从法理到实证的考察》，载《法学研究》2014 年第 3 期。

② 闵春雷、贾志强:《刑事庭前会议制度探析》，载《中国刑事法杂志》2013 年第 3 期。

③ 左卫民:《未完成的变革：刑事庭前会议实证研究》，载《中外法学》2015 年第 2 期。

后:（1）对于庭前会议中达成一致意见的事项，法庭向控辩双方核实后当庭予以确认（第25条）；控辩双方没有新的理由，在庭审中再次提出有关申请或者异议的，法庭应当依法予以驳回（第10条第2款）；控辩双方在庭前会议中就有关事项达成一致意见，在庭审中反悔的，除有正当理由外，法庭一般不再进行处理（第25条第2款）。（2）针对非法证据排除事项的效力，即“人民检察院可以撤回有关证据，撤回的证据，没有新的理由，不得在庭审中出示。被告人及辩护人可以撤回排除非法证据的申请，撤回申请后，没有新的线索或者材料，不得再次对有关证据提出排除申请”（第14条第2款），但是，对于控辩双方在庭前会议中对证据收集的合法性未达成一致意见，人民法院应当开展庭审调查，但公诉人提供的相关证据材料确实、充分，能够排除非法取证情形，且没有新的线索或者材料表明可能存在非法取证的，庭审调查举证、质证可以简化（第14条第3款）。（3）对于未达成一致意见的事项，法庭可以归纳控辩双方争议焦点，听取控辩双方意见，依法作出处理。

在“三项规程”出台以前，庭前会议达成合意的情况，或者经过法官处理的程序性事项由于缺乏正式文书的固定，往往导致当事人在庭审中重复提出庭前会议中已经解决的问题。[①]《庭前会议报告》的运用可以有效解决这个问题。例如，在SH市X区法院的改革试点中，庭前会议结束后会制作相关的会议笔录或书面报告，并由参会人员签名，庭前会议已解决的或已达成一致的事项庭审中不再涉及。有的地方法院在庭前会议结束后，还会制作《庭前准备和庭前会议情况的报告》《控辩争议证据表》等文书，使得庭前会议的相关决议有了“真凭实据”。[②] 需要说明的是，针对证据收集合法性事项，双方在庭前会议中没有达成一致意见的，人民法院

---

① 参见《北京市第二中级人民法院关于刑事庭前会议的调研报告》，载卞建林、杨宇冠主编:《刑事诉讼庭前会议制度研究》，中国政法大学出版社2017年版，第137页。

② 参见龚稼立主编:《以审判为中心的诉讼制度改革问题研究》，法律出版社2016年版，第121页。

会在庭审中调查，即使在庭前会议中辩方撤回非法证据排除的申请后，也有可能在庭审前获得新的线索和材料。在这种情况下，辩方仍然会在庭审中再次提出排除非法证据的申请。

2. 庭前会议适用情况的差异化及解释

庭前会议的适用情况各地不一。如 SH 市 X 区法院 2015 年至 2018 年年初，庭前会议共召开 6 次，占普通案件的 4%，适用率较低，而 SH 市 X 市中级法院在 2017 年 6 月至 9 月对 14 件案件召开了庭前会议，其中有 2 件在看守所召开，还有 1 件案件召开了 2 次庭前会议，适用率相对较高。这与中级法院审理的大多是重大、复杂案件有关，也与庭前会议启动标准模糊，完全交由法官自由裁量不无关系。除辩方提出排除非法证据的申请并提供相关线索和材料的，人民法院应当召开庭前会议外，其他情况下法官均可以自由裁量是否召开。对此，有其他调研结果显示，对比庭和示范庭召开庭前会议的比率相差较大，实践中似乎有存在“为开而开”的情形。[①] 另外，在中国政法大学诉讼法学研究院针对江苏和北京两地所开展的改革试点项目中，庭前会议召开的比例最高不超过 3%，最低仅为 0.4%。[②]

针对庭前会议，司法人员也持不同的态度，如有法官认为，庭前会议相对非正式、氛围较为宽松，容易了解控辩双方的诉求，能够很好地辅助庭审和办案；也有法官和检察官认为庭前会议作用不大，召开还需要协调各方，费时费力，不如在庭审中一并解决相关事项。“在办案、信访等压力之下，部分刑事法官认为，召开庭前会议还不如‘一步到庭’方便，不愿意在庭前会议上花费太多的时间和精力。”[③]

---

① 参见左卫民:《地方法院庭审实质化改革实证研究》，载《中国社会科学》2018 年第 6 期。

② 参见卞建林、陈子楠:《庭前会议制度在司法实践中的问题及对策》，载卞建林、杨宇冠主编:《刑事诉讼庭前会议制度研究》，中国政法大学出版社 2017 年版，第 44 页。

③ 《江苏省盐城市中级人民法院庭前会议调研报告》，载卞建林、杨宇冠主编:《刑事诉讼庭前会议制度研究》，中国政法大学出版社 2017 年版，第 226 页。

（四）庭前会议制度的改革经验与实践警示

经过实证调研发现，庭前会议制度的诉讼化格局已经初步显现，部分试点法院的庭前会议制度很好地发挥了审前整理程序的功能，为庭审集中高效地解决实质争议问题创造了条件。同时，部分试点法院甚至出现了合议庭法官与庭前会议主持法官相分离的改革范例，为防止法官庭前预断积累了经验。但是，未来我们需要警惕庭前会议制度的“缺省”与“溢出”现象。[①] 既需要解决法院基本不召开庭前会议的问题，还需要解决庭前会议在程序性事项上的裁决权和裁决效力的问题。一个基本的底线是：庭前会议决不能裁决那些影响定罪量刑的实体性事项。

笔者发现，庭前会议制度的适用在实践中处于两个极端：要么几乎不召开庭前会议，使得庭前会议的相关制度功能无法发挥；要么逾越了庭前会议的“度”，使得庭前会议侵蚀甚至取代了庭审。前一个问题在相关诉讼制度配套改革的情况下可以逐步得到解决，但是如果不当运用庭前会议，会带来更大的消极后果。

不可否认，庭前会议制度的相关制度构建日趋精细化、严密化，在推进庭审实质化改革进程中确实起到了集中审理、提升庭审效率的积极作用，而且相对于庭审程序，庭前会议召开方式较为非正式，在此场合中控辩双方对抗性较弱，氛围较为轻松，控辩审三方能够较好地就案件事实、证据进行交流沟通，在一定程度上体现出“沟通理性”“程序理性”或“理想交谈场景”的特征。[②] 但是，研究者发现，实践中法院、法官在运用庭前会议程序时，普遍没有处理好庭前会议与审判程序的关系，也没有处

① 参见魏晓娜：《庭前会议制度之功能“缺省”与“溢出”——以审判为中心的考察》，载《苏州大学学报》2016年第1期。

② 关于“理想交谈场景”理论，参见汪行福：《通向话语民主之路——与哈贝马斯对话》，四川人民出版社2002年版，第85—90页；关于刑事诉讼中“商谈理论”，参见［荷］彼得·巴尔：《商谈伦理学与刑事诉讼中的人权》，载［美］马修·德夫林编：《哈贝马斯、现代性与法》，高鸿钧译，清华大学出版社2008年版，第106—136页。

理好庭前会议和庭审程序的关系，该制度在运行过程中较为突出的问题有两个方面：一是“实体化”倾向明显；二是导致合议庭预断。这导致实践中出现了“大庭前会议，小庭审程序”的现象。

“大庭前会议，小庭审程序”具有如下特点：从程序耗时情况看，庭前会议召开时间较长，而庭审时间相对较短，存在“历时倒挂”现象。从庭审质证情况看，控方示证仅简要宣读、出示证据的名称、出处和证明目的，证据具体内容则一带而过，原因是庭前会议中已详细出示，当庭不再重复出示；而辩方质证时亦多以庭前会议已发表意见或同意庭前会议的意见，当庭不再重复发表质证意见。从法庭辩论情况看，因合议庭在庭前会议中已听取控辩双方意见，对案件定性、法律适用、定罪量刑等问题已预先了解，所以正式庭审一般均在预定的轨道内运行。[①] 承办法官主持庭前会议，他们在庭前会议中对相关事项的处理会不可避免地形成预断，影响后续的法庭审理，特别是处理非法证据排除申请时，法官必然会接触和了解证据的内容，无论该证据最后是否被排除，都已经影响了法官的心证。正如达马斯卡所言，“他（法官）不可避免地会与被玷污的信息接触，一旦这种信息具有说服力，专业法官也很难对已经获悉的知识不予理睬”。[②] “大庭前会议，小庭审程序”实质上是庭前会议异化的表现，庭前会议侵入庭审程序，将本该在庭审阶段公开解决的定罪量刑问题提前到庭前会议程序中，虽然提高了司法效率，但是掏空了庭审程序，直接导致庭审程序虚化、走过场。

召开庭前会议不仅为提升“庭审效率”，更要确保“庭审质量”。针对上述问题，如欲切实发挥庭前会议促使庭审实质化的功能，应当从以下两个方面入手：第一，发展并推广案例1的经验，将庭前会议主持法官与

---

① 参见吴小军：《庭前会议的功能定位与实践反思——以B市40个刑事案件为样本》，载《法学杂志》2020年第4期。

② ［美］米尔建·R.达马斯卡：《漂移的证据法》，李学军、刘晓丹、姚永吉、刘为军译，中国政法大学出版社2003年版，第70页。

合议庭法官相分离，由合议庭以外的审判人员召开庭前会议，以防庭前预断。应当说，庭前会议制度的确立改变了我国传统一元法庭的设置，构建了庭前审查与法庭审理二元化的审判格局，为庭审实质化的实现提供了历史性契机。审理案件的合议庭成员由于不事先参加庭前会议，排除了预断，必须以庭审为基础形成自己的内心确信，确保了事实认定在法庭。当然，实现此目的还需要完善分案方式、卷宗移送等制度。第二，庭前会议制度应当坚持庭前准备程序的定位，将事实认定、证据证明力判断、法律适用等实体问题排除在庭前会议大门之外，对相关事项在庭审中加以裁决，避免庭前会议侵蚀、虚化甚至替代庭审。

二、法庭调查与法庭辩论制度 *

法庭调查是庭审的中心环节，是集中举证、质证的重要阶段，是法庭辩论的基础。庭审虚化的一个重要原因是法庭调查过于简略，举证、质证流程化、形式化，法官无法在庭审中获得全面、准确的信息。法官审查证据、认定事实主要不是通过法庭调查而是通过庭前或庭后的阅卷来完成，庭审在事实认定中未能发挥实质性作用。法庭辩论作为法庭审理的独立阶段，是发现案件疑点、解决争议、查明事实重要环节。控辩双方就案件事实、证据发表意见，据理力争。法官在听取控辩双方辩论意见的基础上形成对事实、证据的内心确认。为发挥法庭调查之作用，《关于推进以审判为中心的刑事诉讼制度改革的意见》第 11 条规定："规范法庭调查程序，确保诉讼证据出示在法庭、案件事实查明在法庭。证明被告人有罪或者无罪、罪轻或者罪重的证据，都应当在法庭上出示，依法保障控辩双方的质证权利。对定罪量刑的证据，控辩双方存在争议的，应当单独质证；对庭前会议中控辩双方没有异议的证据，可以简化举证、质证。"《关于推进以审判为中心的刑事诉讼制度改革的意见》第 13 条明确要求："完善法庭辩论规则，确保控辩意见发表在法庭。法庭辩论应当围绕定罪、量刑分别进行，对被告人认罪的案件，主要围绕量刑进行。法庭应当充分听取控辩双方意见，依法保障被告人及其辩护人的辩论辩护权。"《法庭调查规程（试行）》中将证据裁判、居中裁判、集中审理、诉权保障和程序公正确立为法庭调查的基本原则，完善各类证据的举证、质证、认证规则，确保诉讼证据出示在法庭、案件事实查明在法庭、诉辩意见发表在法庭、裁判结果

---

* 本部分撰稿人为汪海燕教授，根据已发表的前期成果修改而成，原文汪海燕：《刑事审判制度改革实证研究》，载《中国刑事法杂志》2018 年第 6 期。

形成在法庭。下文主要从实践中法庭调查的举证程序、质证程序以及量刑调查程序三个方面考察庭审实质化改革的样态和成效。

（一）举证制度的改革内容与实践经验

庭审实质化是司法证明实质化的外观，作为证明程序的举证活动影响着庭审实质化的实现。我们可以从法庭举证的主要内容、举证的主要方式以及控辩双方的举证情况三个方面，考察庭审实质化改革措施的实施效果。

1. 举证的主要内容

有研究者将传统的法庭调查称为“形式主义的法庭调查观”，它表现为控辩审三方对庭外阅卷、书面审查这种卷宗式的证据调查方式的依赖，它更强调证据体系的一致性和协调性，以及证据之间的相互印证，而忽略单个证据证据能力和证明力的审查。而庭审实质化下的法庭调查应当是追求“实质真实的法庭调查观”，这种法庭调查观念关注每一个证据的形成过程、表现形式，审查判断的是每一个证据的证据能力和证明力。① 如果说庭审实质化改革已经达到了预期，那么庭审的举证方式一定是排斥侦查卷宗笔录的。然而，从庭审实录来看，控方更偏好于提交侦查机关提供的书面证据，其中证人证言是最重要的证据种类，平均每个案件有 4.43 份证人证言，这说明书面证据在刑事审判中占据重要地位。② 同时，被告人在侦查阶段、审查起诉阶段做的多次有罪供述也是重要的举证内容，这些口供都是以侦查笔录的形式出现，因此，宣读侦查阶段形成的书面证据成为庭审的首要任务。控方主要是通过宣读笔录的方式举证。无论是被害人陈述、证人证言、鉴定意见、现场勘查笔录，控方都采取宣读的方式举证。

① 参见马静华:《庭审实质化：一种证据调查方式的逻辑转变——以成都地区改革试点为样本的经验总结》，载《中国刑事法杂志》2017 年第 5 期。

② 参见胡铭:《审判中心、庭审实质化与刑事司法改革——基于庭审实录和裁判文书的实证研究》，载《法学家》2016 年第 4 期。

同时，控方宣读证据时，更多是在说明证据的来源，取证的主体及证明的内容，而对证据的证据能力和证明力以及整个证据体系的完整性鲜有论及。

2. 举证的主要方式

举证的方式会影响证据内容的展示，进而影响到对方质证和法官对证据信息的获取程度。法庭调查中举证方式大致有以下三种：

（1）批量举证。批量举证在实践中有两种方式：第一种是以证据群组的方式“打包”出示，将所有证据按证明对象或证据种类分成若干组证据进行出示。以证明对象为区分的，如将盗窃案中证明被害人丢失财物价值的被害人陈述、发票及鉴定意见等证据归为一组；以证据种类为区分的，如将全案的物证、书证等客观性证据归为一组。第二种是公诉人将全案证据一并“打包”出示。批量举证是庭审中检察官最主要的举证方式。同时，实践中“对证据的分组情况在不同案件中相差很大，有时最多的一组证据达35份，最低的一组证据只有2份，平均每组证据包含4.9份证据”。[①] 此前，批量举证并无法律和司法解释的明文规定，而是在公诉实践中产生并被广泛应用的举证方式。[②] 直到2018年7月3日，最高人民检察院印发的《人民检察院公诉人出庭举证质证工作指引》第21条规定，“根据案件的具体情况和证据状况，结合被告人的认罪态度，举证可以采用分组举证或者逐一举证的方式。案情复杂、同案被告人多、证据数量较多的案件，一般采用分组举证为主、逐一举证为辅的方式”，批量举证的方式才获得了合法地位。

在认罪认罚从宽制度改革不断深化的情况下，适用于轻罪案件所发展出来的“确认式庭审”，由于凸显出了审理形式的简约性（一般不进行

---

① 韩旭、王建波:《刑事庭审质证运行状况实证研究——以100个庭审案例为样本》，载《法治研究》2016年第6期。

② 参见龙宗智:《庭审实质化的路径和方法》，载《法学研究》2015年第5期。

法庭调查、法庭辩论）、裁判生成的即时性（应当当庭宣判）以及程序周期的精炼性（受理后10日以内审结，最多可以延长至15日）等特征，在批量举证方法的运用上有着独特的优势。[①] 在速裁程序中，根据集中审理、集中宣判原则，法官批量审理案件，公诉人批量出示证据，如在SH市L区法院一名法官一上午可以审理10余起速裁案件。另外，由于速裁程序中法庭调查可以省略，公诉方甚至无须出示证据。法官对此种举证方式亦较为适应，主要原因：一是控辩双方往往无争议，法官无须过度介入；二是法官并不完全依赖于当庭的举证、质证，仍然习惯于通过阅读案卷材料的方式进行审查判断证据。

然而，“批量举证有其适用的证明对象范围不能随意扩大，即一般用于无争议事实（包括无争议的案件主要事实）以及辅助事实（如关于被告人身份的事实）的举证”。[②] 在重罪案件中，尤其是被告人有可能被判处长期监禁刑、无期徒刑甚至死刑的案件中，公正应是诉讼的首要价值目标，审判程序的主要功能不仅是确认认罪认罚的自愿性，更要发挥一般庭审的核心功能，即在查清事实的基础上对被告人准确定罪量刑。对于重罪案件，即使控辩双方对于事实和证据没有争议，法院对于定罪量刑的关键事实，尤其是“有犯罪事实发生”以及“犯罪事实是被告人实施”应当按照一般普通程序进行法庭调查，控方应该履行严格的举证责任；对于被告人有可能判处10年以上有期徒刑、无期徒刑或者死刑的案件，以及有重大社会影响的案件，即使被告人认罪认罚，法庭调查也应按照一般普通程序进行。[③]

（2）一证一举。在那些定罪量刑存在重大争议的重罪案件中，“一证

---

① 参见李奋飞:《论“确认式庭审”——以认罪认罚从宽制度的入法为契机》，载《国家检察官学院学报》2020年第3期。

② 龙宗智:《庭审实质化的路径和方法》，载《法学研究》2015年第5期。

③ 参见汪海燕:《重罪案件适用认罪认罚从宽程序问题研究》，载《中外法学》2020年第5期。

一举”的举证方式是被告人对质权获得充分保障的必然要求。一证一举，是指对每种证据中的每份证据逐个出示，这种举证模式最有利于庭审调查细化、实质化，也有利于辩方了解证据内容和证明目的，继而可以展开有效质证。然而，在那种以批量举证为主的举证方式的带动下，“摘要式举证事实上已经成为实务中主要的乃至基本的举证要求。在与部分参与庭审实质化改革的主审法官座谈时，他们表示其中的原因在于，庭审中控方出示的证据基本都在案卷中，而承办法官庭前已经阅卷，对于证据的基本内容早已了然于胸，而辩方出示的证据也在庭前会议中进行过证据展示，或在开庭前已经提交到法庭，承办法官亦已经有所了解。故庭审时控辩双方均无须再详尽出示所有证据，法庭调查时承办法官重点关注的也只是对方的质证意见”。①

经了解，实践中完全以此种方式举证的并不多见，即便一证一举，对双方无争议的非关键证据也只是一带而过。虽然对于控辩双方无争议的证据，似乎没有必要一证一举，但是，如果在所有类型的案件中，庭审普遍推行高效的批量举证方式，势必不利于培育庭审的对抗性，也不利于积累法庭调查的经验和规则，最终将不利于形成繁简有别、争点主导、权威高效的庭审文化。

（3）二者相结合。在调研的法院中，法庭调查大多是采取批量举证和一证一举相结合的调查方式，即对控辩双方无异议的物证、书证等非关键证据采取批量出示的方式，由控方简要说明证据名称、证据内容和证明事项，辩方发表意见，而对关键证据和双方有争议的证据则单独列出，采用一证一举的方式，实现繁简有别的证据举证方式。此种举证方式在保障辩方质证权利的前提下，兼顾了庭审效率。《法庭调查规程（试行）》第31条规定，“对于可能影响定罪量刑的关键证据和控辩双方存在争议的证据，一般应当单独举证、质证，充分听取质证意见。对于控辩双方无异议的非关

---

① 万毅:《论庭审证据调查安排》，载《中国刑事法杂志》2020年第3期。

键性证据，举证方可以仅就证据的名称及其证明的事项作出说明，对方可以发表质证意见”。当然，此种举证方式需要具备一定的前提条件：一是辩护人庭前充分阅卷并与被告人沟通核实相关证据；二是在批量举证过程中辩方提出异议的，应当单列出相应证据进行一证一举；三是要注重保障被告人自身的知情权、辩护权，不能因为被告人委托了辩护人就忽视被告人的相关诉讼权利。

庭审中举证方式体现出由控方主导的特征，即采用何种举证方式主要取决于公诉人，而公诉人对批量举证较为习惯并一定程度上形成路径依赖，法官对举证方式一般并无要求，甚至在公诉人遗漏出示证据的情况下法官会主动出示案卷中相关证据。反观辩方，其并不能决定举证方式，甚至在举证前并不了解公诉人的举证方式，只能通过在庭审过程中提出意见的方式引起法官相应的重视。

3. 控辩双方的举证情况

庭审的对抗程度也是庭审实质化的一个重要衡量标准。长期以来，我国刑事庭审法庭调查环节呈现“单方举证”的样态，对抗性举证的案例极为少见。在庭审实质化改革之前，何家弘教授曾经带领研究团队对央视直播的 292 起案件进行实证研究，辩护方只在 34 起案件中提出了证据，占案件总数的 11.64%；控方举证共 5725 件，辩方举证只有 92 件，控方举证数约是辩方举证数的 62 倍。从证据种类对控辩双方举证情况进行考察发现，在 292 起案件中，公诉方举出书证 1924 件，辩护方仅举出 57 件；公诉方举出证人证言 1286 件，辩护方仅举出 27 件；公诉方举出物证 419 件，辩护方仅举出 7 件；公诉方举出视听资料 22 件，辩护方仅举出 1 件。此外，公诉方还举出被告人口供 506 件，被害人陈述 484 件，鉴定结论 358 件，勘验检查笔录 204 件，而辩护方在这几种证据上的举证数量皆为 0。①

① 参见何家弘：《刑事诉讼中证据调查的实证研究》，载《中外法学》2012 年第 1 期。

党的十八届四中全会以来，随着庭审实质化改革试点的逐步推进，法庭举证活动单边化的状况有所缓解，但是辩方的举证能力仍然有限。在总结成都庭审实质化试点改革经验时，有研究发现，示范庭的控方证人、辩方证人分别占 81.97%、18.03%；对比庭的控方证人、辩方证人分别占 33.33%、66.67%。[①] 可以看出，庭审实质化改革推动了控辩双方的"武器平等"。然而，在其他一些地方，法庭调查环节"控辩双方在举证数量方面悬殊，控方举证数量是辩方的 45 倍之多"。[②] 法庭举证活动单边化，受到律师辩护率低、律师调查取证权难以充分行使，以及控审双方对辩方证据的排斥等多重因素的影响，未来司法改革应当将法庭调查环节的对抗性举证作为一项重要的改革内容。

（二）质证制度的改革内容与实践经验

质证程序是控辩双方对证据的证据资格、证明力进行质疑辩驳的重要环节。《刑事诉讼法》第 61 条规定，证人证言必须在法庭上经过公诉人、被害人和被告人、辩护人双方质证并且查实以后，才能作为定案的根据。质证，是指在庭审过程中控辩双方在裁判者的主持下，采用询问、质疑、辩驳、核实等方式对证据的证明力以及证据能力等进行质辩的活动。对于证人证言的质证方式是交叉询问，即在主询问之后，由对方进行盘诘性询问。[③] 严格意义上，只有证人出庭作证时才有可能对证人证言质证，《刑事诉讼法》第 195 条规定，对未到庭的证人证言笔录，公诉人应当当庭宣读，审判人员应当听取辩护方意见。此规定也表明了"质证"和"听取意见"并非同一概念。

---

① 参见李文军:《庭审实质化改革的成效与路径研究——基于实证考察的分析》，载《比较法研究》2019 年第 5 期。

② 韩旭、王建波:《刑事庭审质证运行状况实证研究——以 100 个庭审案例为样本》，载《法治研究》2016 年第 6 期。

③ 参见汪海燕:《论刑事庭审实质化》，载《中国社会科学》2015 年第 2 期。

然而，相关的解释性规范文件对此区别并未充分重视，甚至将二者混同。如《庭审调查规程（试行）》第34条规定，对证人不需要出庭的或证人因客观原因无法出庭的，可以出示、宣读庭前收集的书面证据材料，这意味着对书面证言也可“质证”。在第五部分“认证规则”中，第48条明确了庭前证言具有效力，可以作为定案的根据。该问题由来已久，一直未有改观，有学者在早期研究中就已提出“正是这一立法缺陷，为刑事审判实践中证人不出庭作证打开了方便之门”。[①]

1. 质证对象

（1）证言笔录。应当说，对书面证言提出意见并非严格意义上的“质证”，但鉴于书面的庭前证言在审判中的重要地位，仍有必要对其进行研判。调研中发现，相较于当庭证言，对证言笔录进行发表意见更为常见，一般是公诉人宣读证言笔录的内容，辩方针对笔录内容反驳、质疑、提出意见。部分案件中证人较多或证言内容较多，一个证人也可能有多份证言，在这种情况下，公诉人往往并不会宣读所有的证言笔录，而是会选择能够证明被告人有罪的“相关内容”进行宣读出示，对无罪或罪轻的内容则有意无意地忽视，辩护人经过阅卷发现证言前后不一或存在有利于被告人的证言内容时也会提出相应意见。在这种情况下，发表意见完全依赖于辩护人认真阅卷，主动发现证言笔录中的问题并在庭审中提出，以期引起法官的重视。在被告人无辩护人或其辩护人不尽职的情况下，由于被告人并无阅卷权，无法就公诉人未出示的相关证言笔录提出意见，被告人对此无能为力，反倒只能寄希望于法官主动阅卷发现。在被告人不了解证言笔录内容的情况下，保障被告人的质证权无疑只是镜花水月。

（2）当庭证言。对证人当庭证言质证前首先要对证人进行法庭调查，域外多采用交叉询问的方式，发展出较为复杂的规则。如在美国，反询问

---

① 陈光中、陈学权：《中国刑事证人出庭作证制度的改革》，载《中国法律》2007年第5期。

时及一方传唤敌意证人等情况下可以提出诱导性问题。还可能因证人拒绝证言而出现“无效的反诘问”情形。[①] 在日本，反询问可以诱导，而主询问不得进行诱导询问，但在为唤起证人记忆、证人表示出敌意或反感等情况下可以进行诱导式询问。[②] 我国证人出庭率还较低，控辩双方及法官询问证人的技术、技巧还不完善，故而没有完全采取交叉询问的相关规则，而采用了控辩审三方均可对证人进行询问的方式进行调查，有学者基于我国“控辩式审判方式”，将之界定为“控辩询问”。[③] 在询问方式上，《法庭调查规程（试行）》第 20 条规定均不得诱导式发问。

在对证人的法庭调查过程中，被告人应在场，这一做法保障了被告人的诉讼权利，但是否会影响到证人出庭的积极性和当庭证言的真实性仍有待考证。在域外，有询问证人时要求被告人退场的做法。[④]

关于是否质证，根据有关调研显示，有部分法官不组织对出庭证人进行质证，认为证人出庭只是对书面证言的重述，而且还会出示证言笔录，无须对证人进行质证。关于质证时间点，也存在不同做法，有在证人退庭后进行的，也有在证人退庭前进行的。[⑤] 由于之前没有明确规定，不同法院、不同法官做法不一。《法庭调查规程（试行）》对此已明确规定，“控辩双方向证人发问完毕后，可以发表本方对证人证言的质证意见。控辩双方如有新的问题，经审判长准许，可以再行向证人发问”（第 19 条），这表明应当对当庭证人证言质证，且质证时证人应当在场。

---

① 《美国联邦证据规则》第 611 条（C），参见王兆鹏:《美国刑事诉讼法》，北京大学出版社第 2014 年版，第 618 页。

② 参见《日本刑事诉讼规则》第 199 条之三、之四。

③ 参见龙宗智:《证据法的理念、制度与方法》，法律出版社 2008 年版，第 339—441 页。

④ 参见《德国刑事诉讼法》第 247 条，《日本刑事诉讼法》第 304 条之二。

⑤ 参见龚稼立主编:《以审判为中心的诉讼制度改革问题研究》，法律出版社 2016 年版，第 101—102 页。

2. 质证效果

首先，实践中较为流行的举证方式给辩方质证权的有效行使带来障碍。[①] 具体说来：（1）批量举证的方式让被告人无法提出具体的反驳意见。例如，在被告人但某某等诈骗一案中，当公诉人一次宣读 8 名证人的证言后，法官才征询被告人的意见，要求其发表质证意见，被告人只能简单地反驳“事情根本不是那样的”，却无法对单个证据一一回应并提出具体的反驳意见。本书认为，对没有异议的案件可以采用批量举证的模式，进行摘要式举证，但是有争议或者证人证言前后不一有瑕疵的案件，应让证人出庭当庭接受控辩询问，否则质证便没有了意义。（2）实践中大量出现以照片替代原物带来的质证困难。这种举证方式的表现是：控方出示物证时一般仅出示物证照片或者宣读扣押决定、扣押清单等来代替原物的出示。被告人及辩护人无法接触原物形成认知并提出辩护意见。造成这种现象的原因有二：一是一些地方进行的刑事诉讼涉案财物集中管理改革，涉案财物的证据性质被忽略；二是所谓的智慧法院建设所进行的多媒体示证，导致被告人在法庭上只能“看”而不可能“触摸”，甚至“演示”。[②] 准确的物证辨认不仅需要观察原物，有时甚至需要“手拿”来感受一下它的重量、质地等，或者必要时当庭“演示”一下，以进一步说明其当时的动作、姿势等。这些举证方式都影响了辩方质证的效果。

其次，没有统一成熟的质证规则，影响了辩方的质证效果。实行对抗

---

① 参见韩旭、王建波：《刑事庭审质证运行状况实证研究——以 100 个庭审案例为样本》，载《法治研究》2016 年第 6 期。

② 参见万毅：《论庭审实质化改革与证据规则之完善——以 C 市人民法院改革为样本的分析》，载《中国政法大学学报》2016 年第 5 期。

制审判的国家，“人证”是法庭调查的核心对象，“交叉询问”[①] 是整个庭审的证据调查方式。对于人证，采用交叉询问的方式揭示证人和证言的可靠性，从而决定其证据能力和证明力；而对于物证，也必须通过收集、固定、保管、移送人员出庭说明相关情况，这个过程也是在控辩双方的交叉询问过程中实现的。因此，有学者指出，人证调查贯穿于对抗制刑事审判的全过程；而中国目前的情况下不同，由于没有确立传闻证据规则，不仅人证还可能以书面形式提交法庭，使得交叉询问（或控辩询问）难以贯彻，而且物证、书证、鉴定意见、勘验检查笔录均为独立证据形式，说明其收集情况可以用搜查笔录、提取笔录等书面形式的证据材料，即以书证实现相关证据材料与案件的衔接。这就使讯问被告、听取被害人陈述、证人证言调查、物证书证出示、提出勘验检查笔录、出示鉴定意见、播放视听资料均可能成为相对独立的证据调查阶段。[②] 无论从刑事诉讼法还是《法庭调查规程（试行）》的相关规定，我们都可以发现，我国的人证调查方式、程序不属于交叉询问。根据《法庭调查规程》第 19 条规定：“证人出庭后，先向法庭陈述证言，然后先由举证方发问；发问完毕后，对方也可以发问。根据案件审理需要，也可以先由申请方发问。控辩双方向证

---

① 交叉询问本身包含着方法和程式两方面的内容，方法体现于程序当中。交叉询问的一个基本前提就是将出庭的证人分为控方证人和辩方证人，在证人出庭后，人证调查的基本程序和方式为：（1）主询问（direct-examination）：控辩双方对本方的证人作的首轮发问，即第一次发问，其功能有二：首先，主询问是控辩双方对本方证人进行全面的展示案件；其次，主询问为反询问设定了范围。主询问的规则有二：首先，连续询问和回答；其次，绝对禁止提诱导性问题。（2）反询问（cross-examination）：指控辩双方对对方的证人进行的反驳性发问，我国台湾地区称其为“诘问”或者“质诘”，其功能有二：首先，揭露证人证言不可靠、违背常识，逻辑上不成立或者矛盾；其次，揭露该证人的说谎性人格等质疑证人的不可靠。其规则有二：首先，一问一答，绝对不允许连续陈述，与主询问形成鲜明对比；其次，允许提诱导性问题。（3）再询问（re-direct-examination）：控辩双方对本方证人进行的第二轮主询问，目的就是弥补本方证言漏出的破绽。（4）再反询问（re-cross-examination）即第二轮反询问，目的就是再挑毛病。

② 参见龙宗智：《我国刑事庭审中人证调查的几个问题——以“交叉询问”问题为中心》，载《政法论坛》2008 年第 4 期。

人发问完毕后，可以发表本方对证人证言的质证意见。控辩双方如有新的问题，经审判长准许，可以再行向证人发问。”根据《法庭调查规程（试行）》第20条规定，禁止所有的诱导性发问，这使得辩护方无法对证人的可靠性和证言的真实性进行有效质证。应当说，我国庭审中的人证调查程序已经具备了“交叉询问”的基本形态，但却没能抓住交叉询问的“精髓”。同时，这种基本的“控辩询问式”的质证方式，其实施情况也不理想。以某直辖市Y分院为例，该院2018年至2019年，即《法庭调查规程（试行）》实施后的两年间，提起公诉刑事案件共计274件484人，启动庭审对质询问程序仅3件6人，人数占比1.24%，且均为同案被告人之间的对质询问。[①]

最后，法庭调查环节质证时间普遍较短，证据难以得到充分质证。从实证统计数据看，在随机抽查的100个案件中，辩方针对证据提出异议的共215份，而每份证据平均质证时间仅为1.04分钟，每个案件平均质证时间仅为13.58分钟。[②] 庭审质证给人呈现的印象就是“快”，“快”得让人质疑那些争议的物证、书证和证人是否得到了充分的质证。质证时间较短与法官过度主导质证程序存在因果关系。实践中，庭审对质询问通常是由审判长决定启动的，审判长首先核实言词的“实质性差异”，然后要求控辩双方对差异内容加以解释，其间审判长常常针对证据矛盾进行一定的质询，最后询问公诉人和辩护人有无补充发问。这种法官控权主导的质证模式导致控辩双方对质证程序的参与不足，对质询问常常成为审判长的“独角戏”。[③]

① 参见龙宗智、关依琴:《刑事对质程序新论》，载《政治与法律》2020年第10期。

② 参见韩旭、王建波:《刑事庭审质证运行状况实证研究——以100个庭审案例为样本》，载《法治研究》2016年第6期。

③ 参见龙宗智、关依琴:《刑事对质程序新论》，载《政治与法律》2020年第10期。

（三）辩论制度的改革内容与实践经验

1. 辩护律师当庭发表意见的障碍与改革

一直以来，律师当庭发表辩护意见存在诸多障碍。其中最突出的障碍则是庭审中经常发生的“辩审冲突”问题，导致辩护律师无法充分发表辩护意见或难以通过当庭发表辩护意见有效影响法官心证。辩审冲突可以分为三种类型[①]：第一，程序上的辩审冲突。在一定程度上，所有的辩审冲突问题都可以归纳为程序冲突，但如果具体理解的话，程序冲突是指辩护律师根据刑事诉讼法及相关司法解释的规定，提出相关程序性申请而未获法官批准，进而发生辩审冲突的情况。例如贵州小河案中，律师就管辖和回避问题反复向法庭提出申请，最终导致数名律师被逐出法庭。第二，证据上的辩审冲突。证据上的辩审冲突主要是指辩护律师就证据合法性与证人等出庭问题向法院提出申请，未获得法庭批准的情况下与法庭发生冲突的情形。实务中最典型的即律师坚持要求法官启动非法证据排除程序，但是法官对此置之不理时，会引发律师的强烈抗议，引发双方的矛盾。第三，诉讼行为上的辩审冲突。诉讼行为上的辩审冲突可以归纳为因辩护律师行为引发的辩审冲突和因法官行为引发的辩审冲突两种类型。例如，2014 年 12 月 9 日至 2015 年 3 月 4 日，江西省南昌市中级法院通过长达 23 天的间歇性开庭，审理南昌市人民检察院指控南昌大学校长周某某受贿一案。其间被告人的反抗情绪激烈，自我辩护时间长达两天半，而辩护律师朱某某因为证据、程序适用等问题与审判长发生冲突，被 4 次轰出法庭。广西来宾某案的庭审，因控辩双方冲突激烈而陷入僵局，一位审判员主动走到控方区域递纸条“献策”，被辩护人当场举报，从而引发法庭上的激烈冲突；在一个中级法院的法庭辩论阶段，法官要求每个辩护律师的辩论发言时间不得超过 10 分钟，一位辩护律师当场提出反对，理由是“这

---

① 参见王彪：《刑事诉讼中的“辩审冲突”现象研究》，载《中国刑事法杂志》2015 年第 6 期。

是有一个死刑，一个死缓，两个无期徒刑的案件，你限制10分钟，你有什么法律依据，你合理吗？你严肃吗？”[①]“辩审冲突”引发了包括“律师退庭”[②]“法官驱逐律师”[③]等诸多问题，对庭审权威造成严重冲击。“辩审冲突”不仅严重违背法官中立、有效辩护等基本理念，而且严重侵害了被告人通过法庭辩护争取有利结果的权利，制约了庭审实质化的建设。在律师看来，“辩审冲突”主要是由于法官不尊重律师，庭审中随意打断辩方发表意见或限制辩方发表意见所造成的；而在法官看来，“辩审冲突”是辩护律师执业水平参差不齐，不遵守法庭秩序，将庭审当作“表演”的场合，过于纠缠与案件事实无关的问题所导致的。[④]就“辩审冲突”现象还引发了关于“死磕派”律师价值定位和存在原因等问题的诸多争议，这一问题甚至还被上升到“法治中国”的层面进行讨论。[⑤]正是因为法庭调查和法庭辩论环节对辩方发表意见的权利保障不足，庭审实质化建设才显得如此迫在眉睫。

为此，《关于推进以审判为中心的刑事诉讼制度改革的意见》和《关于全面推进以审判为中心的刑事诉讼制度改革的实施意见》均要求庭审实质化建设必须做到辩护意见发表在法庭，依法保障当事人和辩护律师的辩论辩护等诉讼权利。笔者调研发现，自推进庭审实质化建设以来，辩护律师当庭发表辩护意见权利的保障水平稳步提升。笔者访谈中，受访的多位

① 转引自王凤涛:《“磕出”中国法治“进步”？——死磕派律师的制度角色与中国司法的策略选择》，载《时代法学》2014年第6期。

② 参见杨勇:《辩护律师退庭的三种形态及规制》，载《湖南科技大学学报（社会科学版）》2020年第6期。

③ 参见陈学权:《法庭驱逐辩护律师问题研究》，载《法学评论》2015年第5期。

④ 参见王彪:《刑事诉讼中的“辩审冲突”现象研究》，载《中国刑事法杂志》2015年第6期。

⑤ 参见王凤涛:《“磕出”中国法治“进步”？——死磕派律师的制度角色与中国司法的策略选择》，载《时代法学》2014年第6期；蒋华林:《“磕出”一个法治中国！——以死磕派律师的价值辨正为中心兼与王凤涛博士商榷》，载《时代法学》2015年第3期。

律师均表示律师发表辩论意见的权利能够得到保障，甚至有律师认为SH市对保障律师权利的相关规定优于国家标准。考察庭审发现，法庭辩论时法官一般不会打断辩护人发言，允许辩护人充分、完整地发表辩论意见，即使在辩护人发表重复或与案件无关的辩论意见时，法官也仅是予以提醒，而不会直接阻止其发表辩论意见。但是，另一种现象值得关注，即被告人自身发表辩论意见的权利有时保障并不到位，特别是在被告人已经委托或者指派有辩护人的情况下，法官往往会倾向于让辩护人发表辩护意见，而不注重保障被告人自身的辩护权。例如，被告人在发表意见过程中不太流畅或有所反复时，法官会“征求”被告人的意见后让辩护人发表意见。造成这一现象的部分原因是相对于被告人而言，辩护人发表辩护意见确实更为专业，更有针对性，效果也更好，但这也与部分法官的认知偏差有关。辩护权是被告人的核心权利，被告人不仅有权委托辩护，也有权自行辩护。为切实保障被告人辩护权，法官在面对表达能力欠佳、专业知识欠缺的被告人时，应当保持宽容之心。

另外一个值得注意的现象是，与普通案件不同，职务犯罪、涉黑涉恶、危害国家安全等特殊、敏感案件中辩护律师的权利保障还有待提升。在调研中，多位律师对此均有所期待。

2. 辩护意见的效果提升

庭审实质化改革示范庭中，辩方辩护意见内容明显增多，辩护意见获得法庭采纳的比例也有所提高，法官采纳辩护意见后被告人获得有利刑罚的比例有所上升。

首先，辩方辩护意见的内容明显增多。基于律师进行刑事辩护的策略选择，可以将刑事辩护分为无罪辩护、量刑序辩护、罪轻辩护、程序性辩护与证据辩护五种类型。[①] 长期以来，我国刑事司法“重实体轻程序”的文化氛围导致辩护律师将辩护重点放在实体问题上，忽视程序辩护和高水

---

① 参见陈瑞华:《刑事辩护的理论分类》，载《法学》2016年第7期。

平的证据辩护。针对证据辩护也只钟爱以“非法证据排除”为核心的辩护，那种从证据证明力以及整个证据体系入手展开证据辩护的实例较为少见。在庭审实质化改革试点中，“随着律师参与辩护案件比例的提升，示范庭案件律师辩护的积极性相比以往有了明显提高，庭审中提出的辩护意见数量更多、种类更加丰富”。[①] 辩护律师在实体问题、程序问题、量刑问题、证据问题上都提出了明显多于庭审实质化改革之前的辩护内容和辩护意见。[②] 并且，即使就量刑问题展开辩护，律师也能更加充分地运用各种法定减轻情节，积极收集、促成和运用如刑事和解、认罪认罚等新的酌定减轻情节，量刑程序和量刑问题的对抗与合作更加多元化发展。[③]

其次，辩护意见获得采纳的比例也有所提高。从年份的跨度来看，有研究发现，2018 年刑事辩护采纳率高于 2014 年：在 2014 年的 300 个样本案件中，212 个被告人有律师担任辩护人，其辩护律师的辩护意见被法庭部分采纳的有 110 人，被法庭全部采纳的有 19 人，部分或全部采纳律师辩护意见的比率为 60.85%。在 2018 年的 300 个样本案件中，343 个被告人有律师担任辩护人，其辩护律师的辩护意见被法庭部分采纳的有 205 人，被法庭全部采纳的有 43 人，部分或全部采纳律师辩护意见的比率为 72.30%。[④] 从庭审实质化的试点改革中可以发现，实行实质化庭审的试点庭和保持通常审理模式的对比庭在辩护律师采纳上呈现出显著的差异性。以成都法院为例，示范庭辩护意见全部采纳的比例为 15.07%、部分采纳的比例为 56.16%、未采纳的比例为 28.77%，而对比庭相应的数据分别为 43.21%、34.29%与 22.5%，示范庭辩护意见的部分采纳率要明显高于对比

---

① 李文军:《庭审实质化改革的成效与路径研究——基于实证考察的分析》，载《比较法研究》2019 年第 5 期。

② 参见左卫民:《地方法院庭审实质化实证研究》，载《中国社会科学》2018 年第 6 期。

③ 参见闵春雷:《认罪认罚案件中的有效辩护》，载《当代法学》2017 年第 4 期。

④ 参见魏晓娜:《以审判为中心的诉讼制度改革：实效、瓶颈与出路》，载《政法论坛》2020 年第 2 期。

庭。[①] 至于示范庭辩护意见的全部采纳率和未采纳率低于对比庭，可以从示范庭辩护意见内容多、对抗性更强的角度得到解释，但总而言之，辩护意见部分采纳率在庭审实质化试点中有所上升。

最后，辩护意见获得采纳后被告人获得有利刑罚的比例上升。有学者对某基层法院 2014 年至 2017 年判决的 385 起盗窃案件进行实证分析后发现，在有辩护律师的案件中，被告人被判处的刑罚会偏轻，说明辩护律师的介入对量刑具有显著影响。[②] 在庭审实质化试点法院，法庭在采纳辩护意见后，被告人被判无罪、获得从轻、获得减轻、免除处罚的，示范庭分别占 7.69%、82.69%、7.69%、1.92%；对比庭分别占 0.96%、77%、3.23%、0。[③] 总体说来，示范庭中采纳辩护意见案件中有 88.83% 的被告人最终得以从轻处罚，8.07% 的被告人得到减轻处罚，2.48% 的被告人被无罪释放，0.62% 的被告人免予刑事处罚。[④] 从全国层面来看，2013 年至 2017 年，"律师辩护缓刑率"从 27.93% 提升至 31.93%，增量 4%，增幅为 14.32%。[⑤]

除此之外，很多研究都发现，从辩护意见的采纳率来看，指定辩护的辩护意见采纳率并没有明显低于委托辩护，因此可以判断，由庭审实质化推动的法律援助辩护质量改革也取得一定成效。[⑥] 而指定辩护质量的提升，

---

① 参见左卫民:《地方法院庭审实质化实证研究》，载《中国社会科学》2018 年第 6 期。

② 参见王莉萍、刘方权:《律师辩护对量刑的影响实证研究——基于 385 起盗窃案件的统计分析》，载《海峡法学》2018 年第 4 期。

③ 参见李文军:《庭审实质化改革的成效与路径研究——基于实证考察的分析》，载《比较法研究》2019 年第 5 期。

④ 参见左卫民:《地方法院庭审实质化实证研究》，载《中国社会科学》2018 年第 6 期。

⑤ 参见王禄生:《论刑事诉讼的象征性立法及其后果——基于 303 万判决书大数据的自然语义挖掘》，载《清华法学》2018 年第 6 期。

⑥ 参见蒋宏敏等:《刑事案件律师辩护率及辩护意见采纳情况实证研究（下）——以四省（区、市）1203 份判决书为研究对象》，载《中国律师》2016 年第 12 期。

也能够有效促进法律援助案件中的控辩平等对抗，助力庭审实质化建设。

3. 辩护意见采纳的实践困境

（1）辩护意见采纳不均衡。辩护意见分为定罪辩护意见和量刑辩护意见，这两种辩护意见的采纳情况差别较大，其中定罪辩护意见特别是无罪辩护意见采纳率较低，而量刑辩护意见采纳率相对较高。有研究发现，无论是基层法院还是中级法院，凡是律师提出量刑辩护特别是从轻处罚的辩护，法院采纳律师辩护意见的比例都比较高。在从北京、江苏、湖南以及新疆基层法院选取的 803 个案件中，律师提出从轻辩护意见的案件共 136 件，135 件被法院采纳，只有 1 件不被采纳；在从以上 4 地中级法院选取的 400 个案件中，律师提出从轻处罚辩护意见的案件共 218 件，法院采纳的有 182 件，不采纳的有 36 件。① 在 C 市 Y 中院 2013 年至 2015 年选取的 198 名被告人有律师辩护的案件中，律师提出的 672 个辩护意见，法院最终采纳 302 个，采纳率为 44.94%。在采纳的意见中，定性意见 9 个，占 2.98%；量刑意见 293 个，占 97.02%。② 在成都地区法院审理的示范案件中，律师提出的 914 个辩护意见中最终被法院采纳的有 533 个，采纳率为 8.54%。在采纳意见中，定性意见 43 个，占 8.12%；量刑意见 509 个，占 91.88%。从类型上看，“酌定量刑”意见采纳数量最多，“指控证据不足的无罪”意见采纳数量最少。③

定罪辩护意见包括无罪意见和他罪（轻罪）意见，其中无罪意见中证据不足的无罪意见较为常见。实践中，无罪意见很难得到采纳，S 省 C 市中级法院法官直言宣判无罪的案件很少。就全国范围来看，无罪判决也

① 参见蒋宏敏等:《刑事案件律师辩护率及辩护意见采纳情况实证研究（下）——以四省（区、市）1203 份判决书为研究对象》，载《中国律师》2016 年第 12 期。

② 参见欧明艳、黄晨:《从形式到实质：刑事辩护对裁判结果影响力研究——以 C 市 Y 中院近 3 年 198 名被告人的律师辩护为样本》，载《法律适用》2016 年第 1 期。

③ 参见郭彦主编:《刑事庭审实质化改革的成都样本》，人民法院出版社 2016 年版，第 265 页。

是鲜见的。按被告人人数统计，全国法院2014年至2016年的无罪判决率大致分别为0.065%、0.084%和0.088%；如果以5年为统计单位，全国法院2013年至2017年无罪判决率大致为0.08%。[①] 被告人被判无罪的不足0.1%。由于无罪辩护意见无准确数据，无罪判决率低并不能充分证明无罪辩护意见被采纳少，但也能从侧面折射无罪辩护意见的“命运”。无罪辩护意见很少得到采纳也反映了司法实践中辩护律师重法律辩护、轻事实辩护。“重法律辩护”体现为律师把大量的工作放在法律辩护意见上，侧重对案件性质、情节等法律适用问题提出看法；“轻事实辩护”体现为在法庭举证、质证等较早阶段，律师对犯罪事实的辩护作用相对较为薄弱，很难从事实层面主张被告人不构成犯罪。[②]

与无罪辩护意见不同，量刑辩护意见得到采纳的比率较高，辩方提出的被告人具有自首、立功、坦白、积极赔偿、认罪态度好等法定或酌定减轻、从轻的量刑情节的辩护意见得到法院采纳的比率较高。但是，如果在被告人已经被逮捕的情形下，主张对被告人判处缓刑的辩护意见采纳比例较低。应当说，这是“逮捕中心主义”在量刑程序中的体现，即逮捕成为刑事诉讼的中心环节，逮捕“绑架”审判，甚至决定案件的量刑结果。显然，这与“庭审中心主义”背道而驰。[③] 关于定罪和量刑辩护意见被采纳情况相差较大这一现象，其他学者亦做过实证研究。[④]

---

① 2014年共判处罪犯118.4万人，对518名公诉案件被告人和260名自诉案件被告人宣告无罪；2015年共判处罪犯123.2万人，对667名公诉案件被告人和372名自诉案件被告人宣告无罪；2016年共判处罪犯122万人，对656名公诉案件被告人和420名自诉案件被告人宣告无罪。2013年至2017年共判处罪犯607万人，对2943名公诉案件被告人和1931名自诉案件被告人宣告无罪。参见2015年至2018年《最高人民法院工作报告》。

② 参见左卫民、马静华:《效果与悖论：中国刑事辩护作用机制实证研究——以S省D县为例》，载《政法论坛》2012年第2期。

③ 参见汪海燕:《论刑事庭审实质化》，载《中国社会科学》2015年第2期。

④ 参见左卫民:《地方法院庭审实质化改革实证研究》，载《中国社会科学》2018年第6期。

无罪案件少的原因众多，“精密司法”[①] 是其中之一。《关于推进以审判为中心的刑事诉讼制度改革的意见》第2条提出严格依照证据裁判，并将侦查终结、提起公诉、有罪判决的标准统一为犯罪事实清楚，证据确实、充分。明确要求侦查机关加强取证能力，检察机关严守起诉关，将未达到证明标准的案件提前筛选，避免进入审判程序，还要求侦控机关都以审判的标准严格依法办案，从源头上避免无罪的人受到法律追究。这也一定程度上体现了“审判中心”下审判对侦查、审查起诉的指引、规范和制约作用。

现实中诸多因素均影响了无罪判决。我国虽然实现了控审分离，但无罪判决还是会影响到检察机关及其相关人员的考核甚至影响到检法之间的关系，法院有时还会承受上级机关及其他机关的压力。这极有可能导致严重后果，在杜培武、佘祥林、赵作海等案件中，辩护律师均依法提出了无罪的辩护意见，但最终都没有被采纳。另外，有部分无罪案件通过撤回起诉方式消化，在撤回起诉的情况下，尽管法院并未作出无罪判决，但无罪辩护意见也得到了变相采纳。

（2）法官采纳辩护意见的论理不足。辩护意见采纳的另一个实践困境是法官对辩护意见采纳情况的论理不足，即无论法官是否采纳辩护意见，在判决书说理方面，存在普遍的不足。例如，在判决书中，法官对律师的辩护意见不进行归纳总结。很多辩护律师针对某个案件都会提出几个甚至几十个辩护意见，但法官在判决书主文中通常予以一并驳斥，显得极为凌乱；而有的法官在判决书中长篇罗列辩护人的观点，驳斥无重点；还有部分法官在判决书中仅仅简单重复辩护人的观点后，就用非常“不讲理”的

---

① 精密司法，是指侦查活动以彻底的调查讯问为中心开始的，检察官掌握了详细的资料后，从证据的确凿性和追诉的必要性两个方面详细地进行分析，继而在审判中辩护人进行充分的防御活动，法院力图查明深层次真相，并根据该结果作出判决。需要注意的是，日本学者在引用此概念时，对过分推行“精密司法”持消极态度。参见［日］田口守一:《刑事诉讼法》，张凌、于秀峰译，中国政法大学出版社2010年版，第16页。

方式加以驳斥，如辩护人提出某职务犯罪的被告人没有提供职务便利的辩护意见，法官的驳斥方式为“经查，被告人王某某具有在 ××× 事项中的职务便利，而 ×× 给予其办事费正是基于其职务便利，故对其辩护意见不予采纳”。[①]

4. 法庭辩论程序的改革经验

辩护律师当庭发表辩护意见的状况持续向好，得益于法庭辩论程序实质化改革的稳步推进。为落实庭审实质化所提出的“诉辩意见发表在法庭”的要求，成都市法院针对当前实务中的积弊在改革方案中设置了三项有针对性的制度安排[②]，为未来法庭辩论环节的程序优化积累了十分有益的经验：

第一，打破法庭调查和法庭辩论的僵化区分，在法庭调查的质证阶段设置专门的“小辩论”环节，允许控辩双方在“小辩论”环节针对证据的“三性”（真实性、关联性与合法性）发表意见展开辩论。这种“小辩论”程序区别于正式开展的“法庭辩论”程序，并不是控辩双方就法律适用问题展开集中性辩论的环节。这项改革主要是为了克服以前庭审中法庭调查环节控辩双方只能就证据“三性”问题简单地回答“是”或者“否”，而正式的法庭辩论环节法官又不允许辩护律师针对证据问题重新提出意见的弊端。这能够保障诉、辩双方在法庭上能有更直接、更充分的机会向法庭发表质证意见，保障辩方实质参与庭审，彰显程序正义的价值和理念。

第二，确保控辩双方在法庭辩论这一“大辩论”环节的首轮辩论中全面、充分发表辩护意见，法官不得针对辩护律师发表辩护意见限制时

---

① 参见张曼慧、阿尼沙：《控辩审合力下的有效辩护构建——以西部某省会城市400份裁判文书的实证分析为视角》，载国家法官学院科研部主编：《尊重司法规律与刑事法律适用研究（下）——全国法院第27届学术讨论会获奖论文集》，人民法院出版社2016年版，第1373页。

② 参见万毅、赵亮：《论以审判为中心的诉讼制度改革——以C市法院“庭审实质化改革”为样本》，载《江苏行政学院学报》2015年第6期。

间，更不得轻易打断，以保障控辩双方能够充分发表意见。在首轮意见发表结束后，由法官在庭前会议的基础之上，结合首轮辩论情况，进一步归纳争议焦点，然后引导控辩双方围绕争议焦点展开进一步的答辩。这种程序设计既提高了效率，也保障了控辩双方可以有效、有针对性地发表辩护意见。

第三，构筑“隔离墙”巩固当庭辩护意见的效果，控辩双方的所有意见都必须当庭发表，控辩双方的诉求、主张和论证均以庭审笔录的记载为准，法官的裁判也必须以庭审笔录的记载为基础。要求控辩双方不得在庭后以书面形式补交辩护意见，更不得在庭后移送证据，即明确要求凡是未经对质和辩论的意见、观点，一律不得作为裁判依据，倒逼法官必须保障辩护律师当庭发表辩护意见的权利，真正做到“诉辩意见发表在法庭”。

（四）法庭调查与法庭辩论制度的改革成效与完善路径

通过观察访谈，结合其他学者的实证研究成果，笔者发现，法庭调查和法庭辩论制度改革在实践中已经取得巨大进步。实务界和理论界已经逐渐将关注焦点从“证人出庭”转移到“关键证人出庭”上来，因为证人出庭所带来的庭审“不确定性问题”增加，正预示着庭审实质化的程度逐步提高，实践中辩方在举证和质证上的话语权和影响力稳步提升，在这个过程中，法官、检察官和律师都需要转变理念，总结经验，学习新技能，将以前那种围绕案卷笔录准备庭审的思维逐步摒弃，推动言词审理和直接审理原则在庭审实践中落地生根。当然，如何将法庭查明真相的核心从案卷笔录转移到人证上来，并且贯彻言词审理，还有赖于强制证人出庭制度、证人保护及经济补偿制度、案卷移送制度以及鉴定人、侦查人员出庭作证制度等的持续改进。在这个过程中，理论研究者可能更需要将眼光投向司法实践，总结一些地方法院的做法和经验，为司法改革提供有扎实经验支撑的理论知识。同时，因为庭审实质化改革的推进，法庭辩论的新气象是令人振奋的，那种“缺乏对抗的被告人说话式审判”[1]已经逐渐成为回忆。无论是从辩护意见的内容、辩护意见采纳比例还是有辩护律师的被告人获得轻刑的比例来看，辩护意见的影响力都有了质的提升。随着认罪认罚从宽制度改革的持续推进，律师除了选择对抗性辩护外，还可以通过合作、协商、妥协等方式在量刑程序和量刑问题上争取更大的作为。

同时笔者发现，我国法庭调查程序和法庭辩论程序存在法官过度控权的问题。[2]法官过度控权，体现在举证、质证、辩论以及量刑调查等全部庭审过程中。具体说来：首先，在法庭举证过程中，法官不只是指挥和控制控辩双方的举证程序和举证内容，还会“辅助”公诉人举证。例如，庭审中会不时出现法官提醒公诉人，“不是还有那份证据吗”的情况，即法官在庭前全面阅卷，在公诉人举证有所疏漏的情况下，法官会“辅助举证”。其次，在法庭质证环节，整个程序安排并非以被告人的对质权为中心建立起来的，而是围绕法官的认知展开的。根据《刑事诉讼法》第198条第2款规定，控辩双方经审判长许可，才可以对证据和案件情况发表意见并且可以互相辩论。在庭审的对质实践中，辩方向证人发问必须取得主审法官的同意，而且主审法官在了解案情或者对争议内容有了内心确信后，会直接干预或者打断被告人的质询；同时，法官在控辩双方询问之前对证人询问，或者在控辩双方询问之后对证人进行补充询问，但无论从询问的时间还是询问内容来看，其广度和深度都超过控辩双方。[3]虽然在不实行陪审制的法庭中，庭审的立足点就是主审法官的认知，裁判也是以主审法官的认知为基础的。但是，这并不意味着庭审质证要直接以法官的认知为落脚点，因为在控辩对抗式的诉讼结构之中，法官的认知是

---

① 参见李昌盛:《缺乏对抗的“被告人说话式”审判——对我国“控辩式”刑事审判的实证考察》，载《现代法学》2008年第6期。

② 参见尹泠然:《刑事证人出庭作证与庭审实质化》，载《华东政法大学学报》2018年第1期。

③ 参见左卫民:《实证研究：中国法学的范式转型》，法律出版社2019年版，第276—278页。

建立在控辩双方对抗的过程和结果之上的，而控辩双方的对抗恰好是围绕被告人的对质权展开的。最后，由于量刑程度的独立性和对抗性还在形塑过程中，控辩双方充分而富有意义地参与量刑裁判的格局尚未形成，法官在量刑调查程序中拥有十分强大的控制能力。

不可否认，我国诉讼模式的底色是职权主义，在这种模式之下，法官肩负发现真实、揭示真相的重任，他理应在案件事实的认定上拥有较大的调查权和裁量权。然而，自1996年审判方式改革以来，我国在庭审阶段已经引入了控辩对抗机制，并在后续的司法改革中对审判程序安排和证据规则作出了一系列的改革和调整，职权调查的色彩有所淡化，控辩对抗式的审判格局初步形成。这种诉讼构造要求法官在事实查证方面以听证为主，以职权调查为辅。[①] 因此，结合法官在举证、质证以及量刑调查程序中的诸多弊端，未来针对法庭调查的司法改革应当迈向一种“有效的控辩主导模式”。在这种模式中，控方证人和辩方证人得到有效区分，检察官负有保障关键证人出庭作证的义务；辩方申请证人出庭并进行充分询问成为常态化；法官必须保持基本的“中立性”，可以指挥法庭调查程序，可以对证人进行补充发问，但不得无理干涉辩方的质证活动，更不得实施控诉式的法庭调查活动；同时，“交叉询问”的方法得到有效本土化，“控辩询问”式的法庭调查经验更加成熟，法庭调查程序更加集中高效。

---

① 参见龙宗智：《刑事庭审制度研究》，中国政法大学出版社2001年版，内容提要部分第6页。

三、规范量刑制度*

被告人刑事责任的认定包括两个部分：定罪和量刑。与之对应，庭审实质化也应包括定罪审理实质化和量刑审理实质化。在我国，量刑实质化的重要性并不亚于定罪实质化。有学者认为，“中国刑事司法的经验显示，绝大多数案件的被告人都作出了有罪供述，控辩双方在这些案件中几乎对被告人是否构成犯罪没有明显的争议”；“从普遍意义上看，中国刑事审判的核心问题是量刑问题，而不是定罪问题”。[①] 量刑规范化改革是“规范裁量权，将量刑纳入法庭审理程序”的简称，它既是一个实体法问题，也是一个重要的程序法问题，一直在司法改革中居于关键位置。

（一）量刑程序的模式变革

推动量刑模式变革的主要力量，是从中央到地方推出的一系列量刑规范化改革措施。下文主要从诉讼构造的角度，对量刑程序的规范化、量刑证据的审查判断、公诉人、辩护人等在量刑程序中的地位和作用展开论述，对规范量刑的宏观改革效果进行模式化的分析。

1. 从“定罪量刑一体化模式”到“相对独立的量刑模式”

量刑成为法庭审理的重心，对我国传统的以定罪为中心的定罪量刑一体化的程序模式提出了挑战。在2012年《刑事诉讼法》修改之前，法庭审理实行“定罪量刑一体化”模式。在这种模式中，法庭审理的重心在于查明被告人是否构成犯罪，量刑程序依附于定罪程序，法庭并不单独就量刑问题举证、质证和辩论。很明显，此种审理模式仅实现了对定罪部分实

* 本部分撰稿人为汪海燕教授。

① 陈瑞华：《刑事诉讼的前沿问题》，中国人民大学出版社2013年版，第328页。

质化审理，而量刑程序由于被定罪程序湮灭并未实现实质化，这不仅可能导致实体上量刑不公，也剥夺了当事人在量刑事项上的举证、质证等程序性权利。同时，定罪、量刑证据的混合使用，也易使法官形成预断。量刑证据以及相关材料与定罪的证据材料并不完全相同，一些如前科、累犯等不利于被告人的量刑材料或信息出现在定罪程序中可能使裁判者先入为主，容易促使其形成被告人有罪的心证。另外，在被告方作无罪辩护的情形下，“定罪量刑一体化”模式将会使其陷入两难境地。“如果不做从轻量刑的辩护，辩护律师就无法促使法庭注意那些有利于被告人的量刑情节；如果在法庭辩论中提出从轻量刑意见，又势必与前面所作的无罪辩护意见相悖，以致大大削弱无罪辩护的效果。”[①]

为消除上述弊端，在2012年《刑事诉讼法》修改之前，我国相关司法机关就进行了量刑程序改革。2010年9月，最高人民法院发布了《人民法院量刑指导意见（试行）》，并与最高人民检察院、公安部、国家安全部、司法部联合发布了《关于量刑程序若干问题的意见（试行）》。在此背景下，“相对独立的量刑模式”得以确立，其主要包括：第一，法庭应当将量刑纳入法定审理程序，在法庭调查、法庭辩论等阶段，应当保障量刑活动的相对独立性。在法庭调查阶段，可以先就定罪事实和证据进行法庭调查，再相对集中地就量刑事实和证据进行法庭调查。在辩论阶段，可分别就定罪和量刑问题展开辩论，增强量刑辩论的针对性。第二，明确了检察机关的量刑建议权，以及当事人、辩护人、诉讼代理人提出量刑意见的权利。人民法院应当允许并组织公诉人、当事人、辩护人和诉讼代理人就量刑问题发表量刑意见，并注意听取他们的意见。第三，要求法官在刑事裁判文书中，应当说明量刑理由，增强量刑的公开性和透明度。[②]

① 陈瑞华:《论量刑程序的独立性——一种以量刑控制为中心的程序理论》，载《中国法学》2009年第1期。

② 参见《严格程序规范量刑确保公正——最高人民法院刑三庭负责人答记者问》，载《人民法院报》2009年6月1日，第2版。

然而，2012 年《刑事诉讼法》并没有明确规定“相对独立的量刑模式”。2012 年《刑事诉讼法》第 193 条第 1 款规定，“法庭审理过程中，对与定罪、量刑有关的事实、证据都应当进行调查、辩论”。应当说，该条虽然强调对与“量刑有关事实、证据”的调查和辩论，但对于量刑程序与定罪程序是“混合一体式”，还是相对独立抑或是完全独立，则语焉不详。最高人民法院在随后的司法解释中确立了“相对独立的量刑模式”，在一定程度上弥补了此缺憾。直到 2020 年 11 月 5 日，为深入推进以审判为中心的刑事诉讼制度改革，落实认罪认罚从宽制度，进一步规范量刑程序，最高人民法院、最高人民检察院、公安部、国家安全部和司法部对《关于规范量刑程序若干问题的意见（试行）》进行了修改完善，联合印发《关于规范量刑程序若干问题的意见》（以下简称《量刑意见》）。该意见第 1 条就指出，人民法院审理刑事案件，在法庭审理中应当保障量刑程序的相对独立性。2021 年，最高人民法院出台的司法解释巩固了相对独立的量刑模式，要求在法庭审理过程中，应当对与量刑有关的事实、证据进行调查；对被告人认罪的案件，法庭调查和法庭辩论主要围绕量刑和其他有争议的问题进行；对被告人不认罪或者辩护人作无罪辩护的案件，法庭调查应当在查明定罪事实的基础上，查明有关量刑事实，而法庭辩论则先辩论定罪问题，后辩论量刑问题；等等。

2.“独立量刑模式”的形成

在“相对独立的量刑模式”之下，量刑成为与定罪并列的法庭审判事项，量刑程序的地位得以彰显，量刑依附于定罪的问题得以解决。但该模式仍然存在问题，与庭审量刑实质化还有距离。

有学者就量刑程序改革的效果进行实证研究发现，相对独立量刑程序在证据提出方面并未发生明显变化，量刑效果前后差异不大，审判效率下降，相对独立量刑程序改革积极性有限。[①] 文中提到的很多现象现在仍然

---

① 参见左卫民：《中国量刑程序改革：误区与正道》，载《法学研究》2010 年第 4 期。

存在，调研中尚未发现有法院采用完全隔离的量刑程序，而且定罪量刑程序呈现一体化趋势，证据往往一并出示或交叉出示。尤其是被告人的前科这一典型的量刑情节，起诉书中都已经写明，不可避免地会使法官形成不利于被告人的印象。即使在相对独立的量刑程序框架下，也是先出示定罪证据，再出示量刑证据，且相隔的时间往往较短，实效性有限。另外，有学者结合死刑案件的判决书和针对法官、检察官和辩护律师的问卷调查进行研究发现，即使是在最严重的死刑案件中，目前的庭审程序仍然存在“重定罪而轻量刑”的倾向，整个庭审活动主要围绕定罪进行，量刑无法成为庭审的实质内容，在量刑程序不具有最低限度的独立性的情况下，存在法官量刑心证难以独立形成、合议庭量刑虚置、陪审量刑适用率低、控辩双方参与量刑受限等一系列量刑非实质化问题。①

首先，在相对独立的量刑程序中，辩方深陷“两难境地”的问题未能得到解决。在被告人认罪的案件中，法庭调查和法庭辩论主要围绕量刑问题进行，故不存在问题。在被告人不认罪或辩护律师作无罪辩护的案件中，该问题则较为明显。在相对独立的量刑程序中，定罪和量刑的裁判并未彻底分离，量刑辩护是在定罪问题未得以确定的情形下展开的，一旦被告人及其辩护人放弃参加量刑辩护，有可能在被告人被定罪的情形下丧失量刑辩护的机会。在这种压力之下，辩护方往往采取一方面作无罪辩护，另一方面在假设被告人被定罪的基础上，提出被告人应当或可以减轻、从轻的量刑辩护策略。这种策略无疑使无罪辩护的效果削弱，甚至推翻己方的无罪辩护意见。

更为严重的是，在法庭调查中对量刑证据进行调查，其中一些证据可能使裁判者形成先入为主的有罪心证。因为定罪与量刑的基础不同，定罪证据与量刑证据或其他材料亦不同。定罪问题，包括罪与非罪，此罪与彼

① 参见陈群:《死刑量刑程序的现状反思与模式重塑——基于实证的分析》，载《江西社会科学》2018年第8期。

罪，取决于某个行为是否符合犯罪构成要件，关注的是事实，体现刑罚适用的统一性和刚性。而量刑是在定罪的基础上，确定行为人应受何种处罚。这种处罚的依据包括三个部分：第一类是符合特定犯罪构成要件的事实，包括各种犯罪形态，如犯罪预备、中止、未遂；第二类是与犯罪事实无关的法定量刑情节，如自首、立功、累犯、未成年、聋哑等情形；第三类是与犯罪事实无关的酌定量刑情节，这些情节往往体现为行为人个体的一些情形，在很大程度上取决于裁判者的自由裁量，如前科（不包括累犯）、被告人的品行、被告人尤其是青少年被告人的家庭背景甚至社会原因、被告人悔罪的态度、与被害人达成的谅解等。在一项针对120名法官的问卷调查中，当被问及“依据审判经验，您认为在一个审理程序中同时听取定罪证据和量刑证据是否会给法官造成一定的思维干扰和预断”时，参与调查的120名法官中有82人认为“是的，有时会”，有16人认为“是的，经常会”，而认为“绝对不会”的只有17人；而在问及“如果您在认定被告人有罪前就已知晓其犯罪前科、恶劣品行等量刑信息，这是否会使您对罪行认定产生一定的干扰和预断”时，选择“是的，有时会”的占到了调查法官总数的43.3%，选择“是的，经常会”的占到了22.5%，而选择“绝对不会”的只有21.7%。[①]

因此，量刑与定罪有很大的不同，它不仅关注相关事实，而且亦重视行为人的个体情况，在很大程度上体现了刑罚的差异化和个性化。在相对独立的量刑程序中，量刑问题的调查是在查明定罪事实的基础上进行的。在事实调查环节，量刑证据不仅在定罪证据之后出现，还有可能首先被展现在法庭上。按照我国起诉书的格式，正文的第一部分载明被告人情况时，就要写明被告人以前受过刑事处罚的情形；即使被告人没有前科，但是如果有控方掌握的其他不利于被告人量刑的材料，如以前一般的违法记

① 参见陈群：《死刑量刑程序的现状反思与模式重塑——基于实证的分析》，载《江西社会科学》2017年第8期。

录，可能也会在法庭调查阶段的量刑证据材料调查部分展现。而一旦控方提供的不利于被告人的量刑证据被展示，法官在对案件事实的认定过程中，就很难将其与定罪问题完全隔离开，且自由心证不受任何影响。更有可能的情形是，法官将有罪证据与不利于被告人的量刑证据结合起来，以增强其内心确信。在此种情况下，被告方作无罪辩护，将被视为不成立，甚至是“认罪态度不好”；被告方一旦作量刑辩护，则被视为对法官内心确信的补强。不仅不能将这些量刑材料与定罪材料完全分开，控方出示的定罪材料和这种不利于被告人量刑材料混合的结果可能促使裁判者形成被告人有罪的心证。

《法庭调查规程（试行）》第44条虽然规定了量刑调查不影响无罪辩护，但并未构建隔离式量刑程序，辩方在作无罪辩护时，仍有可能有所顾虑，“如果提出从轻量刑意见，势必与前面所作无罪辩护意见相悖，以致大大削弱无罪辩护的效果”。[①] 据调查，法官往往会在法庭辩论前甚至法庭调查前问被告人及辩护人是作罪轻辩护还是无罪辩护，如果辩方作无罪辩护的，其在发表罪轻意见时有部分法官不甚重视，甚至直接阻止，使得量刑辩护难以开展。相对于定罪程序，量刑程序由于不涉及无罪判决、非法证据排除等棘手问题，对法院、检察院影响较小，但对被告人的影响则不可小觑，特别在认罪案件中，量刑程序对被告人的影响可谓更深，更值得关切。以量刑程序实质化作为庭审实质化的突破口也许是一种阻力较小的选择。为实现定罪和量刑两个方面的庭审实质化，保障辩护方的量刑辩护权利，应当对量刑模式作出进一步的改革，即在程序分流的基础上，对于被告人不认罪的案件，实行独立的量刑程序。

第一，在被告人认罪的案件中，设立以量刑为主的审理模式。对于被告人认罪的案件，保持现有模式不变，法庭审理主要围绕量刑和其他

---

① 陈瑞华：《论量刑程序的独立性——一种以量刑控制为中心的程序理论》，载《中国法学》2009年第1期。

争议问题进行。对于被告人认罪，且符合简易程序、速裁程序的案件，法庭审理主要围绕量刑程序和其他争议问题展开的同时，可以进一步简化审理程序，提高办案效率，以便节约更多的司法资源用于办理被告人不认罪的案件。

第二，在被告人不认罪或者辩护律师作无罪辩护的案件中，确立完全独立的量刑程序。在这种模式中，定罪与量刑程序完全分离，只有在确定被告人有罪之后，才能启动量刑程序。这种完全分离的量刑模式能够避免辩护人陷入无罪辩护与量刑辩护的“骑墙困境”，也可以防止量刑证据对定罪的影响。当然，这种完全独立的量刑模式要求耗费大量的司法资源，这需要建立在审前程序充分分流，庭审只用于解决少部分有实质争议的案件的基础之上。①

（二）量刑建议制度的发展

量刑建议是量刑请求权的表现形式，是公诉权在量刑程序中的自然延伸，它具有启动量刑程序、制约量刑裁判、明确证明责任、预设监督标尺的功能，有利于提高量刑程序的公开性、公正性和公信力，保障当事人诉讼权利，强化对量刑裁判的制约监督。② 早在2010年，最高人民检察院就发布了《人民检察院开展量刑建议工作的指导意见（试行）》，积极参与到量刑规范化的改革进程中。该意见对提出量刑建议的原则、条件、方式、审批程序、辩论程序等作出了原则性的规定，并赋权地方检察院结合实际情况制定本地的工作规程或者实施细则。最高人民检察院副检察长陈国庆指出，“量刑规范化改革到目前已经实施了近十年的时间，检察机关量刑建议工作取得了明显成效，不管是量刑建议提出的数量、比例，还是量刑建议的采纳率，都得到稳步提升。特别是刑事案件速裁程序和认罪认罚从

---

① 参见汪海燕:《论刑事庭审实质化》，载《中国社会科学》2015年第2期。

② 参见朱孝清:《论量刑建议》，载《中国法学》2010年第3期。

宽制度试点以来，基层检察机关量刑建议的规范化和精准度明显提高，检察官提出量刑建议的能力明显增强”。[①]

1. 量刑建议发展的实践特征和发展趋势

（1）量刑建议适用范围不断扩大。量刑程序的诉权化启动有赖于检察院主动提出量刑建议。2018 年，江苏、重庆、天津、北京等地提起量刑建议数量占提起公诉人数的 80%。目前最高人民法院针对 23 种常见罪名发布了明确的量刑标准，涵盖了 90% 的刑事案件，为检察机关提出明确的量刑建议提供了指引。同时，各地区检察机关结合当地司法实践，总结常见罪名的量刑标准，会同法院共同制定了量刑的起点、量刑从宽的不同幅度层级、适用缓刑的标准、罚金的标准等。在认罪认罚从宽制度正式入法之后，提出量刑建议成为检察机关的法定义务，量刑建议的适用范围进一步扩大，已不限于常见的 23 种罪名。[②]

（2）幅度刑量刑建议和精准量刑建议相结合。在各地检察院探索量刑建议初期，公诉人提出的量刑建议主要以幅度刑量刑建议为准，而且幅度较大，有的直接套用刑法中的法定刑区间。随着认罪认罚从宽制度试点的推进，检察院量刑建议成为控辩合意的重要载体，量刑建议精准化的必要性逐步显现。实践中，检察机关加大对公诉人量刑建议等业务能力的培训，公诉人在提出量刑建议的过程中亦加强与辩护人和承办法官的沟通，通过这种学习和沟通机制的运行，精准量刑建议的比例大幅提高。目前量刑程序中已经初步形成幅度刑量刑建议和精准刑量刑建议并行的格局。2019 年 6 月至 2019 年 9 月，G 区法院共审理认罪认罚案件 227 件，涉及 287 名被告人。G 区检察院对其中 262 名被告人提出精准量刑建议，占比 91.6%。D 县法院自 2019 年 1 月至 2019 年 9 月，共审结认罪认罚案件 154 件，D 县检察院对涉案的 162 名被告人全部提出精准量刑建议。具体

---

① 陈国庆:《量刑建议的若干问题》，载《中国刑事法杂志》2019 年第 5 期。

② 参见陈国庆:《量刑建议的若干问题》，载《中国刑事法杂志》2019 年第 5 期。

而言，G 区检察院在 2019 年 6 月、7 月、8 月、9 月提出的量刑建议数量分别为 26 人、101 人、82 人、77 人，精准量刑建议在当月提出量刑建议的案件中占比分别为 96.2%、98.0%、90.2%、83.1%。可以看出，精准量刑建议的占比快速提升，逐渐成为检察院提出量刑建议的主要形式。

（3）认罪认罚案件中量刑建议采纳比例明显提高。认罪认罚从宽制度试点并逐步推开后，各地公检法机关加强协作配合，共同规范类案量刑证据收集指引，明确量刑程序规范，细化类案的量刑标准等，实现了检察机关量刑建议的精准度和法院的采纳率的同步提高。当前，在量刑建议精准度大幅提高的前提下，采纳率能够达到 64.9%，部分地区量刑建议采纳率能够超过 80%，有的地区采纳率甚至超过 90%。① 四川省大邑县检察院等部分基层检察院在全部提出确定刑量刑建议的情况下采纳率达到 100%。② 2019 年 6 月至 2019 年 9 月，G 区检察院对 286 名被告人提出量刑建议，法院采纳量刑建议的人数为 269 人，采纳率 94.1%。其中，检察院提出精准量刑建议 262 人，法院采纳 244 人，精准量刑建议采纳率为 93.1%；检察院提出幅度量刑建议 24 人，法院采纳 23 人，法院采纳率为 95.8%。D 县检察院对 162 名被告人提出的精准量刑建议均得到法院采纳，采纳率为 100%。③

（4）公诉人提出量刑建议前，尤其是在认罪认罚案件中，开始通过听取辩方、被害人等的意见，甚至与辩方展开协商，尽量就量刑建议的内容达成一致。在认罪认罚从宽制度的推行过程中，一些地方公安司法机关联合探索了量刑规范化融入速裁程序全流程的经验。过去，我们一般认为量刑仅仅是法官的事情，而且仅仅局限于庭审阶段。然而，观察全流程刑事

① 参见《认罪认罚案件检察机关量刑建议采纳率超过 90%》，载最高人民检察院网，https://www.spp.gov.cn/spp/zdgz/202008/t20200827_478070.shtml，2021 年 3 月 15 日最后访问。

② 参见陈国庆：《量刑建议的若干问题》，载《中国刑事法杂志》2019 年第 5 期。

③ 参见左卫民：《量刑建议的实践机制：实证研究与理论反思》，载《当代法学》2020 年第 4 期。

速裁程序的试点经验可以发现，带有量刑辩论色彩的量刑解释与协商工作已经前移到速裁程序的分流当口，很大程度上是将原来只在庭审中进行的量刑辩论提前进行。特别是量刑协商工作，让量刑程序不仅仅局限于审判环节。控辩双方在提起公诉前进行量刑协商，公安机关或检察院要想根据自己的意愿启动速裁程序或提出量刑建议，必须更加全面地收集量刑证据，更加清楚地确定量刑事实和情节，更加公正地提出量刑建议。预审民警、公诉人、犯罪嫌疑人、辩护人从案件侦查开始便全都参与到量刑规范工作中来，改变了以往量刑仅仅是法官的事情的格局。量刑规范化改革为量刑协商提供了标准和基础，推动了量刑公开、公正的实现。①

（5）量刑智能辅助系统逐步得到运用。为适应量刑精准化的发展趋势，实践中“智慧检务”“量刑智能辅助系统”等的建设已经逐步展开，如广州市南沙区检察院在量刑智能辅助系统的帮助下，对 90% 以上的认罪认罚案件提出精准量刑建议，95% 以上的精准量刑建议得到法院采纳；青岛市检察院依托“智慧检察官”办案平台，建立“量刑建议计算器”系统，不断完善系统中常见罪名的量刑情节，对罪名量刑标准进一步细化，实现对部分罪名精准计算量刑等。②

2. 通过量刑建议促进规范量刑的实践障碍

应当承认的是，在调研中我们也发现，检察院在量刑建议制度的建设方面还面临诸如地区发展不平衡，公诉人提出量刑建议的经验和能力有待提升，量刑建议的庭审辩论不足等问题。这些问题集中表现为，不同地区、不同层级的检察官在提出的量刑建议的数量、质量上存在较大差距，而且在量刑建议的采纳率等方面也各有不同。同时，很多公诉人在法庭调查和法庭辩论环节仅就定罪证据进行举证和辩论，忽视对量刑证据的收

① 参见游涛:《认罪认罚从宽制度中量刑规范化的全流程实现——以海淀区全流程刑事案件速裁程序试点为研究视角》，载《法律适用》2016 年第 11 期。

② 参见陈国庆:《量刑建议的若干问题》，载《中国刑事法杂志》2019 年第 5 期。

集、出示和运用。随着量刑规范化建设的深入推进，这些问题有望得到逐步解决。

然而，检察院通过量刑建议促进规范量刑的最大实践障碍，就是检察院在认罪认罚案件中，不仅有提出量刑建议的义务，《关于适用认罪认罚从宽制度的指导意见》还进一步要求，检察院办理认罪认罚案件一般应当提出确定刑量刑建议。与此同时，《刑事诉讼法》第201条还规定，法院一般应当采纳检察院提出的量刑建议。无论理论上作出何种解释，根据笔者调研和观察，《刑事诉讼法》第201条在实践中确实引发了“控审冲突”和“检法冲突”的问题。

【案例4】 2019年9月11日，北京市门头沟区法院对余某某交通肇事一案作出判决，认定在审查起诉阶段认罪认罚的被告人余某某构成交通肇事罪，但是否定了检察院提出的“判三缓四”的量刑建议，判处余某某两年有期徒刑。北京市门头沟区人民检察院向北京市中级人民法院提出抗诉，对一审判决在法律适用、事实认定、事实评价等方面提出异议，认为“本案不属于法定改判情形，一审法院改判属程序违法……一审法院不采纳量刑建议的理由不能成立”。北京市人民检察院第一分院支持门头沟区检察院的抗诉，进一步提出余某某案“不符合《刑事诉讼法》第201条第1款列举的前4种情形，门头沟区检察院提出的量刑建议不属于明显不当，也不属于量刑畸轻畸重影响公正审判的情形……一审法院不采纳量刑建议无法定理由”。北京市第一中级人民法院经开庭审理后，虽然否定了余某某的自首情节和一审判决结果，并认定他构成交通肇事罪的加重犯，判处其有期徒刑3年6个月，但是认定一审判决程序并不违法。①

在余某某一案中，检察院致力于维护自己提出的量刑建议的拘束力，

① 参见余某某交通肇事案一审判决书：(2019)京0109刑初138号；余某某交通肇事案二审判决书：(2019)京01刑终628号。

而法院则通过重新认定事实、重新评价被告人的犯罪情节等弱化第 201 条“一般应当接受”的辐射范围，最大限度地维护法院的自由裁量权。这种利益导向的主观目的解释方法，完全受制于检察院和法院各自的立场，一定程度上没有形成关于《刑事诉讼法》第 201 条的司法适用共识。以余某某案为场域，《刑事诉讼法》第 201 条的解释与适用在两级法院和检察院间充分展开，而其中的争议在终审判决出来后并未得到完全解决。

认罪认罚从宽制度改革是“协商性逻辑”和“职权性逻辑”相互混合、交叉、渗透的产物。在认罪认罚程序的启动与控辩交涉的内容、范围、幅度等方面，在认罪认罚具结书的签署过程和约束力，以及从宽幅度的确定等方面，认罪认罚从宽制度更具“职权性逻辑”的特征；而在强调控辩合意以及法院一般应当接受量刑建议等方面，认罪认罚从宽制度则体现了“协商性逻辑”的特征。① 很明显，两种逻辑的权重和作用并不均衡，并且在控辩合意等环节的协商性逻辑并不充分的情况下，就将协商性逻辑植入了量刑建议对法院量刑裁判权的约束中。因此，实务中对量刑建议的诸多分歧和冲突还将长期存在。认罪认罚案件量刑建议要得到健康发展和充分落实，还有诸多课题亟待研究。

（三）被害人参与量刑程序

刑事诉讼法及相应的司法解释和其他改革文件都将被害人参与量刑程序置于重要的位置。被害人参与刑事诉讼的逻辑起点在于其遭受了犯罪行为的侵害，无论是人身损害还是财产损失，被害人参与刑事诉讼寻求的是刑罚的正义与充分的民事赔偿。正因为如此，公诉人无法完全代表被害人的诉讼利益，除了作为证人等辅助检察官的控诉和定罪获得成功外，被害人还有权参与到针对被告人的量刑程序中来。同时，被害人参与量刑程序

① 参见杜磊：《认罪认罚从宽制度适用中的职权性逻辑和协商性逻辑》，载《中国法学》2020 年第 4 期。

也有利于法官更加充分地获得量刑信息。[①]

然而，实践中被害人参与量刑程序存在两个极端问题："一种是在被害人与被告人达成和解协议后，取得被害人的谅解，此时被害人的量刑建议对法官量刑过度影响，就是只要被害人对被告人谅解的，法官在量刑上一般会采纳被害人的量刑意见。这种现象容易产生另一种不公平的社会现象，即'花钱买刑'。另一种是法官根本不会采纳被害人的量刑意见，这种情况主要是针对不能和解案件……为了提高诉讼效率，法官很少会通知被害人参与到庭审程序中，即便参与其中，提出的量刑意见也仅是一种参考，对法官的量刑起不到任何约束力。"[②] 但是，总体来说，我国量刑程序被害人参与存在的主要问题是：第一，参与受限。有研究发现，实践中法官、检察官认为某一类或某一个需要通知被害人参与量刑程序的就通知，认为不需要通知的就不通知。被害人的参与程度一定程度上取决于办案机关和办案人员的重视程度。[③] 第二，被害人陈述与被害人量刑意见的性质没有得到很好的区分。被害人陈述是法定证据的一种类型，主要被用于证明构成要件事实；而被害人量刑意见主要包括被害人受到的伤害、诉求、对检察院量刑建议的意见等，实践中检察官、法官不时将二者的内容、作用和效力混淆，影响了被害人参与量刑的力度和广度。[④]

对被害人参与量刑程序的实践进行观察可以发现，我国量刑程序改革积累了两个非常重要的经验：一是将被害人谅解作为重要的量刑证据；二是在量刑程序中充分听取被害人的量刑意见。大量裁判文书显示，在有具体被害人的案件中，一旦被告人能够对被害人及其近亲属进行充分赔礼道

---

① 参见陈瑞华：《论量刑程序的独立性》，载《中国法学》2009 年第 1 期。

② 代娟：《从旁观者到参与者——刑事被害人量刑参与程序建构》，载《兰州学刊》2016 年第 12 期。

③ 参见冯卫国、张向东：《被害人参与量刑程序：现状、困境与展望》，载《法律科学（西北政法大学学报）》2013 年第 4 期。

④ 参见冯卫国、张向东：《被害人参与量刑程序：现状、困境与展望》，载《法律科学（西北政法大学学报）》2013 年第 4 期。

歉和充分赔偿，取得他们的谅解，辩护律师就能凭借被害人谅解书这样一份书面证言，表明被告人积极的悔罪态度和较低的人身危险性和预防必要性，从而请求法官对被害人从轻量刑；同时，被害人谅解作为一项重要的酌定量刑情节，是法官较为看重和乐于借此作出从轻处罚决定的根据。除此之外，《量刑意见》第10条规定，在刑事诉讼中，自诉人、被告人及其辩护人、被害人及其诉讼代理人可以提出量刑意见，并说明理由，人民检察院、人民法院应当记录在案并附卷；第21条规定，在法庭辩论的量刑辩论环节，被害人及其诉讼代理人可以发表量刑意见，充分彰显了被害人在量刑程序中的主体地位。例如，在四川成都发生的一起司机醉驾导致的惨烈交通事故中，法院一审以犯“以危险方法危害公共安全罪”判处孙某某死刑，剥夺政治权利终身。孙某某不服提起上诉。孙某某的父亲跪求被害者家属谅解，并多方奔走筹到了100万元赔偿金。二审开庭被害方家属在谅解书上签了字，表明孙某某交通肇事之后有积极主动赔付的举动。孙某某在二审现场当庭向被害人家属鞠躬悔过。二审法院采纳谅解意见，最终改判孙某某为无期徒刑。①

（四）规范量刑制度改革的成效与经验

规范量刑制度改革取得了重要的成绩，主要体现在以下方面：首先，由法院推动的量刑模式变革，将定罪量刑一体化的量刑模式逐步变革为相对独立的量刑模式，认罪认罚从宽制度的推行，还为独立量刑模式的发展提供了契机；其次，检察院通过量刑建议制度变革积极参与到规范量刑中来，检察机关量刑建议工作取得了明显成效，无论是量刑建议提出的数量、比例，还是量刑建议的采纳率，都得到稳步提升；基层检察机关的认罪认罚量刑建议的规范化和精准度明显提高，检察官提出量刑建议的能力

① 参见代娟：《从旁观者到参与者——刑事被害人量刑参与程序建构》，载《兰州学刊》2016年第12期。

明显增强，有力地促进了量刑规范化建设；最后，规范量刑高度重视吸收被害人参与量刑程序，并且积累了两个非常重要的经验：一是将被害人谅解作为重要的量刑证据；二是在量刑程序中充分听取被害人的量刑意见，在部分案件中，被害人已经成为量刑程序“四方构造”中重要的一极。当然，规范量刑制度改革还存在很多问题，尤其值得关注的是认罪认罚案件中公诉人提出的精准量刑建议与法官的独立量刑权之间的冲突问题。未来，只有在量刑方法、量刑程序和量刑证据规则三者都发展到了一个相对成熟的状态，量刑才能受到全方位的合理规制。

规范量刑是一个系统化的工程。无论是庭审层面的量刑模式选择，还是检察院通过量刑建议制度变革规范量刑的努力，抑或吸收被害人参与量刑程序形成量刑程序的“四方构造”等，都必须紧紧围绕量刑的实体规范、程序结构和证据规则三方面的问题展开。只有在量刑方法、量刑程序和量刑证据规则三者都发展到了一个相对成熟的状态，量刑才能受到全方位的合理规制。

在较长的一段时间里，司法实践中普遍存在量刑不均衡现象，并且引发了公众的广泛关注和质疑。有研究对司法人员、律师以及社会公众等就量刑均衡问题进行问卷调查后发现，法官、公诉人、律师、社会公众认为法院量刑不均衡的比例居然接近50%。量刑不均衡主要分为三种类型：“同案不同判”，即案件性质相同，情节类似的案件量刑结果差异明显；“量刑普遍畸轻或者畸重”，如普通人涉及的经济犯罪和公务员涉嫌的贪污贿赂犯罪相比，同一数额往往得到极其严厉的量刑结果；“地区量刑差异明显”，如东部、中部、西部地区法院的量刑不均衡现象差异明显。[①] 为了克服这些问题，2013年12月，最高人民法院出台《关于常见犯罪的量刑指导意见》，并下发《关于事实量刑规范化工作的通知》，对量刑指导原则、基

① 参见左卫民：《范式转型：中国法律实证研究》，法律出版社2019年版，第304—305页。

本方法和常见量刑情节的适用作了较为细致的规定，将具体量刑基准、量刑情节的适用比例交给地方法院进行设定。[①] 但是，这种从实体维度出发改革量刑不均衡的尝试，仍然存在各地量刑标准不统一，仍会出现“同案异判”的现象，部分规则将死刑留有余地的裁判方法固定下来，以及不重视个别化量刑等问题。[②] 未来，为了从实体维度加强量刑规范化建设，应当对地方性量刑规则加强审查监督，并且注重指导案例在量刑参考方面的作用，提高法官进行公正量刑的业务素质，更加重视个别化量刑。

同时，我国刑事诉讼纵向构造是公、检、法三机关分工负责、互相配合、互相制约的流水作业模式，因此任何改革措施都很难交由其中的一个单位单独完成。多部门互相配合，联合发文，共同规范依然是量刑程序改革的一个重要思路。在这样一个框架下，除了法院在量刑程序的基本模式中进行选择和变革，检察院在量刑建议和量刑程序上积极作为，引入被害人参与量刑程序等一系列改革措施外，我们还应当关注到诉讼全流程简化中的量刑程序改革经验。

除此之外，量刑程序变革的另一个关键问题是“量刑证据规则”的建构。可以说，传统的证据规则是围绕被告人不认罪的对抗式程序建立起来的，它需要遵守无罪推定、程序正义等一系列的诉讼原则。然而，在确定被告人已经构成犯罪，或者被告人已经认罪的情况下，原来的证据规则已经失去存在的根基了。因此，有必要针对量刑程序确立起新的证据理念，在证据方法、证明程序、证明责任、证明标准等的规范中，确立一套不同于定罪程序中的证据规则。[③] 在此基础上，针对被告人、被害人的品格证据，公安机关等出具的“破案经过”，以及社区矫正机构提供的社区矫正

---

① 参见孙长永等:《中国地方性刑事司法规则研究》，法律出版社 2016 年版，第112—113 页。

② 参见孙长永等:《中国地方性刑事司法规则研究》，法律出版社 2016 年版，第143—147 页。

③ 参见陈瑞华:《量刑程序中的证据规则》，载《吉林大学学报》2011 年第 1 期。

同意书、社会调查报告等，都可以纳入诉讼程序中，充实量刑信息，更好地反映被告人的责任刑和预防刑的大小，更加科学合理地科处刑罚。但是，鉴于法律规范没有对量刑程序中的证据运用问题作出详尽的规范，而且近年来的量刑程序改革对证据运用问题也没有给予足够的关注，故而本文在研究过程中无法获得充足的实证素材和样本。将来随着有关案例的出现，法院在这方面会作出一些相应的裁判文书，量刑程序中证据运用的问题会引发越来越多的讨论。

四、当庭宣判制度*

当庭宣判要求法官当庭对证据进行认证，并形成裁判理由，可以防止证据认定、裁判理由形成在庭后阅卷过程中，有助于实现庭审形式化向庭审实质化的转变。《关于推进以审判为中心的刑事诉讼制度改革的意见》第14条明确规定："完善当庭宣判制度，确保裁判结果形成在法庭。"《关于推进以审判为中心的刑事诉讼制度改革的意见》同时也对速裁程序、简易程序、普通程序当庭宣判提出了不同的要求。考察最高人民法院关于当宣判的相关文件可以发现，当庭宣判作为一种制度，同时也作为一种政策，经历了三个阶段的演进历程：第一阶段（1996—1998年），要求在简易程序中一般应当当庭宣判，着眼于提升当庭宣判对办案效率的价值，可以说，效率是当庭宣判的直接价值；第二阶段（1998—2016年），要求落实司法公开的要求，提高当庭宣判的比例，可以说，司法公开价值是当庭宣判活动的间接目标；第三阶段（2016年至今），要求裁判结果形成在法庭，速裁程序强制当庭宣判，简易程序一般应当当庭宣判，普通程序逐步提高当庭宣判率，当庭宣判的最高价值就是追求庭审实质化。[①] 本部分着重关注当庭宣判率、影响当庭宣判的因素、推行当庭宣判的径路等问题。

（一）当庭宣判率、制约因素及其异化

1. 当庭宣判率

当庭宣判的总体样态。有研究通过北大法宝数据库采取分层抽样的方

---

* 本部分撰稿人为汪海燕教授，根据已发表的前期成果修改而成，原文汪海燕：《刑事审判制度改革实证研究》，载《中国刑事法杂志》2018年第6期。

① 参见谢进杰、黄蔚菁：《刑事案件当庭宣判的变迁》，载《交大法学》2020年第4期。

式选取了2005—2018年18个省级法院的539个案例进行分析发现，当庭宣判主要适用于量刑特别轻微的案件。就程序类型而言，适用简易程序的案件占比79.2%，适用速裁程序的案件占比17.26%，适用普通程序的案件占比3.53%，说明当庭宣判主要集中于简易程序和速裁程序；就量刑分布而言，其中95.55%是判处有期徒刑三年以下，且高达83.66%为判处有期徒刑一年以下刑罚的案件，说明当庭宣判主要集中于轻刑案件；就案由分布而言，危险驾驶案和盗窃案当庭宣判最多，分别占35.81%和29.87%，其次是故意伤害案占6.30%，交通肇事案占3.90%，走私、贩卖、运输、制造毒品案占4.08%，说明当庭宣判主要集中于轻罪案件。[①]

从试点法院来看，当庭宣判仍然集中于轻罪案件。适用不同程序的案件当庭宣判率有所不同，其中速裁程序最高，有的地方达到九成以上，如进行速裁程序试点的沈阳地区法院2015年、2016年两年所有的刑事速裁案件当庭宣判率已达到了93%。[②] 普通程序中较低，在进行庭审实质化试点的成都市中级法院，在其2015年进行的83件试验示范庭中，当庭宣判34件，占示范庭总数的40.96%。[③] 如将统计范围扩大至成都地区基层法院，在210件样本案件中，当庭宣判的有80件，占样本案件总数的38.1%。[④] 笔者的调研与此基本相符。当然这个数据仅仅是试点法院示范庭的数据，全国范围内普通案件当庭宣判率可能远低于此。

不同地域当庭宣判率差异显著。当庭宣判的地方实践呈现多元分化、差异化的图景，具体表征为：一是各地当庭宣判数量、比率差异非常大；二是同为速裁程序试点单位的地方法院，当庭宣判的案件结构差异也很大；

---

① 参见谢进杰、黄蔚菁:《刑事案件当庭宣判的变迁》，载《交大法学》2020年第4期。

② 参见《沈阳刑事速裁案逾九成当庭宣判》，载《人民法院报》2016年10月31日。

③ 参见《成都刑事庭审实质化一年答卷》，载《人民法院报》2016年3月21日。

④ 参见郭彦主编:《刑事庭审实质化改革的成都样本》，人民法院出版社2016年版，第16页、第319页。

三是速裁程序试点的地方法院当庭宣判率并不比非试点法院高；四是非速裁程序试点单位的地方法院当庭宣判率也有极大差异，且当庭宣判案件结构差异明显；五是地方法院当庭宣判的案件结构也因法官个体差异而呈多样化。[①]

总体来看，当庭宣判率的实践状况基本符合《关于推进以审判为中心的刑事诉讼制度改革的意见》中提出的“速裁程序案件应当当庭宣判，简易程序一般应当当庭宣判，普通程序案件，逐步提高当庭宣判率”的差序，但简易程序和普通程序的案件还有较大上升空间。同时，各地法院当庭宣判率差异显著说明当庭宣判的制度化、常态化还有待提升。

2. 当庭宣判的制约因素

有研究者将当庭宣判制度的驱动因素分为三种类型：第一，改革驱动型。即当庭宣判率的上升是由于刑事速裁程序试点改革引起的。2013—2017 年 C 区法院当庭宣判的刑事案件共 685 件 761 人，其中适用速裁机制的比重达 83% 以上，而 2013 年该区法院的刑事当庭宣判比重只有 9.94%，到 2017 年，这一指标激增到 48.57%，几乎占了所有刑事案件的半数，该法院的刑庭庭长坦言：“倘若没有刑事速裁改革，当庭宣判的爆炸式增长是不可能发生的。”第二，政绩驱动型。即在法院领导政绩建设的推动下，当庭宣判成为法院重要的一项业务工作。为了预防“人情案、关系案、金钱案”的发生，F 市中院于 2015 年启动了“不间断审理”的内部改革，意图对外树立审判的公信力。第三，演示驱动型。即为了扩大庭审的舆论影响，提升庭审的效果，在有群众旁听时，要求主审法官作出当庭宣判。无论是在 C 区法院还是 F 市中院，只要涉及现场直播的案件，最终都是以当庭宣判结案的。[②]

① 参见谢进杰、黄蔚菁:《刑事案件当庭宣判的变迁》，载《交大法学》2020 年第 4 期。

② 参见孙皓:《关于刑事当庭宣判的逆向反思》，载《当代法学》2020 年第 2 期。

另外，案件自身因素和司法责任制的推行也会影响当庭宣判制度的实施。根据笔者的观察，案件的难易程度及影响力大小，较为简单的、影响力较小的案件较易当庭宣判，而被告人数众多、罪名众多的复杂案件和影响力较大的案件较难当庭宣判，部分案件还需经过审判委员会讨论。另外，被告人认罪，辩方对事实证据无争议的案件往往能够当庭宣判。但是，涉及附带民事诉讼的案件一般不会当庭宣判。除此之外，在司法责任制下，法官防范风险是其重要考量因素。与当庭宣判相比，法官更愿意通过庭后汇报、法官联席会议讨论等方式“深思熟虑”后再作出判决。此外，裁判文书制作方式也影响了当庭宣判的实施。S省C市中级法院法官提到，在部分当庭宣判的案件中需要花大量的时间在裁判文书中进行证据梳理，裁判文书没有突出当庭认证、质证的事项，需要改革。

考察地方法院推进并实施当庭宣判制度的实践，可以发现，地方法院推动当庭宣判制度背后有着更加多元化、复杂化的因素。通过当庭宣判，可以:（1）宣示“严打”成效，将刑罚结果和违法行为迅速连接起来，教化公众，威慑犯罪;（2）应对案多人少的人力资源困境，提升办案效率;（3）面对司法“暗箱”操作、庭审走过场的问题，通过当庭宣判宣示司法公开与公正审判的价值;（4）在控辩式审判改革中，当庭宣判可以用来彰显改革成效;（5）在司法量化绩效考评环境下，当庭宣判可以用来打造独特的绩效方案;（6）在庭审实质化试点中，当庭宣判可以用作改革成绩的指标;（7）速裁程序当庭宣判，是实施刑事诉讼法的强制要求。①

3. 当庭宣判的异化

如前所述，当庭宣判制度的最高价值是保障集中审理，从而确保庭审实质化的实现。而提升司法效率、间接达到司法公开的目标则是当庭宣判的次级价值。但是，由于实践中驱动当庭宣判制度实施的因素并非追求庭

---

① 参见谢进杰、黄蔚菁:《刑事案件当庭宣判的变迁》，载《交大法学》2020年第4期。

审实质化，导致其制度功能发生了形变。同时，由于当庭宣判制度的实施，不仅涉及卷宗移送、出庭作证、有效辩护、裁判说理等诸多制度性要素的支撑，也受到司法环境、审判传统、法官能力等一系列实践性要素的制约，在整个司法制度体系不发生结构性调整的情况下，强行推进当庭宣判制度难免导致其发生异化。当庭宣判制度的异化产生了三方面的弊端：增加工作量、先定后审以及引发错案风险。

第一，增加法官工作量。按照一般的价值预设，推进当庭宣判的直接价值就是提高效率，因为当庭宣判可以避免占用法官庭后阅卷重新制作裁判的时间，使得法官能够留出时间和精力去处理其他案件。然而，由于目前庭审远未形成控辩主导事实认定机制的格局，加之庭审速度过快[①]，在这种情况下，要求法官当庭宣判必然意味着法官在庭前需要做更加详细的阅卷工作和其他事实发现工作。简单说来，由于没有庭后处理案件的时间和机会了，而庭审时间又没有增加，导致单位时间内法官的工作量骤然增加。这一点也得到了其他学者通过问卷和访谈所得出的结论的印证。[②]

第二，“先定后审”的复活，进一步导致庭审虚化。为了当庭宣判，法官把更多的精力放在了庭前的准备工作中。从经验来看，在其他条件不改变的情况下，当庭宣判往往意味着法官需要在庭前就对案件事实形成内心确信，从而避免临场决策的慌乱。很多法官为了能够满足当庭宣判的要求，做到“胸有成竹”，往往在庭前更加事无巨细地研读、剖析证据材料，甚至打电话给公诉人或辩护律师了解案件情况。在法官看来，这是“不打无准备之战”。这样做无疑引发了另一个后果，即法官已经在庭前就独立发现并认定事实了，那么庭审还能承担什么功能呢？如案例 5 所示，法官

① 即使是在普通程序中，审判阶段耗时占整个普通程序刑事诉讼耗时的比重也仅为 28.06%，只占四分之一左右，刑事诉讼大量的时间耗费在了审前程序当中。参见王禄生：《论刑事诉讼的象征性立法及其后果——基于 303 万判决书大数据的自然语义挖掘》，载《清华法学》2018 年第 6 期。

② 参见孙皓：《关于刑事当庭宣判的逆向反思》，载《当代法学》2020 年第 2 期。

通过详细阅卷，单独讯问被告人，主张调解等，在庭前不仅有了预断，还制作好了用于当庭宣判的判决书，这不就昭示着庭审不再承担事实发现的功能了吗？

【案例5】 2017年10月，C区检察院向C区法院移送了被告人马某、赵某寻衅滋事一案，该案被确定为现场直播案例，同时该案还邀请了当地某高校30余名师生参加旁听。院领导高度重视该案，要求主审法官当庭宣判。为此，法官在开庭前花费大量时间阅卷，专门赴看守所讯问了两名被告人，确认了案情。通过在被告人家属和被害人之间的居中协调，促成双方的赔偿和解协议。经过一周的准备工作，法官初步拟定了两名被告人的刑期，起草了裁判文书。同时，对于开庭流程以及争点讨论顺序等事项进行了详尽安排。最终，庭审进行了1个小时左右。主审法官按照事先拟定的文书当场宣判，分别裁决二人构成寻衅滋事罪，处以有期徒刑1年、1年6个月。被告人当场认罪，并表示不上诉。①

第三，依靠考核强推当庭宣判，滋生错判风险。现代刑事诉讼理论假设，通过控辩双方当庭对抗，法官居中裁判，能够使案件事实得到最大限度地揭示。然而，法官如果在庭前孤独地承担起了事实发现和认定的工作，通过详细的“查证工作”形成了内心确信，将毫无疑问地违背案件事实需要通过庭审得到最好地揭示这个基本原理。法官通过行政化的方式认定案件事实，没有倾听控辩双方的主张和论证，没有通过当庭询问证人揭露案件细节形成心证，单单从证据信息获取总量来说，这种决策方式就是建立在信息不充分的基础之上的，必然隐藏着更多的错误风险。② 有研究通过对116起当庭宣判后被告人上诉的案件进行分析后发现，77%的案件是被告人对当庭宣判的程序或内容表示不服，且对当庭宣判程序有异议的

---

① 案情整理于孙皓:《关于刑事当庭宣判的逆向反思》，载《当代法学》2020年第2期。

② 参见宾凯:《从决策的观点看司法裁判活动》，载《清华法学》2011年第6期。

竟然占到 30% 左右；而被告人提出的其他上诉理由还包括“属于未审先判，违反法定程序”“未经评议，当庭宣判”“当庭宣判罪名与庭审指控、辩论罪名不一致”“当庭宣判内容与判决书不一致”等[1]，从中足以看出当庭宣判对事实、罪名认定隐藏着诸多错误风险。

（二）当庭宣判制度改革的经验教训

我国刑事诉讼当庭宣判制度形成了速裁程序强制适用、简易程序优先适用、普通程序建议适用的一体化格局。当庭宣判制度在提高诉讼效率，彰显司法公开以及维护庭审集中化审理方面发挥了重要作用，但也需要警惕当庭宣判制度的功能异化，避免庭审虚化现象以其他面貌出现。

在庭审实质化试点和速裁程序实施的过程中，当庭宣判制度维系裁判公正的价值和提高诉讼效力的价值得到同时强调。成都市法院在试点期间做了较好的经验积累，前文已经通过数据展示。另外，有学者参与了成都市庭审实质化试点期间当庭宣判制度的设计（案例 6），虽然这种制度设计在试点过后能否得到完全实施存在疑问，但是作为一种理想方案，它实施的经验和教训依然值得总结。

> **【案例 6】** C 市法院在改革试点中对当庭宣判进行了相对完备的制度设计，对当庭认证、宣判和说明裁判理由作出了明确的要求。具体而言，在被告人最后陈述程序结束后，审判长宣布休庭，合议庭即退庭对案件的证据判断、事实认定、法律适用、定罪量刑等问题进行合议，合议结束后恢复庭审，由审判长进行当庭宣判：首先，审判长对争议证据的采信情况及理由作出说明；其次，审判长宣告法庭认定的案件事实、罪名，说明不采纳控辩双方争议的罪名的理由；再次，审判长宣告量刑情节的认定情况及理由；最后，审判长宣告对被告人

---

[1] 参见谢进杰、黄蔚菁:《刑事案件当庭宣判的变迁》，载《交大法学》2020 年第 4 期。

适用的刑罚。从实际情况来看，多数试点的示范庭都做到了对当庭出示的证据当庭作出判断，案件审理结果在合议庭休庭评议后当庭宣判，确保了“裁判理由形成在法庭”。[①]

我们只能称案例6为“制度设计的经验”而非“改革实践的经验”。如前所述，笔者的调研和其他学者的专门研究都透视了当庭宣判制度实施的复杂性，这些复杂因素仅仅从数据，尤其是试点法院的数据是很难得到揭示的。在试点结束后，当庭宣判能否秉持庭审实质化的要求继续推行是令人担忧的。有受访谈的法官也表态，改革初期为提升当庭宣判率而分段多次开庭的做法如今已基本不复存在，但相反，案件是否当庭宣判取决于它能否为法官工作提供便利，例如有的案件需要多次开庭，如果最后一次开庭内容简单，法官就可能会当庭宣判，因为这样可以减少因办手续把被告人从看守所带到法庭的次数。[②]

当庭宣判集中审理原则的体现，是裁判结果形成于法庭的应有之义，也是庭审实质化的重要组成部分。在推进当庭宣判制度的过程中，需要警惕制度驱动力不同带来的各种风险。首先，要实现庭审实质化，推进当庭宣判是一个不可缺少的抓手。如果仍然采用现在普遍存在的“判决结果另行宣告”的做法，那么形成判决的过程仍属于“闭门造车的调查证据”[③]。然而，在审判实践中，笔录中心主义仍然广泛存在。调研中，有法官坦言大量案件靠笔录证据定案，有的法官甚至坦承庭前不阅卷，庭审时解决不了问题。也有人认为，目前法官基本上不具备通过当庭审理即对案件事实

---

① 案例整理于万毅、赵亮:《论以审判为中心的诉讼制度改革——以C市法院“庭审实质化改革”为样本》，载《江苏行政学院学报》2015年第6期。

② 参见谢进杰、黄蔚菁:《刑事案件当庭宣判的变迁》，载《交大法学》2020年第4期。

③ 日本平野龙一教授批评地指出，法官心证形成的场所应是法庭而不是办公室，把证据带回办公室进行调查的做法，叫“闭门造车的证据调查主义”。参见［日］田口守一:《刑事诉讼法》，张凌、于秀峰译，中国政法大学出版社2010年版，第274页。

证据作出正确判断的能力。[①] 此外，还有影响当庭宣判的技术因素。《刑事诉讼法》第202条规定，“当庭宣告判决的，应当在五日以内将判决书送达当事人”。在S省C市中级法院调研时发现，有的案件十分复杂，判决书长达200多页，如果当庭宣判，5天时间内无法制作完毕判决书并送达。在条件不完全成熟的情况下，强求当庭宣判有草率裁决之危险。改革人士也注意到此点，如成都市法院在庭审实质化试点中，强化当庭宣判能力的同时强调不以当庭宣判率为庭审实质化的评判标准和考核指标，避免草率、强行公开宣判。[②] 有人也认为，合议庭没有形成一致意见的案件、当庭宣判容易激发矛盾的案件、重大涉外案件等不宜当庭宣判。[③] 由此可见，提高当庭宣判率是推进以审判为中心的诉讼制度改革应有之义，但是，如果操之过急，则可能产生一些负面影响。基于此，建议将提高当庭宣判率作为目标，但改革的路径应为渐进式，尤其要考量案件的类型和复杂程度等因素。

（三）当庭宣判制度的体系化路径

通过观察总结我们可以发现，我国刑事诉讼当庭宣判制度形成了速裁程序强制适用、简易程序优先适用、普通程序建议适用的整体格局。但是，目前当庭宣判制度以推进庭审实质化为目的的适用氛围还未普遍形成。这背后的制约因素是复杂多样的。然而，联系前文所发现的庭前会议制度功能异化，证人等出庭作证制度依然还是例外，法庭调查程序还处于形式化的阶段，这些主要制度虽然在持续改进，但还没有为庭审当庭宣判提供充分的制度条件。因此本文才主张一种缓和的改革思路，对当庭宣判制度的改革切不可操之过急，否则会从另一个层面造成庭审虚化。当庭宣

① 参见黄太云：《刑事诉讼法修改释义》，载《人民检察》2012年第8期。

② 参见《成都刑事庭审实质化一年答卷》，载《人民法院报》2016年3月21日。

③ 参见郑未媚：《刑事案件宣判制度刍议》，载《人民法院报》2017年8月9日。

判作为一种庭审现象，更多的应当是庭审实质化的特征和结果，如果将当庭宣判视为一种彻底的工具，通过当庭宣判倒逼“裁判结果形成在法庭”，我们很有可能得到的是“裁判结论形成在庭前，裁判结论宣布在法庭”的结果。

当然，速裁程序适用当庭宣判制度的条件和土壤都是十分成熟的。[①]在简易程序、速裁程序中适用当庭宣判制度不会给法官增加特别的工作量，而且能够减少当事人的讼累，使得当事人尽快脱离诉讼。这种主要以效率为导向的当庭宣判制度是值得广泛适用的。但是需要警惕的是当庭宣判制度的体系化问题，即在那些具有实质争议性的案件当中，不能用“效率逻辑”取代“当庭形成裁判的公正逻辑”。虽然各类案件、各种程序中的当庭宣判在外观上不具有差别，但是其承载的价值却是多元的，是有一个内在统一、层次分明的逻辑体系的。这也提醒司法改革决策者在推行当庭宣判制度时，需要考虑到不同程序所追求的当庭宣判的价值结构，万万不可以通过僵硬的指标考核要求法官在重大复杂的案件中推行当庭宣判，不然有可能适得其反。

---

① 参见李本森：《刑事速裁程序试点研究报告——基于18个试点城市的调查问卷分析》，载《法学家》2018年第1期。

五、刑事缺席审判制度*

缺席审判，是指在被告人未出席法庭的情况下，法庭对被告人涉嫌犯罪的案件进行审理和判决的诉讼活动。2018年《刑事诉讼法》修改时，在第五编“特别程序”中专门增加一章，以7个条文，完整地规定了刑事诉讼中的缺席审判程序。

（一）缺席审判制度改革的实践背景

从法律规范本身来看，法律的周延性、权威性和是否具有“善”的品质是判断刑事诉讼法律规范是否符合法治的三个基本标准。[①] 从制度建构和生成的普遍经验来看，合法性与正当性是一项法律制度具有生命力的基本要求。因此，缺席审判制度的实施，首先需要从外部视角寻找正当性根据。

党中央高度重视反腐败和国际追逃追赃工作及相关法律制度建设。党的十八大以来，国际追逃追赃工作取得重大进展，得到人民群众的广泛拥护。从2014年到2018年，通过持续开展专项行动，与相关部门密切协作，加强与有关国家、地区司法合作，现已从42个国家和地区劝返、遣返、引渡外逃职务犯罪嫌疑人222人，包括杨秀珠、李华波、王国强、黄玉荣等35名“百名红通人员”。[②] 然而，虽然反腐工作取得重大成绩，但是仍然有诸多的“红通人员”逍遥法外，贪污贿赂的国有财产也处于隐匿状态。根据《联合国反腐败公约》第57条的规定，如果我国要请求逃匿犯罪嫌疑人所在国的政府返还没收的财产，应当基于国内的生效判决，但

---

* 本部分撰稿人为汪海燕教授。

① 参见汪海燕:《刑事诉讼法律移植研究》，中国政法大学出版社2015年版，第85页。

② 参见2018年《最高人民检察院工作报告》。

是 2018 年《刑事诉讼法》修正之前，我国一直未建立缺席审判制度。虽然 2012 年《刑事诉讼法》修正就确立了违法所得没收程序，但这种程序存在“未定罪即罚没”的固有弊端。因而缺席审判制度亟待建立，以便克服这一难题。

根据中央统一部署，2016 年 7 月，全国人大常委会法制工作委员会提出了关于建立刑事缺席审判制度的研究报告。与此同时，在确立针对外逃贪官的缺席审判制度的过程中，为应对恐怖主义犯罪和危害国家安全犯罪的威胁，克服出逃的恐怖活动犯罪和危害国家安全犯罪的被告人的审判难题，以及总结诸多通过审判监督程序得到平反的冤假错案的审判经验——典型如聂树斌案和呼格吉勒图案，“顺势”将后两者也纳入到了缺席审判的制度轨道中来。[①] 除此之外，实践中偶有发生的因被告人重大疾病或死亡而中止审判的案件，也有适用缺席审判的必要，亦成为缺席审判程序的一种类型。简言之，确立缺席审判制度的最根本动因是配合国家反腐败制度和国际追逃追赃工作的展开，但是在确立的过程中，“顺势”将有适用缺席审判程序需求的其他问题也一并解决了。

（二）缺席审判程序的类型及适用难题

2018 年《刑事诉讼法》修正体现了党中央高度重视反腐败和国际追逃追赃工作及相关法律制度建设，确立了以外逃贪官缺席审判为核心的缺席审判制度，也将实践中时有发生的被告人因重大疾病或者死亡的案件，以及再审程序中被告人死亡的案件都纳入到了缺席审判制度中来。2020 年，最高人民检察院指导河南省检察机关对程三昌适用缺席审判程序提起公诉，标志着缺席审判制度被正式激活，有效提升了制度反腐的效能。党的十八届四中全会以后平反的诸多冤假错案，如聂树斌案、呼格吉勒图案等，为被告人死亡案件的再审缺席审判程序积累了经验基础。另外，地方

---

① 参见喻海松:《刑事缺席审判程序的立法进程》，载《法律适用》2018 年第 23 期。

法院的一些司法实践在被告人死亡案件的缺席二审程序中，也积累了作出有利于被告人裁定的经验。

从规范来看，缺席审判程序共分为三种类型：第一，针对贪污贿赂犯罪和危害国家安全犯罪、恐怖主义犯罪（后两种需要最高人民检察院核准），犯罪嫌疑人逃往境外的案件；第二，适用一般审理程序（普通程序、简易程序、速裁程序）时，因被告人重大疾病或死亡无法出庭中止审理超过6个月，被告人及其近亲属请求恢复审理的案件；第三，被告人死亡但是能确认其无罪的案件，应当在缺席审理的情况下作出无罪判决，以及在审判监督程序中被告人死亡的案件，法院也可以进行缺席审判。

1. 不同类型的缺席审判程序的适用

第一类缺席审判程序大致可以粗略地总结为“针对外逃贪官的缺席审判”。根据《刑事诉讼法》第291—295条的规定，其具体的制度内容包括：第一，规定对于贪污贿赂等犯罪案件，犯罪嫌疑人、被告人潜逃境外，监察机关移送起诉，人民检察院认为犯罪事实已经查清，证据确实、充分，依法应当追究刑事责任的，可以向人民法院提起公诉。第二，规定犯罪嫌疑人、被告人潜逃境外的缺席审判的具体程序。首先，明确由犯罪地或者被告人居住地的中级人民法院组成合议庭进行审理（必要时仍可以依照刑事诉讼法的规定指定管辖）。其次，规定人民法院通过司法协助方式或者受送达人所在地法律允许的其他方式，将传票和起诉书副本送达被告人。最后，规定被告人未按要求归案的，人民法院应当开庭审理，依法作出判决，并对违法所得及其他涉案财产作出处理。第三，充分保障被告人的诉讼权利。首先，对委托辩护和提供法律援助作出规定。其次，赋予被告人的近亲属上诉权。最后，规定人民法院应当告知罪犯有权对判决、裁定提出异议。罪犯提出异议的，人民法院应当重新审理。这样规定不违反刑事诉讼的公正审判和程序参与原则，也符合国际上通行的司法准则的要求。案例7即一起适用缺席审判程序的案件。

【案例7】 2020年3月8日下午，时任最高人民检察院检察长张军在向十三届全国人大四次会议作最高人民检察院工作报告时，提到了对潜逃境外19年的贪污犯罪嫌疑人程三昌提起公诉，首次适用缺席审判程序。公开资料显示，程三昌曾任河南省政府驻香港豫港集团有限公司董事长，其利用职务便利贪污公款308万余元，2001年2月逃往境外。2002年，国际刑警组织发布红色通缉令，但程三昌至今没有归案。时任最高人民检察院办公厅副主任马骐介绍这起案件的最新进展时表示，2020年，最高人民检察院指导河南省检察机关对程三昌适用缺席审判程序提起公诉。这起案件是在中央追逃办统一组织和协调下，检察机关适用缺席审判程序办理的第一起职务犯罪案件。北京尚权律师事务所毛立新律师表示，“此案是在我国严厉打击腐败犯罪、加强境外追逃追赃的背景下，对于外逃贪官首次启用缺席审判程序，标志着这项制度被激活，必将对类似程三昌的外逃贪官产生强大的威慑作用”。[①]

除此之外，缺席审判制度确立后，制度反腐的效能得到有效提升。2020年，各级人民检察院受理各级监委移送职务犯罪19760人，已起诉15346人，不起诉662人，不起诉率同比增加0.5个百分点；退回补充调查4013人次，退查率同比减少12.4个百分点。对赵正永等12名原省部级干部提起公诉。赖小民受贿数额特别巨大、罪行极其严重，提出判处死刑的公诉意见，判决予以采纳。2020年，多地检察机关对逃匿、死亡贪污贿赂犯罪嫌疑人启动违法所得没收程序。[②] 2020年，各级法院审结贪污贿赂、渎职等案件2.5万件2.9万人，其中被告人原为中管干部的27人。准确体现宽严相济刑事政策，对艾文礼等主动投案被告人依法从宽处理，对邢云等严重腐败分子适用终身监禁。与国家监察委员会等完善国家监察与刑事

---

① 参见王亦君:《程三昌成外逃贪官适用刑事缺席审判程序第一人》，载《中国青年报》2021年3月9日，第5版。

② 参见2020年《最高人民检察院工作报告》。

司法衔接机制。积极配合境外追逃追赃，审结外逃腐败分子回国受审案件321件，依法没收彭旭峰等人转移至境外的违法所得，力求不让腐败分子逍遥法外、逃避惩罚。[①]

第二类缺席审判程序大致可以概括为“程序有利型的缺席审判”，它的适用条件是：(1)在一般的审理程序进程中发生了诉讼中止，中止的原因是被告人患有重大疾病或死亡；(2)被告人及其法定代理人、近亲属申请或者同意恢复审理。实践中，这一问题的审理难点在于，二审程序中被告人死亡的，程序如何进行，法院如何作出裁判。

> **【案例8】** 在2019年的“孙震集资诈骗案”中，河北省衡水市中级人民法院审理衡水市人民检察院指控原审被告人孙震犯集资诈骗罪一案，于2019年10月10日作出(2019)冀11刑初4号刑事判决，以被告人孙震犯集资诈骗罪，判处有期徒刑13年，并处罚金人民币40万元。宣判后，原审被告人孙震不服，提出上诉。在二审审理过程中，上诉人孙震于2020年1月27日死亡。河北省高级人民法院依照《中华人民共和国刑事诉讼法》第16条第5项、《最高人民法院关于适用〈中华人民共和国刑事诉讼法〉的解释》第241条第1款第9项的规定，裁定本案终止审理。[②] 在“陈良水抢劫”以及“凌建权走私、贩卖、运输、制造毒品案”中，二审法院在被告人死亡的情况下也作出了终止审理的裁定。[③]

对此，最高人民法院在《刑事审判参考》刊载的指导案例“秦学荣抢劫、流氓、诈骗、侵占案”中作出回应：“一审法院判决虽然认定被告人秦学荣的行为已构成犯罪，但由于被告人在法定期间提出了上诉，一审判决尚未发生法律效力，因此原判让其承担的刑事责任还不是现实的。在二审

① 参见2019年《最高人民法院工作报告》。

② 参见河北省高级人民法院(2020)冀刑终10号二审刑事裁定书。

③ 参见浙江省高级人民法院(2019)浙刑终160号二审刑事裁定书。

审理期间，由于被告人秦学荣服用苯巴比妥和安定而死亡，法院依法终止审理。法律预设的刑事责任主体归于消灭，刑罚因为缺少刑事责任主体及合法有效的判决而不能适用，故不能对秦学荣判处和执行刑罚。没收财产也是刑罚的一种，当然也不能对其判处和执行没收财产刑。”① 可以发现，最高人民法院通过指导案例已经确定了审理此类案件的基本立场和基本方法，即在被告人上诉的情况下，一审判决尚未发生法律效力，只要二审法院未作出维持一审法院判决的裁定，当其作出终止审理的裁定时一审裁判就自然失效或消灭了，相应的查封、扣押、冻结的财产以及对死亡被告人的所有刑罚都不应适用。② 可以说，程序中止后被告人因死亡或者重大疾病无法出席庭审的案件，司法实践大多作出了有利于被告人的裁判。

第三类缺席审判程序大致可以概括为“实体有利型的缺席审判”，它的适用条件是:（1）程序进程中被告人死亡：一是一般审理程序中，被告人死亡；二是有证据证明被告人无罪，经缺席审理确定无罪的;（2）适用审判监督程序再审，被告人死亡的案件。可以说，在确立缺席审判制度之前，我国司法实践中已经积累了相当程度的针对再审案件中被告人死亡案件的缺席审判经验。

【案例 9】 聂树斌案再审是 2016 年中国司法领域最受社会关注的法治事件。最高人民法院第二巡回法庭在再审该案时面临一系列棘手问题：如何确定该案的审理范围，审判适用何时的程序法律，案件是否公开开庭审理，本案是疑案还是冤案，等等。根据法律规定和再审程序的性质，合议庭认为聂树斌案再审中只审理本案的证据材料、不审理王书金相关供述不影响对案件作出公正裁判；基于有利于被告的原则在法律选择上适用新刑事诉讼法；根据司法解释的精神且基于聂树斌已经死亡的事实，该案再审中采取了不开庭审理的方式；聂树斌

---

① 中华人民共和国最高人民法院刑事审判第一、二、三、四、五庭主办:《刑事审判参考》(总第 107 集)，法律出版社 2017 年版，第 271 页。

② 参见董坤:《被告人死亡案件缺席审判程序研究》，载《法学》2020 年第 10 期。

案按照疑罪处理，既符合法律规定，也比较主动、稳妥。[①]

除此之外，呼格吉勒图案也是一例典型的适用缺席审判程序解决的案件。[②] 可以说，被告人死亡案件的缺席审判程序已经为缺席审判制度的改革和发展积累了丰富的经验，值得学界总结和提炼。无论是再审缺席审判的审理范围、审理方式、裁判类型等的争议都在此类案件中得到体现，也对缺席审判制度适用可能面临的问题进行了探索和回应。我们也可以发现，无论是聂树斌案，还是呼格吉勒图案，适用再审程序都是适用的不开庭审理程序，但都在一定程度上保障了缺席审理程序的程序正义。例如，在聂树斌一案的再审程序中，合议庭在审判方式上采取了诸多创新措施：第一，合议庭先后5次听取申诉人等的意见保障其行使诉讼权利，并且在听取意见的过程中全程录音录像。第二，合议庭多次听取检察机关的意见，就本案的程序选择和实体处理请检察机关充分发表了意见和建议，从而有效解决了案件不开庭可能带来的检察机关意见发表不充分的问题。第三，通过与原办案人员调查与核实有关重要证据的形成、内容和认定问题，弥补了不开庭对证据质证认证所带来的缺陷。第四，通过官方微博和微信公众号等方式，及时发布案件审判进展信息，回应社会各界对该案的关切，满足社会各界的知情权；同时，贯彻落实刑事诉讼法关于“宣告判决，一律公开进行”的规定进行了公开宣判，部分人大代表、政协委员、专家学者、法官、检察官、公安民警、律师、高校师生、公众以及新闻媒体记者等120余人旁听了该案的公开宣判；宣判过程向全国作了近30分钟的电视直播，同时还配发了6000多字的《答记者问》；等等。通过这些做法，基本避免了本案再审未开庭可能带来的各种缺憾，取得了不亚于开

① 参见胡云腾:《聂树斌案再审：由来、问题与意义》，载《中国法学》2017年第4期。

② 参见内蒙古自治区高级人民法院（2014）内刑再终字第00005号刑事判决书。

庭的良好效果。[①]

2. 缺席审判的适用难题

第一，刑事审判程序的立法杂糅，不同类型的缺席审判程序在价值追求、诉讼结构和具体运行机制中存在诸多混淆之处，司法人员难以把握。有学者提出，针对外逃贪官的缺席审判，针对在境外恐怖分子和危害国家安全犯罪分子的缺席审判，针对因被告人重大疾病或死亡引发的缺席审判，以及再审程序被告人死亡的缺席审判，虽然都具有“被告人未能参加庭审活动”这一形式上的共性，然而它们的适用条件又存有内在的差异性，集中表现为第一类刑事缺席审判程序严格地限定案件范围，其他类型的缺席审判程序并未具体规定适用案件范围。[②] 更未就与审判程序相关的其他送达、举证、法律帮助、程序救济等问题作出规定。在这种情况下，如果在适用一般程序进行审理的案件中，被告人死亡还需要和针对外逃贪官的缺席审判适用相同的程序条件吗？近亲属对法院作出的裁定是否有获得独立救济的权利？立法在没有对这些问题进行回答的情况下，就将不同类型的缺席审判整合为一个体系，势必造成司法人员难以把握不同类型的缺席审判的适用条件。

第二，缺席判决难以获得外国司法机关和执行机关的承认。应当承认的是，因为缺席审判制度在保障被告人知情权、对质权、救济权以及贯彻直接言词原则上的固有弊端[③]，其更多是在不得已的情况下作出的一种制度安排[④]，除了被告人明确放弃出庭庭审的权利之外，未经严密保障其权利

① 参见胡云腾:《聂树斌案再审：由来、问题与意义》，载《中国法学》2017 年第 4 期。

② 参见陈伟、王文娟:《刑事缺席审判制度的源流、现状及分歧澄清》，载《河北法学》2019 年第 11 期。

③ 参见张小玲:《问题与误读：刑事缺席审判制度质疑》，载《政法论坛》2006 年第 4 期。

④ 参见杨宇冠:《刑事缺席审判被告人权利保障问题研究》，载《当代法学》2020 年第 6 期。

的庭审程序都是不符合程序正义的。联合国《引渡示范条约》第3条（g）项将“请求国的判决系缺席判决，被定罪的人未获有审判的充分通知，也没有机会安排辩护，没有机会或将不会有机会在其本人出庭的情况下使该案获得重审”确定为“拒绝引渡之强制理由”。黄风教授指出，“实际上，刑事缺席审判制度由于涉及对刑事诉讼被告人最低权利保障问题，并没有得到多数国家法制的认可，尤其是在各国开展的引渡合作中，通过缺席审判获得的判决一般都会被谨慎对待，甚至受到排斥”。[①] 因此，在加强通过缺席审判制度加大追逃追赃的力度的同时，还应当注重发挥诸如与其他国家引渡条约的作用，积极缔结双边条约，加强追逃追赃的国家间的机构合作等，减少缺席审理判决的执行难度。[②]

第三，缺席审判程序和违法所得没收程序的关系需要谨慎处理。两相比较可以发现，缺席审判程序和违法所得没收程序在适用对象和适用范围上有一定程度的重合，比如二者都适用于贪污贿赂犯罪、恐怖活动犯罪但是被告人不到案的案件，二者都适用于被告人死亡的案件等。然而，二者在性质、功能和适用场域上都有很大的不同。[③] 具体说来，违法所得没收程序是一种典型的“对物之诉”，而缺席审判则是一种典型的“对人之诉”。“对物之诉”与“对人之诉”的区别，体现在程序的诉讼构造、具体程序和证据规则的设置上。“对人之诉”的缺席审判程序首先要解决的仍然是被告人的刑事责任问题，仍然需要遵守无罪推定原则，控方依旧需要承担证明责任，并达到排除合理怀疑的最高标准。一旦被告人到案提出异议的情况下，缺席审判程序作出的判决就失去法律效力，法院应当重新审理，其近亲属还拥有独立的上诉权。而属于“对物之诉”的违法所得没

① 黄风:《刑事缺席审判与特别没收程序关系辨析》，载《法律适用》2018年第23期。

② 参见施鹏鹏:《缺席审判程序的进步与局限——以境外追逃追赃为视角》，载《法学杂志》2019年第6期。

③ 参见周长军:《外逃人员缺席审判适用条件的法教义学分析》，载《法学杂志》2019年第8期。

收程序则不必遵循刑事诉讼的基本原则，它基本上可以适用民事诉讼的相关规定，法院甚至可以在没有任何人参与的情况下根据检察机关的没收申请及其支持该申请的证据材料作出没收裁决，还可以吸纳有独立请求权的第三人进入诉讼程序中。缺席审判制度的确立能够有效区分刑事诉讼中的“对人之诉”和“对物之诉”，弥补“未定罪即罚没”缺陷，确保反腐败司法程序的正当性。除此之外，在无确切证据证明被告人是否在境外，或者难以送达的情况下，借助违法所得没收程序在送达、举证和执行方面的便利性[①]，可以通过违法所得没收程序的先行适用，有效挤压被告人的生存空间。因此，应当保障缺席审判程序和违法所得没收程序各自的独立性。

（三）缺席审判制度改革的完善对策

2018年《刑事诉讼法》修改，依旧遵循了“宜粗不宜细”的立法导向。反映到缺席审判制度的规范上来，可以说达到了“一个法条确立一个制度”的程度。在总结缺席审判程序的立法脉络和制度安排逻辑后，有必要针对缺席审判程序的一些基本缺陷，提出具体的完善措施。

1.准备程序。其一，明确刑事缺席审判制度的申请、公告、权利义务告知程序。缺席审判是在一定程度上剥夺被告人参与权的一种诉讼程序，应当格外注重缺席审判程序的公告、告知程序的有效性。以外逃贪官的缺席审判为例，在告知信息和权利义务的过程中，需要与外交部门、司法行政部门协同，通过国际司法协助方式送达诉讼文书，需要经历从请求方办案机关—请求方中央主管机关—请求方联系机关—被请求方联系机关—被请求方中央主管机关—被请求方执行机关等多环节的转递过程，还需要考虑到预定的庭审时间必须为被传唤人留足准备时间。其二，重视证据保全及涉案财物的查封、扣押、冻结。因刑事缺席审判制度需以通缉、公告等

① 参见黄风:《刑事缺席审判与特别没收程序关系辨析》，载《法律适用》2018年第23期。

程序为前置，因而在此期间，相关证据的保全以及涉案财物的处置即关乎程序是否得以顺利进行，司法机关应当主动采取措施进行保障。[①] 其三，应当将庭前会议作为针对外逃贪官缺席审判的必经程序。根据前文对庭前会议的梳理可以发现，有诸多程序性争议问题的案件应当尽可能适用庭前会议，解决程序性争议事项，整理争点。例如，在“被告人是否处于境外”这个问题上，就需要公诉人在庭前会议中举证证明，并由合议庭裁决确定。

2. 庭审程序。由于缺席审判的实践经验匮乏，除了因为纠正冤假错案而在聂树斌案、呼格吉勒图案等的再审程序中积累了一定的经验，其他类型的缺席审判程序的适用还处于摸着石头过河的阶段。但无论如何，缺席审判程序也需要满足庭审实质化的基本要求。因此，最高人民法院发布的“三项规程”，包括《庭前会议规程（试行）》《排除非法证据规程（试行）》《法庭调查规程（试行）》所确立的基本原则、基本规则需要落到缺席审判程序中来。将证据裁判、程序公正、集中审理和诉权保障，确立为缺席审判程序中法庭调查的基本原则，规范开庭讯问、发问程序，落实证人、鉴定人出庭作证制度，完善各类证据的举证、质证、认证规则，确保诉讼证据出示在法庭、案件事实查明在法庭、诉辩意见发表在法庭、裁判结果形成在法庭。

3. 证明标准。缺席审判程序中的证明标准应当体现层次性。在普通程序中，基于诉讼认识具有递进性、诉讼任务在各个阶段的多样性以及控辩双方证明责任的差异性，不同诉讼阶段、不同证明主体以及不同证明对象的证明标准是不同的，刑事诉讼程序应当实行层次性的证明标准。[②] 同样，缺席审判程序中，因为同时涉及“对人之诉”和“对物之诉”的诉讼

---

① 参见谢澍:《刑事缺席审判之类型化分析与体系化建构——以〈刑事诉讼法〉再修改为语境》，载《法学》2019 年第 12 期。

② 参见李学宽、汪海燕、张小玲:《论刑事证明标准及其层次性》，载《法学研究》2001 年第 5 期。

任务，需要在“对物之诉”中实行相对宽松的“高度盖然性标准”，而在“对人之诉”中坚持“排除合理怀疑”的标准；在启动缺席审判程序的条件上，《刑事诉讼法》第291条要求检察院认为“犯罪事实已经查清，证据确实、充分”的证明标准，对被告人是否在境外等事项实行事实清楚，证据确实、充分的证明标准，有利于克服缺席审判程序启动的随意性问题；在没收违法所得程序中，被告人和其他利害关系人对所主张的待证事实提供的证据，以及检察院就罚没申请提供的证据，均只需按照民事诉讼的要求达到高度盖然性的证明标准即可。

4.有效辩护。获得有效辩护是刑事诉讼中被告人最为重要的诉讼权利，这一权利在缺席审判程序中的重要性愈加凸显。《刑事诉讼法》第293条规定，“人民法院缺席审判案件，被告人有权委托辩护人，被告人的近亲属可以代为委托辩护人。被告人及其近亲属没有委托辩护人的，人民法院应当通知法律援助机构指派律师为其提供辩护”。缺席审判案件中，被告人不仅有权委托辩护人，还属于指定辩护的范畴。在没有聘请律师的情况下，被告人可以获得法律援助律师的服务和帮助。根据2017年最高人民法院、司法部《关于开展刑事案件律师辩护全覆盖试点工作的办法》，充分发挥援助律师在缺席审判中的辩护作用。除此之外，缺席审判程序的无效辩护还可以探索新的程序性制裁方式，即在委托律师或者援助律师出现无效辩护行为的情况下，赋予被告人及其近亲属上诉权，上级法院经审查确为无效辩护的，可以将其归入“其他违反法律规定的诉讼程序，可能影响公正审判的”情形，裁定撤销原判，发回重审，并在重审程序中重新委托或者指定辩护律师。

5.救济措施。根据刑事诉讼法的规定，目前缺席审判程序已经通过被告人的异议权，近亲属的上诉权以及重新审理程序等制度安排，确保被告人在缺席审判程序中获得相应的司法救济。然而，对于审理过程中，以及缺席判决生效后被告人到案的重新审理程序，刑事诉讼法未能作出具体安排。可能涉及的问题包括，被告人通过何种机制提出异议，提出的异议应该属于什么类型才具有合理性，法院重新审理时，原审程序中的证据和证人等的调查结果如何适用，等等。本文认为，为充分保障缺席审判程序中被告人的诉讼权利，在被告人到案后，应当在其提出书面的异议的情况下，不论理由或者标准，均应予以重新审理。而原审理程序中的证据，为保障诉讼经济和诉讼效率，就其有异议的证据进行集中调查和质证。然后在重新审理查明的案件事实基础上，依法作出裁判。

专题四　证据制度改革实证研究*

2014年《中共中央关于全面推进依法治国若干重大问题的决定》① 明确指出，“全面贯彻证据裁判规则，严格依法收集、固定、保存、审查、运用证据，完善证人、鉴定人出庭制度，保证庭审在查明事实、认定证据、保护诉权、公正裁判中发挥决定性作用”。为了全面推进依法治国，落实以审判为中心的司法改革目标，应当进一步改革完善证据制度。2016年最高人民法院、最高人民检察院、公安部、国家安全部、司法部发布《关于推进以审判为中心的刑事诉讼制度改革的意见》，2017年最高人民法院发布了《关于全面推进以审判为中心的刑事诉讼制度改革的实施意见》及《人民法院办理刑事案件第一审普通程序法庭调查规程（试行）》（以下简称《法庭调查规程（试行）》），结合2021年修改的最高人民法院《关于适用〈中华人民共和国刑事诉讼法〉的解释》（以下简称《刑事诉讼法解释》）第四章“证据”规定，均细化了完善证据制度改革的各项举措。

---

* 本专题由杨宇冠教授负责。

① “三项规程”的制定目的是贯彻中共中央十八届三中、四中全会改革要求，落实中央深改组审议通过的《关于推进以审判为中心的刑事诉讼制度改革的意见》《关于办理刑事案件严格排除非法证据若干问题的规定》，“三项规程”发布同时，最高人民法院还确定了河北省廊坊市、山西省太原市、吉林省松原市、黑龙江省哈尔滨市、上海市（二中院）、江苏省宿迁市、浙江省湖州市和台州市、福建省泉州市、江西省上饶市、山东省淄博市、湖北省黄石市、广东省广州市、海南省海口市、四川省成都市、陕西省西安市、甘肃省兰州市17个中级人民法院及其所辖的部分基层人民法院作为“三项规程”实施的试点法院。参见刘静坤:《最高人民法院部署开展“三项规程”试点工作》，载中国法院网，https://www.chinacourt.org/article/detail/2017/06/id/2892328.shtml，2021年3月23日访问。

本专题围绕证据改革举措——完善非法证据排除规则，完善证人、鉴定人出庭制度，落实证明标准，以及完善证据认定规则展开，通过分析改革的背景、内容、举措，评估刑事证据制度改革现状，并为深化改革指出问题、提出进一步的改革建议。

一、非法证据排除制度*

非法证据排除的改革包括了几次规范调整：一是2010年7月最高人民法院、最高人民检察院、公安部、国家安全部、司法部联合制定了《关于办理刑事案件排除非法证据若干问题的规定》（以下简称《非法证据排除规定》）、《关于办理死刑案件审查判断证据若干问题的规定》（以下简称《死刑案件证据规定》），统称"两个证据规定"。"两个证据规定"作为非法证据排除制度改革的重要成果，标志着我国正式确定了非法证据排除制度和对应的程序性审判形态。二是2012年修正后的刑事诉讼法基本吸收了上述"两个证据规定"中关于非法证据排除的制度设计，用"五条八款"对非法证据排除相关问题进行了规定。三是2017年6月最高人民法院、最高人民检察院、公安部、国家全部、司法部联合发布《关于办理刑事案件严格排除非法证据若干问题的规定》（以下简称《严格排除非法证据规定》）。我国刑事诉讼法的非法证据排除制度意义重大，考虑到一般性分析较为多见，本部分主要从非法证据排除制度改革对公安侦查实践的影响角度予以分析，评析非法证据排除制度改革下的侦查实践现状、问题与进一步完善的建议。

（一）非法证据排除制度改革的举措与经验

我国刑事司法制度改革注重完善非法证据排除规则，举措包括：

1. 细化非法证据排除规则

"两个证据规定"的出台，明确了非法证据的定义、排除范围和主体、

---

*本部分撰稿人为李玉华教授，根据已发表的前期成果修改而成，原文李玉华：《侦查制度改革实证研究》，载《中国刑事法杂志》2018年第6期。

启动、调查程序及处理、证明责任、证明标准等。2012 年修正后的刑事诉讼法吸收了《非法证据排除规定》的内容，明确规定了非法证据排除制度，并规定了讯问录音录像、警察出庭作证、庭前会议等配套制度，使非法证据排除从口号落到了实处。为了更好地贯彻非法证据排除的相关法律规定,《严格排除非法证据规定》进一步明确了非法证据排除的范围，将“威胁”“非法拘禁”纳入其中，确立了重复性供述的排除规则，进一步完善了非法证据排除的操作程序。为了更好地落实上述规定，地方公安机关会同检法等也相应出台了地方规则。如上海市公安局与市检察院于 2017 年会签了《关于非法证据排除及瑕疵证据补正规定》，明确了在审查逮捕、审查起诉阶段非法证据的形式、排除程序及调查核实方式。2014 年 5 月 12 日安徽省高级人民法院、人民检察院、公安厅、国家安全厅、司法厅出台《办理刑事案件排除非法证据操作规程（试行）》。深圳市公安局、人民检察院、中级人民法院共同发布了非法证据排除的征求意见稿，但目前还没有公布正式文件。

2. 加大对一线办案民警适用非法证据排除规则的培训，明确刑事侦查中的非法证据排除的要求

笔者在上海、杭州、深圳等地与民警座谈时，杭州市 D 分局的一名民警的讲话具有一定的代表性:“近几年民警办案理念，较之以往已经发生很多变化，基层执法中出现的问题，更多的是业务水平问题，而不是理念问题。当执法理念已经摆脱非理性的状态，不再因打击控制犯罪而忽略人权保障时，非法证据也就失去了产生的土壤。当然，受案件数量、警力缺乏等客观条件制约，办案中还存在执法瑕疵，由此会产生一些瑕疵证据。”非法证据排除的法律新规定，是各地公安机关近年来培训的重点，例如深圳市公安局及各分局对非法证据排除非常重视，法制部门经常对民警组织培训，在新警和警衔培训中专门讲解非法证据排除。如宝安分局在 2018 年年中组织分局各派出所、机关科室到西南政法大学进行培训，培训内容

包含非法证据排除；龙岗分局组织侦查民警学习《关于推进以审判为中心的刑事诉讼制度改革的意见》，并对非法证据排除规则进行了详细解读。通过培训，侦查人员已经非常清楚地意识到非法证据排除不再是口号；非法证据是不能用作定案的证据的；面对非法证据的质疑控方要承担取证合法的证明责任，必要时警察还要出庭作证。因此，侦查人员在讯问活动中普遍注重程序的合法性。打击犯罪与人权保障并重，不能为了办案而进行刑讯逼供已经成为广大侦查人员的共识。

3. 完善侦查讯问询问的监督，减少非法取证的发生概率

自 2012 年刑事诉讼法实施以来，由于非法证据排除的实质化、讯问同步录音录像规范化、办案场所建设和使用规范化，公安机关内部审核监督严密，以及高科技助力侦查，刑讯逼供在公安侦查活动中已逐渐失去存在的空间和必要。调研所到之处，刑讯逼供在公安机关的侦查实践中已经比较少见。

正如笔者在杭州与民警的座谈中，杭州 F 分局的一名民警所说：“我们执法规范化建设已有十几个年头了。目前，我们执法水平持续提升，执法基本上非常规范。其他一些省份也许还存在刑讯逼供，但是我们这里绝对不存在。因为从 110 接到报警后我们赶赴案件现场就开始录音录像，犯罪嫌疑人进办案区要录音录像，犯罪嫌疑人从办案区送至看守所的过程，也要录音录像。因此，刑事诉讼法中的非法证据，我们基本上是不涉及的，即使涉及也只是部分瑕疵证据。”

上海市公安局执法规范化建设效果显著，办案区改造后讯问室录音录像设备配备完好，讯问过程中的全程同步录音录像制度执行到位，加之看守所内全面无死角的监控，能够有效遏制非法讯问行为，以及非法言词证据的产生。因此，从非法证据排除实践来看，近年来上海市依法被排除非法证据的案件较少，2018 年仅 1 起案件涉及非法证据排除。2018 年 3 月，G 分局侦查人员在办理赵某某、蔡某某涉嫌盗窃一案的过程中，讯问两名

嫌疑人时有将其双手反铐座椅的行为，所取得的口供被检察院认定为非法证据予以排除，后两名犯罪嫌疑人均未批捕。

深圳市排除非法证据的案例很少，比例非常低。目前了解到的有一个派出所办理的邹某等人侵犯公民个人信息案，因电子证据收集程序不合法被法院作为非法证据予以排除。

杭州在遏制非法证据方面，除上述举措外，检察院发挥了一定作用。比如，K 检察院驻看守所的检察官对讯问合法性的监督非常严格，会督促公安机关落实录音录像制度。讯问中，办案民警因上厕所离开时间较长，检察官会过来问询。同时，检察官经常性巡查也会对非法取证造成一定的震慑。办案中，部分检察官会要求公安机关提供录音录像资料，核对笔录记载内容和录音录像是否一致。在调研中了解到一起因物证来源不清而被排除的案例。某一命案办理过程中，现场出现两枚烟蒂，其中一枚检验出 DNA。但是，勘验笔录中并没有记载两枚烟蒂的发现和提取情况。因此，法庭对物证来源的合法性提出质疑，进而排除了该枚烟蒂。此后，物证来源合法性成为杭州法制部门审查的重点。

除上述情况外，非法证据排除制度改革成果也在法检实践中得到了体现。学者通过分析裁判文书网 2013—2017 年的 6847 份刑事裁判文书发现，"本次研究收集到的涉及证据排除审查的全部文书中，涉及证人证言的数量为 1121 份，占比为 16.37%；在涉及证人证言排除审查的文书中，法院作出排除决定的为 109 份，比例约 9.72%"。[①] 虽然根据裁判文书网所做调查可能因为公开文书比例问题有所偏差，但上述数据一定程度上反映了证人证言的非法排除情况。并且近年来，检察机关对非法证据排除的审查也更趋严格。2018 年《最高人民检察院工作报告》显示，"（2017 年）对不构成犯罪或证据不足的不批捕 62.5 万人、不起诉 12.1 万人，其中因排除非

① 侯晓焱、邢永杰：《我国证人证言排除的刑事司法实务观察》，载《国家检察官学院学报》2019 年第 4 期。

法证据不批捕2864人、不起诉975人，依法纠正‘王玉雷故意杀人案’”。[①]上述数据体现了我国非法证据排除制度改革的成效。

（二）非法证据排除制度改革的问题及对策

1. 公安机关非法证据排除程序的问题与对策

根据我国刑事诉讼法的上述规定，公检法都是非法证据的排除主体，谁发现谁排除，而且根据《公安机关办理刑事案件程序规定》，侦查阶段排除非法证据应当经县级以上公安机关负责人批准。[②] 域外国家非法证据排除主要发生在审判阶段，我国三个阶段的办案机关都是非法证据的排除主体，这是我国非法证据排除制度的特色，作出这样的规定主要是出于两种考虑：一是“规定刑事诉讼每个阶段的办案机关都有排除非法证据的义务，有利于尽早发现和排除非法证据，提高办案质量，维护诉讼参与人合法权利”。[③] 二是“鉴于我国刑事诉讼中诉讼阶段论的色彩还比较明显，立法部门要求有关机关在各自的诉讼阶段只要发现符合排除要求的非法证据均应当排除，应当说颇具中国特色，有利于非法证据在我国的排除”。[④]但是，通过调研笔者发现，在侦查阶段由公安机关主动排除非法证据的程序规定主要涉及以下问题：

（1）侦查阶段发现非法证据应当经县级以上公安机关负责人批准排除

---

① 2018年《最高人民检察院工作报告》，载新华网，https://www.spp.gov.cn/spp/gzbg/201803/t20180325_372171.shtml，2021年6月17日最后访问。

② 《刑事诉讼法》第56条第2款规定：“在侦查、审查起诉、审判时发现有应当排除的证据的，应当依法予以排除，不得作为起诉意见、起诉决定和判决的依据。”《公安机关办理刑事案件程序规定》第71条第3款规定：“在侦查阶段发现有应当排除的证据的，经县级以上公安机关负责人批准，应当依法予以排除，不得作为提请批准逮捕、移送审查起诉的依据。”

③ 郎胜：《中华人民共和国刑事诉讼法释义》(最新修正版)，法律出版社2012年版，第119页。

④ 陈光中主编：《中华人民共和国刑事诉讼法修改条文释义与点评》，人民法院出版社2012年版，第73页。

的规定造成了“角色冲突”。从源头上来讲，侦查机关是非法证据的“制造者”，但是，法律又赋予其“排除者”的角色，这两个角色是冲突的，既是运动员，又是不利己方的裁判员。这很难让侦查机关同时扮演好两个冲突的角色。打击与控制犯罪的角色使得侦查机关积极追求、不肯轻易放弃证明犯罪嫌疑人有罪的证据。而且，还让侦查机关经县级以上公安机关负责人批准，排除非法证据就更不现实了。至多，公安机关发现“非法证据”主动放弃，不作为证明犯罪嫌疑人有罪的证据。司法实践中也是这么运作的。

（2）公安机关非法证据的发现机制与排除机制。司法实践中，公安机关内部对非法证据的发现与排除主要是通过公安法制部门对案件审核与执法检查。根据“两统一”的规定，公安机关的法制部门要对案件的出口把关，在审核时如果发现有非法证据的情形就会提出来，不会作为证据随案移送；另外，公安机关的执法检查也是发现非法证据的一个途径，如果发现，相关人员会被追责。

笔者在调研中了解到，目前深圳市公安局及各分局基本不存在根据刑事诉讼法正式由侦查机关排除非法证据的情况。通常的做法是对于非法证据或者可能构成非法证据，或者有被检察院排除风险的，预审或者法制部门引导办案机关进行补正或者重新收集，如有构成非法证据的情况，建议办案部门不作为呈捕或者起诉的证据。例如，实践中通过查看派出所、看守所的讯问录像，对不如实记录犯罪嫌疑人的供述和辩解形成的讯问笔录不予采用。排除非法证据一般由法制部门负责，办案民警一般不会主动排除。如果发现可能存在非法证据，法制部门首先会启动个案核查程序，确认该证据属于应当排除的非法证据后，以书面形式对发现过程、排除的理由进行说明，并将相关情况说明附卷。

杭州市 K 公安分局的一名民警座谈时讲道：“关于非法证据排除，目前市局和分局都有相关的实施细则。侦查阶段非法证据排除的启动，主要依靠公安机关内部的多级法制审核，包括派出所专职法制员审核、预审部门审核和法制部门审核等。一旦发现问题，都会及时要求办案民警纠正。如果后期被检察院发现存在办案问题，他们会出具纠正违法通知书等，那会是非常尴尬的。这种情况也有，但数量非常少。”

此外，检察机关的监督也是发现与排除非法证据的一个重要途径。如2018年上海对一起盗窃案件启动了非法证据排除的程序，检察院通过核查录音录像发现有刑讯逼供的行为，讯问时办案民警将犯罪嫌疑人双手长时间用手铐反扣，于是向公安机关制发违法纠正通知书。公安机关对录音录像进行核查，发现确实存在刑讯逼供行为，立即进行了纠正。由于该案是系列盗窃案，犯罪嫌疑人最终还是被判处无期徒刑。

（3）侦查规范缺乏“应当依法排除”的规定和程序。建议将《刑事诉讼法》第56条“在侦查时发现有应当排除的证据的，应当依法予以排除，不得作为起诉意见的规定”改为“在侦查时发现有应当排除的证据的，不得作为起诉意见的依据”，即去掉“应当依法予以排除”。相应地，《公安机关办理刑事案件程序规定》第71条第3款“在侦查阶段发现有应当排除的证据的，经县级以上公安机关负责人批准，应当依法予以排除，不得作为提请批准逮捕、移送审查起诉的依据”修改为“在侦查阶段发现有应当排除的证据的，不得作为提请批准逮捕、移送审查起诉的依据”。

2. 非法证据认定的问题与对策

在调研过程中发现民警在非法言词证据认定方面普遍存在两个大的疑惑：疲劳讯问如何认定？“威胁、引诱、欺骗”等方法与正常的侦查策略如何区分？有学者调研发现，“某投毒杀人案的被告人在侦查阶段曾被连续讯问了四天，在这四天中，被告人吃饭、睡觉的时间一共只有半个小时，法院认为该案已经构成疲劳审讯，加之案件其他证据也存有疑点，因此改判被告人无罪”。[①] 为此，疲劳审讯是一个重要的非法证据问题，但其

① 陈光中、郭志媛:《非法证据排除规则实施若干问题研究——以实证调查为视角》，载《法学杂志》2014年第9期。

实务中如何界定疲劳审讯，仍存在较大争议：

（1）疲劳讯问问题。2013年最高人民法院《关于建立健全防范刑事冤假错案工作机制的意见》第8条规定："采用刑讯逼供或者冻、饿、晒、烤、疲劳审讯等非法方法收集的被告人供述，应当排除。"该规定，为排除通过疲劳讯问获取的供述提供了明确的依据。[①]《严格排除非法证据规定》并未重申疲劳讯问的供述应当排除。[②] 正如一名民警所言："在实务部门，民警普遍不知道如何认定疲劳讯问。在上海市公安局办理的案件中，检察院偶尔会提出疲劳讯问的问题，但仅仅是提提而已，没有口供真正作为疲劳讯问的产物被排除过。"

对此，笔者建议，我国在疲劳讯问的认定上应当采取"限定讯问时间＋保障休息时间＋例外"的模式。具体应当明确以下问题：第一，一般不进行夜间讯问，具体"夜间"宜界定为23∶00—7∶00。但是，下列情况例外：一是对公共安全有现实危险性的暴恐犯罪；二是对被害人的人身有重大现实危险的绑架犯罪；三是在律师的帮助下，犯罪嫌疑人主动要求侦查人员讯问的。第二，通常情况下，24小时应当有8小时睡眠时间。但是，下列情况例外：一是对公共安全有现实危险性的暴恐犯罪；二是对被害人的人身有重大现实危险的绑架犯罪；三是在律师的帮助下，犯罪嫌疑人主动要求侦查人员讯问的。第三，应当保障犯罪嫌疑人必要的休息时间。必要的休息包括吃饭、上厕所。如果是在看守所，吃饭时间是固定的；如果是在办案单位，一般都随办案单位食堂的吃饭时间。但特别紧急的情况下例外：一是对公共安全有现实危险性的暴恐犯罪；二是对被害人的人身有重大现实危险的绑架犯罪。第四，关于讯问间隔的问题。正常情况

---

① 此前的刑事诉讼法、最高人民法院《关于适用〈中华人民共和国刑事诉讼法〉的解释》《人民检察院刑事诉讼规则》以及"两个证据规定"虽然规定了排除刑讯逼供等非法方法获得的供述，但是均未明确提出将"疲劳讯问"获得的供述排除。

② 《严格排除非法证据规定（征求意见稿）》中曾规定："讯问犯罪嫌疑人、被告人，应当保证每日不少于8小时的连续休息时间。采用违反上述规定的疲劳讯问方法收集的犯罪嫌疑人、被告人供述，应当予以排除。"

下，一次讯问最长持续的时间应当是16小时（24小时内8小时用于睡眠），其间应当包括吃饭、上厕所等一般的必要休息。可用于睡眠的8小时自然就将讯问分割成两次，不需要专门设置两次讯问的间隔。第五，对于老弱病残孕的讯问时间应当在遵守法律一般规定的情况下，根据具体情况予以适当的照顾与安排。

（2）“威胁、引诱、欺骗”问题。从规定来看，2018年修正的《刑事诉讼法》第52条规定，刑讯逼供和威胁、引诱、欺骗属于禁止使用的非法方法。[①] 但是第56条规定的非法取证排除情形不包括上述情节。[②]《人民检察院刑事诉讼规则》第187条规定“严禁刑讯逼供和以威胁、引诱、欺骗以及其他非法的方法获取供述”，同样，第65条也没有规定威胁、引诱、欺骗获取的口供应当排除。《非法证据排除规定》也未明确威胁、引诱、欺骗获取的口供是否排除。最高人民法院《关于建立健全防范刑事冤假错案工作机制的意见》也未明确对采用威胁、引诱、欺骗方法获取的口供要不要排除。《严格排除非法证据规定》第1条重申了“刑讯逼供和威胁、引诱、欺骗”属于非法取证方式；第3条首次明确了采用威胁方法获得的供述应当排除。[③] 实务中也有排除威胁取证的案例，有学者调研了解到，“2012年9月13日，某市中院公开审理一起涉毒案件，法官在审理前排除了对被告人不利的一份供述。该份供述被指是侦查人员威胁‘不说的话就见不到孩子’后，犯罪嫌疑人才配合做出的。经审查，法庭认为，这份证据因‘可能非法取得’被排除，检方不得在审理中宣读该供述”。[④]

①《刑事诉讼法》第52条规定“严禁刑讯逼供和以威胁、引诱、欺骗以及其他非法方法收集证据，不得强迫任何人证实自己有罪。”

②《刑事诉讼法》第54条规定：“采用刑讯逼供等非法方法收集的犯罪嫌疑人、被告人供述和采用暴力、威胁等非法方法收集的证人证言、被害人陈述，应当予以排除。”

③《严格排除非法证据规定》第3条规定：“采用以暴力或者严重损害本人及其近亲属合法权益等进行威胁的方法，使犯罪嫌疑人、被告人遭受难以忍受的痛苦而违背意愿作出的供述，应当予以排除。”

④ 陈光中、郭志媛：《非法证据排除规则实施若干问题研究——以实证调查为视角》，载《法学杂志》2014年第9期。

但是，并没有明确以引诱、欺骗方式取得的证据要排除。从实务角度看，“威胁、引诱、欺骗”等方法在侦查讯问中使用无论是从立法上、理论上还是司法实践中均有一定的容许度，其难点是这个“度”如何把握，“存在法律与实际脱节、可供操作的法律界限不明确的突出问题”。[①]

关于“威胁、引诱、欺骗”，学术界也在持续关注，但由于不宜突破的原因，研究的人也不多，在知网“篇名”输入“威胁、引诱、欺骗”模糊搜索，获得22篇文章。我国学者研究了域外“威胁、引诱、欺骗”界定与排除的成果，并进行了概括与梳理。[②] 在此基础上对我国“威胁、引诱、欺骗”的界定与运用提出建议，有代表性的如：龙宗智教授提出的“刑事审讯应当遵循以下三项合法性原则：法定原则；真实原则；合理性原则”。[③] 这些原则总结概括得很好，但是，每项原则又有局限性，几项原则需要综合运用，这对侦查讯问人员来说运用起来难度还是比较大的。蒋勇、郑海则从犯罪嫌疑人在侦讯程序中的需求出发引入正当期待理论，并以此作为认定是否“威胁、引诱、欺骗”、是否非法的红线。[④]

鉴于立法的模糊以及理论上的不成熟，在侦查和审判实践中，侦查人员运用侦查策略时畏手畏脚；审判人员认定和排除“威胁、引诱、欺骗”时左右为难。座谈中有民警认为，“威胁、引诱、欺骗”的方法与侦查审讯的“谋略”容易发生混淆。从侦查的角度来讲，在对抗性和斗智攻心的讯问中，“威胁、引诱、欺骗”是侦查谋略的重要组成部分，如果不允许使用这样的侦查谋略，讯问很难让犯罪嫌疑人开口。特别是现在，都是在

---

① 龙宗智:《威胁、引诱、期骗的审讯是否违法》，载《法学》2000年第3期。

② 纵博梳理了美国、英国、德国、日本界定和排除以威胁、引诱、欺骗方法获取口供的做法并概括为三个标准：任意性标准、真实性（可靠性）标准、违法性标准。参见纵博:《以威胁、引诱、欺骗方法获取口供的排除标准探究》，载《法商研究》2016年第6期。

③ 龙宗智:《威胁、引诱、期骗的审讯是否违法》，载《法学》2000年第3期。

④ 参见蒋勇、郑海:《侦讯中非法威胁、引诱、欺骗的界定》，载《江苏警官学院学报》2014年第3期。

镜头下讯问，侦查人员有时会担心运用侦查策略获得的口供会被排除。

对此，笔者建议，为了解决“威胁、引诱、欺骗”与侦查策略在实践中的区分与运用，可以通过司法解释在现有基础上对应当排除的“引诱、欺骗”进行界定[①]，对常见的应当排除的“威胁、引诱、欺骗”进行列举。例如，“你不说把你老婆抓起来”是应当排除的威胁；“你说了就放你回家”是应当排除的引诱；“你还不交代，你的同伙已经交代了”是可容许的欺骗。此外，辅之以案例指导，对常见的可容许的“威胁、引诱、欺骗”和应当排除的“威胁、引诱、欺骗”进行案例指导。实务中不乏因为“欺骗”而排除证据的案例，有学者研究中了解到，“某受贿案犯罪嫌疑人的妻子对案件未做任何供述，但侦查人员在讯问中换成其妻子已经供述了受贿案件的某一情节事实，犯罪嫌疑人说‘我记不清了，我妻子怎么说你们就怎么写吧’，侦查人员就在笔录中记载其承认了这一受贿事实。检察机关提审时知道这一情况，认为是欺骗，就排除了这一事实”。[②]

3. 瑕疵证据规则的问题与对策

笔者在调研中了解到，随着我国公安执法规范化建设的深入，以及以审判为中心诉讼制度改革的推动，公安机关侦查取证日益规范，实践中非法证据被排除的案例非常少，但是，还存在一些取证的瑕疵，由此形成一些了瑕疵证据。调研中了解到的侦查实践中存在瑕疵证据的主要情形包括：

（1）同一时间内两份讯问笔录都有同一个办案人员签名。这些讯问笔录往往出现在重、特大案件中。在重、特大案件办理时，通常是多个单位的办案人员一起办案，由于单警讯问的情况比较普遍，再加之彼此之间沟通协作存在一些障碍，容易出现类似的问题。一旦发现这样的笔录，公安

---

① 例如，《严格排除非法证据规定（征求意见稿）》曾对“引诱”“欺骗”有专门的规定：“采取以许诺法律不准许的利益等进行引诱或者指供的方法收集的犯罪嫌疑人、被告人供述，应当予以排除。采取以伪造物证、书证等进行欺骗的方法收集的犯罪嫌疑人、被告人供述，应当予以排除。”

② 陈光中、郭志媛：《非法证据排除规则实施若干问题研究——以实证调查为视角》，载《法学杂志》2014 年第 9 期。

法制部门、检察院会要求公安机关重新制作笔录，以加强证据的证明力。

（2）讯问中一名侦查员中途离开形成的讯问笔录。有民警提到，讯问中经常出现侦查员中途离开一段时间的情况，那么，这样的讯问笔录究竟是非法证据还是瑕疵证据存在认识分歧，侦查员究竟离开 10 分钟还是 20 分钟涉及违法取证，也在认识上存在分歧。

（3）辨认地点不合法的辨认笔录。调研中了解到，有一起案件犯罪嫌疑人出所辨认后，辨认笔录是在公安机关办案区制作的。但是，检察院认为对于出所辨认的犯罪嫌疑人，应当在辨认结束之后，立刻将其送回看守所，办案民警应当在看守所办公区制作辨认笔录。此后，检察机关下发了纠正违法通知书，公安机关重新制作了辨认笔录。有学者检索了截至 2018 年 7 月的 799 份涉及“瑕疵证据”的裁判文书，不同类型证据的瑕疵分布情况如下（见图 1）：

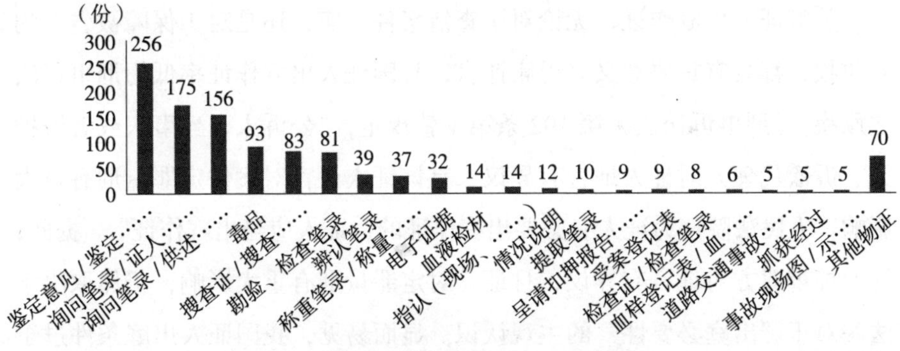

图 1　瑕疵证据案例证据种类分布情况 ①

对此，笔者建议，一方面，通过公安法制部门的审核发现并纠正；另一方面，通过公安法制部门的定期反馈与培训，减少和避免此类情况的发生。瑕疵证据虽然没有达到应当排除的程度，但是暴露了侦查取证存在的疏漏和不规范之处，应当通过深化执法规范化予以解决。

---

① 参见易延友：《瑕疵证据的补正与合理解释》，载《环球法律评论》2019 年第 3 期。

二、证人、鉴定人出庭制度*

我国刑事司法改革中，完善证人、鉴定人、被害人、侦查人员出庭作证制度是推进以审判为中心的诉讼制度改革的重要内容。《中共中央关于全面推进依法治国若干重大问题的决定》要求“完善证人、鉴定人出庭制度，保证庭审在查明事实、认定证据、保护诉权、公正裁判中发挥决定性作用”。目前仍普遍存在证人出庭比例不高的问题，改革措施重点仍在持续推进对侦查人员出庭，落实鉴定人员出庭的制度保障。

（一）证人出庭作证制度的改革经验与完善建议

关键证人出庭作证，无论对于查清案件事实，还是对于保障被告人的对质权，都具有重要意义。毋庸讳言，我国证人出庭作证率低为刑事司法之顽疾。《刑事诉讼法》第 192 条第 1 款规定，“公诉人、当事人或者辩护人、诉讼代理人对证人证言有异议，且该证人证言对案件定罪量刑有重大影响，人民法院认为证人有必要出庭作证的，证人应当出庭作证”。据此，即使控辩双方对证言有异议，且证言对定罪量刑有重大影响，仍然取决于法院对于“出庭必要性”的主观认识。显而易见，我国证人出庭条件过于严苛。《关于推进以审判为中心的刑事诉讼制度改革的意见》第 12 条对证人出庭作证条件重新进行了界定：一是控辩双方对证人证言有异议；二是法院认为该证人证言对定罪量刑具有重大影响。显然，此种改革以期解决证人出庭作证问题。

---

* 本部分撰稿人为汪海燕教授、李玉华教授。

1. 关键证人的出庭率

并非所有证人都有必要出庭，只有为保障被告人对质权实现的证人才属于有出庭必要的证人。[①] 如何通过证人出庭率反映庭审实质化问题，经历了一个争议和演化的过程。2005 年，有研究在计算证人出庭率时，以所调查的全部案件为基数，忽略无争议案件或无对质必要的证人，得出我国证人出庭率 0.38% 的结论。[②] 在 2010 年，有学者通过界定“必要证人”的概念，同时将被害人也纳入证人的范畴，通过实证研究发现我国法庭的必要证人出庭率为 25% 左右，实践中仍然有 75% 的必要证人不出庭作证。[③] 可见，庭审实质化改革对证人出庭率有一定改善，但仍有待较大程度的提升。

为此，另有研究提出“争议且关键证人”的概念[④]，主张以该标准来测量证人出庭率，从而科学反映庭审实质化的面貌。2015 年 2 月至 2016 年 4 月，S 省 C 市中级法院一共审结刑事案件 1.5 万件，有研究选取了 102 件案件进行庭审实质化试点，同时选取了 91 件实事、证据情节类似的案件进行了对比，其间，示范庭共有 58 起案件有证人出庭，证人总数 572 人次，证人出庭数量 122 人次，其中争议案件且关键证人出庭比仅为 37.5%。而对比庭中共有 2 起案件有证人出庭，证人总数为 336 人次，证人出庭数量为 3 人，其中争议案件且关键证人出庭比居然为 0（见表 1）。[⑤]

① 参见易延友:《证人出庭与刑事被告人对质权的保障》，载《中国社会科学》2010 年第 2 期。

② 参见左卫民、马静华:《刑事证人出庭率：一种基于实证研究的理论阐述》，载《中国法学》2005 年第 6 期。

③ 参见易延友:《证人出庭与刑事被告人对质权的保障》，载《中国社会科学》2010 年第 2 期。

④ 争议且关键证人，是指在被告人不认罪的案件中，被告人及辩护人对证言有异议的证人。争议且关键证人这个概念体现了被告人对质权的利益，能够反映庭审的对抗程度和法官心证形成的关键基础。本文简称为“关键证人”。

⑤ 参见左卫民:《地方法院庭审实质化改革实证研究》，载《中国社会科学》2018 年第 6 期。

表 1 庭审实质化改革试点 S 省 C 市 2015 年 2 月至 2016 年 4 月证人出庭情况

类型	案件总数	证人出庭案件数量	证人出庭案件比	案件证人总数	出庭证人人数	争议案件出庭证人比	争议案件关键证人出庭比
示范庭	102 件	58 件	65.17%	572 人	122 人	72.92%	37.5%
对比庭	91 件	2 件	5%	336 人	3 人	0	0

然而，忽略庭审实质化试点中的证人出庭数字，抛除无争议案件中的证人出庭数量，我们可以发现，我国证人出庭问题并没有大的改变。关键证人出庭率依然很低，即使在庭审实质化试点庭审中，关键证人出庭率也仅为 37.5%，没有作为试点的庭审，案件有争议且证人对定罪量刑皆有影响的案件，必要证人出庭率为 0。我们的调研也发现，在 SH 市 X 区法院近三年庭审中有 20 余名证人等人员出庭，其中有 8 名侦查人员，2 名鉴定人员；S 省 C 市 2017 年有 17 名证人出庭；S 省 X 市近三年有 62 名四类人员出庭。另外，部分庭审实质化改革试点的法院中证人出庭比率有所提高，特别是在示范庭中关键证人出庭达到了较为理想的标准。[①] 证人出庭状况有一定的改观，但比例仍然较低，这一顽疾并未得到有效解决。这一点也得到了其他研究的印证。2014—2015 年，SH 市 A、B、C 三个区普通程序证人出庭率变化不大，普通程序案件证人出庭率最低为 0.8%，最高为 3.0%（见表 2）[②]；同时，在有争议的普通程序案件中，证人出庭率也保持稳定，关键证人的出庭率最低为 2.7%，最高仅为 9.7%（见表 3）[③]。当然，这些实证研究的数据存在地域性、时间片段性的瑕疵，但是不妨碍我们得出一个结论：我国庭审中关键证人仍然普遍不出庭。辩方质证权的行使，

① 在 2015 年成都法院进行的 83 件示范庭中，人证出庭案件共计 53 件，占试点庭总数的 63.86%。参见《成都刑事庭审实质化一年答卷》，载《人民法院报》2016 年 3 月 21 日。

② 参见黄柏青、伍天翼：《"需求侧"改革：刑事证人出庭作证实证分析》，载《法律适用》2017 年第 3 期。

③ 参见黄柏青、伍天翼：《"需求侧"改革：刑事证人出庭作证实证分析》，载《法律适用》2017 年第 3 期。

在法官面前与不利证人的当庭对质，影响法官的裁判结论，全都以不利的争议证人出庭为前提，如果不利的争议证人不出庭，辩方质证权没有行使的空间。

表 2　2014—2015 年 SH 市 A、B、C 人民法院普通程序案件证人出庭率

	普通程序案件数		证人出庭作证案件数		证人出庭率	
	2014 年	2015 年	2014 年	2015 年	2014 年	2015 年
A 基层人民法院	248	246	2	2	0.8%	0.8%
B 基层人民法院	229	230	5	7	2.2%	3.0%
C 基层人民法院	243	231	3	3	1.2%	1.3%

表 3　2014—2015 年 SH 市 A、B、C 人民法院有争议的普通程序案件证人出庭率

	有争议案件数		证人出庭作证案件数		证人出庭率	
	2014 年	2015 年	2014 年	2015 年	2014 年	2015 年
A 基层人民法院	75	74	2	2	2.7%	2.7%
B 基层人民法院	74	72	5	7	6.8%	9.7%
C 基层人民法院	73	69	3	3	4.1%	4.3%

2. 解决证人不出庭问题的建议

证人不出庭的原因具有多样性和复杂性，一些理论上的原因如证人出庭规则有缺陷、法官自由裁量权过大，“即使控辩双方对关键证人的证言有异议，是否出庭仍取决于法官的主观认识”[①] 等，已经有非常充分的理论解释，本文不再赘述。笔者通过观察和访谈发现，扭转证人不出庭局面至少需要从以下几方面努力：

第 ，扭转法官的消极心态。有法官认为，在一些案件中庭前证言比当庭证言更具有真实性，实证观察和访谈显示，证人出庭会让案子变得“难办”，因此“在证人出庭对诉讼效率及事实认定均存在‘负面’影响

① 汪海燕：《中国刑事审判制度发展七十年》，载《政法论坛》2019 年第 6 期。

的情况下，法官对于促使证人出庭抱有十分消极的态度”[①]；甚至有法官认为，庭审实质化的关键在于案件办理质量而不在于证人是否出庭。2016—2018年，山东省东营市审判机关审结的有证人出庭的37起刑事案件中，因为证人改变证言或者提供新证言导致犯罪事实没能认定的有6起，导致案件事实不清、证据不足而发回重审的有2起，导致证据不足宣告无罪的有2起。基于此，有27.4%的证人出庭案件的承办法官认为证人出庭显著影响办案质量和效率。[②] 法官的这种认知无疑影响到了证人出庭制度的实施。

第二，改变检察官缺乏申请证人出庭动力的局面。首先，证人不出庭并无程序性消极后果，证言笔录同样具有证据效力，仍然可以作为定案的根据，这意味着即使证人不出庭，其庭前证言仍然可以作为定案根据，检察官运用卷宗就可以高效地证明犯罪，缺乏申请控方证人的动力；其次，即使辩方申请的是控方证人出庭，检察官也不愿意证人出庭，因为辩方申请控方证人出庭通常是为了证明其庭前供述的证言是不真实的，证人当庭改变证言会给检察官和法官带来很大压力[③]；最后，出于指控技术的需要，一些案件中控方不同意同案中未被指控的证人出庭。

第三，消除证人的出庭顾虑。证人普遍嫌麻烦、不配合，认为多一事不如少一事，有证人认为之前已经接受过询问，无须再次出庭，也有证人直接翻证，如在S省C市一名法官通知出庭的三个证人中，有两个证人在电话中翻证；证人害怕受到威胁或恐吓，SH市X区法院有法官登门“请”证人出庭作证仍然徒劳而返。从下述案例法官庭外调查笔录片段中也可以看出，即使法官出于试点需要或者办案需要进行庭外调查，要求证人出庭作证，证人也会以个人原因，或者以没有必要重复作证为由拒绝出庭作证。

---

① 参见尹泠然:《刑事证人出庭作证与庭审实质化》，载《华东政法大学学报》2018年第1期。

② 参见山东省高级人民法院课题组:《刑事案件证人、鉴定人出庭实证分析》，载《山东法官培训学院学报》2019年第3期。

③ 参见尹泠然:《刑事证人出庭作证与庭审实质化》，载《华东政法大学学报》2018年第1期。

【案例】 法官庭外调查证人笔录片段[①]

问：你与××（被告人）除了毒品买卖关系，还有无其他关系？

答：没有其他关系，如果有情人关系，买毒品还要钱吗？

问：你愿意出庭作证吗？

答：我不愿意，我要为自己的家庭考虑，而且我在公安局作的证跟现在和你们说的是一样的。

（二）鉴定人出庭作证制度的改革经验与完善建议

鉴定人的鉴定意见对法官虽然理论上并不具有当然的约束力，但实际上很大程度上影响甚至决定了法官在专业事项上的判断，其重要性不言而喻。是故，《法庭调查规程（试行）》第49条、《关于全面推进以审判为中心的刑事诉讼制度改革的实施意见》第29条规定，经人民法院通知，鉴定人拒不出庭作证的，鉴定意见不得作为定案的根据。《刑事诉讼法》第192条第3款也作了相同的规定。与证人证言的相关规定不同，鉴定人只要经人民法院通知仍拒不出庭的，由其所作的鉴定意见不具有可采性，丧失其作为证据的资格。

调查发现，鉴定人出庭作证的情况并不多见，法庭调查大多针对书面的鉴定意见展开，而因鉴定人不出庭作证直接排除鉴定意见的情况亦较为罕见。在一项针对浙江省鉴定人出庭的实证调查中，在有效回收的584份问卷中，68%的参加调查的法律及相关职业者表示从未经历过鉴定人出庭，其中包括73.5%的法官、71.4%的律师和51.4%的鉴定人，而有过多次鉴定人出庭经历的仅占5.5%。[②] 经过实地观察和访谈，我们发现，S省C市

---

① 案例来源参见唐治祥、姚明平：《以需求为中心：对证人出庭认知错位与矫正——以C市E中院一审刑事案件证人出庭为例》，载《重庆三峡学院学报》2020年第3期。

② 参见胡铭：《鉴定人出庭与专家辅助人角色定位之实证研究》，载《法学研究》2014年第4期。

中级法院法官提到鉴定人普遍不愿意出庭，SH 市 X 区法院法官也表示鉴定人往往以工作忙、距离远为由不愿出庭，甚至“做工作”也难以遂愿。但是，此现象似乎尚未引起法官的重视。这在一定程度上与鉴定人员具有可替代性有关，如辩方对鉴定意见有异议或申请重新鉴定的，法官会根据实际情况进行重新鉴定或者同鉴定人进行沟通了解情况，在重大、复杂案件中，还可以通过专家证人制度等方式处理与鉴定有关的事项。因此，实践中以鉴定人不出庭为由直接否定鉴定意见的证据资格，实属少见。

鉴定人不出庭作证，以有效审查鉴定意见为目的的专家辅助人制度就没有实施的前提。2012 年刑事诉讼法修正，引入了专家辅助人制度，规定公诉人、当事人和辩护人、诉讼代理人可以申请法庭通知有专门知识的人出庭，就鉴定人作出的鉴定意见提出意见，以期实现对鉴定意见的有效审查。《法庭调查规程（试行）》第 26 条也规定，控辩双方可以申请法庭通知有专门知识的人出庭，协助本方就鉴定意见进行质证。专家辅助人制度在司法实践中发挥了重要作用，在一些影响重大的案件中避免了冤假错案的发生。例如，2015 年福建念斌案中，辩方申请的专家辅助人针对毒物的鉴定意见的有效质证，成功动摇了控方的证据体系，避免在事实不清的基础上对念斌定罪；在 2015 年林森浩投毒一案中，鉴定人和专家辅助人的当庭对质，也使得一系列专业问题转化为控辩裁三方可以有效识别的知识和语言，达到了庭审实质查明案件事实的效果。[①] 然而，实践中，法官、检察官以及律师等对专家辅助人的角色认识不清、定位不明，存在将其理解为“是一种质证方式”“是鉴定人”“是证人”等多种认知情况，庭审中专家辅助人和鉴定人的“座位安排”也经常出现混乱和尴尬的局面[②]，反映了鉴定人出庭作证制度以及鉴定意见审查制度的不成熟。

---

① 参见卞建林、谢澍:《庭审实质化与鉴定意见的有效质证》，载《中国司法鉴定》2016 年第 6 期。

② 参见胡铭:《鉴定人出庭与专家辅助人角色定位之实证研究》，载《法学研究》2014 年第 4 期。

三、证明标准*

以庭审为中心的诉讼制度改革，要求法官实行证据裁判，严格对证据材料进行调查核实，保证案件事实认定能够最大限度地接近客观事实。在证据标准问题上，刑事审判是对被告人是否有罪作出裁定的核心环节，所以就应当执行最为严格的证明标准，以保障被告人的基本权利不受侵害。定罪证明标准、死刑案件证明标准是改革的重点内容，为此，本部分重点分析定罪证明标准与死刑案件证明标准的改革背景、举措，经验成果以及建议。

（一）审判定罪证明标准的改革经验与完善建议

2012年《刑事诉讼法》第53条对“证据确实、充分”的含义进行了细化，增加了“排除合理怀疑”的规定作为定罪证明标准。2018年《刑事诉讼法》修正未对此作出改变。“排除合理怀疑”原是英美法系国家刑事诉讼中被告人有罪的证明标准，也是证明层次中最高的标准，它是一个独立存在的证明标准，而不是“事实清楚，证据确实、充分”的组成部分，也不是并列或补充关系，由此造成证明标准的内在层次关系在司法实务中仍存在理解的困惑。有学者经检索刑事诉讼法修改后的证明标准表述，发现各定罪标准表述的使用情况如表4所示：

表4　2014—2016年全国基层法院网络公开的一审刑事判决引用证明标准表述情况①　　（单位：件）

年度	审结案件数	排除合理怀疑	证据确实、充分（证据确实充分）
2014	753122	758	364801（264487+100314）
2015	781389	876	404191（303877+102478）
2016	654226	1007	344965（261239+83726）

---

* 本部分撰稿人为杨宇冠教授。

① 参见李训虎：《排除合理怀疑的中国叙事》，法律出版社2018年版，第97页。

司法改革中，一审审判法官较多使用“证据确实、充分”，却很少使用“排除合理怀疑”的表述。考虑公开网站检索数据可能不全面的问题，有学者还单独访谈了地区基层法院和法官，访谈发现，“‘排除合理怀疑’在判决书中的运用带有明显的个人化色彩”。[①] 排除合理怀疑的表述使用情况集中出现在特定法官身上，当然考虑到任何改革措施都有一个落实施行的过程，“排除合理怀疑”标准在实务中也有一个逐渐被理解、接受与运用的发展过程。从理论角度看，法定定罪标准的内在层次、结构还有待界定厘清。

考虑到人们对“排除合理怀疑”理解存在诸多困难，以至于在中国的司法实践中，事实判断者通常仍然按照原有的“事实清楚，证据确实、充分”的定罪标准判断案件。在许多案件中，法官甚至要求证明有罪应当具有特定种类和数量的证据，比如故意杀人案中一定要有尸体。“排除合理怀疑”的证明标准未能充分发挥作用。就“事实清楚，证据确实、充分”证明标准而言，法官审查证据种类和数量的完备程度，审查各种证据之间是否形成证据链条，能否相互印证。这种制度可能是受到法定证据制度的影响。[②] 法定证据制度对证据种类和数量有严格要求，这可能导致两种后果：第一，采取刑讯逼供的方式取得某个口供；第二，缺乏某项证据。预定证据证明力，而不是交由法官经历审判之后，根据具体个案裁量决定，

---

① 参见李训虎:《排除合理怀疑的中国叙事》，法律出版社2018年版，第106页。

② 所谓法定证据制度，是指法律事先规定出各种证据的证明力和评判标准，法官在审判中必须严格遵守这些规则，没有自由裁量权。法官运用证据职责犹如一架自动加减证据的自动“天平”。法定证据制度的基本规则包括:（1）有了完整的证明就必须作出判决;（2）没有完整的证明就不能作出判决;（3）最好的完整证明是两个可靠的证人，其证言内容的统一是认定被告人有罪或无罪的结论性证明;（4）无论多么可靠，一个证人证言只能构成半个证明，而且其本身永远不足以作为判决的依据;（5）如果除证人证言之外还有另外半个证明，那就足以作为判决的依据，其他可以构成半个证明的证据包括通过刑讯获得的供述、商人账册中的记录、专门为一方当事人的诚实性或其主张之事实所作的誓言、能够证实前半个证明的传闻证据或名声证据;（6）任何两个半个证明加在一起都可以构成完整的证明;（7）其他证据可以构成四分之一或者八分之一的证明；两个或者四个相应的证据相加可以等于半个证明。

容易导致机械的证明力认定结论。排除合理怀疑则应当是独立的证明标准，不应当有证据种类和数量上的绝对要求。证据确实、充分也并不意味着在证据的数量和种类上有固定的要求，而应当指司法人员所掌握的证据能够使他们认为被告人有罪已经达到了排除合理怀疑的程度。排除合理怀疑概念引入我国的刑事诉讼中，其积极意义应当是消除法定证据制度中的不合理因素对我国刑事诉讼的不利影响，从而使我国的刑事诉讼定罪证明标准更加合理。

1.“排除合理怀疑”与疑罪从无

在中国，疑罪从无被当成一个原则。一些犯罪嫌疑人很明显有罪的案件因为缺乏某种证据而被判处无罪。这其实是对疑罪从无的错误理解。笔者从未在国际刑事司法准则和国外的刑事司法教科书中找到所谓“疑罪从无”原则，而只发现“疑罪有利于被告”（in dubio pro reo）这种提法，但这并不意味着“从无”。疑罪既可能涉及证据、事实问题，也可能涉及法律问题。根据不同情况，“疑罪”可以划分为三种情形：

第一种，在案件审判过程中对于事实认定上被告人是否有罪存在怀疑，通常指控诉方提供的证据没有充分达到认定有罪证明标准的程度，根据现有的证据，法官或者陪审员对被告人是否构成犯罪处于不能确信的状态。

第二种，在事实的性质认定方面存在怀疑，例如有证据证明被告人犯罪事实存在，对该行为性质的定性存在疑问。

第三种，被告人犯罪的数量存在疑问，例如有些犯罪行为构成一罪还是数罪存在疑问。

对于“主要是指事实不能查清或者不能完全查清的犯罪”的疑罪，法官和陪审员应当本着“疑罪有利于被告”的原则，不应当判处被告人有罪。从这个意义上理解，“疑罪”应当“从无”，即从法律上宣告被告人无罪，但这并不等于一切疑罪皆必须从无，也不宜上升到“疑罪从无”作为一个原则的高度。对于“有相当的证据证明被告人有重大犯罪嫌疑，但全案证据尚未达到确实、充分的程度”的案件，并不能简单一律从无，而是可以根据已经掌握的证据达到的证明程度进行判决。例如，在故意杀人罪和故意伤害罪之间，如果控诉方的证据不能证明被告人犯有故意杀人罪，但因为存在故意伤害的证据，可以证明构成故意伤害罪。在这种情况下，就不能简单以“疑罪从无”为由判决被告人无罪，而是可以根据现有证据判定被告人有罪。对于此罪与彼罪或者一罪与数罪等难以认定的案件，更不宜简单从无，而应当根据证据的情况，本着疑罪有利于被告的原则判处较轻的罪名。

“排除合理怀疑”没有证据数量和种类方面的要求。“排除合理怀疑”并非没有任何怀疑，审判人员可以有各种怀疑。但是，怀疑只要有合理的解释，即使缺乏某些证据，审判人员也可以宣判被告人有罪，而并非疑罪一律从无。

2.“排除合理怀疑”与认识的层次性

排除合理怀疑是法官和陪审员对案件认识所达到的一种心理状态。刑事司法中要力求查明事实真相，但是事实真相与司法人员对于案情的认识程度是两个不同的概念。最理想的状态当然是事实真相完全契合司法人员对事实的认定。但是，由于人的认识能力的限度和客观条件的制约，司法人员的认识可能与事实真相存在偏差。随着科技的发展和司法制度的完善，人们对案件认识的水平在不断提高，但是这个过程永远不会终结，总是在不断的完善之中。所以，刑事案件中的证明标准很难百分之百地与已经发生的案件事实完全一致。排除合理怀疑在现阶段是人类在刑事司法中认识能力所能达到的最高标准。

“排除合理怀疑”主要体现在审判人员的心理活动，是审判人员根据证据达到内心确信的过程。刑事诉讼中的侦查人员、审查起诉人员和审判人员具有不同的地位和作用，由于长期的办案习惯形成了不同的办案经验，对案件的判断也并不相同。侦查、审查起诉和审判人员在刑事诉讼的不同阶段对于案件所占有的信息和材料是不同的，更重要的是三个阶段对于证据的审查判断方式是不同的。在侦查过程中，侦查人员通过搜查、扣押、查封、冻结等手段获取的一系列书证、物证，或者通过讯问、询问等手段取得的犯罪嫌疑人供述、证人证言，这些活动的进行都必须有相应的批准手续，而为了获得批准，有关人员必须提出一定的证据，这也可以理解为这些司法行为的证明标准。但是，法律不应当要求侦查人员和起诉人员在其各阶段的司法行为的证明程度上对被告人有罪达到"排除合理怀疑"的程度，"排除合理怀疑"作为最高证明标准，仅适用于法庭中对被告人定罪的证明要求。

实务中，我国往往以证据确实、充分作为定罪标准，以盗窃罪为例，有学者分析了中国裁判文书网 2011 年 1 月至 2016 年 12 月的 38699 例盗窃罪的裁判文书，虽然其中排除合理怀疑的占比并不高，但"合理怀疑"的排除恰恰是针对控辩争议焦点而作出的，具有完善定罪标准的积极作用（见表 5）。

表 5　盗窃罪公开文书的证明标准表述 ①

证据类型	出现频次（次）	全体样本数（例）	百分比（%）
证据确实、充分	7344	38699	19.0
排除合理怀疑	42	38699	0.1

我国刑事诉讼中没有把"排除合理怀疑"作为单独的定罪标准，而是作为"证据确实、充分"的附庸，其中原因也许是认为"排除合理怀疑"证明程度不高，没有能够达到百分之百的确信。人类的认识是在不断进步的，很难达到百分之百的准确；而刑事案件的情况是千差万别的，不能以

① 参见王超：《盗窃案件证据标准统一问题实证研究——以中国裁判文书网 38699 例文书为例》，载《河南警察学院学报》2019 年第 6 期。

一个固定的、量化的要求适用于所有的案件。有学者认为，“即便某一要件事实有证据证明，法官也会因‘存在证据虚假的合理怀疑’‘存在其他可能性的合理怀疑’而认为在案证据未达证明标准。如王小军、高军军、赵顺平贩卖毒品案中，虽然王小军贩卖毒品给赵顺平的事实有赵顺平的证言证明，但法官认为该证言存在虚假供述的合理怀疑，所以未予认定”。[①] 有学者访谈基层法官发现，有的法官在裁判文书中排除合理怀疑，是因为“其审理的大部分案件不会直接引用刑事诉讼法对于证明标准的表述，但对于控辩双方分歧较大的案件，特别是无罪的案件，其会使用‘排除合理怀疑’的表述，以消除控辩双方的疑问”。[②] 排除合理怀疑推动控辩争点的实质性审查，这无疑具有积极意义。进一步而言，多数刑事案件中被告人认罪且确实犯罪，如果对被告人不认罪而且控辩确有重大分歧的案件，法官都能够将“排除合理怀疑”作为适用证明标准的重点问题，则实务中“排除合理怀疑”的运用已经更加深入了，也体现了证据证明力判断是法官亲历审判后自由裁量、个案具体裁断的特点。如果能够进一步详细阐明有哪些合理怀疑、在案件证据如何予以排除或者不能排除各项合理怀疑，则能够更大程度推进庭审实质化。

值得注意的是，“排除合理怀疑”的主体数量的不同达到的效果也可能不同。在独任审判中，“排除合理怀疑”意味着只需法官一人达到这种心理状态即可。我国合议庭人数为三人、五人或七人，这意味着合议庭成员达到多数即可定罪，也就是即使少数人存在怀疑，甚至是合理怀疑，被告人也可以被定罪。根据《刑事诉讼法》第 184 条规定：“合议庭进行评议的时候，如果意见分歧，应当按多数人的意见作出决定，但是少数人的意见应当写入笔录。”据此，如果合议庭为三人，理论上其中只要有两人同意就可能判处被告人有罪，这意味着有三分之一的人没有排除合理怀疑；

---

① 纵博：《“排除合理怀疑”适用效果的实证研究——以〈刑事诉讼法〉修改前后共 40 件案件为样本》，载《法学家》2018 年第 3 期。

② 李训虎：《排除合理怀疑的中国叙事》，法律出版社 2018 年版，第 107 页。

如果合议庭为七人，其中有三人不同意，仍然可以判处被告人有罪，从概率论角度讲就大大增加了误判的危险，因为在这种情况下，实际上并没有达到排除合理怀疑的程度，而是有七分之三的人没有排除合理怀疑。这实际上降低了有罪的证明标准。为了保证“排除合理怀疑”的证明标准的质量，可以通过两种方式：第一，提高审判人员数量的方式解决这个问题，越多的人达到排除合理怀疑的程度，其证明难度可能越高，证明标准实际上也就提高了；第二，要求合议庭成员对被告人有罪都达到“排除合理怀疑”的程度才能作有罪判决，否则即意味着没有达到“排除合理怀疑”的程度标准。“排除合理怀疑”是一个比较灵活的证明标准，在兼顾被告人权利的同时，节约了司法资源。在此基础上，刑事案件不能只考虑节约司法资源，首先必须考虑办案质量。排除多数人合理怀疑比排除少数人合理怀疑发生错误的概率小。为了提高办案质量，在被告人认罪的情况下，法庭也有义务对被告人认罪的真实性和合法性进行审查。在被告人不认罪的情况下，定罪需要合议庭成员一致同意，至少达到绝对多数同意定罪的比例。

综上所述，我国目前合议庭成员最多只有七人，在少数服从多数的情况下，只要有四人同意即可以定罪，这意味着可能有三个人的合理怀疑并没有被排除，要求合议庭全体一致定罪，可以避免错误定罪的隐患。为了进一步落实证明标准，建议我国刑事诉讼中，合议庭一致同意才能定罪，否则应当另行组织合议庭重新审理。

（二）死刑案件证明标准的改革问题及完善建议

在刑事司法改革之下，死刑案件的证明标准立法更趋严格，改革之下纠正错案的成果有目共睹，在此不再赘述，针对死刑证明标准存在的问题与建议，笔者分析如下：

1. 关于死刑案件证据种类要求的问题与建议

我国刑事诉讼法确认有罪的证明标准是“案件事实清楚，证据确实、充分”。死刑案件[①]是特殊的刑事案件，死刑是剥夺生命的最严厉的刑罚，一旦误判将造成无可挽回的损失。因此，死刑案件证明标准的适用需要格外慎重。我国的刑事诉讼中定罪标准是“案件事实清楚，证据确实、充分”表面上看是客观标准，实际上也有主观因素在起作用，因为判断是否达到这个标准取决于审判者的心理感觉。我国刑事司法中对定罪证据还有额外的要求，如《刑事诉讼法》第55条规定：“对一切案件的判处都要重证据，重调查研究，不轻信口供。只有被告人供述，没有其他证据的，不能认定被告人有罪和处以刑罚。”这一条规定从表面上看是“不轻信口供”，似乎口供的证明力不如其他证据，但把口供单独提出来加以特别注意，实际上突出了口供在刑事诉讼中的重要作用。

在我国的司法实践中，死刑案件通常需要被告人认罪的口供，没有认罪口供，或者被告人在法庭翻供不认罪时，甚至在执行时还拒不认罪的，有关部门应当特别慎重，应当查清情况再作决定。1984年，河南省魏某安案中，被告人魏某安在一审、二审和死刑核准及执行时都在喊冤，但法院和检察院都没有核实，以致错杀被告人就是不重视被告人口供的恶果。[②]同时，与不重视被告人口供相反，有些案件中有被告人认罪口供，但缺乏其他证据，如被害人的尸体、DNA标本等，侦查和司法部门不能认定被告人有罪，甚至难以结案。有学者调研了200件故意杀人罪案件的证据情况，“一般情况下，故意杀人罪具备了7种证据（详见注释内容），才能组成完

---

① 本文中所称“死刑案件”在中国现代指依照《刑事诉讼法》第21条第2款、第35条第3款规定被告人可能被判处死刑（包括死缓）的案件；在联合国层面指《关于保护面对死刑的人的权利的保障措施》中被告人可能被判处死刑的案件；在外国指依照该国法律可能判处被告人死刑的案件。

② 关于魏清安案件的情况和分析，参见崔敏:《求真集》，中国人民公安大学出版社2008年版，第203—211页。

整的证据链，据以定罪量刑”。[①] 笔者在东北某地调研时了解到这样一则案件，案情极为简单：六个青年合伙开饭馆，一晚杀死一名单身客人，并将身体煮化后倾倒于下水道。后来其中一人主动投案自首。侦查机关顺利抓到其他五名同案犯，大家都交代了案情，但是因为尸体无法找到，被害人身份无法确定而无法定案。根据我国刑事诉讼的证明要求，“只有被告人口供，没有其他证明的不能认定被告人有罪”，此案不仅不能在审判中定罪，甚至没有达到起诉的要求，侦查机关只好将六名犯罪嫌疑人全部释放了。该案件如果根据“排除合理怀疑”的证明标准，或者“内心确信”的证明标准，都是可能定罪的，但根据我国刑事诉讼的证明标准则无法定罪。

“证据充分”不应当取决于证据数量的多少和种类的齐全，而应当是证明程度的充分。在有些案件中，证据并不能形成一个“锁链”，有些关键证据，如被害人尸体、犯罪工具已经灭失，如果机械要求证据确实、充分，则难以定案，反而使犯罪人逍遥法外。如上文所举例证中：六人杀死一个人，并毁尸灭迹。虽然此案没有尸体，但通过一个被告人自首的口供和其他各被告人分别供述的相互印证、现场勘查等证据，该案应当可以认定，即现有的证据能够使侦查和以司法机关充分相信案件事实已经清楚，也就达到了“排除合理怀疑”的程度。

《死刑案件证据规定》第5条对于死刑案件证明标准进一步作了详细界定。根据该规定，死刑案件中对被告人犯罪事实的认定证据所要求达到的“确实、充分”是指：(1) 定罪量刑的事实都有证据证明；(2) 每一个定案的

---

① 详细证据情况表述：一般情况下，判处故意杀人案犯罪嫌疑人死刑“必须”具备的证据有：(1) 物证，包括作案工具、生物证据、痕迹证据；(2) 书证，主要是被害人、被告人的户籍信息等证明身份情况的书证；(3) 犯罪嫌疑人、被告人的供述和辩解；(4) 证人证言；(5) 勘验、检查、辨认笔录，其中检查笔录是对尸体的检验，辨认笔录是对作案工具的辨认；(6) 鉴定意见，包括对尸体的鉴定和对物证的鉴定；(7) 其他证据，即过程证据。参见郭烁：《死刑案件证据适用实证研究——以200件故意杀人罪判决为例》，载《青海社会科学》2017年第6期。

证据均已经法定程序查证属实;(3)证据与证据之间、证据与案件事实之间不存在矛盾或者矛盾得以合理排除;(4)共同犯罪案件中，被告人的地位、作用均已查清;(5)根据证据认定案件事实的过程符合逻辑和经验规则，由证据得出的结论为唯一结论。该规定无论是在执行过程中还是在证据的数量和种类方面，均提高了法院对死刑案件定罪量刑的证明要求，而且对侦查部门和检察部门办理死刑案件的证明要求更为严格，有些案件因达不到法院的要求，侦查和检察部门都难以结案。笔者了解到一则案例：某地有一名农妇在十年前将另一名妇女杀死后潜逃，近年被抓获承认自己杀人情节并供述了作案的过程，而且亲笔书写了供词。由于该案发生在十年前，当时现场勘查做得比较简单，没有留存被害人的DNA样本。[①] 根据目前法院办理死刑案件的要求，此案无法定罪，但又无法释放被告人。当地的公、检、法三机关都觉得比较为难。此案如果适用“疑案从无”，可能放纵了已经自愿作出了犯罪供述的被告人，这将不利于社会的和谐，也不利于犯罪人的改造；此案如果起诉审判又达不到我国的定罪证明标准。

定罪的证明标准如果机械要求某些特定种类的证据，如被害人尸体或DNA样本的存在，是法定证据的表现。历史经验表明，“法定证据”制度有难以解决的缺陷，特别是对缺乏某些证据形式的，法官无法定案，也容易造成刑讯逼供。法定证据制度，是法律根据证据的不同形式，预先规定了各种证据的证明力和判断证据的规则，法官必须据此作出判决的一种证据制度。其基本内涵是指一切证据的证明力以及对证据的取舍和运用均由法律预先明文规定，法官在诉讼中只需依据法律的规定和判断规则的规定被动、机械地计算证据的证明力并据以认定案情，而无权依照自己的认识和思维自由判断证据。法定证据制度的兴起很大程度上是与神明裁判衰落后司法力量为追求案件实质真实而导致的恣意司法密切相关。

---

① 笔者了解到，现在侦查和司法机关办理死刑案件如果被害人死亡的，必须提取死者DNA样本。这种做法对于防止错案是有积极意义的，但如果被害人尸体无法找到或者无法提取，则形成悬案。

在中国清代及历代的诉讼中，虽然没有“法定证据”这个概念，但实际上摇摆于官员的擅断和法定证据之间。根据法律的要求，定罪通常需要有被告人认罪的口供，这也是法定证据的表现形式。中国古代刑事审判中合法、广泛使用刑讯逼供与法定证据的要求不无关系。

法定证据制度对于防止法官随意擅断，甚至防止错案可能会起到一定的作用，但不利后果也是明显的，如可能导致刑讯逼供，也可能导致一些案件不能结案。法定证据规则是13世纪的产物，由于其明显的弊端，现在已经被各国所抛弃。我国死刑案件证明如果要提高标准，不宜在证据的种类和数量方面做更高的要求，走上“法定证据”的老路，而应当从证明程序方面提高标准。对证据种类和数量不做严格的要求，并不意味着法官可以任意裁判或主观臆断。法官作出裁判必须遵循相应的证据规则，必须对裁判理由进行充分的说明，其程度应当使公众能理解判决的合理性，从而增加法院裁判的权威。同时，裁判理由还应当能为上级法院所理解，以降低上级法院改判率。

但是，《死刑案件证据规定》没有在诉讼过程，即证明过程中的“正当程序”方面有所突破，而只是在证据的数量和种类方面提出了更高的要求。这些规定在司法实践中还有待进一步的细化，如何谓“定罪量刑的事实都有证据证明”，是什么样的证据，直接证据还是间接证据，一个证据还是多个证据？强行要求证据的种类和数量可能给侦查和司法部门带来更大的困难。再如以上规定中“证据与证据之间、证据与案件事实之间不存在矛盾或者矛盾得以合理排除”，本意是非常好的，但在司法实践中演变成定罪量刑必须有若干证据，证据种类尽可能齐全。这些规定的本意及司法实践中的这些要求对于防止死刑案件的错案有积极意义，但这些规定和做法在司法实践中，特别是死刑案件方面造成一些难以解决的困难。

2. 关于提高死刑案件证明标准的问题与建议

在司法实践中，死刑案件的定罪证明可能比普通案件更为严格。2009

年11月2日，熊选国同志在中国刑事诉讼法年会上强调："严把证据关，确保把死刑案件办成铁案。"他说："对于死刑案件必须采取绝对标准，必须高于、严于其他刑事案件，坚持最高的标准和最严的要求，既要注重查明定罪事实，也要非常注重查明影响量刑的重要事实和证据。对于死刑案件的定罪事实和从重处罚的量刑事实，必须达到'事实清楚，证据确凿、充分'的证明标准。"[①] 上述精神已经反映在2010年7月1日生效的《死刑案件证据规定》之中。该规定生效后法院对于死刑案件的证明要求更为严格，对于控制死刑案件数量、提高死刑案件质量是有很大的积极意义的，但实际效果是从证据的数和量两方面增加了死刑案件证明的难度。在无法提高死刑案件的证据标准，又应当避免"法定证据"带来的困扰下，可以通过其他更加可行的办法提高死刑案件的证明标准，在死刑案件中严格执行"法律正当程序"，可以起到增加死刑案件证明难度、提高死刑案件质量的作用。

在我国的司法实践中，死刑案件的判决并非由法庭决定，而是由法院的审判委员会决定。这种审而不判、判而不审的状态不仅破坏了司法的尊严，侵犯了被告人的权利，而且使证明的过程失去作用。由办案法官或庭长向审判委员会汇报定案，使全部证据成为"传闻证据"，而传闻证据是不能采信的。

当前，死刑案件如果仍然要保留审判委员会决定，则决定案件的审判委员会成员有关人员必须参加死刑案件的庭审，途径是扩大死刑案件合议庭的人员数量。这样可能取消案件的请示汇报制度，做到死刑案件完全由参加庭审的合议庭决定。

为了保证死刑案件的公开审理，在审理开始之前，被告人及其辩护人在审理之前有权了解案件审理的时间、地点、审理人员、起诉文书，有权

---

① 熊选国:《在中国法学会刑事诉讼法学研究年会上强调严把证据关，确保把死刑案件办成铁案》，载《人民法院报》2009年11月3日，第1—2版。

了解自己的权利义务，以期更好地行使对法庭资格的质疑的权利、要求法庭组成人员回避的权利（包括审判委员会中参与决定该案的人员名单）、行使辩护权利等。死刑案件的公开审判过程最能体现刑事诉讼正当程序的所有要求。因为死刑案件事实涉及的是“最严重的犯罪”，对最严重的犯罪应当采取最严格的审查。在刑事诉讼中，普通刑事案件的审判程序可以简化，而死刑案件不适用简易程序，必须严格按照公开审判的各项要求对证据进行严格的审查，带头适用“传闻证据排除规则”“非法证据排除规则”等一系列证据规则。

无罪推定只适用于定罪之前，在量刑阶段并不适用。[①] 至于量刑的证明要达到什么程度，与死刑案件的有罪证明存在区别。此外，由于量刑阶段已经不存在疑罪问题，如果证据不能达到死刑立即执行的要求，那么可以作出死刑缓期执行或其他刑罚。这对于慎用死刑、控制死刑具有较大的意义。

《刑事诉讼法》第35条规定：“被告人可能被判处死刑而没有委托辩护人的，人民法院应当指定承担法律援助义务的律师为其提供辩护。”根据最高人民法院《执行刑事诉讼法若干问题的解释》第36条、第38条的规定，可能判处死刑的被告人拒绝人民法院指定的辩护人为其辩护有正当理由的，人民法院应当准许，但被告人需另行委托辩护人，或者人民法院应当为其另行指定辩护人。可见，对于可能判处死刑的被告人，我国以强制辩护的方式保证其获得辩护的权利。

但是，由于死刑案件涉及对被告人生命的剥夺，具有严酷性、不可逆

---

① 无罪推定原则的终点问题有不同做法和理解。在英美法系国家，陪审团作出有罪裁定后，无罪推定即宣告终止，因为被告人只能对法律问题提起上诉，不能对定罪提出上诉。在大陆法系国家和我国，被告人可能对定罪提出上诉，在一审判决有罪，二审终审之前，被告人是否有罪尚处于未定状态，其仍然享有无罪推定的权利。但对一审法院的审判人员和检察员而言，他们的遵守无罪推定而产生的义务已经完成，所以在量刑阶段，其心理状态不再是对被告人被告无罪推定，而应当是认定其有罪，逻辑上才能进行量刑。

转性等特征，因此在死刑案件中，国家不仅要保障被告人获得律师辩护，更要保障辩护的有效性。有效辩护原则强调辩护的实质性与有效性，被告人在诉讼过程中不仅享有辩护权，而且其辩护应当充分且有效。这一原则是提高死刑案件证明质量的当然要求，也是提高死刑案件证明标准的重要途径。一般来说，有效辩护原则主要包括以下内容：第一，被告人在刑事诉讼中享有充分的辩护权，在诉讼的任何阶段，有权依法自我辩护、选任辩护人代为辩护或获得指定辩护；第二，被告人有权选择适格的辩护人为其辩护，死刑案件应当由专业的律师担任辩护人；第三，辩护人应当尽职尽责地为被告人提供辩护服务，如果辩护人无法提供有效辩护，被追究者有权拒绝；第四，国家机关及其工作人员有保障被告人获得充分辩护的义务，应当为被告人自我辩护、辩护人辩护的开展依法提供充分的便利条件，在处理案件时应当认真听取并吸收辩护方的意见。

我国刑事诉讼法对刑事证人出庭作证问题也进行了规定。但是我国刑事案件审理时证人出庭作证率偏低，就全国范围来看，证人出庭率普遍不足 10%，在死刑案件中证人出庭作证的情况更是微乎其微。迫于实践中的这种困境，我国司法实务部门进行了一定的变通。《死刑案件证据规定》第 15 条规定："具有下列情形的证人，人民法院应当通知出庭作证；经依法通知不出庭作证证人的书面证言经质证无法确认的，不能作为定案的根据：（一）人民检察院、被告人及其辩护人对证人证言有异议，该证人证言对定罪量刑有重大影响的；（二）人民法院认为其他应当出庭作证的。证人在法庭上的证言与其庭前证言相互矛盾，如果证人当庭能够对其翻证作出合理解释，并有相关证据印证的，应当采信庭审证言。对未出庭作证证人的书面证言，应当听取出庭检察人员、被告人及其辩护人的意见，并结合其他证据综合判断。未出庭作证证人的书面证言出现矛盾，不能排除矛盾且无证据印证的，不能作为定案的根据。"根据该条规定，我国目前死刑案件也并不要求所有证人都出庭。笔者认为，这条规定值得商榷。证人不出庭本身就违反了直接言词原则与传闻证据规则，即使在我国目前的客观情况下，要求所有案件的证人出庭不现实，但保证死刑案件的所有证人出庭作证既是必要的，也是可行的。

在刑事案件审判程序中，由于证人不亲自到庭，其证言往往依靠法官、检察官当庭全部宣读或者仅摘要宣读，而这些证言又大多来自警察、检察官在审判前阶段以秘密和单方的方式获取，这就使得控辩双方失去了与证人当庭对质的机会。即使法官认为证言存在问题，也只能通过阅读案卷笔录，或与其他证据进行对比以发现是否存在矛盾。但是，检察官在提交证据之前往往会对证言有目的地进行筛选或对有问题的证据进行弥补，预先将矛盾排除。因此，如果证人不出庭，法官实际上难以通过案卷查明证言的真实性，其结果是审判程序演化为对控方证言笔录的确认活动。在普通案件中，如果审前证言存在问题还可以进行弥补，但死刑案件具有特殊性，往往涉及剥夺被告人的生命，一旦错判就有可能造成无法挽回的损失。因此，保证死刑案件证人出庭作证，对于维护死刑案件被告人的合法权益意义重大，不应当有克减，而且这也是提高死刑案件证明标准的重要方面。

3. 关于死刑案件量刑程序的问题与建议

无罪推定原则的适用是一个值得探讨的问题。在英美法系国家的刑事诉讼中，由于定罪与量刑程序完全独立，法官或陪审团对于案件事实的裁决作出即生效，被告人只能就法律问题提出上诉，对于事实问题一般不得提起上诉。也就是说，一审法院一旦作出有罪判决，即意味着被告人无罪的推定在法律上被推翻，成为法律上有罪之人。因此，在量刑程序中被告人已经成为有罪的人，不再适用无罪推定原则。但我国与英美法系国家存在区别，我国目前定罪程序与量刑程序并未独立，一审法院就事实问题作出的裁判并未立即生效，当事人还享有提起上诉的权利。因此，在量刑程序中是否享有无罪推定的权利还值得研究。笔者认为，无罪推定是一种法律上的推定，也是一种可以被推翻的推定。经过公正的审判，法院一旦作出有罪判决，对于一审而言，检察机关完成了其证明责任，证明达到了法定的证明标准；而法官根据控辩双方的证据与辩论形成了有罪判决的内心确信。此时，从法官与检察官的角度，被告人无罪的推定实际上已经被依法推翻。因此，从一审法院的角度出发，其后量刑程序中就不再适用无罪推定原则。但是，由于有罪判决仅仅是一审法院法官主观上的有罪确信，被告人还未在法律上被最终确定有罪，因此被告人在二审过程中仍然享有无罪推定的权利。

量刑程序中证明责任的分配、标准的设定都与量刑程序中的证明对象密切相关，因此应当对定罪事实、量刑事实进行区分。定罪事实，即与犯罪构成相关的事实；量刑事实，指影响刑罚轻重的事实，包括不利于被告人的罪重的事实和有利于被告人的罪轻的事实。尽管在概念上，定罪事实与量刑事实可以进行区分，但在实践中这两种事实实际上经常是交织在一起的。量刑程序中证明责任的分担应当根据量刑事实而有所不同：对于不利于被告人的量刑事实，控诉方应当承担全面的证明责任；对于有利于被告人的量刑事实，检察机关和被告人都可以提供，如果检察机关掌握了罪轻的事实，从维护公正的角度出发，其有义务向法庭提供，被告人如果提出了罪轻的意见，也应当提供证据予以证明。

死刑案件量刑程序中的证明标准，也应当根据证明对象而有所区分。《死刑案件证据规定》第5条规定，死刑案件中的以下事实应当达到确实、充分的程度："(一)被指控的犯罪事实的发生;(二)被告人实施了犯罪行为与被告人实施犯罪行为的时间、地点、手段、后果以及其他情节;(三)影响被告人定罪的身份情况;(四)被告人有刑事责任能力;(五)被告人的罪过;(六)是否共同犯罪及被告人在共同犯罪中的地位、作用;(七)对被告人从重处罚的事实。"由此可见，我国死刑案件定罪事实与量刑事实都要求达到确实、充分的程度。笔者认为，要求所有量刑事实的证明都达到确实、充分的程度值得商榷，比如被告人系从犯、胁从犯等事实属于减轻或从轻处罚的情节，但对于这类事实如果要求证明也达到确实充分的程度是有失合理的。实际上，由于量刑事实可区分为两类——可能加重被告人刑罚的事实与可能减轻被告人刑罚的事实，对于这两类事实的证明也应当设定不同的证明标准。一般来说，对于可能减轻被告人刑罚的事实，应当采用相对宽松的证明标准，优势证明标准是比较合理的，只要证明从轻或减轻处罚事实存在的可能性高于其不存在的可能性，法庭就应当认定该事实成立，量刑时作为有利于被告人的情节。对于可能加重处罚的事实，则应当设定较高的证明标准，这是因为：在我国保留死刑的46个罪名中，死刑实际上只是选择之一，但这类案件中的被告人最终是否被判处死刑实际上是在量刑程序中解决的。因此，死刑案件应当更加注重量刑程序的意义，对于可能加重被告人刑罚判处死刑的量刑事实，应当设定严格的证明标准，甚至要比定罪标准更加严格。

根据上述证明标准的要求，可以认定被告人犯罪的基本事实，但存在下列情形之一的，不能对被告人适用死刑立即执行：（1）被告人或辩护人提出被告人犯罪时未满18周岁，经审查后，无法排除这种可能性的；（2）被告人和辩护人提出被告人犯罪时没有辨认或者控制自己行为能力，经审查后，无法排除这种可能性的；（3）没有其他证据，仅依据共同被告人、犯罪嫌疑人供述认定有罪的；（4）无法排除非法诱惑侦查或者因诱惑侦查而诱发犯罪情形存在的；（5）据以定案的关键证据经法定程序提取、固定后丢失、毁损的；（6）据以定案的关键证据存在重大缺陷的其他情形。

以上情况不判处死刑立即执行，并不意味着对被告人不定罪或不判刑。在死刑案件及一切刑事案件中不能简单地理解“疑罪”，更不宜机械地适用“疑罪从无”。定罪和量刑分开的意义在于在定罪部分并不涉及量刑，而量刑部分在被告人已经被定罪的基础上重新考虑定罪材料和量刑情节，考虑应当判处的刑罚，不能判死刑则可以考虑其他刑种。这样不仅科学，而且可以减少错案。

第一，建议通过程序设置实现死刑案件证明标准的提高。提高死刑证明标准的途径应当是通过程序法提高死刑案件的证明质量，而不是机械地要求死刑案件的证明必须具备某种数量或种类。在死刑案件中，增加证明的难度不仅可以减少死刑案件的错案，而且可以起到控制死刑的作用，这比通过实体法减少死刑案件的罪名更实用，更有利于保障人权和打击犯罪。

通过程序的设置实现提高死刑案件证明要求的具体方法是：增加死刑案件的证明次数和判断的人数，例如采用多次证明和向多人证明的方式。从理论上讲，多次证明和向多人证明的方法可以提高事实判断的准确性。证明是一个主客观相结合的过程，一个人对客观事物进行判断所发生的错误可能大于多人多次的判断的错误概率。如果只对死刑案件的有罪判决进行判断和质疑，只要有合理的怀疑就不定死罪，而且只有初审可以判处死刑，上诉审和复核程序不得对未判处死刑的被告人改判死刑，那么多人多次判被告人死刑肯定比一人一次判被告人死刑的难度要增大，因此判处死刑的概率要比一个人一次做判决要小，发生的错判死刑的概率要比一人一次判决要小。因为多人多次判被告人死刑包含了一人一次判死刑。所以，增加死刑案件审判者的数量，增加死刑案件审理和复核的次数不仅可以起到减少死刑的作用，而且可以减少错判死刑案件的数量。

从实践上讲，多次证明和向多人证明的方法可以保证事实判断的准确性，且为一些国家所采用。美国的重大刑事案件是采用陪审团审理的，通常由陪审团决定被告人是否有罪，由法官量刑。但是对于死刑案件，不仅要求陪审团一致判决被告人有罪，而且也由陪审团一致决定是否适用死刑。① 也就是说，对于死刑案件，陪审团要经过两次一致裁决。美国刑事诉讼定罪标准是排除合理怀疑，包括死刑案件的定罪和量刑标准。② 虽然美国的死刑案件没有制定更高的证明标准，但死刑案件需要由陪审团进行

---

① 2002年6月，在Ring诉亚利桑那州案中，美国最高法院认为，在5个州，由法官决定而不是由陪审团决定适用死刑违反了由陪审团审判的宪法权利，于是推翻已经对大约800名犯人作出的死刑判决，直至举行新的审判。然而，2004年6月，在Schriro诉Summerlin 案中，法院裁定，由于其早先的裁定是在诉讼程序中的某一阶段作出，因此不会被追溯适用于那些已经被判处死刑的人。Ring 诉亚利桑那州案，122 S. Ct. 2428（2002）；Schriro诉Summerlin案，341 F.3d 1082（见www.death penaltyinfo.org）。

② 笔者2009年11月在美国访问时又一次向美国法官求证，美国死刑案件的定罪标准也是排除合理怀疑，而没有更高的证明标准。

定罪和量刑的两次裁决，也就是说两次审查是否存在怀疑，实际上是提高了死刑案件的证明标准。这也正印证了以程序控制死刑案件的方法是可行的。美国的死刑案件还存在暂停执行、赦免程序，而这些程序中作决定者也需要对案件进行复查，实际上增加了对死刑案件的把关人数和次数。

第二，建议通过增加审级现实死刑案件证明标准的提高。在不实行陪审团判决死刑的国家，还可以通过增加审级的办法，使死刑案件的证明经过更多的程序和人员来判断是否达到判处死刑的标准。这种以程序控制死刑的方式从证明次数和难度上提高了死刑案件的证明标准，对提高死刑案件审理质量和减少死刑将会起到积极作用。

我国的死刑案件通常由中级人民法院担任一审，由高级人民法院担任二审。《刑事诉讼法》第 183 条规定："基层人民法院、中级人民法院审判第一审案件，应当由审判员三人或者由审判员和人民陪审员共三人组成合议庭进行，但是基层人民法院适用简易程序的案件可以由审判员一人独任审判。高级人民法院、最高人民法院审判第一审案件，应当由审判员三人至七人或者由审判员和人民陪审员共三人至七人组成合议庭进行。"我国审判实践中死刑案件通常由中级人民法院审理，也就是说，审理死刑案件的合议庭通常是由审判员三人或者由审判员和人民陪审员共三人组成合议庭进行的。美国审判涉及死刑的刑事案件的陪审团人数至少有十二人，相比之下，我国审判死刑案件合议庭的人数显得较少。

更重要的是，与作出判决的人数比，我国的判决不需要合议庭一致同意。《刑事诉讼法》第 184 条规定："合议庭进行评议的时候，如果意见分歧，应当按多数人的意见作出决定，但是少数人的意见应当写入笔录。"据此，如果合议庭为三人，理论上其中只要有两人同意就可能判处被告人死刑；如果合议庭为七人，其中有三人不同意，仍然可以判处被告人死刑，从概率论角度讲就大大增加了误判的危险。

在司法实践中，我国死刑案件并非由合议庭单独决定，还必须由刑庭负责人、院长、审判委员会审批，但是除了庭审之外，这些多人、多层次的审批并不是一个法庭证明的过程，而死刑案件证明需要在法庭上经过控辩双方的辩论和举证，判断案件的人应当在法庭上经过这种证明过程才能得到合法的结论。在法庭之外通过听汇报的方法不能直接了解死刑案件的情况，这给死刑案件错误判决留下了重大隐患。

正是由于多次证明和向多人证明方法可以很好地保证事实判断的准确性，考虑到死刑案件审理的特殊性和重要性，笔者建议增加审理死刑案件的合议庭的人数，即中级人民法院审理死刑的合议庭人数不得少于七人，同时规定合议庭作出死刑判决需要一致同意。这样可以提高死刑案件的审判质量，大大降低死刑案件误判的可能性。如果仍然沿用审判委员会和院长审批的方法，则以上人员应当在庭参与审判，至少在庭旁听举证和辩论。

为了在程序上提高死刑案件的质量，还可以考虑死刑案件采用三审终审的方式。在我国现在的刑事诉讼框架下，可能考虑把死刑复核程序完全司法化，即通过开庭审理的方式完成复核的过程，实现途径是让死刑案件的辩护人和公诉人参加到死刑复核程序中，按照庭审的方式保障被告人审判期间所享有的各种权利，特别是获得辩护的权利和与证人对质的权利。当然，这种改变可能会在一定程度上增加最高人民法院的工作量。解决这个问题的途径可以考虑采用远程视频开庭的方式，法院、检察院和律师在各自办公场所参加庭审，被告人在其被羁押的场所参加庭审，但这是另外一个问题了。

四、证据认定规则*

“认证的内容是审核确定证据是否具有证据能力，判明其证明力的有无和大小。”① 刑事证据的认证② 是本轮司法改革的重点之一。围绕证据“三性”——真实性、关联性、合法性，本部分对刑事证据认证规则改革的背景、举措、成效、问题以及建议进行分析。

（一）证据认证规则改革的背景

认证的任务是审查判断证据是否具备证据资格，以及具有多大的证明力。有学者认为，“证据能力的主要内容是证据的客观性、关联性与合法性；证明力的主要内容是证据的真实性和证明价值”。③ 认证规则的改革也是针对“三性”审查的相关问题而展开的。

1. 证据认定规则改革的背景

通过反思刑事冤错案件的形成原因，尤其是梳理冤案中证据认定问题，我国本轮司法改革中完善证据认定规则的背景涉及以下几点：

（1）我国证据审查说理的公开性不强。我国刑事诉讼实务中的认证，根据司法人员是否当庭作出认证结论，分为“当庭认证”和“庭后认证”。

---

* 本部分撰稿人为张沈锲博士。

① 卞建林、谭世贵主编：《证据法学》，中国政法大学出版社 2014 年版，第 524 页。

② 证据审查的结果是司法机关认定案件事实，采信定案根据的过程，各项法规文件出现过有证据“认定”或“认证”两种表述。有学者指出，“‘认定’这个概念应该针对‘事实’，如‘对事实的认定’或‘事实认定’；‘认证’概念则针对‘证据’”。考虑到两种表述在含义上是相同的，并不妨碍理解，但是为了方便学术交流、统一表达，本部分以“证据认证”的概念讨论证据审查采信的相关问题。参见张保生、王旭：《中国证据法治前进步伐（2017—2018 年）》，载《证据科学》2020 年第 1 期。

③ 何家弘、刘品新：《证据法学》，法律出版社 2019 年版，第 263 页。

改革前“庭后认证”占相当比例，“当庭认证”占比不大，而且所做当庭认证也以无关实质证据争议的形式认证为主。有学者调研了 2010 年 1—12 月中国法院网“网络直播”栏目下刑事案件，“在 292 件案件中，法官作出当庭认证的有 62 件，占 21.23%，而且其中 52 件的认证只是‘对双方明确无异议的证据予以认可’，属于可有可无的认证”。① 庭后认证的公开性也不强，以讯问录音录像证据的裁判文书说理为例，有研究发现，“依据 493 份裁判文书载明的信息，公安机关及检察机关移送讯问录音录像的共计 21 份占比 4.3%。讯问录音录像的形式审查内容多样，493 个案件中，法院审查讯问录音录像后进行说理的仅有 93 个案件共 114 次，形式审查的主要内容多样，且其中绝大多数说理简约”。② 相关采信情况见图 2③：

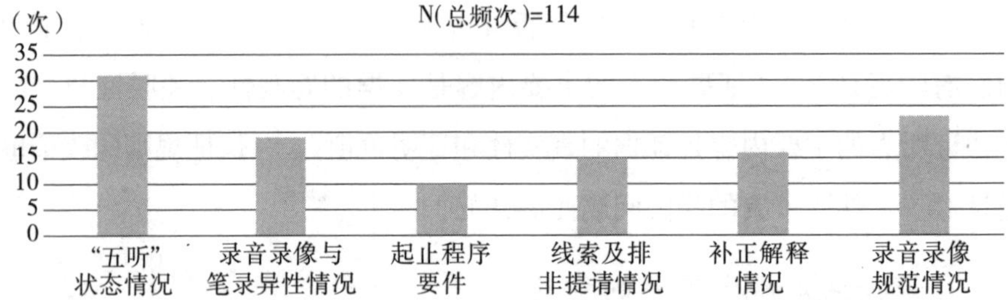

注：存在同一判决指向多个子内容的情况。

图 2　讯问录音录像形式审查的主要内容分布

---

① 何家弘：《刑事庭审虚化的实证研究》，载《法学家》2011 年第 6 期。

② 蔡艺生：《讯问录音录像证据运用的实证研究——以 493 份刑事裁判文书为样本》，载《证据科学》2020 年第 4 期。

③ 学者研究了 2018—2019 年涉及讯问录音录像审查的裁判文书网公开文书，筛选出 493 个可供研究的案件。在这些案件中，法院审查讯问录音录像后进行说理的仅有 93 个案件共 114 次，裁判文书主要列举了如下 6 种形式审查：（1）犯罪嫌疑人情态（31 件），如录音录像中“犯罪嫌疑人供述自然、情绪正常、表述清晰、衣着整齐、身体正常”等。（2）与讯问笔录一致（19 件），认定一致、基本一致、虽有瑕疵但不存在实质性差异。（3）履行了讯问起止阶段的程序要求（10 件），如“讯问开始宣读权利义务告知书、讯问结束有无按捺指印与核对笔录”等程序。（4）辩方未提请非法证据排除（15 件）。（5）笼统认定讯问录音录像具备全程性、同步性、无间断删改及无差异等理由否定辩方意见（23 件）。（6）公诉机关作出了补正解释、情况说明、不影响事实认定（16 件）。参见蔡艺生：《讯问录音录像证据运用的实证研究——以 493 份刑事裁判文书为样本》，载《证据科学》2020 年第 4 期。

有学者指出，“（侦查机关）交给人民检察院审查案卷材料、证据应当包括对犯罪嫌疑人进行全程同步录音录像的视听资料”。① 为了更好地讯问录音录像的作用，讯问录音录像移送、辩护律师阅卷权，以及裁判文书的实质性说理，都需要进一步改革完善。司法公正与权威，离不开充分的裁判文书说理，但是文书说理，尤其是事实认定的说理，单靠常识常理是不够的。如果没有体系化的证据认证规则，要求司法人员有清晰的证据采信文书说理，甚至要求当庭认证，确实难度很大。为此，完善证据认证规则成为深化司法体制改革的一种必然需要。

（2）证据资格审查与证明力评估分层不明显。除了常理常识之外，证据认证规则应当成为证据裁判文书说理的基本工具，法官以证据认证规则为骨架，建构、组织裁判文书的证据采信与排除的说理。有学者指出，“疑难案件90%以上都是事实认定问题”。② 事实认定虽然离不开常理，但是事实认定中的疑难问题显然已经超出了常识常理所能应对的范畴，单纯依靠常理，是无法解决疑难的。况且，刑事诉讼程序不同于日常生活场景，时间有限、主流程序不可逆、决定被告人的自由生死的特殊性，而且更为重要的是，从社会公正的观念来看，刑事裁判事实认定的容错率极低，出错则引发冤假错案，刑事认证中轻易出错是社会所不能承受的。如果证据认证规则只是零散的，司法人员所凭借的思维图谱就是破碎的，证据认证思维也就是断裂的，就难以有体系化、精密深入的说理，事实上也就没有开展的裁判文书证据说理。首先，证据认定规则是一种司法认知规律，只有认知规律本身清晰，作为认知成果的证据裁判文书才能够清晰说理；其次，证据认证规则又是一种控辩双方围绕证据开展攻防的诉讼权利义务分配规则，也只有对权利义务的分配、责任转换分割清晰，证据认证才能够以个案中具体证据控辩权利义务的分配方案的形式，发挥权责利分

---

① 杨宇冠:《侦查讯问录音录像制度研究》，载《中国刑事法杂志》2013年第9期。

② 张保生主编:《证据法学》，中国政法大学出版社2014年版，序言第XIII页。

配的效果；再次，证据认证规则还是一种正当诉讼程序中的举证质证动态过程，只有程序本身清晰，证据认证才能展现控辩双方在围绕证据认证的诉讼活动中各自得失，也有利于包括被告人在内的诉讼参与人更好地理解、接受证据裁判结果。

（3）证据资格审查把关不严。当庭认证是为当庭裁判铺路的，如果司法机关当庭认证后当庭裁判，能够极大限度地杜绝庭外因素的干扰，这一点是值得充分肯定的。但更值得思考的是，我国现有认证制度中最重要的短板是——证据资格、证明力判断二者是交叉混合进行的。相较于当庭认证的快速效果，证据资格、证明能力衡量清晰分层，更能避免证据裁判中的各种弊端，我国刑事认证制度亟须补齐的短板也在于此。刑事认证混淆了证据资格、证明力衡量的两个程序步骤，重要表现之一是涉嫌非法取证的证据材料未经实质性的证据资格审查，便进入了证明力衡量阶段，作为定案的根据。改革前，有学者对 A 市中院 2013 年一审及上诉案件调查，“922 件案件中，被告人主张非法讯问的、有一定可信度以上（包括较为可信、高度可信）的案件为样本（31 件 40 人），刑讯逼供最为常见，主张者多达 35 人，占样本总数的 88%，占频次总数的 44%”。[①] 由于非法证据排除启动的程序不完善，口供合法性的审查面临着启动难、非法口供认定难与排除难的问题，有学者调研发现，西部某省会城市 H 市 2012—2015 年抽样的 400 份判决书进行分析，发现“法院针对律师提出的非法证据排除的申请基本不予以回应。上述调查显示，二审审理的案件中，律师提出排除非法证据的占到了 30%，而实践中，法庭或让辩护律师举证，律师却举证不能而导致法庭认定该申请不成立；或宣布休庭进行调查，之后却无下文但在判决书中才采用用语模糊的方式进行驳斥，或开庭审理时公诉方宣读侦查机关出具的‘情况说明’进行举证，法庭据此认定无刑讯逼供的

① 马静华:《非法讯问与监控式讯问机制——以公安机关侦查讯问为中心的考察》，载《法学家》2015 年第 6 期。

行为”。[①] 以上都说明证据资格认定、证明力衡量之间的边界模糊，也是需要改革的关键点。

2. 证据认证规则改革的设计与内容

根据司改文件对认证规则的设计，认证规则被细化为 8 种法定证据种类的具体要求，完善了证据资格确认、补足与排除的具体规则，程序上注重正当法律程序，构建证据资格、证据评估二者逐步分离的证据审查改革模式，改革举措重点包括以下三个方面：

第一，注重“关联性”审查，司法人员坚持辨认、鉴定的审查正当程序。《关于全面推进以审判为中心的刑事诉讼制度改革的实施意见》第 27 条和《法庭调查规程（试行）》第 49 条均规定，通过现场勘验、检查、搜查而获得的物证、书证材料需要建立与案件现场、犯罪嫌疑人的关联性，即通过辨认、鉴定等同一性确认的方式审查，否则不能作为定案根据。该规定在 2012 年最高人民法院《关于适用〈中华人民共和国刑事诉讼法〉的解释》中已有表述，有学者认为，“从程序角度对证据真实性审查设定了一个要求，也就是证据不但需要被查证属实，而且还需要经过‘当庭出示、辨认、质证等法庭调查程序’查证属实之后方可作为定案的根据”。[②] 该规定目的是注重发挥庭审的正当程序价值，着重强调物证书证的关联性审查问题。《法庭调查规程（试行）》第 48 条第 1 款进一步规定，“对于经过控辩双方质证的证据，法庭应当结合控辩双方质证意见，从证据与待证事实的关联程度、证据之间的印证关系、证据自身的真实性程度等方面，综合判断证据能否作为定案的根据”。该规定要求审查实体层面的关联性，集中体现了我国关联性概念与英美关联性规则的不同。证人证言、口供之

① 张曼慧、阿尼沙：《控辩审合力下的有效辩护构建——以西部某省会城市 400 份裁判文书的实证分析为视角》，载国家法官学院科研部主编：《尊重司法规律与刑事法律适用研究（下）——全国法院第 27 届学术讨论会获奖论文集》，人民法院出版社 2016 年版，第 1374 页。

② 吴洪淇：《刑事证据审查的基本制度结构》，载《中国法学》2017 年第 6 期。

间或者与其他证据是否相互矛盾，能否合理解释予以消除，需要对证言内容对比，并且结合在案物证，勘验笔录所显示的案发现场方位、位置情况开展关联性的实质审查，确定证据间关联是否客观、可靠。

第二，加强“合法性”的核查与审查，增设言词证据非法取证的处理手段。该部分改革措施主要规定在《关于全面推进以审判为中心的刑事诉讼制度改革的实施意见》之中。《关于全面推进以审判为中心的刑事诉讼制度改革的实施意见》第四章第21—26条规定了口供合法性认证的改革措施。其中，第21条规定对“刑讯逼供、暴力、威胁等方式取得的非法证据”予以排除。第22—26条规定新设了检察人员对重大案件的讯问合法性核查职责，落实检察机关的非法证据排除审查的举证行为责任，细化侦查人员出庭义务的履行时点，以及规范非法证据排除程序启动后、结论作出前的证据不予展示的要求，另外，实施细则也要求“书面的说明情况”不替代侦查人员出庭，避免被告人的质证权落空。

第三，围绕“真实性”分析，设置瑕疵证据补正相关规则。《关于全面推进以审判为中心的刑事诉讼制度改革的实施意见》第29条规定了证人证言的认证要求，即不出庭作证，庭前证言真实性无法核实的，不能作为定案根据，这与取证瑕疵的证据，结合瑕疵对证据真实性影响而认定的做法相一致。《法庭调查规程（试行）》对言词证据真实性认证的完善。《法庭调查规程（试行）》注重庭审在诉讼程序中的核心作用，强调了证据裁判的直接言词原则的要求，即证据未经当庭出示、宣读、辨认、质证不得作为定案根据，其中言词证据涉及讯问笔录、庭前证言的出示宣读，也需要经过被告人及其辩护人的质证，该规则已经构成了证据认证的正当程序基本要求。同时，庭审对证据裁判正当性的保障也体现在诉权保障原则之中，只有对与言词证据相关的被告人陈述、申请，辩护人的发问质证与辩论辩护权利得到保障，庭审参与才能加强“辩方”诉讼行为对裁判结果的正当影响，发挥辩方在证据认定中的主体作用。

（二）证据认证规则改革的经验

认证规则改革的直接效果是，认证更加有法可依，当庭认证的比例也有了较大的提高。2015年2月，成都市中院开展庭审实质化试点，“一年来，通过83件试验示范庭的不断实践，在能够判明证据‘三性’及证明力的前提下，鼓励法官尽可能当庭认证。试点中当庭认证案件42件，占试点庭总数的50.6%”。[①] 另有学者研究显示，C市法院推行庭审实质化改革试点，“有近70%的案件能够当庭认证，有近40%的案件能够当庭宣判”。[②] 当然上述数据并非全面评价，而且可能带有试点地区受到“期望值”的影响而导致数据偏离实际情况的问题，完整的评价也有待后续进一步观察。

证据认证改革区分证据种类做各有侧重的改革：一是在言词证据上，严格把握言词证据的合法性，避免强迫自证其罪等违反刑事诉讼法基本原则的刑讯行为发生。二是实物证据上，实物证据的合法性审查主要作为确认真实性的辅助手段，保障证据保管链的合法完整。三是其他证据如电子数据等，也与实物证据类似，体现在对电子数据载体、电子数据内容的形成过程的合法性确认之中。

1. 合法性：言词证据的合法性核查与审查

《关于全面推进以审判为中心的刑事诉讼制度改革的实施意见》《排除非法证据规定》规定了包括讯问合法性核查在内的非法证据认定与排除规则，根据改革文件，控辩审三方的权利义务关系如下：

新设检察人员对讯问合法性的核查职责，派驻看守所的检察人员负有对重大案件的讯问合法性核查责任。部分地方检察级机关细化讯问合法性核查事项，除了法定的要求外，“发现有押解出所辨认、起赃记录的，询

---

① 王鑫、刘方琪:《成都中院：刑事庭审实质化的一年答卷》，载《人民法院报》2016年3月21日，第5版。

② 李冉毅:《刑事庭审实质化研究》，西南政法大学2017年博士学位论文，第85页。

问犯罪嫌疑人出所是不是去辨认或者起赃，民警是否对其在看守所外制作讯问笔录，是否有刑讯逼供、诱供等情形”。[①] 只是为了防止监外非法取证的情形，有学者调查发现，“被指控刑讯地点绝大多数为看守所之外。47例提到刑讯地点的指控中，看守所2例，占4%，派出所、刑警队等地36例，占77%。抓获地、外提地也都被提到”。[②] 最高人民检察院、公安部、国家安全部《关于重大案件侦查终结前开展讯问合法性核查工作若干问题的意见》（以下简称《讯问合法性核查意见》）第8条规定，“犯罪嫌疑人当场向检察人员展示伤情的，检察人员应当进行拍照或者录像。必要时，可以组织对犯罪嫌疑人进行身体检查”。另外，《讯问合法性核查意见》还规定了检察人员核查后果的告知义务，如部分地方检察机关《重大案件讯问合法性核查讯问笔录》模板[③]：

告知：（出示工作证件）我们是XXX人民检察院人员。

答：……

问：现依法向你告知我们对你进行核查询问的法律后果，即根据相关法律规定，如果经调查核实存在刑讯逼供等非法取证情形的，办案机关将依法排除相关证据。如果犯罪嫌疑人在核查询问时明确表示侦查阶段没有刑讯逼供等非法取证情形，在审判阶段又提出排除非法证据申请的，应当说明理由，人民法院经审查对证据收集的合法性没有疑问的，可以驳回申请，你清楚了吗？

答：……

---

① 周红亚、钱毅骏、陆丽磊：《重大案件讯问合法性核查制度的实务问题研究及制度设计》，载《〈上海法学研究〉集刊》2019年第20卷。

② 王爱平、许佳：《非法供述排除规则的实证研究及理论反思》，载《中国刑事法杂志》2014年第2期。

③ 攀枝花市人民检察院、攀枝花市公安局《重大案件侦查终结前开展讯问合法性核查工作的实施细则（实行）》（攀检会20203号）附件3：《XXX人民检察院重大案件讯问合法性核查讯问笔录模板》第15—16页，载http://www.pzhjcy.gov.cn/uploadfiles/202011/15/2020111518104616398557.pdf，2021年3月23日最后访问。

上述方式保障犯罪嫌疑人明确知悉自身申请非法证据排除的权利。在侦查终结前的讯问合法性核查中，犯罪嫌疑人没有及时反映非法取证情况，庭审中申请排除非法证据的，司法人员须审查检察机关的“讯问合法性核查”是否完整、同步录音录像有无疑问、核查笔录与录音录像是否一致，综合判定有无需要排除非法证据的情形。

考虑到非法证据一旦展示，就可能已经污染了司法人员的心证，《关于全面推进以审判为中心的刑事诉讼制度改革的实施意见》第22—24条将犯罪嫌疑人的首次非法证据排除申请一般限定于侦查终结的驻所检察人员核查环节，结合上位文件《关于推进以审判为中心的刑事诉讼制度改革的意见》第五部分“探索建立重大案件侦查终结前对讯问合法性进行核查制度”的规定，暂时仅限为讯问合法性核查的重大案件范围。“立足司法实践，相关‘线索’主要是指涉嫌非法取证的人员、时间、地点、方式等线索。相关‘材料’主要是指能够反映非法取证的伤情照片、体检记录、医院病历、讯问笔录、讯问录音录像或者同监室人员的证言等材料。”① 考虑到犯罪嫌疑人刚经历侦查讯问，犯罪嫌疑人难免对非法取证心存疑虑，提供证据线索未必完整、清晰。“只要犯罪嫌疑人提出‘非法取证的时间、地点、方式、相关人员’等与侦查机关笔录所载明的地点、时间基本吻合，即使没有明确的伤情，检察人员认为存在非法取证行为，就可以启动调查程序。”② 为了更好地保障犯罪嫌疑人权利，检察人员在讯问合法性审查中宜从宽把握非法证据排除程序启动的审查标准。

另外，在讯问合法性的庭审审查中，通过控辩审三方的互动，检察机关在侦查终结时进行法律监督，负有非法证据排除审查的职权；

---

① 戴长林、刘静坤:《让以审判为中心的刑事诉讼制度改革落地见效》，载《人民法院报》2017年6月28日，第6版。

② 杨宇冠:《非法证据排除规则实施考察报告——以J省检察机关为视角》，载《证据科学》2014年第1期。

在后续庭审阶段，则对侦查终结中非法证据排除监督的有效性负有证明责任，在举证行为责任上，通过在案证据无法排除非法取证可能时，检察机关需要通知侦查人员才出庭；如果仍无法排除刑讯逼供、强制、胁迫等方式非法取证的怀疑，则审判人员有权履行证据排除的法定职责，并且在非法证据排除程序启动后、作出裁定前，审判人员都应当避免涉嫌非法取证的口供影响心证。这里需要注意录音录像的讯问合法性审查运用，辩护方有权指出讯问录音录像与笔录有无矛盾，录音录像本身时间不连续、画面拼接或者删改等情况，检察机关、出庭的侦查人员则需要实质性回应上述质疑，实施细则也要求“书面的说明情况”不替代侦查人员出庭，讯问合法性的审查需要落实到法庭直接言词的交锋与对抗之中，避免对被告人关心、质疑问题在证据审查中流于形式，无法得到实质性的回应。

2. 关联性：强调物证书证辨认鉴定

关联性是现代证据制度中举足轻重的证据属性维度，司法人员审查证据的证据资格，一般要求证据有最低限度的关联性。有学者认为，“证据的证明价值就不能与证据的关联性截然分开，前者很大程度上是以后者为基础的。证据与案件事实的关联越紧，其证明价值就越高。直接关联的证据当然要比间接关联的证据具有更高的证明价值；与案件事实具有必然联系的证据当然也比与案件事实具有偶然联系的证明价值更高”。[①]

改革规定更加强调“关联性”审查的正当程序要求，即经过法定程序——辨认、质证才能作为定案根据。被告人的权利保障一直是证据制度发展的重要问题，辩护律师在证据审查与认定中的权利如何保障，是值得关注的问题。法庭调查中，被告人及其辩护人有权对控方证据的“三性”问题提出质证意见。按照上述关于关联性审查的规定，辩护律师享有提出证据与证据之间的矛盾的权利，指出证据与待证事实无关。在多数情

① 何家弘、刘品新：《证据法学》，法律出版社 2019 年版，第 263—264 页。

况下，检察机关负有解释证据是否存在关联性的义务。例如，在侦查实验中，被告人及其辩护律师有权提出“侦查实验的条件与事件发生时的条件有明显差异，以及存在影响实验结论的其他情形”，从而否定侦查实验与待证事实有关联。但是有学者指出，“法官的观念认识上认为相关性更多的是证明力的问题，而不是证据可采行的问题”。[①] 考虑到科学证据的复杂性与鉴定意见的专业信赖效果，实务中鉴定意见能否因为被质疑不具有关联性而被排除，数据显示并不乐观。实证研究发现，部分地区辩护律师对关联性质证的关注度并不高。“所调查的147名有辩护律师的被告人中，其律师提出质证异议的仅有30人，占20.4%。30名律师共提出质证异议90个，个人质证最多4个，平均质证数3个；以律师总数为基数，人均质证数则仅为0.6个。在90个质证异议中，51%的问题与证据客观性有关，而与证据相关性、证据资格有关的分别占23%和26%。”[②]

有学者分析，发现“多份判决书也显示，技术侦查证据的鉴真问题已成为被告人及其辩护律师争执的焦点。前述提及的崔孝财一案，尽管辩护律师提出了监听译文的鉴真问题，但法官并未在判决书中回应，而是径直认为：警方工作记录均证实崔孝财向张某某贩卖毒品的事实，且上述证据均经法庭质证，应作为定案证据使用”。[③] 我国证据关联性审查得到很大重视，证据科学及法庭科学也稳步发展，尤其是微量物证鉴真，在鉴定的工作日益发展的过程中，得到很大发展。物证、书证、电子数据和视听资料等的外化证据程序收集标准，以严格的程序合法性。为了保障所得证据收集及运用结果符合案件真实，司法人员严格审查在案证据是否与待证事实所涉物品具有同一性。又如念斌改判无罪案，在原审判决念斌构成犯罪

① 樊崇义主编:《刑事证据规则研究》，中国人民公安大学出版社2014年版，第236页。

② 左卫民、马静华:《效果与悖论：中国刑事辩护作用机制实证研究——以S省D县为例》，载《政法论坛》2020年第2期。

③ 艾明:《技术侦查证据使用问题研究》，载《证据科学》2018年第5期。

的案件中，法院错误构建了物证与现场的关联性。[①]

【案例1】 被告人的辩护人辩称，福州市公安局榕公刑技法化（2006）576号《理化检验报告》认定高压锅、水壶里的水检出氟乙酸盐鼠药成分。高压锅已于7月28日提取，却没有及时送检，而是经过13天与8月9日提取到的水壶里的水一起送检，这期间如何保管没有记载。从水壶照片看水壶里没有水。如果有水，那么水在13天里是如何保管，水如何倒到其他容器里的过程都没有记载。福建省高级人民法院经审理认为：毒物来源依据不充分。结合被害人死因认定依据不足、确认投毒方式不确实等问题，于2014年8月22日撤销原判，宣告被告人念斌无罪，两份物证存在无法与待证事实构建关联性的问题。

正如有学者所论述的，“证据法具有求真和求善的双重功能。当求真与求善的价值目标发生冲突时，公正就成为最大的善，而求真则降低为手段”。[②] 正是基于对这类案件所做的价值取舍与反思，推动证据法制度不断向前。

3. 真实性：瑕疵证据补强

《关于全面推进以审判为中心的刑事诉讼制度改革的实施意见》第28条规定，“收集证据的程序、方式存在瑕疵，严重影响证据真实性的”，才做补正或合理解释处理。该规定既适用于言词证据，也适用于实物证据或其他证据类型。被告人及其辩护律师有指出证据取证瑕疵的权利，司法人员处理证据瑕疵，需要结合瑕疵对证据真实性的影响程度，判定该证据的证明效力。例如，检察机关出示一份座谈会笔录，该座谈会系公安机关主持，由桐城市唐湾镇蔡畈村村民华某红、刘某梅、段某安、丰某三、段某林等人参加。记录显示，当地村民知道两被害人共同居住的

---

① 参见福建省高级人民法院（2012）闽刑终字第10号《刑事裁定书》。

② 张保生：《证据法的基本权利保障取向》，载《政法论坛》2021年第2期。

事实。[①] 多个证人以“座谈会”形式作证提供证言的，违反了证人分别作证的基本要求，法律直接规定予以排除。

表 6 样本案例证据种类出现频次

证据种类	样本数
物证	174
书证	56
证人证言	198
被害人陈述	16
犯罪嫌疑人、被告人供述和辩解	275
鉴定意见	222
勘验、检查、辨认、侦查实验等笔录	291
视听资料、电子数据	21
总数	1253

除此之外，学者研究公开裁判文书显示，瑕疵证据涉及所有证据种类，但证据补强问题主要涉及的证据类型仍是实物证据。各种证据的瑕疵情况不一[②]：

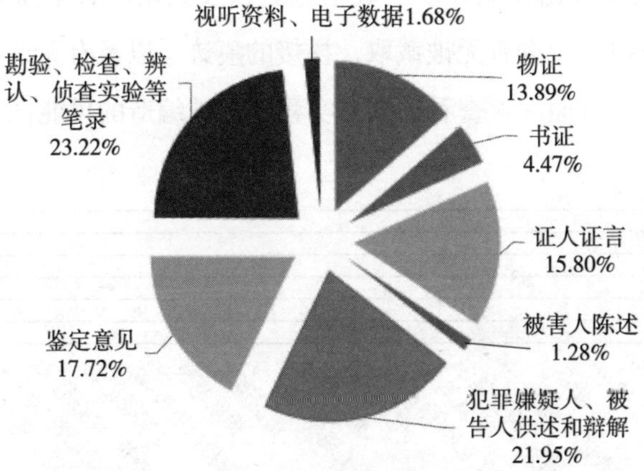

图 3 瑕疵证据案例证据种类出现频率

① 参见安徽省安庆市中级人民法院（2020）皖08刑初2号《刑事判决书》。

② 参见李学军、刘静：《瑕疵证据及其补救规则的适用》，载《清华法学》2020年第5期。

另有学者的细化研究也支持了上述分析，瑕疵证据对应证据种类仍主要是言词证据。[①]

在刑事诉讼中，为了审查证据真实性，证据审查主体有必要针对不同证据的特点，从影响证据真实性的因素出发，反向搜索证据是否存在失真风险，并且予以核验。证据按照大的种类分为言词证据和实物证据，言词证据的真实性常常受到提供言词证据主体因素影响，即言词证据提供者的认识能力、记忆能力和表达能力是否完全、是否提供同等程度的证据。证人与案件结果还可能存在利害关系，进而以帮助隐匿罪证或者报复陷害等心理而提供不诚信的言词证据，这些都可能造成言词证据达不到“真实性”要求；实物证据虽然有独立于诉讼主体的外在客观形态，但实物证据也有失真的风险，例如血迹、指纹、毛发等，可能在取证中错误标记或遗漏采样，也可能在保管运输中丢失、与其他物品混装而损坏，甚至在鉴定的过程中可能遭到化学药剂腐蚀，丧失鉴定意义，也就是失去实物证据的真实性价值。在其他按类型的证据认证中也存在真实性的问题，例如对于电子数据的真实性，司法人员需要审查电子数据存储介质、数字签名以及数据内容本身是否真实可追溯，需要审查电子数据有无被截取、拼接的痕迹，以及有无计算机病毒损坏等情形，结合各方面因素查看证据真实程度与被编造的可能性。

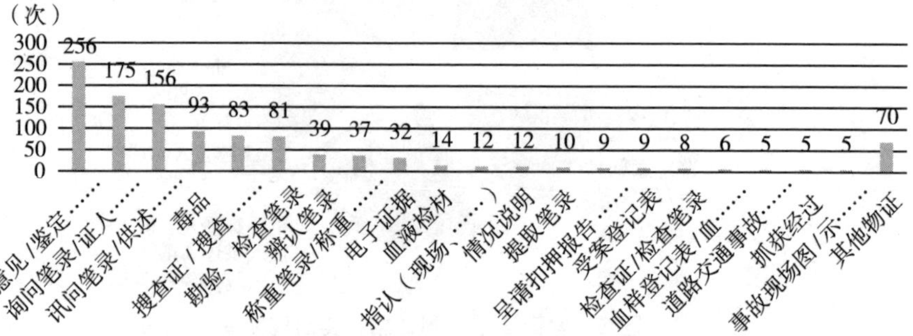

图 4　瑕疵证据案例证据种类出现频次

---

① 参见易延友：《瑕疵证据的补正与合理解释》，载《环球法律评论》2019 年第 3 期。

（三）证据认证规则的完善建议

完善认证规则是一个长远目标，改革效果也需要渐进的过程逐步体现。为了进一步推进认证规则的完善，司法人员除了遵循一般的不同证据种类审查要点的规定之外，还需解决认证中的疑难问题。本部分重点针对改革实践中的证人证言、“毒树之果”，物证、书证的同一性鉴真认定，以及补强规则的完善等问题，并且结合理论研究的发展，梳理相关问题的解决建议。

1. 合法性：完善证人证言以及毒树之果的采信规定

《关于全面推进以审判为中心的刑事诉讼制度改革的实施意见》第 21 条第 2 款规定，“收集物证、书证不符合法定程序，可能严重影响司法公正，不能补正或者作出合理解释的，对有关证据应当予以排除”。与 2018 年修正的《刑事诉讼法》第 56 条规定一致。除了普通的实物证据采信问题外，司法机关还需要注意非法取证的衍生证据的采信问题。例如，如果基于非法言词证据而获得的实物证据，司法人员需要审查该实物证据是否确有合法来源，有无伪造的可能。

笔者认为还需确立可以采信的独立来源例外、非法取证阻断的例外等情形，考虑到我国实践，以及一般的接受程序，在获得独立来源的情况下，以及在明确脱离了非法取证环境的情况下，犯罪嫌疑人自愿供述的，出现污染阻断的例外的情形下，衍生物证都应该可以被采信。

2. 关联性：规范物证、书证的同一性鉴真认定

有学者指出，从整体发展来看，“我国证据法理论体系正在经历一场从客观性哲学理念向相关性逻辑证明的观念转型”。[①] 虽然现有法规中对关联性的规范相对较少，但是增加更为体系化的证据关联性衡量技术甚为必要。而且外国学者也认为关联性是证据制度的统一核心原则，“构建一

① 张保生、王旭：《中国证据法治前进步伐（2017—2018 年）》，载《证据科学》2020 年第 1 期。

个基于某一单一原则上的证据规则体系，斯蒂芬主张的是相关性”。[①] 可见关联性在证据属性中的核心地位。形成围绕关联性的证据认证指引，将是对证据间关联性审查的发展主方向，同时为了避免不良品行证据带来偏见，以及其他证据，如果可能引起司法人员强烈主观好恶，对涉案事实本身的查明而言价值细微，或者时间成本巨大的，笔者认为也有必要发展出新的关联性规则，着重对环境证据的审查，加大个别证据“三性”审查中“关联性”审查的分量，避免证据采信受到无关因素的影响。有学者分析事实认定的本质，认为“证据便成为联系主客体的唯一‘桥梁’，或‘折射’事实的‘镜子’。由于事实认定者根本看不到过去的事实，其手中之‘矢’所对准的‘靶子’只是证据而非案件事实，因而是‘实证求是’”。[②] 关联性则是证据具有对待证事实证明价值的关键所在，在我国刑事诉讼证据认证制度中，关联性审查是证明力判断的核心环节，涉及对证据本身与待证事实的关系，也涉及证据之间的关系的分析。司法机关通过对证据关联性的实质审查，确定证据的证明力，并且采信作为定案的根据。

从我国现有规定看，关联性审查分为两种情况：一种是证据与待证事实的关联性，这类关联性主要通过鉴定、辨认等方式审查；另一种是证据之间的关联性，司法人员在通过间接证据定案时，需要审查证据之间是否形成了严密的证据链，为此也需要审查证据间关联的客观性与可靠程度。为此，现有法律规定中规定了印证证据间关联性的分析方法，通过比对与其他证据是否具有同向性，对证据矛盾能否作出合理的解释，审查控辩双方提出的证据间关联性的分析，对证据情况作出审查认定。

实物证据审查中一项最重要的事项就是“鉴真”，即所有证据都需要通过鉴定、辨认，确认“同一性”，该部分集中表现为鉴定意见、辨认笔录的审查问题。实物证据的关联性重在构建在案证据与犯罪行为当时客观

---

① 樊崇义主编:《刑事证据规则研究》，中国人民公安大学出版社 2014 年版，第 218 页。

② 张保生:《事实、证据与事实认定》，载《中国社会科学》2017 年第 8 期。

痕迹、物质的联系，如血迹、指纹、鞋印等。实物证据因为其往往是客观存在的实体证据，不以证据内容作证而以证据的外在形态、物理特点、物质成分等证明案件事实，其与案件的关联需要通过分析得出。

现有证据规则中，基于洛卡德物质交换原理，因为物证可能是案发现场形成的痕迹等微量物证，由于这种强关联性，其不太可能受到刑讯逼供、暴力、胁迫等传统的非法取证因素的影响。这里需要注意的是，如果是基于先供后证，通过事先获得口供，而伪造的现场隐蔽证据的物证，则可能对事实认定造成重大偏差。根据我国刑事诉讼证据的相关规定，隐蔽物证可能成为强有力的补强证据，在非法取证的言词证据被排除的情况下，如果隐蔽物证仍能够单独构成定罪依据的，则该类证据可能导致司法人员所认定的情况严重偏离案件事实。

为此，对鉴定意见的审查需要围绕“同一性确认”这一核心事项，这种同一性是实质层面上的，即所需要确认的待证事实具有影响案件事实的认定的重要价值，“运用证据将要证明的问题属于依法需要运用证据加以证明到的待证事实”。[①] 这种同一性还具有证明性，即“按照事物的通常进程，其中一项事实与另一事实相联系，能答题证明另一事实在过去、现在或将来存在或不存在”[②]，需要经过两相对照而获得关联性的判断，如在鉴定过程中，鉴定的检材、样本需要能够分别与犯罪现场、被告人构成直接而充分的同一对应关系。在此基础上，两相对照的分析方法更在科学依据上能够确立关联性。

【案例2】 在一起故意伤害致人死亡案件中，检察机关指控，被告人因打牌拌嘴而刺伤被害人，被害人跳楼死亡。该案中，侦查人员在犯罪现场客厅冰箱上提取到一把沾有血迹的瓜果刀，死者身上伤口可以由该刀具形成。现场的客厅冰箱上有刀具红色斑迹，经鉴定，样

① 张建伟:《证据法要义》，北京大学出版社 2014 年版，第 126 页。

② 张建伟:《证据法要义》，北京大学出版社 2014 年版，第 127 页。

本来自被害人的可能性大于99.9999%，刀具金属柄上采集到一枚汗液指纹，经对比鉴定，现场刀具刀柄表面提取的汗液指纹与被告人右手食指指纹捺印样本同一。而且剩余现场提取到的23处血迹也与被害人的血液样本吻合，血迹从南卧室地面，到过道地面，再到客厅地面墙面，以及阳台开启窗户窗台、窗框、地面等区域的红色斑迹上检测到人血，来自被害人的可能性大于99.9999%，而且刀具上的血迹、指纹同时具备证明性、重要性的要求，与被告人持刀伤人的待证事实具有"同一性"，能够证明故意伤害的事实。但是同时另一方面，被害人的死因是高坠致创伤失血性休克死亡，即坠楼死亡，而非刀伤。剩余23处血迹分布实际在一定程度上能说明被害人在被刺流血后、坠楼前的活动区域，但不能完全说明坠楼的具体原因，以及被告人当时所处位置、被害人坠楼有无他人影响，因而剩余23处血迹的证明性不足，如果以此证明故意杀人，则23处血迹与被害人具体死因的待证事实之间缺乏关联性。如果检察机关追诉被告人故意杀人，则还需要结合现场勘验笔录等其他在案证据，综合判断。

对于具有犯罪现场的人身伤害犯罪，司法机关尤其注重围绕犯罪现场重建，梳理实物证据之间的关联性，"对现场遗留的与犯罪有关的具备鉴定条件的血迹、指纹、毛发、体液等生物物证、痕迹、物品，是否通过DNA鉴定、指纹鉴定等鉴定方式在被告人与被害人的相应生物检材、生物特征、物品等作同一认定"。[①] 通过这种类似于"拼图"式的证据审查方法，司法机关能够更好地发现证据之间的关联。"证明实质上是按照相关性线索把一片片证据'拼合'在一起的工作。"[②] 司法人员运用物证等间接证据，审查认定案件事实，需要从证据的"三性"中发现证据问题，为确认证据的关联性、合法性等提供了保障基础。除了特定证据取证违法情形

① 刘静坤:《证据审查规则与分析方法——原理·规范·实例》，法律出版社2108年版，第122页。

② 张保生:《证据规则的价值——基础理论和体系》，载《法学研究》2008年第2期。

外，真实性审查一旦确定了关联性，往往被认为有较强的证明力，从而获得认证而对案件产生重大影响。

3. 真实性：界定瑕疵证据规则适用范围

瑕疵证据情况复杂，以致实务工作者常有这样的感喟，"瑕疵证据规则的样态堪称'简单而完美'，但司法实务中瑕疵证据的样态往往'复杂且微妙'"。[①] 实务中，混淆瑕疵证据与非法证据的情况并不鲜见，有学者分析，在两起案件中，瑕疵证据同样是代替签名的证人证言，第一起案件中辩护人举证被告人母亲的证言，法院以该证言签名是被告人代签，无法补正为由而予以排除；第二起案件中丈夫代替妻子签名的证言却被采信了。[②] 严格而言，证人只能对亲身经历感知的事情作证，证言真实性还受到"感知能力、记忆能力、表达能力"的证言三角形以及诚信度的影响，代替签名者能否确认亲历性值得怀疑。进一步而言，上述两个案件不完全瑕疵证据问题，《刑事诉讼法》第 61 条规定，"证人证言必须在法庭上经过公诉人、被害人和被告人、辩护人双方质证并且查实以后，才能作为定案的根据。法庭查明证人有意作伪证或者隐匿罪证的时候，应当依法处理"。法庭应当一视同仁地执行证人出庭要求。证人能出庭的，法庭应当允许其出庭作证，司法人员也可以通过当庭证言判断证言效力，而不必适用补强规则考虑庭前证言签名的问题。如查明确有证人死亡、重病等法定事由无法到庭的，裁判文书也宜加强对证据采信与排除的说理，须查明并在裁判文书中予以记载。证言能否补正的标准并不清晰。另外，实务中还存在瑕疵证据与非法证据排除混淆的情况。然而实际上，瑕疵证据与刑讯

① 谢纲、熊心、党睿:《检视与突破：庭审实质化改革中的瑕疵证据裁判规则缺失形成机制的制度漏洞与完善路径——以全国涉及瑕疵证据的 94 份判决书为样本进行分析》，载《法律适用》2018 年第 19 期。

② 参见苏州市姑苏区人民法院关于赵亚兵故意伤害案（2017）苏 0508 刑初 240 号刑事判决书，福建省莆田市中级人民法院关于吕清哥投放危险物质案（2017）闽 03 刑中 20 号刑事通知书。

逼供的非法证据有着本质不同，有学者指出，“瑕疵证据可以弥补或者通过重新依法取证得到补救，而非法证据不可以通过重新取证进行弥补；瑕疵证据的取证过程并没有侵犯被取证人的权利，而非法证据的取证过程一定是侵犯了被取证人的权利”。[①] 只有清晰界分非法证据与瑕疵证据，瑕疵证据不得补正解释的范围，才能够避免实务中规范执行的混乱。

4. 制定我国的刑事证据指引

在完善证据认证规则的进程中，司法机关需要充分考虑我国刑事诉讼制度发展的本土问题，解决证据庭审中控辩平等对抗的问题。“每个文化的开端都是通过一个通孔，因此它的表现就有限制，从这个地方我们可以说特殊性。但是，虽然它的表现是有限制，然而当它一旦从通孔里呈现出来一个观念、成为一个概念，这个观念、概念就有相当的真实性。也就是说，当它表现出来而成为一个概念、观念，它就是个真理，它就有普遍性，真理都是普遍性的。”[②] 因为尽管不同法律制度的出发点不同，但是一旦解决了本土问题，所得出的结论则与其他国家制度相通。在完善我国证据认证规则的进程中，笔者建议制定实操性更强的证据指引，一方面协助法官形成司法认知，从程序流转的角度，通盘考虑认证规则如何实际运用，如何确定证据资格与衡量证明力。另一方面有助于引导控辩双方进行实质性的对抗，为法官认定证据提供更多的信息素材。为此，司法机关可结合证据认证规则，制定围绕控辩双方庭审活动的证据指引，鼓励辩护律师发展证据辩护的各项程序手段，实现更好的辩护效果。

（1）“价值权衡”设定证明力审查要求。在证据审查与认定过程中，控辩双方就证据真实性、关联性、合法性问题互相交锋与对话，司法机关则居中裁判，各方所共同遵循和运用的是共同的法律资源，这些资源包括现有法律规定中的一系列证据原则与细化的证据规则。证据原则包括证据

---

① 杨宇冠、郭旭：《论非法证据之范围》，载《兰州学刊》2015 年第 6 期。

② 牟宗三：《中国哲学十九讲》，吉林出版集团有限责任公司2010年版，第19页。

裁判规则、直接言词原则、质证原则、正当程序原则，细化的证据规则包括传闻证据规则、补强证据规则、意见证据规则、最佳证据规则、任意自白规则等。证据规则的完善与细化，有利于保障被告人的有效质证，进而保障法庭准确认定定案证据。在证据指引思路之下，证明力权衡中引入“价值权衡”的技术。另外，基于《刑事诉讼法解释》第 88 条第 2 款的规定，“证人的猜测性、评论性、推断性的证言，不得作为证据使用，但根据一般生活经验判断符合事实的除外”，除了依据社会生活实际，无法区分评价性与感官描述的情况，如证人作证其认为的犯罪嫌疑人的身份、比较辨认犯罪嫌疑人是否就是犯罪行为实施者等特殊情形外，证据认证中不允许证人以自己的猜测、评论、推断作证，避免产生妨碍公正的结果。

另外建议常设咨询委员会，定期提交证据规则的修改建议，将案例经验上升为成文法规则。在穷尽已有证据规则后，一审法官实际承担价值权衡的工作，对此，法律赋予其相对广泛的裁量权，这是一审法官须面临庭审当场决策压力决定的。一审法官比上诉法官更直接参与完整的庭审过程，需要对证据问题作出技术的裁决，为此，认证规则可以采取层次化的“原则 + 例外”的立法模式，延伸到末端以判例法的价值衡量技术，实现证据认证的指引作用，既维持了“原则 + 例外”证据认证思路的清晰性，也为保留了个案权衡的灵活性，有一定的参考价值。事实上，最高人民检察院强力推行指导性案例，注重说理过程，起到了很好的示范效果。未来最高人民法院的指导案例中，也可以着重选择证据说理结构清晰、价值衡量有典型意义的案件，为丰富我国的证据指引，起到推动作用。

（2）围绕“证据异议”设定控辩双方的权利义务。认证的排除规定，能够反向指导侦查人员取证工作遵守正当程序要求，避免证据失效；指导控辩双方，更为有针对性地提出质证意见，提出证据异议，质疑对方主张所依据的证据基础。实物证据关联性审查的相关规则，在诉讼实务中极为重要。“无论在大陆法系还是英美法系，证据异议都是双方当事人在法庭上有效狙击对方提出的不可采证据的有效工具。”[①] 随着我国证据裁判原则的落实，围绕加强证据异议对抗的“证据认证规则”亦将不断得到落实。

《法庭调查规程（试行）》规定，法庭应当坚持诉权保障原则，依法解决控辩双方争议，保障被告人及其辩护人的诉讼权利。为依法维护被告人质证权，准确查明案件事实，必要时应当通知证人、被害人、鉴定人、侦查人员或者有关人员出庭。完善证据规则，保障质证权有重要意义，质证是法庭证据认证的重要保障，审查证据“三性”都与被告人及其辩护律师运用证据规则，开展质证活动分不开，“检验证据的合法性最常见的是非法证据排除，排除的程序首先由被告方提出排除某证据的申请；检验证据真实性的方式之一是排除传闻证据，传闻证据排除也因为其没有经过法庭质证，如果直接作为定案的根据就侵犯了被告人的质证权利。审判人员应当通过质证了解证据与待证情况之间的联系，而不是通过法庭之外的其他途径，这才能体现庭审实质化”。[②] 在采信证据的过程中，辩护律师都享有提出证据异议的权利，既有权申请排除非法证据，也有权对不认可的法官判断保留痕迹，要求在庭审笔录上记录，以保留将来上诉申请的理由。辩护律师提出异议的证据问题如何定性，法官应当有明确的意见。总体而言，辩护律师有权利和义务对证据的合法性作出质疑，而作为相对方，公诉方面对辩护律师的质疑，为了阐释犯罪指控的正当性与合法性，有义务对证据合法性的质疑作出必要的解释，必要时保障涉及非法取证的侦查人员等出庭接受询问，或者说明涉嫌非法取证的证据材料的制作、保管过程情况，为法庭全面审查证据的合法性创造条件。

“证据的真实性与证据关联性及合法性也有一定的联系。虚假的证据当然也包括与案件事实具有虚假关联的证据；而法律规定排除某类证据或者限制某类证据在诉讼中的使用时，既要考虑保护人权和司法公正等价值

① 吴洪淇:《刑事证据审查的基本制度结构》,《中国法学》2017 年第 6 期。

② 杨宇冠、刘曹祯:《以审判为中心的诉讼制度改革与质证制度之完善》，载《法律适用》2016 年第 1 期。

取向问题，也要考虑该类证据的真实性问题。在司法实践中，明显虚假的证据当然是不能获准进入诉讼程序的。[①]”控辩对抗之下的质证更能揭示证据审查中的重大争议问题与双方理由，司法机关居中作出证据审查认定，更能够体现司法公正，以鉴定意见的质证为例，“法官询问的主要目的仍是主持和引导质证活动。法官的主要作用应当转向对鉴定意见的认证。法官应当对控辩双方就鉴定意见所发表的质证意见适当梳理，并回应争议焦点，罗列审查判断依据，阐释认证理由”。[②]在犯罪嫌疑人、被告人及辩护律师对证据合法性问题提出质疑甚至举出相反证据的情况下，法庭也有权力和义务对证据的合法性问题作出裁定，裁定结果可以在法庭查明情况后，及时以书面或口头形式作出，口头作出证据合法性裁定的，则应当记录庭审笔录。例如，《刑事诉讼法解释》第97条规定，对鉴定意见应当着重审查以下内容：（1）鉴定机构和鉴定人是否具有法定资质；（2）鉴定人是否存在应当回避的情形。第98条规定，鉴定意见具有下列情形之一的，不得作为定案的根据：（1）鉴定机构不具备法定资质，或者鉴定事项超出该鉴定机构业务范围、技术条件的；（2）鉴定人不具备法定资质，不具有相关专业技术或者职称，或者违反回避规定的。上述规定对鉴定资质、回避问题作了绝对排除，有利于辩护方运用该规则实现对证据的有效异议。我国立法实践有必要预见诉讼活动的变化动向，在对证据庭审抗性增强的情况下，建立明晰、有针对性的认证规则，为质证方的异议权提供有效保障，而控辩双方也需要更多的职业技能培训，加强在现有认证规则基础上，挖掘、总结并运用证据异议权利，保障本方在司法认证中的利益。

---

① 何家弘、刘品新：《证据法学》，法律出版社2019年版，第263—264页。

② 卞建林、谢澍：《庭审实质化与鉴定意见的有效质证》，载《中国司法鉴定》2016年第6期。

专题五　刑事辩护制度改革实证研究*

刑事辩护制度是刑事诉讼制度的重要组成部分。在由控诉、辩护、审判三项基本诉讼职能构成的现代刑事诉讼制度中，刑事辩护制度是承担辩护职能的主要载体。它对于充分彰显诉讼程序的正当性，最大限度地维护诉讼结果的公正性，切实加强人权司法保障，有效防范冤假错案，具有非常独特、不可或缺也不可替代的重要作用。因此，一个国家的刑事辩护制度的现状如何，运行怎样，往往是一国刑事诉讼制度法治、文明进步程度的重要体现和发展标志。田口守一教授曾深刻地指出：刑事诉讼的历史就是扩大刑事辩护权的历史。①

改革开放以来，党中央和国家立法机关一直非常重视刑事辩护制度的恢复和完善，从 1979 年第一部刑事诉讼法的颁行，到 1996 年第一次对刑事诉讼法的修改，再到 2012 年对刑事诉讼法的二次修正，以及 2018 年修正，刑事辩护制度始终是修改的重点之一，并且修改内容之多，前后变化之大，发展进步之快，可以说是刑事诉讼法历次修改中最大的亮点，极大地促进了我国刑事诉讼制度的法治、文明程度，也极大地提升了我国刑事诉讼制度中人权司法保障的水平，始终受到国际社会的高度关注和积极评价。

但是，刑事辩护制度的发展进步，也伴随着问题和不足，集中表现在两个方面：一是立法上刑事辩护制度的发展进步在司法实践中还不能充分

---

* 本专题由顾永忠教授负责。

① 参见［日］田口守一：《刑事诉讼法》，刘迪、张凌、穆津译，法律出版社 2000 年版，第 89 页。

体现出来，有些规定未能落到实处，甚至还遇到不少困难和阻力；二是从历史的眼光看，刑事辩护制度已有相当大的发展进步，但是从发展的眼光看，现行刑事辩护制度还不能适应习近平总书记提出的“让人民群众在每一个司法案件中感受到公平正义”的要求。正因如此，党的十八大以来特别是十八届四中全会以来，在推进全面依法治国，掀起新一轮司法改革的大背景下，推进以审判为中心的刑事诉讼制度改革和在刑事诉讼制度中完善认罪认罚从宽制度成为本轮司法改革的重要任务。为此，中央深改组、国家立法机关、最高人民法院、最高人民检察院以及其他中央政法机关，先后出台了一系列重要文件和重要举措，其中都包含了对刑事辩护制度改革的内容和要求，从中不仅充分反映出辩护制度在刑事诉讼制度中的重要地位和作用，也充分反映出刑事诉讼制度改革与刑事辩护制度改革的特殊、密切关系。

时至今日，以上改革已经进行了多年，并且改革还将继续深化。为此，有必要对已进行的改革进行回顾、总结，同时通过回顾、总结对今后深化改革的方向、重点进行探讨。

需要指出的是，与刑事诉讼制度的其他组成部分诸如刑事侦查制度、刑事检察制度、刑事审判制度具有阶段性，以致各自的改革具有相对独立性的特点不同，刑事辩护制度贯穿刑事诉讼的全过程，依附于刑事诉讼制度的运行中，因此刑事辩护制度改革与刑事诉讼制度改革特别是与刑事审判制度、刑事检察制度的改革密不可分，甚至达到“你中有我，我中有你”的程度。鉴于此，本部分主要对与刑事辩护制度密切相关的几项重大改革进行梳理、总结和展望。

一、以审判为中心的刑事诉讼制度改革与刑事辩护制度改革*

（一）以审判为中心背景下刑事辩护制度改革的原因与内容

“推进以审判为中心诉讼制度改革”是十八届四中全会确定的重大改革任务，对此习近平总书记在“关于四中全会决定的说明”里专门加以论述。习近平总书记指出“全会决定提出推进以审判为中心的诉讼制度改革，目的是促使办案人员树立办案必须经得起法律检验的理念，确保侦查、审查起诉的案件事实证据经得起法律检验，保障庭审在查明事实、认定证据、保护诉权、公正裁判中发挥决定性作用”，“充分发挥审判特别是庭审的作用，是确保案件处理质量和司法公正的重要环节”。根据习近平总书记的重要讲话精神，理论界和司法界将以审判为中心的诉讼制度改革的核心精神表述为庭审实质化，其含义是庭审不能走过场、形式化，而应当“事实证据调查在法庭，定罪量刑辩论在法庭，裁判结果形成于法庭，全面落实直接言词原则，严格执行排除非法证据制度”。由此可见，庭审实质化与刑事辩护制度具有天然的联系，“你中有我，我中有你”，密不可分。因此，“以审判为中心的诉讼制度是充分保障辩护权的诉讼制度”。①

最高人民法院在推进以审判为中心的诉讼制度改革的进程中，把庭审实质化改革作为重中之重，并且把律师的实质参与作为改革的重心。自2015年始，最高人民法院在四川省成都法院系统和浙江省温州法院系统开

---

*本部分撰稿人为顾永忠教授，根据已发表的前期成果修改而成，原文顾永忠：《一场未完成的讨论：关于“以审判为中心”的几个问题》，载《法治研究》2020年第1期。

① 顾永忠：《以审判为中心背景下的刑事辩护突出问题研究》，载《中国法学》2016年第2期。

展了“刑事庭审实质化改革”试点，并形成了此项改革的“成都样本”和“温州实践”。在两地试点过程中，都高度重视被告人及其辩护人的参与并切实保障他们的辩护权利。

首先，重视律师的参与。在成都市开展的庭审实质化改革示范案件中，律师参与率100%，所涉405名被告人中，获得律师辩护的比例为94.23%，其中委托辩护和指定辩护分别占61%和39%。[①] 温州市不仅在试点案件中而且在所有刑事案件中都非常重视律师为被告人的辩护。为此，温州市中级法院与司法局下发文件，要求对所有可能判处三年以上有期徒刑的被告人凡没有委托辩护人的一律提供法律援助。2015年，市、区两级法院为2955名被告人扩大指定辩护，指定辩护人数居浙江省首位。可能判处三年以上刑罚的被告人的辩护率为97.02%，居全省第二，增速居全省第一。[②]

其次，切实保障被告人及其辩护人辩护权的核心权利——质证权。证人、鉴定人甚至侦查人员出庭作证是被告人及辩护人实现质证权的基本保证。成都市法院在210件改革示范案件中，安排了150件人证（包括证人、鉴定人等）出庭，占全部案件的71.4%，其中由控方申请的116件，占77.33%；辩方申请的18件，占12%；控方申请人证数量占总数的90.3%。[③] 2015年至2016年6月，温州中院及下属两个基层法院在试点的218起案件中通知证人、鉴定人等429人出庭，实际有97起案件145人出庭作证，接受质证。此举也带动了全市法院的证人出庭工作。同期，温州两级法院共在290起案件中通知581人出庭，实际有168起案件270人出庭作证，实际到庭率为46.47%。更值得注意的是，温州市法院非常重视侦

① 参见郭彦主编:《理性实践规则：刑事庭审实质化改革的成都样本》，人民法院出版社2016年版，第18页。

② 参见徐建新、吴程远:《以审判为中心的诉讼制度改革的温州实践》，载《人民司法（应用）》2016年第25期。

③ 参见郭彦主编:《理性实践规则：刑事庭审实质化改革的成都样本》，人民法院出版社2016年版，第17页。

查人员出庭作证，并将作证情况纳入法治政府考核项目。2014 年以来，申请法院在 15 个案件中通知 28 名侦查人员出庭作证。[①]

最后，非常重视对非法证据的法庭调查和依法排除。非法证据排除是被告人及其辩护人在庭审辩护中与控方甚至与审判方发生争议甚至冲突比较突出的问题。成都、温州改革试点中都非常重视对非法证据的法庭调查和依法排除。成都改革试点中，有 73 起案件被告人或辩护人提出了排除非法证据的申请，其中 18 件启动了非法证据排除调查程序，6 起案件最终实际排除了非法证据。[②] 同样，温州市中级法院也高度重视排除非法证据。在一起涉及 2300 余克甲基苯丙胺的毒品案件中，法院发现证明毒品来源的部分证据存在重大瑕疵，经通知侦查人员出庭不能作出合理解释，依法排除了相关证据。在一起盗窃案件中，辩护人提出被告人的认罪口供系侦查人员殴打形成，申请排除非法证据。法院通知有关侦查人员出庭，但由于其对获取口供合法性的重大疑点不能作出合理说明，促使检察机关撤回起诉。[③]

试点先行，取得经验后上升为普遍性规范，以点带面，全面推进，是本轮司法改革的突出特点。庭审实质化改革以及与此相适应的刑事辩护制度的改革便是如此。在试点探索和理论研究基础上，中央有关部门先后出台了推进以审判为中心的刑事诉讼制度改革的一系列文件，包括“两高三部”2016 年 10 月发布的《关于推进以审判为中心的刑事诉讼制度改革的意见》、2017 年 6 月发布的《关于办理刑事案件严格排除非法证据若干问题的规定》(以下简称《严格排除非法证据规定》)。这些文件中相当一部分内容涉及庭审实质化和刑事辩护制度的改革。比如《关于推进以审判为

① 参见徐建新、吴程远:《以审判为中心的诉讼制度改革的温州实践》，载《人民司法(应用)》2016 年第 25 期。

② 参见郭彦主编:《理性实践规则：刑事庭审实质化改革的成都样本》，人民法院出版社 2016 年版，第 17 页。

③ 参见徐建新、吴程远:《以审判为中心的诉讼制度改革的温州实践》，载《人民司法(应用)》2016 年第 25 期。

中心的刑事诉讼制度改革的意见》明确要求“规范法庭调查程序，确保诉讼证据出示在法庭，案件事实查明在法庭……对定罪量刑的证据，控辩双方存在争议的，应当单独质证”；“落实证人、鉴定人、侦查人员出庭作证制度，提高出庭作证率。公诉人、当事人或者辩护人、诉讼代理人对证人证言有异议，人民法院认为该证人证言对案件定罪量刑有重大影响的，证人应当出庭作证”；“依法保障当事人和其他诉讼参与人的知情权、陈述权、辩论辩护权、申请权、申诉权”；“依法保障辩护人会见、阅卷、收集证据和发问、质证、辩论辩护等权利，完善便利辩护人参与诉讼的工作机制”。特别是《严格排除非法证据规定》主要是为了维护司法公正，保障司法人权，适应犯罪嫌疑人、被告人及其辩护人排除非法证据的要求制定的。其对依法应当排除的非法证据范围的规定明显超出以往的规定，比如规定被告人因受刑讯逼供而形成的重复性供述除法定例外情形外应当予以排除。在非法证据的调查程序上也有新的变化，诸如“被告人及其辩护人申请人民法院通知侦查人员或其他人员出庭，人民法院认为现有证据材料不能证明证据收集合法性，确有通知上述人员出庭作证或者说明情况的，可以通知上述人员出庭”；“庭审期间，法庭决定对证据收集的合法性进行调查的，应当先行当庭调查。但为了防止庭审过分迟延，也可以在法庭调查结束前进行调查”；“在法庭作出是否排除有关证据决定前，不得对有关证据宣读、质证”，如此等等。

但是，上述文件是对以审判为中心的诉讼制度改革的全面规范和要求，而推进此项改革的核心是庭审实质化。基于此，最高人民法院紧紧围绕以审判为中心的改革对庭审实质化的要求，在总结各地试点经验基础上，于2018年发布并实施集中体现庭审实质化改革精神的“三项规程”。[①]在这些文件中，非常重视辩方在庭审中的地位和作用，从多个方面保障被

① “三项规程”分别是：《人民法院办理刑事案件庭前会议规程（试行）》《人民法院办理刑事案件排除非法证据规程（试行）》《人民法院办理刑事案件第一审普通程序法庭调查规程（试行）》。

告人及其辩护人的诉讼权利，其中不乏对现行法律规定和司法解释有关规定细化性的改革创新规定，择其要者有：

第一，为了确保庭审活动集中持续进行，提高庭审质量和效率，赋予被告人及其辩护人申请、启动、参加庭前会议的权利，诸如“控辩双方可以申请人民法院召开庭前会议”，“被告人及其辩护人在开庭审理前申请排除非法证据，并依照法律规定提供相关线索或者材料的，人民法院应当召开庭前会议”；“被告人申请参加庭前会议或者申请排除非法证据等情形的，人民法院应当通知被告人到场”；“被告人申请排除非法证据，但没有辩护人的，人民法院应当通知法律援助机构指派律师为被告人提供帮助”。

第二，为了确保辩方的质证权，对辩方申请证人等出庭的程序条件进行了必要且重要的完善。比如，被告人、辩护人申请证人出庭的条件之一是“人民法院认为证人有必要出庭的”，实践中何谓以及何以“认为证人有必要出庭的”似乎可以无所遵循，任意决定。在“三项规程”中对其作出明确界定，并把出庭对象扩大至被害人，规定为“控辩双方对证人证言、被害人陈述有异议，申请证人、被害人出庭，人民法院审查认为证人证言、被害人陈述对案件定罪量刑有重大影响的，应当通知证人、被害人出庭”。“对案件定罪量刑有重大影响”就成为人民法院判断“证人有必要出庭的”遵循和依据，只要符合条件，就应当通知出庭，而不能任意而为。同时，对侦查人员出庭作了细化的规定：“控辩双方对侦破经过、证据来源、证据真实性或者证据收集合法性等有异议，申请侦查人员或者有关人员出庭，人民法院经审查认为有必要的，应当通知侦查人员或者有关人员出庭”，扩大了侦查人员出庭的范围，不限于只是对证据收集合法性有异议而要求其出庭，还包括对侦查经过、证据来源、证据真实性有异议等情形而要求其出庭。以上规定虽然适用于“控辩双方”，但由于控方提起诉讼的立场意味着其对指控证据不会持有异议，因此，以上权利实际上是赋予辩方的重要诉讼权利。

此外，对于证人出庭后作证、接受质证的程序作了细化，有的内容明显不同于以往司法解释的规定：首先，“证人出庭后，先向法庭陈述证言，然后由举证方发问，发问完毕后，对方也可以发问”，改变了以往谁申请谁先问的错位顺序，基本确立了交叉询问的格局。其次，“控辩双方向证人发问完毕后，可以发表本方对证人的质证意见”，把发问与质证有机地结合在一起。再次，“为核实证据来源、证据真实性等问题，或者帮助证人回忆，经审判长准许，控辩双方可以在询问证人时，向其出示物证、书证等证据”，从而把以往庭审中将言词证据与实物证据完全分离开来举证、质证的传统安排改变为把两者有机地结合起来，有利于呈现言词证据与实物证据之间的内在联系，对查明案件事实和审查认定证据具有深远意义。最后，对出庭的有专门知识的人的诉讼地位作了明确界定，因控辩双方申请而出庭的有专门知识的人，是“协助本方就鉴定意见进行质证”的，其质证的对象和方式是“在鉴定人作证后向鉴定人发问，并对案件中的专门性问题提出意见”。以往司法实践中，有的地方安排有专门知识的人出庭不是为了“协助本方就鉴定意见进行质证”，而是为了让其对本方的鉴定意见发表支持、肯定意见，完全颠倒了有专门知识的人的诉讼地位和诉讼立场。

第三，为了强化法庭调查与法庭辩论的有机联系和相互作用，规定必要时允许控辩双方的举证、质证交叉进行并展开辩论，诸如：“对于可能影响定罪量刑的关键证据和控辩双方存在争议的证据，一般应当单独举证、质证，充分听取意见”；“公诉人出示证据后，经审判长准许，被告人及其辩护人可以有针对性地出示证据予以反驳”；“控辩一方举证后，对方可以发表质证意见。必要时，控辩双方可以对争议证据进行多轮质证”；“被告人及其辩护人认为公诉人出示的有关证据对本方诉讼主张有利的，可以在发表质证意见时予以认可，或者在发表辩护意见时直接援引有关证据”。这些设计打破了传统上先控方举证、辩方质证，然后再辩方举证、控方质证的分离僵化模式，有利于集中查明案件中的关键事实和争议证据。

第四，为了确保被告人及其辩护人依法申请排除非法证据的权利，虽然要求“被告人及其辩护人申请排除非法证据，应当在开庭审理前提出”，同时又规定“但在庭审期间发现相关线索或者材料等情形除外”。

自2018年1月1日起，“三项规程”在全国法院全面试行，从而使2014年10月党的十八届四中全会决定提出的推进以审判为中心的诉讼制度改革的重大举措，通过司法解释性改革文件贯彻落实于刑事审判活动中。其中关于庭审实质化及刑事辩护制度的有关内容，成为律师依法参与刑事诉讼，切实维护当事人合法权益，维护法律正确实施的直接法律依据，并在刑事辩护中收到明显成效。

（二）以审判为中心背景下刑事辩护制度改革的成效和经验

为了解以审判为中心的刑事诉讼制度改革以来，我国律师辩护的情况，笔者于2019年8月采用电子问卷方式向部分执业律师就其近5年的辩护情况特别是庭审实质化改革与律师辩护有关问题进行调查。共收回有效问卷172份（人），来自全国28个省、自治区、直辖市。5年来，他们共办理刑事案件7154件。在办案中，律师申请证人、鉴定人、侦查人员出庭的案件1247件，占全部案件的17.43%；获准出庭的404件，占申请案件的32.4%。律师申请排除非法证据的案件698件，占全部案件的9.76%，其中获准启动调查的268件，占申请案件的38.4%，最终被法院决定排除非法证据的67件，分别占申请排除非法证据案件的9.6%和启动调查的25%。在全部案件中，律师提出无罪辩护的案件1193件，占全部案件的16.68%，被法院判决无罪的案件129件，分别占提出无罪辩护案件的10.81%和全部案件的1.8%。此外，律师提出改变定性辩护的案件1730件，占全部案件的24.18%，被法院判决改变定性的422件，分别占提出改变定性辩护的24.39%和全部案件的5.9%。

从上述数据可以看出，庭审实质化与辩护实质化的雏形和趋势已渐形成，律师们的辩护积极性和辩护成效正在发生变化：其一，17.43%的案件中律师申请证人、鉴定人、侦查人员出庭，9.76% 的案件中律师提出排除非法证据的申请，表明律师辩护对于庭审实质化改革的要求是迫切和期待的，并且这两个百分比大致反映了我国司法实践的真实情况，说明在我国刑事诉讼中，真正因为事实和证据存在争议而需要庭审实质化审判的案件不会超过 20%。其二，占申请证人等出庭作证案件的 32.40% 获准出庭，占申请排除非法证据案件的 38.4% 被启动调查并且最终有 9.6% 的案件被决定排除非法证据，看似不是太高，但客观、理性地讲，也是不小的进步，表明法院对律师辩护权特别是质证权的重视和保障正在进步中。其三，在全部刑事案件中有 1.8% 被判决无罪，这个比例明显高于全国刑事案件无罪判决率。据有关统计资料，我国刑事案件 2014 年至 2018 年的整体无罪判决率（包括公诉案件和自诉案件）分别是 0.066%、0.084%、0.088%、0.09% 和 0.057%[①]，平均每年为 0.077%。本次调查获得的律师辩护案件的无罪判决率达 1.8%，是全国平均无罪判决率的 23 倍。不仅如此，由于律师提出无罪辩护的案件几乎都是公诉案件，而 2014 年、2015 年、2016 年、2018 年法院作出的无罪判决中，公诉案件的无罪判决率分别是 0.036%、0.046%、0.046% 和 0.03%，平均每年为 0.039%。以此与本次律师辩护案件的无罪判决率 1.8% 进行比较，后者是前者的 46 倍。由此可以推断，在法院对公诉案件作出的全部无罪判决中应当基本是律师提出无罪辩护的案件。

另据有关学者通过大数据方法，对从中国裁判文书网上下载并抽样的 2014 年和 2018 年改革前后两组各 300 份刑事判决书进行对比研究，对于以审判为中心的诉讼制度改革前后律师参与刑事案件辩护的情况得出如下结论[②]：

第一，辩护人辩护的比率、律师辩护的比率。2014 年的 300 个样本

① 以上数据源自王禄生：《中国无罪判决率的门道：20 年数据盘点》，载“数说司法公众号”，2019 年 3 月 13 日。

② 以下研究成果源于魏晓娜：《以审判为中心的诉讼制度改革：实效、瓶颈与出路》，载《政法论坛》2020 年第 2 期。

案件共涉及被告人 508 人，其中有辩护人辩护的被告人有 241 人，占比 47.44%；辩护人为律师的 212 人，占全部辩护人的 87.97%。从辩护律师的产生方式来看，有 197 名被告人自行委托律师担任辩护人，占全部被告人的 38.78%；15 名被告人通过法律援助获得指派律师，占所有没有委托辩护人（律师和非律师）的被告人的 5.32%。在对照组中，2018 年的 300 个样本案件共涉及被告人 485 个，其中有辩护人辩护的被告人 344 人，占比 70.93%；辩护人为律师的 343 人，占全部辩护人的 99.71%。从辩护律师的产生方式看，有 262 名被告人自行委托律师担任辩护人，占全部被告人的 54.02%；81 名被告人通过法律援助获得指派律师，占所有没有委托辩护人（律师和非律师）的被告人 36.49%。

从上述数据可以看出，在基层法院审理的事实方面有争议的案件中，与 2014 年相比，2018 年在该统计项目上几乎所有数据都有显著的提升。辩护人辩护的比率从 2014 年的 47.44% 提高到 70.93%；辩护人为律师的占所有有辩护人的被告人的比率从 2014 年的 87.97% 提高到 99.71%，这意味着辩护的专业化程度有明显的提升；其中，自行委托律师的被告人占全部被告人的比率从 38.78% 上升到 54.02%，说明被告人委托律师的意愿明显提高。这是一个可喜的变化，说明越来越多的被告人相信律师是有用的，这也从侧面反映了中国法治环境的改善。法律援助机构为没有委托辩护人的被告人指派律师的比例从 5.32% 提高到 36.49%。如果考虑到基层法院审理的刑事案件除非出现盲、聋、哑和限制行为能力的情况，理论上不是必须指派律师，这个数据反映了近年来推行刑事案件律师辩护全覆盖的实际成效。

第二，被告人自行辩护意见采纳情况。在 2014 年 300 个样本案件的 508 个被告人中，提出自行辩护意见的有 362 人，其中 58 人的自行辩护意见被法庭部分采纳，45 人的自行辩护意见被法庭全部采纳，部分或全部采纳自行辩护意见的比率为 28.45%。在 2018 年的 300 个样本案件的 485 个被告人中，提出自行辩护意见的有 329 人，其中 49 人的自行辩护意见被法庭部分采纳，43 人的自行辩护意见被法庭全部采纳，部分或全部采纳自行辩护意见的比率为 27.96%。由此可见，一方面，从各年份自行辩护意见采纳率的绝对数值来看，被告人的自行辩护意见对法庭的说服力本身都比较低；另一方面，从两个年份的自行辩护意见采纳率的相对变化来看，被告人自行辩护意见对法庭的说服力不仅没有提升，反而出现了小幅下降。

第三，律师辩护意见采纳情况。在 2014 年的 300 个样本案件中，212 个被告人有律师担任辩护人，其辩护律师的辩护意见被法庭部分采纳的有 110 人，被法庭全部采纳的有 19 人，部分或全部采纳律师辩护意见的比率为 60.85%。在 2018 年的 300 个样本案件中，343 个被告人有律师担任辩护人，其辩护律师的辩护意见被法庭部分采纳的有 205 人，被法庭全部采纳的有 43 人，部分或全部采纳律师辩护意见的比率为 72.30%。可以发现，2018 年律师辩护意见的采纳情况较 2014 年有了较大提升，从 60.85% 增至 72.30%，增长了近 12%。这表明近年来律师辩护意见对法庭的说服力有所提升，辩护效果有所改善，似乎也能反映法庭对律师辩护意见的重视程度在提高。

以上实证研究活动是笔者与其他学者分别进行的，相互并未沟通交流过，并且采用的研究方法也不同，但得出的研究结果应该说大同小异，说明党的十八届四中全会以来，我国开展以审判为中心的刑事诉讼制度改革，在刑事辩护方面确实已经取得一定成效，同时也积累了一定经验。概括起来主要有：一是在理念上，充分认识到推进以审判为中心的刑事诉讼制度的改革与辩护制度特别是律师辩护制度的密切关系，在改革方案的顶层设计中就将律师的充分参与作为此项改革的重要内容和要求；二是在推进改革过程中，司法机关高度重视律师参与以审判为中心的刑事诉讼制度改革中的重要作用，与司法行政机关、律师协会积极互动配合，不仅重视律师参与改革的广度，而且充分保障律师参与改革的深度，使律师在改革中切实发挥作用；三是以点带面，将试点经验上升为普遍性改革指导文件，通过试点带动全面改革，并取得积极成效。

（三）以审判为中心背景下刑事辩护制度改革的问题及对策

如前所述，以审判为中心的刑事诉讼制度改革的核心是庭审实质化，而庭审实质化离不开辩护律师的全面、有效参与。没有辩护的实质化就不会有庭审的实质化。在以上所述的改革文件中已经体现出了这一精神。但是，与同样由党的十八届四中全会决定提出的“完善认罪认罚从宽制度”的改革相比，以审判为中心的刑事诉讼制度改革包括与其不可分离的刑事辩护制度的改革相对滞后，未达到法学界、法律界及社会各个方面对此项改革的普遍预期。

一是虽然以审判为中心的刑事诉讼制度改革起步相对较早，但起步相对较晚的完善认罪认罚从宽制度的改革[①]“后来居上”，在2016年8月就取得全国人民代表大会常务委员会的授权，于2016年10月在全国18个地方开展了为期两年的试点，并于2018年10月刑事诉讼法第三次修改中被正式吸收，得以在全国全面施行，而以审判为中心的刑事诉讼制度改革及其成果并没有纳入刑事诉讼法的修改之中，没有在立法上作出反映和被确立。

二是在当前司法实践中，比较重视认罪认罚从宽制度而轻视庭审实质化乃至律师辩护制度，大量刑事案件进入认罪认罚从宽制度中被从简从速办理，体现出“简案快办”的精神，甚至庭审几分钟就可以审结一起案件，但“繁案精办”在实践中尚未体现出来，一些重大、疑难、复杂案件特别是被告人不认罪或认罪后翻供的案件，确需以庭审实质化方式进行审判并确保被告人及其辩护人的辩护权，但不少还是表现为“形式审判”“形式辩护”的状况，证人、鉴定人、侦查人员出庭作证并不多，非法证据排除还很难，甚至有的案件中没有辩护律师或其他辩护人为被告人

① 据笔者了解，此项改革启动于2015年初，由最高人民法院牵头，并由最高人民检察院、司法部等部门组成专门班子负责起草改革方案和改革文件；完善认罪认罚从宽制度的改革则启动于2015年年底，由中央司法改革办公室组成代表团赴国外考察相关诉讼制度。

进行辩护。在前述魏晓娜教授进行的研究中，以下两项体现庭审实质化并涉及被告人及其律师辩护情况与效果的指标较以往并没有明显变化。比如启动排除非法证据率和成功排除非法证据率的情况，在 2014 年的 300 个样本案件中，辩护方得以启动非法证据排除程序的共 3 件，但结果无一成功；2018 年，辩护方启动非法证据排除程序的案件仅有 1 件，同样未能成功排除非法证据。这两个年份的成功排非率均为 0。又如证人出庭率和鉴定人出庭率的情况，在 2014 年的 300 个样本案件中，只有两件有证人出庭，占全部案件的 0.67%，鉴定人则无一出庭。2018 年的 300 个样本案件中，只有 1 件有证人出庭，占全部案件的 0.33%，鉴定人也无一出庭。[①]

在此有必要说明的是，为何前述笔者进行的问卷调查结果在非法证据排除率和证人、鉴定人出庭率上较魏晓娜教授的研究结果要高？笔者分析可能与研究对象有关。笔者主要是向全国律协刑事业务委员会的委员，以及各地已经有相当知名度的辩护律师进行问卷调查，他们承办的案件一般都是案情比较重大，可能判处的刑罚也比较重，或者被告人不认罪或不服一审判决的案件，此类案件一般是由中级人民法院负责审理，由此造成非法证据排除率和证人、鉴定人出庭率可能会高一些。而魏晓娜教授研究的案件都是基层法院审理的案件，这两个方面的比率自然也会比较低。

三是作为庭审实质化改革的直接依据，最高人民法院发布的“三项规程”由于法律位阶低难以获得切实执行，特别是其中涉及检察人员、侦查人员的规定更难获得执行。比如《人民法院办理刑事案件第一审普通程序法庭调查规程》第 13 条规定：“控辩双方对侦破经过、证据来源、证据真实性或者证据收集合法性等有异议，申请侦查人员或者有关人员出庭，人民法院经审查认为有必要的，应当通知侦查人员或者有关人员出庭。”这里涉及要求侦查人员出庭的问题，但在司法实践中这一规定往往难以得到

① 参见魏晓娜：《以审判为中心的诉讼制度改革：实效、瓶颈与出路》，载《政法论坛》2020 年第 2 期。

贯彻执行，要么法院不接受辩方的申请通知侦查人员出庭作证，要么法院通知以后侦查人员以工作忙没时间为由不到庭作证。

四是一些律师对庭审实质化改革缺乏了解，不掌握在庭审实质化条件下如何进行辩护的基本知识和技能。例如在前述成都作为改革试点的 210 起示范案件中，有 150 件证人出庭，由控方申请的 116 件，占 77.33%，辩方申请的只有 18 件，占 12%。当然也要看到，检察官、法官同样对于庭审实质化存在不适应甚至不愿意的问题。“不适应”是由于长期以来的办案思维和传统做法，使他们对于真正实行庭审实质化，按照直接言词原则、非法证据排除原则进行庭审活动，心理上和行动上是不习惯的。“不愿意”是一旦真正实行庭审实质化的审判，将给检察官和法官的起诉和审判工作，带来大量工作，产生巨大压力，从个人角度考虑和与以往习惯相比，内心深处自然是不太愿意的。

面对以上问题，笔者认为应当继续深化以审判为中心的刑事诉讼制度改革，特别是认罪认罚从宽制度的改革在 2018 年 10 月刑事诉讼法修改中已经被确立为正式法律制度并已在全国范围全面施行，且适用率已达到全部刑事案件的 85% 以上的形势下，更要加快此项改革并积极创造条件及时将改革成果纳入刑事诉讼立法中。为此，笔者提出以下建议：

1. 深入研究，统一思想，对改革目标达成共识

回顾以往以审判为中心的诉讼制度改革的进程，一个突出的问题是，对于什么是“以审判为中心的诉讼制度”以及“如何推进以审判为中心的诉讼制度的改革”在各个方面特别是高层没有达成统一的认识。自党的十八届四中全会决定提出“推进以审判为中心的诉讼制度改革”的重大命题后，理论界积极展开探讨，纷纷解读“以审判为中心的诉讼制度”的含义。代表性的观点主要有：

其一，“《决定》提出的‘以审判为中心’，我认为其内涵主要有两个方面：首先，是指审判在公诉案件刑事诉讼程序中，居于中心地位……侦

查、起诉毕竟都是为审判做准备的诉讼活动。而执行则是对法院审判结果——判决的兑现。可见，侦查、起诉和执行都是围绕着审判中心而展开的。其次，是指在审判中，庭审（开庭审理）成为决定性环节……庭审要真正成为审判的决定性环节，必须使庭审实质化而不能流于形式……在庭审中，一定要做到控辩双方平等对抗，法庭居中公正独立地审理裁判。双方举证在法庭，质证在法庭，非法证据排除在法庭（必要时程序可相对独立），辩论说理在法庭，进而使案件的公正裁判形成于法庭。当然，以审判为中心重在第一审的法庭审理”。①

其二，关于以审判为中心的内涵，“可以从以下层面加以解读：首先，在职能意义上，只有审判职能才能最终决定被告人是否有罪以及处以何种刑罚，侦查、起诉、执行等其他职能不具有此项功能。其次，只有审判职能借以运作的审判程序才能够在个案中实现国家刑罚权，侦查、起诉只是审判的准备程序。再次，就权力主体而言，审判职能只能由法院行使。最后，在权力运作层面，审判权的运作、审判职能的发挥必须以审判的方式进行，即被告人是否有罪，是否处以刑罚以及处以何种刑罚不能用行政化的方式决定。这也决定了要强调一审程序和庭审在发挥审判职能方面的核心作用”。②

其三，“以审判为中心的内涵有三：一是审前程序的侦、诉两种职能，即公安和检察机关要形成合力，执行控诉职能；二是要充分发挥刑事辩护职能的功能和作用，坚持有效辩护、实质辩护，充分行使诉讼权利；三是审判法官要坚持审判中心原则。做到兼听则明，认真听取控辩双方的意见，严格依法断案，作出公正裁判”。③

---

① 陈光中:《推进“以审判为中心”改革的几个问题》，载《人民法院报》2015年1月21日。

② 陈卫东:《以审判为中心：当代中国刑事司法改革的基点》，载《法学家》2016年第4期。

③ 樊崇义:《“以审判为中心”的概念、目标和实现路径》，载《人民法院报》2015年1月14日。

其四，对于“如何理解‘以审判为中心’”的问题：“第一，‘以审判为中心’是指以审判特别是庭审作为诉讼的中心，同时也指法官是庭审的中心，但并不意味着在诉讼和庭审之外他们也是中心。简言之，在诉讼中，审判是中心；在审判中，庭审是中心；在庭审中，法官是中心。第二，以审判为中心与公、检、法在诉讼中互相配合互相制约、检察机关对审判活动实行法律监督等原则是并行不悖的。第三，以审判为中心表明庭审在查明事实、认定证据中的决定性作用，但并不意味着庭上证据与审前证据不一致时就以庭上证据为准。第四，以审判为中心是对诉讼制度的重要改革完善，但并不意味着刑事诉讼法要‘大改写’。第五，‘以审判为中心’是对‘以侦查为中心’的否定，检察机关审查批捕、审查起诉也要谨防‘以侦查为中心’。”①

综上可见，以上观点不无分歧，尤其是对于“以审判为中心”中的“审判”之含义理解是不尽相同的，而这是“以审判为中心”理论命题的核心问题，更是“推进以审判为中心的诉讼制度改革”应当着力解决的问题，应当深入研究。为此，笔者曾撰文“一场未完成的讨论：关于‘以审判为中心’的几个问题”，就此问题发表意见。②

笔者认为应当以“审判活动”而不是以“审判机关”“审判阶段”“审判程序”“审判职能”解读“以审判为中心”中“审判”的含义。因为以“审判活动”解读“以审判为中心”里的“审判”，最能准确反映或体现“以审判为中心”的精神实质。一方面，审判活动不是法院单方的活动，而是控、辩、审三方依法共同参与的活动，而审判机关、审判阶段、审判程序、审判职能都不具有此属性或特征。另一方面，审判活动的目的是直接并最终解决被告人是否有罪、是否处以以及如何处以刑罚的诉讼活动，涉及定罪与量刑两个方面，与刑事诉讼的目的关系最为密切，而侦查活

---

① 朱孝清:《略论“以审判为中心”》，载《人民检察》2015 年第 1 期。

② 参见顾永忠:《一场未完成的讨论：关于“以审判为中心”的几个问题》，载《法治研究》2020 年第 1 期。

动、起诉活动、执行活动等都无法与审判活动相比较，审判活动自然应当成为刑事诉讼的中心。

当然，还有一个问题即“审判标准”可否解读为“以审判为中心”之“审判”的含义？如有观点认为，为了贯彻以审判为中心，应当以审判标准作为侦查、起诉的标准，即在刑事诉讼全过程实行以司法审判标准为中心，即从刑事诉讼的源头开始，就应当统一按照审判标准进行活动，达到“案件事实清楚，证据确实、充分”的程度，杜绝案件“带病”进入审判阶段，为此要改变那种审判、起诉、逮捕、立案证明标准降低的做法。这种认识是错误的，也会带来一些负面效果。为此，论者从五个方面论证了自己的观点及其理由。[①]

在笔者看来，主张推进以审判为中心的诉讼制度改革，应当从刑事诉讼的源头开始就统一以司法审判的标准收集证据，提起公诉，接受审判的检验，是可以理解的，甚至是可以认同的，但对于认为“推进以审判为中心的诉讼制度改革，其实质是在诉讼全过程实行以司法审判标准为中心”并力图以此防止“带病”的案件进入审判的观点则不能苟同。

第一，我国刑事诉讼法自1979年制定通过迄今已先后修改过三次，许多内容已发生变化甚至是颠覆性的变化，但定罪证明标准始终如一，没有变化。[②] 在此情形下，提出在以审判为中心的诉讼制度改革中，应当在刑事诉讼全过程统一司法审判标准，必要性何在？从司法实践中出现的冤错案件来看，确实大都存在审前程序没有达到定罪证明标准的问题，但是，究其原因并不是审前程序没有法定证明标准或者法定证明标准低于审判标准，而是办案机关没有严守法定证明标准。针对这一问题，应当强调侦查机关、检察机关在侦查、起诉中应当严格遵守法定证明标准，不能把

---

① 参见陈卫东:《以审判为中心：当代中国刑事司法改革的基点》，载《法学家》2016年第4期。

② 2012年刑事诉讼法修改对何谓“证据确实、充分”从三个方面提出要求，但没有改变证明标准本身。

没有达到证明标准的“带病”的案件起诉到法院，而不是“实行以司法审判标准为中心”的改革。

第二，司法实践中冤错案件的发生不仅与审前程序没有达到法定证明标准有关，更与审判机关已经发现没有达到法定证明标准却降低标准予以定罪有关。笔者充分理解法院的难处，但这不是靠“统一证明标准”所能解决的。而且如果确能如此，法院存在的意义何在？

第三，主张在审前程序中“统一司法审判标准”，实质上是把“以审判为中心”的改革重点转移到审前程序了。按此逻辑，“以审判为中心”岂不变成了“以审前为中心”？

第四，从应然的角度讲，在刑事诉讼法上要求侦查机关、检察机关按照审判机关定罪的标准收集证据、起诉案件是完全正确的。但是，从实然的角度看，要求侦查机关、检察机关在办理每一个具体个案中都能做到却是有困难的。也许在大多数普通案件中能够做到，但在少数重大、复杂、疑难的刑事案件中难以做到。从刑事司法规律和人的认识规律来看，处在侦查阶段、审查起诉阶段的侦查人员和检察人员与处在审判阶段的审判人员，对所办案件在认识条件和认识立场上是有所不同的，反过来会影响到他们对于案件事实、证据的认识结论和办案决定。

从认识条件上看，处在侦查阶段的侦查人员对案件的认识条件是最差的，甚至是一无所有。他们要从未知的条件下开始侦查，并且主要是封闭性、单向性的工作，难免在认识上受到限制，发生误差甚至错误。检察机关的审查起诉虽然是在侦查终结的基础上开展的，认识条件较侦查阶段好得多。但是，其工作方式也主要是书面审查，容易受到侦查结论的影响。同时，无论是侦查阶段还是审查起诉阶段，犯罪嫌疑人及其辩护律师即使掌握了对犯罪嫌疑人有利的事实和证据，由于缺乏对办案机关及办案人员的信任，或出于辩护策略的考虑，往往不愿在侦查和审查起诉中拿出来，而是有意放到审判阶段再拿出来。而案件一旦进入审判阶段，从审判人员的角度看，认识条件比审前两个阶段好得多。控方要毫无保留地把所有指控证据提交到法庭上，接受被告人及其辩护人“鸡蛋里挑骨头式”的质证。同时，如果被告人及其辩护人掌握了有利被告人的证据，也会毫无保留地提交到法庭上。此外，根据审判的需要，证人、鉴定人、侦查人员都要出庭作证。这一切都会大大增强审判人员对案件事实的认识，会产生与侦查、起诉认定的案件事实有所不同甚至差距很大的认识结论。

再从认识立场上看，侦查人员是以侦查破案为天职的。他们必须客观、理性地认识案件、侦破案件。检察人员是法律监督者，负有客观义务。而审判人员从诉讼立场和诉讼理念上讲，应当客观中立，居中裁判；从诉讼环节和诉讼责任上讲，已经是最终决定环节，没有退路或“台阶”。这些势必促使他们深感责任重大，对所办案件慎之又慎，三思而行。但三机关的职能定位不同，相关人员在案件办理中的侧重自然不同。

可见，以为强调“刑事诉讼全过程统一司法审判标准”就可以从源头上把“带病”案件消灭掉，其实是不现实的。真正需要解决的问题是，“保证庭审在查明事实、认定证据、保护诉权、公正裁判中发挥决定性作用”，不仅能够发现“带病”的案件，而且勇于对“带病”的案件作出符合案件事实和法律规定的公正裁判。这才是“推进以审判为中心的诉讼制度改革”的目的所在。因此，“以审判为中心”之“审判”也不应理解为“审判标准”。

基于以上讨论，在笔者看来，“以审判为中心”实质上是“以审判活动为中心”，是指在包括侦查活动、起诉活动、审判活动、辩护活动、裁判执行活动在内的诸项诉讼活动中，审判活动是控、辩、审三方依照法定程序共同参与，并在法庭主持下对案件事实进行调查审理，由法官或合议庭对被告人的定罪量刑问题作出裁判的活动。这一活动显然应当是实质化的而不是形式主义的，这正是“庭审实质化”的根本要求和必然体现所在。

其实，“以审判为中心”应当是以庭审实质化为中心的观点，也是对为什么刑事诉讼应当以审判为中心这一问题的实质回答。审判活动之所以应当成为刑事诉讼的中心，不仅因为审判活动是定罪量刑的终局性、决定性的活动，而侦查、起诉、辩护、执行等诉讼活动不具有这一属性，更重要的是审判活动具有其他诉讼活动不可比拟的程序公正性和由此对结果公正所具有的最大限度的保障性。后者恰恰是审判活动之所以能够成为、也应该成为其他诉讼活动的中心，以致其他诉讼活动应当服务于、服从于它的根本原因。它的诉讼价值体现在两个方面：其一，在诉讼程序的公正程度上，与其他诉讼活动相比审判活动是最高的。其二，在诉讼结果的公正性上，由于诉讼程序公正性和正当性的保障，可以最大限度地防止冤错案件的发生，保障诉讼结果的公正性。

事实上，党的十八届四中全会决定关于“推进以审判为中心的诉讼制度改革”的论述已经包含了对“以审判为中心的诉讼制度”含义的解读，其中要求“全面贯彻证据裁判原则，严格依法收集、固定、保存、审查、运用证据，完善证人、鉴定人出庭制度，保证庭审在查明事实、认定证据、保护诉权、公正裁判中发挥决定性作用”，“保证庭审在查明事实、认定证据、保护诉权、公正裁判中发挥决定性作用”指的就是庭审实质化的审判活动，因此，以审判为中心的诉讼制度的改革应当把“庭审实质化”作为改革的目标。

2. 提高站位，加强领导，把改革进行到底

笔者注意到，2019 年 2 月最高人民法院发布的《人民法院第五个五年改革纲要（2019—2023）》将“深化以审判为中心的刑事诉讼制度改革”作为未来五年的重要任务之一。对此应当给予充分肯定。事实上，最高人民法院在推进以审判为中心的诉讼制度改革中态度一直是积极的。如前所述，自 2015 年初就按照中央的部署牵头成立了拟定此项改革方案的领导小组和工作班子，在此过程中多次拟定了改革草案提交各部门征求意见，笔者作为学者也多次收到有关草案征求意见或建议。同时，最高人民法院还亲自部署、指导成都和温州两个地方的法院系统开展“庭审实质化”的改革方案，并取得了积极的成效。此外，最高人民法院还于 2017 年 2 月出台《关于全面推进以审判为中心的诉讼制度改革的意见》，同年下半年

又拟订了“三项规程”试点方案在部分地区进行试点。其后又总结试点经验，完善“三项规程”，于2018年1月在全国法院系统全面施行。

但是，坦率地讲，以审判为中心的改革光有法院一家的积极性是远远不够的。就以最高人民法院最初牵头起草的改革方案来讲，在征求各部门意见过程中，几易其稿，进退反复多次，难以达成共识。最后，此项工作于2016年交由中央政法委直接负责，其间笔者也曾作为专家参加过中央政法委的座谈会，对改革方案提出意见和建议。同年6月，改革意见提交中央深改组审议通过，并于同年10月由“两高三部”正式印发《关于推进以审判为中心的刑事诉讼制度改革的意见》(俗称“21条”)。这一过程说明，推进以审判为中心的刑事诉讼制度的改革，是参与刑事诉讼的各部门包括公安机关、检察机关、审判机关乃至司法行政机关和律师界共同的责任和任务，其中公安机关、检察机关的态度举足轻重，光靠法院一家是远远不行的。只是起草拟定改革方案的过程就如此艰难，推进改革的实践活动可想而知就更加艰难。

基于以上，笔者认为推进以审判为中心的诉讼制度改革是党的十八届四中全会确立的重大司法改革任务，各方面应当从建立具有中国特色的公正、高效、权威的社会主义司法制度的政治高度继续推进改革，把改革进行到底。总结以往的经验和不足，关键是要提高站位、加强领导。应当由中央政法委直接领导、组织实施此项改革。首先，应当借鉴“完善认罪认罚从宽制度”改革的做法，推动由全国人大授权最高人民法院、最高人民检察院在部分地区进行试点。其次，经过一段试点后总结试点成果，通过修订刑事诉讼法将试点改革成果纳入立法中。最后，通过实施刑事诉讼法确立的体现以审判为中心的诉讼制度改革相关要求的规定，把改革精神落到实处，变成看得见、摸得着的司法实践活动。

3. 抓住时机，明确重点，解决突出问题

前已指出，党的十八届四中全会决定提出的司改任务在刑事诉讼制度领域，主要是“推进以审判为中心的诉讼制度改革”和“完善认罪认罚从

宽制度”两项。理论界对该两项改革的关系几乎达成了共识，都认为“完善认罪认罚从宽制度”是“以审判为中心的诉讼制度改革”的配套改革。但是，正如有的学者所言：“原本作为‘以审判为中心’的配套改革措施、以提高诉讼效率为主要导向的认罪认罚从宽制度，经过两年试点之后，经由本轮刑事诉讼法修改，上升为正式的法律制度。而‘以审判为中心’或者庭审实质化改革，在本轮修改中并未被提及。实际上，认罪认罚从宽制度能否实现既定的立法目标，在很大程度上取决于正式审判程序的发育程度，正式的诉讼制度越是规范和有效，认罪认罚从宽制度的发展越是健康。”① 从理论上讲确实如此，如果能把以审判为中心的诉讼制度改革正确、有效地落实到位，认罪认罚从宽制度的改革势必更加健康、顺畅。但是，先进行并完成认罪认罚从宽制度的改革，对于深化以审判为中心的改革也并非没有好处。应该说，业已进行的认罪认罚从宽制度的改革，为深化以审判为中心的改革提供了良好时机。我们应当抓住这一时机，推动以审判为中心的改革向纵深发展并取得成效。

时任最高人民检察院检察长张军于 2020 年 10 月 15 日在第十三届全国人大常委会第二十二次会议上专题作了《关于人民检察院适用认罪认罚从宽制度情况的报告》，指出 2019 年 1 月至 2022 年 8 月，在监察机关、人民法院、公安机关和司法行政机关支持配合下，全国检察机关在依法严惩严重刑事犯罪的同时，适用认罪认罚从宽制度办结案件 1416417 件 1855113 人，人数占同期办结刑事犯罪总数的 61.3%。此外，2020 年 10 月 19 日，最高人民检察院发布同年 1—9 月全国检察机关主要办案数据，其中在 2020 年 1 月至 9 月全国检察机关已办理的审查起诉案件中，适用认罪认罚从宽制度审结 1063287 人，占同期审查起诉案件审结人数的 85%。在适用认罪认罚从宽制度的案件中，检察机关共提出量刑建议 737119 人，

① 魏晓娜：《以审判为中心的诉讼制度改革：实效、瓶颈与出路》，载《政法论坛》2020 年第 2 期。

对检察机关提出的量刑建议，法院采纳687907人，占同期提出量刑建议数的93.3%。数量如此之多的刑事案件适用认罪认罚从宽制度起诉到法院，并且比例如此之高的量刑建议被法院采纳，意味着刑事诉讼活动中绝大部分案件因被告人认罪认罚而不再需要庭审实质化的审判，也就是不需要证人、鉴定人、侦查人员等出庭作证，也不存在排除非法证据的要求，如此一来，审判程序可以大大简化，诉讼效率可以大幅提升。由此势必为将更多的司法资源投入到少量重大、疑难、复杂特别是被告人不认罪的案件提供了重要条件。而这些案件正是刑事审判的重点案件，对这些案件应当实行庭审实质化的审判，真正做到"疑案难案精办"，从而确保无罪的人不受追究，有罪的人受到公正的处罚，有效防止冤错案件的发生，这正是推进庭审实质化改革的目标所在。

在推进庭审实质化改革的过程中，不仅要明确改革针对的重点案件，还应当明确改革应当解决的重点问题。如前所述，庭审实质化的核心要义其实就是辩护的实质化，而辩护的实质化就是要切实保障被告人、辩护人在诉讼活动中依法享有的以下诉讼权利：

一是申请证人、鉴定人、侦查人员出庭的权利，如果这一权利得不到切实保障，庭审中没有证人、鉴定人、侦查人员出庭，庭审实质化将无从谈起。

二是被告人、辩护人对出庭证人、鉴定人、侦查人员进行质证包括对质的权利，这是申请证人、鉴定人、侦查人员出庭的目的所在。通过面对面的质证包括对质，帮助法庭查明案件事实，发现并确认证据的真假，对案件事实作出正确认定。

三是被告人、辩护人依法要求排除非法证据的权利，非法证据的存在不仅严重损害了诉讼程序的合法性和正当性，而且往往伴随着证据的虚假性，一旦采信这样的证据定案，势必造成冤错案件，我国已经发现并纠正的冤错案件无不伴随着非法取证行为和非法证据。

四是被告人、辩护人与控方进行辩论的权利，法庭辩论是控辩双方针对案件事实、相关证据以及法律适用等涉及定罪量刑的重大问题各自发表意见，相互展开辩论的重要庭审活动，是庭审实质化的重要标志之一。

五是坚持定罪证明标准，坚守疑罪从无原则，对于被告人、辩护人于事实有据、于法律有据的正确的辩护意见，应当依法采信，这是庭审实质化的目的所在。如果正确的辩护意见不被采信，庭审活动即使有证人、鉴定人、侦查人员出庭作证，控辩双方的举证、质证即使尖锐激烈，说到底仍然是一种虚化或形式化的审判，而不是庭审实质化的审判。庭审实质化不仅表现在庭审过程，而且还要体现在裁判结果上，使庭审过程呈现的庭审活动对于定罪量刑真正发挥决定性作用。在以往发生的冤错案件中，诸如湖北佘祥林案件、河南赵作海案件、浙江张氏叔侄案等，通过庭上控辩双方举证、质证及辩论活动，已经发现指控事实不清，定罪证据不足，辩护意见是正确的，但法院仍旧不敢判决被告人无罪，而是疑罪从有、疑罪从轻，对被告人作出“留有余地的判决”。我们在推进庭审实质化的改革中，重点应当解决好这一问题。

二、认罪认罚从宽制度的完善与刑事辩护制度改革 *

《中共中央关于全面推进依法治国若干重大问题的决定》明确关于“完善认罪认罚从宽制度”的改革要求，2016 年 7 月中央深改组审议通过《关于认罪认罚从宽制度改革试点方案》，据此，同年 9 月全国人大常委会作出《关于授权最高人民法院、最高人民检察院在部分地区开展刑事案件认罪认罚从宽制度试点工作的决定》。其后 11 月“两高三部”印发《关于在部分地区开展认罪认罚从宽制度试点工作的办法》(以下简称《试点办法》)，全面部署了此项改革任务，其中对律师全面参与认罪认罚从宽制度提出明确要求，为此大大推动了值班律师制度的建立和发展。此项改革历时两年，取得预期成效，于 2018 年 10 月正式纳入修改后的刑事诉讼法中。

认罪认罚从宽制度是刑事诉讼法修改后确立的一项重要制度，通过对认罪认罚的犯罪嫌疑人、被告人依法给予程序上从简或者实体上从宽的处理，实现有效惩治犯罪、强化人权司法保障、提升诉讼效率等目的。学界一致认为，刑事辩护在实践中贯彻得好坏，将直接决定认罪认罚从宽制度的成败。只有充分发挥好刑事辩护的作用，认罪认罚从宽制度才会有好的效果。认罪认罚从宽制度对律师辩护有着更多的需求和更高的标准。首先是引入了值班律师制度，以保障被追诉人认罪认罚的自愿性和真实性。其次是提出了“有效法律帮助”的概念。2019 年 10 月 24 日，最高人民法院、最高人民检察院、司法部、公安部、国家安全部出台了《关于适用认罪认罚从宽制度的指导意见》(以下简称《指导意见》)。该意见第 10 条规定：“人民法院、人民检察院、公安机关办理认罪认罚案件，应当保障犯罪嫌疑人、被告人获得有效法律帮助，确保其了解认罪认罚的性质和法律后

---

* 本部分撰稿人为韩旭教授。

果，自愿认罪认罚。”其中的“有效法律帮助”表明辩护对于认罪认罚案件中犯罪嫌疑人、被告人认罪认罚的有效性非常重要。

在认罪认罚从宽制度的改革中，无论是改革文件还是相关法律规定，都要求律师全面参与其中。为此，基于我国刑事诉讼中律师辩护率比较低的现实情况，通过总结此前在刑事速裁程序试点中创立的值班律师的经验，正式建立了值班律师制度，并将其纳入认罪认罚从宽制度之中，成为该项改革的重要组成部分，发挥了积极并且非常重要的作用。鉴于此，并考虑到值班律师制度是一项新生事物，且在认罪认罚从宽制度中处于非常特殊和重要的地位，以下重点对此项制度进行总结并展开讨论。

（一）值班律师制度改革的原因与内容

值班律师制度是随着我国刑事案件速裁程序和认罪认罚从宽制度改革试点而引进并经改造建立起来的一项新型律师制度。[①] 该制度设立的价值一方面在于通过值班律师提供的法律帮助保障犯罪嫌疑人、被告人认罪认罚的自愿性和真实性，防范因虚假认罪而发生冤假错案；另一方面在于提升认罪认罚案件程序的公正性，树立司法公信力。从 2014 年到 2018 年，经全国人大常委会试验性立法授权，“两高”在部分地方先后开展了刑事速裁程序及认罪认罚从宽制度历时四年的试点。2018 年 10 月，刑事诉讼法修改时总结试点经验，将此项改革成果正式写入刑事诉讼法。在此过程中，始终重视律师的参与和对犯罪嫌疑人、被告人提供辩护或法律帮助，由此催生了值班律师制度在我国的确立和发展。

2014 年 8 月，“两高两部”在《关于在部分地区开展刑事案件速裁程

① 2016 年 11 月开展的认罪认罚从宽制度改革试点工作，是于 2014 年 8 月在全国 18 个城市开展为期两年的刑事案件速裁程序试点工作基础上的继续，认罪认罚从宽制度改革试点工作已经涵盖了刑事案件速裁程序改革的内容并且扩大了案件适用范围。因此，广义上的认罪认罚从宽制度包含刑事案件速裁程序改革，本部分讨论的主题是基于广义上认罪认罚从宽制度而展开。

序试点工作的办法》第 4 条规定："建立法律援助值班律师制度，法律援助机构在人民法院、看守所派驻法律援助值班律师。犯罪嫌疑人、被告人申请提供法律援助的，应当为其指派法律援助值班律师。"这是我国关于建立值班律师制度的第一个法律文件。但当时没有规定值班律师的职责，并且犯罪嫌疑人、被告人须提出申请才能为其指派值班律师。

《试点办法》第 5 条对于值班律师制度的规定较之前有明显进步：其一，犯罪嫌疑人、被告人获得值班律师帮助不需要申请，凡认罪认罚没有辩护人的，法院、检察机关、公安机关应当通知值班律师；其二，明确了值班律师的职责，包括为犯罪嫌疑人、被告人"提供法律咨询、程序选择、申请变更强制措施等法律帮助"。但值班律师的工作范围限于认罪认罚案件中。

由于值班律师制度在我国还是新生事物，在实践中遇到不少问题。为了回应和解决相关问题，2017 年 8 月，"两高三部"发布了《关于开展法律援助值班律师工作的意见》，专门对值班律师制度作了系统性的规定，较以往有了明显进步。其一，将获得值班律师法律帮助确定为犯罪嫌疑人、被告人的一项权利，同时规定"法律援助值班律师不提供出庭辩护服务。符合法律援助条件的犯罪嫌疑人、被告人，可以依申请或通知由法律援助机构为其指派律师提供辩护"。此外，无论是从制定这一文件的目的"充分发挥法律援助值班律师在以审判为中心的刑事诉讼制度改革和认罪认罚从宽制度改革试点中的职能作用"，还是从值班律师职责的规定看，值班律师的工作范围已不限于认罪认罚案件，而是扩大到所有刑事案件。《关于开展法律援助值班律师工作的意见》是目前全面、系统规定法律援助值班律师制度的文件，这说明，值班律师不只是在认罪认罚案件包括刑事速裁案件中发挥作用，在整个刑事诉讼活动中都要发挥作用。

2018 年 10 月，刑事诉讼法修改将值班律师制度正式吸收到立法中。其对值班律师的规定如下：其一，值班律师的工作范围是所有刑事案件，"犯罪嫌疑人、被告人没有委托辩护人，法律援助机构没有指派律师为其辩护的，由值班律师……”；其二，值班律师的职责是“为犯罪嫌疑人、被告人提供法律咨询、程序选择建议、申请变更强制措施、对案件处理提出意见等法律帮助”；其三，值班律师参与刑事诉讼的主要工作在审查起诉阶段，包括检察机关审查案件时向办案人员就案件有关问题提出意见，特别是对于犯罪嫌疑人认罪认罚案件应当按照法定事项提出意见，犯罪嫌疑人自愿认罪，同意量刑建议和程序适用的，在场见证其签署认罪认罚具结书；其四，办案机关应当为在押犯罪嫌疑人、被告人约见值班律师以及值班律师了解案件情况以便对案件处理提出意见“提供便利”。可以看出，与之前《关于开展法律援助值班律师工作的意见》相比，值班律师的职责有所缩减，原有的“对刑讯逼供、非法取证情形代理申诉、控告”没有保留下来。同时，对值班律师参与刑事诉讼特别是审查起诉阶段的具体工作细化并落到实处，强制性地要求检察机关审查案件应当听取值班律师的意见，特别对认罪认罚案件规定了听取意见的范围。这些规定表明，对于没有委托辩护人、法律援助机构，也没有指派法援律师的案件，刑事诉讼法非常重视并保障当事人获得值班律师的法律帮助。值班律师制度从提出试点到刑事诉讼法正式确立，并且其工作范围从只限于认罪认罚案件到扩展至所有案件，历经四年时间，虽然目前还不成熟，还有不少问题需要解决，但表明司法改革和立法修改的决策者是非常重视刑事诉讼中犯罪嫌疑人、被告人获得律师的法律帮助的。这对于完善我国刑事辩护制度具有重要意义。[①]

2020年8月20日，最高人民法院、最高人民检察院、公安部、国家安全部、司法部联合发布了《法律援助值班律师工作办法》，共5章36条，包括总则、值班律师工作职责、法律帮助工作程序、值班律师工作保障、附则五部分。该工作办法以刑事诉讼法相关规定为基础，着眼于发挥值班律师制度在刑事诉讼中的重要作用，注重总结刑事诉讼制度改革成果，就值班律师工作职责、运行模式、监督管理、部门协作、经费保障等方面作

---

① 参见顾永忠:《刑事辩护制度改革实证研究》，载《中国刑事法杂志》2019年第5期。

出了规定。此外，无论是2017年6月“两高三部”联合发布的《关于办理刑事案件严格排除非法证据若干问题的规定》，还是2017年10月最高人民法院、司法部联合发布的《关于开展刑事案件律师辩护全覆盖试点工作的办法》，虽然它们是在2018年刑事诉讼法通过之前颁行的，但均是在往加强辩护权保障的方向努力，对2018年刑事诉讼法修订起到重要的推动作用。帮助申请法律援助和对刑讯逼供、非法取证情形代理申诉、控告对巩固犯罪嫌疑人、被告人的诉讼主体地位，强化其防御能力，加强辩护权保障具有重要意义。因此，上述规范性文件有关值班律师权能的规定在2018年刑事诉讼法实施后仍继续有效，与刑事诉讼法一道构成了值班律师的诉讼权能。[①]

（二）值班律师制度改革的成效和经验

因刑事速裁程序试点而催生，并伴随认罪认罚从宽制度的试点而成长，最终在2018年10月刑事诉讼法修改中得以正式确立的值班律师制度，无论是在改革试点中还是在认罪认罚从宽制度全面施行中都发挥了积极、重要的作用。根据《最高人民法院、最高人民检察院关于在部分地区开展刑事案件认罪认罚从宽制度试点工作情况的中期报告》，截至2017年12月，试点地区法律援助机构在看守所、法院、检察院设立法律援助工作站630个，其中设在看守所、法院的法律援助工作站覆盖率分别为97%和82%，这为认罪认罚从宽制度试点的顺利推进以及日后不断发展完善提供了律师资源支持。值班律师是参与认罪认罚案件的律师类型的“主力军”。[②] 以北京市西城区为例，2017年至2019年，值班律师办理认罪认罚案件占全区同期刑事案件总量的40%左右，其中为认罪认罚的犯罪嫌疑

---

① 参见韩旭:《2018年刑诉法中认罪认罚从宽制度》，载《法治研究》2019年第1期。

② 参见周新:《值班律师参与认罪认罚案件的实践性反思》，载《法学论坛》2019年第4期。

人、被告人提供法律帮助414件，见证409件案件具结书的签订。在值班律师的工作下，西城区刑事案件办案效率明显提升。409件签署具结书的认罪认罚案件，犯罪嫌疑人判前羁押的平均期限只有60.5天，看守所在押犯罪嫌疑人数量明显减少。[①]

另据，2020年10月，时任最高人民检察院检察长张军向第十三届全国人大常委会第二十二次会议所作的《关于人民检察院适用认罪认罚从宽制度情况的报告》指出，2019年1月至2020年8月，在监察机关、人民法院、公安机关和司法行政机关支持配合下，全国检察机关在依法严惩严重刑事犯罪的同时，适用认罪认罚从宽制度办结案件1416417件1855113人，人数占同期办结刑事犯罪总数的61.3%，这一制度在推进国家治理中的优势充分彰显。其中特别提到，在所办案件中，值班律师为犯罪嫌疑人提供法律帮助124.6万人次。在办案过程中，无论是辩护律师还是值班律师都发挥了不可或缺的重要作用，对于他们提出的正确意见，人民检察院以及人民法院都给予了足够重视，并产生了积极的效果。认罪认罚案件不捕率高于整体刑事案件18.3个百分点；法院宣告缓刑案件占36.2%，高出整体刑事案件6.9个百分点。[②]

回顾值班律师从2014年试点创建到2018年刑事诉讼法正式确立，并且能够在认罪认罚从宽制度的试点和正式运行中发挥重要作用，应该说有以下几点重要经验值得总结：一是在改革方案的设计上，中央非常重视律师在刑事诉讼制度中保障人权、维护司法公正的作用，如果没有这样一个认识，值班律师制度是不会诞生的；二是勇于面对我国刑事案件律师辩护率比较低的现实，善于创新制度，通过建立值班律师制度保障认罪认罚从宽制度中每一个当事人能够获得律师的辩护或值班律师的法律帮助；三是善于调查研究，不断总结经验教训并完善值班律师制度。从2014年刑事

① 参见于超:《刑事案件认罪认罚程序中值班律师工作调研报告》，载《中国司法》2019年第7期。

② 据新华社2020年10月15日电，载新华网。

速裁程序试点提出值班律师，到 2020 年 8 月“两高三部”《法律援助值班律师工作办法》出台，值班律师在法定职责、服务范围、诉讼权利等多方面已经有了长足发展。比如值班律师最初只限于速裁程序，后来引入到认罪认罚从宽制度中，现在已扩大到全部刑事诉讼中。根据刑事诉讼法的规定，在刑事诉讼中，凡是没有委托辩护人或没有获得法律援助律师的当事人，都由值班律师为其提供法律帮助。再如，在值班律师的诉讼权利上，以往对于阅卷权和会见权规定得比较模糊，《指导意见》则将其明确加以规定，解决了困扰值班律师制度的一个大问题。

（三）值班律师制度改革的问题及对策

1. 值班律师制度改革的问题

值班律师制度是一项新生制度，无论是在试点过程中还是现在，仍存在一些问题，需要从各个方面不断完善这一制度。

第一，犯罪嫌疑人、被告人申请值班律师提供法律帮助的动力不足。有关调研数据显示，在对 163 份犯罪嫌疑人、被告人的有效问卷中，有 51.5% 的犯罪嫌疑人、被告人表示“在案件中没有律师的帮助”，其中认为不需要提供法律帮助的犯罪嫌疑人、被告人占 50.9%。[①] 另一份调研资料显示，犯罪嫌疑人主动咨询值班律师的仅占 40%，60% 案件的犯罪嫌疑人未咨询值班律师。[②] 由此可见，虽然《试点办法》要求对认罪认罚的犯罪嫌疑人、被告人应当由值班律师提供法律帮助，以此实现法律帮助全覆盖，但从试点地区情况看，不仅犯罪嫌疑人、被告人实际获得律师帮助的比例相对较低，而且申请值班律师提供法律帮助的动力明显不足。究其原因，很大程度上与犯罪嫌疑人、被告人对值班律师制度的认知有关。由于

① 参见李洪杰:《认罪认罚自愿性实证考察》，载胡卫列等主编:《认罪认罚从宽制度的理论与实践》，中国检察出版社 2017 年版，第 285 页。

② 参见许世兰、陈思:《认罪认罚从宽制度的基层实践及思考》，载胡卫列等主编:《认罪认罚从宽制度的理论与实践》，中国检察出版社 2017 年版，第 355 页。

对值班律师在刑事速裁程序适用过程中的地位和作用缺乏合理的认识，对接受律师帮助、向律师提出咨询等方面的积极性随之降低。[①] 具体表现在以下四个方面：一是适用认罪认罚从宽的案件大多是案情简单、事实清楚的轻微刑事案件，犯罪嫌疑人、被告人对未来的量刑有一定的心理预期，认为寻求值班律师帮助意义不大，自己并不能通过值班律师的法律帮助获得量刑上的优惠；二是犯罪嫌疑人、被告人与值班律师之间并未建立起信任关系，相当比例的犯罪嫌疑人、被告人认为派驻在看守所、法院的值班律师是由国家提供用来“为司法机关说话”的，他们与司法人员没有多大区别，向司法人员进行法律咨询更方便快捷，且“轮班制”的值班模式难以提供持续一致的法律帮助；三是认为即使有值班律师提供法律帮助，但由于职能所限，犯罪嫌疑人、被告人难以获得实质性的帮助，值班律师制度更多的是流于形式；四是对申请值班律师帮助存在顾虑，担心被视作认罪态度不好，缺乏悔罪表现，从而在量刑上难以获得从宽处罚。[②] 此外，也与司法机关未及时履行权利告知义务有关。由于犯罪嫌疑人、被告人无法知晓看守所、法院设有法律援助工作站，可以由值班律师免费提供法律帮助，这极大影响了值班律师职能和作用的发挥。

第二，值班律师较少能与检察机关进行量刑协商。目前值班律师的功能主要是向犯罪嫌疑人、被告人提供法律帮助而非辩护，这决定了值班律师难以就检察机关认定的罪名和量刑建议提出有针对性的意见，导致量刑协商很难真正展开。通常的情况是，检察官自己形成量刑建议后，才通知律师到场见证犯罪嫌疑人具结过程，虽然会向值班律师告知量刑建议，但并不与值班律师进行协商。加之值班律师事先并不了解案情，也很少能会

① 参见赵恒:《刑事速裁程序试点实证研究》，载《中国刑事法杂志》2016年第2期。

② 参见付金、于妍:《检视与构建：刑事速裁程序中被追诉人的权利保障》，载《尊重司法规律与刑事法律适用研究：全国法院第27届学术讨论会获奖论文集》，人民法院出版社2016年版，第1078页。

见犯罪嫌疑人，即使提供协商机会，往往难以进行真正的协商，仅在犯罪嫌疑人签署具结书时“被要求”在场见证并签字。正如有的检察实务部门人员所指出的那样：在量刑具结过程中通过在场见证只能形式化审查犯罪嫌疑人认罪认罚的自愿性，而难以通过有效把握案件情节对认罪认罚和签署具结书的明智性进行实质化审查。① 故一些地方的律师协会反映，如果值班律师仅仅发挥一个见证作用，完全没有必要安排律师，社工或者其他公民都可以履行见证职能，专门安排值班律师，反而浪费了司法资源。

第三，值班律师与犯罪嫌疑人、被告人的会见权和阅卷权未能得到切实保障。会见权是值班律师履行提供法律帮助职责的基本条件。在试点过程中，虽然《试点办法》没有明确规定值班律师享有会见权，但办法规定“看守所应当为值班律师开展工作提供便利工作场所和必要办公设施，简化会见程序，保障值班律师依法履行职责”，由此可以推导出《试点办法》实际上确认了值班律师的会见权。然而，现实情况则是大多数看守所基于安全、效率和侦查效益考虑，将驻看守所法律援助工作站设在监区外面，这其实是在被羁押人员与值班律师之间设置了一道“壁垒”，严重影响了律师与犯罪嫌疑人、被告人之间的会见交流，导致派驻在看守所的值班律师难以为被羁押人员提供及时的法律帮助，以致派驻在看守所的值班律师，其服务对象主要是犯罪嫌疑人、被告人家属而非犯罪嫌疑人、被告人自身，呈现法律帮助对象错位的乱象。近年来，有关法律文件虽然明确了值班律师与在押犯罪嫌疑人、被告人的会见权，但会见渠道并不畅通。有的地方采用视频方式进行会见，具有较大的局限性。视频传输技术的运用固然有助于增强会见的便捷性，提高会见效率，但是难以保障会见交流的充分性。采用此种方式进行会见，通常时间很短，无法保障犯罪嫌疑人与值班律师之间进行充分深入的交流，对于涉及证据采信、事实认定、罪名

---

① 参见上海市杨浦区人民检察院课题组：《认罪认罚从宽制度下的简化审理模式》，载胡卫列等主编：《认罪认罚从宽制度的理论与实践》，中国检察出版社 2017 年版，第 909 页。

确定以及量刑规范化的适用等专业化问题，值班律师在短时间内很难将其解释清楚。[①] 此外，一些地方的办案人员或者看守所工作人员基于安全考虑或者对律师泄密的担忧，在值班律师会见犯罪嫌疑人、被告人时，派员陪同在场，导致律师与犯罪嫌疑人、被告人之间无法进行秘密交流，影响了法律帮助质量。[②]

除了会见权问题，影响值班律师为犯罪嫌疑人提供法律帮助的另一突出问题是值班律师的阅卷权问题。从法律赋予值班律师的职能来看，必须以享有阅卷权为条件，因为如果值班律师不了解检察机关指控的罪名、犯罪事实以及所依据的证据材料，就不能就相关证据的真伪与犯罪嫌疑人、被告人进行交流、核实，其何以能在犯罪嫌疑人、被告人认罪认罚问题上提供专业的咨询建议，从而保证认罪认罚的自愿性和明智性？又何以能在检察机关听取意见时提出有针对性的意见，并与检察机关就量刑问题展开实质性协商？在上述条件都不具备的情况下，值班律师在场见证具结书的签订过程又有多少实际意义？因此，如果想要值班律师在认罪认罚从宽制度中真正发挥作用，就应当赋予值班律师阅卷权。正是基于对上述问题的认识，在试点过程中，一些地方在《试点办法》缺乏规定的情况下，积极进行“制度创新”，赋予值班律师阅卷权等诉讼权利。例如，广州市南沙区检察院在认罪认罚工作区给值班律师配备一台电脑，方便他们详细了解案情，查阅电子案卷。[③]

正是由于会见权、阅卷权对于值班律师依法履职如此重要，《指导意见》明确规定值班律师享有会见权和阅卷权。但是，在司法实践中这些规

---

① 参见许世兰、陈思:《认罪认罚从宽制度的基层实践及思考》，载胡卫列等主编:《认罪认罚从宽制度的理论与实践》，中国检察出版社 2017 年版，第 356 页。

② 参见韩旭:《认罪认罚从宽制度中的值班律师——现状考察、制度局限以及法律帮助全覆盖》，载《政法学刊》2018 年第 2 期。

③ 参见彭章波、王晖:《认罪认罚从宽制度试点情况介绍——以广东省为例》，载胡卫列等主编:《认罪认罚从宽制度的理论与实践》，中国检察出版社 2017 年版，第 426 页。

定还没有完全得到切实贯彻执行。

第四，值班律师的职能定位一直存有争议。从制度设计上看，值班律师制度存在较大的局限性。"被告人有权获得辩护"，不仅是我国宪法和刑事诉讼法确立的一项基本原则，也被联合国《公民权利及政治权利国际公约》确认为公正审判的一项基本标准。我国在认罪认罚从宽制度改革中建立的值班律师制度，扩大了法律援助的适用范围，使认罪认罚的犯罪嫌疑人、被告人也可以获得国家免费的法律帮助，不仅可以预防和减少误判，而且有助于提升认罪认罚案件程序正当性，符合我国宪法人权保障精神和国际刑事司法准则的要求。从认罪认罚从宽制度改革试点以及正式施行看，虽然值班律师制度在保障犯罪嫌疑人、被告人获得法律帮助方面取得了一定的成效[①]，但由于值班律师制度"先天不足"，导致其在实现有效辩护，维护认罪认罚犯罪嫌疑人、被告人合法权利方面存在明显的局限性。

值班律师的角色定位乃值班律师制度的基础和核心问题，直接决定值班律师的诉讼权利和功能发挥。一方面，从文本规范看，《试点办法》乃至刑事诉讼法中有多处是将"值班律师"与"辩护人"并列规定在一起的，一方面说明值班律师并非犯罪嫌疑人、被告人的辩护人即辩护律师，而仅仅是免费提供法律帮助的律师；另一方面从对值班律师规定的职责与辩护律师的职责看，却又是一致的。"两高三部"《关于开展法律援助值班律师工作的意见》对值班律师职能范围规定有 7 项：提供法律咨询、帮助进行程序选择、申请变更强制措施、就相关事项向检察机关提出意见、犯罪嫌疑人签署具结书时在场、代为申诉控告、引导申请法律援助等。无论是提供法律咨询还是申请变更强制措施，抑或代为申诉、控告，均是 2012 年刑事诉讼法规定的辩护律师在侦查阶段的职能。由此产生的问题是，值

① 时任最高人民法院院长周强代表最高人民法院向十二届全国人大常委会第三十一次会议所作的试点情况工作报告显示：试点地区法律援助机构在看守所、法院、检察院设立法律援助工作站 630 个，其中设在看守所、法院的法律援助工作站覆盖率分别为 97% 和 82%。

班律师在程序参与上的“名不副实”——所提供的法律帮助实质上是一种辩护职能却没有“辩护人”的地位。这有点类似于1996年刑事诉讼法中侦查阶段介入的律师，根据当时法律的规定，自案件移送起诉之日起，犯罪嫌疑人才可以聘请辩护人，侦查阶段介入的律师并没有法律上的“名分”，学界普遍将其视为“法律帮助律师”，尽管其可以为犯罪嫌疑人提供法律咨询、代理申诉、控告、申请取保候审、会见在押嫌疑人等帮助。2012年刑事诉讼法再修改时将侦查阶段介入的律师明确定位为辩护律师，从而结束了1996年刑事诉讼法实施以来有关“法律帮助律师”的名分之争问题。从两次刑事诉讼法修改情况看，一定程度上反映了立法机关对侦查阶段介入的律师认识的深化。根据现代刑事诉讼的职能分工原理，刑事诉讼是由控诉、辩护、审判三种基本职能所构成的“三方组合”形态，犯罪嫌疑人、被告人及其法律帮助者、协助者代表的是辩护一方，行使的是辩护职能。尽管随着协商性刑事司法的构建，传统的以控辩对抗为代表的辩护形态发生了改变，但是“提出有利于犯罪嫌疑人、被告人的材料和意见，维护诉讼权利和其他合法权益”的“辩护人职责”并未发生根本变化。值班律师虽然提供的是法律帮助服务，但其根本目的也是维护犯罪嫌疑人、被告人的程序性和实体性权益。根据2012年《刑事诉讼法》第36条“辩护律师在侦查期间可以为犯罪嫌疑人提供法律帮助”表述可知，法律帮助属于辩护律师的职能范畴，值班律师职能为辩护律师职能所覆盖。

值班律师是随着刑事速裁程序和认罪认罚从宽制度改革试点而建立起来的一种新型律师种类，旨在提供一种“即时初步”的法律帮助，一方面可以解决当前刑事案件中律师辩护率低的现状，从而实现“所有人的正义”；另一方面可以弥补犯罪嫌疑人自被追诉之日起至委托律师或者法律援助律师介入之前这一“时间差”法律帮助的“盲区”，实现诉讼过程的全覆盖。根据“最高法院、司法部就刑事案件律师辩护全覆盖试点工作答记者问”中对“全覆盖”内涵的解读，其中就包括在法律援助机构指派的律师或者被告人委托的律师为被告人提供辩护前，被告人及其近亲属可以提出法律帮助请求，人民法院应当通知法律援助机构派驻的值班律师为其提供法律帮助。按照司法部法律援助司有关负责人在 2017 年 9 月 28 日“四部委”关于值班律师制度新闻发布会上的介绍，值班律师制度是以其广覆盖和便利性特点体现人权司法保障的理念。即时、初步和广覆盖的特点决定了在制度设计上值班律师与辩护律师之间在诉讼职能、权利等方面的差异。基于此，制度规范层面没有赋予值班律师诸如阅卷权、调查取证权、出庭辩护权等权利似乎可以理解。然而，在定位不明或权利受限的情况下，义务和责任的设置亦难以确立。例如，因值班律师并非辩护律师，《刑事诉讼法》第 39 条有关“辩护律师会见犯罪嫌疑人、被告人不被监听”的规定可否被看守所规避适用？又如，值班律师能否成为《刑法》第 306 条妨害作证罪的犯罪主体？再如，值班律师拒绝在认罪认罚具结书上签字或者虽签字确认但事后发现系冤案情形下是否应当承担责任以及承担何种责任？等等，这些都事关值班律师角色定位和权利配置问题。如果我们转换一下视角，按照前述法律帮助权乃辩护权范畴的分析思路，从有利于保障犯罪嫌疑人、被告人认罪认罚自愿性和明智性从而防范冤假错案发生的现实出发，那么似乎应当走“值班律师辩护人化”的改革路径。既然“值班律师是特殊的辩护律师”[①]，就应当赋予值班律师与辩护律师相同的权利，这也是当前学界主流的声音。问题是，值班律师一旦享有了阅卷、调查取证、出庭辩护等各项诉讼权利，值班律师还能继续“值班”吗？如果不再“值班”，还能称之为“值班律师”吗？

可以说，在值班律师角色定位问题上我们陷入了一个矛盾的困境，这一问题不仅关涉我国刑事辩护制度乃至律师制度未来发展的一个重大理论问题，而且事关认罪认罚从宽制度改革成败以及刑事诉讼法、律师法未来修改的一个重大制度问题，亟待进行深入研究。

---

① 参见顾永忠、李逍遥：《论我国值班律师的应然定位》，载《湖南科技大学学报（社会科学版）》2017 年第 4 期。

第五，值班律师的办案补贴明显偏低。广义上，值班律师也是法律援助律师，是由国家免费向没有辩护人的犯罪嫌疑人、被告人提供的法律帮助。但是，担任值班律师的人员大多是社会律师，他们并不享有国家提供的任何福利待遇，而是靠自身依法向社会提供法律服务。因此，国家也应当为值班律师提供与其法定职责相适应的办案补贴。否则，从值班律师的角度看，基于自身利益的考量，其参与认罪认罚从宽制度的积极性就不会高。从各地情况看，值班律师的补贴普遍偏低，收入无法与正常办案相比。某地实务部门人员指出，同属法律援助范畴，但指定辩护律师和值班律师待遇差别较大，指定辩护律师在检察阶段补贴费用 1800 元 / 件，审判阶段补贴费用 2300 元 / 件，而值班律师值班一个上午补贴只有 300 元。由此导致值班律师工作积极性不高，即便司法机关允许其会见、阅卷，值班律师也不愿意去做。再如，《郑州市刑事案件认罪认罚从宽制度试点工作实施细则（试行）》规定，值班律师提供法律帮助，由法律援助机构支付相应补贴，补贴标准按刑事法律援助案件补贴标准的 30%—50% 执行。此外，部分值班律师为了与法院、检察院搞好关系，便于以后顺利开展工作，更倾向于配合司法机关的工作而非为了有效维护犯罪嫌疑人、被告人权益。[①] 可见，值班律师的补贴不只是单纯的律师报酬问题，还涉及认罪认罚从宽制度的顺利运行问题。

2. 值班律师制度改革的对策

以上问题有的在现行法律或司法解释文件上已经明确，下一步主要是切实贯彻执行的问题，有的则是理念上或制度上深层次的问题，还需要更新观念，创新制度。择其要者主要是：

第一，应当改变值班律师单纯“见证人”的角色定位，使其在认罪认罚具结书签署时在场更具实质意义。目前，由于法律规定犯罪嫌疑人签署

---

① 参见许世兰、陈思：《认罪认罚从宽制度的基层实践及思考》，载胡卫列等主编：《认罪认罚从宽制度的理论与实践》，中国检察出版社 2017 年版，第 356 页。

认罪认罚具结书时值班律师应当在场见证，以致在相当广泛的程度上，值班律师被理解为“见证人”的角色。这是明显错误的。为此，应当在下一步通过修改立法或司法解释时明确规定：值班律师未阅卷并与犯罪嫌疑人会见的，不得在犯罪嫌疑人签署具结书时在场见证并签字。如果检察机关未安排值班律师阅卷、会见的，值班律师有权拒绝在场见证并签字。如此规定在于强调值班律师即使不是“辩护律师”，其法定职责也是维护犯罪嫌疑人、被告人的诉讼权利和其他合法权益，检察官有客观义务来保障犯罪嫌疑人、被告人获得公正对待和值班律师依法履职。这有助于克服当前值班律师事前既不阅卷也不会见，仅在犯罪嫌疑人签署具结书时在场签字的弊端，使认罪认罚具结书的签署具有实质意义，一定程度上可以保障认罪认罚具结书内容的真实性、合法性。

第二，应当明确值班律师在后续诉讼活动中可以受委托充当辩护人。对此问题，刑事诉讼法并未予以规定，“两高三部”《关于开展法律援助值班律师工作的意见》第 6 条仅规定，严禁（值班律师）利用值班便利招揽案源、介绍律师有偿服务及其他违反值班律师工作纪律的行为。该规定对值班律师可否充任犯罪嫌疑人、被告人的辩护人也未予以明确。笔者认为，值班律师在取得犯罪嫌疑人、被告人及其近亲属同意后可以受委托担任辩护人。理由如下：其一，有利于调动值班律师工作的积极性，增强其责任心，并积极投身于值班活动，耐心倾听犯罪嫌疑人、被告人及其近亲属的意见，对咨询的法律问题勤勉尽责地予以回答解释，以取得其信任。其二，有利于与犯罪嫌疑人、被告人建立长期稳定的委托关系，律师可以在后续活动中全程参与辩护，有效保障犯罪嫌疑人、被告人认罪认罚的自愿性，其合法权益能够得到较好维护。其三，目前各地值班律师的值班补贴普遍较低，这是不争的事实。很多律师不愿从事值班工作，如何吸引更多更优秀的刑辩律师投入到这一事业当中应当引起深思。在大幅度提高值班经费补贴之前，允许部分值班律师在取得信任和同意后转为辩护律师是一个可探索的路径。其四，域外做法可以学习借鉴。日本在学习借鉴英国值班律师制度经验基础上，自 20 世纪 90 年代开始实行值班律师制度，刚开始在九州部分地区实施，随后迅速扩大到全国。对于被拘留、逮捕的犯罪嫌疑人，根据本人要求或者律师协会的判断，由律师协会迅速派遣本会所属律师，由值班律师会见犯罪嫌疑人，值班律师会见犯罪嫌疑人的次数为一次。其后，如果犯罪嫌疑人愿意，值班律师可以作为犯罪嫌疑人的私选辩护人受理案件。这种情况下，贫困无钱的犯罪嫌疑人可以接受法律援助协会的援助。[①] 值班律师初次会见被疑人是免费的。初次会见时，值班律师要向被疑人说明诉讼程序，告知其享有委托辩护人的权利和沉默权，并向被疑人提供必要的建议和咨询。[②]

第三，应当强化值班律师在认罪认罚具结书上签字时的慎重责任。从前期试点情况看，一些地区的值班律师“配合”公权力机关有余而制约不足，仅仅是充当“见证者”角色，见证犯罪嫌疑人签署具结书时检察人员有没有威逼利诱等违法行为，其所能起的作用非常有限，即见证“具结书签署过程的合法性”。但是，《刑事诉讼法》第 190 条第 2 款规定：“被告人认罪认罚的，审判长应当告知被告人享有的诉讼权利和认罪认罚的法律规定，审查认罪认罚的自愿性和认罪认罚具结书内容的真实性、合法性。”根据“两高三部”《关于开展法律援助值班律师工作的意见》规定，值班律师不提供出庭辩护服务。《刑事诉讼法》第 176 条第 2 款规定：“犯罪嫌疑人认罪认罚的，人民检察院应当就主刑、附加刑、是否适用缓刑提出量刑建议，并随案移送认罪认罚具结书等材料。”在值班律师不出庭的情况下，审判长如何审查“认罪认罚具结书内容的真实性、合法性”？实践中可能是值班律师的签字将起到一个重要的证明作用。需要注意的是，立法表述是“内容的真实性”而非“过程的合法性”，不能以后者代替前者。

① 参见［日］松尾浩也：《日本刑事诉讼法》（上卷新版），丁相顺译，中国人民大学出版社 2005 年版，第 131 页。

② 参见宋英辉、杨光：《日本刑事诉讼的新发展》，载陈光中、江伟主编《诉讼法论丛》（第 1 卷），法律出版社 1998 年版，第 150 页。

"内容的真实性"不是在场见证一下就可以立即作出判断的。其实，"内容的真实性"来自"认罪认罚的自愿性"。如何知道犯罪嫌疑人、被告人是自愿认罪认罚的，"功夫"在具结书签署之前而非之中。值班律师应当与犯罪嫌疑人进行会见乃必不可少的一环。为此，各地看守所应当为值班律师会见提供便利条件，消除对值班律师的防备心理，将法律援助值班室建设在监区之内。为此，《刑事诉讼法》亦要求，人民法院、人民检察院、看守所应当告知犯罪嫌疑人、被告人有权约见值班律师，并为犯罪嫌疑人、被告人约见值班律师提供便利。

第四，应当建立被追诉人获得有效法律帮助权的标准。认罪认罚从宽案件中被追诉人若要获得有效的法律帮助，需要设定底线标准。一方面给值班律师工作以指引，另一方面将"办法"规定的质量考评工作落到实处，做到有章可循。

其一，必须由律师参与。律师参与是被追诉人获得法律帮助的前提，被追诉人作为法律外行人士，难以有效行使各项诉权。从域外情况看，凡是实行类似我国认罪认罚从宽制度的国家和地区，均规定被追诉人应当由律师提供帮助，且不得放弃。例如，《法国刑事诉讼法典》第 495-8 条第 4 款规定："（在庭前认罪答辩程序中）被告人不得放弃律师协助权。"律师应在程序的任何阶段现场为被告人提供咨询和帮助。因此，对认罪认罚案件而言，律师参与是必需品而非奢侈品。

其二，值班律师应当与被追诉人进行充分秘密的沟通并进行"辩护协商"，公安司法机关应当为会见提供便利。刑事诉讼法规定，辩护律师会见在押的犯罪嫌疑人、被告人不被监听，并且有核实证据的权利。然而，值班律师并非辩护律师，其会见交流的秘密性无法保障。联合国《关于律师作用的基本原则》第 8 条规定，要求律师秘密且充分地与被追诉人进行交流，该准则是有关律师执业的最低限度准则，应该为各国所遵守。这里的"律师"并未区分辩护律师和值班律师。因此，值班律师交流的秘密性也应当得到保障。这是值班律师提供有效法律帮助的前提。为此，公权力机关应当切实履行保障义务，保障值班律师会见的秘密性。对此，《试点办法》也在保障律师会见的保密性方面前进了一步。从而使值班律师在会见方面享有与辩护律师相同的执业权利。“会见不被监听”规定的落实，需要解决检察官陪同会见的问题，也就是值班律师享有独立的会见权。《试点办法》解决了值班律师独立会见问题。使“辩护协商”更加便利。但遗憾的是，由于值班律师补贴较低，有些律师工作责任心不强，在签署具结书时并未会见犯罪嫌疑人，遑论进行“辩护协商”。这种状况必须改变，应当要求被追诉人认罪认罚前必须与律师进行沟通协商，充分听取律师意见。

根据刑事诉讼法的规定，自审查起诉之日起，辩护律师可以向被追诉人核实证据。这无疑扩大了辩护律师的执业权利，有助于有效辩护的实现。但是，假如值班律师已经阅卷并查阅、摘抄、复制了相关证据，那么他在会见时可否对其有疑问的证据向被追诉人核实？立法上并不明确。从交流的充分性角度看，值班律师也应有核实证据的权利，值班律师自审查起诉之日起可以与被追诉人就指控证据情况进行交流，这是实现有效法律帮助的必要措施。

为了改变目前值班律师提供法律帮助流于形式的现状，应当从制度层面明确担任值班律师应当会见被追诉人，双方之间的沟通交流应当是秘密的、充分的。为此，一方面，应当将值班律师工作站设置在监区内，使之真正能为被羁押人员提供包括法律咨询在内的法律帮助；另一方面，明确值班律师具有与辩护律师相同的法律地位，切实解决当下值班律师进入看守所“会见难”的问题。

其三，值班律师应当提前阅卷，了解案情。阅卷是律师提供法律帮助的基础性工作。如果律师事先不了解控方证据情况，相当于不了解案情，何以可能提供法律帮助？尽管《指导意见》明确了值班律师的阅卷权，但低廉的值班补贴不足以促使值班律师前去阅卷。因此，对《指导意见》赋予值班律师阅卷权规定的贯彻落实情况不应盲目乐观。据笔者调研得知，实践中值班律师阅卷的事例实属罕见。为此，一方面应提高值班律师的补贴，使其有动力去阅卷；另一方面应当明确值班律师在认罪认罚具结书上签字错误的不利后果。例如，事后发现被追诉人系被错误定罪，签字的值班律师亦应承担相应的责任。通过上述规定，使其产生一定的压力，迫使其积极阅卷。

其四，值班律师应当参与量刑协商和谅解协商，对检察机关提出从宽量刑建议施加影响。由于认罪认罚案件法院一般应当采纳检察院的量刑建议，且适用速裁程序审理的案件一般不进行法庭调查和法庭辩论。因此，对大多数案件的被追诉人而言，审查起诉阶段即决定了审判阶段的命运。鉴于此，认罪认罚案件中，律师提供法律帮助的诉讼阶段前移至审查起诉阶段，并由传统的在法官面前的辩护向在检察官面前辩护转变。与控方进行量刑协商，是提供法律帮助的重要形式。在有被害人的案件中，律师还应与被害人及其家属展开谅解协商，从而为被追诉人争取一个较宽的处理结果。

由于被追诉人协商能力不足，需要由律师代理与检察官进行平等沟通，量刑协商应当在检察官与律师之间进行。在协商过程中，律师不得违背被追诉人明示的意思。无论是会见还是阅卷，都服务于协商程序。在认罪认罚案件中，协商是最有效的法律帮助方式，如果没有协商机制，程序参与原则便无法在该类案件中实现，认罪认罚从宽制度的程序正当性就会受到质疑。协商应当是认罪认罚从宽制度的精髓，没有协商的认罪认罚从宽制度是没有生命力的制度，也无法体现该制度的优越性。律师参与协商就如同审判阶段参与庭审一样，协商中律师发表意见犹如庭审中的辩护意见，对从宽的幅度有着重要影响。在协商程序中，检察官扮演了法官的角色，但检察官的中立性不足，能否履行客观义务对检察官不啻是一个较大挑战。在法官不能介入审前程序的情况下，律师只有提出确实、充分的证据和理由，才能对检察官提出从宽的量刑建议产生积极效用。既然检察官的量刑建议从协商中产生，那么律师就应参与到这一程序中来。既然检察官主导协商程序乃至认罪认罚从宽制度，那么其就应给予被追诉人及其律师提供协商的机会，以双方面对面的互动交流代替单方面听取书面意见的惯常做法。这是有效法律帮助不可或缺的一环。在协商程序正式确立之前，检察机关应当就案件的实体问题，主要是罪与罚听取值班律师意见。2020 年 5 月，最高人民检察院出台了《人民检察院办理认罪认罚案件监督管理办法》，对量刑协商程序进一步予以细化，对量刑建议说理提出明确要求，包括：一是要求检察机关对量刑问题与辩方沟通协商过程制作笔录并附卷，通过全程留痕的方式确保认罪认罚的自愿性、真实性和合法性；二是要求检察官在起诉文书中对量刑建议说明理由和依据，其中拟以速裁程序审理的案件可以在起诉书中概括说明，拟以简易程序、普通程序审理的案件应当在起诉书或者量刑建议书中充分叙明；三是要求检察官充分听取律师意见，对被告人、辩护人或值班律师的意见进行充分论证说理，特别对认罪认罚前后量刑建议的区别进行充分说理，使量刑成为控辩双方充分协商的结果。鉴于实践中协商的启动随意性较大、协商程序不规范等问题，建议最高人民检察院尽快出台协商规则，以规范协商行为，保障律师协商权的实现。对协商的过程和结果，应当记入笔录，有条件的地方可以进行全程录像。当审判阶段被告人以协商违反自愿原则提出异议时，法院可以调取协商笔录或者录像资料进行审阅。

其五，必要时律师可以拒绝签署具结书，体现其独立性。当案件事实不清、证据不足、依法不应定罪或者值班律师不同意量刑建议的，可以拒绝在场并在具结书上签字，即便犯罪嫌疑人已经签署了认罪认罚具结书。值班律师尽管属于法律帮助人，但仍属于辩护阵营，其行使职权应当独立于公权力。如果律师的主要职能就是为认罪认罚的合法性“背书”，主要工作就是签署具结书，那么所谓的有效法律帮助只能沦为空谈。

其六，保障被追诉人认罪认罚的明智性。作为认罪认罚前提和基础的阅卷权，被追诉人并不享有，这就使认罪认罚带有较大的盲目性，在被追诉人不知悉控方指控证据的情况下，让其认罪认罚显然是不公平的。为了保障被追诉人认罪认罚的明智性，《指导意见》规定了探索建立证据开示制度。在已经建立证据开示制度的国家和地区，辩方的证据开示主体主要是被追诉人，被追诉人通过证据开示程序可以事先了解控方的证据情况，控方有义务披露有利和不利于被追诉人的证据。如果要保障被追诉人认罪认罚的明智性，就必须赋予其阅卷权。阅卷权即是证据开示的具体体现，在被追诉人获得阅卷权之前，可通过赋予值班律师充分的核实证据权，在律师向被追诉人核实证据时披露控方的证据情况。在刑事诉讼程序内，阅卷权向来被认为是一被告人有效防御的条件，甚至可以说在被告人的防御中，除了证据调查请求权及对质诘问权以外，阅卷权亦居于核心的地位。阅卷权的权利主体应当是被追诉人，但是，法律却赋予了律师。理由在于被追诉人与案件结果有重要的利害关系，担心其销毁、隐匿卷宗。比较而言，律师妨碍诉讼、毁弃卷宗的风险较低。在卷证电子化的今天，“篡改或者毁灭卷宗的危险”将不复存在，借助律师来代为行使权利，实无必要。当然，对涉及国家秘密、商业秘密和第三人隐私的内容，被追诉人及其律师应当保密。在认罪认罚从宽制度实施中，一些检察院探索实行向犯罪嫌疑人送达包括证据名称和证明事项的证据清单制度。笔者认为，虽然这些检察院在保障被追诉人知情权方面的做法难能可贵，但是其向犯罪嫌疑人“封锁”证据内容的做法并不可取。对于大部分适用速裁程序审理的认罪认罚案件，控辩双方举证、质证程序均被省略，如果此时不向犯罪嫌疑人开示证据，那么整个诉讼程序中被追诉人就没有机会知悉控方指控其犯罪的证据有哪些，也无法对不实证据提出反驳意见。被追诉人作为当事人，比值班律师和辩护律师具有“事实”方面的优势，更容易对证据提出异议。因此，赋予被追诉人阅卷权势在必行。

除上述举措之外，应当将值班律师提供法律帮助的时间前移，可考虑在被追诉人认罪认罚前由值班律师给其提供法律咨询，提出是否认罪认罚的建议供其参考。如此，法律帮助才有实效性。

其七，被追诉人认罪认罚的情况下，律师仍可提出无罪或者从宽处罚的建议。在被追诉人认罪认罚情况下，一些地方的司法机关限制值班律师或者辩护人发表无罪或者从宽处罚意见。这就有必要分析被追诉人认罪认罚与值班律师法律帮助权之间的关系。(1)认罪认罚从宽系被追诉人的权利，该权利的行使并不会对其获得法律帮助权形成限制，值班律师仍可根据证据情况和法律提出无罪或者从宽处罚的意见。(2)法律帮助并非代理，值班律师具有“相对独立”的诉讼地位，并非完全依附于被追诉人，可以提出相对独立的意见。(3)即便值班律师在认罪认罚具结书上签字，并不等于其认可被追诉人有罪。其签字仅是对被追诉人签署具结书时没有被强迫、威胁、利诱等行为发生进行形式性见证。在值班律师事前没有与被追诉人进行充分协商的情况下，被追诉人认罪认罚并非值班律师的真实意思表示。(4)作为法律外行人士的被追诉人因法律认识错误，在罪与非罪、此罪与彼罪和刑罚轻重问题上常存在认知错误，有的是故意“顶包”“代人受过”，例如适用认罪认罚从宽制度比例最高的危险驾驶案件中“顶包”现象较为突出。为了防范司法冤错，值班律师提出无罪意见有助于防范冤假错案。(5)刑事诉讼是一个动态的发展过程，之前值班律师或者辩护律师在具结书上签字行为，对后续的其他辩护人并无约束力，其他辩护人仍可依据证据和法律独立作出无罪辩护的意见。(6)被追诉人在同意检察官提出的量刑建议时能否作无罪辩解是存在争议的。从理论上来说，被告人为了避免更重的刑罚在同意检察官的指控作出有罪答辩时，仍可作无罪辩解。既然被追诉人可以作无罪辩解，值班律师可以提出无罪意见，辩护人当然也可以作无罪辩护。也就是说，既然在律师提出无罪或者罪轻意见的场合，对被告人仍可适用认罪认罚从宽制度，那么当被追诉人认罪认罚时，值班律师仍可提出无罪或者从宽处罚的意见。

不可否认，在被追诉人认罪认罚的场合，值班律师法律帮助的空间会被压缩，被追诉人失去了作无罪辩护的机会。但是，这不意味着其值班律师不能提出无罪或者从宽处罚的意见，也不意味着辩护人不能作无罪辩护。否则，有违刑事诉讼法规定的辩护人的职责。辩护权作为被追诉人最重要的权利，具有宪法性权利的性质，不能因适用认罪认罚从宽制度而使其辩护权被克减。我国被追诉人辩护权保障本就比较羸弱，若再以被追诉人认罪认罚为由，限制其值班律师或者辩护人提出无罪、从宽处罚的意见，不利于刑事司法人权保障，也无助于认罪认罚从宽制度的健康发展。

其八，在被追诉人已经委托辩护律师的情况下禁止公安司法机关另行指定值班律师提供法律帮助。实践证明，辩护律师提供的法律帮助比值班律师更为有效，两者除了诉讼权利不尽相同外，委托的值班律师更尽心尽责。如果被追诉人已经委托了辩护律师，检察机关如果再安排值班律师签署认罪认罚具结书，属于严重违法行为，有规避辩护律师提供法律帮助之嫌。即使值班律师在具结书上签字，也应宣告无效。

其九，重视并强化值班律师与被追诉人信任关系的建设。目前各地一般都是采取值班律师流水线式的作业模式，这使被追诉人与值班律师较难建立信任关系。为此，可以通过以下措施强化被追诉人与值班律师信任关系的建立。

首先是可考虑允许被追诉人从值班律师名册或者律师库中选任法律帮助人，通常其选任的律师是其信任的人，如此一来双方之间比较容易沟通，值班律师的意见也容易为被追诉人所接受，法律帮助的有效性自然得以实现。无论是律师遵守保密规则还是从值班律师名册、律师库中选任提供法律帮助的律师，无疑都有利于彼此之间信任关系的建立，这是值班律师提供有效法律帮助的前提。

其次是在诉讼过程中尽可能由同一值班律师提供法律帮助。由同一值班律师提供法律帮助，一方面该律师对案情较为熟悉，在后续阶段法律帮助的质量更高，避免了由其他律师提供帮助所可能造成的“重复劳动”；另一方面，与其他律师相比，比较容易建立信任关系。《指导意见》对此作出了明确规定。值班律师工作的连续性也许会造成“值班律师”的名实不符，但是其优势在于可以增强其责任心，增加值班律师与被追诉人之间的信任关系，促进法律帮助有效性的实现。日本在引入值班律师制度时，值班律师在取得信任的情况下可转任为辩护律师，也是为了维系此种信任关系而设计。

最后是值班律师法律帮助的判后延伸。目前值班律师提供法律帮助主要是在审前阶段，但是实践中已经认罪认罚的被告人在一审宣判后以“量刑过重”为由提出上诉并引发检察机关抗诉的情况比较突出。二审法院多以被告人违反诚信原则和假认罪认罚为由加重其刑罚。为此，可否考虑由值班律师在一审判后通过判后答疑或者释法说理向被告人讲明“上诉不加刑”原则的例外情形及其上诉可能面临的风险，促使其理性地放弃上诉权，避免二审加刑的风险。这无疑增加了值班律师的工作量，需要通过提高值班律师的补贴标准，促使其进行这方面的法律帮助。

其十，对被追诉人是否获得有效法律帮助进行审查。对被追诉人是否获得有效法律帮助，不仅应当由法律援助中心依据律师的书面记录进行考察，还应当由法院通过对被追诉人进行询问和由检察院提供相应的材料进行“印证”或“补强”，以便更加客观准确地对值班律师的服务质量进行评价。毕竟，法院不参与认罪认罚协商，更能保持中立，具有作出公正评价的主体优势。但是，为了降低考评成本，可考虑采取抽查方式进行。需要注意的是，无论案件是否移送至法院，均可由法院进行最终评价。

此外，在制度上还需明确违反“有效法律帮助”义务的后果。认罪认罚案件中只有律师尽职尽责，才能最大限度地维护被追诉人的利益。既然我国《宪法》第 130 条规定“被告人有权获得辩护”，公检法机关都有保障的义务。尽管没有提供有效法律帮助的主体是律师，但是由于我国检察机关是国家的法律监督机关，又主导认罪认罚从宽制度，那么被追诉人未获得有效的法律帮助，检察机关难脱干系，应承担主要的程序不利后果。根据《指导意见》相关规定的文义解释，被追诉人获得有效法律帮助权需要包括检察机关在内的公权力机关的保障，这是其应尽的义务。根据法理学的基本原理，权利的实现需要义务的履行。如果公权力机关怠于履行义务，导致被追诉人没有获得“有效法律帮助权”，应当承担什么样的不利后果，也是需要我们思考的问题。如果没有不利后果的保障，所谓“有效法律帮助权”不可能真正实现。

在美国，被追诉人拥有提出“无效辩护”申请的救济权利。一旦律师辩护被认定为“无效辩护”，那么被告人可能被宣告无罪或者原审判决被推翻，案件被发回重审。美国辩诉交易中对于无效辩护的救济，通常是采取发回重审的方式对被告人的权利予以保护。陈瑞华教授提出的“程序性制裁理论”主要是针对公权力机关，律师并非公权力机关的主体，且我国法律、司法解释和规范性文件并未强制性地要求律师在提供法律帮助时必须会见、阅卷和协商。因此，很难适用“程序性制裁理论”。但是，美国的“无效辩护”理论可资借鉴。在我国，值班律师违反被追诉人获得“有效法律帮助权”应当承担类似于“无效辩护”的“无效法律帮助”后果。具体言之：一是在侦查阶段犯罪嫌疑人虽然认罪认罚，但如果律师未经会见、阅卷，即使犯罪嫌疑人认罪认罚，仍可认定犯罪嫌疑人未获得“有效法律帮助”，案件不能按照认罪认罚从宽制度处理。二是在审查起诉阶段，如果律师未参与协商即同意检察机关的量刑建议，不得在认罪认罚具结书上签字，即使签字，也属无效。三是在审判阶段，对审前程序中犯罪嫌疑人未获得有效法律帮助的案件，法院应驳回起诉，不予审理。四是在一审宣判后，被告人以一审阶段和审前程序中没有获得“有效法律帮助权”为由提起上诉的，二审法院应当裁定撤销原判，发回重审。通过规定此种诉讼行为无效的消极后果，促使一审法院切实履行保障义务。对发回重审的案件，原审法院不得判处更重的刑罚。由于我国没有诉讼行为无效理论和制度，对侦查、审查起诉阶段被追诉人没有获得有效法律帮助的案件，除非检察机关撤回起诉，否则侦查、起诉行为不会失效，也不可能重来，作为补偿，原审法院应当判处比原判刑罚更轻的刑罚。

此外，还可考虑对未提供达到标准的法律帮助的值班律师进行一定的制裁。对值班律师的法律帮助未达到上述标准的，一方面可以将该值班律师从名录或者值班律师库中删除；另一方面可以降低补贴标准或者不予补贴。当务之急是在立法或者司法解释层面明确被追诉人未获得有效法律帮助的，应当否认具结书的效力，对被追诉人不得适用认罪认罚从宽制度。

对“无效法律帮助”的判断标准及其举证责任分配和证明标准应进行科学设定。如果没有达到有效法律帮助的标准，将会影响法律帮助的实际效果，最终可能导致法律帮助未能真正发挥作用。违反“有效法律帮助权”的程序性后果若要被激活，就必须明确“无效法律帮助”的判断标准和对此事项举证责任的分配以及证明主体应当达到的证明标准。唯有这些配套措施跟进，被追诉人获得“有效法律帮助权”的规定才能真正得以落实。

笔者拟结合认罪认罚从宽制度实施的实际情况，尝试提出“无效法律帮助”标准。被追诉人未能获得“有效法律帮助”即可视为“无效法律帮助”。“无效法律帮助”标准主要有两项：一是阅卷标准，二是会见标准，两者均服务于律师“了解案情”。如果律师既未阅卷也未会见，可视为没有“了解案情”；三是“协商”标准，既包括与被追诉人的“法律帮助协商”，又包括与检察官的“量刑协商”。如果律师既没有与被追诉人进行协商，也没有与检察官进行协商，则视为违反“协商”标准。上述两项标准须同时具备才符合“有效法律帮助”标准，若有其中一项未获满足，即可认定为“无效法律帮助”。

“无效法律帮助”的证明责任由被追诉人承担，检察机关作为法律监督机关，同时检察官又承担客观义务，因此检察官应协助被追诉人履行证明责任。当被追诉人及其律师进行证明遇到阻碍时，检察官应负责排除障碍，帮助调取相关证据。这既符合认罪认罚案件“控辩合意”的精神，也是检察官主导认罪认罚案件的必要要求。在被追诉人承担证明责任时，只需证明其未获得有效的法律帮助，例如律师未行会见、阅卷和协商之职责，无须证明如果律师提供有效的法律帮助，案件将会有不同的处理结果。由于后者的证明对被追诉人来说较为困难，鉴于美国“无效辩护”中被告人承担较重证明责任的教训，我们不应将此作为证明对象让被追诉人承担证明责任。在美国司法实践中，被告人对律师无效辩护的证明要达到上述两项标准是非常困难的。在绝大多数涉及无效辩护的案件中，被告人提出的诉讼请求都没有成功，只有极少数辩护质量极端低劣的案件才会因为无效辩护而被撤销原判。

由于被追诉人大多被羁押，辩护律师调查取证能力受限，值班律师并未被赋予调查取证的权利，因此对被追诉人不宜设置较高的证明标准，只需达到“高度盖然性”或者“盖然性占优势”的标准即可。

认罪认罚案件如果适用速裁程序审理，一般不进行法庭调查和法庭辩论，律师辩护的空间大大压缩。如果在审前程序中被追诉人获得有效法律帮助权不能保障，则认罪认罚从宽制度的正当性基础将不复存在。作为克减获得公正审判权的补偿，律师的法律帮助权应当充实化、有效化。然而，实践中值班律师法律帮助虚化甚至无效的问题比较突出，不利于认罪认罚从宽制度的正确实施，也降低了该项制度的公信力。以《指导意见》明确规定“有效法律帮助”为契机，认真研究“有效法律帮助”问题，并在认罪认罚案件中推动实现被追诉人的有效法律帮助权，乃当下的重中之重。唯有如此，认罪认罚从宽制度在我国才可能行稳致远。

当然，律师能否提供有效的法律帮助，非律师尽职尽责所能实现。需要合理的诉讼结构和良好的司法环境作为保障。法官中立性的恪守、检察官客观义务的履行、协商机制的建立、有效的程序救济等，都对律师能否提供有效法律帮助产生重要影响。

三、法律援助制度的完善与刑事案件律师辩护全覆盖*

为了全面推进以审判为中心和认罪认罚从宽制度的重大改革，司法部于 2017 年 4 月提出了“刑事案件律师辩护全覆盖”的改革举措，并于同年 10 月与最高人民法院联合推出《关于开展刑事案件律师辩护全覆盖试点工作的办法》，先从刑事审判活动切入开展此项改革试点。目前这项改革已从局部试点走向全国范围试点，受到中央重视，也受到社会的积极评价。

（一）刑事案件律师辩护全覆盖改革的原因与内容

刑事案件律师辩护全覆盖，即每一个被追诉人包括犯罪嫌疑人、被告人，在每一个诉讼阶段都要有律师为其辩护。从横向来说，每一个犯罪嫌疑人、被告人都要有辩护律师。从纵向来看，侦查、起诉、审判各个阶段都要有律师，律师辩护贯穿刑事诉讼的全过程，这才是我们所说的“刑事辩护全覆盖”，或者更准确地说是“律师辩护全覆盖”。[①] 党的十八大以来，在推进司法改革中，从党中央高层设计、决策到中央政法部门推进实施改革方案，都非常重视刑事诉讼中律师的参与。在此背景下，为充分发挥律师在以审判为中心的刑事诉讼制度改革和认罪认罚从宽制度试点中的职能作用，依法维护犯罪嫌疑人、被告人的诉讼权利，加强人权司法保障、促进司法公正，最高人民法院与司法部于 2017 年 10 月、2019 年 12 月开展了两轮律师辩护全覆盖试点，并在第二轮试点时将试点范围拓展至全国。

---

* 本部分撰稿人为韩旭教授。

① 参见顾永忠:《刑辩律师全覆盖与值班律师制度的定位》，载《人民检察》2018 年第 11 期。

由于多种原因，我国刑事案件律师辩护率一直缺乏官方全面、权威的统计。以往理论研究中，一些学者用不同方法在不同范围对此进行过一些局部的调研统计。有学者对北京市某区基层法院 1997 年至 2009 年共十三年的刑事案件律师辩护率进行过逐年统计，年平均律师辩护率为 31%。[①]在对黑龙江省和青海省的基层法院进行实地调研后，我们得出结论是黑龙江省密山市 2010—2011 年的律师辩护率平均为 20.2%，青海省海北州四个基层法院 2009—2011 年的律师辩护率平均为 30.1%。[②]此外，在对 2012 年上海、浙江、四川、广东、河南、山西、湖南、广西等地所属的九个基层法院官网发布的 1126 例刑事判决书进行逐案统计（每个法院不少于 100 件）后，发现只有 235 例有律师参与辩护，平均律师辩护率为 20.8%，其中辩护率最高的是 34%，最低的是 9%。以上数据都是依据刑事判决书逐案统计出来的，虽然样本量有限，但客观性比较强。不足之处是只限于对审判阶段并且有的只是上网案件的统计，未能反映审查起诉阶段和侦查阶段律师参与刑事辩护的情况，也未能反映审判阶段律师参与辩护的全部案件。

为了解我国刑事案件在三个诉讼阶段的律师辩护率到底是多少，我们试图利用官方有关统计数据按照三个诉讼阶段进行计算。《中国法律年鉴》每年都会发布上一年有关司法统计数据，虽然没有对刑事案件律师辩护率的专门统计，但可以利用其公布的有关统计数据进行计算，得出我国刑事诉讼三个阶段平均的律师辩护率。根据《中国法律年鉴》公布的“决定公诉人数”和“刑事辩护件数”，可计算得出 1997 年至 2012 年，每年刑事诉讼中三个阶段平均的律师辩护率（如表 1）。

---

① 参见冀祥德:《中国刑事辩护若干问题调查分析》，载《中国司法》2011 年第 7 期。

② 参见顾永忠、陈效:《中国刑事法律援助制度发展研究报告（1949—2011）》，载顾永忠主编:《刑事法律援助的中国实践与国际视野——刑事法律援助国际研讨会论文集》，北京大学出版社 2013 年版，第 15—17 页。

表 1　1997—2012 年刑事案件律师辩护率统计

年份	决定公诉人数	刑事辩护件数	每阶段平均辩护件（人）数	每一阶段平均律师辩护率（%）
1997	525319	275188	91729	17.46
1998	584763	296668	98889	16.90
1999	672367	309767	103256	15.36
2000	708836	317108	105703	14.91
2001	845306	339459	113153	13.39
2002	854870	335267	111756	13.07
2003	819216.	324454	108151	13.20
2004	897964	332688	110896	12.35
2005	981009	351229	117076	11.93
2006	1029052	341619	113873	11.07
2007	1113319	495824	165275	14.85
2008	1177850	511971	170657	14.49
2009	1168909	564204	188068	16.09
2010	1189198	530800	176933	14.88
2011	1238861	569330	189776	15.32
2012	1435182	576050	192016	13.38

从表 1 可以看出，1997 年至 2012 年，我国刑事案件律师辩护率三个诉讼阶段平均水平是相当低的，最高只有 17.46%，最低仅为 11.07%。

此外，如前所述，自党的十八大以来，在中央直接部署下开展的以审判为中心和认罪认罚从宽制度两项重大改革，对律师全面参与刑事诉讼并发挥积极作用也提出了新的任务，客观上要求律师应当全面参与刑事诉讼，加强人权司法保障，维护司法公正和社会公平正义。

在以上背景下，2017 年 10 月，最高人民法院与司法部共同制定《关于开展刑事案件律师辩护全覆盖试点工作的办法》，决定自办法发布之日起，在北京、上海、浙江等八个省、市开展为期一年的“刑事案件律师辩护（审判阶段）全覆盖”试点工作。经过一年的试点，2018 年 11 月，最高人民法院、司法部在合肥召开刑事案件律师辩护全覆盖和律师调解两项试点工作推进会。会议对一年来试点地区开展刑事案件审判阶段律师辩护全覆盖试点工作进行了回顾和总结。在总结成绩的同时，会议认为，从试点工作情况看，还存在律师资源相对不足、经费保障还不到位，部门之间衔接配合有待加强、案件质量尚需提高等问题。会议决定继续扩大试点范围，在前期八个省、市试点基础上，在全国31个省（自治区、直辖市）和新疆生产建设兵团普遍开展试点工作。各地可以根据实际情况自行确定试点范围，每个省（自治区、直辖市）至少在一个地市进行试点，力争2019年底在全国推开。2019年1月21日，最高人民法院与司法部发布了《关于扩大刑事案件律师辩护全覆盖试点范围的通知》，第二轮律师辩护全覆盖试点工作有序展开。

（二）刑事案件律师辩护全覆盖改革的成效和经验

据了解，刑事案件律师辩护全覆盖在第一轮试点中，截至2018年9月，八个试点地区因扩大通知辩护范围案件数量共计增加139352件，其中因刑事案件律师辩护全覆盖试点扩大通知的辩护案件80262件，因开展试点工作由值班律师提供法律帮助的案件59090件。其中，广东适用普通程序审理的案件律师辩护率达92.8%，北京一审案件律师辩护率达95%。超过10万名被告人因此获益，对加强司法人权保障、维护司法公正发挥了重要作用。

第二轮试点截至2019年10月，全国共有2113个县（市、区）开展了刑事案件律师辩护全覆盖试点，占全国县级行政区域总数的75.2%。到2019年10月，因开展试点扩大适用普通程序和审判监督程序的法律援助案件累计达到34.1万件，试点期间值班律师提供法律帮助的案件达到29.4万件。通过试点，全国刑事案件审判阶段律师辩护率不断提升，北京等10个省（自治区、直辖市）刑事案件律师辩护率超过80%。以广州为例，2017年11月1日（正式启动刑事案件律师辩护全覆盖试点工作）至

2020 年 10 月 31 日，全市法律援助机构共提供刑事法律援助 111817 件，其中刑事辩护 30775 件、法律帮助 81042 件，有效维护了犯罪嫌疑人、被告人的诉讼权利。

以上是试点范围的直接成效。事实上，在以上试点和其他司法改革的带动下，党的十八大以来我国刑事案件律师辩护率整体上也在发生积极变化。2013 年以来，我们进行了三次实证研究，具体方法是：从最高人民法院裁判文书网上下载一定数量的刑事一审判决书，逐案统计被告人有无律师辩护情况。三次统计情况分别是：第一次下载统计了 4 个省、自治区、直辖市（北京、江苏、湖南、新疆）在 2013 年至 2014 年作出的 1203 份（人）刑事判决书，其中基层法院 803 人，中级法院 400 人。经统计，基层法院一审案件的律师辩护率是 20.2%，中级法院一审案件的律师辩护率是 88.2%。第二次下载统计了 6 个省、自治区、直辖市（山西、山东、内蒙古、重庆、浙江、河北）在 2015—2016 年作出的 1800 份（人）刑事判决书，其中基层法院 1200 人，中级法院 600 人。经统计，基层法院一审案件的律师辩护率是 25.83%，中级法院一审案件的律师辩护率是 92%。第三次下载统计了 5 个省、直辖市（北京、浙江、河南、湖南、上海）在 2015—2017 年作出的 1500 份（人）刑事判决书，其中基层法院 1000 人，中级法院 500 人。经统计，基层法院一审案件的律师辩护率是 34.2%，中级法院一审案件的律师辩护率是 92%。可以看出，仅就审判阶段一审刑事案件的律师辩护率来看，党的十八大以来三个不同时期是有所不同的，并且呈现不断增长的趋势，基层法院的律师辩护率从 20.2% 增加到 25.83% 以及 34.2%，中级法院的律师则辩护率相对比较稳定，从 88.2% 增加到 92%。

但是，由于以上数据采用的是比较原始的逐案统计的方法得出来的，虽然比较准确，但样本数量有限。近年来，随着大数据、人工智能科技的发展，运用高新技术研究法律问题已经开始起步并受到关注。有学者对最高人民法院裁判文书网上发布的 2013—2017 年作出的 303.2 万份刑事一审判决书采用大数据统计分析后得出以下结论：2013—2017 年五年间，律师辩护率从 19.07% 提升到 22.13%，增幅为 16.05%，其中除去法律援助律师提供的辩护外，当事人委托律师的辩护率从 16.07% 上升到 19.41%，增幅 20.78%。由于该项研究的有效样本达到 303.2 万份，占到同期五年全国刑事一审案件总数 548.9 万的 55.24%。[①] 加之其计算律师辩护率采用了正确的公式“律师辩护率 = 有律师辩护的被告人总数 ÷ 刑事案件被告人总数”，而不是以“刑事案件数”为计算单位，应该说上述结论是比较权威和可靠的。

以上数据进一步表明，党的十八大以来推进以审判为中心的诉讼制度和完善认罪认罚从宽制度的改革，以及刑事案件律师辩护全覆盖的改革试点，在提高刑事案件律师辩护率，加强人权司法保障，维护司法公正等方面，确实已经初见成效。

刑事案件律师辩护全覆盖的改革试点虽然时间还不长，并且目前只限于审判阶段，今后任重而道远。但是，就已经取得的成效看，也还有值得总结和推广的经验：一是司法行政机关锐意改革和勇于担当。这项改革在中央改革文件里并没有明确提出，而是司法部从我国刑事诉讼制度的现状和贯彻落实中央重大司改任务的需求出发，主动提出并发起的，并且得到全国司法行政系统和律师界的积极响应和支持。二是司法机关义不容辞积极配合。刑事案件律师辩护全覆盖不是司法行政机关一个部门的事情，需要司法机关积极配合。在此过程中，最高人民法院走在前面，率先与司法部制定改革试点文件，把改革设想变成了改革行动，为下一步把此项改革在刑事诉讼的各个阶段全面推开起到了示范作用。

（三）刑事案件律师辩护全覆盖改革的问题及对策

1. 刑事案件律师辩护全覆盖改革的问题

要真正实现刑事案件律师辩护全覆盖，使每一名犯罪嫌疑人、被告人

---

① 参见王禄生：《论刑事诉讼的象征性立法及其后果》，载《清华法学》2018 年第 6 期。

在刑事诉讼的全过程，包括侦查阶段、审查起诉阶段和审判阶段都有律师为其辩护，这是一项极其艰巨的任务。通俗地讲，刑事案件律师辩护全覆盖就是在刑事诉讼过程中，使每一个案件中的每一名犯罪嫌疑人、被告人都能获得律师为其辩护，其实就是要实现刑事案件 100% 的律师辩护率，这是一项非常艰巨的任务。从改革试点以及今后全面推进来看，还存在不少问题需要解决。

第一，法律援助律师资源不足。人数充足、专业精良的刑辩律师队伍是实现刑事案件律师辩护全覆盖的基本前提。一方面，现有律师数量难以满足律师辩护全覆盖的要求。根据司法部发布的《2019 年度律师、基层法律服务工作统计分析情况》，截至 2019 年底，全国共有执业律师 47.3 万多人，从律师类别看，专职律师 39.73 万多人，占 84%；兼职律师 1.25 万多人，占 2.66%；公职律师 4.33 万多人，占 9.17%；公司律师 1.09 万多人，占 2.31%；军队律师 1500 人，占 0.32%。但是 2019 年全国检察机关共办理审查起诉案件 1413742 件，提起公诉 1818808 人，很显然，我国现有律师人数难以满足时下刑事审判律师辩护全覆盖的案件需要。[①] 此外，试点要求将律师辩护覆盖全国，但是各个地区的律师主要集中在省会城市或者市一级单位，边远区县律师数量有限，部门乡镇甚至没有律师。以四川省为例，据调查，该省常年主要从事刑事辩护的律师仅有 3000 人左右，且地域分布不均，绝大多数集中在成都市，部分地方本身的公共法律服务需求已难以满足，法律援助需求更难以跟上。[②] 另一方面，法律援助律师的质量参差不齐，犯罪嫌疑人、被告人能否获得与其案件情况相匹配的律师的帮助目前也仍有待解决。辩护律师的专业素质会影响律师辩护全覆盖的有效性，这一点毋庸置疑。但是现今试点并未对指派辩护律师的资质

① 参见靳高风、朱双洋、林晞楠:《中国犯罪形势分析与预测（2017—2018）》，载《中国人民公安大学学报（社会科学版）》2018 年第 2 期。

② 参见吴忧:《律师资源不均“全覆盖”如何破题？——我省推进刑事案件律师辩护全覆盖试点观察（一）》，载《四川日报》2018 年 4 月 13 日，第 10 版。

提出要求，实务中的律师指派较为随意。以四川省成都市为例，有学者对2018年成都市各级法院指派辩护律师情况进行抽样研究，发现成都市中院一审、二审案件指派辩护律师的总体情况尚可，其执业年限均在3年以上，但其中一审案件指派律师的平均执业年限（6.57年）明显低于委托律师（9.22年），而各基层法院的情况则不容乐观，一些区县指派的律师有不少是才入职一两年的新手，甚至个别地方指派不具律师资格的基层法律服务工作者。[①]

第二，经费保障不足。刑事案件律师辩护全覆盖扩大了刑事辩护的法律援助范围，而发展法律援助制度，需要解决经费问题。我国法律援助经费主要来自财政拨款，2014年全国财政收入虽然达到140370亿元，但法律援助的拨款仅仅占到总财政收入0.012%。有学者统计这一比例相当于英国的1/100、丹麦的1/50、日本的1/10。[②] 虽然近年法律援助经费在持续增长，法律援助经费从2011年12亿多元，增长至近年17亿元左右，但是从刑事全覆盖的角度来计算，若每件案件援助费用为1000元，仅审判阶段即需经费8.5亿元，并且尚未计算刑事案件侦查、起诉阶段以及民事、行政案件的法律援助所需经费。因此，现有法律援助经费严重不足。[③]

以湖南省长沙市为例，该市法律援助经费84%由本级财政予以保障。近年来援助案件数量增长快，而项目经费缺乏增长机制，补贴明细项目分配比例缺乏标准，导致办案经费挤压宣传经费、培训经费。特别是县一级，法律援助案件多，地方财政紧张，导致不能足额发放补贴。如宁乡市2018年经费为127万元，办案量为1395件，经费全部用于案件补贴发放，

---

① 参见康黎、郭佳琦：《刑事案件律师辩护全覆盖试点研究报告——基于S省C市试点的分析》，载《西华师范大学学报（哲学社会科学版）》2019年第1期。

② 参见陈永生：《刑事法律援助的中国问题与域外经验》，载《比较法研究》2014年第1期。

③ 参见余为青、杨天生：《刑事案件律师辩护全覆盖实施中的问题及其对策》，载《阜阳师范学院学报（社会科学版）》2019年第5期。

平均每件仅有910元，只能降低法律援助补贴标准维持运转。[①]

第三，各部门配合衔接不足。刑事案件律师辩护全覆盖涉及侦查、审查起诉和审判三个阶段，需要法律援助机构、公安机关、检察机关、审判机关各方做好联动工作，为犯罪嫌疑人、被告人及时指派援助律师。但是实际操作中，各单位之间的配合衔接还有待加强。

一是相关部门和组织工作协同不够。审判阶段的指派辩护往往涉及法院、法律援助机构、司法行政机关、律师协会、律师事务所、基层法律服务所等多个部门和组织。由于主体多、环节复杂，加之指派辩护案件数量增多，实践中律师的指派耗时较长。虽然《试点办法》第5条就此规定了明确期限，即“法律援助机构应当自收到通知辩护公函或者作出给予法律援助决定之日起三日内，确定承办律师并函告人民法院”，但实践中该规定并未得到完全的遵行，尤其是在法律援助人员不足的区县，有时还需商请上级部门统筹调配，律师难以及时到位，最终导致审判拖延。另外，看守所羁押人员申请法律援助的同时家属又委托律师，或者检察院、法院通知法律援助的同时而家属又委托律师的情况时有发生，法律援助机构指派律师后不能及时了解信息，造成一个案子两位律师承办的现象，导致法律援助资源的浪费。

二是指派辩护律师与值班律师衔接不够。2017年8月，“两高三部”《关于开展法律援助值班律师工作的意见》规定，法律援助机构在法院、看守所派驻值班律师，值班律师的职责主要是为没有辩护人的犯罪嫌疑人、刑事被告人提供法律咨询、转交法律援助申请，同时在认罪认罚从宽制度改革试点中为犯罪嫌疑人、被告人提供程序选择、申请变更强制措施等法律帮助，对检察机关定罪量刑建议提出意见，见证犯罪嫌疑人、被告人签署认罪认罚具结书，以及对刑讯逼供和非法取证情形代理申诉、控告，但并

---

① 参见荀飞正、郭灿霞等:《扩大刑事案件律师辩护全覆盖的实践及建议——以湖南省长沙市为例》，载《中国司法》2019年第4期。

不提供出庭辩护服务，如果案件进入审判阶段，被告人没有委托辩护律师的，其可以依法申请或由法院通知法律援助机构为其指派律师，而最终实际上指派的辩护律师往往并非之前提供过法律援助的值班律师。可见，我国目前并未建立起指派辩护律师与值班律师之间的统一衔接机制，致使原本熟悉案情并与犯罪嫌疑人、被告人已初步建立信任关系的值班律师常常被排除在指派辩护律师之外，而另指派的律师则因要重新了解案情而不能较快进入辩护人角色，从而影响辩护效率和审判的顺利进行。另外，《试点办法》并未就指派的律师资质提出要求，加之律师协会和律师事务所对律师的执业方向、执业经验、执业业绩缺乏完备的登记考核，致使派出的律师素质参差不齐。加之由于法律援助机构工作人员数量不足，在当前指派辩护案件数量激增的情况下完成案件分派、跟踪、管理、考核各个环节的工作难度增大，难以保证办案效率。[①]

第四，值班律师作用发挥有限。按照刑事案件律师辩护全覆盖的内涵，不仅将通知辩护的范围扩大到法院阶段适用普通程序审理的一审案件、二审案件和按照审判监督程序审理的再审案件，而且包括适用简易程序、速裁程序审理的案件，即被告人没有辩护人的，人民法院应当通知法律援助机构派驻的值班律师为其提供法律帮助。目前，我国主要从事刑事辩护业务的律师为5.2万多人，在刑事辩护律师资源十分有限的情况下，依靠值班律师提供法律帮助不失为解决刑事案件律师辩护率低的过渡性措施。在值班律师提供法律帮助问题上，认罪认罚从宽制度试点办法与刑事速裁程序相比，一个重大进步就是将速裁程序中犯罪嫌疑人、被告人“依申请提供”修改为“应当提供”，这一变化无疑加重了法律援助机构的工作负担，但有利于更好实现法律帮助全覆盖。由此带来的问题是，犯罪嫌疑人、被告人能否拒绝或者放弃值班律师的法律帮助？这是决定全覆盖能

① 参见荀飞正、郭灿霞等：《扩大刑事案件律师辩护全覆盖的实践及建议——以湖南省长沙市为例》，载《中国司法》2019年第4期。

否实现的关键之举，也是值班律师制度的优势所在。该问题涉及值班律师法律帮助的性质究竟是一种“权利型”配置还是“强制型”配置的问题，如果是类似于法律援助强制辩护的性质，那么犯罪嫌疑人、被告人就不能拒绝或者放弃这种帮助。[①] 由于试点过程中对此问题认识不一致，一些地区在试点中允许犯罪嫌疑人通过书面方式拒绝值班律师的帮助，但要求签署具结书时值班律师必须到场见证，出现了“部分可以放弃、部分不能放弃”的“选择性”法律帮助情形。

2. 刑事案件律师辩护全覆盖改革的对策

第一，充分认识刑事案件律师辩护全覆盖任重道远。应该充分认识实现刑事案件律师辩护全覆盖的艰巨性和长期性。一是要认识到刑事案件对律师辩护的需求巨大。根据《中国法律年鉴》发布的统计数据，2013—2017年，全国每年由检察机关向法院提起公诉的被告人分别是1369865人、1437899人、1437714人、1440535人、1705772人，平均每年是1478357人。这只是审判阶段一个阶段需要律师辩护的人数。按照司法实践中侦查、审查起诉和审判三个阶段分别委托或指派律师的方式进行计算，总人数就达4435071人。如果还是按照通常所讲的刑事案件只有30%的律师辩护率计算，则还有3104549人需要提供律师辩护。但是，如果按照前文所述有关学者运用大数据计算出我国2017年审判阶段刑事案件的律师辩护率只有22%计算，那意味着还有3459355人需要通过刑事案件律师辩护全覆盖的实现获得律师辩护。面对律师辩护如此庞大的需求，目前我国律师总数为47万多人，平均每名律师需要为10个人（案件）提供辩护才可以满足需求。但问题是，法治中国的建设，经济社会的发展，对律师的需求空间巨

① 最高人民法院《关于适用〈中华人民共和国刑事诉讼法〉的解释》第50条第2款规定：“属于应当提供法律援助的情形，被告人拒绝指派的律师为其辩护的，人民法院应当查明原因。理由正当的，应当准许，但被告人须另行委托辩护人；被告人未另行委托辩护人的，人民法院应当在三日内书面通知法律援助机构另行指派律师为其提供辩护。”

大，47 万名律师不可能都承办刑事案件。何况其中相当多的律师从专业领域和业务特长看并不适于承办刑事辩护案件。另一个需要高度重视的是经费保障问题。从各国刑事案件律师辩护的实践来看，提高律师辩护率，实现律师辩护全覆盖，都主要靠法律援助制度的发展。为此，一方面需要为法律援助机构提供行政经费，以保障法律援助制度的正常运行；另一方面需要给为当事人提供法律服务的律师提供一定的经济补偿，因为律师是自谋生路的职业。

第二，着力打造一支合格的刑事辩护律师队伍。应当着力扶持、培养一支素质优良、业务熟练的刑事辩护律师队伍。如果说推进刑事案件律师辩护全覆盖的决策是正确的，那么实现该目标最重要的力量就是刑事辩护律师队伍的建设。刑事案件律师辩护全覆盖，既有量的要求也有质的要求。在这方面实际上有两个需求：其一，每个犯罪嫌疑人、被告人在诉讼的每一阶段都应当有律师为其提供辩护，这就要解决刑辩律师的“数量”问题。“数量”达不到，“全覆盖”就做不到。其二，还需要律师懂刑事辩护、会刑事辩护、善于并敢于刑事辩护，这涉及的是刑事辩护的“质量”问题。因此，在推进刑事案件律师辩护全覆盖的进程中，司法行政机关和律师协会应当高度重视并着力扶持、培养一支素质优良、业务熟练的刑事辩护律师队伍。这就需要加强培训，加强监管。例如，在对抗性比较强的庭审实质化审判中律师的辩护与在认罪认罚案件中律师的辩护，在辩护内容和方式上大不相同，就需要对律师进行专业的培训。

第三，积极营造有利的司法环境和社会环境。应当积极协调、营造有利于律师辩护全覆盖的司法和社会环境。要实现律师辩护全覆盖，首先要有律师，其次有了律师以后要保障律师能够真正发挥作用。应该讲，刑事案件律师辩护全覆盖不是刑辩律师自己的事情，也不只是司法行政机关和律师协会的事情，光有他们的积极性远远不够。刑事诉讼涉及负责立案侦查的公安机关、负责批准逮捕和审查起诉的人民检察院、负责审判的人民法院，律师辩护全覆盖势必涉及这些机关和相关诉讼活动。同时，还涉及不直接参与刑事诉讼但与刑事辩护特别是法律援助工作密切相关的政府有关部门。只有方方面面都对刑事案件律师辩护全覆盖高度重视，积极支持，相互配合，这项工作才能取得成效，健康发展。

第四，充分发挥值班律师作用。应当重视值班律师在律师辩护全覆盖中的地位和作用。2017 年 10 月，最高人民法院、司法部印发的《关于开展刑事案件律师辩护全覆盖试点工作的办法》把值班律师作为“律师辩护全覆盖”的重要力量，其中第 2 条第 4 款规定：“适用简易程序、速裁程序审理的案件，被告人没有辩护律师的，人民法院应当通知法律援助机构派驻的值班律师为其提供法律帮助”。在其后八个地区进行的试点中，值班律师也确实参与其中成为一支重要的力量。如前所述，截至 2018 年 9 月，试点中因扩大通知辩护范围案件数量共计增加了 139352 件，其中由值班律师提供法律帮助的案件 59090 件，占全部案件的 42.4%，该比例是相当高的。一方面，我国现在的律师辩护率不高，要想大幅度地迅速提高委托辩护或者狭义的法律援助辩护，恐怕都是不可能的。但是如果大力发展值班律师制度，扩大值班律师的工作范围，还是有很大的潜力和空间的。另一方面，值班律师应当主要为认罪认罚案件的犯罪嫌疑人、被告人提供法律服务。在司法实践中，对于认罪认罚案件应充分发挥值班律师的作用，由他们进行辩护是完全可以胜任的，这也是我国未来律师辩护制度的重要出路。当然，值班律师为认罪认罚案件的辩护与其他律师为不认罪认罚案件的辩护在投入的时间、精力以及工作重点和方式等方面是有区别的。所以，可以讲，值班律师是实现刑事案件律师辩护全覆盖的主力军。但是，细心的人或许会发现并提出一个问题：既然是“律师辩护全覆盖”试点，为何值班律师提供的不是“律师辩护”而是“法律帮助”？问题还不止于此。2018 年 10 月，立法机关对刑事诉讼法进行了第三次大修改，其中把值班律师制度正式写入刑事诉讼法中，第 36 条规定：“法律援助机构可以在人民法院、看守所等场所派驻值班律师。犯罪嫌疑人、被告人没有委托辩护人，法律援助机构没有指派律师为其提供辩护的，由值班律师为犯罪嫌疑人、被告人提供法律咨询、程序选择建议、申请变更强制措施、对案件处理提出意见等法律帮助”。此外，第 173 条和第 174 条对于值班律师参与检察机关审查起诉活动作出了相应规定。但是修改后的刑事诉讼法并没有对值班律师参与审判活动作出规定。刑事诉讼法的上述修改，意味着之前只是改革探索性的值班律师已成为一项正式法律制度。因此，值班律师与刑事案件律师辩护全覆盖的关系就成为一个值得重视和研究的问题。

为充分发挥值班律师在律师辩护全覆盖进程中的作用，需要明确两个“不得放弃”：一是为认罪认罚的犯罪嫌疑人、被告人提供法律帮助是国家应当承担的一项义务，不得放弃；二是犯罪嫌疑人获得值班律师法律帮助的权利不得放弃。需要指出的是，法律帮助事项不局限于签署具结书时的“在场见证”，还包括此前提供法律咨询，与犯罪嫌疑人、检察机关就定罪和量刑问题进行“双向协商”等法律帮助。鉴于上述问题的重要性，有必要作进一步分析。

首先，根据法解释学原理，提供法律帮助应当成为国家的一项义务。《试点办法》规定的“应当提供”不是具有裁量性的“可以提供”，也不是“依申请提供”，“应当”意味着“必须”，是一项国家义务。对于认罪认罚的犯罪嫌疑人、被告人，国家均应无条件地一律提供法律帮助，既无须提出申请，也不以其意思表示为限，以实现“所有人的正义”。认罪认罚关乎公民基本权益，对于刑事诉讼中处于弱势地位的犯罪嫌疑人、被告人，国家通过设立值班律师制度给予特别的关照和保护，并限制其处分某些诉讼权利，避免控辩失衡使其处于不利境地，这种制度安排具有一定的程序合理性。只有将提供法律帮助上升为一项国家义务，真正的法律帮助全覆盖才有实现的可能，值班律师才有用武之地，值班律师制度才会在我国焕发出生机和活力。

其次，从刑事速裁程序试点情况看，值班律师参与率低的现状亟待改善。刑事速裁程序试点中值班律师参与率低，已是一个不争的事实。如前所述，值班律师参与率低，很大程度上与犯罪嫌疑人、被告人的认知能力有关。“由于犯罪嫌疑人对值班律师制度及认罪认罚从宽制度的内容并不了解，检察官在询问是否需要值班律师在场提供帮助时，犯罪嫌疑人往往表现出极大的随意性。”① 根据相关实证研究结论，犯罪嫌疑人、被告人对于律师的需求随学历升高呈现递进趋势，即学历越高，对律师帮助权越重视。文盲至初中学历的，有一半以上的人认为认罪认罚之后不需要律师帮助，小学、初中学历比重最高，为59.5%。② 由于他们文化程度普遍不高，决定了他们的认知能力和水平非常有限，因此在决定是否需要律师帮助问题上难免表现出盲目、轻率。目前开展的认罪认罚从宽试点工作，正是注意到刑事速裁程序试点中存在的上述问题，才将“依申请提供”修改为“应当提供”，希冀以此实现认罪认罚从宽制度中值班律师法律帮助的全覆盖，从而改变刑事速裁程序试点中值班律师参与率低的现状。③

刑事案件律师辩护全覆盖试点改革目前还在推进中，仍然受制于律师资源有限且分布不均衡、经费补贴较低、案件数量大、律师辩护质量有待提高等问题。为此，可以考虑将“全覆盖”改革分为几步走。目前可将全国范围的第一审程序审理的案件作为覆盖的重点，同时提高一审刑事案件的辩护质量，这既是适应以审判为中心刑事诉讼制度改革的需要，可以增强庭审的实质化和有效性，也可以保障被告人获得以辩护权为核心的公正审判权的实现。

---

① 李舸禛:《认罪认罚从宽制度的实践分析》，载胡卫列等主编:《认罪认罚从宽制度的理论与实践》，中国检察出版社 2017 年版，第 342 页。

② 参见李洪杰:《认罪认罚自愿性实证考察》，载胡卫列等主编:《认罪认罚从宽制度的理论与实践》，中国检察出版社 2017 年版，第 285 页。

③ 遗憾的是，“两高三部”《关于开展法律援助值班律师工作的意见》又恢复到“以申请提供帮助”的“权利配置模式”。其中第 1 条第 2 项规定:“人民法院、人民检察院、公安机关应当告知犯罪嫌疑人、刑事被告人有获得值班律师法律帮助的权利。犯罪嫌疑人、刑事被告人及其近亲属提出法律帮助请求的，人民法院、人民检察院、公安机关应当通知值班律师为其提供法律帮助。”

四、维权为主惩戒为辅，保障律师依法行使诉讼权利*

如前所述，在推进以审判为中心和认罪认罚从宽制度的改革中，律师的充分参与和积极配合非常重要，密不可分。为此，在经中央深改组审议通过并由“两高三部”印发的《关于推进以审判为中心的刑事诉讼制度改革的意见》中，对于如何保障律师的参与和执业权利提出了明确要求，第17条规定，健全当事人、辩护人和其他诉讼参与人的权利保障制度。依法保障当事人和其他诉讼参与人的知情权、陈述权、辩论辩护权、申请权、申诉权。犯罪嫌疑人、被告人有权获得辩护，人民法院、人民检察院、公安机关、国家安全机关有义务保证犯罪嫌疑人、被告人获得辩护。依法保障辩护人会见、阅卷、收集证据和发问、质证、辩论辩护等权利，完善便利辩护人参与诉讼的工作机制。同时也对律师依法执业、规范执业提出了相关要求，第18条规定，辩护人或者其他任何人，不得帮助犯罪嫌疑人、被告人隐匿、毁灭、伪造证据或者串供，不得威胁、引诱证人作伪证以及进行其他干扰司法机关诉讼活动的行为。对于实施上述行为的，应当依法追究法律责任。第19条规定，当事人、诉讼参与人和旁听人员在庭审活动中应当服从审判长或独任审判员的指挥，遵守法庭纪律。对扰乱法庭秩序、危及法庭安全等违法行为，应当依法处理；构成犯罪的，依法追究刑事责任。这些规定表明，在改革过程中对于律师的参与应当两手抓，既要以维权为主，充分维护律师的执业权利，又要以惩戒为辅，对违法违纪的律师给予必要的惩戒，以保障改革的顺利、健康进行，最终实现改革的初衷。

---

* 本部分撰稿人为顾永忠教授。

（一）高度重视、充分保障律师执业权利

党的十八大以来，党中央以及最高人民法院、最高人民检察院以及公安部、国家安全部、司法部高度重视律师在司法改革中的作用，充分保障律师的执业权利特别是在刑事诉讼中的执业权利，在一系列文件中专门就相关改革所涉及的律师执业权利作出明确规定。比如《关于推进以审判为中心的诉讼制度改革的意见》不仅对庭前会议、庭审活动中涉及律师辩护的相关权利提出保障性的要求，还在第 17 条专门就“健全当事人、辩护人和其他诉讼参与人的权利保障制度”作出规定，包括“依法保障当事人和其他诉讼参与人的知情权、陈述权、辩论辩护权、申请权、申诉权”，“依法保障辩护人会见、阅卷、收集证据和发问、质证、辩论辩护等权利，完善便利辩护人参加诉讼的工作机制”。为此，2015 年 9 月，由最高人民法院、最高人民检察院、公安部、国家安全部、司法部共同制定《关于依法保障律师执业权利的规定》，全面、系统地对依法保障律师执业权利作出了规定。更难得的是，该规定是由“两高三部”共同出台的关于依法保障律师执业权利的专门性、系统性的规定，以往从未有过。此外，最高人民法院、最高人民检察院、公安部、司法部还出台了大量旨在保障、维护律师在诉讼活动的某一方面执业权利的规定。比如，最高人民法院《关于办理死刑复核案件听取辩护律师意见的办法》（2014 年 12 月）、《关于依法切实保障律师诉讼权利的规定》（2015 年 12 月）。再如，最高人民检察院《关于依法保障律师执业权利的规定》（2014 年 12 月）、《关于认真贯彻执行〈关于依法保障律师执业权利的规定〉的通知》（2015 年 12 月）。据不完全统计，自 2012 年 11 月党的十八大召开到 2017 年 10 月党的十九大召开前的五年间，中央政法机关或联合或单独制定、出台的以保障律师执业权利为宗旨的文件达 10 多个，这在以往是很少见的。

在中央和中央政法机关的高度重视和全力推动下，党的十八大以来，律师执业权利的保障出现新局面，特别辩护律师在刑事诉讼中的执业权利

包括会见权、阅卷权、调查取证权以及质证权、辩论权等获得明显改善。以下从条件性的辩护权利、手段性的辩护权利以及救济性的辩护权利三个方面梳理论述。[①]

1. 依法保障刑辩律师条件性的辩护权利

从广义上讲，刑事诉讼中刑辩律师依法享有的诉讼权利都属于辩护权利。但从这些具体辩护权利的权能以及其与刑事辩护目标的关系来看，又可以分为三类，其中一类可称为条件性的辩护权利，如会见权、阅卷权、调查取证权等。这些权利本身对办案机关处理案件并不产生影响，实际上属于为刑辩律师了解案情事实、掌握案件证据，进而形成并依法向办案机关提出具体辩护意见而提供条件的权利，也可以说是，为刑辩律师"以事实为根据"进行辩护创造条件的权利。如果刑辩律师不能享有这些权利或者在行使这些权利时受到阻碍甚至刁难，刑辩律师便无从辩护。从这个意义上讲，条件性的辩护权利是律师辩护权利中的基础性权利。这些权利在我国刑事诉讼立法中总体上一直受到重视，规定得比较早，并不断进步和完善。但同时由于多种原因，在执行中又存在比较突出的问题。党的十八届四中全会以来，伴随着司法改革的步伐，这些问题得到不断解决，成效比较明显。

（1）律师会见权。辩护律师与在押犯罪嫌疑人、被告人会见，是律师向犯罪嫌疑人、被告人了解案件事实，核实证据材料，沟通确定辩护意见的主要渠道，也是律师与犯罪嫌疑人、被告人建立信任关系的重要途径。但是，由于律师会见发生在诉讼过程中特别是当发生在侦查阶段时，侦查机关及侦查人员往往担心律师会见会影响侦查办案，加之其他各种原因，以致在司法实践中律师会见面临种种困难甚至刁难，形成了律师"会见难"这一突出问题。

① 关于律师辩护权利的以上划分，参见顾永忠:《刑事辩护的现代法治涵义解读》，载《中国法学》2009年第6期。

2012年立法机关修改刑事诉讼法时由于对律师会见问题作出了比较大的完善，2013年1月1日开始施行后，以往存在的律师“会见难”的问题整体上已有明显改善，但一些地方检察机关在办理直接立案侦查的案件时，以特别重大贿赂案件需经检察机关许可律师才能会见为由，扩大许可范围，限制律师会见，成为当时社会关注的一个突出问题。为此，最高人民检察院高度重视，在2014年12月出台的《关于依法保障律师执业权利的规定》，其中特别指出“律师在侦查阶段提出会见特别重大贿赂案件犯罪嫌疑人的，人民检察院应当严格按照法律和相关规定及时审查决定是否许可，并在三日内答复；有碍侦查的情形消失后，应当通知律师，可以不经许可会见犯罪嫌疑人；侦查终结前，应当许可律师会见犯罪嫌疑人。人民检察院在会见时不得派员在场，不得通过任何方式监听律师会见的谈话内容”。此后，检察机关自侦案件律师会见问题得到明显改善，在侦查期间，律师至少可以会见一次，有的还可以会见多次。

党的十八届四中全会以来，从中央司法改革文件到政法机关贯彻执行，都把律师“会见难”问题作为保障律师执业权利的重点问题加以解决。“两高三部”《关于依法保障律师执业权利的规定》从第7条至第12条共用6个条文专门规定律师会见问题，占规定全部条文的近七分之一。不仅条文多，而且针对性强，除了重申法律的原则规定外，还把以往缺乏规定但司法实践中经常发生的问题几乎“一网打尽”。其一，《刑事诉讼法》第39条规定，律师持会见手续“要求会见在押犯罪嫌疑人、被告人的，看守所应当及时安排会见，至迟不能超过48小时”。但是，有的地方把“至迟不能超过48小时”曲解为是对办案人员作出“安排会见”的要求而不是让律师得到会见的要求。针对此错误理解，规定要求，辩护律师提出会见要求的，“应当及时安排会见。能当时安排的，应当当时安排；不能当时安排的，看守所应当向辩护律师说明情况，并保证辩护律师在48小时以内会见到在押的犯罪嫌疑人、被告人”，由此堵住了所谓的“48小时安排会见”的空子。其二，针对一些地方在法律规定的手续之外向律师提出附加条件的做法，规定强调“看守所安排会见不得附加其他条件或者变相要求辩护律师提交法律规定以外的其他文件、材料，不得以未收到办案机关通知为由拒绝安排辩护律师会见”。其三，鉴于看守所通常设置在远郊区、拟会见的律师又多，为方便律师会见，避免浪费时间，规定要求“看守所应当设立会见预约平台，采取网上预约、电话预约等方式为辩护律师会见提供便利，但不得以未预约会见为由拒绝安排辩护律师会见”。其四，针对一些地方强制要求律师会见必须是两个人或者律师必须是受委托的律师的要求，规定指出“两名辩护律师可以共同会见，也可以单独会见。辩护律师可以带一名律师助理协助会见”，律师助理是指“未受委托的其他律师和申请律师执业的实习人员”。其五，为了确保律师在保密条件下会见并解决会见室不足的问题，规定强调“辩护律师会见犯罪嫌疑人、被告人时不被监听，办案机关不得派员在场。在律师会见室不足的情况下，看守所经辩护律师书面同意，可以安排在讯问室会见，但应当关闭录音、监听设备”。其六，针对一些地方出现的辩护律师在办案过程中被解除委托关系而不让律师与当事人见面确认的问题，该规定特别规定“辩护律师可以要求会见在押的犯罪嫌疑人、被告人，当面向其确认解除委托关系，看守所应当安排会见；但犯罪嫌疑人、被告人书面拒绝会见的，看守所应当将有关书面材料转交辩护律师，不予安排会见”。其七，为了防止一些侦查机关利用法律关于三类案件须经侦查机关许可才可会见的规定扩大会见许可范围，规定明确指出“侦查机关不得随意解释和扩大该款所述三类案件的范围，限制律师会见”，并且强调即使属于三类案件，“有碍侦查或者可能泄露国家秘密的情形消失后，应当许可会见，并及时通知看守所和辩护律师”。其八，辩护律师除了可以在看守所会见外，在特殊情况下，在庭审过程中也可会见，规定指出“在法庭审理过程中，遇有被告人供述发生重大变化、拒绝辩护等重大情形，经审判长许可，辩护律师可以与被告人进行交流”，这一规定打破了以往在庭审过程中，辩护律师不能与被告人交流的习惯做法。

在“两高三部”《关于依法保障律师执业权利的规定》的推动下，不仅律师在看守所的会见得到明显改善，而且司法部与时俱进于2017年11月在废止2004年《律师会见监狱罪犯暂行规定》的同时，发布了新的《律师会见监狱在押罪犯规定》，允许律师“在刑事诉讼程序中，担任辩护人或者代理人”等六种情形下可以到监狱会见在押罪犯，并且规定受委托的律师可以一人会见也可以两人会见，还可以带一名律师助理会见。虽然规定律师会见时“监狱可以根据案件情况和工作需要决定是否派警察在场”，但又特别强调“辩护律师会见被立案侦查、起诉、审判的在押罪犯时，不被监听，监狱不得派警察在场”。

应该说，在各方面的共同努力下，近年来律师会见在押人员情况有很大改善，特别是2018年以来，随着刑事案件律师辩护全覆盖改革的深入推进和扫黑除恶等专项行动的深入开展，看守所律师会见量大幅攀升，2019年较2016年全国看守所律师会见人次上升了约70%，律师“会见难”的问题得到了较好解决。在此过程中，作为看守所主管部门的公安部和全国公安机关以及全体监管干警作出了巨大的努力。

首先，公安部作为“两高三部”《依法保障律师执业权利的规定》的参与者和执行者，在规定出台后，组织全国公安机关传达学习并严格贯彻执行。全国监管系统充分认识到依法保障和规范律师会见是看守所的重要职责，不断加强和改进看守所执法管理工作。其次，深入调研，深挖潜力，多措并举，有针对性地解决新型律师“会见难”问题。以往的律师“会见难”主要是立法上对于律师会见设置的条件比较多及执法不严造成的。近几年出现的律师“会见难”则主要是由于律师会见量急剧增加与会见场所不足导致的。为了了解律师会见“有多难”“难在何处”及探索解决之道，公安部监管局主动邀请司法部律师管理部门、全国律协和知名律师召开座谈会，听取意见，探讨改进措施；监管局主要领导多次深入看守所暗访、调研，掌握第一手情况。在此基础上，深挖潜力，多措并举，有针对性地出台各种措施：一是通过改建扩建或采取变通措施，增加律师会见室数量。为此，逐所核定、改造、验收会见室数量，同时经征得律师同意，在关闭录音设备后安排律师到讯问室会见。二是实行网上预约平台，公布联系电话，方便律师有序会见，减少排队等候时间。目前全国看守所普遍建立了网上预约平台，大大提高了工作效率。三是分类管理，设置快速会见通道，方便会见所需时间不超过30分钟的律师尽快会见。四是延长会见室有效使用时间，争取在有限的工作时间内安排尽可能多的律师会见，有的看守所还利用公休日安排律师会见，以确保律师在48小时内见到会见对象。据有关人员2018年向全国700名执业律师开展电子问卷调查，在全国26个省、自治区、直辖市范围内，有191家看守所实行周末会见制度，受到广大律师的普遍欢迎，也受到社会积极评价。[①] 据了解此种情况现在又有所扩大。四是积极探索并推广视频会见。疫情发生前，北京等地看守所已开始探索视频会见，疫情发生后在常态防控形势下这一会见方式已经全面推开，既保证了律师会见，又符合疫情防控的要求。

此外，公安部还非常重视抓点带面，善于发现并推广典型单位的先进理念和工作经验。2019年10月，公安部在北京召开“全国公安监管系统保障和规范看守所律师会见现场会”，实地推广北京市海淀区看守所等单位保障和规范律师会见工作经验。海淀看守所律师会见量从2016年的1.2万人次上升至2018年的1.8万人次，律师会见需求量与看守所保障能力不足矛盾非常突出。近年来看守所领导和全体干警主动适应新形势、新变化，紧紧围绕“法治型”“服务型”建设要求，通过一系列措施，积极改进律师会见服务管理，取得突出成效。通过改造，律师会见室从24个变为44个，增加了一倍；通过配置10套远程视频会见系统，可供10名律师到就近派出所完成会见；通过开发“海淀律师预约”App，律师可随时办理预约，解决了现场排队时间长的突出问题，开通以来已有3850名律

---

① 参见娄秋琴:《看守所经验推广：推行周末律师会见制度》，载《中国律师》2018年第12期。

师注册使用，累计预约 10152 人次，现场排队人数从以往日均 100 余人降至现在 10 余人；通过研发律师会见自助系统，大大简化办理律师会见的手续，人均办理时间缩短 3 分钟。以上措施明显提升了律师会见量，2019 年前 10 个月，共接待律师会见 1.96 万人次，同比上升 47.2%，满足了律师会见的需求。同时，看守所还建成近 230 平方米的律师接待大厅，配备电脑、网络、充电站、复印机、打印机等设备，还提供饮水机、自动售卖机、平价午餐、停车位等生活设施，让律师们大有宾至如归的感觉。

（2）律师阅卷权。律师阅卷权是指律师到办案机关查阅案卷材料的权利。这个问题在立法上出现过反复。在 1979 年《刑事诉讼法》中，律师在审判阶段才能参与诉讼，虽然介入诉讼晚，但到法院完全可以查阅案卷材料，司法实践中并不存在阅卷难的问题。1996 年《刑事诉讼法》修改后，法律规定律师在侦查阶段就可以介入，审查起诉阶段就可以担任辩护人，但是查阅案卷材料都受到限制。侦查阶段不能查阅，审查起诉阶段也只能查阅诉讼文书和技术性鉴定材料，其他案卷材料都不能查阅；即使到了审判阶段，辩护律师也只能查阅检察机关向法院移送的“主要证据的复印件或照片”以及证人名单和证据目录，并不能查阅全部案卷材料，这对于律师“以事实为根据”为当事人进行辩护造成极大困扰。此种情形被律师界称为“阅卷难”。

2012 年 3 月，立法机关对《刑事诉讼法》进行修改时，对于律师阅卷权作出了重大调整，辩护律师在审查起诉阶段就可以全面查阅案卷材料，到审判阶段照样可以全面阅卷。在司法实践中，这一规定贯彻执行比较顺利，律师的“阅卷难”基本获得解决。正因如此，“两高三部”《关于依法保障律师执业权利的规定》只用两个条文规定了阅卷问题，并且重点放在如何保障律师快捷方便地查阅案卷材料上：其一，为了方便律师及时阅卷，要求“侦查机关应当在案件移送审查起诉后三日内，人民检察院应当在提起公诉后三日内，将案件移送情况告知辩护律师”，并且应当在律师提出要求时尽量当时安排阅卷，特殊情形不可超过三日，还不得限制阅卷的次数和时间；其二，不仅保障律师采用传统方式阅卷，还鼓励办案机关采用新的科技手段为律师阅卷提供便利，要求“人民检察院、人民法院应当为辩护律师查阅、摘抄、复制案卷材料提供便利”，而且“有条件的地方可以推行电子化阅卷，允许刻录、下载材料”；其三，不仅保障律师可以查阅正在办理尚未审结的案件的材料，而且还允许律师到“案卷档案管理部门、持有案卷档案的办案部门查阅、摘抄、复制已经审结案件的案卷材料”；其四，不仅保障律师查阅纸质案卷材料或电子卷宗，还规定“律师申请查阅人民法院录制的庭审过程的录音、录像的，人民法院应当准许”。

鉴于律师首次阅卷主要是在审查起诉阶段，最高人民检察院《关于依法保障律师执业权利的规定》提出了更加细致明确的要求：“人民检察院应当依照检务公开的相关规定，完善互联网等律师服务平台，并配备必要的速拍、复印、刻录等设施，为律师阅卷提供尽可能的便利”，“必要时，人民检察院可以派员在场协助”。最高人民法院《关于依法切实保障律师诉讼权利的规定》则要求，律师阅卷与其他诉讼主体阅卷时间冲突的，人民法院“应当协调安排各方阅卷时间”，律师不仅可以查阅、摘抄、复制卷宗材料，还可以查看庭审录音录像，人民法院“应当提供场所和设施”。

总之，在中央政法机关的高度重视下，在互联网技术和“智慧检察”“智慧司法”广泛运用于司法活动的背景下，不论在制度上还是在实务上，律师阅卷难总体上已经不复存在，而今已变成了律师阅卷易。笔者作为一名兼职律师，近几年也办理过刑事辩护案件，案卷材料少则几十册，多则几百册，如果在过去光是复印或者拍照卷宗材料，至少得花几天甚至一周时间，但现在到检察机关阅卷通过刻录或 U 盘复制，几分钟或十几分钟就可完成。有的检察机关甚至事先为律师刻录好了光盘，律师递交委托手续后就可以拿走光盘，回办公室阅卷。据了解，以上做法在全国已经普及。

（3）律师调查取证权。律师调查取证权，是指律师在刑事诉讼中根据辩护或代理的需要依法调查收集证据的权利。刑事诉讼法对于律师办理刑事案件中需要调查收集证据的，原则上是允许的并予以必要的保障。但是对于向特定对象调查收集证据材料的，要求须征得办案机关的许可。为此，“两高三部”《关于依法保障律师执业权利的规定》针对不同情形作出了相应规定，第 17 条规定，“辩护律师申请向被害人或者其近亲属、被害人提供的证人收集与本案有关的材料的，人民检察院、人民法院应当在七日以内作出是否许可的规定，并通知辩护律师。辩护律师书面提出有关申请时，办案机关不许可的，应当书面说明理由；辩护律师口头提出申请的，办案机关可以口头答复”。此外，还针对律师们反映办案工作中有时需要到监狱向服刑人员调查收集证据，但很难实现的问题，第 19 条规定，“辩护律师申请向正在服刑的罪犯收集与案件有关的材料的，监狱和其他监管机关在查验律师执业证书、律师事务所证明和犯罪嫌疑人、被告人委托书或法律援助公函后，应当及时安排并提供合适的场所和便利”。最高人民检察院《关于依法保障律师执业权利的规定》第 7 条明确要求，“人民检察院依法保障律师在刑事诉讼中的申请收集、调取证据权”。以此为基础，针对案件移送审查逮捕、移送审查起诉后，律师依据《刑事诉讼法》第 39 条或第 41 条的规定向检察机关申请调取、收集有关证据的不同情形，对检察机关如何处理作出相关规定。还特别强调，律师收集到有关犯罪嫌疑人不在犯罪现场、未达到刑事责任年龄、属于依法不负刑事责任的精神病人的证据，告知人民检察院的，人民检察院相关办案部门应当及时进行审查。最高人民法院《关于依法切实保障律师诉讼权利的规定》也强调指出，“依法保障律师申请调取证据的权利。律师因客观原因无法自行收集证据的，可以依法向人民法院书面申请调取证据，律师申请调取证据符合法定条件的，法官应当准许”。

应该说，与律师会见权、阅卷权相比，律师调查收集证据权所遇到的问题没有那么普遍。因为律师会见与阅卷是办理任何一个案件都必须面对和解决的问题，否则，律师难以正常办理案件，依法维护当事人的合法权益。但律师调查收集证据权并非办理每一个案件都会发生需要，再加上律师在办理案件中并不承担举证责任，律师调查取证权在法律上并无强制力等原因，实践中律师直接调查收集证据的情形并不是很多。此外，鉴于律师调查收集证据权的特殊性，法律赋予了律师向办案机关申请调取收集证据的权利，这也弥补了律师直接调查收集证据权的不足。当然，早在 1996 年《刑事诉讼法》修改和 1997 年《刑法》修改后，由于增设了《刑法》第 306 条辩护人、诉讼代理人毁灭证据、伪造证据、妨害作证罪，一些地方发生了办案机关因律师调查取证而被立案追究的案件，在当时曾引起社会各界比较强烈的反响。针对这个问题，2012 年《刑事诉讼法》修改时专门对第 38 条（现调整为第 44 条）进行了重要修改，强调“辩护人涉嫌犯罪的，应当由办理辩护人所承办案件的侦查机关以外的侦查机关办理。辩护人是律师的，应当及时通知其所在的律师事务所或者所属的律师协会”。近年来，因律师调查收集证据而被立案查处的案件已经很少了。

2. 依法保障刑辩律师手段性的辩护权利

手段性的辩护权利是指辩护律师在刑事诉讼中依法享有的针对办案机关的诉讼行为、诉讼决定等实施的旨在维护当事人合法权益的各种具体辩护行为的权利，比如依法申请取保候审，要求解除超期羁押，申请证人、鉴定人、侦查人员出庭并对其质证、法庭辩论等。这些权利的行使是直接针对办案机关的诉讼行为、诉讼决定的，实际上是辩护的手段，故称为手段性的辩护权利。手段性的辩护权利旨在影响、改变办案机关的诉讼行为或诉讼决定，产生对当事人有利的诉讼结果，属于实质性的辩护权利，亦称为狭义的辩护权利。它包括的权利较多，以下仅就比较重要的权利扼要论述。

（1）律师申请排除非法证据的权利。非法证据排除制度在我国初步确立于 2010 年 6 月“两高三部”出台的《关于办理刑事案件排除非法证据若干问题的决定》。2012 年《刑事诉讼法》修改时，在总结以往两年决定实施情况以及吸取理论研究成果的基础上，正式建立了非法证据排除制度。在这项制度中，法律赋予犯罪嫌疑人、被告人及其辩护律师享有申请权。但是，由于非法证据排除是针对办案机关及办案人员可能存在的违法办案行为进行的辩护，在实践中阻力是比较大的。党的十八届四中全会决定提出“推进以审判为中心的诉讼制度的改革”，其中专门提到强化对非法证据排除的精神。其后在各地进行改革试点中都把非法证据排除作为重点问题。同时，中央也非常重视这一问题，并于 2017 年 6 月经中央深改组审查通过，“两高三部”出台了《关于办理刑事案件严格排除非法证据若干问题的规定》，在刑事诉讼法已有规定的基础上，进一步细化了排除非法证据过程中所涉及的各种问题，其中特别重视保障犯罪嫌疑人、被告人及其辩护人的权利，专门就“辩护”问题作了相关规定，包括：第一，犯罪嫌疑人、被告人申请排除非法证据但没有辩护人的，可以申请提供法律援助。同时法律援助值班律师可以为犯罪嫌疑人、被告人提供法律帮助，对刑讯逼供、非法取证情形代理申诉、控告。第二，犯罪嫌疑人、被告人及其辩护人为排除非法证据可以向办案机关申请调取有关证据材料，包括办案机关已收集但未提交的讯问录音录像、体检记录等。2017 年 12 月，最高人民法院又下发了《人民法院办理刑事案件排除非法证据规程（试行）》，就审判阶段所涉非法证据排除问题进一步作了细化规定，其中也非常重视被告人及其辩护人的相关权利，包括：向被告人及其辩护人送达起诉书副本时，应当告知其有权在开庭审理前申请排除非法证据并同时提供相关线索或者材料；被告人申请排除非法证据但没有辩护人的，法院应当通知法律援助机构指派律师为其提供辩护；法庭调查时，被告人及其辩护人可以出示相关线索或者材料，并申请法庭播放特定讯问时段的讯问录音录像；还可以申请通知侦查人员或者其他人员出庭说明情况，人民法院认为确有必要的，可以通知上述人员出庭，并当庭进行发问、质证等。

以上规定在司法实践中基本得到了贯彻执行，犯罪嫌疑人、被告人及其辩护人申请排除非法证据的权利也基本上得到了保障。

（2）律师出庭及质证权。根据刑事诉讼法的规定，被告人及其辩护人在诉讼中并不承担证明被告人无罪或者有罪的举证责任。因此，他们在辩护中，主要是针对指控证据进行质证。因而出庭和质证权是辩护权中的核心权利，历来受到被告人及其辩护人的高度重视并在诉讼中充分行使，其中主要集中在申请证人、鉴定人、侦查人员出庭作证并对他们进行质证的权利。在这些问题上，2012 年刑事诉讼法已经作出了不少以往没有的规定，为被告人及其辩护人质证权的形式奠定了重要基础。党的十八届四中全会以后，“两高三部”《关于依法保障律师执业权利的规定》为保障辩护律师能够切实行使质证权，还从程序安排上作出了若干新的规定，切实保障律师的出庭权。比如为保障律师能够到庭并充分辩护，要求法院确定开庭日期时，应当为律师出庭预留必要的准备时间；律师因开庭日期冲突等正当理由申请调整开庭日期的，法院应当在不影响案件审理期限的情况下，予以考虑并调整日期；律师可以根据需要申请带律师助理参加庭审；有条件的法院应当建立律师专门通道，律师进入法院应当与出庭履行职务的检察人员同等对待；有条件的法院应当设置律师更衣室、休息室，并配备桌椅、饮水、上网设施等，为律师提供便利。

2017 年 12 月，最高人民法院出台的《人民法院办理刑事案件第一审普通程序法庭调查规程（试行）》，就被告人及其辩护人在庭审中的发问权、质证权作出了进一步细化的规定。

（3）律师辩论权。律师辩论权是指在法庭辩论阶段，辩护律师系统发表辩护意见并与控方或其他相关方开展辩论的权利。这是律师辩护权之中的核心权力，也是人民法院系统听取律师辩护意见的重要环节。在司法实践中法院对这项权利一般还是比较重视的，存在的问题主要有两个方面：一个方面是限制律师辩论发言的时间或次数；另一个方面是重定罪问题的辩论、轻量刑问题的辩论，特别是当律师提出无罪辩护的意见时，法庭往往是限制甚至不准律师就量刑问题发表意见并展开辩论。近几年有关司改文件或司法解释针对这些问题作出了对策性的明确规定。

其一，“两高三部”《关于依法保障律师执业权利的规定》明确要求，

“法庭审理中，法官应当注重诉讼权利平等和控辩平衡，对于律师发问、质证、辩论的内容、方式、时间等，法庭应当依法公正保障，以便律师充分发表意见，查清案件事实”。针对限制、打断律师发言的问题，明确指出“法庭审理过程中，法官可以对律师的发问、辩论进行引导，除发言过于重复、相关问题已在庭前会议达成一致、与案件无关或者侮辱、诽谤、威胁他人，故意扰乱法庭程序的情况外，法官不得随意打断或者制止律师按程序进行的发言”。对于司法实践中法官无理限制律师辩论发言的典型事件，有关法院作出严肃处理。比如据广东省高级人民法院官方微博 2019 年 5 月 24 日发布的消息，该院对一名女法官在庭审中批“律师水平不够”，限制律师发言事件表示，该法官用语不当，本人已认识到不妥，并向有关律师道歉，广东高院对其进行诫勉，责成有关部门对工作中暴露的问题予以重视并认真进行整改。据了解，这次事件是因该女法官审理案件的庭审直播视频引发的，在庭审中辩护律师辩论发言时，被法官三次打断，并被指责“水平不够，抓不住重点”。该视频在网上引起广泛关注，广东省高级人民法院及时严肃处理受到广泛好评。

其二，对于律师辩论发言中所涉及的定罪问题与量刑问题的关系，“两高三部”《关于依法保障律师执业权利的规定》明确指出，“辩护律师做无罪辩护的，可以当庭就量刑问题发表辩护意见，也可以庭后提交量刑辩护意见”。“两高三部”《关于规范量刑程序若干问题的意见》进一步规定:“对于被告人不认罪或者辩护人做无罪辩护的案件，法庭调查和法庭辩论分别进行”，并强调指出“在法庭辩论阶段，审判人员引导控辩双方先辩论定罪问题。在定罪辩论结束后，审判人员告知控辩双方可以围绕量刑问题进行辩论，发表量刑建议或者意见，并说明依据和理由。被告人及其辩护人参加量刑问题的调查的，不影响作无罪辩解或者辩护”。这些规定出台以后，以往那种因律师提出无罪辩护而不准或限制就量刑问题发表意见和辩论的现象已经很少存在。

最高人民法院不仅重视在一、二审程序中保障辩护律师在庭审中的辩论权，而且也很重视在死刑复核程序中听取律师的意见。最高人民法院《关于办理死刑复核案件听取辩护律师意见的办法》明确要求，最高人民法院办理死刑复核案件时，辩护律师要求当面反映意见的，应当及时安排，辩护律师还可以携律师助理参加。一般由案件承办法官与书记员当面听取律师意见，也可以由合议庭其他成员或者全体成员与书记员听取。据了解，这项工作在最高人民法院得到贯彻执行，律师反映意见的渠道是畅通的。

3. 依法保障刑辩律师救济性的辩护权利

所谓律师救济性的辩护权利，是指当律师的条件性辩护权利和手段性辩护权利因办案机关及办案人员的原因不能依法行使的时候，向有关机关反映、投诉并获得处理、保护的权利。此类辩护权利过去在我国刑事诉讼法上比较薄弱，在2012年《刑事诉讼法》修改时，这个问题受到重视，专门增加了若干条文旨在解决这一难题。比如《刑事诉讼法》第49条规定，“辩护人、诉讼代理人认为公安机关、人民检察院、人民法院及其工作人员阻碍其依法行使诉讼权利的，有权向同级或者上一级人民检察院申诉或者控告。人民检察院对申诉或者控告应当及时进行审查，情况属实的，通知有关机关予以纠正”。

党的十八届四中全会以来，中央政法机关非常重视这一问题。“两高三部”《关于依法保障律师执业权利的规定》第3条明确要求，“人民法院、人民检察院、公安机关、国家安全机关、司法行政机关和律师协会应当建立健全律师执业权利救济机制”。其后在第41条至第45条又从多方面细化这项要求。其一，采用列举加兜底的方式，把律师认为办案机关及其办案人员阻碍律师依法行使诉讼权利的行为加以细化规定，包括：（1）未依法向律师履行告知、转达、通知和送达义务的；（2）办案机关认定律师不得担任辩护人、代理人的情形有误的；（3）对律师依法提出的申请，不接收、不答复的；（4）依法应当许可律师提出的申请未许可的；（5）依法应当听取律师的意见未听取的；（6）其他阻碍律师依法行使诉讼权利的行为。其二，办案机关应当畅通律师反映问题和投诉的渠道，明确专门部门负责处理律师投诉，并公开联系方式。应当对律师的投诉及时调查，律师要求当面反映问题的，应当当面听取律师的意见。经调查情况属实的，应当依法立即纠正，及时答复律师，做好说明解释工作，并将处理情况通报其所在地司法行政机关或者所属的律师协会。其中还特别强调人民检察院作为法律监督机关在受理律师提出的申诉、控告事项中应当依法严格履行保障律师执业的法律监督职责，处理好律师的申诉、控告。其三，对律师提出的投诉、申诉、控告，经调查核实后要求有关机关予以纠正，但有关机关拒不纠正或者累纠累犯的，应当由相关机关的纪检监察部门依照有关规定调查处理，相关责任人构成违规的，给予纪律处分。其四，对于上述投诉、申诉、控告事项，律师也可以向其所执业的律师事务所所在地的市级司法行政机关、律师协会申请维护执业权利。情况紧急的，可以向事发地的司法行政机关、律师协会申请维护执业权利。司法行政机关、律师协会应当建立维护律师执业权利快速处置机制和联动机制，及时安排专人负责协调、处理。律师的维权申请合法有据的，司法行政机关、律师协会应当建议有关办案机关依法处理，有关办案机关应当将处理情况及时反馈司法行政机关、律师协会。其五，人民法院、人民检察院、公安机关、国家安全机关、司法行政机关和律师协会应当建立联席会议制度，定期沟通保障律师执业权利工作情况，及时调查处理侵犯律师执业权利的突发事件。

根据上述规定，2017 年 4 月“两高三部”及全国律师协会专门出台《关于建立健全维护律师执业权利快速联动处置机制的通知》，要求各级人民法院、人民检察院、公安机关、国家安全机关、司法行政机关和律师协会建立健全维护律师执业权利快速联动处置机制，加强沟通协调，确保律师执业权利受到侵犯后第一时间受理、调查、处理、反馈，切实提高维护律师执业权利的及时性和有效性，保障律师依法执业。

在以上部署下，2017 年 3 月全国律师协会率先成立“律师维权中心”，至3月底，全国31个省级律师协会和新疆生产建设兵团律师协会全部建成律师维权中心。2017年7月，全国律协律师维权中心及时启动律师维权快速联动机制，成功处理了一起发生在河北省邯郸市的律师因办案在法院排队时被法警殴打的事件。事件发生后，全国律协一方面及时向司法部汇报、向最高人民法院反映情况，另一方面安排事发地律师协会向当地司法行政机关汇报，并会同当地中级法院组成联合调查组，经调查核实确认当事法警应负全部责任。法院随后作出处理，辞退了参与殴打律师的6名法警（辅警），给予法警大队长行政警告处分，同时向被打律师公开道歉。此案在全国产生广泛影响，维护律师执业权利出现空前局面。据中国日报网2018年7月报道，截至2018年上半年，各省（自治区、直辖市）和设区的市的律师协会维权中心累计受理维权申请291件，正在处理150件，成功解决141件。①

几年来，在以上背景下律师维权工作取得积极成效，但侵犯律师执业权利的现象仍时有发生。快速处理机制仍然发生着积极作用。2020年12月，广东省律师协会收到北京一家律师事务所的感谢信，表示该所一名律师到当地一家看守所会见在押犯罪嫌疑人受到阻挠，不准会见。办案律师向当地律协申请维权后，律协非常重视，及时与有关部门协调，3日内就解决了问题，律师对此表示感谢。

（二）规范与惩戒相结合，保证律师依法执业

中央有关部门在高度重视保障律师执业权利的同时，也要求应当规范律师依法执业，对于律师违法违规执业行为严肃处理。2014年5月，司法部发布《关于进一步加强律师职业道德建设的意见》。2015年9月，"两高三部"出台《关于进一步规范司法人员与当事人、律师、特殊关系人、中

① 参见《全国律协：六月份全国和地方共收到律师维权申请86件》，载中国日报中文网，2018年7月31日。

介组织接触交往行为的若干规定》。2017年1月，全国律协根据新形势、新情况和中央有关要求，对2004年通过的《律师执业行为规范（试行）》进行了第二次修订，对律师依法依规执业提出全面要求，并对违法违规执业行为作出明确界定。2017年7月，司法部和全国律协联合下发《关于进一步加强律师惩戒工作的通知》，明确提出“在加强律师执业权利保障的同时，严格规范律师执业行为，进一步加强律师惩戒工作”，并对如何做好此项工作从多方面提出了具体要求。2018年4月，最高人民法院与司法部联合下发《关于依法保障律师执业权利和规范律师参与庭审活动的通知》，从正反两个方面对律师参与庭审活动的合法行为与违法违规行为划清界限。

全国律协作为律师行业的主管部门，从多方面积极贯彻执行上述文件。2017年3月专门设立了全国律协投诉受理查处中心。同年5月各省（自治区、直辖市）律师协会和设区的市级律师协会均成立了投诉中心。同时，全国律协还修订了《律师协会会员违规行为处分规则》和《投诉中心工作规则》。根据这些规定，全国律协及地方律协负责受理、审查、处理律师违规执业行为。2017年各律师协会共收到投诉6805件，作出行业处分包括训诫、通报批评、公开谴责、警告、中止会员权利、取消会员资格等409件。[①]

除律师行业处分外，司法行政机关依据有关法律和行政法规，处理了一批不合格甚至违法犯罪的律师。比如2018年1月，司法部官网公布了司法行政机关对42名律师、10家律师事务所的行政处罚决定，涉及违规收费、不正当竞争、提供虚假材料、干扰诉讼活动、故意犯罪五个方面。据了解，这是司法部连续第九个月公布对律师和律师事务所行政处罚的决定。[②]

以上从四个方面总结论述了刑事辩护制度的改革，从中可以看出刑事

---

① 参见蒋安杰:《全国律协通报2017年度十大典型惩戒案例》，载《法制日报》2018年3月31日。

② 参见《司法部公开对42名律师、10家律所的行政处罚决定》，载中国新闻网，2018年1月31日。

辩护制度与刑事诉讼制度密不可分，不可或缺。以审判为中心的刑事诉讼制度的改革，强调的是要让审判活动成为刑事诉讼的中心，集中表现为庭审实质化。而要实现庭审实质化，必须要有律师辩护的实质化。此项改革经过各方积极努力，已经取得一定成效。但是，与完善认罪认罚从宽制度的改革相比，应该说是一项尚未完成的改革。其原因之一是对于到底什么是“以审判为中心的诉讼制度”以及如何进行改革，实际上各个方面还没有达成共识，这是需要继续深入研究并继续深化改革的问题。认罪认罚从宽制度的改革应该说推进力度大，改革成效比较明显，并且催生了值班律师制度的诞生和发展。经过改革试点和刑事诉讼法修改及其施行，值班律师制度不仅得以正式确立，而且也在不断完善，并且在认罪认罚从宽制度中已经发挥并将继续发挥重要的作用。但是，值班律师毕竟还是一项新生事物，还有不少问题需要深入研究，比如值班律师的职责定位、与辩护律师的关系、与法律援助律师的关系等。同时，还需要在相关制度上从多方面给予保障。伴随着以审判为中心和认罪认罚从宽制度的改革，司法部获得了最高人民法院积极支持，开展了刑事案件律师辩护全覆盖的改革试点，并已取得初步成效。但这项改革任重道远，一方面需要决策机关科学论证，周密预测，务实规划，并推出切实有效的相关举措；另一方面，还需要各级司法机关、司法行政机关以及律师界齐心协力，长期不懈，一步步向前推进，最终实现目标。不容忽视的是，以上三个方面的改革，都离不开对律师执业权利的保障。因此，在推进以上改革过程中，中央始终高度重视依法保障律师的各项执业权利，出台的文件，采取的措施，取得的成效，可以说是前所未有的。与此同时，中央政法机关也非常关注律师行业的健康发展，依法规范律师执业活动，对违法违纪人员及时给予必要的惩戒，产生了积极的教育效果。

专题六　认罪认罚从宽制度实施问题研究*

2014年10月23日，党的十八届四中全会通过的《中共中央关于全面推进依法治国若干重大问题的决定》第一次明确提出完善刑事诉讼中认罪认罚从宽制度。经过两年多的充分酝酿和反复论证，2016年7月，中央全面深化改革领导小组第二十六次会议审议通过《关于认罪认罚从宽制度改革试点方案》。同年9月，第十二届全国人民代表大会常务委员会第二十二次会议通过了《关于授权最高人民法院、最高人民检察院在部分地区开展刑事案件认罪认罚从宽制度试点工作的决定》。同年11月，最高人民法院、最高人民检察院、公安部、国家安全部、司法部印发《关于在部分地区开展刑事案件认罪认罚从宽制度试点工作的办法》，对认罪认罚从宽制度试点工作提出指导性意见。认罪认罚从宽制度，一方面涉及刑事实体法和刑事程序法两大领域，是诸多相关制度的集合体；另一方面又是对现有制度的完善和发展。经过2016年开始的试点到2018年正式纳入刑事诉讼法，认罪认罚从宽制度已经成为主导整个刑事诉讼的崭新制度。这项制度实施的效果直接关系到刑事诉讼运行的整体效能，因此对其实施问题对研究对于完善其制度层面的规范具有重要的理论和实践价值。本专题针对认罪认罚从宽制度的研究包括对认罪认罚从宽制度试点的运行状况的研究、证据规则的研究和量刑建议效力的研究，可以比较全面地反映认罪认罚从宽制度实施中的主要问题。本专题采用座谈、访谈，发放和收集查调查问卷等实证调研方式，对认罪认罚从宽的

* 本专题由李本森教授负责。

制度适用进行调查研究，期望呈现相对完整的认罪认罚从宽制度实践运行样态，并对该制度在理论和实践层面存在的问题进行针对性剖析，为制度的适用与完善提供有益参考。

一、刑事速裁程序实施效果研究*

2014年6月，十二届全国人大常委会第九次会议通过《关于授权最高人民法院、最高人民检察院在部分地区开展刑事案件速裁程序试点工作的决定》，授权最高人民法院、最高人民检察院在全国14个省（市）的18个城市，进行为期两年的刑事案件速裁程序试点。同年8月，最高人民法院、最高人民检察院、公安部和司法部出台《关于在部分地区开展刑事案件速裁程序试点工作的办法》（以下简称《速裁程序试点办法》）。试点18个城市为：北京、上海、天津、沈阳、大连、济南、青岛、南京、杭州、武汉、福州、厦门、广州、深圳、郑州、长沙、重庆、西安。在刑事案件快速处理程序构造方面，理论界和学界对此一直存在争议。例如，有些学者担心我国刑事诉讼程序和国外发达国家相比程序上本来就相对简单，如果速裁程序在简易程序基础上再作简化，很难保证诉讼结构完整，不利于做到定罪准确和量刑公正。[①] 这些忧虑并不是完全没有道理，当然也不能任其无限放大而影响制度创新。对于理论争议的正确做法，就是对速裁程序试点并进行实证研究，以观察其运行真实效果。刑事速裁程序在全国18个城市的试点，为观察和研究速裁程序的功能提供了难得契机。目前学界对刑事速裁程序已经陆续有实证研究成果。总体上看，目前这些研究普遍存在观察样本少和研究试点区域窄，对整个试点规范和规则等缺乏系统化分析，大多属于碎片化经验整理，无论其研究的广

---

* 本部分撰稿人为李本森教授，根据已发表的前期成果修改而成，原文李本森：《刑事速裁程序试点研究报告——基于18个试点城市的调查问卷分析》，载《法学家》2018年第1期。

① 参见张建伟：《认识相对主义与诉讼的竞技化》，载《法学研究》2004年第4期；黄淳：《普通程序简化审质疑》，载《天府新论》2003年第4期。

度还是深度都无法满足对这样大规模的法律试点的运行过程中产生的规律、经验和问题的全局性把握，不可避免会影响其研究结论的可接受性与可应用性。① 为了克服上述研究局限性，笔者对速裁程序试点的相关问题进行涵盖18个试点城市的问卷与调查分析，试图全面观察和揭示速裁程序试点的经验和问题，在此基础上评估其在实践中的可行性。为此，笔者组织课题组多次到北京、上海、广州、南京、西安、沈阳等试点地区的试点法院、检察院和律师事务所、看守所进行实地调研，观摩速裁庭审现场，与参与试点的法官、检察官、律师、警察和被告人、被害人进行座谈、访谈，发放和收集调查问卷、速裁案例、地方试点文本等大量第一手资料，在此基础上以调查问卷为主线完成该研究报告。

（一）研究的目标和问题

本研究的目标，就是通过对18个试点地区速裁程序的实际运行状况进行问卷调查，评估其在实践中的可行性，发现其中存在的问题并提供改进建议，为未来刑事速裁程序的科学立法提供实证参考。本研究报告集中围绕《速裁程序试点办法》规范进行问卷设计，对试点地区的法官、检察官、律师和警察进行相关规则、文本规范和运行状况进行认知性、可行性、满意度等方面的调查和评估。本研究中调查问卷主要包括以下几大类问题：

1. 速裁案件适用范围和条件的规定是否合理

刑事速裁程序案件适用范围和限制条件，直接关系速裁程序在刑事案件繁简分流中的功能作用以及实际发挥的效度。为了确保试点的稳步推

---

① 相关速裁实证研究的代表性文章有：廖大刚、白云飞等:《刑事案件速裁程序试点运行现状实证分析——以T市8家试点法院为研究样本》；载《法律适用》2015年第12期；郭京霞等:《保障人权促公正，全程简化出效率——北京海淀法院刑事案件速裁程序试点工作情况调查》，载《人民法院报》2015年9月24日，第8版；徐斌:《效率通向公正：刑事速裁程序实证研究》，载《中国审判》2015年第17期。

进，《速裁程序试点办法》中将速裁试点范围控制在 11 种犯罪类别和被告人可能被判处一年以下有期徒刑的案件。根据最初预测，并考虑到 18 个试点地区的刑事案件基数较大，刑事速裁试点应当至少可以疏解当地同期刑事案件的 35%—40%。[①] 但是，根据最高人民法院、最高人民检察院给全国人大的《关于刑事案件速裁程序试点情况的中期报告》，截至 2015 年 8 月 20 日，183 个试点法院和检察院适用的速裁案件占试点法院同期办理全部刑事案件的 12.85%。[②] 可见，该比例比预期比例要低得多。虽然这个比例也在中期报告随后的一年的试点中整体上有所提高，但是总体上看速裁案件在试点地区的适用率并没有达到预期。制约刑事速裁程序适用因素有很多，但是核心的因素是速裁案件的适用范围和条件。另外，针对《速裁程序试点办法》规定速裁程序适用条件是否需要改革以及如何改革问题，笔者在问卷中围绕罪名限制、刑期范围、禁止条件和改革建议等设计具体问题，以了解办案人员对该问题的态度和建议。

2. 速裁案件证明标准是否可以降低

刑事速裁案件的审理速度上去了，但是案件的质量是否可以得到保证，审理案件的证据是否可以做到确实、充分？刑事速裁的证明标准是否可以有所降低？这些问题既是关系到刑事速裁程序能否具有正当性的基础问题，也是推进刑事速裁程序的难点问题。我国刑事诉讼的证明标准是采取统一高位标准，即审理案件要做到证据确实、充分，排除合理怀疑，没有对程序或诉讼阶段而采取不同证明标准。按照这个规定来推论，刑事速裁证明适用的标准应当是刑事诉讼法确定的“证据确实、充分，排除合理

① 根据全国近几年的司法统计数据，2012—2014 年全国法院判处拘役以下刑罚占同期被告人的平均比为 45%。再以上海为例，2012—2014 年上海判处一年以下有期徒刑以下刑罚人数占同期被告人的平均比为 51%。参见最高人民法院刑一庭编：《刑事速裁程序试点中期评估资料汇编》，2016 年 8 月。亦可参见中国法律年鉴社编：《中国法律年鉴》(2012—2014 年卷)。

② 参见最高人民法院、最高人民检察院《关于刑事案件速裁程序试点情况的中期报告》，2015 年 11 月 20 日。

怀疑”标准。但是，在《速裁程序试点办法》中，规定速裁案件证据要求“案件事实清楚，证据充分”，与刑事诉讼法相比少了“确实”两个字。这一细微变化是否意味着速裁案件的证明标准可以降低？在速裁试点地区的实际调查中，有的办案法官就明确提出，要降低刑事速裁案件的证明标准，简化证据文书要求，譬如在轻微的刑事案件没有必要对赃物价格都进行司法鉴定。在学界，也有部分学者提出速裁案件的证明标准可以有所降低，满足“两个基本”的证明标准，即“基本事实清楚、基本证据充分”即可。[①] 国外的快速案件处理程序，对定罪并不要求达到排除合理怀疑，即只要被告人认罪并且有基本的事实即可定罪量刑。美国律师协会《认罪答辩准则》[14.1.4.(Ⅳ)] 就明确规定，认罪就放弃排除合理怀疑的权利。[②] 在我国，由于诉讼证明标准充满主观性，这个问题极易成为试点争论的焦点，并很有可能带来认识上混乱。为此，我们在问卷中针对这个问题进行了调查，以了解参与试点的基层办案人员对速裁案件证明标准上的倾向性意见。

3. 速裁案件中认罪自愿性如何审查

速裁案件适用前提是认罪的自愿性。概括起来，符合法定的认罪构成要件必须符合四个要素：(1) 主体要件，即适格的被告人，无行为能力的精神病人或严重限制行为能力人不能作为认罪的主体；(2) 客体要件，即行为要件，在法庭上向主审法官表示认罪，承认自己的行为构成犯罪；(3) 意志要件，即被告人的认罪必须是精神完全自主的状态下，并且明知指控的性质和后果下进行的认罪。为了达到这样的条件，认罪原则上应当在辩护律师的指导下进行，除非被告人自己放弃指定律师的法律帮助。美国、英

---

① 参见樊崇义:《刑事速裁程序试点：从经验到理性》，载《法律适用》2016年第4期。亦可参见冉容、何东青:《积极探索、科学论证，推动刑事速裁程序试点健康深入发展——试点中期评估论证专家意见摘编》，载《人民法院报》2015年9月9日，第6版。

② See ABA Standards for Criminal Justice Pleas of Guilty Plea. 3rd ed., by American Bar Association. Published in 1999 in Washington D.C.

国、法国等国家的司法机关在快速案件处理程序中，专门构造认罪答辩程序对被告人的认罪自愿性等进行审查。[①] 我国刑事诉讼中没有庭前认罪答辩审查程序，速裁案件中对认罪的自愿性审查也缺乏标准，在司法实践中容易出现被告人强迫认罪的问题，且容易产生冤错案的风险。笔者在实地调研时对速裁法庭的观摩中也发现，有不少法官对认罪的自愿性根本不审查或者很少涉及，或者只是进行例行性询问并不作实质的审查。由于缺乏判断认罪自愿性的规则和标准，特别是有些法官担心在审查中“节外生枝”，影响案件正常审理，因此对该问题在庭审中大都不愿涉及。由于该问题不仅关系到被告人的诉讼权利保护，而且关系速裁程序审理程序的正当性与实体的合法性，因此在问卷中对该问题从认罪的自愿性以及具体的审查形式等方面进行调查。

4. 刑事案件速裁程序中是否建立控辩协商关系

在刑事诉讼中建立控辩协商机制是解决控辩不平衡问题的最有效方式。《速裁程序试点办法》第 6 条规定，检察机关提出的量刑建议要听取犯罪嫌疑人、被告人的意见，犯罪嫌疑人和被告人同意并签字具结的才可进入刑事速裁程序。刑事被告人在量刑方面开始有与检控方进行有条件的协商权利。虽然该权利对被告人来说意义非常有限，但是却为在刑事诉讼中建立控辩协商制度打开缺口。有的试点地方法院与检察院联合出台控辩协商规则，规定启动控辩协商的条件、程序，辩护人与公诉人在被告人认罪认罚、案件事实清楚基础上就量刑进行协商，协商的结果在法庭正式开庭审理前提交给法庭，法庭法官在审查同意后可直接参照协商结果作出判

① 参见《美国联邦刑事诉讼规则》(Federal Rules of Criminal Procedure, Rule 11. Pleas)；[英] 杰奎琳·霍奇森:《法国认罪程序带来的检察官职能演变》，载《国家检察官学院学报》2013 年第 5 期；郑曦:《英国被告人认罪制度介绍与借鉴》，载《比较法研究》2016 年第 4 期。

决。[①] 这种做法为探索在速裁程序中全面建立控辩协商制度提供了可资参考的经验。但是，由于目前值班律师还不能完全满足速裁控辩协商的要求，因此控辩协商制度在这次试点中只有少数法院在这方面进行了初步探索。绝大多数试点地区仅仅是满足于量刑建议征求被告人的意见，很多情况下并没有值班律师或辩护律师的有效参与，因此并不存在实质意义上的控辩协商。如果被告人没有辩护律师的帮助，由于双方在诉讼权利上的巨大差异，速裁案件中的控辩协商的基本平等性都很难得到保证。问卷中对速裁程序中的控辩协商，以及与辩诉交易的关系等问题进行调查，以揭示法官、检察官和律师等对在速裁程序中建立控辩协商机制的态度和建议。

5. 刑事速裁程序的审理方式是否合理

刑事速裁程序的审理方式不仅包括案件的庭审方式，还包括启动程序、通知送达、庭审流程、量刑和宣判以及裁判文书的制作。从目前司法实践看，速裁程序的审理方式比较简化，加上不少试点地区试行集中审理、视频审理的方式，速裁案件的审理效率有显著的提高。但是，在速裁程序的审理中也暴露了审理方式过度形式化、程式化的问题，法庭的权威在速裁案件中受到削弱。对于这个问题，在问卷调查中对审理方式的设计是否合理，诉讼结构是否完整，以及是否存在程式化的问题进行调查，揭示法官、检察官和律师对法庭审理的结构性安排的意见和态度。

6. 被告人的诉讼权利在速裁程序中是否受到削弱

速裁程序的试点，是简化法庭审理方式，加快刑事案件的审理流程，特别是简化法庭调查和法庭辩论环节，是否会直接影响到被告人的诉讼权利，是否会出现审判不公，这些问题都是理论和实务部门关注的焦点。有

---

① 参见广东省广州市海珠区人民法院：《广州市海珠区人民法院刑事案件速裁程序试点工作白皮书（2014年8月—2015年12月）》，载《人民法院报》2016年3月22日。

媒体报道，司法机关试点的速裁程序是“只简程序，不减权利”。[①] 但是，其实际状况究竟如何需要进行验证。基于此，问卷中针对被告人在速裁案件中的权利保护，不仅对司法人员和律师进行问卷调查，而且通过问卷对适用速裁案件审理其案件的被告人进行调查。这些调查包括对速裁程序中审前权利保护、值班法律援助律师的作用、权利告知以及信息安全保护等。另外，一些试点司法机关主张对速裁案件实行一审终审，以防止被告人滥用上诉权导致速裁案件审结效率低下。[②] 在问卷中，对被告人的上诉权是否应当进行限制等相关问题也进行了相应调查。

7. 刑事速裁程序总体效果如何

刑事速裁程序试点的总体效果如何，关键看其是否带动案件的繁简分流，促进刑事诉讼效率的切实提高。司法效率无论是对司法机关还是对被告人来说都具有积极价值。美国联邦宪法第六修正案规定，刑事被指控人享有获得快速审判的权利。一般来说，刑事被告人希望早日结案并获得轻判，以便早日从犯罪的阴影中走出，尽快回归正常生活。对于司法机关和辩护律师来说，案件流转快就有利于在单位时间内将司法资源利用最大化，节省司法资源。速裁程序对试点地区的司法效率的影响如何是对试点效果评估的关键问题。调查问卷对速裁程序是否实质性提高案件的办理效率进行了综合性调查。另外，对于刑事案件的速裁程序试点运行的总体效果，特别是该项试点是否总体上达到预期目的以及满意度如何，这也是对速裁程序试点研究和评估必须回答的问题。本研究在题项中通过对参与试点的各类诉讼主体采用“非常满意、比较满意、满意、不满意、非常不满意”的五分度测评方式，以测评速裁程序试点中各类司法主体对其的满意度。

---

① 参见张笑、傅鉴、李治治:《简程序不减权利》，载《检察日报》2016年4月6日，第2版；孙海华:《西安法院试水速裁程序：只简程序，不减权利》，载《中国青年报》2016年8月16日，第6版。

② 参见丁国锋、许晓红、张定森:《刑事速裁一审终审呼声渐高》，载《法制日报》2015年11月2日，第5版。

（二）研究的方法

本研究围绕上述问题，通过对速裁程序的参与主体的问卷调查来揭示速裁程序在试点中的运行状况和存在的问题，从立法规范到司法实践对速裁程序进行问卷调查和相关研究。为了保证问卷具有较高的效度和信度，在研究中尽可能严格按照科学的问卷调查规则和标准进行问卷设计、发放、回收、检验和分析。

1. 关于问卷的设计

为了保证问卷具有较高的效度，即保证问卷在研究上具有可行性，对于问题结构采取规范认知与实践评价二元结构。表 1 反映的是调查问卷的结构性分解内容。此外，在部分问题类型上采取封闭与开放相结合方式。问卷中除了封闭式填空和问题选择外，在问卷设计中还有开放式问题。例如，在部分题项之后增加建议性或解释性选项，要求答卷人给出具体解释或者补充说明、建议等。通过这样的设计，试图让答卷人提供更多的信息，便于研究者对问卷结果进行全面评估。

另外，问卷发放的对象包括速裁程序主要参与主体，即法官、检察官、律师、警察和被告人。每套问卷的题项，基本上控制在 40 题左右，以保证调查题项能够多元化满足问卷要求。为了全面了解刑事速裁案件效

表 1 问卷板块、指标和分布

板块	指标	法官	检察官	律师	警察	被告人
适用范围	认知 / 评价	√	√	√	√	
证明标准	认知 / 评价	√	√	√	√	
量刑协商	认知 / 评价	√	√	√	√	√
审理方式	认知 / 评价	√	√	√		
被告权利	认知 / 评价	√	√	√		
裁判公正	认知 / 评价	√	√	√	√	√
司法效率	认知 / 评价	√	√	√	√	√
综合评价	评价	√	√	√	√	√

果，对法院负责速裁程序试点进行信息统计的行政人员发放针对法院速裁案件统计、机制创新和资源投入工作方面的信息问卷，以作为本次问卷调查的辅助分析和佐证。

2. 关于问卷的发放与回收

本研究共进行两次调查问卷的发放与回收：

第一次问卷，发放和回收时间为 2015 年 7 月底至 8 月初，通过电子邮件方式发放和回收，合计共收集问卷 710 份。考虑到问卷的早期阶段性和问卷主体的交错性，以及个别试点地区问卷的欠缺，该次问卷不作为主要分析对象，但是作为第二次末期问卷的信度分析基础。

第二次问卷，发放和回收的时间为 2016 年 7 月底至 8 月初，通过互联网“问卷星”微信平台推送，合计共收集问卷 1198 份。本次回收的问卷由于涉及试点全部地区，回收的覆盖面全和有效样本基数大，且属于两年试点的末期，因此作为本研究报告的主要分析样本。该次问卷采用互联网微信平台推送，比起第一次电子邮件方式，大大提高了问卷的发放与回收的效率。第二次问卷调查从发放到回收仅仅经过两个星期就全部完成。其中大部分问卷通过手机微信客户端提交，极大方便了答卷人（具体答卷提交方式的分布见表 2）。不但如此，这些回收的问卷可以在网络上直接根据需要生成各种统计表格，不仅节约了大量统计计算时间，而且保证问卷统计的准确性。本次试点末期问卷通过互联网微信社交平台发放与回收是利用互联网技术来进行学术研究的尝试。

表 2　试点末期答卷提交方式比例分布

提交方式	法官	检察官	律师	警察	被告人	法院
电脑网络	19.87%	11.17%	24.34%	26.79%	24.26%	34.92%
手机微信	80.13%	88.83%	75.66%	73.21%	75.74%	65.08%
N	297	206	152	112	305	126

注：本表中的法院是针对试点法院机构性问卷，由试点法院负责速裁统计的行政人员填写，以调查法院在速裁程序中的案件统计数据、在速裁试点的组织、创新、改革和资源投入等方面的行政管理信息。

从问卷样本回收看，本次问卷除了极少数地区存在个别类型的问卷不足外，基本上覆盖了试点地区所有类型的司法参与人员。试点末期问卷回收数排在前五位的是北京、郑州、重庆、青岛、广州。试点末期回收的有效样本问卷对象和区域分布（见表3）：

表3 试点末期回收的调查问卷在18个试点城市分布

地区	法官	检察官	律师	警察	被告人	法院	总数	占比
北京	38	52	22	19	47	14	192	16.02%
天津	12	4	4	3	5	6	34	2.83%
上海	15	5	5	6	9	4	44	3.67%
重庆	20	21	18	11	35	9	114	9.51%
沈阳	13	—	—	—	—	13	26	2.17%
大连	7	2	2	1	4	—	16	1.33%
南京	23	31	1	2	5	5	67	5.59%
杭州	23	22	6	3	16	11	81	6.76%
福州	22	11	9	3	17	7	69	5.75%
厦门	19	8	8	7	19	5	66	5.5%
济南	13	2	1	5	10	5	36	3%
青岛	16	11	20	12	40	8	107	8.93%
郑州	22	16	25	19	50	12	144	12.02%
武汉	10	3	5	2	3	5	28	2.33%
长沙	11	4	9	1	8	7	40	3.33%
广州	19	8	17	10	36	8	98	8.18%
深圳	6	—	—	—	1	3	10	0.83%
西安	8	6	—	8	—	4	26	2.17%
N	297	206	152	112	305	126	1198	100%

注：表格中由于采取小数点后2位四舍五入，因此百分比均为近似值。本表中的法院问卷为法院行政人员填写的速裁行政统计信息的问卷。

3. 关于问卷的信度

问卷的信度，是指问卷的结果本身的可信程度。为了保证调查问卷具有较高的信度，在问卷设计和发放过程中本研究严格按照社会问卷调查规则进行。同时，借助其他案例和地方文本文献和实地调查等方式对问卷结果及其信度进行佐证性分析。

（1）确保答卷自主性。问卷的答卷主体在答卷过程中保持高度自主性是保证答卷的结果具有高信度的关键所在。为了保证答卷主体的自主性，本研究主要采取以下三个方面的措施：首先，调查问卷的收集过程是保存使用的匿名性、安全性和保密性，问卷者的个人信息和任何相关邮件、微信或手机等联系方式都不会在报告中出现，不会被研究以外的项目人所获取，也不会用于任何非研究领域。在问卷中明确揭示：答卷者的个人隐私受到《统计法》和相关法律保护。本次问卷通过专业问卷机构来发放，在发放之前请专业统计机构对问卷的发放和回收的安全性、敏感度进行审查测试，保证问卷发放和收集过程的安全性和可靠性。其次，在调查问卷中设计的问题，大多是客观认知和评价的问题，避免对答卷人强迫性或威胁性及诱导性，防止作答的结果影响答卷结果的可信度。最后，调查问卷的收集过程是通过第三方平台收集，减少发放问卷主体直接与答卷人的直接或间接性接触，保证参与调查的答卷人在更加宽松自由的环境中进行独立作答。

（2）二次问卷印证。问卷信度通过单次发放问卷或者问卷范围较窄都很难判断问卷结果的可靠性和真实性。为了解决这个问题，本次研究通过二次问卷来检测问卷的效度，第一次中期问卷和第二次的末期问卷为检验问卷的效度提供参照和比较。通过两次问卷中相同或相似问题的比对，我们比较容易发现同类问题两次问卷结果的变化。如果同类问题作答的偏差并不大，我们就可以得出结论，即该答题结果信度是高的，可以作为分析研究的基础。基于二次问卷比对分析，本研究采取对调查问卷中具有高信度的问题进行分析报告，特别是以第二次试点末期问卷中高信度问题及其结果作为分析基础。

（3）其他方法佐证。为了检验和印证问卷结果并辅助分析，笔者还通过到试点司法机构调研和访谈，搜集整理地方性试点文本，同时在全国裁判文书网收集大量的刑事速裁判决文书。这些资料在本研究中作为对问卷进行佐证分析，以弥补问卷调查的局限性和其可能产生的主观性偏差。

（三）问卷研究发现

1. 适用范围

关于刑事速裁程序适用的范围和条件，笔者在问卷中设计了两组问题（具体见表 4、表 5）对参与试点的法官、检察官、律师和警察进行调查，以了解参与试点的司法人员和律师对《速裁程序试点办法》规定的速裁案件适用范围和条件的意见和建议。

从表 4 看，在速裁案件适用范围积极条件方面，在接受调查的司法人员和律师中，平均 50% 以上的被调查人赞成将速裁范围放宽到三年以下有期徒刑，超过 70% 的被调查人员赞成取消罪名种类限制。这个结果说明，刑事速裁案件的试点范围和限制条件存在过窄的问题。根据实际调查发现，速裁案件的适用范围确实存在因适用范围太窄，严重影响刑事速裁程序的案件适用率。另外，根据问卷调查表 4，也有相当一部分司法人员对速裁范围的扩大持比较谨慎的态度，有 40% 法官、检察官、律师和警察不赞成扩大速裁试点的范围。这从另一方面说明，司法机关人员对刑事速裁适用范围的扩大后可能产生的消极影响的顾虑，特别是警察担心部分犯罪再犯率可能会上升，影响社会治安秩序与稳定。根据问卷调查，适用速裁案件的地方目前没有出现局部犯罪率或重新犯罪率明显上升的趋势。这说明对速裁案件适用范围扩大可能导致社会控制能力下降和犯罪率上升的观点或顾虑，目前还没有证据支持。

虽然《速裁程序试点办法》规定，刑事速裁程序案件适用的范围为一年以下有期徒刑的 11 种犯罪类别，但是仍然有些地方根据当地犯罪的实际扩大了试点的适用范围。[①] 从表4（Q3）答卷结果就可以看出，在试点中仍然有不少地方司法机构用速裁程序审理11种犯罪类别之外的刑事案件。这也可从部分地方文本和案例文本中得到印证，扩大案件罪名主要是赌博罪、销售伪劣商品罪等。总体上看，虽然问卷显示这些超出规定犯罪种类的案件数量不多，但需要指出的是因为涉及试点规范统一性，该问题仍然需要上级司法机关予以重视。

表4 刑事速裁程序案件适用范围

	法官	检察官	律师	警察
Q1：目前速裁程序适用包括11种罪名，您是否赞同取消速裁罪名限制？				
是	76.77%	78.16%	69.08%	66.96%
否	18.52%	16.99%	28.29%	30.36%
其他	4.38%	4.85%	2.63%	2.68%
Q2：目前速裁适用范围为一年以下有期徒刑，您对速裁适用范围的改革建议？				
维持目前规定	44.78%	32.04%	42.11%	35.71%
扩大到三年以下有期徒刑	48.82%	56.31%	50.66%	56.25%
扩大到五年以下有期徒刑	2.69%	4.85%	1.32%	4.46%
扩大到所有案件	3.37%	6.31%	4.61%	0.89%
其他	0%	0.49%	1.32%	2.68%
Q3：您是否办过速裁办法规定的11种犯罪类别以外的速裁案件？				
是	16.84%	19.42%	5.92%	12.50%
否	82.83%	80.58%	94.08%	87.50%
N	297	206	152	112

注：为行文便利，本报告中图表大写Q后的序号为本报告的问题序号，与实际问卷的序号并不一致，后文中出现的小写q后的序号即没有通过图表在本报告中显示的问题，除非有特别说明，一律为第二次问卷调查中的实际问卷类别中序号。

① 参见最高人民法院刑一庭课题组：《关于刑事案件速裁程序试点若干问题的思考》，载《法律适用》2016年第4期。

表 5　刑事速裁程序禁止性条件

Q4：在《速裁程序试点办法》禁止适用速裁条件中，哪些你认为没有必要禁止？				
	法官	**检察官**	**律师**	**警察**
未成年人、残障人、精神病人	8.75%	18.45%	23.68%	25%
共同犯罪部分被告不认罪	6.4%	15.53%	14.47%	12.5%
无罪辩护或审查后认为不构成犯罪	4.04%	8.74%	22.37%	14.29%
被告人无异议但审查后量刑建议不当	46.13%	40.78%	32.89%	31.25%
没有达成调解和解协议	28.96%	38.35%	32.24%	19.64%
违反取保候审、监视居住规定	18.18%	25.24%	17.11%	10.71%
累犯、教唆未成年人犯罪	41.41%	43.2%	19.74%	17.86%
其他不适宜的	7.41%	11.17%	14.47%	9.82%
完全赞同上述禁止性规定	28.28%	18.93%	31.58%	39.29%
N	297	206	152	112

《速裁程序试点办法》除了对速裁程序适用的犯罪类别和刑罚幅度限制外，还规定包括对犯罪嫌疑人、被告人是未成年人、残障人员，共同犯罪案件部分对指控或量刑有异议等其他 7 个方面禁止性条件。从试点立法本意上看，这些例外的禁止案件大多属于涉嫌的犯罪主体认知能力特殊，或者案件事实有争议，或者被告人有前科或身份特殊的如累犯、教唆犯等。从问卷调查表 5 的答卷结果看，对上述的禁止性条件的限制，除无罪辩护案件和共同犯罪部分不认罪之外，其他类别的禁止情形均有较高比例认为没有必要加以禁止。其中，被告人无异议但是审查后认为量刑不当的，参与调查的法官和检察官不赞成禁止适用的超过 40%，超过 30% 的律师和警察也认为不需要禁止。对于累犯的不适用问题，超过 40% 的法官和检察官认为没有必要。笔者在调研中有的地方也反映，盗窃、抢夺、诈骗、寻衅滋事、非法拘禁、毒品犯罪类被告人多为累犯，且这些犯罪多为轻微型犯罪，量刑不超过 1 年有期徒刑，导致大量的累犯案件无法适用速裁程序。另外，即便是残障人员，只要认罪且符合速裁其他条件，同样可以进入速裁程序，否则对这类人员构成诉权的反向歧视。总体上，《速

裁程序试点办法》的禁止性条件，虽然出发点为了保证速裁试点的相对稳定，但是从立法技术的角度看，其实存在很大弊端。问卷结果也印证了这样的判断，仅有不到30%的司法人员和律师完全赞同这些禁止性规定。由此可见，《速裁程序试点办法》速裁适用禁止性情形需要加以调整与修正。

另外，在问卷调查中也发现，即便案件完全符合《速裁程序试点办法》规定的速裁程序适用的条件，也还存在适用范围与条件之外的原因限制某些符合速裁条件的案件没有进入速裁程序中来。根据中期问卷（法官组q3）结果分析，有的案件是因为起诉和审判期限过短，导致速裁案件在规定的时间内无法完成审查起诉或审判工作；有的是因为需要判决缓刑的审前社会调查的时间比较短且程序复杂；有的是因为起诉前审查工作量加大，检察部门内部审批环节没有简化导致起诉前的审查时间延缓，审查起诉在规定的时间内无法完成，而使得案件无法进入速裁程序审理；也有的是因为少部分司法人员担心快速审理而办错案或者影响审理质量，而不愿用速裁程序审理案件。上述因素与速裁案件适用范围过窄和条件苛刻的因素叠加，使得速裁程序适用率总体比预期低。

2. 证明与认罪审查

（1）证明标准。理论上，犯罪嫌疑人或被告人对其是否涉及指控的犯罪最有认可和否认权。当犯罪嫌疑人或被告人自愿性认罪，就意味着犯罪嫌疑人或被告人的自我归罪。犯罪嫌疑人和被告人在受到指控后如果自愿性认罪，相比不认罪的被告人而言，控方指控犯罪的证明责任将可相应降低，复杂的审判程序必要性也在降低。根据表6（Q5）中揭示的问卷结果，首先是74%的参与问卷调查的律师认为《速裁程序试点办法》关于速裁的证据标准的规定，实际上降低了速裁案件证明标准；其次是警察，大约占61%；再次是法官，大约占54%；最后是检察官，大约占45%。可以看出，在这个问题，律师和检察官分列两个极端。这说明，检察官在速裁案件的证明标准上，相对固守传统；而辩护律师则在速裁案件上表现得更加开放和积极。对于是否在速裁案件中用两个基本证明标准即“基本事实清楚、基本证据确实”方面，司法人员“同意”比例都比较高。在这方面，平均70%的检察官和法官认可，而超过80%的律师和86%警察认可“两个基本”的标准。对参与速裁案件的办案人员在实践中掌握的证明标准的自我评价，即在回答是否可以在速裁案件中做到“证据确实、充分”方面，参与问卷的法官、检察官和律师超过95%回答认为自己办理的案件能够做到证据确实、充分。这也从另一方面说明，速裁案件的证明标准是否改变对于实践中速裁程序审理的影响本质上并不大。在调查中也发现，有的试点地区制定当地的刑事速裁案件证据指引制度，这对速裁程序证据统一标准制定具有经验性价值。①

表6　证据标准认知

	法官	检察官	律师	警察
Q5：您如何理解根据《速裁程序试点办法》的“事实清楚，证据充分”？				
降低证明标准	54.55%	45.15%	74.34%	61.61%
没有降低	45.45%	54.85%	25.66%	38.39%
Q6：您是否同意速裁案件证明标准实行“基本事实清楚、基本证据确实”标准？				
同意	73.4%	68.45%	80.92%	86.61%
不同意	26.6%	31.55%	19.08%	13.39%
Q7：您办理的速裁案件是否都能够做到“证据确实、充分”？				
是	96.63%	97.57%	96.71%	95.54%
否	3.37%	2.43%	3.29%	4.460%
N	297	206	152	112

① 例如，广东省深圳市罗湖区法院制定《轻微刑事案件快速审理证据收集指引》，印制证据采集卡，方便司法人员运用证据“对号入座”，随案流转。参见深圳市罗湖区人民法院课题组：《开展轻微刑事案件快速审理机制改革情况通报》，载最高人民法院编：《刑事案件速裁程序试点实务与理解适用》，人民法院出版社2015年版，第132页。

（2）认罪自愿。在速裁程序适用方面，对于被告人认罪自愿性查证处于整个速裁案件证明的中心环节。很显然，如果被告人认罪是非自愿的，速裁程序启动的前提条件就不存在。在司法实践中，被告人认罪的内涵理解差异很大，这从被告人组问卷（q19）的 305 份有效答卷中，被调查的被告人认为认罪是“供述全部犯罪事实”的占 74%，认为是“承认自己所犯的罪行，对指控的犯罪事实没有异议的有 69%，认为是“主动赔偿被害人损失”的占 41%。不仅被告人，即便是法官、检察官和律师对认罪的构成也缺乏统一的认识。可见，在我国，规范意义上的认罪的本质和构成存在严重不确定性。根据表 7（Q8），平均超过 90% 的司法人员和律师赞同对被告人认罪的自愿性、明知性和理智性进行必要审查。另外，在法庭上 93% 的参与调查的法官对认罪的自愿性进行审查，但是有 22% 的参与调查的检察官对被告人自愿性认罪在法庭上并没有查证。这可能与检察官已经在法庭审理前的起诉阶段已对被告人进行了认罪审查有关。在被告人认罪自愿性审查方面，辩护律师有责任和有义务清楚地知道被告人是否自愿认罪，并且可以对被告人就是否认罪提供法律咨询。如果被告人的认罪本身受到外力的强迫或诱骗，辩护律师有权提出救济措施，譬如向检察院和法院提出相关认罪供述的非法证据排除申请。

表 7　认罪自愿性

	法官	检察官	律师	警察
Q8：您是否赞同对被告人认罪自愿性、明知性和理智性必要性审查？				
赞同	91.25%	91.75%	97.37%	92.86%
不赞同	5.72%	8.25%	2.63%	7.14%
Q9：您是否对被告人认罪的自愿性在法庭上进行查证？				
是	93.6%	77.67%	88.82%	
否	6.4%	22.33%	11.18%	
N	297	206	152	112

《速裁程序试点办法》对被告人认罪的自愿性缺乏严格的审查程序，因此司法人员和辩护律师对被告人认罪的自愿性还存在程度不同的顾虑。从中期评估的问卷中（表8），可以看出司法人员和律师程度不同地对被告人认罪的自愿性存在顾虑，特别是超过64%的被调查的检察官在这方面存在更多顾虑。由于我国审前制度被告人的权利保障机制并不完善，特别是对被告人的认罪和供述缺乏律师在场权的有效监督，其认罪的真实性和自愿性确实很难得到保证。另外，《速裁程序试点办法》对被告人认罪自愿性构成条件和审查程序都没有相应的规定，并且认罪速裁案件中律师代理辩护比例非常低，因此司法人员和律师对被告人认罪的自愿性存在顾虑并不奇怪。

表8　被告人认罪自愿性

Q10：对被告人认罪的自愿性是否有顾虑？			
	法官	**检察官**	**律师**
无顾虑	65%	33%	63%
有顾虑	34%	64%	35%
其他	1%	3%	2%
N	69	64	52

注：本表为2015年中期评估收集的问卷。

根据表9（Q11），问卷中在问及被告人认罪程度和态度上，在参与问卷的305个人中，有294人（96%）的参与答卷的被告人认为是“自愿全部认罪”，有4人表示“部分认罪”，有2人认为“不想认罪，被迫认罪”，还有3人认为“无可奈何，只有认罪”。除极少数个别外，绝大多数被告人都是承认自愿全部认罪。但是根据表9（Q12），当被告人被问及在认罪后是否表示后悔认罪的时候，超过54%的被告人表示后悔认罪。这个回答确实超出研究者预料之外。但是经过仔细分析，被告人自愿认罪之后又有相当多的人表示后悔认罪，实际上有深层次原因。根据表11（Q18），参与调查的被告人虽然大部分对量刑建议表示满意，但是很有可能对于案件最终裁判的结果表示失望。这些认罪的被告人，本来认为认罪之后的量刑幅度可能会比量刑建议更宽，但是实际结果可能并不如预期，甚至有些还可能出现量刑偏重的情况，这就造成部分被告人认罪之后对判决结果失望而对认罪后悔。也就是说，被告人通过认罪后采用速裁程序审理案件在量刑上实际获得感并不强。

表 9　被告人认罪态度和反悔

Q11：您的认罪的程度或态度是：	小计	比例
自愿全部认罪	294	96.39%
部分认罪	4	1.31%
不想认罪，被迫认罪	2	0.66%
无可奈何，只有认罪	3	0.98%
其他	2	0.66%
Q12：您是否在认罪后表示后悔认罪		
是	166	54.43%
否	139	45.57%
其他	0	0
N	305	100%

3. 控辩协商

速裁试点中确立了控辩协商机制雏形，但是司法人员和律师等对其认知和未来期待存在较大差异。根据表 10（Q16），可以看出被调查的 96% 以上的律师对在速裁程序中建立完备的控辩协商制度表示支持和期待。被调查的法官和检察官也有超过 85% 的人表示支持和赞同建立控辩协商机制。可见，控辩协商制度在中国刑事诉讼实务中具有广泛的司法人员的支持基础。在表 10（Q13），对于速裁程序是否意味着辩诉交易合法化的问题中，超过 83% 的被调查的律师认为速裁程序意味着允许辩诉交易，有超过 65% 的被调查的法官和检察官认为速裁试点意味着允许辩诉交易。在表 10（Q15）被问及“是否赞同被告人、辩护人同公诉人就量刑进行‘讨价还价’”，仅仅有50%的参与调查法官和检察官的回答是肯定的，这说明检察官和法官对辩诉交易制度在心理上还是存在较大抵触的。相反，有75%的参与调查的律师对控辩协商制度在量刑上与检察机关“讨价还价”持赞成态度。在控辩协商方面，相对于辩护律师来说，法官和检察官持更加谨慎的态度。虽然法官和检察官都希望通过控辩协商加快案件的流转，但也会顾虑控辩协商会侵蚀司法裁量权。对于律师来说，辩诉交易无疑使得辩护律师在量刑方面享有更多的权利，通过控辩协商来为被告人争取更多优惠，所以不难理解律师对在速裁程序和认罪认罚从宽制度中建立控辩协商机制持有更加积极的态度。然而，我国的认罪认罚从宽制度是中国特色的有条件的认罪宽恕认罚从简制度，不能简单等同于美西方国家的“辩诉交易”。因此，要防止实务走偏，把控辩依法对量刑的沟通协商按照辩诉交易开展。

被告人在速裁程序中是否可以获得量刑上优惠，《速裁程序试点办法》并没有具体规定，各地做法也有不同。根据实际调查，有的地方法院，如北京海淀法院就给予速裁案件被告人程序选择上量刑特别优惠，而上海则明确不予因选择速裁程序给予被告人量刑上特别优惠。虽然《速裁程序试点办法》没有规定给予被告人因选择速裁程序而给予特别的量刑优惠，但是在问卷表10（Q14）中显示参与问卷的法官、检察官和律师绝大多数（平均超过85%）认为应当给予量刑上的优惠。在末期法院组的问卷中（q12），在问及贵院速裁案件在认罪之外是否因被告人选择速裁程序而另外给予被告人量刑上的特别优惠时，在126个法院中有超过74%的法院给予肯定的回答。如果被告人自愿认罪且同意速裁程序审理，相比其他没有适用速裁程序的案件的被告人，为国家司法机构节约了司法资源，国家应当在量刑上对这部分被告人有适当的补偿，否则将导致刑事被告人在程序选择上权利不对等，同时也影响被告人适用速裁程序的积极性。

表 10　控辩协商

		法官	检察官	律师
Q13：您是否认为目前速裁程序试点意味着已经允许辩诉交易？				
	是	65.99%	66.5%	83.55%
	否	34.01%	33.5%	16.45%
Q14：您是否赞同在速裁程序中因选择速裁程序而给予被告人量刑上的特别优惠？				
	赞同	84.18%	82.04%	89.47%
	不赞同	15.82%	17.96%	10.53%
Q15：您是否赞同被告人、辩护人同公诉人就量刑进行"讨价还价"？				
	赞同	51.52%	49.03%	75%
	不赞同	48.48%	50.97%	25%
Q16：您是否赞同在速裁程序和认罪认罚制度中设立控辩协商制度？				
	赞同	89.9%	85.92%	96.05%
	不赞同	10.1%	14.08%	3.95%
N		297	206	152

《速裁程序试点办法》明确赋予检察官享有量刑建议权，这是速裁程序试点的创新之处。在问卷评估中，参与调查的被告人普遍对检察官的量刑建议表示满意。根据表 11（Q18），接近 97% 参与问卷的被告人对检察院的量刑建议表示满意。当参与问卷的被告人在问卷（Q19）中被问及检察官提出的量刑建议是否与其商量的问题，在参与答卷的 305 名被告人中有接近 25% 的人表示，检察官并没有就量刑建议或量刑细节与其进行协商。可以看出，在速裁案件试点中，检察机关提出的量刑建议本身需要与被告人进行交流和沟通机制还远远没有建立起来。在司法人员被问及是否认同在速裁程序和认罪认罚制度中建立控辩协商制度方面，超过 96% 的参与问卷的律师给予肯定的回答。同时，法官和检察官的回答也比较积极和认可，超过 85% 的参与问卷的法官和检察官赞同建立控辩协商制度。实际上，在这次速裁程序试点中，有些地方试点法院已经积极探索在速裁案件中建立控辩协商机制。例如，广州市试点法院海珠区法院，在构建

速裁量刑协商机制时，强调根据被告人认罪的时间点区别给予被告人认罪收益，即确定在侦查、起诉、审判不同时间点选择认罪有着由低到高不同程度的量刑从轻幅度，促使被告人更加主动、积极地坦白罪行，寻求从轻处罚。①

表 11　量刑满意度和量刑协商

Q18：对量刑建议的满意度	小计	比例
非常不满意	3	0.98%
不满意	7	2.3%
满意	168	55.08%
基本满意	52	17.05%
非常满意	75	24.59%
Q19：量刑协商		
是	230	75.41%
否	75	24.59%
N	305	100%

4. 审理问题

根据《速裁程序试点办法》，为了加速案件审理进程，刑事速裁案件的审理方式都有较大简化。根据表 12（Q20/Q21），在速裁审判方式设计是否合理以及是否符合控辩审结构问题上，超过 90% 参与问卷调查的法官、检察官和律师都给予了肯定回答。但是，对于速裁程序审理是否存在过度程式化问题（Q22），超过 40% 的被调查的法官、检察官和律师认为庭审存在过度程式化问题。虽然这个问题表面上看与庭审结构并不必然矛盾，但是却说明庭审方式有需要加以改进之处。在地方调研庭审观摩中，笔者也发现不少庭审的速裁程序审理走过场，法庭的审判权威“荡然无

① 参见广东省广州市海珠区人民法院：《广州市海珠区人民法院刑事案件速裁程序试点工作白皮书（2014 年 8 月—2015 年 12 月）》，载《人民法院报》2016 年 3 月 22 日。

存”。因此，在未来速裁法庭设计的程序中，必须以庭审规范设计来避免速裁审理过度程式化，增强法庭审判权威。

（1）庭审结构。

表 12　审理方式

		法官	检察官	律师
Q20：您认为《速裁程序试点办法》第 11 条规定的速裁程序审理方式设计是否合理？				
	是	93.6%	96.12%	99.34%
	否	6.4%	3.88%	0.66%
Q21：您是否认为速裁程序的庭审符合控辩审诉讼结构？				
	是	92.93%	97.57%	96.05%
	否	7.07%	2.43%	3.95%
Q22：您是否认为目前速裁审理方式存在过度程式化？				
	是	47.14%	42.23%	44.74%
	否	52.86%	57.77%	55.26%
N		297	206	152

（2）集中开庭。刑事速裁程序试点后，集中开庭审理案件的方式在迅速增加，许多试点法院对同一类型的多个案件，集中核对被告人身份、交代诉讼权利、然后进行分别审理和判决。在法院组问卷调查中，在被调查的 126 个法院中，有 29% 的法院适用集中开庭方式审理，当然实践中并不是每个案件都实行集中开庭，而是根据案件的阶段性分布情况决定是否需要集中开庭。在集中开庭之外，也有部分的分案开庭。但是，集中开庭特别是在案件比较集中、案件压力比较大的试点法院，集中审理的方式比较常见。相反，对于案件比较少、压案比较少的法院，适用集中审理的方式就比较少。从实际调查的情况看，集中开庭审理已经被基层法院所普遍接受和认同，目前的问题是，对集中开庭的具体的方式和操作性规范机制没有建立起来，如集中开庭的权利告知程序有的是在庭审前集中告知，有的则是在法庭上集中告知；有的集中开庭统一案件类别，有的不区分案件类

别；等等。这些都需要在未来制度设计上予以规范。

（3）视频审理。视频审理是法院运用信息化技术手段提高审判效率的重要手段。在经济发达地区的速裁程序试点中，视频审理已经被广泛应用。在法院组问卷中（q20）的126个有效的法院问卷中，有超过36%的法院回答采用了视频审理的方式。有的地方不仅法庭审理采用视频方式，而且审判前看守所讯问都采用视频审理，实现看守所、检察院、法院视频三方互动，节省了被告人和检察官到庭在途时间。根据笔者的实际调查，有的试点法院在刑事速裁案件引入全流程视频开庭模式，公诉人通过远程视频方式出庭，庭审记录主要采用视频方式记录，法庭制作光盘存档，书记员仅制作简化的庭审笔录，庭审中不进行法庭调查、法庭辩论，而是以综合公诉意见及综合辩解意见代替。但是，视频审理也存在缺陷，如传输网络的条件的限制，并不是目前每个试点法院都能够达到软硬件上的要求。同时，视频审理由于采取图像传输方式，对于严格的证据质证和必要的法庭调查等存在诸多不便。在速裁程序中对于视频审理的方式也应当加以适当的引导和规范，防止视频审理可能加大庭审程式化问题。

（4）书面审理。虽然《速裁程序试点办法》中对于速裁案件的审理并没有授权不开庭而采取书面审理的方式，但是，在实践中也有试点地区的法院突破《速裁程序试点办法》试行速裁案件的书面审理的方式，如深圳龙岗区法院在提讯被告人后直接审查案件，不再开庭审判。[①] 速裁案件书面审，是对“两高两部”的试点授权和刑事诉讼法公开庭审原则的重大突破。如果被告人以审判不公或程序不公为由上诉，二审只能发回重审。因此，对于书面审理案件的试点，必须保证被告人主动放弃上诉权为条件，否则可能因发回重审导致案件审理效率反而低下。在地方调研中也有地方的法官建议，特别是对于危险驾驶罪的处理建议采取书面审理，这样可以

① 参见最高人民法院刑一庭课题组：《最高人民法院刑事案件特别程序的调研报告》，载最高人民法院编：《刑事案件速裁程序试点实务与理解适用》，人民法院出版社2015年版，第111页。

更大程度上提高案件的审理效率。但在这个问题上，超过73%的参与问卷的辩护律师持否定态度，58%的参与问卷的法官也予以否定，只有参与问卷调查的检察官超过半数赞同。但是在被告人组的问卷中（q45），在该问题上有接近50%的被告人表示赞同书面审理。可见，目前在书面审理这个问题上，司法机关内部的意见分歧比较大。在治安管理处罚案件没有进行实质改革之前，法院以现有的审判资源完全只要可以应对案件的审理需要，目前没有必要采用书面方式审理案件。

（5）办案期限。《速裁程序试点办法》规定的“8+7”的起诉和审判期限，与简易程序的起诉和审判期限相比共减少35个工作日。笔者在调研中也发现，对于“8+7”的期限规定，检察官和法官的普遍意见比较大。问卷中也对这个问题进行了针对性调查。根据末期法官组问卷（q38）调查，有接近40%参与问卷的法官认为7个工作日对于速裁案件的审理过于紧张。有的法官在问卷中给出这样的理由：速裁程序审理案件只是简化了庭审的环节，缩短了庭审的时间，但是所有的工作都压缩到了庭前，开庭之前相应的判决书必须由庭长签发，尤其是拟判缓刑的案件，必须准备好相应的审理报告提交审判长联席会讨论通过，方能判刑。因此，7天的审理期限对于承办法官而言很紧张。根据部分答卷者的建议，不少被调查的法官认为速裁审判期限改为10个工作日比较合适。根据检察官组问卷（q38）问题，也有38%的检察官认为期限规定对于检察官来说太紧，正式起诉前的工作紧张，包括证据核实，特别是有需要社会调查的案件，起诉时间期限太短，因此建议延长。有的检察官建议为15个工作日比较合适。如果起诉和庭前准备不充分，起诉和审理期限太紧，会使得检察官和法官担心在规定期限内无法完成，导致其转而用简易或普通程序审理案件，反而降低其适用速裁程序审理案件的积极性。

此外，《速裁程序试点办法》规定，一般适用缓刑或者管制的，人民检察院认为对犯罪嫌疑人可能宣告缓刑或者判处管制的，可以委托犯罪嫌疑人居住地所在地的县级司法行政机关进行调查评估。司法行政机关一般应当在收到委托书后5个工作日内完成调查评估。对于这项期限规定，也是试点地区司法人员反映突出的问题。在检察官组的问卷（q16）中，许多检察官认为调查评估没有必要。根据问卷信息，他们认为因为一般适用缓刑或管制的，都已经作出取保候审决定了，那侦查阶段就已经调查评估过，没必要在办案期限这么短的情况下重复调查评估。另外，还有检察官反映，社会调查5天时间的规定不够，还容易产生“司法寻租”现象等。

5. 被告人权利保护

（1）值班律师。《速裁程序试点办法》首创在试点地区的看守所和法院设立值班律师，为速裁案件的被告人提供法律援助。根据表13（Q23），绝大多数被调查者认为，值班律师制度可以满足对刑事案件的被告人的刑事辩护。但从表13（Q24）中可以看出，根据法官、检察官和警察的回答，所在地区的法院和看守所设有值班律师大约平均为55%。这说明试点地区的值班律师制度的建立与顶层设计的要求还有相当的距离。实际上，有的试点地区律师对速裁案件被告人提供法律咨询和辩护的比例并不高。例如，在广州市海珠区法院，截至2015年11月30日，该院审结的全部450件刑事速裁案件中，仅有79件79名被告人得到律师庭审辩护，占全部速裁案件总数的17.56%；其中，上述得到律师辩护的79名被告人中仅有27件27名被告人是由其家属聘请的，其他均是因被告人家庭经济困难而由司法机关指定。对比同期在该法院审结的普通程序案件，家属为被告人聘请辩护人的约占案件的50%。另在该法院上述审结的刑事速裁案件中，有律师在庭审前曾对被告人提供过法律解释、会见等法律帮助服务的仅有85人，占全部审结速裁案件的18.89%。[①] 这说

① 参见广东省广州市海珠区人民法院：《广州市海珠区人民法院刑事案件速裁程序试点工作白皮书（2014年8月—2015年12月）》，载《人民法院报》2016年3月22日。

明，刑事速裁程序辩护律师的参与度很低。

表 13　速裁案件中的辩护律师

		法官	检察官	律师	警察
Q23：您是否认为值班律师制度是否可以满足速裁案件被告人的刑事辩护？					
	是	91.58%	86.41%	92.76%	95.54%
	否	8.42%	13.59%	7.24%	4.46%
Q24：您所在地区的法院或者看守所是否有值班律师？					
	是	46.46%	53.88%	72.37%	66.07%
	否	53.54%	46.12%	27.63%	33.93%
N		297	206	152	112

（2）权利告知。在刑事诉讼中，权利告知是犯罪嫌疑人和被告人的基本权利，目的是保障犯罪嫌疑人和被告人对自己享有的诉讼权利具有清楚的认知，并知道如何恰当运用这些权利来维护自身在诉讼中的合法权益。在权利告知中，被告人享有法律援助权利是最为基本的权利，并且这项权利对于其他诉讼权利的正确行使具有至关重要的意义。律师在接受指派或委托依照法定程序会见犯罪嫌疑人和被告人时，对于其享有诉讼权利等明确告知和解释的义务。我国刑事诉讼法中对司法人员和律师对犯罪嫌疑人和被告人的权利告知事项只有原则性规定，并没有明确很具体的规则和要求。根据表 14（Q25）对速裁案件中被告人的权利告知事项的问卷结果，参与调查的被告人认为在速裁程序中获得前五位权利告知事项的是：申请回避权、申请获得快速审判权、法庭最后陈述权、聘请律师权、上诉权。其余的各项权利在速裁程序中的告知的比例越来越低，例如不被强迫自证其罪权、控告办案人员违法办案权、申请不公开审理权、拒绝律师辩护权等都比较低。根据实际调研情况看，各地在实践中权利告知程序大都流于形式，庭审没有留给被告人询问和答疑时间。

表 14　速裁权利告知排序（Q25）

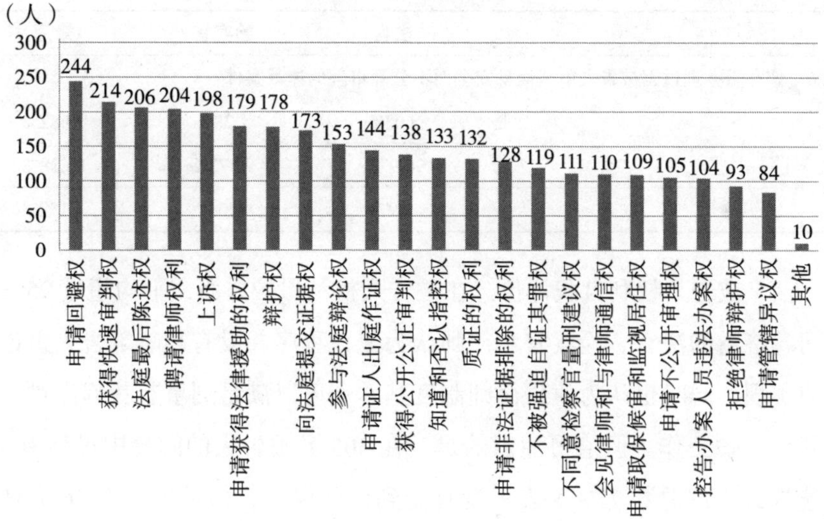

（3）信息安全。对被告人因信息安全为由而可以申请不公开审理案件是速裁试点在制度上的亮点，也是对现行刑事诉讼法律制度的重大突破。这项制度设计的目的，是对具有公开审理可能影响其信息和人身安全的被告人提供更加人性化和更加符合效率的审理方式。但是实践中，这项制度由于告知权不充分和审批程序复杂等原因，在司法实践中并未实现其立法初衷。根据表 15（Q26），90% 以上参与问卷调查的法官、检察官和律师认为从没有办理过被告人因信息安全为由申请不公开审理的速裁案件。根据表 14（Q25）在对被告人的权利告知的问卷中，参与答卷的 305 名被告人中有接近 30% 的被告人对该项权利不知悉。这说明，刑事被告人的信息安全的权利在试点中并没有得到很好的保护。这里面的原因主要有两点：一是被告人对该项权利并不知悉；二是程序复杂，申请以信息安全为由的不公开审理需要院长审批。对于该项特殊的权利保护，需要在立法上明确哪些类型的案件属于信息安全案件，同时加强对该权利的告知和解释力度，否则该权利就会成为“书面上的法律”，而无法成为“生活中的法律”。

表 15　信息安全保护

		法官	检察官	律师
Q26：您是否办理过因被告人申请信息安全而不公开审理的速裁案件？				
	是	3.03%	7.28%	13.82%
	否	96.97%	92.72%	86.18%
N		297	206	152

（4）被告人权利自我评价。在被告人权利保护方面，平均超过 95% 参与问卷答卷的法官、检察官和律师认为速裁程序并没有影响被告人诉讼权利的实现，同时也认为值班律师制度基本上可以满足刑事速裁程序被告人的刑事辩护工作。但值得注意的是，在 305 名被告人的问卷中虽然有 222 名被告人（占总数 72%）表示没有受到任何侵犯，但是仍然有 16 人认为警察、检察官强迫自己认罪，有 17 人认为精神上受到指控机关的恐吓、威胁，15 人认为受到刑讯逼供，还有 10 人认为辩护无效，量刑不公。虽然这些参与问卷调查的被告人数量不多，但是也从侧面说明速裁程序的审前程序仍然存在认罪的非自愿性等问题。结合速裁案件中权利告知程序，速裁案件中被告人在审前诉讼权利的维护还需要加强。

6. 裁判公正

速裁案件没有公正作为前提，速度再快也会失去其制度本身的价值和意义。速裁案件的审理公正除了程序公正之外，还必须保证实体公正。实体公正的具体表象就是裁判公正。裁判公正，表现为定罪准确、量刑适当。在问卷研究中选择速裁案件的上诉和缓刑适用作为研究视角，以考察试点地区速裁案件审理的公正性。

（1）上诉。上诉率的高低可以在很大程度上反映量刑的公正。总体上，被告人对量刑的接受程度越高，量刑就越体现其公正性。从目前的速裁上网的接近 40000 多个裁判文书中只有 266 个上诉速裁法律文书，在极为少量的上诉和抗诉案件中，因为定性不准的目前还没有找到典型的

表 16　被告人权利受到侵害的内容（Q27）

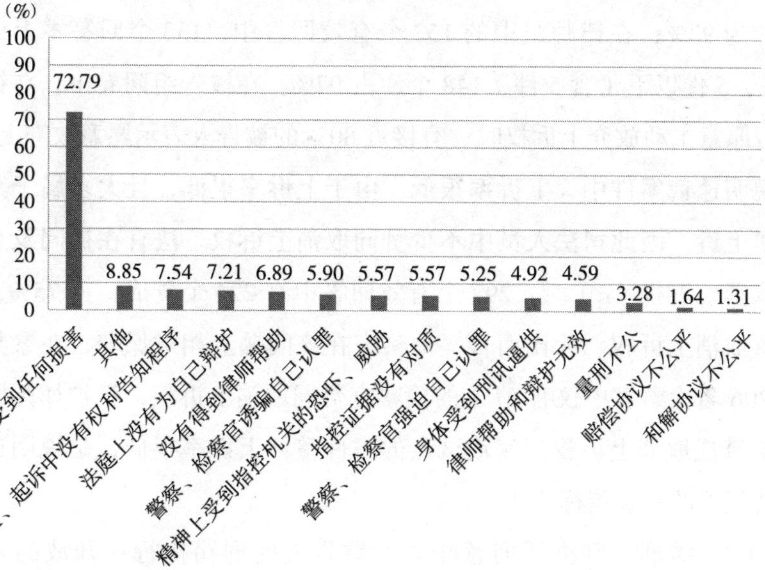

注：本表中答卷的被告人总数为 305 人。

案例。至于量刑方面，确实存在上诉案件，但是上诉案件被驳回的占到99%，只有极少数因为程序问题发回重审，鲜有改判。根据目前的统计情况，至少没有发现因犯罪定性出现错误的错判。其次在量刑上，有的试点法院，例如福州市台江区法院报道自 2014 年试点以来至 2016 年 7 月在审理的 327 件速裁案件中，实现零上诉、零抗诉和零信访。实践中，虽然被告人上诉理由大都是裁判过重，但是真实的理由往往是不愿转监而希望留所服刑。由于适用速裁程序，在开庭前检察机关作出量刑建议要听取被告人意见，因此绝大多数被告人都能认罪认罚。回收的问卷的结果，也在很大程度上支持了上述判断。

在法官组问卷中（q35），在问及办理的速裁案件中上诉数量时，在 297 个有效回答中，有 134 个法官回答属于零上诉案件，占有效回答的 46%；5 件以下的 249 个，占 85%。表 17 显示了法官对上诉案的回答的散点分布，说明上诉案件的数量总体占比很小。在检察官组 200 个有效回答中，零上诉的 117 人，占有效回答的 58%；5 件以下（含 5 件）上诉的为 93%；在律师组中的 152 个有效回答中，133 个回答零上诉，占 87%，5 件以下（含 5 件）148 个，占 97%。在被告组问卷中，在被问及是否愿意主动放弃上诉权时，有接近 80% 的被告人表示愿意放弃上诉权。这说明速裁案件中，上诉率很低。由于上诉率很低，且大多属于案件外因素上诉，因此司法人员中不少赞同取消上诉权。法官在被问及是否赞同取消上诉权（q）时，297 个有效回答中有 224 个赞成，占 75%，表示同意取消上诉权。相比而言，检察官在该问题上相对保守，在参与答卷的 206 名检察官中仅有 61% 的检察官赞同取消上诉权；辩护律师则不到 60% 赞成取消上诉权。速裁试点的案件整体上诉率很低，是说明速裁判决公正性的重要指标。

（2）缓刑。判决缓刑意味着对被告人的刑罚执行在开放的社区进行，这是刑事被告人普遍期望的刑罚执行方式。缓刑的正确适用程度是反映裁判公正的重要指针。在不少速裁试点法院中，主审法官判决缓刑不再需要主管院领导审批，这是法官依法独立行使审判权在速裁案件中

表 17　速裁案件上诉数的散点分布（法官组）

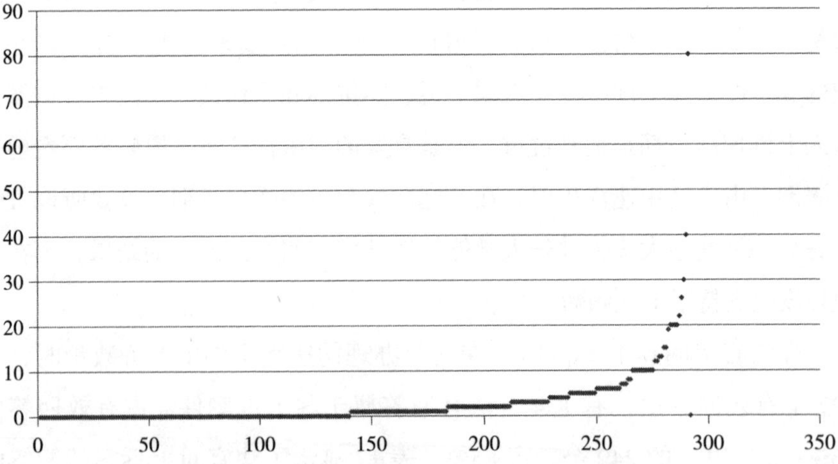

注：横轴为问卷法官序号，竖轴为法官处理的速裁案件中的上诉数。

得到加强的重要标志。在速裁试点前，判决缓刑的大多数地方都必须为主管院领导签署审批。但是，速裁程序试点之后，很多试点法院实行主审法官直接签发判决书，如果适用缓刑也可直接签发，不再需要领导审批。这个举措既调动主审法官独立负责办案的积极性，也可使刑事案件的缓刑适用率偏低状况得到改变。从法院组的问卷（q10）调查情况看，缓刑不需要领导审批的法院为 50.79%，需要审批的为 49.21%。另外，根据法院组问卷，在 124 个参与调查的试点法院的问卷中，判决缓刑在速裁案件中平均比例为 43%。这个数字与最高法院的中期评估 36.88% 的统计比较接近，同时也说明刑事速裁案件中缓刑适用率已经开始上升。为了进一步观察缓刑在罪名和区域适应上的差异，笔者从中国裁判文书网公布的裁判文书中随机选取了 12665 个速裁案例进行统计上的 LOGISTIC 分析。表 18 所列的统计结果显示，在罪名上，交通肇事犯罪判处缓刑的概率较高，毒品类犯罪的缓刑概率最低，这两种罪名在缓刑判决上都具有统计学上的意义。但是，值得注意的是，危险驾驶罪的缓刑在样本中的适用比例相比其他罪名来说获得缓刑的概率更低。这个因素与调查中的部分试点地区，如北京危险驾驶罪主要判处实刑，基本不适用缓刑有关。在案件特征上比较，羁押状态相比非羁押状态的被告人获得缓刑的概率更低。值得注意的是，律师代理的案件被告人获得缓刑的概率也比较低，这可能与律师代理的案件犯罪严重程度较高有关。从区域分析看，在样本中，西安和上海两地相比其他城市具有更高的缓刑概率，但是沈阳、郑州、北京、福州、广州和重庆等城市相比其他试点城市，缓刑在速裁案件中适用概率就相对低。可见，在速裁案件的缓刑适用上，存在严重的区域不平衡。结合问卷和案例分析，缓刑适用虽然在速裁案件中总体适用率有所提高，但是存在犯罪类别和区域不平衡的问题。对于这个问题，从全国层面对缓刑适用可以考虑制定单行的缓刑条例或统一进行司法解释，以规范缓刑在刑事案件的适用。

表 18 缓刑在速裁程序中 LOGISTIC 分析

罪名（对照组：其他罪名）	
危险驾驶	−0.728***（0.07）
交通肇事	2.344***（0.26）
盗窃	−2.253***（0.08）
诈骗	−0.408*（0.19）
毒品	−4.332***（0.18）
速裁案件特征	
取保候审（是 VS 不是）	0.613（0.40）
监视居住（是 VS 不是）	0.469（0.35）
羁押（是 VS 不是）	−0.778+（0.40）
律师代理（是 VS 不是）	−0.501***（0.08）
司法区域（对照组：其他 9 个试点城市）	
北京	−0.523***（0.08）
沈阳	−1.007***（0.12）
上海	0.600***（0.06）
福州	−0.589**（0.20）
广州	−0.280**（0.09）
济南	0.230*（0.10）
郑州	−0.767***（0.09）
重庆	−0.182（0.23）
西安	0.688***（0.13）
常数	1.156**（0.41）
N	12665
Pseudo R 平方	0.2517

注：+ p<0.10，* p<0.05，** p<0.01，*** p<0.001 双尾检验，括号内为标准误。

7. 司法效率

从问卷调查和实地调查的结果看，速裁程序确实起到了提高试点地区刑事案件审理效率的功效。根据最高人民法院对全国 13 家试点法院抽样统计：2015年上半年，刑事案件速裁程序5日内审结的占41.89%，5—10日内审结的占52.38%，10—20日内审结的占5.73%；而简易程序5日内审结的占9.91%，5—10日内审结的占25.97%，10—20日内审结的占55.45%，20日以上审结的占8.67%。[①] 以上数据也可以从问卷中得到验证。根据表19（Q27），平均超过80%的法官、检察官和辩护律师以及警察，认为速裁程序实质性提高办案效率。比较而言，速裁程序对法院的审理案件的效率提升比较明显。在法院组问卷（q23），在问及“速裁试点对法院的最大益处是什么”开放性问题中，99%的法院回答对法院最大的益处是提高审判效率，实现案件的繁简分流，节省司法资源。另外，根据法官组问卷（q39），在296个有效回答中，被调查法官回答的速裁审理期限平均为6天。在关于速裁案件庭审一般花费时间的问题（法官组q40）的296个有效回答中，参与问卷法官给出的速裁案件平均庭审时间为9分钟。在被告人对速裁法庭审理的时间回答上也印证了法官的回答，在被告人组问卷中（q39），有191人回答其速裁庭审时间为10分钟以下，占比72%。在关于简易程序庭审时间问题（q40），在法官的295个有效回答中，简易程序的平均法庭审理时间为21分钟；关于普通程序庭审时间问题（q41），在法官的291个有效回答中，普通程序庭审时间为71分钟。由此可以看出，仅仅法庭审理时间，速裁程序不到简易程序的二分之一，不到普通程序的七分之一。速裁程序在法庭审理上的效率确实凸显出来。并且，法庭当庭宣判的比例相当高，解决法庭审理后的宣判时间的延宕问题。根据法官组的问卷（q44），在297份有效问卷中有268名法官回答其审理的速裁案件都当庭宣判，在全部参与问卷的法官中占90%。在被告人组（q42）中的305个有效问卷中，参与答卷的被告人中有290人表示他们的案件当庭宣判，在全部参与问卷的被告人中占比95%。由此可见，仅仅从法院的

---

① 转引自郑敏、陈玉官、方俊民：《刑事速裁程序量刑协商若干问题研究——基于福建省福清市人民法院试点观察》，载《法律适用》2016年第4期。

审判环节上看，速裁案件试点大大提高了审判效率。相比而言，虽然速裁程序缩短了起诉期限，提高了起诉的效率，但是在实践中有些检察官反映起诉前的工作量加大，所以检察官对办案效率的反应不如法官明显。由于侦查期限没有明确规定进行限缩，速裁案件的侦查效率并没有明显提高。[①]

表 19　对刑事速裁程序试点效率的评价

		法官	检察官	律师	警察
Q27：速裁程序是否实质上提高其办案效率？					
	是	81.48%	73.79%	88.82%	78.57%
	否	18.52%	26.21%	11.18%	21.43%
N		297	206	152	112

8. 综合评价

对速裁程序试点的预估反映人们对速裁程序试点的预断，可以看出司法人员对该试点最初态度。根据表 20（Q28），参与对该问题进行回答的法官和检察官以及辩护律师的态度和预判基本接近，平均有大约 78% 的问卷回答者认为可以达到预期效果，还有大约 7% 回答者认为很难达到预期效果，另外有 15% 认为不可预测。总体上看，回答结果体现了部分被调查的法官、检察官和律师对该试点相对保守的态度。但是，对于速裁程序实际运行状况，参与调查的法官的满意度达到 96%，检察官的满意度达到 93%，律师的满意度达到 94%，警察的满意度达到 93%。另外，参与调查的被告人对速裁程序的满意度高达 97.7%。其中，参与调查的法官、检察官和律师的满意度比原先的预期高出了 15 个百分点。以上这些数字说明，刑事案件速裁程序试点受到诉讼主体的广泛认同。

① 参见张婧、吕雪：《刑事速裁程序中检察院与法院协调机制试点效果的实证研究——以广州市越秀区人民法院刑事速裁审判实践为视角》，载《法治论坛》2006 年第 1 期。

表 20　对刑事速裁程序试点的预判与评价

	法官	检察官	律师	警察	被告人
Q28：您对速裁程序试点能否达到预期效果预判：					
可以达到预期效果	77.78%	77.18%	80.92%		
很难达到预期效果	6.06%	8.25%	5.92%		
无法预测	16.16%	14.56%	13.16%		
Q29：您对速裁程序试点实际运行状况的满意度？					
非常不满意	1.35%	1.94%	3.95%	3.57%	0.98%
不满意	2.02%	4.85%	1.32%	2.68%	1.31%
满意	37.37%	34.95%	39.47%	45.54%	53.11%
比较满意	45.79%	48.06%	33.55%	30.36%	11.48%
非常满意	13.47%	10.19%	21.71%	17.86%	33.11%
N	297	206	152	112	305

（四）结论和讨论

根据 18 个试点城市的问卷调查可以得出以下结论：刑事速裁程序试点大幅度提高了试点地区的刑事案件办理的司法效率，特别在提高非羁押性替代措施适用率、非监禁刑的适用率和降低上诉率、抗诉率，推动案件繁简分流，有效缓解试点地区案多人少矛盾等方面成效显著。这个结论进一步说明，刑事速裁程序试点符合推进以审判为中心的刑事诉讼制度改革的大趋势，符合我国当前刑事案件繁简分流实际需要，具有现实可行性。当然，根据调查问卷，刑事速裁程序试点过程中在案件适用范围、证据证明、认罪审查、控辩协商、庭审方式等方面还存在许多深层次问题。在速裁程序与认罪认罚从宽制度试点并轨铺开后，必须对刑事速裁程序试点中暴露的问题，特别是前期速裁试点中的案件适用率低于预期和值班律师作用并没有充分发挥等问题需要予以高度重视。[①] 结合对速裁程序的试点问卷结果和相关调查研究，笔者在此将这些问题集中加以讨论并提出完善建议，以期待与学术界和实务界共同研判。

1. 关于提高速裁程序适用率

速裁程序适用率没有预期高是本次两年期速裁试点中最突出的问题。根据问卷调查和相关分析，除了《速裁程序试点办法》规定的案件适用范围和限制条件的因素之外，还存在其他因素导致本来可以进入速裁程序审理的案件没有进入速裁程序，从而导致速裁适用率整体并不高。立法上特定程序的适用范围并不等于司法实践中特定程序实际的适用范围。[②] 解决速裁程序适用率不高的问题必须根据调查发现的多种原因"对症下药"。

第一，对速裁程序和简易程序、普通程序之间的案件适用的界限作明确的规定，严格限制可适用速裁程序的案件转入简易程序或普通程序。由于速裁程序与简易程序、普通程序之间没有严格的界分标准，导致实践中本来可以适用速裁程序的案件可以不加限制转入简易程序或普通程序，从而影响速裁程序案件的适用率。2016 年 9 月 3 日，十二届全国人大常委会第二十二次会议表决通过了《关于授权最高人民法院、最高人民检察院在部分地区开展认罪认罚从宽制度试点工作的决定》(以下简称《认罪认罚从宽试点决定》)。根据《认罪认罚从宽试点决定》，刑事速裁程序试点范围将延伸至可能判处三年以下有期徒刑的案件，并取消罪名限制。这意味着适用速裁程序审理案件范围将较大幅度扩大，司法人员在问卷调查中反映的速裁案件适用范围过窄和条件的问题将得到解决。但是，虽然立法上速裁程序的案件范围扩大，如果不对速裁判程序与简易程

---

① 参见陈瑞华:《认罪认罚从宽改革的理论反思——基于刑事速裁程序运行经验的考察》，载《当代法学》2016 年第 4 期。

② 例如，根据对某法院的同期案件统计，满足速裁程序的案件有 110 件，但是实际应用只有 25 件，适用速裁程序的比例仅为 22.73%。参见原立荣:《刑事速裁程序实证研究——以 C 市 J 区为分析样本》，载《首都师范大学学报》2016 年第 1 期。

序之间适用界限加以严格区分，很有可能继续出现大量本来可以适用速裁的案件转入简易程序或者普通程序中，简易程序事实上就可能成为认罪认罚中部分速裁案件的“避风港”，从而影响速裁案件的实际适用率。在速裁程序和认罪认罚从宽制度并轨试点中，应当明确在侦查或起诉阶段就确定可以适用速裁程序审理的案件，在审判阶段没有特定法定情形出现的情况下，必须适用速裁程序审理，而不能随意变更审判程序。

第二，调整适用速裁程序案件的侦查、起诉和审判期限，合理配置诉讼不同阶段的办案期限。首先，要限缩可适用速裁审理的案件刑事侦查期限。根据《速裁程序试点办法》，速裁程序试点并没有对轻微刑事案件的侦查期限进行规定和限制。从试点的情况看，速裁案件的侦查时间并没有实质性变化。根据轻微案件的处理规律，侦查的期限可以适当缩短 10—20 个工作日，以加快速裁案件的侦查阶段的流程。其次，对于起诉和审判的期限可以适当延长。认罪认罚从宽制度试点之后，速裁案件范围扩张后意味着检察官和法官要比过去用更快速度来处理更多的案件。如果仍然用“8+7”起诉和审判期限方式来要求他们在规定期限完成起诉和审判工作，就可能导致速裁案件办案检察官、法官不堪重负。[①] 在中期和末期问卷调查中，50% 以上的检察官和法官反映起诉和审理期限太短，不得不将部分案件转入简易程序和普通程序。根据相关问卷结果，速裁起诉期限可以从 8 个工作日延长至 15 个工作日；审判期限从 7 个工作日延长至 10 个工作日。这样虽然起诉审判期限适当延长，但同时压缩侦查期限，总的速裁案件的流程期限变化并不大，总体上不会降低速裁案件的办理期限。

第三，简化速裁案件的内部审批程序，畅通整个程序流程。要提高轻微刑事案件适用速裁程序比例，不仅要简化庭审方式和缩短办案期限，更

① 参见白云飞:《刑事案件速裁程序试点运行状况实证分析》，载贺荣主编:《尊重司法规律与刑事法律适用研究》(上)，人民法院出版社 2016 年版。

为重要的是简化速裁案件内部不必要的审批程序。在问卷调查中，司法人员仍然反映速裁案件的内部审批手续比较烦琐，影响案件办理的流程速率。在侦查阶段，有些试点地区采取“刑拘直诉”，跳过逮捕审查环节，实质性提高了速裁案件在侦查阶段的效率。对于那些可以适用速裁案件的常见犯罪类型，如危险驾驶类的案件可以直接在刑事拘留之后适用起诉，加快侦查流程。在起诉阶段，简化公诉内部审批的环节，特别是对适用缓刑建议的案件可以不受司法行政机关的再犯社会调查评估的限制，由检察机关自由裁量是否需要社会调查评估并决定起诉。在审判阶段，很多地方试点法院对独任法官的审判和量刑有更大的放权，缓刑案件不再需要分管副院长的审批就可作出裁判。对于这些内部审批机制的简化，是加快案件审判流程和提高速裁程序适用率的重要措施。在速裁案件中，从侦查、起诉、审判和执行各个环节都要建立权力清单制度，明确速裁案件办理的司法权力配置，畅通整个案件办理流程。

2. 关于制定速裁证据收集指引

刑事案件及其审理活动离不开证据的收集和认定。《刑事诉讼法》第53条规定的“证据确实、充分”和“排除合理怀疑”的标准适用于所有的刑事诉讼活动，并不因程序不同而标准有所降低。这个规定其实反映了立法机关对司法机关办案的高标准和严要求。但是，司法实践中，在不同的诉讼阶段和程序选择上，客观上存在不同的证明要求，因此事实上在刑事诉讼不同的程序上存在证据归集和判断上的差异。特别是办理犯罪手段比较隐蔽的案件，以及寻衅滋事、交通肇事类等证据比较容易灭失的案件，如果被告人主动自愿认罪，如实供述犯罪事实，结合相关证据就可达到定罪的要求，就没有必要再按照普通程序的证明要求刻板地要求定罪量刑的证据需要达到确实、充分和排除合理怀疑的标准。有些学者也指出，在速裁程序中可以适当降低证明标准，采用“两个基本”的证明标准，即基本事实清楚、基本证据充分。[①] 但是，目前要在立法层面明确“两个基本”标准仍然面临实际困难。特别是在当前加强冤错案防范和推行司法责任制的背景下，如果在国家立法层面直接降低案件证明标准，在没有严格的证据指引出台的前提下，可能带来刑事案件审理上的证据适用的混乱问题。在我国目前的司法体制下，证据裁判的原则在刑事速裁程序中仍然必须毫不动摇地坚持。当然，在坚持证据裁判原则的同时要通过制定严格的证据指引和证明要素，对速裁案件的证据和证明可以较普通程序的案件有所简化，但是具体的证据要素必须齐备。例如，关于盗窃财物价值不大的盗窃案件的量刑证据，对于常见物品，如被盗窃的手机的价值，司法机关可以直接根据手机的厂商和型号参考市场定价即可，只要被告人或被害人认可，就没有必要再送交专门的价格部门进行价值鉴定。最高司法机关可通过司法解释的方式，制定速裁案件的犯罪分类简明证据指引，引导和规范试点地区的速裁案件在侦查、起诉和审判阶段的收集、固定、审查、判断和应用。

3. 关于构造速裁认罪答辩程序

根据调查问卷结果，由于对认罪自愿性缺乏审查判断标准，速裁程序中缺乏对认罪自愿性实质性审查环节，不利于对案件质量的把控。关于认罪的构成和范围等已经有不少学者进行讨论。[②] 但是，对于认罪的构成和定性等，还存在认识上的不一致问题。[③] 根据《速裁程序试点办法》，被告人认罪必须是自愿的。从法理上，认罪是被告人通过法定的程序对指控机关指控的犯罪自愿性、明知性和理智性认可。目前我国刑事速裁程序由于没有前置性认罪答辩程序，对认罪答辩本身的审查属于非强制性的形式审

① 参见汪建成:《以效率为价值导向的刑事速裁程序论纲》，载《政法论坛》2016年第1期。

② 参见陈光中:《认罪认罚从宽制度若干重要问题探讨》，载《法学》2016年第8期。

③ 参见陈卫东:《认罪认罚从宽制度研究》，载《中国法学》2016年第2期。

查，而非进行必要性实质审查。对速裁案件中被告人自愿性认罪审查听证程序的缺失，容易有发生冤错案的风险。在针对检察官和法官是否对被告人自愿认罪存在顾虑的问卷调查中，仍然有相当的法官和检察官对被告人认罪的自愿性心存顾虑。同时参与问卷调查的少数被告人也反映存在强迫认罪的问题。以上说明这个问题在速裁程序试点中的严重性不能低估。为了解决这个问题，最高司法机关可在速裁试点中制定法庭认罪答辩规则，该规则至少应当包含以下七个方面内容：一是认罪答辩的范围、形式和方式；二是认罪前的权利告知和相关认罪问题的解释，包括伪证罪的后果、被告人享有的包括辩护权在内各种基本诉讼权利、认罪的后果、认罪后法院在判决上的权力等；三是审查认罪是自愿的、明知的，而非强迫的、诱骗的认罪；四是明确对认罪的撤回、上诉的条件以及相关救济措施；五是认罪证据在法庭上适用的限制性规定；六是对认罪事实的确认和审查；七是规定有关认罪后的可能的民事赔偿、罚金罚款、刑罚执行方式等。通过制定包含以上内容的认罪答辩规则，就可以有效保证被告人认罪答辩自愿性及其程序的正当性、合法性。

4. 关于推行速裁控辩协商程序

控辩协商制度是推进刑事诉讼民主，提升被告人在司法正义上获得感的重要制度。控辩协商制度由于注重诉讼主体间的民主参与与公平交流，充分体现现代意义上的程序的内在价值，代表了当代诉讼制度发展的趋势。[①] 根据问卷调查结果，在速裁程序试点中，司法人员特别是律师呼吁要抓紧建立完备的控辩协商程序，以保证速裁案件的控辩结构性平衡。本次速裁试点开启了控辩协商的“大门”，但是离规范意义上的控辩协商制度还有相当差距。这主要表现在两个方面，首先是控辩协商的程序性机制在速裁试点中没有建立起来；其次是保证控辩协商有效实施的律师参与方

① 参见陈瑞华:《走向综合性程序价值理论——贝勒斯程序正义理论述评》，载《中国社会科学》1999年第11期。

力量不足。针对第一个问题，最高司法机关可以总结部分地方速裁试点中控辩协商机制和运行的经验，并借鉴国外控辩协商方面的有益做法，制定规范的速裁控辩协商规则。有的试点地方开始探索建立律师广泛参与的速裁案件的控辩协商机制，这为中央层面的立法提供了可资参考的经验。[①]完备的控辩协商制度应当包括协商的范围、程序的启动、协商的地点、协商的过程、协议的确认、协商的救济等。此外，在控辩协商中，审判方是否可以参与到协商中来，对于这个问题实践中存在争论。一般来说，当控辩双方协商存在困难的情况下，法官参与协商将会促进量刑协商的成功。在这方面，德国的法官参与刑事协商的做法值得借鉴。[②] 另外，我国在刑事诉讼实务中事实上已经有审辩协商的现象。[③] 可见，在建立控辩协商机制中也不能忽视审判方的作用。针对第二个问题，国家必须加大投入，在速裁和认罪认罚案件中只要被告人认为有获得律师帮助的需求就应当予以满足。控辩协商程序没有辩护律师的参与就无法充分实现在平等自愿基础上的协商。在看守所和法院设立值班律师，为速裁案件被告人提供法律咨询和法律帮助是突出的制度创新。[④] 由于法律援助资源区域性差异，要保证所有速裁案件的被告人都享有律师辩护权，仍然面临实际困难。问卷调查结果显示，仅仅有不到50%的看守所或法院设立值班律师。这说明地方在试点中，值班律师制度并没有实现在看守所和法院全覆盖。无论是认罪答辩还是控辩协商，都是非常严肃的法律问题，对被告人将产生严重的法律

---

① 参见郑敏、陈玉官、方俊民:《刑事速裁程序量刑协商若干问题研究——基于福建省福清市人民法院试点观察》，载《法律适用》2016年第4期。

② 参见约阿希姆·赫尔曼，王世洲:《德国刑事诉讼程序中的协商》，载《环球法律评论》2001年第4期；李昌盛:《德国刑事协商制度研究》，载《现代法学》2011年第6期。

③ 参见孙长永、王彪:《刑事诉讼中的审辩交易现象研究》，载《现代法学》2013年第1期。

④ 参见孙剑英:《认真做好法律援助值班律师工作，促进速裁程序试点工作顺利开展》，载最高人民法院编:《刑事案件速裁程序试点实务与理解适用》，人民法院出版社2015年版，第62页。

后果。如果没有辩护律师有效参与，在审前监督机制不完善的情况下将极有可能产生冤错案的风险。在目前法律援助资源稀缺的情况下，国家应当加大对法律援助的投入，并采取措施将有限的律师资源配置给最有需要的速裁案件中认罪认罚的被告人，以帮助其与控方进行有效的量刑协商。总之，在速裁和认罪认罚试点中推行控辩协商制度，既需要建立控辩协商规范，也必须加大法律援助律师投入，二者不可偏废。

5. 关于改进速裁案件庭审方式

根据调查，刑事速裁程序试点中，由于部分试点司法机关片面追求效率，在实践中出现速裁审理的过分程式化现象，特别是有些试点地区的司法机关追求判案速度，有的甚至超越法律规定和授权采取不开庭的书面审理方式，忽视庭审环节的庭审质量和法庭权威。在调查中也发现，很多速裁案件在速裁审理中仅仅是走过场，速裁案件的被告人无法真正感受到刑事法庭的威严，不利于被告人被定罪量刑后的改造。为了改进速裁案件的庭审方式，解决庭审的程式化和走过场的问题，可以考虑采取如下措施：第一，最高司法机关应当在总结速裁庭审的经验和问题的基础上，改变目前简化放任的庭审方式，制定和发布规范速裁庭审流程。具体来说，规范的速裁庭审应当包括：被告人身份查明程序、权利告知程序、认罪答辩审查程序、量刑协商确认程序等。在此基础上，可以选择在部分速裁试点基础比较好的法院进行试点，创建规范化的速裁庭审模范法庭，然后在全国试点地区进行大范围的推广应用。第二，减少案件集中批次审理和视频审理。由于追求审理效率，部分试点法院对集中审理和视频审理过度依赖，加大了速裁审判法庭的程式化程度。速裁案件只要条件许可还应尽可能鼓励单独开庭，鼓励当事人到庭接受质询和发表意见，以体现诉讼结构的完整性和保证被告人在法庭上的权利得到充分体现。最高司法机关应当对集中开庭和视频审理模式制定相应的规则，限制批次集中开庭和视频审理的次数，规范集中开庭和视频审理的流程。第三，速裁庭审中应适当增强法庭量刑说理与法制教育功能。根据调研和观摩庭审，速裁审判法庭普遍对量刑环节缺乏说理，缺少对被告人的法律释明和训诫。总体上来看，对速裁法庭的程式化问题进行纠偏，必须综合采取多种措施，在不影响案件审理的正常效率的情况下，要求审判法庭要在审理案件中体现对案件事实的关注和对被告人诉讼权利的保护和尊重，以确保法庭审理过程不因追求速度而影响或损害法院的司法权威。

6. 关于促进速裁案件量刑均衡

在速裁程序中，定罪主要通过被告人认罪来解决；量刑则主要依靠控辩协商来解决。由于速裁程序试点中量刑控制在一年以下有期徒刑，总体量刑偏差还是属于可控范围。认罪认罚从宽制度试点推开之后，速裁案件的量刑空间将扩张，如果缺乏严格的量刑规范指导，极有可能造成不同试点地区和不同犯罪类型和罪名间量刑偏差过度问题。针对上述可能出现的问题，笔者建议最高司法机关通过制定速裁程序中适用的认罪认罚从宽的量刑指南，具体引导和规范量刑协商和量刑裁判。第一，根据司法统计裁判文书的大数据分析，对速裁案件的犯罪类型和罪名的刑罚规定和在司法实践中的量刑统计上的中位数和众数进行测算，在此基础上针对犯罪的案件类别制定合理量刑区间。第二，量刑指南对速裁程序选择上建议给予量刑上的特别优惠，鼓励被告人选择速裁程序进行诉讼，加速案件的流转和节约司法资源。特别是在认罪认罚从宽制度试点之后，必须加大程序性激励机制，鼓励被告人更多地选择适用速裁程序。[①] 第三，关于缓刑适用上，应当通过量刑指引或指定缓刑适用规则等规范性文件，规范和引导缓刑适用，避免缓刑在犯罪类别上的区域不平等适用问题。如危险驾驶罪，有些地方一律判实刑，有些地方一律判缓刑，导致缓刑适用区域上严重偏差。对此，最高司法机关在后续的试点中，可通过制定全国的量刑指引加

---

① 参见魏晓娜:《完善认罪认罚从宽制度——中国语境下的关键词展开》，载《法学研究》2016 年第 7 期。

以规范与矫正。另外，对于一年以下有期徒刑的刑罚被告人可附条件采取前科消除制度。由于危险驾驶案件数量的大幅增加和部分劳动教养案件入刑，社会危害性不大的轻微犯罪的被告人被处以刑罚，在对其进行惩罚的同时，也给这些人未来生活、就业等带来很多负面影响。从犯罪的预防和矫正的角度，在速裁程序和认罪认罚从宽制度的试点中可考虑建立附条件前科消除制度。对危险驾驶、青少年轻微犯罪和社会危害性不大的初犯和偶犯，在判决后只要服刑期间以及在服刑后考察期限内没有重新犯罪，且经过社区矫正或监狱部门评价表现良好的，就可以进行前科消除，避免和减少犯罪标签对其产生的负面影响。

7. 关于避免被告人滥用上诉权

在速裁案件中，量刑后的被告人滥用上诉权的现象比较突出。[①] 根据问卷和调查分析，在速裁案件中，只有极少数的被告人因量刑原因而上诉，且上诉的原因大多是被告人因为刑期较短而希望判决后留在看守所服刑。就速裁案件来说，在适用速裁程序审理案件的时候，检察机关都会提出量刑建议，被告人同意量刑建议才可以进入速裁案件审理程序中。并且在没有特殊情况下，法官一般会按照量刑建议进行裁判。由于我国刑事诉讼中对上诉权没有前置审查机制，因此上诉权对被告人来说属于绝对权。只要被告人在法定上诉期限内提出上诉，随之案卷移送、审查、审理和裁判的系列上诉程序就会联动响应。被告人在速裁案件中已经因为选择适用速裁程序而获得从轻的量刑，而在速裁审理后又上诉，二审在经过复杂的审理程序之后又被毫无例外地予以驳回。这实际上就导致司法资源的浪费，违背速裁程序体现的诉讼经济原理。在速裁程序试点和认罪认罚制度改革试点中，在国家立法机关并没有明确授权禁止的情况下，试点司法机关不可能采取禁止或取消被告人在速裁程序中的上诉权。针对这个问题，

---

① 参见刘广三、李晓：《刑事速裁程序实施问题与对策研究——以北京市C区法院为样本》，载《法学论坛》2006年第5期。

在速裁案件认罪答辩和控辩协商程序中，要求被告人在接受量刑建议或协议前要求书面放弃上诉权。此外在将来的立法设计中，也可考虑对于被告人上诉权采取建立原审法院的上诉前置审查机制，对速裁案件中的认罪认罚的上诉人进行限制。对于速裁案件的被告人上诉，如果经过原审法院的前置审查，没有发现影响司法公正的程序和实体问题，对该类速裁案件中被告人上诉就应当直接裁定不予许可。这可以从根本上避免被告人滥用上诉权而导致速裁效率低下的问题。

刑事速裁程序试点对于推动我国建立多元化刑事诉讼程序，从根本上提高诉讼效率，促进司法公正具有里程碑的意义。效率，隐含了更高、更快、更大的企图和目标；同时，也隐含了以有形和有限的资源，去探索和实现无限的可能。[①] 司法领域的效率相比经济领域的效率受到更多的条件限制。刑事速裁程序试点涉及适用范围、证据标准、法律援助、认罪答辩等诸多机制创新。速裁程序并不是对程序的简单简化，其背后蕴藏着复杂的诉讼机理，需要不断的实践和经验总结。本研究主要基于问卷调查的相关分析，不可避免存在一定研究上的局限性，对速裁程序试点运行过程中的规律、经验和问题的深度挖掘和总结，还需要结合认罪认罚从宽制度的试点进行更大范围和更深层面的研究。

① 参见熊秉元:《正义的成本》，东方出版社 2014 年版，第 256 页。

二、认罪认罚从宽制度运行状况问卷调查*

2016年11月，根据十二届全国人大常委会授权，最高人民法院、最高人民检察院、公安部、国家安全部、司法部颁布了《关于在部分地区开展刑事案件认罪认罚从宽制度试点工作的办法》(以下简称《试点办法》)。认罪认罚从宽制度的试点是在刑事速裁程序的基础上，推动宽严相济刑事政策制度化和促进刑事案件繁简分流的国家又一重大的“试验性立法”。这次“试验性立法”不仅揭示了认罪认罚从宽制度试点运行过程中存在的问题，也积累了丰富的创新性经验，直接推进了《刑事诉讼法》再修改。[①] 本研究基于对18个试点城市关于认罪认罚从宽制度试点的问卷调查，发现并解释该制度试点运行中的存在的问题和经验。在此基础上，全面检讨2018年修改的《刑事诉讼法》和2019年最高人民法院、最高人民检察院、公安部、国家安全部、司法部印发《关于适用认罪认罚从宽制度的指导意见》(以下简称《指导意见》)等相关司法解释在该“试验性立法”经验方面的利弊得失。

基于认罪认罚从宽制度试点问卷调查显示，认罪认罚从宽制度的实施有助于在刑事诉讼中贯彻宽严相济刑事政策，有助于刑事案件的繁简分流和提高诉讼效率。但是问卷调查也揭示了该制度的案件适用范围尚不合理；侦查阶段的认罪认罚还要完善权利告知程序和防止认罪的非自愿性；审查起诉阶段基于认罪认罚的控辩不平等问题严重，量刑建议也有待规范；审判阶段认罪自愿性审查和量刑规范都需要创新设计；认罪认罚案件中的值

---

* 本部分撰稿人为李本森教授。

① 参见周强:《关于在部分地区开展刑事案件认罪认罚从宽制度试点工作情况的中期报告》，载最高人民法院网，http://www.court.gov.cn/zixun-xiangqing-75122.html，2017年12月23日。

班律师的有效法律帮助等还面临很多现实的障碍。2018 年修改的《刑事诉讼法》虽肯定认罪认罚从宽制度，但没有全面吸收试点的创新经验，特别是没有能够将地方试点中的控辩协商的创新经验吸纳到新法中。由于立法机关对试点经验的吸收严重不足，导致 2018 年《刑事诉讼法》对试验性立法方面的积极作用并没有充分发挥。

（一）问卷设计、样本分布与研究方法

1. 问卷设计

本研究试图对《试点办法》的实施状况，通过调查问卷的方式了解其规则和实施运行状况，同时对参与试点的法官、检察官、律师、警察和相关被告人进行规则的认知、评价等方面进行认知调查。本研究中调查问卷主要包括以下几类问题：

第一类：认罪认罚案件适用的范围和条件。问卷问题包括：认罪认罚从宽案件中的限制性案件的规定是否可行？《试点办法》中规定的"其他不适宜的情形"如何解释？认罪认罚从宽案件是否应当进行范围设定？等等。

第二类：侦查阶段的认罪认罚运行和操作。问卷问题包括：认罪认罚案件对刑事案件的侦查效率影响如何？认罪认罚案件对被告人的权利保护如何？认罪认罚案件如何进行证据的收集与固定？认罪认罚案件中撤销案件的问题的监督性的正当性程序如何体现？等等。

第三类：审查起诉阶段的认罪认罚。问卷问题包括：认罪认罚案件对起诉效率的影响如何？认罪认罚案件对证据审查的影响如何？认罪认罚案件对不起诉案件如何进行程序性规制？认罪认罚案件的检察官的量刑建议如何操作？等等。

第四类：审判阶段的认罪认罚。这方面涉及的具体问题包括：认罪认罚案件在审判程序中如何进行认罪自愿性审查？认罪认罚案件的审理效率是否提高？认罪认罚案件如何进行事实查明和证据确认？等等。

第五类：认罪认罚从宽案件中的被告人的权利保护。这方面的问题包括：值班律师的有效法律帮助是否可以充分实现？值班律师是否可以转化为辩护人制度？认罪认罚案件中被告人的诉讼权利是否得到有效保障？被告人在认罪认罚案件中自愿性认罪的情况如何，是否认罪后反悔？等等。

2. 样本分布

本次问卷通过问卷星平台共收集用于分析的有效问卷样本 1516 份（见表 21）。回收的问卷由于涉及试点全部地区，故覆盖全部试点地区和全部司法人员以及部分被告人。从问卷的诉讼主体分布上看，警察、法官和检察官的答卷占据主体，律师的答卷比例较低。在地域上，杭州、上海、重庆、辽宁等地的问卷回收数量占比靠前，天津、长沙、西安和福建的问卷

表 21　认罪认罚从宽制度回收问卷样本分布

地区	法官	检察官	律师	警察	被告人	总数	占比
北京	17	20	9	15	22	83	5.47%
天津	4					4	0.26%
上海	49	33	31	64	50	227	14.97%
重庆	54	29	19	49	24	175	11.54%
辽宁	40	98	7	2	5	152	10.03%
南京	9	5	2	2	2	20	1.32%
杭州	19	28	5	256	5	313	20.65%
福建	7	8	7	13	15	50	3.23%
山东	39	14	23	19	50	145	9.56%
郑州	20	14	22	29	48	133	8.77%
武汉	25	6	9	34	12	86	5.67%
长沙	4	2	2	2		10	0.66%
广东	42	7	12	29	9	99	6.53%
西安	12	1	1	2	3	19	1.25%
N	341	265	149	516	245	1516	100%

注：本研究中，所有表格中由于采取小数点后两位四舍五入，因此百分比均为近似值。本表中辽宁包括沈阳和大连，福建包括福州和厦门，山东包括济南和青岛，广东包括广州和深圳。

回收占比较低。从表1来看，问卷的诉讼参与主体与试点地域分布存在局部不平衡，但是总体上比较均衡。问卷样本基本上不存在诉讼主体和区域之间数量分布统计上的显著性偏差，回收的问卷样本具有较强的代表性。

3. 研究方法

首先，采用定性研究，对答卷中的陈述或特定性的建议或意见进行问题导向的质性分析。本研究不是简单地看问卷的比例，特别是不以高比例为价值判断的取向，而是更注重对少数意见和小比例的问题本身进行更有针对性的研究。本研究采取以揭示和发现共性问题为研究路径，进行更具针对性的答卷中特殊性意见展开研究。在方法上，突破传统的重比例的单向度问卷研究思路，对开放性的任意性回答进行描述性报告。本研究利用答卷展开定性研究，以更加客观和全面地展示试点规则运行中存在的问题。

其次，在分析框架上，以刑事诉讼的纵向构造为主分析框架，同时兼顾带有横向性贯通问题。本次问卷的分析框架基本上是按照刑事诉讼的纵向构造分析，对认罪认罚从宽政策在侦查、起诉和审判等诉讼环节中的效率问题和司法运行状况进行分析。这种纵向分析主要观察该制度在不同的诉讼形态上的具体样态，更加清晰地揭示在不同的诉讼阶段中，认罪认罚从宽制度中存在的问题和立法完善的路径。同时，在综合分析上，对案件适用范围和贯穿在诉讼不同阶段对被告人诉讼权利进行统合。

最后，本研究对认罪认罚从宽制度的实证研究，以问卷分析为主分析对象，但是并不限于问卷设计的问题和问卷方法。在进行问卷分析的过程中对问卷中并没有或者无法直接通过问卷进行了解的重大问题，如认罪认罚从宽制度中的撤销案件和不起诉案件等仍然纳入研究的范围。在方法上除了突出问卷调查外，还兼顾实地调研和相关文献的辅助性分析。在收集问卷前后，课题组先后到上海、南京、郑州、武汉、西安等试点城市开展实地调研，获得大量第一手的素材为问卷分析提供了佐证。总之，本研究以问卷为主，但是不拘泥于问卷，采用多元化的基于问题导向研究方法，不再拘泥数字比例作为价值判断，以确保本报告结果的可靠性和高信度。

（二）研究发现

1. 案件适用范围

对认罪认罚从宽制度适用范围是否应当限制的问题，学界基本上赞同对认罪认罚从宽案件不应当有太多的限制。①《试点办法》没有明确规定认罪认罚案件的适用范围，但却规定了例外不适用的几种情形。对于这几种例外情形，被调查人提供的意见并不统一。

（1）关于对限制行为能力的精神病人不适用认罪认罚从宽的规定。对于该规定，有超过 90% 的答卷人认为合理，但是也有 10% 的少部分答卷人认为该规定实际上并不合理。例如，有的法官认为，“该类精神病人属限制行为能力人，在其意识清醒的时候作出的判断等同于正常人，但是司法实践中如何确认其在诉讼过程中有辨认和控制能力需要专业机构出具权威意见，方可适用认罪认罚从宽制度”；有的法官认为，“该条规定不合理，因为该规定事实上剥夺了这部分限制行为能力享受该制度的红利”；有的法官认为，“限制行为能力人比较复杂，一律将该类人排出在外，不利于该类人的权利保障，因为该项权利跟其他权利是一样的，只要在充分保障的情况下没必要不予适用”。有的检察官认为，不能因为是精神病人就不保障他的权利，他们在诉讼中更需要律师的介入，在律师的帮助下通过正当的程序也可以进行认罪认罚答辩；有的律师认为，对这类群体，如果他们的法定代理人和律师参与，也可以适用，不然对他们不能适用并不公平。这些意见虽然在问卷中属于少数，但是也说明该规定并非绝对合理，还需要结合限制行为能力精神病人在刑事处理程序中的权利保障等相关制度进行完善。

---

① 参见陈光中、马康:《认罪认罚从宽制度若干重要问题探讨》，载《法学》2016年第8期。

（2）关于未成年人犯罪嫌疑人、被告人的法定代理人、辩护人对未成年认罪认罚有异议的，不适用认罪认罚从宽制度。5% 的法官认为该规定不合理。有的法官认为，被追究刑事责任的被告人的年龄足以判断认罪认罚制度适用得合理与否；有的法官认为，审判实践中，很少会有法定代理人或律师对认罪认罚有异议，该规定一定程度上剥夺了未成年被告人平等的从宽权利。有 8% 的检察官认为该规定不合理。有的检察官认为，对于 16 周岁以上有独立认知能力的未成年人而言，如此规定则剥夺了对其认罪认罚获得从宽处罚的权利；有的检察官认为，实践中很多犯罪嫌疑人的法定代理人无法找到，无法听取他们意见就会剥夺犯罪嫌疑人的合法权利；有的检察官认为，未成年犯罪嫌疑人对基本犯罪事实能够辨识清晰，对于量刑问题辩护人只需要提供专业帮助让未成年人理解，也可以向办案人员提出意见，没有必要阻断适用；法定代理人和辩护人的否定态度，不能阻却犯罪嫌疑人本人自愿认罪获得从宽处理。另外，有 5% 的律师认为该规定不合理。有的律师认为，适用认罪认罚的证据确凿的案件，也是对未成年人的一种保护，不能因为法定代理人和辩护人的否定意见就剥夺其自身享有通过认罪认罚从宽的权利。还有接近 8% 的警察认为该规定不合理。有的警察认为，是否如实供述犯罪事实本身就证明了犯罪嫌疑人的态度，这个制度纯属多余；有的警察认为，是否涉嫌犯罪，犯罪嫌疑人本身最清楚；认罪认罚必须询问未成年人自身的意见，况且现在 16 岁的未成年人基本上都有全面的识别能力。

（3）关于被告人不构成犯罪的，不应当适用认罪认罚的规定。对该规定，问卷调查显示，虽然表面上看答卷人普遍赞成，但是也有少部分的答卷人认为，该条规定没有必要，和认罪认罚从宽制度存在逻辑上的矛盾，因为不认罪本来就不应当进入认罪认罚从宽程序中来。例如，7% 的法官不赞成该规定。有的法官认为既然不构成犯罪，就不应当认罪认罚。有 8% 的检察官不赞成该规定，有的检察官认为，不构成犯罪检察机关本就不会提起公诉，何来适用认罪认罚，完全没必要再表述。不构成犯罪就谈不上认罪认罚，无罪何罚？另外，有7%的警察认为该规定不合理。有的警察认为，不认罪自然不适用认罪认罚，侦查阶段不会将不认罪的案件纳入认罪认罚程序中来。

（4）关于《试点办法》中规定的“其他不宜适用的情形”的解释。在问卷中，法官、检察官和律师、警察对该“其他不宜适用的情形”的解释主要包括，涉恐、涉黑、累犯、惯犯、社会影响恶劣等主观恶性深的案件，目的是避免该类主观恶性程度高的被告人利用此制度逃避应得的惩罚；证据相当薄弱的案件，有证据证明被告人无罪，而被告人误认为有罪；民事赔偿没有处理完毕，可能刑事附带民事诉讼的；被告人认罪，但是辩护律师做无罪辩护的；共同犯罪的同案被告人没有归案，影响案件的事实认定；刑期十年以上的被告人，被害人意见较大的，被害人、案件利害关系人有异议的；可能引发新的社会矛盾的案件；可能诱发负面舆情的；犯罪情节特别恶劣，引发社会公众普遍关注的；案件定性有争议的；上访案件；等等。

2. 侦查阶段的认罪认罚从宽问题

认罪认罚从宽制度适用于侦查阶段，是我国认罪认罚从宽制度重要特色。[①] 这与我国长期以来侦查阶段在获取被告人供述上采取的“坦白从宽，抗拒从严”的刑事政策有着密切的关系。

（1）侦查效率。大部分被调查警察认为，认罪认罚从宽制度试点有助于提升侦查效率。认罪认罚从宽制度试点如果有助于提高侦查效率，那么说明该项试点对于侦查机关的侦查效能是有积极意义的。问卷的结果说明了试点地区的警察认同认罪认罚从宽制度在提升侦查效率方面有显著作用。为什么认罪认罚从宽试点使侦查效率有所提升？绝大多数的被调查的警察认为，这项制度有助于打消犯罪嫌疑人认罪后得不到从宽的顾虑，有

① 参见魏晓娜:《完善认罪认罚从宽制度——中国语境下的关键词展开》，载《法学研究》2016年第4期。

利于促成犯罪嫌疑人自愿认罪，犯罪嫌疑人的对抗情绪得到弱化，焦虑情绪得到缓解，有利于为侦查机关提供更有价值的办案线索，从而减少侦查机关的侦查成本，提高侦查效率。当然，也有16%被调查的警察认为，侦查效率并没有实质性提高，如有的警察认为，由于认罪认罚制度上还存在缺陷，犯罪嫌疑人对侦查机关的说法有些将信将疑；有的警察认为，证据上比过去要求更严，并不因为认罪了就减少证据收集上的要求；而且有的警察认为，文书太多，表格增多了，工作量增大；有的警察认为，有些犯罪嫌疑人认罪了该逮捕的不逮捕，容易串供和逃避侦查，躲避犯罪惩罚，侦查成本增高。

（2）证据问题。刑事案件侦查阶段的调查与取证处于刑事诉讼的端口阶段，很大程度上决定后续程序的走向。由于职权主义的传统影响，我国侦查阶段的侦查人员的权力相当大，权力制约性机制比较薄弱。认罪认罚是否会减少刑讯逼供问题，超过76%的警察认为会减少，主要理由是认罪了就没有必要进行刑讯逼供。但是也有超过23%的被调查的警察认为不会减少，因为二者之间没有关系。另外，认罪认罚从宽制度的实施是否会导致权钱交易的问题，其中超过参与调查的59%的警察、34%的法官、31%的检察官、38%的律师认为可能会出现侦查阶段的权钱交易的问题。这方面的问题主要是担心警察可能利用认罪认罚从宽制度为被告人开脱罪责，减免刑事处罚；关于警察工作的满意度的评价中，7%的认罪认罚的被告人对警察侦查工作非常不满意。特别是超过62%的被告人后悔认罪，说明侦查阶段对于认罪认罚制度设计上的不规范导致被告人判刑后对侦查阶段的认罪表示后悔。另外，对于羁押期间是否有刑讯逼供，或者在讯问期间是否有威胁的言语或暴力语言，8%的被告人认为存在变相刑讯逼供的情况。这说明认罪的自愿性在侦查阶段保障犯罪嫌疑人权利正常行使具有重要意义。

目前司法实践中还没有暴露这方面的案例，但是这种担心却是客观存在的，特别是在这项制度试点的配套的监督制度不完善的情况下，警察利用犯罪嫌疑人获得从宽处理的心理与犯罪嫌疑人或其家属进行权钱交易，通过不正当的认罪达到减轻对其处罚的问题。由于问卷本身的封闭性，参与问卷调查的警察并没有具体指明权钱交易的路径和发生的环节，但是警察较高比例的回应确实反映对这个问题的担忧。因此，如何防止侦查人员利用认罪认罚从宽制度的漏洞进行权钱交易，防止司法腐败确实需要进行制度上的设计规制，特别是要在制度上堵住漏洞，防止该制度的权力行使被滥用。

（3）撤销案件。《试点办法》第 9 条还规定，对犯罪嫌疑人如实供述涉嫌犯罪的事实，有重大立功或者案件涉及国家重大利益需要撤销的，可以层报公安部报请最高人民检察院批准。从被调查的情况看，没有发现有案件适用认罪后构成犯罪而因重大立功或者案件涉及国家重大利益需要而撤销的。但是，在问卷中发现，对于情节显著轻微，不认为是犯罪的存在撤销案件的情况，约 13.7% 的被调查警察认为存在案件显著轻微被撤销的情形。对于这类案件，侦查机关实际上对情节显著轻微的案件存在自由裁量权。这实际上意味着可以对已经刑事立案侦查的案件终结侦查后不向检察机关移送起诉，最终犯罪嫌疑人不再受到起诉和审判。

3. 审查起诉阶段认罪认罚从宽问题

起诉阶段的认罪认罚从宽中起到承上启下的作用，同时对前面的侦查和后面的审判阶段进行法律监督。检察院对认罪认罚案件的审查起诉和提起公诉工作，对保证案件的审理质量具有重要价值。本次对参与认罪认罚从宽制度试点的检察院进行问卷调查，主要围绕审前起诉效率、量刑建议和不起诉等问题进行调查。

（1）关于起诉效率。由于大多数刑事案件属于判处三年以下有期徒刑的案件，只要适用认罪认罚从宽的案件，不是适用速裁程序就是适用简易程序。因此，认罪认罚案件的审查起诉阶段的起诉效率会得到明显的提高。问卷调查显示，绝大多数检察官认为起诉阶段的效率得到提高，主要理由是被告人认罪减少了翻供，起诉环节的节奏加快，审查起诉的证据要素得到简化。但是，也有检察官认为，起诉阶段的效率有所缓慢。如对于关押在看守所的被告人要提审两次，且需要保证被告人签署具结书时律师在场，因此起诉阶段的效率有所缓慢。反映比较突出的是程序烦琐、手续和文书复杂，因此审查起诉阶段的认罪认罚案件的检察官的工作量并没有减少。根据问卷调查，检察官对认罪认罚从宽制度的试点在提高案件审理的效率和实现案件的繁简分流上具有显著的作用；当然在具体的文书简化和审批简化的环节上还需要进一步改进。

（2）关于量刑建议。认罪认罚从宽制度的试点，在速裁程序的基础上继续实行检察官量刑建议制度，量刑建议扩展到所有适用认罪认罚的案件中。这对于检察院发挥检察裁量的职能具有重要价值。根据问卷调查和实地调研发现，在认罪认罚从宽制度的试点中，有的地方的检察机关的公诉人在类似案件中的量刑建议差别较大，甚至同时期起诉的同类型的案件量刑建议差别很大；对退赃、犯罪对象、犯罪动机等酌定量刑情节未全面收集，造成量刑建议不准确；有的没有进行层级计算或者依法进行吸收并合，而是直接加减，量刑建议的量刑幅度甚至超出法定最高刑；另外，对于审理过程中出现的新的量刑情节没有充分考虑，造成法院的调解难度加大，限制法官在案件审理上的自由裁量权。根据问卷，检察院的量刑建议被法官采纳的情况中，有超过 84% 的检察官回答量刑建议被法院判决采纳；但是也有 15% 的检察官回答量刑建议不被采纳。这些问卷调查情况的回答，对于不被采纳的量刑建议的理由是，实刑缓刑的问题经常存在分歧，罚金刑和数量有不同意见等，法院的量刑标准与检察院不同，因此有时候存在分歧。

（3）关于不起诉。《试点办法》突破了刑事诉讼法的不起诉的若干情形，增加了新的合作型不起诉的情形。《试点办法》第 13 条规定，犯罪嫌疑人自愿如实供述涉嫌犯罪的事实，有重大立功或者案件涉及国家重大利益的，经最高人民检察院批准，人民检察院可以作出不起诉决定，也可以对涉嫌数罪中的一项或者多项提起公诉。根据问卷和相关调查显示，没有因被告人有重大立功或者案件涉及国家重大利益而经过最高人民检察院批准不起诉的案件。这说明该条与公安机关的撤销案件的法律规定一样，在实践中的适用非常有限。但是按照法律规定情形不起诉的案件并不少。根据问卷显示，有超过 26% 的检察官适用认罪认罚从宽办案中存在不起诉的情形。但是，这些情形主要是符合法律规定的不起诉的，并不属于涉及国家重大利益和重大安全的不起诉，而主要包括指控的违法显著轻微不构成犯罪的，特别是青少年犯罪案件的涉案青少年认罪认罚后且与被害人达成和解的，可以附条件不起诉。对于法定的不起诉和证据不足以及犯罪情节显著轻微不起诉的几种情况，认罪认罚从宽制度的试点规范中并没有回答。通过问卷调查和实际研究，试点地区的检察院确实存在认罪认罚从宽适用除第 13 条规定的问题，这方面暴露试点规范方面在立法上的漏洞。

4. 审判程序中的认罪认罚从宽问题

（1）自愿性审查。自愿性审查是保证认罪认罚案件审理质量的关键环节。对于被告人在案件审理中是否清楚地认识到认罪认罚的法律后果，约有 12% 的法官回答被告人在审判中确实存在不清楚法律后果的问题。例如，有的被告人并不清楚认罪认罚的后果，只是知道判决是否监禁；有的被告人既想适用该制度以获得从轻的情节，又在指控的事实上避重就轻，想两边都靠；部分被告人认罪，但不认可检察院的量刑建议；部分被告人甚至不了解案件的程序，认为检察机关的量刑建议就是判决结果；有的按照检察院的量刑建议判决，被告人仍然上诉，说明其不认罚；有的被告人在庭审中询问是否可更改刑期，以为具结书就是判决书。另外，超过 94% 的被调查的法官认为，在法庭上会对被告人的认罪认罚的法律后果和性质进行告知，但是也有 6% 的法官认为没有必要告知。在庭前程序中已经过几轮告知，在法庭审理中没有必要再告知。在庭审中，有超过 97% 的审判法官在庭审中会对被告人是否自愿认罪和签署的认罪具结书的真实性进行查明，当然也有极少数的法官认为没有必要，因为检察机关已经把关了，没有必要在法庭上再进行查证。

（2）证明标准。认罪认罚案件的证明标准是具有相当争议性的问题，问卷对该问题的看法进行了调查。超过 76% 的警察、68% 的检察官、52% 的法官和 51% 的律师认为，对于认罪认罚案件的证据证明要素要求或标准上可以适当降格。从问卷的结果看，虽然同意降低证明标准的比例略高，但是并没有占到绝对多数。这说明，对被告人的认罪认罚证明标准问题看法并不一致。从提高司法效率的角度上看，认罪认罚从宽案件的证据要求可以适当降低，以提高案件的侦查效率，合理配置司法资源。但是，从刑事诉讼法对于刑事案件的证明的高规格标准，即达到证据确实、充分和排除合理怀疑的要求，即便是认罪认罚从宽案件，也应当守住不发生冤错案的底线，因此应当坚持法定证明标准。在答卷中坚持不降低证明标准的法官普遍认为，法定的刑事证明标准降低，可能导致案件审理的事实不清和证据不足；有的法官认为，刑事诉讼中证据是第一位的。不能因为认罪案件就降低标准，如果在被告人认罪认罚判决之后，被告人出现上诉，既不认罪也不认罚，导致司法机关对同一案件的证据尺度不好把握。另外，也有法官认为，证明标准降低后，有可能出现虚假证据的问题；有的法官认为，如果降低证明标准，就意味着被告人的口供的证据价值在提升，不利于全面贯彻无罪推定的原则，可能推动或者强化定罪和量刑上的口供中心主义，过度依赖主观证据而忽视客观证据，导致案件的证明力下降。有的法官认为，认罪认罚案件可以简化程序，但是简化程序不能等同于简化证据；有的法官认为，证据标准降低，担心容易出现冤、错案；有的法官认为，由于认罪认罚案件比其他程序简化，法官在审查证据的时候应当更严格和谨慎，才能保证案件审理的质量；还有的法官认为，刑事诉讼制度以审判为中心，所有刑事案件都必须达到事实清楚和证据确实、充分，因此不能降低证据和证明标准。与此对照的是，有超过 48% 的法官认为，在认罪认罚案件中可以降低证明标准，因为既然被告人认罪，就可以适当降低案件的证明标准，避免烦琐性的证据要求等。应当说，这部分法官的回答，主要是从证据要素的层面来看，从认罪认罚从宽的证据要求上，但是在定罪的证据要求上，还是需要扎实做好证据性的要求，按照刑事诉讼法的证明要求来进行定罪。

（3）刑罚裁量。法院对于检察机关提出的量刑建议是否全部采纳？有超过 67% 的被调查的法官回答全部采纳，基本上没有改动；但是也有约 33% 的法官表示对检察官的量刑建议并不都是全部采纳，而是根据案件的情况独立于检察官的意见作出刑罚裁量。对此，这部分的法官给出的理由主要是，刑事审判和裁判权属于法院，法院有权根据案件的实际情况作出独立刑罚裁量。例如，有的法官认为，检察院的量刑经常出现畸轻畸重，法院有权根据最高法院的量刑规范化意见进行调整和修正；有的法官认为，量刑问题法检两院未达成明确共识，未出台相关文件，不统一，存在认识分歧；有的认为检察院的量刑显著失衡，刑种、刑期把握不够准确，也缺乏灵活性；有的法官还反映，检察机关量刑建议过于精准，且尺度不一，未考虑罚金刑的适用问题；也有法官反映，在案件审理过程中出现新的情况，如在审判阶段被告人与被害人达成民事调解、和解或者赔偿损害、取得谅解的，这些新的情况和证据可能导致对原检察机关的量刑建议的更改；有的法官认为，检察院的量刑建议过于随意化，未曾按照量刑规范化严格把关，有时候同样的量刑情节会出现相差巨大的刑期建议；等等。综合以上情况，可以看出，检察院的量刑建议被法院所普遍接受的程度还不是相当高，法院与检察院在认罪认罚案件的量刑规范化方面还存在较大程度的分歧。

（4）司法效率。实行认罪认罚从宽制度的重要功能就在于实现繁简分流，提高刑事司法效率。根据问卷，约 92% 的法官认为认罪认罚从宽制度的试点有助于提高司法效率，比检察官 80% 的赞同比例约高出 12 个百分点，比警察的 84% 要高出 8 个百分点。这说明认罪认罚从宽在提高司法效率方面，处于审判阶段的法官感受最强。认罪认罚案件绝大多数案件实行速裁程序和简易程序案件审理，案件的审理方式大大简化。检察院在庭审前的审查力度增强，因此法院的审判效率得以提升，案件压力得到缓解。

为了提高轻微刑事案件审理效率，有的学者和基层法院的法官还呼吁借鉴德国的处罚令制度，探索在中国建立认罪认罚处罚令制度。[①] 根据问卷调查，约 71% 的法官、87% 的检察官、92% 的警察和 76% 的律师赞同可以对特别轻微的刑事案件的被告人采取处罚令方式直接作出判决。换言之，处罚令制度得到相当多的司法人员的赞同。但是，法官层面仍然有接近 30% 的法官对建立处罚令制度表示否定和担忧。例如，有的法官认为，实施处罚令在现阶段为时过早，对于认罪认罚从宽制度还没搞清楚，处罚令更会让社会产生质疑，有“暗箱操作”之虞；有的法官认为，刑事案件的严肃性、严格性，需审查被告人身份的真实性，犯罪事实是否属实，不出庭就判一个人有罪是“恐怖”的制度；有的法官认为，改革应该稳步推进，在实践中积累好的经验做法，摒弃不好的做法，不能太过冒进，要考虑处罚令制度所带来的一系列负面影响；有的法官认为，被告人不出庭降低了刑罚处罚的威慑力和严肃性；有的法官认为，实施处罚令，被告人不出庭，违反刑事案件的亲历性；还有的法官认为，被告人不出庭也不利于保障被告人的诉讼权利，如辩护权、最后陈述权、申辩权等。另外，也有不少被调查的律师不赞同当下采取处罚令的方式，如有的律师认为，目前犯罪嫌疑人、被告人的法律认知水平和办案机关对犯罪嫌疑人权利保障不能完全落实，很多犯罪嫌疑人不能得到有效的法律意见，此时作出的认罪或者其他陈述可能会出现偏离本意，也会出现司法独断。由于部分案件，如醉酒危险驾驶案件，证据确实、充分，是否有必要开庭，法官建议在保证案件证据确实、充分的前提下，可以采取不开庭的处罚令方式进行判决。

5. 被告人的诉讼权利保障

（1）值班律师。为保障认罪认罚从宽制度试点中犯罪嫌疑人和被告人

---

① 参见冯喜恒:《刑事处罚令程序中的量刑协商——德国的实践及其对我国设立认罪认罚从宽制度的启示》，载《浙江理工大学学报（社会科学版）》2016 年第 2 期。

的诉讼权利，《试点办法》要求试点地区的看守所和法院建立值班律师制度，并要求值班律师对认罪认罚案件的犯罪嫌疑人和被告人提供有效法律帮助。本次问卷共收集 149 名参与认罪认罚从宽试点的律师问卷，对值班律师制度等相关问题进行调查。

根据“两高”的认罪认罚从宽试点中期报告，试点地区法律援助机构在看守所、法院、检察院设立法律援助工作站 630 个，其中设在看守所、法院的法律援助工作站覆盖率分别为 97% 和 82%。[①] 根据本研究中的被告人的问卷调查，80% 的被告人获得值班律师的法律咨询服务，但是仍然有 20% 的被告人在羁押期间没有得到值班律师的法律服务。这说明值班律师制度并没有全部落实，没有实现在认罪认罚案件中的全覆盖。在刑事辩护律师法律帮助方面，值班律师全覆盖是第一步，在此基础上逐步实现辩护律师全覆盖，从根本上提高刑事辩护的质量。在问卷中，超过 16% 的检察官也认为值班律师制度落实不好，如值班律师制度流于形式。有的试点地区的看守所没有建立值班律师制度；有的仍然是过去的法律援助制度；有的仅仅提供法律援助律师电话名单，联系起来很不方便。试点地区检察院普遍没有值班律师，值班律师经费没有保障，值班律师的工作积极性不高。

根据问卷调查，90% 的律师认为，法律援助值班律师制度在认罪认罚从宽制度实施中很有必要。根据被告人的问卷调查，有 61% 的被告人认为出庭辩护的委托律师比值班律师的作用大；对看守所值班律师满意的占 54%，基本满意的占 18%，非常满意的占 21%。当然，也有约 9% 的被调查律师认为该制度落实不理想。例如，有个别试点地区没有建立值班律师制度，有的虽然有值班律师，但是值班律师会见犯罪嫌疑人等权利受到较多限制。另外，有约 18% 的法官认为值班律师不能提供有效的法律帮助。

---

① 参见周强:《关于在部分地区开展刑事案件认罪认罚从宽制度试点工作情况的中期报告》，载最高人民法院网，http://www.court.gov.cn/zixun-xiangqing-75122.html，2017 年 12 月 23 日。

其中，反映的问题主要是值班律师的刑事法律知识很有限，培训不够；有些值班律师接触案件的时间短，对案情掌握不够；有的值班律师不负责任、走过场等。有超过 23% 的被调查的检察官认为值班律师不能提供有效法律帮助，主要表现在对案情不了解、走过场，仅仅是认罪的见证而已。有 11% 的警察认为值班律师不能提供有效的法律帮助，如犯罪嫌疑人对法律援助的值班律师不信任；值班律师的时间不能保证；值班律师的职业素质不高等。虽然上述对值班律师的评价不高占少数，但是也说明值班律师制度亟待进一步完善和加强。伴随刑事律师业务全覆盖试点，值班律师制度的建立仍然需要加以规范和完善。

（2）被告人相关诉讼权利评价。从问卷报告的总体结果看，被告人的诉讼权利在认罪认罚从宽制度中得到比较好的保障。从问卷调查看出，被告人认为通过认罪认罚得到从轻处罚的占 84%，尽快回归社会的占 65%，缩短起诉时间的占 56%，缩短羁押时间的占 55%，缩短审判时间的占 56%，减少精神压力的占 54%。总体上看，被告人对认罪认罚从宽制度的满意度超过 94%。由此可以看出，认罪认罚从宽制度对被告人来说获得普遍性认同，坦白从宽在刑事诉讼法律中的具体化使真正犯罪的自愿性认罪的犯罪嫌疑人、被告人具备通过这项制度获得实质性宽宥，并有助于其认罪后的行为矫正和正常回归。但是，问卷也反映出对被告人在认罪自愿性权利和诉讼权利的告知方面的保障仍然存在差距。

一方面，关于认罪自愿性权利的保障。虽然绝大多数被告人在问卷中认为其在认罪认罚从宽中获得从轻处罚，认可刑事诉讼中的认罪认罚从宽制度，但是仍然有约 63% 的被调查的被告人表示后悔认罪。这里面的原因主要包括：被告人对从宽处罚的期望值过高，有的希望通过认罪和赔偿被害人损失的从轻叠加，在量刑的起点幅度以下获得减轻处罚；有的被告人认为自己的认罪是受到司法人员的误导或者诱导等。有约 5% 的被告人在问卷中表示，在羁押期间，警察有刑讯逼供或者在讯问期间有威胁的言语或暴力语言。另外，也有极个别的被告人认为自己认罪是被证人陷害不得已为之等。以上这些情况说明，被告人对认罪与量刑之间的关系缺乏正确的理解。由此可见，犯罪嫌疑人、被告人对认罪的自愿性和带来的后果认知方面与立法目的还存在相当的距离。

另一方面，关于告知诉讼权利的保障。诉讼权利告知是保障犯罪嫌疑人、被告人诉讼权利的重要措施。根据调查问卷的分析结果，认罪认罚从宽中被告人的诉讼权利告知比例分布为，回避权利为 84.08%，有权获得辩护为 74%，法庭最后陈述权利为 73%，向法庭提交证据的权利为 71%，聘请律师的权利为 71%，获得快速审判的权利为 67%，申请证人出庭作证的权利为 62%，申请非法证据排除的权利为 53%，参与法庭辩论的权利为 63%，申请法律援助的权利为 62%，上诉权为 59%，获得公正审判的权利为 56%，质证权利为 56%，否认指控的权利为 55%，会见律师的权利为 52%，申请取保候审和监视居住的权利为 47%，控告违法办案人员的权利为 43%，不证其罪的权利为 43%，申请不公开审理的权利为 42%，拒绝律师辩护的权利为 39%，不同意量刑建议的权利为 39%，申请管辖异议的权利为 36%。从上述统计结果看，被告人在认罪认罚从宽和刑事诉讼程序的权利告知规范还需要进一步完善。被告人申请法律援助的权利和获得律师有效辩护的权利仅占 39%，这说明律师辩护权在认罪认罚从宽制度中并没有得到足够的重视。

（三）2018 年修改的《刑事诉讼法》和相关司法解释对试点经验之扬弃

在 18 个试点城市开展认罪认罚从宽制度的试验性立法的基本目的就是保障相关的刑事诉讼法修改更加科学完备，做到试点中发现的制度缺陷通过新的立法来修补，试点中的创新的成熟的做法能够被新的立法所吸纳，对于试点中发现的弊病能够得到立法上的矫正。唯有如此，“试验性立法”才具备真正的实验价值。限于篇幅，现结合认罪认罚从宽制度的试点问题实证研究，仅择其以下几个方面重要问题就 2018 年修改的《刑事诉讼法》和《指导意见》对试点经验之扬弃作简要分析：

1. 关于认罪认罚案件的适用范围

2018 年《刑事诉讼法》对认罪认罚的案件不再设立特殊性限制性条件，这是立法上的重大进步。《指导意见》第 5 条则进一步明确，“认罪认罚从宽制度贯穿刑事诉讼全过程，适用于侦查、起诉、审判各个阶段”，并且没有适用罪名和可能判处刑罚的限定，所有刑事案件都可以适用，不能因罪轻、罪重或者罪名特殊等原因而剥夺犯罪嫌疑人、被告人自愿认罪获得从宽处理的机会。这些规定都基本体现试点的经验。《刑事诉讼法》第 15 条规定，犯罪嫌疑人、被告人自愿如实供述自己的罪行，承认指控的犯罪事实愿意接受处罚的，可以依法从宽处理。这条规定及随后的规定并没有附加任何禁止性的条件，特别是该规定取消了《试点办法》中需要签署认罪具结书的条件，这意味着无论是否签署具结书，只要认罪认罚都可以获得从宽的处理，从而使该制度具有更大的适用空间。认罪认罚从宽制度本质上是对刑事政策中的“坦白从宽”“抗拒从严”和刑法中的自首、立功和坦白从轻、减轻的程序化。认罪认罚不再适用范围限制，符合犯罪嫌疑人诉讼权利平等的基本原理。《试点办法》第 2 条“限制行为能力人和未成年人不适用认罪认罚从宽”的规定，以及该条第 4 款“其他不适用的情形”的规定，对认罪认罚从宽制度的适用规定了禁止性条件。由于这些条件的存在，特别是“其他不适用的情形”的规定，为司法机关提供了几乎不受约束的限制性适用的自由裁量权，且犯罪嫌疑人、被告人无法通过正当的法律程序寻求救济。例如，有些检察院或法院可能因对案件审理的期限无法按照规定完成，就将本来可以通过速裁程序或者简易程序审理的案件，直接转化为普通程序审理，限制了犯罪嫌疑人和被告人享有的认罪认罚从宽的诉讼权利。

《刑事诉讼法》和《指导意见》对限制行为能力人和未成年人在认罪认罚从宽适用方面，不再加以禁止性适用，仅在签署具结书的条件方面作了宽松的规定。《试点办法》对限制行为能力的精神病人的禁止适用和未成年人的限制性适用，实际上是存在反向歧视的问题。认罪认罚从宽制度由于是诉讼权利普惠性制度，不能因犯罪嫌疑人、被告人的身份或根据可能的判决结果而加以限制适用。对个别特殊的案件进行被指控主体的身份性限制。限制行为能力的精神病人、未成年人在认知上存在缺陷，因生理和心智成熟等方面的限制，可能导致其在刑事诉讼中不能清晰地辨认自己的行为的后果。实践中，这两类限制行为能力人在刑事诉讼中并非绝对无法辨认自己的行为和清楚地表达自己的主观意愿。对于这两类人清楚地表达了认罪认罚从宽的意愿，即便律师和法定代理人不同意，如果犯罪证据确实、充分，也应当给予适用认罪认罚从宽的制度，保证其在刑事诉讼中与其他犯罪嫌疑人和被告人享有平等的诉讼权利。刑事诉讼法对这两种特殊的涉嫌犯罪的主体规定认罪不需要签署认罪认罚从宽具结书。当然，对于这两类特殊的主体在认罪认罚方面获得制度上的优惠，还需要通过司法解释加以明确，否则将导致标准失度的问题。《刑事诉讼法》和《指导意见》在案件适用范围方面，没有拘泥于《试点办法》的过分限制性规定，突出强调犯罪嫌疑人、被告人在认罪认罚从宽方面享有的机会和权利平等，充分体现了正当程序和平等保护的法律精神。

2. 关于侦查阶段的认罪认罚从宽制度

试点问卷调查显示，侦查阶段保障认罪自愿性的权利告知程序缺乏具体的规定。虽然2018年《刑事诉讼法》对侦查阶段的认罪认罚从宽的权利告知缺乏具体规定，《指导意见》则加以具体化明确。《指导意见》规定，公安机关侦查过程中应当告知犯罪嫌疑人享有的诉讼权利，如实供述罪行可以从宽处理和认罪认罚的法律规定。但是《指导意见》对违反权利告知义务的程序性制裁的后果不明确。由于权利告知的程序性规则不明确，侦查阶段的认罪时点和认罪的客观构成都缺乏明确的规则。例如，认罪是概括性认罪还是必须具备犯罪事实的供述的认罪，是侦查机关的全部供述还是部分供述，供述存在偏差的认罪是否构成法律上的认罪，有的学者甚至认为在侦查阶段讯问时可以采取一定程度的欺骗。[①] 这种说法将在很大程度上误导侦查人员，使得欺骗式的诱供成为常态，使得认罪认罚自愿性和明知性得不到保障。侦查人员对犯罪嫌疑人、被告人的认罪后果的任意性不负责任的承诺属于典型的诱供，应当作为非法证据加以排除。由于《刑事诉讼法》和《指导意见》在这方面缺乏相应的规则指引，可能导致侦查阶段在认罪认罚案件中强化口供过度依赖，从而衍生诱供、骗供等非法讯问行为。

另外，《指导意见》对于认罪认罚案件中的强制措施的适用，完善了立法不足，对认罪认罚案件的犯罪嫌疑人和被告人在社会危害性评估的基础上，减少羁押性强制措施。试点问卷调查显示，侦查阶段对认罪的犯罪嫌疑人的从宽主要是其因认罪而更容易获得取保候审和监视居住。根据《试点办法》，犯罪嫌疑人、被告人的认罪认罚从宽制度不仅在实体上受到优惠，而且在羁押措施上也应当受到宽大处理。侦查阶段的程序性从宽主要是程序上从宽，包括对认罪的犯罪嫌疑人采取取保候审、监视居住等替代性羁押措施。但是，由于我国取保候审和监视居住具有严格的适用条件的限制，特别是对社会危害性裁量权的随意性，犯罪嫌疑人即便认罪也并不容易获得程序从宽的对待。根据刑事诉讼法，如果认罪案件的程序从宽仅仅表现在后续的审理程序的从简，对犯罪嫌疑人和被告人并没有实质性的实惠。《试点办法》第6条规定，人民法院、人民检察院、公安机关应当将犯罪嫌疑人、被告人认罪认罚作为其是否具有社会危害性的重要考虑因素，对于没有社会危害性的犯罪嫌疑人、被告人应当取保候审、监视居住。显然，试点的立法是具有明显有利于认罪的犯罪嫌疑人、被告人获得取保候审、监视居住的积极导向。事实上，侦查阶段的从宽主要表现在对于认罪

---

① 参见朱孝清:《侦查阶段可以适用认罪认罚从宽制度》，载《中国刑事法杂志》2018年第1期。

的犯罪嫌疑人，相比试点前替代性羁押措施的适用率有显著性提高。[①] 但是，《刑事诉讼法》在第81条后增加了一款：批准或者决定逮捕、应当将认罪认罚等情况，作为是否可能发生社会危害性的考虑因素。这个规定虽然看上去吸收了《试点办法》中的相关规定，但是仅仅作为逮捕中的考虑因素，而不是看作重要条件。从试点的情况看，认罪认罚从宽制度试点的重要成果之一就是在很大程度上提高了审前的取保候审和监视居住的适用率。但是，刑事诉讼法对认罪认罚与羁押措施之间的关系的模糊性处理，降低了对认罪认罚从宽的犯罪嫌疑人和被告人的从宽力度，这是本次刑事诉讼法修改中存在的重大弊端。虽然《指导意见》在一定程度上加强了认罪认罚对于替代性羁押措施的积极意义，但是也只是强调应当进行羁押必要性审查，并没有明确规定认罪认罚的犯罪嫌疑人、被告人只要不具有显性的社会危害性，就应当适用取保候审、监视居住，以实质性落实认罪认罚的犯罪嫌疑人在程序性从宽方面的实惠。因此，司法实践中，认罪认罚从宽案件的审前羁押率较高的问题并不会得到实质性的改善。

刑事诉讼法将认罪案件中的涉及侦查阶段可以撤销的案件与审查起诉阶段的不起诉予以合并吸收。[②] 由于我国缺乏法官主导的预审制度，撤销案件的权力由侦查机关行使。如果对认罪后撤销案件缺乏严格的司法制约性，容易产生司法真空，导致该权力被滥用。《试点办法》第9条对公安机关因为犯罪嫌疑人的重大立功表现和涉及国家重大利益需要撤销案件规定了严格的上报审批程序。当然，对于立功表现，犯罪嫌疑人如果通过被告人讯问，锁定了其他潜在或正在被追诉人的犯罪事实，使得国家得以对另外涉嫌犯罪的人进行侦查和指控并查证属实，那么就意味着犯罪嫌疑人具有立功的表现。认罪认罚从宽案件就具有推动犯罪案件的侦查结果，对

① 参见最高人民法院刑一庭编著:《认罪认罚从宽制度的理解与适用》，人民法院出版社2018年版，第272页。

② 由于经过最高检批准的撤销案件与不起诉案件的适用条件和程序基本类同，故此处仅就撤销案件进行论述，对不起诉的问题不再赘述。

打击犯罪和追诉犯罪具有重要价值。但是，对于什么是国家重大利益，与国家重大利益的连接程度，包括案件仅仅与国家的重大利益有关，是通过认罪认罚就会对国家产生重大贡献，还是案件本身就是国家重大利益，进一步追诉可能导致国家重大利益受到损害，还是案件从属于国家重大利益，只不过在维护国家重大利益过程中发生违法行为等。这些问题都没在这次修改的刑事诉讼法中得到解决。在司法解释中，对撤销案件或不起诉的案件中涉及的重大利益或者国家安全，都应当作出比较明确的司法解释。

3. 关于起诉阶段的认罪认罚从宽制度

《刑事诉讼法》《指导意见》和《人民检察院刑事诉讼规则》均明确规定了检察机关量刑建议的法定权，并强调法院对量刑建议一般应当采纳的原则。《指导意见》特别明确，检察院一般应当提出确定刑量刑建议，并要求说明理由和依据。从规范的角度看，检察机关的量刑建议本质上是对法院的量刑单向度指引。问卷结果显示，试点地区的检察院的量刑建议得到试点法院较高程度的采纳和认可。事实上，检察机关的量刑建议是在2014年的刑事速裁程序试点中就已经确立。认罪认罚从宽制度中的量刑建议，是检察机关主导的在法定刑幅度内给予接受审判的被告人的量刑意见。只要被告人认罪认罚，原则上应当给予被告人在法定刑幅度内从轻处罚。这种从轻处罚对于被告人来说是因为其自愿性认罪而获得宽宥的回报。传统上，量刑规范化是审判机关的职权范围，审判机关在量刑规范和操作经验方面更具优势。《指导意见》规定的确定刑量刑建议，必然存在检察机关与审判机关在量刑上是否可以达到契合的问题，幅度量刑建议更容易被法院采纳。在调研和问卷中也发现有些法院更倾向于检察机关提出幅度量刑建议，而对确定性的定点量刑建议不太认可，因为法官们普遍认为量刑的具体化和确定化属于法院的司法权范围。《指导意见》第33条规定，检察院对于量刑建议要说明理由和依据，应当说对检察机关在规范量刑建议方面提出了更高的要求。目前，国家立法和司法机关并没对量刑进行配套的规范化立法。为保证同案的量刑基本均衡和避免区域性的显著差异，司法机关应当基于不同类型犯罪的认罪认罚的具体量刑制定全国统一的具有可操作性的参照标准，为法官、检察官和辩护律师等提供基础性量刑参考规范。

刑事诉讼法通过量刑建议强化了检察公诉权，但没有并行加强辩护方的权利。控辩协商制度是现代刑事诉讼民主化、现代化的重要特征。[①] 根据本次问卷的调查，辩护律师期望通过立法能赋予控辩协商的权利。但是，《刑事诉讼法》和《指导意见》并没有回应这一重要诉求。认罪认罚从宽制度本质上体现的是合意型司法，而本次修法并没有预留控方与辩护律师协商的权利。事实上，有的试点法院在试点中尝试运用控辩协商规则来处理案件。例如，福建省福清市法院联合其他机关出台《关于刑事案件速裁程序认罪认罚从宽协商制度》，探索认罪认罚控辩协商机制。但是，刑事诉讼法并没有把控辩协商的机制纳入 2018 年修法中。本次修改的刑事诉讼法加强了检察机关在量刑方面的权力，赋予量刑建议相对稳定的司法权，这对于加强检察机关的公诉地位具有重要意义。然而，由于加强了检察机关的公诉权，忽视了辩护权的合理配置，进一步加剧了刑事案件控辩不平等的问题。未来的认罪认罚从宽制度进入刑事诉讼领域必须适当限制认罪认罚从宽的自由裁量权，为辩护方提供相对平等的协商权利配置。基于检察机关主导下形成的认罪认罚具结书具有强烈的纠问制色彩。控辩双方在平等基础上达成的认罪量刑协议具有与法律文件对等约束的属性，而量刑建议并未充分考虑被告人对裁判结果自主性的诉讼主体的权利属性。虽然问卷调查显示，被告人在认罪认罚中绝大多数获得从轻的处罚，但是也有相当部分对认罪后悔和对判决结果不满意。这说明在认罪认罚制度中

① 参见冀祥德:《中国刑事辩护制度发展的命运——以建立中国控辩协商制度为视角》，载《北方法学》2007 年第 2 期。

基于认罪具结书和单向度的量刑建议，并没有充分考虑被告人的协商上的自主自愿性，协商的元素在认罪认罚从宽制度中还相当地欠缺。由于《刑事诉讼法》和《指导意见》缺乏对有效辩护的权利程序性制裁的配置，更具形式化的值班律师制度并不能有效解决控辩不平衡的问题，认罪认罚从宽制度中的控辩不平衡问题进一步加剧。

4. 关于审判阶段的认罪认罚从宽制度

刑事诉讼法和《指导意见》均要求审判阶段法官对案件进行认罪自愿性的实质审查，这是2018年修法的突出亮点。从问卷结果看，绝大多数被告人在问卷中声明自己的认罪是自愿的，但是也有极少数不认为自己的认罪是自愿性的。在认罪认罚从宽制度的试点中，采取值班律师或辩护律师见证下签署认罪认罚具结书，但是这并不能绝对保证被告人认罪的自愿性。在审理案件的过程中，很多法官认为被告人已经签署认罪具结书，经过检察机关的审核把关，在法庭上没有必要浪费时间再对被告人进行自愿性认罪的审查。实际上，认罪自愿性的审查是认罪认罚从宽制度在庭审环节保证案件质量的不可或缺的要求。由于《试点办法》并没有明确要求法庭审理中对被告人的自愿性认罪进行实质审查，缺乏相应的可操作性的规则，留给制度创新的空间。在美国，法官必须对被告人认罪的自愿性、真实性和明知性进行实质性审查。[①] 换言之，被告人的认罪是基于对其犯罪行为的性质和量刑结果以及后果的清楚认识，特别是在辩护人或律师的指引下进行的出于个人内心自愿的认罪，表明其真实性和对认罪后果承担的自愿性。事实上，在认罪认罚从宽试点中，有些地方已经尝试建立认罪自愿性审查机制，在规范被告人权利告知程序的基础上，从被告人对认罪的后果的认知能力并结合案件证据等方面进行审查，确保被告人明知法律后果、自愿接受处罚，自由选择程序。《刑事诉讼法》和《指导意见》对被

---

① 参见祁建建:《美国律协刑事司法标准之有罪答辩评析》，载《中国刑事法杂志》2016年第5期。

告人的认罪的自愿性实质审查的全面具体的规定，是回应试点问题的最重要的成果，也充分体现了国家立法机关进行的“试验性立法”的必要性。

刑事诉讼法对认罪认罚从宽制度的证明标准并没有明确规定，《指导意见》基本上沿袭《试点办法》在基本原则中的规定，强调审理认罪认罚从宽案件要坚持证据裁判原则，坚持法定证明标准。根据试点期间的法官问卷结果，在适用认罪认罚从宽制度办理的刑事案件中，有的法官认为此类案件无法达到确实与充分证明标准；而通过庭审调查达到排除合理怀疑的仅仅占 43%。这从侧面反映了认罪认罚案件的证明上还存在认识上的问题。关于认罪认罚从宽中的证明标准，学术界有两种看法：一种认为，认罪认罚从宽制度可以降低对案件的事实证明标准，采取两个基本的证明标准，即基本事实清楚，基本证据确实；另一种认为，必须坚持法定证明标准，即按照客观真实，证据确实、充分和排除合理怀疑的证明标准。从问卷调查的结果看，超过 61% 的被调查人员认为应当适当降低证明标准。其中超过 70% 的被调查的警察赞同降低案件的证明标准。从司法实践的情况看，有些认罪认罚从宽试点的地方性规范文本中，有关于降低案件证明标准的表述。[①] 降低证明标准的出发点，其实就是降低案件的证明要素的构成，进而提升案件的审理的效率。基于这样的判断，对于认罪认罚从宽案件的证明标准是否有必要进行调整，不仅是理论问题，也是无法回避的实践问题。2018 年修改的《刑事诉讼法》对定罪与量刑的证明标准没有严格区分。事实上，在认罪认罚案件中可以在定罪和量刑的区分上作出调整，即认罪认罚案件在认罪的证明标准上不降低，但是在量刑上的证明标准可以适当降低。例如，关于财产型案件涉案财物只要被告人认罪、被害人没有异议，就可以省去价格鉴定等烦琐的程序。另外，对于被告人认罪的涉及复杂证据归集，如电信诈骗犯罪案件的证明，如果严格按照所有证据都进行鉴证，程序就很复杂和烦琐。在认罪认罚从宽制度中，采取证明标准

① 参见孙长永:《认罪认罚案件的证明标准》，载《法学研究》2018 年第 1 期。

的双轨制，对于涉及案件的定性和定罪的证明，坚持法定证明标准，并不因被告人认罪而降低证明标准，但是对于量刑部分进行证据证明部分，可以适当降低证明标准，提升司法效率。遗憾的是，本次《指导意见》仍然维持传统客观标准的立法精神，并没有进行任何松动。当然，这个问题还需要假以时日，通过司法实践的不断探索推进立法的完善。

5. 关于认罪认罚从宽制度中的值班律师制度

认罪认罚从宽制度试点中的突出亮点是建立法律援助值班律师保障制度，特别规定了对认罪认罚案件的犯罪嫌疑人和被告人要求提供有效法律帮助。刑事诉讼法规定了法律援助机构在人民法院、看守所派驻值班律师和职责的规定，但是没有吸收试点办法中的有效法律帮助的规则。《指导意见》则明确了认罪认罚案件的犯罪嫌疑人、被告人有权获得有效法律帮助，确保了解认罪认罚的性质和法律后果，自愿认罪认罚。近年来，刑事案件中的有效辩护制度受到理论界的高度关注。认罪认罚从宽制度试点在立法层面提出了有效法律帮助的概念，把值班律师制度的有效法律帮助提到了新的高度。2017 年 8 月，最高人民法院、最高人民检察院、公安部、国家安全部、司法部联合印发《关于开展法律援助值班律师工作的意见》，完善了我国值班律师制度。根据问卷调查，值班律师在认罪认罚案件中存在走形式、走过场的问题；值班律师对案件的情况缺乏充分的了解，无法提供有效的律师法律帮助；等等。《指导意见》在值班律师的阅卷、会见等方面的诸多具体性规定确实有助于提高有效法律帮助的质量和水平。

此外，2018 年《刑事诉讼法》和《指导意见》虽然吸纳了《试点办法》中的值班律师在签署具结书的律师在场权，但是并没有完善其操作规范。《试点办法》第 10 条规定，犯罪嫌疑人自愿认罪，同意量刑建议和程序适用的，应当在辩护人或值班律师在场的情况下签署具结书。虽然签署具结书的律师在场权是很有局限性的在场权，并不是真正或者实质意义上的侦查讯问阶段的律师在场权，但它毕竟是在国家的立法的层面规定的律师审查起诉阶段的在场权。签署具结书的律师在场权，主要是考虑到保证被告人认罪的自愿性的问题。这个在场权还可进一步地扩展到侦查阶段。值班律师制度的功能主要在侦查讯问阶段，对于侦查阶段的认罪的自愿性保证，有必要确立值班律师在场权。此外，认罪认罚从宽制度试点改革中特别强调在侦查阶段听取值班律师的意见，主要强调对于犯罪嫌疑人认罪要听取值班律师的意见。过去虽然有值班法律援助的制度，但是并没有明确要求公安机关要听取值班律师和辩护人的意见。这个规定对侦查机关虽然是职责要求，但是在侦查阶段要求侦查人员听取值班律师的意见，实际上认可了值班律师有权对侦查活动进行监督和制约。当然，这个规定由于缺乏可操作性，实践中基本没有落实。《刑事诉讼法》和《指导意见》仅仅是保留了签署具结书的在场权，但遗憾的是没有在此基础上对律师在场权进行必要的扩展。

三、认罪认罚从宽制度中量刑建议的实证考察*

在认罪认罚从宽制度下，检察机关的量刑建议承担着十分重要的作用，一方面，在审前程序中，量刑建议是检察机关同犯罪嫌疑人及其辩护人量刑协商内容的载体，是检察机关与犯罪嫌疑人协商之后的有效成果。另一方面，在认罪认罚案件中，定罪问题已无较大实质争议，量刑建议无疑是审判程序中的重点内容。作为联系控辩双方量刑协商与法院最终量刑裁判之间的纽带，量刑建议是能否真正贯彻落实认罪认罚从宽制度的关键所在。目前，对于认罪认罚从宽制度中的量刑建议，相当数量的研究成果都是在理论假设的基础上形成，本部分借助数据分析、个案分析等实证研究方法，对认罪认罚从宽制度中的量刑建议在司法实践中的运行状况进行深入研究，为立法构建更符合司法实际需求的量刑建议制度提供有益的思路。

（一）研究对象和样本来源

1. 研究对象

本部分的研究对象是认罪认罚从宽制度中量刑建议在实践中的运行情况，案件类型范围限定为危险驾驶罪。之所以选择危险驾驶罪作为切入进行量刑建议的研究，主要基于以下两个理由：其一，从目前中国裁判文书网上公布的案件来看，危险驾驶罪中运用认罪认罚从宽制度的案件数量居于所有个罪中的首位，对于这样一个认罪认罚从宽实践中的典型个罪进行实证研究，具有相当的代表意义。其二，目前危险驾驶罪已成为基层刑事司法实践高发、多发的主要案件类型。推进危险驾驶罪认罪认罚从宽制度，有利于实现繁简分流和效率提升，而量刑的规范、精准则是关键点。

---

* 本部分撰稿人为李红霖硕士。

2. 样本来源

本部分研究样本直接来源于威科先行·法律信息库。[①] 通过审阅该网收纳的刑事裁判文书，不仅可以知晓主要的案件事实、情节，还可以了解案件的主要证据、案件办理时间节点、有无律师参与、检察机关量刑建议情况以及法院最终的判决情况。

样本获取过程为：限定时间为“2020年1月1日—2020年12月31日”，限定地区为“北京市”（B市），设置案件类型为“刑事”并限定案由为“危险驾驶罪”，同时限定文书类型为“判决书”，然后以“认罪认罚”为关键词进行全文检索，得到2186份认罪认罚危险驾驶罪刑事判决书，检索结果按照相关度从高到低顺序排列。笔者按顺序下载前1050份判决书作为研究对象，经过二次检索和人工筛选，从中剔除50份因被告人当庭认罪认罚而并未适用量刑建议制度的案件，最终保留1000份判决书作为研究样本。

笔者对每一份判决书提取以下五个类别的信息：（1）危险驾驶行为类型：按照被告人的危险驾驶行为情况，可分为醉驾型、追逐竞驶型、违规运输旅客或从事校车业务型以及违规运输危险化学品型；（2）刑事程序变量：包括案件适用的审判程序类型（普通程序、简易程序或速裁程序）和审前羁押情况；（3）庭审辩护情况：被告人是否聘请律师辩护、是否得到法律援助以及是否得到值班律师帮助；（4）量刑情节：被告人是否认罪认罚、案发时被告人血液中的酒精含量、危险驾驶是否引起事故，以及被告人是否自首、坦白、有无积极赔偿等量刑情节；（5）量刑建议：检察机关建议的刑期、罚金额度、是否适用缓刑、缓刑年限；（6）裁判结果：审判机关宣告的裁判结果。

---

① 由于中国裁判文书网的检索页面仅显示前600条结果，这种数据的限制使得本文的数据采集工作难以有效地进行，因此笔者使用商业数据库进行替代。威科先行·法律信息库所收纳裁判文书超过2600万件，是目前市场上同类产品之首，使用威科先行·法律信息库进行样本选取，能够保障所选样本的科学性和真实性。

3. 样本总体特征

经初步统计，本部分所研究的 1000 份判决书样本来源于北京市 21 个基层法院，所涉案由均为醉驾型危险驾驶罪，其中适用速裁程序审理的 941 件，适用简易程序审理的 49 件（见表 22、表 23）。

表 22　样本来源分布概况

法院名称	案件数	占样本总数比
北京市昌平区人民法院	92	9.2%
北京市朝阳区人民法院	203	20.3%
北京市大兴区人民法院	142	14.2%
北京市东城区人民法院	24	2.4%
北京市房山区人民法院	10	1%
北京市丰台区人民法院	80	8%
北京市海淀区人民法院	3	0.3%
北京市怀柔区人民法院	18	1.8%
北京市门头沟区人民法院	34	3.4%
北京市密云区人民法院	47	4.7%
北京市平谷区人民法院	10	1%
北京市石景山区人民法院	16	1.6%
北京市顺义区人民法院	122	12.2%
北京市通州区人民法院	147	14.7%
北京市西城区人民法院	29	2.9%
北京市延庆区人民法院	23	2.3%

表 23　样本适用审判程序分布概况

适用程序	案件数	占样本总数比
普通程序	0	0
简易程序	49	4.9%
速裁程序	941	94.1%

（二）量刑建议对“认罪认罚”的评价情况

认罪认罚从宽制度正式入法，在程序上改变了传统的刑事诉讼模式，也在实体上对刑事法律传统的量刑情节产生了影响。《指导意见》在“适用范围和适用条件”部分对“认罪”“认罚”的内涵进行了细化规定，即所谓“认罪”，是指犯罪嫌疑人、被告人自愿如实供述自己的罪行，对指控的犯罪事实没有异议；而“认罚”则应当结合被告人退赃退赔、赔偿损失、赔礼道歉等因素来考量。由此产生一个疑问，在认罪认罚从宽制度推行之前，“如实供述罪行、退赔退赃、取得谅解”等情节就已经是刑事法律既有的从宽量刑情节，那么作为认罪认罚案件量刑建议的适用依据，“认罪认罚”是否作为独立的量刑情节，“认罪认罚”与相似量刑情节同时存在时应作何种评价？既有的规范性文件对此规定比较模糊，也因此引发了理论界和实务界较大的争议。那么在既有的争议下，检察机关提出量刑建议时对“认罪认罚”的评价究竟表现出何种样态，无疑是一个值得实证考察的问题。

表 24　样本案件对“认罪认罚”情节的评价情况

“认罪认罚”作何评价	案件数	占样本总数比
回避量刑情节评价	222	22.2%
未评价认罪认罚情节	343	34.3%
认罪认罚情节单独评价	435	43.5%

根据对样本案例的分析，检察机关对“认罪认罚”情节的评价主要表现为三种样态（见表 24）：一是回避对被告人量刑情节的评价，即检察机关提出量刑建议时未针对被告人的量刑情节进行说理，直截了当“建议判处被告人拘役 × 个月，并处罚金”。[①] 二是未对认罪认罚情节予以评

① 参见（2020）京 0105 刑初 2213 号。

价，在此种样态中，检察机关在量刑建议说理部分仅肯定被告人其他量刑情节，如“检察机关认为被告人具有到案后如实供述犯罪事实的处罚情节”[①]、“同时认定被告人具有自首情节”[②]。三是对认罪认罚情节予以肯定并单独评价，即将认罪认罚情节与既有的自首、坦白、赔偿等情节并列。在此种样态的案件中，检察机关的量刑建议说理部分多作如下表述：“检察机关认为，被告人具有自首（或坦白）、积极赔偿被害人损失、自愿认罪认罚等情节”[③]，或“检察机关认为，被告人如实供述自己的罪行，系自首，可以从轻处罚；其自愿认罪认罚，可以从宽处罚；其积极赔偿被害人经济损失且取得被害人谅解，可酌情从轻处罚”[④]。以上第一种样态的样本案件共有222件，占比22.2%；第二种样态343件，占比34.3%；第三种样态435件，占比43.5%。

可见，对于将认罪认罚情节予以单独评价，实践中检察机关的态度也较为模糊，总体来说持保守态度。

（三）量刑建议的表现形式

在司法实务中，以检察机关所建议刑罚的具体明确程度为标准，可将量刑建议区分为“概括的量刑建议”“相对确定的量刑建议”和“绝对确定的量刑建议”。[⑤] 所谓“概括的量刑建议”，是指检察机关仅提出“从重、从轻、减轻或免除处罚”的抽象性、原则性建议；而“相对确定的量刑建议”是在前者的基础上更为具体且具有一定幅度的量刑建议；“绝对确定的量刑建议”则是提出具体明确的刑罚建议，包括刑种、刑度以及刑罚执行

① 参见（2020）京0113刑初505号。

② 参见（2020）京0112刑初544号。

③ 参见（2020）京0117刑初268号、（2020）京0102刑初622号、（2020）京0118刑初266号等。

④ 参见（2020）京0119刑初182号。

⑤ 参见朱孝清：《论量刑建议》，载《中国法学》2010年第3期。

方式等。

就普通刑事案件而言，检察机关的量刑建议通常表现为宽泛化的“概括的量刑建议”或“相对确定的量刑建议”，然而随着认罪认罚制度的推行，对于认罪认罚案件，检察机关大力推动“精准化”的量刑建议提出方式，《指导意见》中明确规定了检察机关应当就主刑、附加刑以及是否适用缓刑等提出量刑建议，且就主刑而言一般应当提出确定刑量刑建议，就罚金刑而言则需提出确定的数额。然而有学者指出，在最高人民检察院大力倡导精准量刑建议，规范性文件也明确规定检察机关原则上应当提出精准量刑建议的前提下，实践中仍存在一定比例的幅度量刑建议[①]，因此需要对实践中检察机关的量刑建议精准情况做进一步观察。

1. 建议适用主刑的形式

表 25　样本案件主刑建议情况

主刑建议形式	案件数	占样本总数比
确定刑期	998	99.8%
幅度刑期	2	0.2%

根据样本数据显示（见表 25），在 2020 年北京市法院审理的 1000 件危险驾驶认罪认罚案件中，量刑建议涉及主刑提出确定刑期的达到 998 例，占比 99.8%，提出一定幅度刑期的量刑建议仅有 2 例。可见，尽管学术界就量刑建议应当以幅度刑还是确定刑的形式提出这一问题尚有争议，但在司法实务中，确定刑期的量刑建议已成为主流。

为何确定刑期的量刑建议在实践中成为主流？笔者认为主要有以下几方面的原因：其一，确定刑期是认罪认罚案件量刑协商的必然要求。在检察机关与被告方量刑协商的过程中，若检察机关无法给予被告方确定的量

① 参见左卫民：《量刑建议的实践机制——实证研究与理论反思》，载《当代法学》2020 年第 4 期。

刑预期，那么被告方未必愿意签署认罪认罚具结书，从而导致认罪认罚难以实现。其二，相对于普通案件，认罪认罚案件的量刑信息趋于全面。决定量刑结果精准与否的重要因素在于案件事实、量刑证据和量刑情节等量刑信息是否全面。在普通刑事案件中，控辩双方之间的关系始终处于紧张、对立中，检察机关因此也就无法准确全面地获取辩方所掌握的案件事实和量刑证据，从而无法提出精确的量刑建议。而在认罪认罚案件中，控辩双方的地位趋于平等，双方之间的关系趋于缓和，在审查起诉阶段双方就量刑问题全面展示证据、充分交流意见，检察机关也因此能够更全面地掌握案件所需量刑信息，从而提出的量刑建议也就趋于精准、确定。

2. 建议适用罚金刑的形式

根据《刑法》第 133 条之一的规定，除“拘役”外，危险驾驶罪的另一刑罚后果为“并处罚金”。根据统计结果，在所有 1000 件样本中，检察机关均严格依据刑法的规定提出了“并处罚金”的量刑建议。由此，在危险驾驶罪量刑建议内容的另一方面，我们需要发现，检察机关量刑建议涉及罚金刑是否提出了具体的罚金数额。

统计显示（见表 26），样本量刑建议中共有 553 件案件提出了具体罚金数额的精准式建议判处罚金，占比为 55.3%；其余 447 件案件仅提出了“并处罚金”的概括式建议，占比 44.7%。可见，尽管《指导意见》明确检察机关建议判处罚金刑的，应当提出确定的数额，但实践中检察机关的表现却与该项规定背离，实践中仍存在大量量刑建议未就罚金刑提出确定数额。

表 26　样本案件罚金刑建议情况

罚金刑建议形式	案件数	占样本总数比
提出确定罚金数额	553	55.3%
未提出具体罚金数额	447	44.7%

出现这种背离规范性文件的实操现象，究其原因可能在于，在认罪认罚案件中，如果检察机关就罚金的具体数额与被告人进行协商，就需要衡量被告人的实际支付能力以及缴纳罚金的意愿等因素，这无形中会增加控辩双方协商达成一致的难度。[①]

3. 建议适用缓刑的形式

根据刑法的规定，适用缓刑的基础条件是判处拘役或三年以下有期徒刑，此外适用缓刑需满足犯罪情节较轻、有悔罪表现、没有再犯罪的危险、宣告缓刑对所居住社区没有重大不良影响。由于危险驾驶罪的主刑仅有缓刑，且由于危险驾驶罪的罪行特征，依照刑法规定的条件，几乎所有的危险驾驶案件均有适用缓刑的空间，对于被告人而言，首先是通过认罪认罚获得从宽处理的最佳效果是免予刑事处罚，其次则是获得缓刑这种非监禁执行方式。那么在实践中，究竟有多大比例的认罪认罚被告人获得量刑建议缓刑的处理，也是一件需要检验的事项。

表 27　样本案件缓刑建议情况

<table>
<tr><th>建议适用缓刑情况</th><th colspan="3">案件数</th><th>占样本总数比</th></tr>
<tr><td rowspan="2">提出缓刑建议</td><td rowspan="2">8</td><td>明确执行期限</td><td>0</td><td rowspan="2">0.8%</td></tr>
<tr><td>未明确执行期限</td><td>8</td></tr>
<tr><td>未提出缓刑建议</td><td colspan="3">992</td><td>99.2%</td></tr>
</table>

统计数据显示（见表 27），在 1000 件样本中，检察机关提出适用缓刑的案件仅有 8 件，可以看出，检察机关提出缓刑量刑建议的积极性并不高，一般不建议适用缓刑，且在建议适用缓刑的 8 件案例中，检察机关的建议均为“可以适用缓刑”的概括式建议，并未对缓刑的具体执行期限提出建议。

① 参见李艳飞：《速裁程序量刑建议实证研究——基于 C 市 J 区 460 个速裁案件及其相关经验的分析》，载《河南科技大学学报（社会科学版）》2019 年第 2 期。

长期以来，我国刑事案件缓刑适用率较低，不少学者呼吁提高缓刑适用率。[①] 认罪认罚案件的被告人一旦选择认罪认罚便已具备适用缓刑的部分条件，因此相比普通刑事案件，认罪认罚案件在适用缓刑方面有更佳的适宜性。在认罪认罚案件中，检察机关提出的量刑建议，人民法院一般应当采纳，如果检察机关的量刑建议中未包含适用缓刑，那么最终法院的裁判结果通常也不会适用缓刑，因此提高缓刑适用率的关键点便在于量刑建议，然而样本数据显示检察机关对建议缓刑的刑罚执行方式还不够重视。适用缓刑的条件之一为"对所居住社区没有重大不良影响"，这就要求对被告人进行社会调查评估。在普通刑事案件中，社会调查评估由法院委托司法行政机关进行，而在认罪认罚案件中，检察机关若建议适用缓刑，那么在审查起诉阶段便需要自行展开社会调查评估或自行委托司法行政机关进行评估。[②] 因此，实践中承办检察官可能基于减轻工作量的考量，一般不就是否适用缓刑提出建议。

（四）量刑建议的审查

《刑事诉讼法》《指导意见》均指出，在认罪认罚从宽制度下，适用刑事普通程序审理的案件，对法庭调查程序与法庭辩论程序可以适当简化；适用刑事简易程序审理的案件，对法庭调查程序与法庭辩论程序可以简化；对于刑事速裁程序审理的案件，则不受刑事诉讼法规定的送达期限的限制，一般不进行法庭调查、法庭辩论。同时，无论适用何种程序审理认罪认罚案件，人民法院均应对被告人认罪认罚的自愿性和认罪认罚具结书的

---

① 参见刘延和:《缓刑适用实证研究》，载《中国刑事法杂志》2007 年第 3 期；张明楷:《应当提高缓刑适用率》，载《人民法院报》2015 年 6 月 3 日，第 6 版。

② 《指导意见》第 36 条规定，审查起诉阶段的社会调查。犯罪嫌疑人认罪认罚，人民检察院拟提出缓刑或者管制量刑建议的，可以及时委托犯罪嫌疑人居住地的社区矫正机构进行调查评估，也可以自行调查评估。人民检察院提起公诉时，已收到调查材料的，应当将材料一并移送，未收到调查材料的，应当将委托文书随案移送；在提起公诉后收到调查材料的，应当及时移送人民法院。

真实性、合法性进行审查，因此需要考察实践中庭审对认罪认罚案件量刑建议的审查情况。

1. 庭审阶段律师参与情况

表 28　庭审律师参与情况

律师类型	案件数	占样本总数比
委托辩护律师参与	75	7.5%
法援律师参与	3	0.3%
值班律师参与	135	13.5%

统计结果显示（见表 28），在 1000 件样本中，在审理期间有委托律师参与的 75 件，有法律援助律师参与的 3 件、有值班律师参与的 135 件。进一步考察律师参与庭审的实践样态，发现在 75 件有委托律师参与的案件中，仅有 55 件案件的委托律师发表了辩护意见，在值班律师或法援律师参与的案件中，值班律师或法援律师参与的程度仅止步于“在审理期间，为被告人提供法律帮助”。对于律师参与庭审的效果进行考察，发现在前述有律师参与的案件中，法援量刑裁判结果依然表现为全盘接受检察机关的量刑建议，因有律师参与而使被告人获得更轻处罚的结果并没有得到体现。

2. 法官审查量刑建议履职情况

笔者从样本中随机选取 10 起案件，并通过中国庭审公开网观看这 10 起案件的庭审录播视频，发现在法庭审理过程中，法官倾向于对认罪认罚案件中的量刑建议进行“形式”审查。庭审中，公诉人简要宣读完起诉书后，法庭便上演了“快问快答”：法官就被告人是否承认指控的犯罪事实、是否同意量刑建议、是否同意使用速裁程序等问题向被告人依次发问，在得到被告人的肯定答复后，便结束了庭审，整个庭审过程并未对定罪量刑的事实、证据等内容进行有效审查。据笔者统计，这 10 起案件的平均审理时长为 7 分钟，整个庭审过程存在“走过场”现象（见表 29）。

表 29　庭审样本选取情况

序号	案号	庭审时长
1	（2020）×0101 刑初 ×× 号	9:49
2	（2020）×0101 刑初 ×× 号	6:58
3	（2020）×0116 刑初 ×× 号	6:13
4	（2020）×0109 刑初 ×× 号	6:04
5	（2020）×0113 刑初 ×× 号	7:17
6	（2020）×0112 刑初 ×× 号	7:03
7	（2020）×0118 刑初 ×× 号	5:45
8	（2020）×0118 刑初 ×× 号	6:44
9	（2020）×0107 刑初 ×× 号	2:38
10	（2020）×0109 刑初 ×× 号	11:41

（五）量刑建议的效果

1. 建议从宽的落实情况

根据刑事诉讼法规定，犯罪嫌疑人、被告人认罪认罚的，“可以”从宽处理，因此认罪认罚与从宽之间并没有必然的联系，但是应该指出，对于认罪认罚案件，大多数应该从宽，毕竟制度设计的初衷之一就是为了以“从宽”作为激励，鼓励犯罪的人将自身交付于司法机关，主动坦白犯罪事实，提高诉讼效率、节约司法资源。因此，对于已经认罪又认罚的被告人，予以从宽处罚，事实上不仅是在尊重他们的权利，也是在接受他们释放的善意。那么在认罪认罚案件中，犯罪嫌疑人、被告人自愿认罪认罚最直接最渴望获得的从宽处罚便是获得实体上的从轻处罚。由于刑事诉讼法赋予了检察机关量刑建议较强的裁判约束力，因此检察机关量刑建议本质上不是指控辅助而是裁判辅助，指控不会产生量刑结果，只有判决有罪后才会涉及量刑问题。所以，被告人能否在实体上获得从轻处罚，在很大程度上取决于检察机关的量刑建议，对于危险驾驶罪这种轻微罪名而言，这个程度甚至可以达到百分之百。那么实践中被告人是否因认罪认罚获得了在实体上从轻处罚的量刑建议，有必要进行实证考察。

根据样本分析，整体而言，样本案件中的被告人获得了不同幅度从轻处罚的量刑建议，但仍暴露出几个方面的问题，具体如下：

第一，在案件已经进入起诉阶段的前提下，检察机关从实体上建议从轻处罚的最高幅度则是免予刑事处罚，根据我国刑法的规定，对于情节显著轻微，不需要判处刑罚的被告人，可以免予刑事处罚。实践中，对于醉驾情节轻微或情节显著轻微的，主要涉及六种情形：挪动车位型、救治病人型、睡觉休息型、隔时醉驾型、尚未驶出型和被醉驾追尾型。[①] 在认罪认罚从宽制度实施之前，前述类型的醉驾案件就不乏存在被免予刑事处罚的情况，那么在认罪认罚案件中，醉驾被告人在具有前述从轻情节的基础上同时具备了认罪认罚的情节，理应更加获得免予刑事处罚的从宽处理。因此带着这个推测，笔者对样本案件的犯罪事实展开研读，结果发现，在1000个样本案件中，不乏存在睡觉休息型的案件。如在原某某危险驾驶一案中，检察机关的指控事实为“2020年8月15日，被告人原某某酒后驾驶小型轿车（车牌号：×××）行驶至××市××区左堤路停车睡觉，后路人报警，原某某被民警查获。经检测，原某某血液中酒精含量为193.2mg/100ml”。除以上事实外，“检察机关认为被告人原某某有到案后如实供述犯罪事实的情节”，最终建议“判处被告人原某某拘役两个月，

---

① 一是挪动车位型。该类型的被告人驾驶车辆的目的并非在道路上行驶，而是为了挪动车位。被告人由他人驾车送回小区停车场，因他人未将车位泊好，被告人挪动车位剐擦别人车辆或碰撞上消防栓而案发，有的甚至是应停车场保安人员的要求挪动车位，且未发生危害后果。二是救治病人型。该类型的被告人为送生病的家人去医院急诊或者赶去医院陪同家人急诊而醉驾，均未发生交通事故。三是睡觉休息型。该类型的被告人在行驶一段距离后主动放弃醉驾，靠边停车睡觉。四是隔时醉驾型。该类型的被告人饮酒后将车停放在饭店门口，间隔数小时或隔夜回饭店取车驾驶，但血液酒精含量仍达醉驾标准。五是尚未驶出型。该类型被告人在道路上准备驾驶尚未驶出时即被查获。六是被醉驾追尾型。该类型的被告人血液酒精含量较低，虽发生交通事故，但对方亦醉驾且负事故全部责任。

并处罚金”。在该案中，被告人除具有血液中酒精含量达到危险驾驶标准外，并无发生事故或是逃避交警执法等其他情节，属于典型的睡觉休息型案件，加之被告人如实供述、认罪认罚且签字具结，从理论上来说完全可获得免予刑罚的处理。

第二，相较于免予刑事处罚，被告人认罪认罚极为看重的便是刑罚执行方式，有的时候甚至比刑期看得还重，因为这关系到人身自由与否，能不能和家人继续团聚的问题，对于大多数有职业的被告人而言，这甚至涉及会不会被现有的工作单位开除等一系列问题。认罪认罚从宽制度其恢复性司法的精神之一在于修复因犯罪而破坏的社会关系，就危险驾驶罪而言，其法定最高刑期为拘役6个月，属于典型的轻罪，就危险驾驶罪被告人而言，其罪行本身就相当的轻缓，加之被告人认罪认罚，那么理应得到更大概率的缓刑适用。然而，如前文所述，在本部分研究的1000件样本案件中，检察机关建议适用缓刑的仅有8件。

第三，在无法获得免予刑罚或非监刑罚执行方式的情况下，被告人对从宽的期待便寄托于刑期上的减缓。根据《刑事诉讼法》第15条规定，犯罪嫌疑人、被告人认罪认罚的，“可以从宽”处理。对于此处的“可以从宽”，《指导意见》作出了进一步规定，即“可以从宽并非一律从宽，对犯罪性质和危害后果特别严重、犯罪手段特别残忍、社会影响特别恶劣的犯罪嫌疑人、被告人，认罪认罚不足以从轻处罚的，依法不予从宽处罚”。危险驾驶罪的最高刑期为拘役6个月，因此，若检察机关量刑建议依然顶格建议被告人判处6个月的拘役刑期，那么犯罪嫌疑人、被告人的罪行应当属于以上认罪认罚“从宽”的例外情形。在本部分选取的1000个样本中，检察机关顶格建议判处6个月刑期的案件共有5件。由于危险驾驶罪的罪行特征，若属于“从宽”的例外情形，那么被告人的罪行只能是犯罪性质或危害后果特别严重，笔者对这5件案件的犯罪事实进行一一研读，发现存在被告人犯罪事实明显达不到犯罪性质或危害后果特别严重，却依然被顶格建议判处6个月的情况。如在刘某某危险驾驶一案中，被告人的血液酒精含量仅为125.6mg/100ml，同时因醉驾造成一人轻伤，此外被告人还具有“发生事故后在现场等待公安机关处理”的自首情节。在醉驾型危险驾驶案中，血液酒精含量是衡量犯罪性质的重要指标，造成事故情况则是衡量危害后果的判断标准，综合该案的全部事实，被告人的血液酒精含量明显谈不上犯罪性质特别恶劣，造成一人轻伤的后果认定为危害后果特别严重也过于牵强，但该案中的被告人却被检察机关顶格建议判处6个月拘役。

表30　样本建议主刑具体额度情况

主刑刑期	案件数	占样总数比
免予刑事处罚	0	0%
拘役1个月	165	16.5%
拘役1个月5日	14	1.4%
拘役1个月10日	12	1.2%
拘役1个月15日	91	9.1%
拘役1个月20日	21	2.1%
拘役2个月	309	30.9%
拘役2个月10日	7	0.7%
拘役2个月15日	40	4%
拘役2个月20日	2	0.2%
拘役2个月25日	1	0.1%
拘役2个月至3个月	1	0.1%
拘役3个月	165	16.5%
拘役3个月5日	1	0.1%
拘役3个月10日	3	0.3%
拘役3个月15日	22	2.2%
拘役3个月20日	2	0.2%
拘役4个月	98	9.8%

续表

主刑刑期	案件数	占样总数比
拘役 4 个月 5 日	1	0.1%
拘役 4 个月 15 日	5	0.5%
拘役 4 个月 20 日	2	0.2%
拘役 5 个月	32	3.2%
拘役 5 个月至 6 个月	1	0.1%
拘役 6 个月	5	0.5%

2. 法院对量刑建议的采纳情况

在认罪认罚从宽制度中，检察官是提出量刑建议的责任主体，而在该制度适用的初期，由于大量检察官缺乏量刑方面的经验，所提出的量刑建议跟法官对案件的量刑预期相去较远，因此在该制度推行初期，量刑建议法院采纳率较低，也因此导致检察官为了保证量刑建议得到采纳而偏好于提出幅度刑量刑建议，较少提出确定刑量刑建议。随着认罪认罚从宽制度的深入实施，实务中检察官不断总结量刑经验，并通过法检合作加强与法官的沟通和请教，随着经验的积累和实践效果的展现，确定刑量刑建议的比例得到大幅提升；同时，法院对检察官提出量刑建议也越发趋于认同，量刑建议法院采纳率逐年上升。截至 2019 年 4 月 28 日，适用认罪认罚制度的案件量刑建议的采纳率普遍高于其他刑事案件，特别是在试点地区，采纳率基本达到 95% 以上，而在其他刑事案件中，近半数省份的检察机关提出的量刑建议获法院采纳率超过 80%，少部分省份采纳率超过 90%。[①] “2020 年全年，认罪认罚从宽适用率超过 85%，

① 数据源自 2019 年 4 月 28 日上午，全国检察机关“量刑建议精准化、规范化、智能化”网络培训中，最高人民检察院党组成员、副检察长陈国庆讲话内容。参见史兆琨:《量刑建议如何做到精准化、规范化、智能化？最高检提出五大对策！》，载最高人民检察院微信公众号，2019 年 4 月 28 日。

量刑建议采纳率近95%。”[①]

根据统计结果，在本部分选取的1000个样本中，仅有1份案例检察机关提出的适用缓刑建议未得到法院采纳，其余案件中法院均采纳了检察机关包括主刑、罚金刑，以及是否适用缓刑在内的量刑建议，采纳率高达99.9%。

较高的量刑建议采纳率是实施认罪认罚从宽制度的内在要求。检察机关量刑建议给被告人提前植入了量刑优惠的期待，如果最终的量刑裁决背离量刑建议，那么在被告人心中便是未能实现控方的允诺，从而损害制度的信誉和司法的权威，并极有可能导致被告人因心理落差而走上上诉之路，致使诉讼效率和节约司法资源的制度初衷难以实现，进而在整体上损害认罪认罚从宽制度在规范和实践上的有效性。因此，较高的量刑建议采纳率，能够满足被告人对法院判处刑罚的心理预期，吸引被告人积极认罪认罚，从而提高认罪认罚从宽制度的司法适用率，并能够为认罪认罚案件程序的简化，以及诉讼效率的提升提供正当性依据。

3. 被告人对量刑建议的接受情况

首先，在本部分选取的1000个样本判决书中，涉及被告人认罪认罚的真实性、自愿性的审查大致均表述为“被告人对指控事实、罪名及量刑建议没有异议且签字具结，在开庭审理过程中亦无异议”。其次，考察这1000个样本案件的服判息讼情况，未发现一起案件被告人上诉。

有学者对2019年的刑事案件上诉率作了统计，发现认罪认罚案件上诉率仅为2.0%，远远低于同期的非认罪认罚案件17.3%的上诉率。[②] 中国政法大学课题组对认罪认罚试点情况的第三方评估结果也显示，实践中律师

---

① 参见邱春艳:《张军就认罪认罚从宽制度实践中的热点难点问题回应社会关切》，载最高人民检察院，https://www.spp.gov.cn/spp/tt/202102/t20210221_509442.shtml，2021年3月1日访问。

② 参见饶阳阳:《认罪认罚从宽案件中策略性上诉问题研究》，中国政法大学2020年硕士学位论文。

和被告人对认罪认罚制度运行效果的评价较高，其中律师满意度为97.3%，被告人满意度为94.3%。[①]

由此可见，在认罪认罚案件中，被告人对检察机关的量刑建议较为满意。之所以被告人对量刑建议的接受度和满意度高，正是因为量刑建议是控辩双方进行协商的结果，通过控辩协商，签署具结书，让被告人能够对认罪认罚后的"从宽"看得见摸得着，满足了被告人对自己可能被判处刑罚的心理预期。

（六）认罪认罚从宽制度中的量刑建议实践困境

1."认罪认罚"作何评价有待明确

认罪认罚从宽究竟是一种依附于既有实体法的宏观性、抽象性的刑事政策，还是一种具有独立评价意义的量刑情节，目前仍是一个尚待明确的问题：一方面，从立法规范上来看，在最高人民法院和各地发布的量刑指导意见中并未将"认罪认罚"加以囊括，同时，《指导意见》也仅是规定犯罪嫌疑人认罪认罚的，在没有其他法定量刑情节的情况下，人民检察院可以"在基准刑基础上适当减让提出确定刑量刑建议"，并没有明确表明"认罪认罚"是独立的量刑情节。另一方面，从实践检验来看，检察机关的评价也十分模糊，从样本的反映来看，整体上持保守态度。

对于认罪认罚是否应上升为独立的量刑情节，存在不同的认识，反对的观点认为，认罪认罚从宽制度应被理解为一个综合性的法律制度，在现有规范性文件对于自首、坦白、当庭认罪等认罪量刑情节和赔偿被害人损失、退缴赃款、达成和解等认罚量刑情节均有明确的从宽标准，足以据此确定在认罪认罚从宽幅度的情况下，无须将认罪认罚评价为单独量刑情

① 参见蒲晓磊:《"两高"向全国人大常委会报告刑事案件认罪认罚从宽制度试点工作情况》，载法制网，http://www.legaldaily.com.cn/index_article/content/2017-12/23/content_7428634.htm?node=5955，2020年12月30日访问。

节。[①] 支持的观点则认为，“认罪认罚”与既有趋轻量刑情节分别是由程序法和实体法所确立的、独立的量刑情节，二者不可相互替代。[②] 应将认罪认罚评价为继自首、坦白等从宽情节外的新的独立的量刑情节，能够彰显认罪认罚从宽制度的功能和价值，鼓励犯罪嫌疑人在认罪的基础上尽早认罚。[③] 笔者支持将认罪认罚作为独立的量刑情节予以评价，理由如下：

第一，认罪认罚情节单独评价能够更好地激活认罪认罚从宽制度的“激励机制”。“从宽”是对认罪认罚犯罪嫌疑人、被告人最重要的制度激励，承认认罪认罚情节具有量刑上独立评价的价值是鼓励犯罪嫌疑人、被告人认罪认罚的最有效手段。[④] 一方面，承认“认罪认罚”量刑情节的独立价值，有利于激励那些不具备其他宽缓量刑情节的被追诉人积极选择认罪认罚，继而促进认罪认罚从宽制度适用、彰显认罪认罚从宽制度价值。另一方面，承认“认罪认罚”量刑情节的独立价值，有利于鼓励那些具备其他宽缓量刑情节的被追诉人通过认罪认罚的方式获得更大幅度的量刑建议从宽，从而促进宽严相济刑事政策之“宽缓”目标的实现、保障被追诉人合法诉讼权益的最大化。

第二，认罪认罚不仅具有刑事实体法意义，还具有重要的刑事程序法价值。[⑤] 认罪认罚是具有丰富内涵的从宽情节，其从宽效果既包括实体上

---

① 参见顾永忠:《关于“完善认罪认罚从宽制度”的几个理论问题》，载《当代法学》2016年第6期；杨立新:《认罪认罚从宽制度理解与适用》，载《国家检察官学院学报》2019年第1期。

② 参见肖中华:《认罪认罚从宽适用三题》，载《检察日报》2019年2月2日，第3版。

③ 参见樊崇义:《关于认罪认罚中量刑建议的几个问题》，载《检察日报》2019年7月15日，第2版。

④ 参见刘辰、周健:《认罪认罚量刑建议的几个理论问题》，载《法治现代化研究》2020年第1期。

⑤ 参见刘茵琪:《认罪认罚案件量刑建议权规制研究》，吉林大学2020年博士学位论文。

的依法从轻、减轻或免除处罚，又包括程序上适用较轻的强制措施和从简的诉讼程序。具体来说，在侦查阶段，犯罪嫌疑人“认罪认罚”可以带来侦查机关适用非羁押性强制措施、对特殊案件作撤销处理等后果；在审查起诉阶段，犯罪嫌疑人“认罪认罚”可能带来检察机关对特定案件作不起诉决定、向审判机关提出程序从简建议等结果；在审判阶段，被告人“认罪认罚”则会产生人民法院适用简便程序审理的效果。可见，相较于“自首”“坦白”“赔偿损失”“和解”等既有的从宽量刑情节，“认罪认罚”承载着独有的刑事程序法价值。因此，“认罪认罚”不是“自首”或“坦白”的翻版，有必要将其予以独立评价，并给予其独立的量刑从宽幅度，促使实体正义和程序正义紧密结合，构建完整的司法民主程序。

2. 量刑建议失衡

法律面前人人平等，对任何人犯罪，在适用法律上一律平等，这也是罪责刑相适应原则的应有之义。一方面要平等地认定犯罪，既不允许将有罪认定为无罪，无罪认定为有罪，也不允许将重罪认定为轻罪、轻罪认定为重罪。另一方面要平等地裁量刑罚，在社会危害性和主观恶性相同的情况下，提出的量刑建议应该相同，该判重刑的不得判轻刑，该判轻刑的也不得免除刑罚。“从一定意义上讲，量刑公正比定罪公正更重要，因为司法实践中个案之间量刑的不均衡，会导致涉案被告人及其亲属、被害人的不满和对立，继而引起社会公众对司法公正乃至法治的怀疑与动摇等等。”[①] 量刑建议的价值之一，在于促进量刑公正和量刑均衡，但从本文的研究样本看，实践中检察机关的量刑建议内容存在失衡的情况：

一是同案不同判下的失衡。笔者经过分析发现，在本部分的研究样本中，存在大量在犯罪事实和量刑情节表现出高度一致的个案，但这些个案的检察机关量刑建议却不尽相同。如表 31 所示，3 起案件中的被告人在

① 参见韦良平、杨军:《对量刑规范化的几点思考》，载《政法论丛》2003 年第 6 期。

危险驾驶时血液酒精含量均在102mg/100ml左右，均具有到案后如实供述犯罪事实的坦白情节，除此两者外均无其他量刑情节。但在这高度类似的3起案件中，检察机关的量刑建议却存在明显的差异，就案例一而言，检察机关建议“拘役2个月，并处罚金人民币1000元”，就案例二而言，检察机关建议“拘役1个月，并处罚金人民币1000元”，而案例三则是建议“拘役1个月15日，并处罚金人民币2000元”。就案件事实和量刑情节基本相同的3起案件，检察机关的量刑建议还做不到完全一致。

表31　样本中同案不同量刑建议示例

案例	事实情节	量刑建议
案例一[①]	血液酒精含量102.5mg/100ml、如实供述	拘役2个月，并处罚金人民币1000元
案例二[②]	血液酒精含量102.4mg/100ml、如实供述	拘役1个月，并处罚金人民币1000元
案例三[③]	血液酒精含量102.2mg/100ml、如实供述	拘役1个月15日，并处罚金人民币2000元

二是个案中的量刑失衡。个案中的量刑失衡在样本中表现为两种情况：第一，量刑建议畸轻畸重：根据最高人民法院、最高人民检察院、公安部《关于办理醉酒驾驶机动车刑事案件适用法律若干问题的意见》规定，醉驾型危险驾驶罪被告人若存在血液酒精含量达到200mg/100ml以上的需从重处罚。如表32所示，在案例一中，被告人的血液酒精含量超过了200mg/100ml，而案例二中的被告人血液酒精含量仅略超80mg/100ml的醉驾标准，但两起案件的被告人却获得了同样轻重的量刑建议。在血液酒精含量相差一倍的情况下，案例一的量刑建议明显畸轻。同样，对比案例三和案例四，两案被告人虽然都造成交通事故致人轻伤，但案例三中被告人血液酒精含量远远低于案例四被告人，且没有肇事逃逸的情节，但却同

① 参见（2020）京0112刑初876号。
② 参见（2020）京0114刑初798号。
③ 参见（2020）京0115刑初1118号。

案例四被告人一样被顶格建议判处 6 个月拘役，案例三的量刑建议明显畸重。第二，刑罚个别化的缺失：我国明确规定以“以事实为依据，以法律为准绳”指导量刑实践，强调要依据案件事实和刑法规定来进行量刑，但是，相较于刑法明文规定的量刑情节，检察机关的量刑建议没有必然地考量被告人积极赔偿、取得谅解等酌定量刑情节。如在柴某某危险驾驶案[①]中，虽然“被告人柴某某的家属代其与被害人李某某就民事赔偿已达成调解协议，李某某对被告人柴某某表示谅解”，但检察机关认为“被告人柴某某具有自首、认罪认罚的从轻处罚情节，建议判处被告人柴某某拘役 1 个月 15 日，并处罚金人民币 2000 元”。检察机关并未对被告人赔偿并取得谅解这一酌定量刑情节予以应有的评价，在某种程度上说明个别案件量刑建议存在违背罪责刑相适应原则的现象。

表 32　样本中个案量刑失衡示例

案例	事实情节	量刑建议
案例一[②]	血液酒精含量 205.9mg/100ml、如实供述	拘役两个月，并处罚金
案例二[③]	血液酒精含量 85.4mg/100ml、如实供述	拘役两个月，并处罚金
案例三[④]	血液酒精含量 125.6mg/100ml、造成交通事故致一人轻伤、自首	拘役 6 个月，并处罚金
案例四[⑤]	血液酒精含量 380.7mg/100ml、造成交通事故致一人轻伤、逃逸、自首	拘役 6 个月，并处罚金人民币 5000 元

3. 量刑建议精准度有待提高

在认罪认罚案件中，量刑建议不单是检察机关提出的对被告人适用何种刑罚的法律意见，同时还是承载被告人认罪认罚，体现检察机关代表国

① 参见（2020）京 0115 刑初 285 号。
② 参见（2020）京 0115 刑初 1212 号。
③ 参见（2020）京 0111 刑初 537 号。
④ 参见（2020）京 0105 刑初 2025 号。
⑤ 参见（2020）京 0112 刑初 681 号。

家兑现对诉讼当事人承诺的标志性载体，凝聚了控辩双方乃至被害方意见在内的多方合意的结果。量刑建议一旦提出，会产生触及诉讼各方的法律效力，侦查机关查证的犯罪事实，以及被告人的各种量刑情节会被确认，被告人能够对后续处遇产生确定预期和信任力，被害人可以获得更加确定的救济与补偿，对法官的量刑裁量也会产生相应的约束力。量刑建议越精准，犯罪嫌疑人自愿选择认罪认罚的可能性会越大，诉讼各方对刑罚结果的接受度会越高，因量刑问题引发上诉、抗诉及程序回转等问题的可能性才会相应减少，认罪认罚从宽制度的根基会更加稳固。

犯罪嫌疑人认罪认罚的，检察机关应当就主刑、附加刑、是否适用缓刑等提出量刑建议，这是办理认罪认罚案件的法定环节。从最大化发挥认罪认罚从宽制度的价值出发，认罪认罚量刑建议的精准化旨在对刑种、刑期、刑罚执行方式等均提出明确、确定的建议。[①] 从样本统计的情况来看，实践中检察机关量刑建议就主刑基本上做到了精准确定，1000 件样本中仅 1 例量刑建议为幅度刑期，但就罚金刑和刑罚执行方式的精准度而言，还尚不尽如人意：

第一，就罚金刑而言，1000 件样本中检察机关均做到了并处罚金的建议，但只有 55.3% 的量刑建议对罚金刑的数额进行了明确，尚有 44.7% 的量刑建议就罚金刑处于模糊不明的状态。这与《指导意见》第 33 条规定的“建议罚金刑的，参照主刑的从宽幅度提出确定的数额”相背离。罚金刑作为“认罚”的重要组成部分，直接影响从宽的结果，依法提出明确的罚金建议，是认罪认罚量刑建议精准化的应有之义。

第二，就刑罚执行方式而言，99.2% 的样本量刑建议均未对是否适用缓刑明确表态。如果没有明确刑罚执行方式，那么只得是实刑，这个道理对于法律人而言不言而喻。但是，被告人和一般公众并不具备这种专业性

---

① 参见刘卉:《确定刑：认罪认罚从宽制度下量刑建议精准化之方向》，载《检察日报》2019 年 7 月 29 日，第 3 版。

的判断，都是秉持一般认知方式。从一般人的角度看，最期待的就是缓刑的执行方式。

4. 对被告人的权利保障有待完善

刑事辩护设计的好坏，以及刑事辩护在实践中贯彻的好坏，将直接决定认罪认罚从宽制度的成败，这是学界达成的共识。可以说，认罪认罚从宽制度的成败与刑事辩护的成败是成正比的。只有充分发挥好刑事辩护的作用，认罪认罚从宽制度才会有好的效果。从《指导意见》第10条的规定来看，办理认罪认罚案件应当保障犯罪嫌疑人、被告人获得有效法律帮助，自愿认罪认罚的犯罪嫌疑人、被告人没有辩护人的，公安、司法、检察机关应当通知值班律师为其提供法律帮助，符合通知辩护条件的，应当通知法援机构指派律师为其提供辩护。据此，在认罪认罚案件中，可以存在委托辩护律师、指定法援律师和值班律师这三种律师参与形式。但是，我国刑辩律师的数量非常有限，长期以来刑事辩护率较低，有学者对中国裁判文书网2013—2014年发布的刑事判决书进行统计，以基层法院为例，北京的律师辩护率仅为25.5%[①]，本部分的统计数据也反映了此种窘境，在北京市2020年的1000件危险驾驶罪样本中，仅有75件被告人委托了辩护律师。

在辩护率如此之低的情况下，值班律师制度对于保障认罪认罚从宽制度的顺利推进显得尤为重要，但是在目前的制度设计下，值班律师提供法律服务的质量却不尽如人意，具体表现如下：

首先，值班律师的覆盖率低，未能实现“刑事案件辩护全覆盖”。近年来，我国律师人数不断增加，但与庞大的刑事案件数量相比还是明显不足。2017年，最高人民法院和司法部联合出台《关于开展刑事案件律师辩护全覆盖试点工作的办法》，其主要是对审判阶段的律师辩护全覆盖的规定，将“应当通知值班律师”的范围扩大至所有适用简易、速裁程序审

① 参见闵春雷:《认罪认罚案件中的有效辩护》，载《当代法学》2017年第4期。

理而无辩护人的案件。但是，同司法工作人员一样，值班律师同样面临案多人少的困境，实践中值班律师缺位的情况较为严重。以本部分的研究样本来看，除去有辩护人的 78 件样本，在剩下的 922 件无辩护人的案件中，被判决书记载下来有值班律师参与到案件审理阶段的仅有 135 件，占比 14.6%。尽管该数据与实际情况可能有所偏差，但仍能反映面对大量的认罪认罚案件，值班律师的覆盖率不尽如人意。

其次，值班律师被定位为“法律帮助者”[①]，根据2020年8月最高人民法院、最高人民检察院、公安部、国家安全部、司法部《法律援助值班律师工作办法》，值班律师提供的法律帮助一般包括五项职责：提供法律咨询、提供程序选择建议、申请变更强制措施、对案件处理提出意见、帮助被追诉人申请法律援助，在认罪认罚案件中，还应当向被追诉人释明认罪认罚的性质和法律规定、对检察机关提出意见及在犯罪嫌疑人签署认罪认罚具结书的时候现场见证。同时，“值班律师办理案件时，可以应犯罪嫌疑人、被告人的约见进行会见，也可以经办案机关允许主动会见；自人民检察院对案件审查起诉之日起可以查阅案卷材料、了解案情”。相比起《刑事诉讼法》《指导意见》，《法律援助值班律师工作办法》在一定程度上充实了值班律师的权利，但就权利范围而言，值班律师能够行使的权利远远少于辩护人。梳理刑事诉讼法中关于辩护人权利的相关规定，对比《试点办法》中关于值班律师权利的相关规定，两者有较大差别，值班律师对于重要权利的不明确或缺失，将极大地影响其工作质量[②]：第一，就会见权而言，刑事诉讼法规定辩护律师申请会见的，看守所需要及时安排，“至迟不得超过四十八小时”，但对于值班律师而言，《法律援助值班律师工作办法》并没有对其会见及时性作出规定。在刑事诉讼法对辩护律师会见及

① 参见熊秋红:《审判中心视野下的律师有效辩护》，载《当代法学》2017 年第 6 期。

② 参见卫跃宁、严泽岷:《值班律师如何更好地履行工作职责——以〈法律援助值班律师工作办法〉为视角》，载《中国司法》2020 年第 10 期。

时性作出规定的前提下，实践中辩护律师尚且“会见难”，那么在值班律师没有法律保障的情况下，则更难以为犯罪嫌疑人、被告人提供及时的法律帮助。第二，就阅卷权而言，尽管最高人民法院《关于适用〈中华人民共和国刑事诉讼法〉的解释》赋予了值班律师在审理阶段同辩护人一样完整的阅卷权，但值班律师工作的场域主要是在审前阶段，按照《人民检察院刑事诉讼规则》《法律援助值班律师工作办法》的规定，值班律师的阅卷方式仅限于“查阅”案件材料，而不能“摘抄”“复制”，这意味着值班律师只能通过大脑记忆的方式来掌握案卷内容，必然无法全面掌握案件细节。试想，值班律师在不能全面掌握案件证据情况、事实情况的前提下，又如何能提供高质量的法律服务？第三，相较于辩护律师，值班律师不享有调查取证权，这导致值班律师无法为犯罪嫌疑人、被告人争取对其有利的证据。第四，值班律师不具备出庭辩护的资格，值班律师原则上不出庭辩护，只有当被追诉人向法院申请法律援助时，值班律师才可能转换为指定辩护律师，出庭履行辩护职能。①

最后，值班律师提供法律帮助的质量堪忧。一方面，值班律师缺乏经济激励。值班律师所能得到的经济收入相对微薄，值班律师属于法律援助的一部分，具有公益性，并不直接从当事人手中收取服务费，其值班收入来源于有限的财政补贴，实践中值班律师所能得到的补贴金额只有50元到300元不等②，远远低于辩护律师的平均收入水准，这样的补贴标准很难调动值班律师办案的积极性，一些案源稳定的资深律师基本不会参与值班工作，年轻的律师却又缺乏办案经验，如此便限制了值班律师价值的发挥。另一方面，值班律师缺乏责任激励。在传统的法律援助模式中，法援

① 参见刘茵琪：《认罪认罚案件量刑建议权规制研究》，吉林大学2020年博士学位论文。

② 如福建省三明市《关于认罪认罚案件法律帮助值班律师补贴标准的通知》规定值班律师补贴为每件300元；广东省珠海市《法律援助事项补贴标准》规定值班律师补贴为每件120元。

律师负责整个案件全阶段的诉讼辩护，其与被追诉人之间有着长效且单一的法律援助关系，这能激发法援律师的责任心，使其对被追诉人产生职业的道义上的双重责任。但对于值班律师而言，其面对的案件较多，每天都会经手几起或十几起案件，并且仅负责阶段性的法律帮助，在案件的处理上往往缺乏连贯性和一致性，那么面对众多的案件和缺乏技术含量的简单咨询，值班律师很难形成对个案的责任感。此外，由于目前缺乏对值班律师工作的有效考评和监督机制，一旦值班律师怠于履行职责，那么被追诉人也就无法获得有效的法律帮助。综上所述，缺乏积极履职的动力，同时又不存在有效的监督机制，这使得值班律师工作质量难以得到保证。

5. 对量刑建议的实质化审查力度有待加强

在认罪认罚案件中，审判程序被一律简化，法庭审理的重点由审查指控是否成立转变到审查被告人认罪认罚的自愿性和认罪认罚具结书的真实性及合法性。2019 年 1 月至 2020 年 8 月，全国认罪认罚案件中检察机关量刑建议采纳率达到 87.7%[①]，一些地方检察机关量刑建议的采纳率甚至达到了 100%[②]。就本部分的研究样本而言，检察机关量刑建议的采纳率也达到了 99.9%。

我国的刑事诉讼制度是中国特色的职权主义诉讼制度，不是英美法系的当事人主义诉讼制度。我国的检察官和律师是司法人员和法律工作者，不是受政府、当事人雇用到法庭上交锋的对手。我国的认罪认罚从宽制度是中国特色的有条件认罪宽恕制度，不是美国等西方国家“辩诉交易”的翻版或中国化。任何一种把认罪认罚从宽制度与辩诉交易混为一谈的观点

① 数据来源于《最高检关于人民检察院适用认罪认罚从宽制度情况的报告》，载最高人民检察院官网，http://www.he.jcy.gov.cn/jcxw/tt/202010/t20201015_2986544.shtml，2020 年 12 月 25 日访问。

② 参见范跃红、邱哲：《量刑建议采纳率、服判息诉率均为 100%》，载《检察日报》2019 年 7 月 27 日，第 2 版。

都是不成立的。[①] 因此，法院就认罪认罚案件量刑建议的审查，不能像美国法院那样限于形式上的审查确认，更重要的是对量刑建议的内容、基础和程序等进行全面实质的审查。尽管人民法院的量刑裁判权受到一定程度的限制，但仍然要对错判承担责任，因此必须切实履行好审查职责，避免将审理程序沦为量刑建议的确认程序，切实避免认罪认罚案件的不当或错误处理。

在我国的司法制度中，法院除自诉案件外，不享有对刑事案件的立案审查权，以及对各种侦查、搜查措施和涉案财物控制、处置决定权等程序决定权，所以在案件起诉到法院之前，其他办案机关对案件起绝对主导主用，法院对其他办案机关如何办案、如何开展认罪认罚的情况等一无所知，也无从发挥配合、制约作用。只有当案件移送到法院以后，法院才能对其他办案机关的办案情况进行事后的、书面的审查。即便是进行实质审查，效果也很有限。基于此，如果过于强调对控辩双方合意的尊重，特别是在精准量刑建议背景下一味追求量刑建议的高采纳率，审判程序无疑会流于形式，法庭审理的监督、把关作用就会失守，法官在一定意义上就会成为“橡皮图章”或“签字先生”，法院则成为“认罪认罚的公证处”，这对公正司法、保障人权必然百害而无一利。综上所述，在认罪认罚案件中，人民法院要切实履行司法审判职责，不仅要审查量刑建议本身，还要审查量刑建议的基础和程序等各方面要素[②]，从证据采信、事实认定、定罪量刑、程序操作、各方参与和建议说理等方面进行全面的、实质的审查。

---

① 参见胡云腾:《正确把握认罪认罚从宽 保证严格公正高效司法》，载《人民法院报》2019年10月24日，第5版。

② 参见杨立新:《认罪认罚从宽制度理解和适用》，载《国家检察官学院学报》2019年第1期。